Franceses no Brasil
Séculos XIX-XX

FUNDAÇÃO EDITORA DA UNESP

Presidente do Conselho Curador
Mário Sérgio Vasconcelos

Diretor-Presidente / Publisher
Jézio Hernani Bomfim Gutierre

Superintendente Administrativo e Financeiro
William de Souza Agostinho

Conselho Editorial Acadêmico
Júlio Cesar Torres
Luís Antônio Francisco de Souza
Marcelo dos Santos Pereira
Maurício Funcia de Bonis
Patricia Porchat Pereira da Silva Knudsen
Ricardo D'Elia Matheus
Sílvia Maria Azevedo
Tatiana Noronha de Souza
Trajano Sardenberg

Editores-Adjuntos
Anderson Nobara
Leandro Rodrigues

Laurent Vidal

Tania regina de Luca

(Organizadores)

Franceses no Brasil
Séculos XIX-XX

2ª EDIÇÃO REVISTA E AMPLIADA

© 2025 Editora Unesp

Direitos de publicação reservados à:
Fundação Editora da Unesp (FEU)
Praça da Sé, 108
01001-900 – São Paulo – SP
Tel.: (0xx11) 3242-7171
Fax: (0xx11) 3242-7172
www.editoraunesp.com.br
www.livrariaunesp.com.br
atendimento.editora@unesp.br

Dados Internacionais de Catalogação na Publicação (CIP) de acordo com ISBD
Elaborado por Vagner Rodolfo da Silva – CRB-8/9410

F815   Franceses no Brasil: séculos XIX-XX / organizado por Laurent Vidal, Tania Regina de Luca. – 2. ed. revista e ampliada – São Paulo: Editora Unesp, 2025.
Inclui bibliografia.
ISBN: 978-65-5711-262-5

1. História Geral. 2. História do Brasil. 3. Franceses no Brasil. 4. Século XIX. 5. Século XX. I. Vidal, Laurent. II. Luca, Tania Regina de. III. Título.

2025-3892

CDD 900
CDU 94

Editora afiliada:

Asociación de Editoriales Universitarias
de América Latina y el Caribe

Associação Brasileira de
Editoras Universitárias

SUMÁRIO

Prefácio à segunda edição brasileira – Laurent Vidal e Tania Regina de Luca   9

Introdução – Laurent Vidal e Tania Regina de Luca   13

Parte 1 – Imigrar para o Brasil: imagens e realidades

1. *Uma história esquecida: a Associação Central de Colonização do Rio de Janeiro e a mercadorização da emigração europeia (1857-1865)* – Laurent Vidal e Maria Isabel de Jesus Chrysostomo   31

2. *A emigração guiada por Frederico José de Santa-Anna Nery, literato brasileiro, na Exposição Universal de Paris em 1889* – Guy Martinière   49

3. *A emigração francesa para o Brasil pelo porto de Bordeaux: séculos XIX e XX* – Jorge Luís Mialhe   73

4. *Da América do Norte ao Brasil. Dois episódios de imigração francófona na segunda metade do século XIX* – Rosana Barbosa e Yves Frenette   97

5. *A emigração proibida: o caso França-Brasil entre 1875 e 1908* – Mônica Leite Lessa e Hugo Rogélio Suppo   111

Parte 2 – Terra de refúgio, terra de utopia

6. *Preciosos súditos, emigrantes atravancadores: a França e os franceses do Brasil no início do século XIX* – Juliette Dumont   151

7. *Um emigrante francês no Brasil: Jean Étienne Seraine (1827-1854)* – Jean Glénisson   163

8. *O Brasil e o socialismo do século XIX: fourieristas no Saí* – Ivone Gallo   191

9. *Um socialista francês diante da escravidão no Brasil: Louis-Xavier de Ricard e o jornal* Le Sud-Américain – Claudio H. M. Batalha   205

10. *Judeus-franceses no Rio de Janeiro do século XIX* – Fania Fridman   219

Parte 3 – O amplo leque das atividades urbanas

11. *Comércio francês e cultura material em São Paulo na segunda metade do século XIX* – Heloisa Barbuy   237

12. *Do outro lado do Atlântico: imigrantes franceses na São Paulo do século XIX* – Vanessa dos Santos Bodstein Bivar e Eni de Mesquita Samara   253

13. *Os franceses em Pernambuco no século XIX* – Emanuele de Maupeou   275

14. *Facetas marginais do sonho de civilização: imigração francesa e prostituição no Brasil (1816-1930)* – Lená Medeiros de Menezes   299

15. *A Casa "Boris Frères" no Ceará* – Denise Mattos Monteiro   321

FRANCESES NO BRASIL: SÉCULOS XIX E XX   7

16. *O espelho francês na "Paris das Selvas"* – Maria Luiza Ugarte Pinheiro   339

17. *O* Courrier du Brésil *e o conflito entre associações francesas no Rio de Janeiro* – Letícia Gregório Canelas   357

18. Le Gil-Blas *(1877-1878): humor e política e prol do ideal republicano* – Tania Regina de Luca   387

Parte 4 – As experiências das colônias agrícolas

19. *Os colonos franceses da colônia Valão dos Veados – 1845-1854* – Maria Isabel de Jesus Chrysostomo   427

20. *A imigração contratada: o caso da colônia de Benevides* – Grégory Corps   449

21. *Alexandre Bréthel (1862-1901) e os franceses do Carangola* – Françoise Massa   459

Parte 5 – Trajetórias individuais e memória

22. *Trajetórias de franceses em Minas Gerais no século XIX* – Júnia Ferreira Furtado   475

23. *Um francês no Brasil imperial do século XIX: Auguste François-Marie Glaziou* – Fábio Simões Cardozo e Marlice Nazareth Soares de Azevedo   493

24. *Um humanista nos trópicos: a singular trajetória de Hercule Florence no Brasil* – Dirceu Franco Ferreira e Nelson Mendes Cantarino   503

25. *B. L. Garnier e A. L. Garraux: destinos individuais e movimentos de conjunto nas relações editoriais entre a França e o Brasil no século XIX* – Marisa Midori Deaecto   527

26. *Rastros da presença francesa nas terras do Saí: o caso da família Ledoux* – Maria Bernardete Ramos Flores, Émerson César de Campos e Carina Sartori   545

8   LAURENT VIDAL E TANIA REGINA DE LUCA (ORGS.)

27. *Presença imigrante francesa no Brasil: entre visões do paraíso e mercados de trabalho* – Ana Luiza Martins   563

28. *Pedro Théberge. Um médico francês na cidade do Icó, sertão da Província do Ceará – Brasil, na metade do século XIX* – Clovis Ramiro Jucá Neto   579

Referências bibliográficas   611

Sobre os autores   639

PREFÁCIO À SEGUNDA EDIÇÃO BRASILEIRA

Laurent Vidal
Tania Regina de Luca

Este livro é fruto de um duplo processo: de um lado, a recente dinâmica historiográfica sobre as migrações europeias no Brasil (mais sensível às análises qualitativas) e, do outro, a intensa diplomacia cultural que articula dois países que firmaram as primeiras relações diplomáticas 200 anos atrás. Nos últimos 40 anos, houve os anos França-Brasil (1986-1989), o ano do Brasil na França (2005), o ano da França no Brasil (2009), e em 2025 haverá a Temporada cruzada França-Brasil.

Ainda que projetos editoriais se multipliquem por ocasião de eventos oficiais que visam aproximar países, na historiografia o interesse em relação às trocas e à circulação cultural entre França e Brasil ultrapassou os momentos comemorativos, como, aliás, a própria trajetória desta coletânea e suas várias edições testemunha. É pertinente recorrer ao conjunto de ensaios, datados de 1986 e que se tornaram clássicos, nos quais Donald McKenzie (2018) problematizou os múltiplos sentidos da bibliografia – termo que, para o autor, não se restringe à linguagem verbal. No caso específico dos livros, importa precisar as características físicas do objeto, a exemplo das dimensões, natureza da encadernação, presença/ausência de material iconográfico, tipo do papel e tamanho da letra, mas também atentar para as variações em edições posteriores, seja em termos do conteúdo (o que coloca questões espinhosas a respeito da forma inicial, nem sempre identificável), seja em relação às práticas de impressão e aos processos relativos à *mise en page*. Tais procedimentos, longe de remeterem a aspectos neutros ou inocentes, constituem-se em estratégias mobilizadas, em diferentes momentos históricos, pelos múltiplos atores envolvidos na passagem do escrito ao impresso e expressam o desejo de controlar a forma de apropriação dos leitores. Assim, textos não são dotados de sentido unívoco, uma vez que também dependem da maneira como as páginas impressas se apresentam aos leitores.

Tendo em vista as reflexões do professor neozelandês, cabe explicitar o percurso editorial de *Franceses no Brasil*. A primeira edição brasileira data de 2009 e foi publicada no quadro do Ano da França no Brasil, como indica o selo do evento, presente na capa do volume. Dois anos depois, veio a público a versão francesa, sob responsabilidade da casa parisiense Les Indes Savantes, acrescida de quatro textos em relação à edição brasileira. Em 2016, o editor francês lançou a segunda edição, com incorporação de duas novas colaborações. É importante destacar que essas inclusões foram inseridas, segundo sua temática, em uma das cinco partes que compõem a obra, de tal sorte que a estrutura permaneceu inalterada.

O presente volume é a segunda edição brasileira de *Franceses no Brasil*, lançada no âmbito da Temporada cruzada França-Brasil (2025). Em relação à original, vem acrescida de quatro contribuições que integraram as edições francesas, a saber: *A emigração guiada por Frederico José de Santa-Anna Nery, literato brasileiro, na Exposição Universal de Paris em 1889*, de Guy Martinière; *Da América do Norte ao Brasil. Dois episódios de imigração francófona na segunda metade do século XIX*, de Rosana Barbosa e Yves Frenette; *Os franceses em Pernambuco no século XIX*, de Emanuele de Maupeou; e, ainda, *Pedro Théberge. Um médico francês na cidade do Icó, sertão da Província do Ceará – Brasil, na metade do século XIX*, de Clovis Ramiro Jucá Neto. Há também dois textos que não constaram em nenhuma das versões anteriores, *Uma história esquecida: A Associação Central de Colonização do Rio de Janeiro e a mercadorização da emigração europeia (1857-1865)*, de Laurent Vidal e Maria Isabel de Jesus Chrysostomo, e *Le Gil-Blas (1877-1878): humor e política e prol do ideal republicano*, de Tania Regina de Luca. Os acréscimos, tal como ocorreu nas edições francesas, respeitaram o plano da obra original e foram alocados nas diferentes partes que a compõem. Nesta edição, tal como ocorreu nas edições francesas, o texto de Ana Luiza Martins migrou da primeira para a quinta parte. Desta forma, cada edição ou reedição tem suas particularidades e nenhuma delas é idêntica.

Desde 2009, os estudos sobre as trocas culturais entre o Brasil e a França conheceram significativo crescimento, sobretudo graças aos vários projetos levados a cabo por equipes transdisciplinares e transnacionais, que resultaram não apenas em livros, teses, coletâneas e dossiês de revistas, mas também em plataformas digitais. Tais plataformas se somam ao esforço de instituições brasileiras e francesas para disponibilizar grandes conjuntos documentais em ambiente digital, o que, para além de facilitar o acesso, possibilita a utilização de ferramentas e procedimentos das humanidades digitais e contribui para a formulação de novos questionamentos.

Em relação à situação inicial, quando nasceu a ideia de uma obra coletiva, envolvendo dezenas de autores – à época, falávamos de um "vazio historiográfico" –, o projeto atingiu sua meta: incentivou a constituição de um campo de pesquisa, em constante evolução, sensível às novas orientações historiográficas, como a fértil história transnacional e conectada.

Por isso, esta nova versão deve ser entendida como a edição definitiva de um marco historiográfico.

Introdução

Laurent Vidal
Tania Regina de Luca

A intenção deste livro, organizado no bojo das comemorações do Ano da França no Brasil, é reunir estudos que analisam a presença de imigrantes franceses em território brasileiro, temática que ocupa lugar bem menos proeminente que o reservado à influência da cultura francesa.

Sobre o apreço da cultura francesa no Brasil

A admiração pela França constituiu um traço marcante das elites brasileiras desde os primórdios da independência, momento em que se tornou urgente dotar o jovem país de uma identidade capaz de lhe assegurar feições próprias. Sob a batuta de um diminuto grupo, concebeu-se e projetou-se uma representação da nação que não pode ser dissociada dos valores e da autoimagem de seus propugnadores.

Tratava-se, então, de construir uma civilização nos trópicos, digna da herança recebida do velho continente. E, se no momento inicial de organização do Estado, os ventos da Revolução Francesa não inspiravam uma monarquia encabeçada pela dinastia dos Bragança, em outros domínios, os franceses representavam uma importante referência cultural. A avaliação de Debret, artista que permaneceu no Brasil entre 1816 e 1831, mais do que uma opinião lisonjeira, sintetizava um ideal avidamente perseguido pela intelectualidade local:

> A moda, essa mágica francesa, em boa hora fez sua irrupção no Brasil. O Império de D. Pedro tornou-se um de seus mais brilhantes domínios: ela reina ali como dés-

pota, seus caprichos são leis: nas cidades, toaletes, refeições, dança, música, espetáculos, tudo é calculado a partir do exemplo de Paris, e, nessa relação assim como em algumas outras, certos departamentos da França estão ainda bem atrás das províncias do Brasil [...]. Esse é, em resumo, o povo que percorreu em três séculos todas as fases da civilização europeia e que, instruído por nossas lições, logo nos oferecerá rivais dignos de nós, como o americano do Norte oferece neste momento a ele próprio.[1]

Não é difícil multiplicar os exemplos de identificação com a Europa e, mais especialmente, com os franceses. O tema foi tratado literariamente por Joaquim Manoel de Macedo que, com tiradas saborosas, escreveu as "memórias" da Rua do Ouvidor, uma das mais elegantes do Rio de Janeiro de seu tempo, que concentrava o comércio de luxo, reduto francês: modistas, floristas, perfumistas, cabeleireiros... E a novidade ficava por conta de os produtos serem expostos em "vidraças" que exploravam "a variedade e a combinação das cores, e os efeitos da luz [...] com habilidade magistral". O escritor não perdeu a oportunidade de assinalar – e satirizar – mudanças de hábitos, comportamentos e formas de sociabilidade em voga no Rio de Janeiro das primeiras décadas do Império:

> Como é sabido, cuidava-se ainda então muito pouco da instrução do sexo feminino: pois bem; algumas senhoras fluminenses deram-se logo com interesse e gosto pelo estudo da língua francesa. Um dia um tio velho e rabugento perguntou à sobrinha, que escapara de ficar analfabeta:
> – Menina, por que te meteste a aprender o francês, quando ainda ignoras tanto o português?...
> – Ah, titio!... é tão agradável ouvir dizer *très jolie!* Em português não há isso. Quase tudo se foi afrancesando. (Macedo, 1988, p.76)[2]

---

1 Extraído do *Journal de l'Institut Historique*. Paris, 1 (3): 171, out. 1834, apud Guimarães, Manoel Luís Salgado. Nação e civilização nos trópicos: o IHGB e o projeto de uma história nacional. *Estudos Históricos*. Rio de Janeiro, 1 (1), p.13, 1988. Ao comentar a *Voyage pittoresque et historique* (1834-1839), Carelli (1994, p.87) destaca que "o eixo central de sua [Debret] visão de mundo resume-se então em uma fórmula que fazia sucesso no século XIX: a passagem da barbárie a civilização. E a mística do progresso justifica sua ação e orienta sua apresentação *evolucionista* da sociedade brasileira" (grifo no original).

2 O autor contrapõe a derrota da França Antártica no século XVI à vitória das modistas, que teriam conquistado o Rio de Janeiro apenas com agulha e linha. O estudo do comércio franco-brasileiro no decorrer do século XIX atesta a importância dos têxteis, vinhos, manteigas, xales, lenços, chapéus, joias e papéis, aí incluídos os livros (ver Deveza, 1985, t.II, v.4, p.153-70).

A questão por certo não se restringia ao mundo da moda e elegância. Como bem demonstrou José Murilo de Carvalho, no último quartel do século XIX, parcela importante dos republicanos apropriou-se da simbologia revolucionária francesa – Marianne, barrete frígio, *Marselhesa* e vocabulário político centrado na noção de cidadão – e não faltou quem manifestasse a esperança de que a monarquia brasileira fosse derrubada em 1889, ano do primeiro centenário da queda da Bastilha, desejo que acabou por se concretizar (Carvalho, 1990, p.12).[3]

Em outro registro, Brito Broca, que estudou os letrados do final do século XIX e início do XX, identificou uma "doença" então muito em voga, a "parisina", cujos sintomas consistiam em ignorar o Brasil e suspirar por Paris, atitude que o autor qualifica de "afetada e nem sempre inteligente". Ele cita telegrama reproduzido na *Revista da Semana*, de 5 de agosto de 1916, portanto em plena Primeira Guerra Mundial, remetido pelo escritor Paulo Gardênia, autor do romance *Letícia*: "Paris, 2 – Cheguei. Dormi pela primeira vez no meu berço. Sinto-me um recém-nascido. Resolvi batizar-me na Madalena. Todas as *nourrices* de Luxembrugo se oferecem para me criar!". O texto era acompanhado do seguinte comentário dos responsáveis pela publicação: "Que lhe atire a primeira pedra ou o primeiro riso o brasileiro que, ao chegar a Paris pela primeira vez, não sentiu a mesma emoção" (Broca, 1960, p.92).

Décadas mais tarde, a derrota ante os nazistas causou enorme impacto naqueles que foram educados nos marcos da cultura francesa. Vale acompanhar trechos das cartas trocadas entre Júlio de Mesquita Filho, proprietário do jornal *O Estado de S. Paulo* e exilado desde 1938 em função da ditadura de Getulio Vargas, e sua mulher Marina que, à época, residia em São Paulo (Mesquita; Mesquita, 2006, p.165, 168-9):

> Estamos desolados com a queda de Paris. Por mais que a gente queira se convencer de que a vitória final será nossa, esse fato abate demais. Que será feito de nossos amigos todos? O que essa pobre gente não estará sofrendo? Será que os boches vão apagar aquela chama sagrada do Arco do Triunfo? Essa ideia deixa-me completamente alucinada! (Marina, 14 de junho de 1940).

> Cada vez que penso na bandeira do Reich em Versailles e em Notre-Dame, tenho vontade de morrer (Marina, 15 e 16 de junho de 1940).

> A França capitulou! É o que há pouco mais de uma hora o rádio acaba de comunicar. Ao ouvir a espantosa notícia, tive a sensação de que me havia chegado à pele

---

3   Referência à pregação aberta de Silva Jardim em favor da data mencionada.

um cabo de alta-tensão! Fiquei estarrecido e sem compreender. A França capitulou! Eu podia esperar tudo, tudo. Menos isso. Jamais supus que houvesse força material, no mundo, capaz de vencer a determinação do exército francês e, sobretudo, o valor técnico do seu comando [...]. E o futuro? O futuro, eu ainda confio, será nosso caso a França não entregue a sua esquadra aos totalitários (Júlio, 17 de junho de 1940).

Tais apreensões são particularmente interessantes por se tratar de correspondência de natureza privada, trocada no âmbito familiar e afetivo e sem outros destinatários que não os missivistas, o que as torna menos suscetíveis a ingerências provenientes de instituições, poderes e, no caso da palavra imprensa, do editor e público leitor.

Cabe ressaltar, contudo, que o tema adentrou o discurso especializado e a questão da influência francesa foi assinalada, como exemplificam as considerações do sociólogo e antropólogo Manuel Diegues Júnior que, em uma obra de síntese, anotou:

> Igualmente o francês, por todo o Império, continuou a estar presente no Brasil, já agora através de forte influência intelectual. Se do ponto de vista imigratório, formando núcleos, sua importância é pequena, ou quase nula, no campo das ideias sua participação foi bem significativa. Da França nos chegou a orientação da leitura de obras literárias e científicas; também nos mandou ideias de liberdade e igualdade entre os homens.
>
> No capítulo da vida social a moda feminina aparece fortemente influenciada pelo gosto francês: modistas, cabeleireiros franceses, instalados em várias cidades do Brasil; hábitos e costumes de vida em sociedade, entre eles a conversação em francês nos salões oficiais da alta-roda; os banquetes com culinária de origem e de nomes franceses – a quadrilha, marcada com palavras em francês (*balancez, changez de dames* etc.), ou o *pas de quatre*.
>
> Ainda de proveniência francesa, trazida através de irmãs religiosas para seus colégios e internatos de meninas, jogos ou brinquedos de crianças, como o *marré--marré-de-ci*, e o "na porta da viola", originada na ronda francesa *Sur le pont d'Avignon*; também as artes manuais. No campo da cultura intelectual, a influência maior foi, sem dúvida, a do romantismo, através de autores franceses e livros franceses que tanto encheram o mercado das ideias. Note-se também a penetração cultural francesa através de estudantes brasileiros em universidades da França, como a de Montpellier, onde iam estudar, já desde os tempos coloniais, numerosos filhos de brasileiros. (Diegues Júnior, 1976, p.151)

Esse apreço e apego à cultura francesa – que esteve longe de se constituir em uma peculiaridade brasileira (Rolland, 2005) – e o peso de sua influência em diferentes aspectos da vida nacional contam com vasta produção historiográfica, que tem perscrutado a questão sob os mais diversos ângulos.[4] Talvez não seja demais afirmar que se dispõe de elementos que permitem discernir menos a presença física dos franceses do que a persistência de um discurso calcado na filiação a valores e tradições daquele país, que configuram um imaginário a respeito da França no Brasil.[5]

"Invisibilidade" dos franceses ou vazio historiográfico?

O referido silêncio é compreensível. Afinal, na chamada "grande imigração", cujo período áureo ocorreu entre o final do século XIX e as primeiras décadas do seguinte, a contribuição francesa foi bastante discreta – "quase nula", nas palavras de Diegues Júnior. Na cidade de São Paulo, cuja população passou dos 26 mil habitantes em 1872 para 130 mil em 1895, mais da metade desse vigoroso crescimento deve ser creditado à entrada de estrangeiros, dentre os quais os italianos representavam 63,38%, os portugueses, 21,13%, os espanhóis, 6,76%, os alemães, 3,38%, e os franceses, 1,55% (Santos, 1998, p.35-6). Números absolutos da entrada de imigrantes pelo porto de Santos entre 1882 e 1891 indicam a presença de 202.503 italianos, diante de 1.922 franceses (Morse, 1970, p.241).

Em 1911, o Ministério das Relações Exteriores da França tentou estabelecer de forma precisa o número de nacionais residentes no exterior, isso com vistas a esclarecer, sobretudo, a situação de cada imigrado perante o serviço militar. Para tanto, solicitou aos ministros plenipotenciários no exterior que realizassem um

---

4 Ver, por exemplo, além dos livros já citados: Mario de Lima Barbosa. *Les Français dans l'histoire du Brésil*. Paris: Albert Blanchard, 1923; Aurélio de Lyra Tavares. *Regards sur cinq siècles France-Brésil*. Bois-Colombes: Agence de Communication Internationale, 1973; Guy Martinière. *Aspects de la coopération franco-brésilienne*: transplantation culturelle et stratégie de la modernité. Grenoble: PUG, 1982. Destacam-se, mais recentemente, a *Revista Brasileira*, fase VII, ano XI, n.43, abr.-maio-jun. 2005, publicada pela Academia Brasileira de Letras, dedicada às relações culturais entre França e Brasil, e o volume de Carlos Benedito Martins (Org.). *Diálogos entre Brasil e a França*. Formação e cooperação acadêmica. Recife: FJN, Massangana, 2006, consagrado ao âmbito educacional, em seus múltiplos aspectos e temporalidades.

5 Não se trata, nos limites deste texto, de enfrentar a questão das relações e interações franco-brasileiras, marcadas por múltiplos estereótipos e clichês. Para uma análise aprofundada e instigante do tema, ver Carelli, op. cit.

censo, o mais completo possível, destes franceses.[6] O Chargé d'Affaires de la République Française no Rio de Janeiro, Gaillard Lacombe, concluiu, a partir dos dados contabilizados pelos consulados da capital federal, São Paulo e Bahia, que havia 11.435 franceses no Brasil (Quadro 1).[7] A esses devem-se somar os 148 franceses estimados pelo consulado de Belém, cujos dados foram enviados com um ano de atraso. A repartição geográfica era a seguinte:

- 3.624 na região consular do Rio de Janeiro (3.474 concentrados no Distrito Federal);
- 7.405 na região consular de São Paulo: cinco mil no estado (dos quais dois mil na capital e quarenta em Santos); 380 no estado do Paraná (120 em Curitiba); 25 em Santa Catarina (cinco em Florianópolis); dois mil no estado do Rio Grande do Sul (880 em Porto Alegre, quatrocentos na cidade de Pelotas, e cem na de Rio Grande);
- 406 na região consular de Bahia e Pernambuco (237 na Bahia, oitenta em Pernambuco, 48 em Alagoas, 41 na Paraíba).

Quadro 1.   Geografia dos consulados e agências consulares da França no Brasil em 1912

Consulados da França	Principais agências consulares
Rio de Janeiro (desde 1815)	Espírito Santo, Belo Horizonte, Barbacena,
Bahia (desde 1821)	Goiás, Mato Grosso
Pernambuco (desde 1827)	Alagoas, Paraíba
Porto Alegre (desde 1853)	Ceará, Rio Grande do Norte
São Paulo (desde 1895)	Curitiba, Florianópolis, Pelotas, Paranaguá
Belém do Pará (data não encontrada)	Maranhão, Parnaíba

Fonte: CADN, Rio, série A, 170, apud Cras, Jérôme.

Tais números faziam do Brasil o segundo país em recepção de franceses na América Latina, muito atrás da Argentina, com uma colônia de cem mil indivíduos (14% da população total), mas à frente do Chile, com dez mil (3%), Uruguai, 9.500 (9,1%), México, quatro mil (0,3%), Cuba, 2.300 (0,1%), e Caribe Britânico,

---

6   Como indicou Rolland (op. cit., p.101): "O registro consular fornece cifras relativas a franceses 'declarados'. Mas ele fornece sobretudo um índice da representação da ligação com a França, muitas vezes conjunturalmente constituída em torno das obrigações militares: a que lado do Atlântico dá-se prioridade, preserva-se a possibilidade de retorno, quer-se dar ao país anfitrião provas de integração? Muitas vezes é difícil estabelecer a hierarquia desses diferentes fatores, salvo quando a conjuntura pesa de maneira não habitual".
7   Centre des Archives Diplomatiques de Nantes (CADN). Rio, série A, 170.

dois mil (0,1%), para citar apenas os países que atingiam a cifra dos dois milheiros. A título de comparação, vale assinalar que os Estados Unidos abrigavam 125 mil (1,4%), e o Canadá, 25 mil (3,5%) imigrantes franceses (Rolland, op. cit., p.100, 101).[8]

No Brasil, a presença maciça de outras etnias, especialmente italianos, ajuda a compreender a "invisibilidade" dos franceses, cujos rastros por vezes se insinuam.[9] No caso específico da cidade de São Paulo, o silêncio também atingiu os brasileiros pobres, tal como problematizou Santos, que não deixou de associar essa forma de cegueira ao desejo dos grupos dominantes de apresentar a população paulistana como branca e europeia (Santos, op. cit.). É forçoso concluir que a imigração francesa para o Brasil tem sido abordada de forma secundária no âmbito da historiografia brasileira, cujas linhas de força, como apontou Boris Fausto, estruturam-se em torno de análises sobre a constituição do mercado livre de trabalho; as condições de vida; as oportunidades, no meio rural e urbano, de mobilidade social; a participação e o papel dos imigrantes nas organizações, ações e ideologias operárias, assim como no âmbito do poder, instituições e partidos políticos; sem esquecer as complexas questões ligadas à identidade (Fausto, 1991).[10]

Na França, por sua vez, a questão da emigração apenas recentemente tornou-se tema de pesquisa: durante longas décadas, não se duvidou do discurso que apresentava o país como uma terra de imigrantes e não de emigrantes (ver Noiriel, 1992). Indício da força desse imaginário é o fato de se estabelecer uma peculiaridade francesa em relação a países como Itália, Espanha, Portugal, Polônia, Alemanha, Irlanda etc. Assim, em 1860, a revista inglesa *The Economist* explicava: "A França não é um país colonizador e não tem nenhuma razão para tornar-se

---

8 O autor baseou-se no *Bulletin de la Statistique Générale de la France*, 01-1915, t. IV, fasc. 2, p.163. Informa, ainda, que viviam na América Latina 149.400 franceses, o que representava 3,4% dos nacionais residentes no exterior.

9 A título de exemplo, consultar Camillo (1998), que fornece dados e reproduz propagandas das seguintes empresas que eram, total ou parcialmente, propriedade de franceses: Sapataria João Barrère, p.72-3; Fábrica de Carros e Troles, p.79-82; Casa Bloch (alfaiataria), p.126-7; Sapataria L. Hertz e R. Barrère, p.128-9; Casa Blanchard (caldeiraria, fundição de ferro e bronze), p.138-40. Em comemoração ao Centenário do Museu Paulista (1995), a instituição publicou fac-símile de excertos da *Revista Industrial*, produzida por empresários de São Paulo e destinada à Exposição Universal de 1900, realizada em Paris, na qual figuram o *Banque Française du Brésil*, além de vários estabelecimentos com nomes franceses, entre os quais: *Au bon diable, important établissement de costumes pour hommes et enfants*; *Mlle. S. Aron, aux nouveautés parisiennes* e *Joseph Lévy Frères & Cie, établissement français de céramique*.

10 O autor apresenta, em um notável esforço de síntese, as polêmicas que cercam os estudos acadêmicos sobre imigração.

um", opinião justificada pelo fato de "as grandes razões da emigração em geral e as razões fundamentais do seu sucesso [...] não existem na França, onde a população é praticamente estacionária e onde a divisão da propriedade retém no campo uma quantidade grande de agricultores pequenos proprietários".[11]

É fato que a França não conheceu as grandes levas emigratórias, o que não significa, porém, inexistência de emigração. Durante anos, o país orientou fluxos migratórios para colônias como a Argélia, anexada desde 1857 e que menos de 15 anos depois, em 1871, já abrigava 225 mil franceses. Essa emigração maciça, que concerne também às ilhas das Antilhas, contribuiu para esmaecer o fluxo em direção ao Novo Mundo. No entanto, é justamente essa região que atualmente se constitui em campo de pesquisa, como exemplificam os trabalhos de François Weil, Nancy Green, Nicole Fouché e Annick Foucrier (Weil, 1996, p.443-6; 2000a; 2000b, p.197-206; 2005, p.5-8; Green, 2002; Green; Weil, 2006; Fouché, 1985; 1992; Foucrier, 1999). Mesmo assim, na historiografia francesa, a emigração para o Brasil permanece secundária diante dos trabalhos dedicados aos Estados Unidos, Argentina e México.

Se nas duas historiografias a questão da saída/entrada de franceses é similar, isso não significa que inexistam documentos e acervos que permitam tratar do tema dos dois lados do Atlântico. Na França, merecem destaque os registros consulares do Centre des Archives Diplomatiques de Nantes e os arquivos do Ministère des Affaires Etrangères (Quai d'Orsay) que contêm, além de notícias individuais relativas aos franceses registrados, cartas oficiais sobre a situação dos imigrantes franceses, pedidos de retorno e uma vasta gama de outros tipos de registros (Even, 1987; Cras in Carreira; Dos Santos, 2006, p.65-75). Igualmente importantes são os arquivos dos portos de embarque: Marseille, Bordeaux, Le Havre, os quais, geralmente, fazem parte dos arquivos das Câmaras de Comércio (Brault, 2005). Não se pode afirmar que tais acervos não foram estudados, uma vez que existem vários trabalhos levados a cabo a partir dessa documentação que, no entanto, ainda não foi analisada de modo sistemático com vistas a um conhecimento de caráter mais global acerca da presença dos imigrantes franceses no Brasil.

O mesmo se pode afirmar para o lado brasileiro: existem pesquisas de inegável relevância e rigor, mas não um campo de investigação. Os acervos, por sua

---

11 *The Economist*, 05/05/1860, apud Silva, Ligia Osório. Propaganda e realidade: a imagem do Império do Brasil nas publicações francesas do século XIX. *Revista Theomai*, n.3, primeiro semestre de 2001. Disponível em: <http://revista-theomai.unq.edu.ar/numero3/artligiao-sorio3.htm>. Acesso em: jul. 2008.

vez, também são ricos e variados, cabendo destacar os registros de entrada de imigrantes, censos, inquéritos, arquivos judiciários que guardam, por exemplo, os processos de apreensão de bens dos franceses endividados, dados de natureza comercial, além da imprensa e notas de cunho pessoal, como cartas e os diários. A proposta deste livro coletivo é justamente incentivar a formação de um campo de estudos sobre a presença dos imigrantes franceses no Brasil, tarefa que demanda a união de esforços de especialistas dos dois países.

Algumas sugestões e possibilidades de pesquisa

Nesta reavaliação da emigração francesa e da presença desses imigrantes no Brasil, pode-se inquirir: por que alguém decide emigrar? A pergunta abre outro leque de inquietações: que importância fatores econômicos, políticos e/ou sociais aí desempenham? E mais: por que escolher o Brasil? Quais segmentos sociais emigram? Qual o peso da emigração espontânea? E o da contratada?[12] Uma vez estabelecidos no novo país, quais os ramos de atividades privilegiados pelos imigrantes? Como explicar sua distribuição pelo território brasileiro? Qual(is) a(s) memória(s) acerca dessa presença francesa no Brasil atual? Tais questionamentos articulam os estudos aqui apresentados e o fato de lidar com alguns milhares de indivíduos fornece oportunidades para refinar o nível da observação, reconstituir estratégias familiares, projetos individuais e mensurar as modalidades de inserção dos franceses na sociedade brasileira, investigar motivações e expectativas e precisar o que se entende por "fracasso" ou "sucesso". Essa perspectiva de viés microanalítico, em que a escala de observação é reduzida, longe de se restringir a um conjunto de casos interessantes, pode contribuir para a proposição de novos problemas e de novas formas de apreensão da imigração como macroprocesso (ver Revel, 1998).

Ao comentar os momentos que se situam entre a decisão de abandonar o país de nascimento e a chegada ao ponto de destino, Léonce Aubé afirmou:

---

12 Em 1857, Dutot, membro da Sociedade de Geografia de Paris, ao tratar da vinda de franceses para o Brasil, distinguiu a "imigração espontânea" da "imigração contratada", fosse por parte de um particular ou do Estado brasileiro, e assim a justificou: "[...] os cultivadores franceses devem se fixar no Brasil para propagar ali bons métodos, para fazer nascer ali a previdência, essa virtude tão rara para além do Atlântico" (Dutot, 1857, p.82). O livro foi reeditado dois anos mais tarde pela Editora Garnier, com a inclusão de um texto de Léonce Aubé: *Notice sur dona Francisca*, colônia da província de Santa Catarina.

É sempre uma grande e séria resolução para uma família abandonar a terra natal com o objetivo de ir tentar a sorte e buscar uma existência mais feliz a alguns milhares de léguas de distância. Os homens mais firmes hesitam diante desse adeus eterno à pátria, aos parentes [...]. Quantos sacrifícios a fazer antes da partida e quantas incertezas. É preciso vender sua propriedade, grande ou pequena, deixar uma parte para as despesas da viagem, enfrentar os perigos de uma longa travessia [...].

Subimos a bordo do navio de emigrantes, e nos instalamos no meio deles quando, depois de oito ou dez semanas, de uma fácil travessia, se anuncia enfim a terra. É ainda apenas uma espécie de nuvem que só os olhos experimentados dos marinheiros distinguem, mas o vento é favorável, o navio traça um rastro rápido, e logo aparece uma linha de montanhas recortadas que se avistam a 15 ou 20 léguas de distância [...]. É um belo dia o da chegada, e o primeiro sentimento que se experimenta é sempre a felicidade e a admiração à vista dessa vegetação desconhecida e luxuriante. (Aube in Dutot, op. cit., p.390-2)

Para os que se debruçam sobre os fenômenos migratórios, a questão da motivação para emigrar está entre as mais complexas, pois envolve fatores psicológicos dificilmente acessíveis, como salientou o historiador Abel Châtelain em um pequeno artigo publicado em 1945 na revista *Annales* que se desdobrou em uma ampla reflexão (Châtelain, 1945, p.138-40; 1947, p.53-70; 1963, p.1--17; 1976). A única maneira de contornar tal dificuldade seria dispor de cartas de emigrantes, justificando para a família ou os amigos a decisão, ou diários íntimos, mas tais achados são, na maior parte das vezes, obra da sorte ou do acaso. No entanto, uma vez de posse desses verdadeiros tesouros, o historiador depara-se com as mais variadas razões. Assim, em 1816, aos 18 anos, o jovem Ferdinand Denis, que mais tarde assinou produção das mais significativas sobre o Brasil, decidiu partir para a América a fim de enriquecer e oferecer à irmã Cisca um dote de casamento digno do nível social da sua família, empobrecida em consequência da Revolução Francesa. Como seu pai conhecia um negociante francês na Bahia, o jovem Ferdinand dirigiu-se do porto de Le Havre para o do Rio de Janeiro e, em seguida, Salvador, de onde retornou três anos depois, sem conseguir realizar seu intento (Vidal, 2002, p.237-52).

Na mesma época, em 1817, chegaram ao Rio de Janeiro, também procedentes de Le Havre, os irmãos Lavigne, marceneiros que se instalaram perto de Ilhéus com a intenção de construir um barco para resgatar Napoleão da ilha de Santa Helena. O barco nunca chegou a ser construído, mas eles tornaram-se grandes fazendeiros (Zunzunegui, 2001).[13] Muitos outros, até a década de 1870, imi-

---

13 Outros estudos poderiam ser mencionados: Batista, 1990; Mott, 2004, p.223-33.

graram por motivos políticos, caso de Charles Ribeyrolles, que deixou a França depois do golpe de Luís Napoleão Bonaparte (1852). Autor do livro *Le Brésil pitoresque* (1859), escrito com a intenção de promover a vinda de colonos franceses ao Brasil, era observador da sociedade brasileira e insistiu nas oportunidades oferecidas pela colonização agrícola.

Por estranho que pareça, Ribeyrolles compartilhava da opinião de Benjamin Pourcel que, em 1849, ofereceu ao presidente da República Francesa, Napoleão Bonaparte, um estudo intitulado *Études des intérêts réciproques de l'Europe et de l'Amérique. La France et l'Amérique du Sud*. O objetivo era incentivar "uma imigração contínua, mas prudente e regularizada" para a América do Sul, "uma emigração ordenada, sistematizada de braços ociosos que, não produzindo, não podem consumir"; "mercados! mercados! esse é o grito que deve ressoar de um extremo a outro da França" (Pourcel, 1849, p.3, 13). Por ser *prudente*, essa imigração não deveria pautar-se pelas possibilidades de enriquecimento rápido – e Pourcel não hesitou em criticar a imigração para as minas de Califórnia –, por ser *contínua* e *regularizada* só poderia ser fundada no trabalho da terra: "sob seu vigoroso impulso, a solidão se povoará, a inércia se tornará ação, e a terra renderá o cêntuplo do que ela receber" (ibidem, p. 36). Pourcel não escondeu, no entanto, outro objetivo da imigração francesa – a ação civilizadora:

> O Brasil, império imenso e o mais magnificamente dotado pela natureza, possui cerca de 1.200 léguas de costas e os mais belos portos do mundo. Sua extensão é de 250.000 léguas quadradas de território, onde vivem cinco milhões de habitantes, que representam vinte habitantes por légua quadrada... A Holanda mantém 2.300 no mesmo espaço [...]. Desses cinco milhões de brasileiros, um quinto aproximadamente pertence à raça branca pura, e o restante é composto de negros e de mestiços em todos os graus. Na época em que vivemos, elementos tão combustíveis ameaçam esse vasto império de uma decomposição social se a Europa não intervier energicamente por uma corrente de imigração rápida que faça dominar o quanto antes o elemento branco na população brasileira, a fim de evitar um cataclismo iminente. Há nessa empreitada uma urgência tanto maior na medida em que o destino do Brasil está hoje, pode-se dizer, por um fio... (ibidem, p.36-7)

Portanto, em meados do século XIX, os dois objetivos citados – valorização agrícola do Brasil, via fundação de pequenas colônias agrícolas, e branqueamento da população – eram encarados por franceses e brasileiros como incentivos à imigração. E, de fato, muito longe dos casos excepcionais, frequentemente supervalorizados quando se trata da entrada de franceses no Brasil, boa parte dos emigrantes veio porque "uma circunstância infeliz nos obriga a buscar em seus estados um futuro perdido. Nós pensávamos que a terra do Brasil responderia ao nosso trabalho", como explicavam os colonos do Valão dos Veados ao imperador em 1851.[14] Em 1861, Charles Expilly apresentou uma visão geral dessa emigração:

> Sem pretender estabelecer proporções exatas, eu diria mais ou menos que a emigração francesa se compõe, para dois terços, de gente sem escrúpulos, cujos vícios ou cujos crimes forçaram a deixar sua pátria [...]. O suporte do terceiro terço é fornecido por negociantes infelizes, mas não degradados; operários laboriosos; pais de família oprimidos pela miséria, que uma louca esperança de fazer rapidamente uma modesta fortuna induziu à expatriação. (Expilly, 1863, p.260)

Para o século XIX, a imagem da imigração francesa no Brasil é, antes de tudo, a de uma população urbana e qualificada, voltada para os setores da moda (Vidal in Augeron; Even, 2009). Essa realidade, tantas vezes atestada pelos contemporâneos e pela historiografia, esconde outro tipo de presença: a de homens e famílias contratados na França para participar da fundação de colônias agrícolas, como explica Ligia Osório Silva:

> A propaganda da colonização do Brasil tal como se espalhou na França em meados do século XIX dirigia-se a uma emigração de massa e tinha como chamariz a possibilidade do colono se tornar proprietário [...]. Parte deste debate deu substância à idade de ouro da *Revue des Deux Mondes*: entre 1830 e 1880 foram publicados 40 artigos sobre o Brasil, sendo que os dois primeiros foram escritos por Ferdinand Denis e Auguste de Saint-Hilaire. (Silva, op. cit.)

Pode-se citar como exemplo o trabalho do geógrafo francês Elisée Reclus, publicado na citada revista: *Le Brésil et la colonisation* (Reclus, 1862, p.375-414; 930-69). A historiadora Rhoda Desbordes confirmou a importância da implantação das agências internacionais de notícia como propagandistas, na Europa, da ideia de colonizar a América do Sul em geral e o Brasil em particular (Desbordes, 2004). Tampouco se pode esquecer da importância da literatura popular na difusão dessa ideia (Brzozowsky, 2001): mesmo sem deixar de mencionar as dificuldades, todos, ou quase todos, concluíam que, "depois de ter passado por provas tão rudes, nossos emigrantes usufruem em paz de uma felicidade que devem unicamente à sua perseverança e à sua probidade" (Gérard, 1891).

---

14 Biblioteca Nacional do Rio de Janeiro, Mss C 284 – 1.

Se jornais, revistas e livros valorizam o Brasil como terra de colonização agrícola, seria necessário avaliar, de modo mais preciso, o papel desempenhado pelos folhetos de propaganda, distribuídos pelos agentes de imigração espalhados pela Europa, na decisão de partir. Veja-se o seguinte exemplo:

> Faz-se saber a todas as famílias que quiserem segurar [sic] a sua prosperidade para o futuro que uma Companhia vem de formar-se, tendo por fim de mandar para esta terra extravagantemente fértil emigrantes comuns. Lá chegados, a Companhia cederá a cada um 100.000 braças quadradas de terras já cultivadas, como assim morada, lugares para animais e outras pertinências, instrumentos de agricultura e gado de toda qualidade.
>
> Carpinteiros, pedreiros, marceneiros etc. podem ganhar lá pelo menos 13 francos por dia e, além disso, trabalhar nas suas terras [...].
>
> Para dar uma ideia das vantagens que os imigrantes terão nesta terra, e cuja explicação miúda fora muito longa, diremos simplesmente que lá a caça e a pesca, que em qualquer outra parte é severamente proibida ou que tem que ser paga muito cara, é um divertimento franco e proveitoso ao colono.
>
> Aqueles que queiram aproveitar-se desta ocasião favorável mandem alistar-se sem demora, porque a Companhia obriga-se só por 50.000 pessoas e a primeira partida está fixa para o dia 25 de março [...]. (Ottoni, 1859, p.22-4, apud Silva, op. cit.)

Ou ainda este outro, datado de 1874:

> No Brasil uma família tem: 1°) direito a 50 hectares em toda propriedade por 750F pagáveis em 5 anos. 2°) alojamento com antecipação de víveres, sementes, instrumentos de arado, bois, vacas, cavalos, mulas, porcos, cabras, aves de criação, até os utensílios de cozinha, pagáveis em 7 anos. 3°) a 50F dados grátis por pessoa de 10 anos e mais. (Nectoux, 1874, p.4, apud Silva, op. cit.)

Sabe-se que a desilusão, o "desânimo da primeira hora" (Walle, s.d., p.80), como dizia Paul Walle no início do século XX, era frequente e as condições reais encontradas na colônia revelavam-se muito distantes das esperanças:

> O efeito provocado por estas experiências negativas foi a publicação, em 1859, por parte do governo francês de uma *mise en garde* contra as tentativas de engajamento de emigrantes para o Brasil. Em 1875, dois decretos (14/04 e 30/08) proibiram o recrutamento para o Brasil e a Venezuela (no caso do Brasil a proibição só levantada no final dos anos 1890). (Silva, op. cit.)

Se o fracasso das colônias agrícolas foi frequentemente evocado, o historiador deve ter muita cautela com tal discurso. Parece necessário ultrapassá-lo e atentar para a multiplicidade de destinos desses imigrantes: voltaram à França? Tentaram instalar-se em outras partes do país? Casaram-se? Mudaram de profissão? O desejo, por vezes confuso, de mudança que mobilizou franceses em torno de um projeto migratório, pode ser chamado de "utopia", no sentido em que o filósofo marxista Ernst Bloch definia este conceito: uma projeção para "o ainda-não-vivido", "o ainda-não-acontecido", "o ainda-não-consciente" (Bloch, 1959). Essas esperanças, que ocupavam o espírito dos homens e o horizonte da sua existência, não se realizaram uma vez fixados no Brasil. Tal distância entre o "horizonte de espera" e o "campo de experiência", para retomar os conceitos de Reinhart Kosseleck (2006) criou uma tensão que fez história, pois introduziu esses migrantes na realidade concreta da sociedade brasileira. O que foi chamado de fracasso das colônias esconde, no mais das vezes, a entrada na história dos homens que participaram dessas aventuras. Outra reavaliação necessária diz respeito à imigração urbana: para além da imagem frequentemente difundida, vale lembrar que boa parte dos migrantes tinha trabalhos não qualificados ou tidos como pouco recomendáveis, como é o caso da prostituição.

Plano da obra

Este livro coletivo pretende estimular um campo de pesquisa no âmbito das historiografias francesa e brasileira que avalie, de um lado ao outro do Atlântico, potencialidades, delineie contornos e incentive novas iniciativas de investigação que propiciem um conhecimento mais agudo da realidade dos imigrantes franceses no Brasil: projetos, desejos, cotidiano, modalidades de integração, mas também insucessos, retornos, decepções etc. Tal proposta editorial explica a ausência de temáticas importantes, ainda não suficientemente investigadas.

A obra está organizada em cinco partes que procuram dar conta do percurso do imigrante – da França ao Brasil – e suas modalidades de inserção social sem, contudo, prender-se a linearidades cronológicas rígidas. Abre-se com a temática "Imigrar para o Brasil: imagens e realidades", composta de três textos que analisam, a partir de perspectivas diversas, o projeto de emigração, a escolha do Brasil e as condições de sua realização. Trata-se de analisar as diferentes imagens que circulavam na França sobre o Brasil e que ajudam a compreender as motivações da escolha, ainda que o pesquisador não possa desvendar os mecanismos psicológicos que deram nascimento ao projeto de migrar. A partir do caso do porto de Bordeaux, pode-se avaliar a importância da corrente migratória entre os dois países, objeto de preocupação de governos que viam com apreensão a partida de uma parte de sua população no momento em que se redefinia a política colonial, caso da Argélia, por exemplo, e que chegavam notícias das dificuldades encontradas pelos franceses nas colônias agrícolas, o que resultou na proibição da imigração contratada entre 1875 e 1907.

Ao longo do século XIX e início do XX, o Brasil era associado a uma "Terra de refúgio, terra de utopia", título da segunda parte, que reúne cinco contribuições. Refúgio para grupos tão diversos, como bonapartistas, socialistas e judeus. A vastidão do território brasileiro, ainda pouco ocupado, transformava-o ainda em lugar de utopia, como demonstra o exemplo da colônia de Saí.

A terceira parte, "O amplo leque das atividades urbanas", enseja uma re-avaliação da mitologia da imigração francesa no Brasil – imigração urbana e altamente qualificada, que poderia ser simbolizada pela presença francesa na Rua do Ouvidor, no Rio de Janeiro. É claro que não se trata de negar a presença de modistas, professores, cozinheiros ou outros, mas evidenciar que a questão não se esgota nos exemplos sempre repetidos, como atestam os seis artigos aqui reunidos, que incluem estudos sobre o Ceará e o Amazonas.

A respeito de "As experiências das colônias agrícolas", tema sobre o qual há pouquíssimos estudos, conta-se com três contribuições – províncias Flumi-nense, do Pará e de Minas Gerais –, todas anteriores à interdição da imigração contratada. Em seu conjunto, permitem compreender o que se deve entender por "sucesso" ou "fracasso" da imigração francesa.

A quinta e última parte, "Trajetórias individuais e memória", reúne um conjunto de cinco textos que se debruçam sobre percursos particulares e abor-dam uma gama diversificada de questões relativas às modalidades de instalação, inserção profissional e social, e que incluem alguns nomes célebres que também participaram desse vasto movimento migratório, como é o caso do paisagista Auguste Glaziou, do viajante Hercule Florence ou dos editores Garnier e Gar-raux. A questão da memória dessa presença francesa é analisada a partir do caso dos descendentes do Falanstério do Saí.

O trabalho terá atingido seus objetivos se as muitas inquietações e perguntas aqui reunidas puderem ser lidas como um convite para ampliar os estudos no fértil campo de pesquisa da emigração/imigração francesa no Brasil nos séculos XIX e XX.

PARTE 1

IMIGRAR PARA O BRASIL:
IMAGENS E REALIDADES

1
UMA HISTÓRIA ESQUECIDA: A ASSOCIAÇÃO CENTRAL DE COLONIZAÇÃO DO RIO DE JANEIRO E A MERCADORIZAÇÃO DA EMIGRAÇÃO EUROPEIA
(1857-1865)

Laurent Vidal
Maria Isabel de Jesus Chrysostomo

Esta pesquisa situa-se em um campo de estudo em plena recomposição – o dos emigrantes/imigrantes franceses nas Américas (em geral) e no Brasil (em particular).[1] Dentre as novas perspectivas historiográficas que se desenvolvem pouco a pouco, esse campo é uma perspectiva que acaba de nascer, clareando sob uma nova luz esta história – a da comercialização da emigração. Não se trata de uma novidade em si: esse aspecto foi plenamente reconhecido no século XIX. Trata-se, em vez disso, de uma "redescoberta" historiográfica, que convida a descompartimentar pesquisas muito frequentemente concebidas a partir de perspectivas binacionais, lançando luz sobre as imbricações atlânticas dos processos migratórios. Esse campo incentiva ainda a tomar conhecimento de todas as questões financeiras ligadas à importação de emigrantes (tanto para os países americanos quanto para os países europeus), tendo o transporte de emigrantes se tornado para certas companhias de comércio uma atividade fortemente rentável. Ele convida, por fim, a dar atenção aos atores privados (companhias de comércio, associações) cujas atividades definem uma economia atlântica da emigração.

É esse aspecto que este capítulo gostaria de evocar, a partir do caso da Associação Central de Colonização, cuja breve existência (1857-1865) não se mostra menos reveladora dessas questões.[2]

---

1   Cf. Vidal, Laurent; De Luca, Tania (orgs.), *Les Français au Brésil (XIXe-XXe siècles)*, Paris, Les Indes Savantes, 2011.

2   Se fosse necessária uma outra prova, seria dizer que para restituir (ainda que parcialmente) essa história, visitamos uma dezena de repositórios de arquivos e bibliotecas, na França, no Brasil e até mesmo na Itália – e que teríamos ganhado muito visitando esses locais na Bélgica, nos

1. Um duplo contexto: projetos de colonização agrícola e abolição da escravatura

A criação da Associação Central de Colonização (ACC) inscreve-se na articulação de vários projetos e decisões do Império Brasileiro, que é importante descrever em linhas gerais.

Em primeiro lugar, citamos os projetos de fundação de colônias agrícolas europeias no Brasil, que surgem com a chegada da Corte de Portugal em 1808. Trata-se de propor, junto ao modelo escravagista, um outro modelo de desenvolvimento econômico, baseado em uma mão de obra livre e no cultivo de pequenos terrenos agrícolas (em suma, trata-se de importar o modelo de campesinato europeu). A primeira colônia é a de Nova Friburgo (na província do Rio), fundada em 1818, com colonos suíços e alemães. Em seguida, vários projetos surgem, mas o sucesso não é garantido.[3] Tanto é assim que, no início dos anos 1850, apesar de todos os esforços do governo brasileiro no tratamento da questão, a colonização agrícola fica aquém das expectativas do Império.

O ano de 1850 introduz um novo fator a essa política com a interdição do tráfico de escravos, sancionada pela lei Eusébio de Queirós em 4 de setembro de 1850. Assim, como explica Charles Reybaud, "a abolição da escravatura deixou muitos capitais inativos, indígenas ou estrangeiros, mas acostumados a buscar um emprego lucrativo nas transações dos grandes mercados brasileiros. [...] Todavia, essas potências financeiras que têm, no Rio, como em Londres, um imenso crédito não pensam em intervir com toda a autoridade de seus nomes e de seus capitais no patriótico e belo caso da colonização?".[4] Menos de uma semana após a adoção dessa lei, é criada a "Sociedade contra o Tráfico e Pro-

---

Países-Baixos, na Alemanha, na Suíça e em Portugal. Lamentamos apenas não ter conseguido encontrar os arquivos da ACC nem junto aos Arquivos Nacionais do Rio, nem junto aos arquivos do Itamaraty, ou ainda nos arquivos do Estado do Rio. É, portanto, a partir de fragmentos esparsos que trabalhamos para reconstituir essa história.

3   Citamos alguns exemplos: a Lei n.276, de 05/02/1826, autoriza a criação de um núcleo colonial em cada província do Império. Em 1835, o empresário João Henrique Freese recebe a autorização para abrir estradas e organizar colônias (província do Rio de Janeiro). Em 1836, é criada no Rio de Janeiro uma companhia chamada "Sociedade Promotora de Colonização do Rio de Janeiro", que instalou seus gabinetes na Rua do Passeio e construiu depósitos para abrigar colonos no Largo da Lapa. Em 1840, a Lei n.220, de 30 de maio, permite organizar colônias agrícolas ou industriais nas terras devolutas. No mesmo ano, o governo brasileiro e o governo belga fundam a "Companhia Belga-Brasileira de colonização". O projeto deles é desenvolver a agricultura na ilha de Santa Catarina.

4   Reybaud, Charles, *Le Brésil*, Paris, H. Guillaumin, 1856, p.230-231.

motora da Civilização dos Indígenas" (7/09/1850). Órgão do Partido Liberal, essa sociedade tem como objetivo a defesa da colonização agrícola europeia.[5] Tal projeto indica claramente o quanto essa política de colonização visa a substituição progressiva da mão de obra escrava por uma mão de obra europeia e a civilização dos indígenas (ou seja, sua integração forçada ou sua expulsão): trata-se aqui de uma política de embranquecimento da raça.

Em 18 de setembro de 1850, a lei das terras dá um novo impulso à política de colonização ao reintegrar ao patrimônio do Estado o conjunto de terras devolutas (isto é, terras não ocupadas ou cultivadas), que se tornavam, desse modo, disponíveis para a venda em pequenos terrenos a futuros colonos. Muitas terras ocupadas pelos indígenas, mas também sesmarias passadas de maneira hereditária vão ser abrangidas por essa lei, que, teoricamente, abria à grande maioria a possibilidade de acesso à terra. O colono podia ser o proprietário de sua terra, ou o cultivador por arrendamento (contrato de parceria com o Estado ou com um proprietário).

Em um primeiro momento, esse sistema de parceria (arrendamento) se beneficia dos favores dos fazendeiros. Mas, rapidamente, queixas se acumulam tanto no Brasil quanto na Europa, denunciando uma nova forma de escravidão: o colono nunca consegue quitar a sua dívida, ao poupar dinheiro o suficiente para obter sua independência.[6] Assim acontece a Revolta dos Parceiros, na colônia do Senador Vergueiro (na província de São Paulo). Em dezembro de 1856, emigrantes, basicamente suíços e alemães, contratados por um contrato de parceria na colônia agrícola de Ibicaba, se armam para lutar contra o que eles chamam de escravidão moderna.[7] Essa revolta, cujo líder é o suíço Thomas Davatz, é fortemente difundida na Europa.

Acrescentamos, por fim, um último elemento. Com a crise de cólera em 1855, que atinge principalmente a mão de obra de origem africana, "estima-se em mais de 100.000 o número de vítimas, sendo a raça negra, certamente, dois terços dessas vítimas, se não mais".[8]

---

5   Kodama, Kaori, "Os debates pelo fim do tráfico no periódico *O Philantropo* (1849-1852) e a formação do povo: doenças, raça e escravidão", *Rev. Bras. Hist.*, v.28, n.56, São Paulo, 2008.

6   Cf. Carvalho, Hypollite, *Le Brésil au point de vue de l'émigration et du commerce français*, Paris, Garnier, 1856; Baril, V. L. (comte de La Hure), *Principes pour la fondation de colonies au Brésil*, Rio de Janeiro, Typ. Française de Frédéric Arfvedson, Largo da Carioca, n.11, 1859.

7   Heflinger, José Eduardo, *A revolta dos Parceiros na Ibicaba*, São Paulo, Unigráfica, 2010.

8   Archives du Ministère des Affaires Etrangères – La Courneuve (MAE), Correspondance Commercial et Consulaire (CCC), Rio de Janeiro, v.11, 12/07/1855.

2. A comercialização da emigração europeia nos anos 1850

É nesse contexto no mínimo conturbado que a Associação Central de Colonização foi criada por iniciativa do governo brasileiro: o decreto imperial é assinado no dia 2 de abril de 1855, pelo ministro Luiz Pereira de Couto Ferraz, e foi "recebido no Rio com um grande fervor", segundo o Consulado da França no Rio de Janeiro.[9]

A ACC tem como tarefa coordenar o conjunto do processo de emigração/imigração:

- anteriormente, estabelecendo acordos com companhias de comércio europeias para o recrutamento e transporte dos emigrantes;
- posteriormente, colocando à disposição das companhias de colonização e de diversos empreendedores brasileiros uma mão de obra selecionada e já transportada para o Brasil;
- e na interface desses dois processos, instalando na Ilha de Bom Jesus (contígua à Ilha do Fundão) um conjunto de infraestruturas (dispositivos) para a recepção dos novos imigrantes (lazareto, dormitórios e refeitórios coletivos, gabinetes de informação e de recrutamento...).

A ACC recebe, então, a missão de recrutar 10.000 famílias ou 50.000 colonos em cinco anos. Em um primeiro momento, trata-se de "encontrar mão de obra para nossa agricultura".[10] Assim, como indica o relatório da Repartição Geral das Terras Públicas de 1856:

> [...] ainda há pouco, o fazendeiro do interior do Império podia ter as melhores intenções para o desenvolvimento do seu estabelecimento, estar disposto a fazer os sacrifícios necessários para a obtenção de mão de obra livre. Mas, faltava-lhe o intermediário indispensável – na Europa, para recrutar e transportar homens de boa moral, trabalhadores e sadios, e, no Brasil, para os recebê-los em sua chegada, abrigá-los, alimentá-los por um preço razoável, até que sigam seu destino. A Associação Central de Colonização, vinculada pelas obrigações às quais está submetida, se encarregará dos pedidos de trabalhadores que nossos fazendeiros estão dispostos a empregar.[11]

---

9   MAE, CCC, Rio de Janeiro, v.11, 12/07/1855.
10 Arquivo Público do Estado do Rio de Janeiro (APERJ), p.7-9-3, fl.126, 26/07/1859.
11 *Relatório da Repartição Geral das Terras Públicas* – 1856, p.35.

Em 1860, o presidente da ACC, Borges Monteiro, é muito claro sobre esse assunto, como testemunha uma carta de 23 de julho, endereçada ao Ministro do Interior, explicando que se trata de "conceder favores não apenas aos fazendeiros, para incentivá-los a recrutar colonos, mas também aos emigrantes, a fim de incentivá-los a procurar nosso país, onde terão acesso a benefícios reais, e não a sonhos falaciosos".[12] Tudo parece planejado, inclusive as despesas relacionadas à estadia dos colonos na Hospedaria (a ACC controla os valores de modo que eles sejam os mais reduzidos possíveis). Mas para que essas despesas não sobrecarreguem demasiadamente o orçamento dos colonos, é preciso que sua espera por uma contratação seja a mais breve possível, por isso é importante que os proprietários planejem com antecedência as necessidades desses colonos.

Embora tenha sido criada por iniciativa do governo e fortemente subsidiada por ele, a Associação é constituída sob a forma de uma empresa acionária, pois trata-se também para o governo de demonstrar, junto aos detentores dos capitais brasileiros (mas também estrangeiros), que esse projeto representa um excelente investimento: "O governo brasileiro deliberou conceder à Associação Central de Colonização favores suficientes para que seus acionistas possam, vantajosamente, trazer o número de colonos que os fazendeiros poderão exigir nos próximos cinco anos".[13] Assim, encontramos dentre os primeiros acionistas o Barão de Mauá, que investiu igualmente na modernização dos portos brasileiros e na construção de ferrovias, e também Teófilo Ottoni, político e importante comerciante, fundador da Companhia de Navegação do Rio Mucuri. O presidente e o vice-presidente, assim como a direção composta por cinco membros, são eleitos pela assembleia dos acionistas, como testemunha o decreto de fundação da ACC; contudo, essa prática será abandonada em maio de 1858.

A Associação dispõe de um gabinete ligado à Junta de Comércio do Rio de Janeiro (Rua Direita, n.15). É nesse local que ela recebe as pessoas interessadas no recrutamento de colonos, como indica esta mensagem publicitária publicada no Jornal do Commercio: "Associação Central de Colonização. Recebemos, nos gabinetes da rua Direita nº 15, 1º andar, pedidos de fazendeiros para a chegada de colonos europeus, mediante adiantamento das quantias necessárias, a troco de garantias idóneas, e com uma taxa de juro nunca superior a 6% anual".[14]

---

12 APERJ, PP-7-9-3, fl.126, 26/07/1859.
13 *Jornal do Commercio*, ano XXXII, n.75, 17/03/1857.
14 *Jornal do Commercio*, 15/06/1858.

O interesse francês

Esse cuidado destinado à recepção de novos imigrantes, mas também a articulação entre incentivo público e iniciativa privada, chama a atenção da França de Napoleão III. Podemos tomar conhecimento sobre o assunto por meio da leitura da correspondência consular entre a Legação Francesa no Rio de Janeiro e o Ministério das Relações Exteriores. Como reconhece o Encarregado de Negócios francês da Legação do Rio, a ACC é "dirigida por um homem esclarecido".[15] Essa confiança que transmitem o presidente da Associação e as precauções tomadas em sua estruturação incentiva a França e os franceses a apoiarem essa iniciativa.

Esse apoio pode recobrir várias dimensões: primeiramente, é "[...] possível para nossos comerciantes entrar na Associação como acionistas. Vossa Excelência pode ter certeza de que nada neglienciarei para persuadir os capitalistas franceses a não ficarem de fora de um empreendimento cuja influência deles é suscetível para tornar lucrativa a navegação francesa".[16] Na realidade, nessa mesma época, a linha direta Le Havre-Rio estava prestes a ser implementada por meio da iniciativa da companhia "Mazurier, Lejeune et fils".[17] Não havia nenhuma dúvida de que tal atividade teria a possibilidade de instalá-la de forma duradoura no cenário da navegação comercial europeia para o Brasil.[18]

Mas, aos olhos do governo francês, o emigrante é também um recurso poderoso no desenvolvimento do comércio internacional da França, como evidencia esta reflexão do Encarregado de Negócios da Legação da França no Rio:

> A imigração desenvolve o comércio do país de onde ela parte, no país do qual ela vem. Cada colono traz e conserva em sua nova residência suas antigas necessidades e seus antigos costumes; e a tendência a consumos análogos se faz sempre presente [...]. O comércio alemão foi fortemente apoiado devido à importância alcançada pela colonização alemã. [...] O componente francês de colonização agrícola é também mais

---

15 MAE, CCC, Rio de Janeiro, v.12, 21/12/1858.

16 MAE, CCC, Rio de Janeiro, v.12, 11/11/1857.

17 Arquivo Histórico do Itamaraty – Rio de Janeiro (AHI), 225-2-1, 02/03/1857.

18 "Já tive a honra de informar à Vossa Excelência que nenhum comerciante francês era membro da Associação. Desde então, fiz esforços, sem sucesso, para vencer a desconfiança de nosso comércio, que com dificuldade se convence de que a Associação Central estava destinada a algum sucesso; mas, hoje, tenho a esperança de dois dos nossos principais negociantes, os senhores Lehéricy e Robillard, entrem em breve. Eles estavam quase decididos antes da publicação do dia 9, e não duvido que os favores oferecidos pelo governo os convencerão" (MAE, CCC, Rio de Janeiro, v.12, 19/04/1857). Esses negociantes não adquirem as ações (MAE, CCC, Rio de Janeiro, v.12, 11/11/1857). Na verdade, os problemas encontrados pela ACC começam a se tornar públicos.

ou menos industrial e, consequentemente, mais apropriado para popularizar nossos produtos no exterior e preparar o caminho para nossas importações.[19]

A emigração seria, então, a vanguarda da atividade comercial francesa. Aqui, acrescenta-se uma nova dimensão: enquanto a França sofre com a imagem causada pelos 49ers (homens sem escrúpulos, de poucos recursos, unicamente mobilizados pela ganância), esses emigrantes "trabalhadores e honestos" poderiam representar dignamente os interesses da França. É a imagem da França no exterior que está em jogo.

É importante também levar em consideração o contexto francês. Napoleão III deseja reconstruir um Império Francês, mas, na segunda metade dos anos 1850, tudo parece ainda estar em aberto: a Argélia é apenas um destino possível e ainda não se fala sobre o México. Trata-se de apoiar, por meio de uma política imperial adequada, o desenvolvimento econômico, comercial e industrial da França. E nessa competição realizada a distância entre as potências europeias, por meio de emigração intermediada, a França ficou para trás, tendo poucos emigrantes "honestos" nas Américas, cujos grandes mercados suscitam a cobiça. A Alemanha, em primeiro lugar, mas também a Suíça e a Bélgica têm muitos mais emigrados no Brasil do que a França. Daí a ambição francesa de aproveitar a oportunidade da criação da ACC para relançar sua política de emigração, e ao mesmo tempo recuperar o seu atraso perante os outros países europeus.

3. A propaganda na Europa e no Brasil

Tendo em vista o seu papel de intermediária entre os potenciais colonos e os proprietários agrícolas, a ACC deve realizar uma dupla propaganda: na Europa, para recrutar colonos; e no Brasil, para incentivar os proprietários a recorrerem a essa mão de obra.

Na Europa, a Associação envia ou recruta localmente agentes, firma contratos nas casas comerciais para o transporte dos emigrantes, mas também se beneficia do apoio da rede consular brasileira. É uma verdadeira rede que a Associação pretende implementar em escala europeia. A Europa, aliás, foi dividida em três blocos, cada um sob tutela de uma agência, como explica este artigo do Jornal do Commercio de 3 de maio de 1858: "No que diz respeito às agências, atualmente existem três delas instaladas em Paris, Hamburgo e Porto, cujos distritos

---

19 MAE, CCC, Rio de Janeiro, v.12, 18/11/1858.

38   LAURENT VIDAL E TANIA REGINA DE LUCA (ORGS.)

foram designados para que não haja confusão, nem conflitos entre os respectivos agentes de Paris e Hamburgo no cumprimento de suas funções em relação ao norte e ao sul da Alemanha".[20]

O exemplo da Maison Beaucourt et Cie

A agência de Paris é a Maison Beaucourt, instalada na rua Hauteville, n.35.[21] Todo o conjunto parece indicar que as autoridades francesas e brasileiras não participaram dessa escolha, nem da realização do contrato entre a Associação e a casa comercial Beaucourt – do qual, infelizmente, encontramos apenas alguns fragmentos.[22] Mas aqui está como a Cie Beaucourt o apresenta:

> [...] a Associação Central de Colonização encarregou a casa comercial H. Beaucourt et Cie, de Paris, de recrutar e embarcar colonos europeus, aos quais designou as diferentes nacionalidades no dia 14 de outubro de 1857. Um tratado foi acordado entre eles, devendo ter um ano de duração, a partir do dia 1° de janeiro de 1858. H. Beaucourt et Cie encarregava-se de enviar à dita Associação Central de Colonização o número de colonos estabelecido por ela.
>
> Por carta do diretor dessa sociedade, esse número foi determinado em 500 colonos por mês.
>
> Com o objetivo de assegurar, em favor da Associação Central de Colonização, a boa execução deste contrato, a cláusula seguinte foi nele inserida:
>
> "Art. 2: nenhum emigrante será enviado por conta da Associação Central de Colonização, sem ter provado previamente que ele satisfaz as exigências impostas a H. Beaucourt et Cie. A verificação dessas condições será feita por comissários nomeados pela Associação antes do embarque dos emigrantes."
>
> Esse comissário foi designado imediatamente, e a escolha da Associação recaiu sobre Ben Jos Martins. No momento da partida dos navios, o comissário ia ao porto de embarque, verificava junto ao Cônsul do Brasil os documentos dos colonos, fazia-lhes perguntas definidas previamente por um modelo e, em seguida, aceitava ou recusava os emigrantes recrutados por H. Beaucourt et Cie. Esse mesmo comissário também recebia ordens do diretor da Associação, que várias vezes confirmou o pedido de envio de 500 colonos por mês, e a correspondência com o comissário comprovará a insistência desses dois funcionários no cumprimento dessa cláusula.
>
> A fim de executar esse tratado, H. Beaucourt et Cie solicitou e obteve do seu governo uma autorização para criar uma agência, tendo como objetivo o recrutamento

---

20 *Jornal do Commercio*, 3 maio 1858.
21 MAE, CCC, v.12, 28/11/1857.
22 AHI, 225, 2, 2, 01/03/1859; MAE, CCC, v.12, 28/11/1857.

de colonos com destino ao Brasil, e forneceu uma caução de 40 mil francos exigida pelos regulamentos. Ela criou agências na Alemanha, na Suíça, na Itália e na Bélgica... onde ainda teve de dar garantias, arcar com altos custos de agenciamento. Em março de 1858, começou a expedir dois navios; nos meses seguintes, outros quinze os sucederam, abrangendo um total de 1.619 colonos.[23]

A Maison Beaucourt, então, investiu fortemente para conduzir seu projeto. É preciso dizer que ela receberia 50 mil réis (125 francos) por cabeça de emigrante transportado:[24]

No início dessa grande operação considerada de uma importância capital para o Brasil, julgando ter em mãos um contrato sério, H. Beaucourt et Cie enfrentou sérias dificuldades para conseguir colonos, e os problemas que despontaram na província de São Paulo (no Brasil), na colônia do senador Vergueiro, complicaram-na ainda mais. Em todo lugar, na Alemanha, na Suíça, a imprensa propagava anátemas contra a emigração de seus povos para o Brasil. Os jornais suíços propuseram a abertura de uma assinatura, cujos lucros serviriam para comprar de volta seus desafortunados compatriotas escravizados no Brasil. A imprensa alemã reproduzia esses absurdos propagados pelas agências da América do Norte, que tinham interesse em acabar com o movimento de emigração para o Brasil. H. Beaucourt et Cie fez grandes sacrifícios para atrair e negociar com esses mesmos agentes os altos custos de publicidade, assumiu compromissos, confiante na duração do contrato para além de um ano, uma vez que o diretor da Associação lhe assegurou que esse termo seria prolongado, bem como mencionava o Art. 13.[25]

Esse texto, publicado pela Beaucourt et Cie, mostra como em meio à atividade dos agentes recrutadores um jogo bastante complexo opõe os agentes diretamente enviados ao local pela Associação (que encontramos sobretudo nos portos de embarque para assinar os contratos), as autoridades consulares brasileiras (que verificam, nos portos de embarque, os vistos e o cumprimento dos procedimentos de emigração) e os agentes europeus, com os quais a Associação firmou um contrato, e que recrutaram em toda a Europa. Estes últimos são, geralmen-

---

23 *Immigration et colonisation au Brésil*, Imp. Leclerc, 16 rue d'Hauteville, Paris.
24 D'Assier, Adolphe, *Le Brésil contemporain. Races, mœurs, institutions, paysage, colonisation*, Paris, Durand et Lauriel, 1867, p.284.
25 *Immigration et colonisation au Brésil*, Imp. Leclerc, 16 rue d'Hauteville, Paris [1858].

40   LAURENT VIDAL E TANIA REGINA DE LUCA (ORGS.)

te, indivíduos inescrupulosos, que saqueiam as tavernas e os lugares públicos, prometendo mundos e fundos: "a cerveja corre solta e jorram as comissões".[26]

Os limites de poder e de responsabilidade de cada um não parecem, portanto, ter sido claramente especificados.[27] Melhor ainda, o famoso Ben Jos Martins, apresentado por Beaucourt como um agente da ACC, é, na verdade, o Dr. Bento José Martins, adido de segunda classe da Legação Imperial do Brasil em Paris, acumulando duplo poder.[28]

Desse modo, a ACC, que, no entanto, firmou contrato com três casas comerciais na Europa, não hesitou também em recrutar, por conta própria, emigrantes na Europa e a desenvolver sua própria propaganda. Por exemplo: um panfleto, datado de 1858 e destinado aos passageiros da "linha regular da Antuérpia ao Rio de Janeiro", foi editado pela Associação Central de Colonização. Ele explica que a Associação "tem como objetivo ajudar as famílias honestas e laboriosas que desejam emigrar para o Brasil [...] sendo todos os adiantamentos reembolsáveis em quatro anuidades começando ao fim do segundo ano". Para realizar essa tarefa, a Associação se beneficiará "de todo apoio moral e material [do governo imperial do Brasil] que for preciso, por exemplo: ajuda dos cônsules no exterior e das autoridades do país no Brasil, construção de igrejas, tratamento do clero da religião dos emigrantes, pagamento de instituições primárias etc. etc.".[29] Um outro panfleto publicitário distribuído na Alsácia menciona que "De Colmar, os emigrantes são acompanhados até o seu destino e, na sua chegada ao Rio, serão recebidos pelos agentes da companhia, bem tratados e a partir daí inseridos em suas terras, dando-lhes todas as instruções necessárias para a agricultura".[30]

---

26 Otoni, Teófilo, *Notícia sobre os selvagens do Mucuri*, org. por Regina Horta Duarte, Belo Horizonte, ed. UFMG, 2002, p.119.

27 Acrescentamos a essas justaposições de poderes o dos capitães de navio, que por vezes preferem declarar apenas uma parte dos emigrantes como "emigrantes" e os outros como passageiros comuns, para evitar a legislação bastante restrita referente aos navios de transporte de emigrantes. Legoyt, A., *L'émigration européenne, son importance, ses causes, ses effets*, Paris, Guillaumin et Cie, 1861; Expilly, Charles, *Du mouvement d'émigration par le port de Marseille*, Marseille, Typographie Roux, 1864.

28 AHI, 225-2-2, 10/05/1859.

29 Association Centrale de Colonisation, *Emigration pour le Brésil*, Strasbourg, Imprimerie Christophe, 1858.

30 Otoni, Teófilo, *Notícia sobre os selvagens do Mucuri*, org. por Regina Horta Duarte, Belo Horizonte, ed. UFMG, 2002, p.121

O transporte dos emigrantes

Essa propaganda é tão eficaz que em poucos meses centenas de candidatos à emigração embarcaram nos portos europeus. Desse modo, o Jornal do Commercio anuncia com orgulho em maio de 1858: "Pelo último paquete, vieram comunicações das três agências instaladas na Europa. Segundo essas informações, várias expedições estão prestes a partir: 420 colonos de Gênova, 250 do Porto, 350 da Antuérpia e 260 de Hamburgo".[31]

Em uma correspondência do Consulado do Brasil para Gênova, de 1° de junho de 1858, salienta-se que "para a Bahia, já partiram 300 indivíduos, e daqui alguns dias deverão partir outros tantos e assim sucessivamente até o total de 3.000, que devem ser contratados pelos agentes da Associação Central de Colonização".[32]

Em um primeiro momento, "a Associação prefere recorrer ao intermédio de navios a vapor que fazem o trajeto da Europa para o Brasil. [Mas] ela está prestes a chegar a um acordo, nesse sentido, com a linha de Hamburgo e espera igualmente fazer negócio com qualquer outra linha de onde quer que venha, Antuérpia, Marselha etc.".[33]

De qualquer forma, esses recrutamentos massivos provocam um excesso de trabalho para as agências consulares brasileiras na Europa, que se queixam de não disporem de funcionários o suficiente para tratar corretamente cada dossiê (obtenção de certificados de boa conduta...). É o caso do Consulado de Gênova, que se queixa também do alto crescimento das despesas por causa da grande quantidade de correspondências que deve enviar.[34]

No Brasil, a tepidez dos fazendeiros

Se agora nos interessamos pela propaganda da ACC no Brasil, é importante reconhecer que, apesar de um forte investimento publicitário na imprensa e do apoio inabalável do governo nessa difusão, o projeto da ACC não parece convencer muito. É o que destaca o Encarregado de Negócios francês:

A Associação Central ainda não recebeu por parte dos proprietários de terras, diretores de companhias ou todos os outros que precisam de mão de obra, pedidos de

---

31 *Jornal do Commercio*, 3 maio 1858.
32 AHI, 266/1/3.
33 MAE, CCC, Rio de Janeiro, v.12, 11/11/1857.
34 AHI, 266/1/3.

colonos tão numerosos como ela havia imaginado, com base na necessidade conhecida de empresas intermediárias de contratações. Ela expediu, de comum acordo com o Comissário do governo, pelo paquete inglês [...] instruções aos agentes europeus para encorajar e facilitar tanto quanto possível a vinda de colonos para o Brasil.[35]

A França expõe frequentemente o desprezo dos proprietários de terras brasileiros diante desse projeto. Sendo assim, desde novembro de 1857, o Encarregado de Negócios francês no Rio apresenta dúvidas quanto à boa vontade dos proprietários: "ao reconhecer as boas disposições da Associação e do governo, estou longe, repito, de ter a mesma confiança nos proprietários de terra em geral. Temo que por muito tempo ainda eles terão a necessidade de serem supervisionados".[36] Os proprietários devem fornecer terras em condições de serem cultivadas – o que não é o caso. Além disso, apenas um pequeno número de proprietários se dirigiu à Associação. O Encarregado de Negócios denuncia a "tepidez dos proprietários brasileiros que resistem ao emprego do colono, mesmo em detrimento de seus interesses, desde que tenham escravos o suficiente para poder cultivar grosseiramente suas terras".[37]

Até mesmo o governo brasileiro, por intermédio do presidente do Conselho, Marquês de Olinda, reconhece publicamente essa situação em um discurso de junho de 1858: "Não sei por qual infortúnio nossos proprietários, que, no começo, se mostravam muito desejosos de tê-los em suas plantações, hesitam hoje em aceitá-los".[38] Aqui está o porquê: o ministério não hesita em entrar em cena para difundir essa propaganda, endereçando, em 1858, a todas as câmaras das regiões que poderiam ser objeto de uma colonização agrícola, um aviso informando que a ACC coloca à disposição dos fazendeiros colonos já transportados. É o caso de Nova Friburgo".[39]

O Encarregado de Negócios francês aponta a cegueira da Associação sobre o assunto: "Ainda que a Associação Central não tenha recebido pedidos de colonos tão numerosos quanto ela pensava, ela expediu, de comum acordo com o Comissário do governo, pelo paquete inglês, que partiu em outubro, instruções aos agentes europeus para encorajar e facilitar tanto quanto possível a vinda de emigrantes para o Brasil".[40]

---

35 MAE, CCC, Rio de Janeiro, v.12, 11/11/1857.
36 MAE, CCC, Rio de Janeiro, v.12, 11/11/1857.
37 MAE, CCC, Rio de Janeiro, v.12, 20/11/1857.
38 *Immigration et colonisation au Brésil*, Imp. Leclerc, 16 rue d'Hauteville, Paris [1858].
39 Cf. http://historiade friburgo.blogspot.com/2010/03/escravos-ou-colonos.html. Acesso em 10 de janeiro de 2011.
40 MAE, CCC, Rio de Janeiro, v.12, 20-11-1857.

Desse modo, se os transportes de emigrantes parecem bastante eficazes, a instalação deles é mais complexa. Sendo assim, em 1857, a França reconhece que "até o momento presente, apenas cinco emigrantes foram acomodados, por intermédio da Sociedade, em terrenos situados na montanha de Teresópolis".[41] No final de 1858, dentre os 511 franceses transportados pela ACC, 160 foram para o Rio Grande do Sul, para as colônias provinciais, 190 para a colônia do Mucuri (dirigida por T. Ottoni[42]), tendo o restante ficado no Rio.[43] Em 1859, segundo L'Echo du Brésil, os fazendeiros encomendaram 2.178 colonos à ACC – um número distante, muito distante, das expectativas da ACC, que desejava importar 10.000 colonos por ano.[44]

4. Os problemas aparecem...

Com esses emaranhados de poderes, essa tepidez dos proprietários de terras brasileiros, esse desejo das companhias de comércio europeias de fazer do recrutamento e do transporte de emigrantes uma atividade comercial rentável, não resta dúvidas de que o primeiro grão de areia iria emperrar o belo mecanismo implementado pelo governo brasileiro.

Os imprevistos do recrutamento

Em um relatório sobre a colônia de Mucuri, publicado em 1859, o diretor dessa companhia, Teófilo Ottoni, que foi funcionário da ACC durante os seus primeiros meses de existência, desdenhou das qualidades do recrutamento de colonos pelos agentes da ACC, citando explicitamente a Maison Beaucourt, em Paris:

> Muitos foram recrutados nas tavernas e praças públicas da Europa. E existia entre eles cafetinas, ex-marinheiros e ex-militares [...]. É verdade que eles haviam assinado contratos no Rio de Janeiro, pelos quais se submetiam às mesmas condições que os outros colonos da Companhia do Mucuri – mas, sendo a maioria alheia à vida

---

41 Esses emigrantes franceses receberam 35.000 braças quadradas de terreno, 40 réis, e lhes foi dado um prazo de cinco anos para o pagamento (MAE, CCC, Rio de Janeiro, v.12, 11/11/1857).

42 Silva, Werder Ferreira da, *Colonização, política e negócios: Teófilo Benedito Ottoni e a trajetória da Companhia do Mucurí (1847-1863)*, tese de mestrado, UFOP, Mariana, 2009.

43 MAE, CCC, Rio de Janeiro, v.12, 21/12/1858.

44 *L'Echo du Brésil*, 17 juin 1860.

no campo, ficaram com medo diante da mata virgem, e, em comparação ao pouco oferecido pela Companhia com tudo que lhes foi prometido na Europa, a decepção causou, de início, recriminações e, em seguida, o desencorajamento e o desprezo.[45]

[...]

Uma das maiores calamidades, tanto para o colono europeu quanto para o colonizador brasileiro, é a falta de sinceridade com a qual são celebrados os contratos na Europa. [...] o pobre colono, normalmente, assina seu contrato no porto, na hora do embarque, quando não é mais o momento de conversar. Ele deixou sua casa por conta dos anúncios pomposos das gazetas [...]. Já vendeu tudo o que tinha para preparar a viagem e pagar o transporte ferroviário. Ele não pode voltar atrás nem desistir. E o melhor, no porto de embarque, o maldito contrato ainda é ornado com promessas absurdas e ilusórias, e o emigrante embarca acreditando que sua colônia é um novo Eldorado, quando geralmente ela não é muito melhor que uma pestilenta Caiena. Assim, a cerveja corre solta e jorram as comissões.[46]

O encarceramento na hospedaria (hotelaria de imigrantes)

Um outro problema surge no momento da instalação e da espera dos emigrantes nas hotelarias de emigrantes no Rio. Na verdade, a saída deles depende da assinatura de um contrato com um empresário ou fazendeiro, de modo que o reembolso das taxas de transporte seja claramente estipulado no novo contrato. No entanto, a baixa demanda do lado brasileiro faz com que poucos contratos sejam assinados. O Encarregado de Negócios francês no Rio não hesita em falar de encarceramento:

De fato, há sempre algo de penoso em relação a essa aglomeração de famílias pobres, que carecem do básico, acolhidas muito provisoriamente em um abrigo compartilhado, de onde, primeiramente, não podem sair, e depois são enviadas para localidades desconhecidas, à disposição de seus contratantes, que geralmente não oferecem nenhuma garantia desejável [...]. Tive algumas discussões bastante intensas com o presidente da Associação a respeito do encarceramento dos colonos franceses no momento de sua chegada; e acabei conseguindo com que esse encarceramento cessasse e com que os colonos viessem livremente para a cidade procurar acomodações. Também consegui com que eles ficassem aqui, se essa fosse a vontade deles, mediante sua responsabilidade de reembolsar o valor da passagem [...].[47]

---

45 Otoni, Teófilo, *Notícia sobre os selvagens do Mucurí*, org. por Regina Horta Duarte, Belo Horizonte, ed. UFMG, 2002, p.117.

46 Otoni, Teófilo, *Notícia sobre os selvagens do Mucurí*, op. cit., p.122.

47 MAE, CCC, Rio de Janeiro, v.12, 18/11/1857.

O caso *Ligúria*

Para ilustrar esses problemas, gostaríamos de tomar como exemplo o caso *Ligúria*, que leva o nome de um navio de transporte de emigrantes. As negociações comerciais e políticas e os processos judiciais aos quais esse caso deu origem são edificantes.

Em 10 de março de 1858, o bergantim[48] *Ligúria* deixa o porto de Gênova, com 478 emigrantes a bordo, endereçados à Associação Central de Colonização.[49] Esse "envio" é creditado à Maison Beaucourt, cujas competências regionais incluem os portos italianos:

> Tendo o navio *Ligúria* chegado a Gibraltar com alguns doentes, precisou partir imediatamente para Maó. Mas, ao chegar próximo a esse porto, os emigrantes insurgiram-se e obrigaram o capitão a se dirigir em direção a Marselha, onde desembarcaram. Em razão de um decreto municipal, o *Ligúria* foi apreendido e os emigrantes foram repatriados sob os cuidados das autoridades.[50]

Depois de 34 dias de navegação, 25 emigrantes haviam perdido a vida.[51] A Maison Beaucourt, por sua vez, comenta apenas que foi uma "circunstância infeliz, que resultou para Beaucourt et Cie uma perda de 118 mil francos, com a qual arcou sozinha".[52] Daí a decisão de recorrer aos seus seguradores. Na verdade,

> A Maison Beaucourt et Compagnie de Paris [...] teve de garantir adiantamentos importantes em relação à passagem e às provisões dos colonos transportados sob seus cuidados. Especificamente, ela tinha um seguro de 15.000 francos em adiantamentos relativos ao navio *Ligúria*, a bordo do qual estavam 450 emigrantes. Esse seguro foi contratado em Marselha por duas companhias, cujo representante é Albe. [...] Com a viagem assim interrompida, Beaucourt et Cie notificou a deserção aos seguradores, e aguardando sua recusa, os intimou perante o tribunal de comércio de Marselha.[53]

---

48 Recorrer a um barco à vela pode parecer surpreendente num momento em que se desenvolvem as embarcações a vapor e que o governo brasileiro recomenda justamente o transporte dos emigrantes em navios a vapor.

49 Agradecemos os professores Francesco Surdich e Chiara Vangelista (Universidade de Gênova) pelos esclarecimentos prestados para a compreensão desse caso.

50 *Journal de l'assureur et de l'assuré*, tome XII, année 1859, p.131.

51 Archivio di Stato di Torino (AST), Corti Straniere Brasile, Colonizzazione; Divisione 2, n. 3434, Torino, 12, Maggio 1858.

52 *Immigration et colonisation au Brésil*, op. cit.

53 *Journal de l'assureur et de l'assuré*, op. cit., p.131.

Ao perder a causa contra os seguradores, Beaucourt et Cie tenta defender a sua credibilidade perante a ACC:

> pois o Art. 9 de seu contrato com a Associação dizia que esta última considerava apenas os colonos recebidos no porto de desembarque. Essa perda atingia o primeiro navio a partir em vela na execução do contrato. H. Beaucourt et Cie destaca esse fato com o objetivo de provar que desejava cumprir lealmente seus compromissos. A respeito desse infeliz sinistro, que felizmente não resultou em mortes, H. Beaucourt et Cie não deixa de observar que poderia ter responsabilizado a Associação por essa perda súbita, uma vez que o embarque foi realizado na Itália por uma agente enviado pela Associação Central de Colonização, e o que, por assim dizer, teria apenas dirigido o equipamento dessa expedição.[54]

Em torno do caso *Ligúria*, do qual, infelizmente, não pudemos conhecer o conjunto de dossiês (o que aconteceu com os emigrantes após regressarem – sabemos apenas que eles foram repatriados –, o fim do litígio entre Beaucourt e seus seguradores...). Podemos, no entanto, salientar que uma verdadeira queda de braço comercial coloca os dois lados um contra o outro, visto que grandes quantias estão em jogo: enquanto Beaucourt diz querer "cumprir lealmente seus compromissos", a Associação se queixa de que Beaucourt envia colonos, apesar de suas ordens contrárias.

Beaucourt protesta dizendo ter recebido "apenas um envio de 200 mil francos"[55] ao todo, durante o ano de 1858. Ela recorre, no entanto, ao apoio inabalável do diretor da ACC, Bernardo Nascentes Augusto de Azambuja. Contudo, este último recebeu agradecimentos do governo brasileiro em maio de 1858, justamente pela sua péssima gestão do caso. Azambuja endereça a Beaucourt uma carta em 14 de maio de 1858:

> Acabo de assinar no gabinete da Associação Central de Colonização a última carta oficial que vocês receberão de mim. Em três dias, um novo administrador será nomeado pelo governo [...].
> O diretor continua, dizendo que o contrato realizado em 26 de março de 1857 entre o governo e a Associação é impraticável. O governo não cumpria nenhuma das condições estipuladas, sobretudo o pagamento das subvenções. Ele desejava incorporar a Associação, nomeando o presidente e o vice-presidente. Em suma, o diretor termina

---

54 *Immigration et colonisation au Brésil*, op. cit.
55 *Immigration et colonisation au Brésil*, op. cit.

essa carta observando o atraso de um quarto de século da imigração, dirigindo elogios a H. Beaucourt et Cie pela gestão.[56]

A Associação, agora sob o controle do governo, parece mudar de opinião diante da casa comercial francesa, denunciando os "atos abusivos que a Maison Beaucourt et Cie praticou na França e neste reino com o envio de colonos. A fim de prevenir acontecimentos similares, é importante que Vossa Excelência tome todas as medidas que são da responsabilidade de sua Legação, não se esquecendo de que o Governo Imperial recebe frequentes informações desfavoráveis ao crédito desta casa em assuntos de tamanha importância".[57]

Encontramos, contudo, segundo os escritos de um viajante francês, Adolphe d'Assier, um julgamento bastante diferente:

> Para agilizar o trabalho, a Associação encarregou uma casa de Paris de fornecer esse contingente. 50 mil réis representam uma soma de 125 francos, prometidos por cabeça de emigrante, e a agência parisiense imediatamente começou a distribuir panfletos e a "inventar colonos", agarrando a oportunidade, sem se preocupar com as capacidades colonizadoras daqueles que se apresentavam, de modo que, ultrapassando os brasileiros, ela fez chegar ao Rio de Janeiro 1.400 colonos antes que a companhia tivesse preparado os meios de instalação. As mais fortes recriminações surgiram imediatamente contra tal imprevidência.[58]

Para concluir

A ACC não sobreviveu ao caso Ligúria. Mesmo sendo assumida pelo governo, ela sobrevive ainda um pouco, mas em 1865 um relatório lacônico do Ministério da Agricultura anuncia: "Associação Central de Colonização: essa

---

56 *Immigration et colonisation au Brésil*, op. cit.
57 AHI, 268-1-2, 29/12/1858. Encontramos, contudo, segundo os escritos de um viajante francês, Adolphe d'Assier, um julgamento bastante diferente: "Para agilizar o trabalho, a Associação encarregou uma casa de Paris de fornecer esse contingente. 50 mil réis representam uma soma de 125 francos, prometidos por cabeça de emigrante, e a agência parisiense imediatamente começou a distribuir panfletos e a "inventar colonos", agarrando a oportunidade, sem se preocupar com as capacidades colonizadoras daqueles que se apresentavam, de modo que, ultrapassando os brasileiros, ela fez chegar ao Rio de Janeiro 1.400 colonos antes que a companhia tivesse preparado os meios de instalação. As mais fortes recriminações surgiram imediatamente contra tal imprevidência." (D'Assier, Adolphe, *Le Brésil contemporain*. op. cit., p.284-285)
58 D'Assier, Adolphe, *Le Brésil contemporain*. op. cit., p.284-285.

associação encontra-se dissoluta, e entrou para o Tesouro Nacional com a soma de 350.000$, montante do empréstimo que o governo imperial havia lhe concedido. Os serviços que lhe incumbiam a favor dos emigrantes e dos colonos [...] doravante são de responsabilidade de um agente subordinado a este ministério".[59] Adolphe d'Assier tira daí uma conclusão bastante contundente:

> Quanto à Associação Central, ela morreu, apesar de todos os incentivos do Estado, antes de ter sido definitivamente constituída. Dissemos que o seu capital devia ser de 500 contos de réis. Mal foi pago um décimo; prova irrecusável de que as ideias de colonização, embora na moda, são compreendidas apenas por um pequeno número de homens, e que a massa da nação brasileira é fundamentalmente escravagista.[60]

A história da ACC, ainda pouco conhecida, é esta de uma tentativa de delegar à iniciativa privada o conjunto de processos de emigração/imigração, tanto do lado europeu quanto brasileiro. A ideia que sustenta essa iniciativa é que o comércio de colonos é uma atividade do futuro e de grande rentabilidade econômica, de um lado, para as companhias de recrutamento e de transporte, e do outro, para os proprietários de terras.

Evidentemente, o fracasso da ACC é patente, mas é esse fracasso que vai forçar os Estados a reagirem tanto para estabelecer um direito dos imigrantes no Brasil quanto para proibir a imigração sob contrato. Mas essa é uma outra história...

Abreviaturas

AST: Archivio di Stato di Torino
MAE: Archives du Ministère des Affaires Étrangères (La Courneuve)
AHI: Arquivo Histórico do Itamaraty
APERJ: Arquivo Público do Estado do Rio de Janeiro

---

59 *Almanaque Laemmert*, Rio de Janeiro, 1865, p.126.
60 D'Assier, Adolphe, *Le Brésil contemporain*. op. cit., p.285.

2
A EMIGRAÇÃO GUIADA POR FREDERICO JOSÉ DE SANTA-ANNA NERY, LITERATO BRASILEIRO, NA EXPOSIÇÃO UNIVERSAL DE PARIS EM 1889

Guy Martinière

Em 1889 foi publicado em Paris, sob os cuidados do Sindicato do Comitê Franco-Brasileiro para a Exposição Universal, pela editora Charles Delagrave, o *Guide de l'émigrant au Brésil*.[1]

Essa obra de 177 páginas foi redigida sob a direção de Frederico José de Santa-Anna Nery. Seu objetivo era claro: ao passo que vários países da Europa conheceram nos anos 80 do século XIX uma onda de emigração excepcional, convinha dizer – e este era o título do capítulo II –: "Pourquoi il faut aller au Brésil?" [por que você precisa ir para o Brasil?].[2]

Foi, no entanto – e somente –, uma obra de propaganda? Sim, sem dúvida. Mas para apresentar de modo inteligente sua tentativa de promoção de uma emigração francesa para o Brasil, no momento em que todas as nações do mundo exibiam suas conquistas mais espetaculares em Paris, na Exposição Universal de 1889, seu autor jogava as cartas da convicção, da sinceridade e da cumplicidade. Essas cartas, baseadas na fecundidade recíproca entre as duas nações – o Brasil e a França –, haviam sido estabelecidas e mantidas de modo razoável para dar ao emigrante uma oportunidade excepcional de melhorar suas condições de vida em uma "nova pátria". "Solicitamos-vos de diversas partes", podíamos ler na introdução do capítulo II:

---

1 *Guide de l'émigrant au Brésil*, publicado sob os cuidados do Sindicato do Comitê Franco-Brasileiro, para a Exposição Universal de 1889 e redigido sob a direção de F.-J. de Santa-Anna Nery, Paris, Librairie Charles Delagrave, 1889, 177p.

2 Ibidem, p.15.

Figura 2.1 *Guide de l'émigrant au Brésil* de Frederico José de Santa-Anna Nery.

Todos lhe descrevem um país de cores das mais encantadoras. Todos lhe prometem um paraíso, onde você terá apenas de se deixar viver para encontrar fortuna. Nós não os imitaremos. Desejamos lhe esclarecer, e não lhe seduzir. Se lhe aconselhamos a escolher o Brasil, é porque temos a certeza de que lá você poderá encontrar um trabalho remunerado, sem desemprego, que lhe permitirá ter conforto. O Brasil, de fato, oferece aos emigrantes verdadeiros benefícios.[3]

Convém, portanto, analisar os meios desse atrativo oferecido pelo Brasil aos emigrantes. Contudo, é conveniente também especificar as principais características do momento escolhido para assegurar o máximo de impacto durante a difusão desse *Guide*, isto é, a Exposição Universal de Paris. Não parece útil, enfim, entender como essa tentativa de promoção de uma emigração francesa para o Brasil pode ser confiada a um autor brasileiro, Frederico José de Santa-Anna Nery, que conhecia muito bem os círculos de decisão parisienses? Não almejava ele permitir a cada uma dessas duas nações – ou seja, a França, tão admirada pelo Imperador Dom Pedro II, e o Brasil, país "imenso" e "livre", um Império que "precisava de uma população numerosa para mostrar as riquezas extraordinárias de seu solo"[4] – de se beneficiarem do entusiasmo desse acontecimento?

I – O Brasil e a Exposição Universal de Paris em 1889

Em 16 de maio de 1889, o presidente da Terceira República Francesa, Sadi Carnot, inaugurava solenemente a Exposição Universal de Paris. Sadi Carnot também deveria presidir seu encerramento no dia 9 de novembro. O sucesso da Exposição foi absoluto: 32.250.000 visitantes, 61.722 expositores e um excedente de receitas de mais de dez milhões de francos. A imensa cidade internacional dessa Exposição, com uma superfície de 95 hectares, estendia-se por *Champ-de-Mars, Esplanade des Invalides, colline de Chaillot* e *Quai d'Orsay*. Ela desenhava um gigantesco U, cujas ramificações se dirigiam em direção ao Sena. Duas enormes construções, especialmente, formavam o ponto alto da Exposição: de um lado, a imponente Galeria das Máquinas, de 400 metros de comprimento, 115 metros de largura e 45 metros de altura, encontrava-se acompanhada dos Palácios das Artes Liberais, das Belas Artes e das Seções Industriais, e era ornada com uma alegoria da cidade de Paris; do outro, a extraordinária Torre do engenheiro Eiffel, uma construção de mais de 300 metros de altura, suscita-

---

3   Ibidem, p.15.
4   Ibidem, p.18.

va a admiração do mundo inteiro, simbolizando uma homenagem à revolução técnica e industrial de um século de progresso. Cinco exposições temáticas e retrospectivas completavam o conjunto: A História do Trabalho, A História dos Meios de Transporte, A História da Habitação, A História da Economia Social e, evidentemente, A História da Revolução Francesa. Esta última acontecia no Louvre e a comemoração do centenário da Revolução marcava o evento.[5]

Depois das Exposições Universais de 1855 e 1867, que haviam consagrado o regime do Segundo Império de Napoleão III, da Exposição de 1878, a primeira das grandes manifestações de uma terceira república, presidida então pelo Marechal de Mac Mahon e que sofria com as ruínas da *Commune*, Paris recebia, então, a Exposição Universal de 1889. Seu desafio político era excepcional: o regime republicano enfrentava o descrédito trazido pelas cabeças coroadas dos países europeus, cujo desfile havia marcado as visitas de 1867. Sua representação internacional, importante, foi reconhecida por 29 Estados, sendo a maioria Estados americanos.

Dentre as seções consagradas à América do Sul, enumeramos nove Estados: República Argentina, Bolívia, Brasil, Chile, Equador, Paraguai, Peru, Uruguai e Estados Unidos da Venezuela.

O *Grand ouvrage* oficial da Exposição, coordenado por Emile Monod, evocava o Brasil nestes termos:

> A exposição do Brasil correspondia à posição que esse Estado ocupa por sua extensão, sua população e seu movimento comercial dentre as potências da América do Sul. A aplicação judiciosa feita pelo comitê franco-brasileiro de 800.000 francos, votada pelas Câmaras, para construir e instalar um pavilhão em *Champ-de-Mars...* e também para ajudar os expositores, contribuiu para o sucesso. O palácio, cuja localização foi pedida pelo Imperador Dom Pedro em uma carta assinada endereçada ao comissariado geral, estava situado bem aos pés da Torre Eiffel, e foi um dos mais elegantes das exposições americanas.[6]

---

5   Dentre as numerosas obras consagradas à Exposição Universal de Paris, consultaremos a síntese de René Poirier: *Des foires, des peuples, des expositions*, Paris, Plon, 1958, 258p., assim como a monografia organizada por Emile Monod: *L'Exposition universelle de 1889*, Paris, E. Dentu éditions, 1890, 3 tomes et 1 album, "Grand ouvrage illustré historique, encyclopédique, descriptif publié sous le patronage de M. le Ministre du Commerce, de l'Industrie et des Colonies, commissaire général de l'Exposition".

6   Monod, Emile, *L'Exposition universelle de 1889*, op. cit. t. III, p.26.

FRANCESES NO BRASIL: SÉCULOS XIX E XX 53

Figura 2.2 O pavilhão do Brasil, na Exposição Universal de Paris de 1889.
Fonte: Emile Monod: *Le Grand ouvrage*..., op. cit.

54   LAURENT VIDAL E TANIA REGINA DE LUCA (ORGS.)

Como sabemos, o Imperador do Brasil, doente, teve de realizar em 1887 uma nova e longa viagem à Europa. Ele retornou ao seu país apenas em julho de 1888. Não havia ele demonstrado, à sua maneira, por meio dessa carta, seu interesse pela França, de cuja vida intelectual era um fervoroso admirador? O pavilhão do Brasil, projetado pelo arquiteto Dauvergne, parecia estar

[...] protegido da aniquilação de sua vizinha colossal graças a um minarete muito elevado, de linhas esguias e arrojadas. Consistia em um grande corpo de construção, de portas adornadas com estátuas alegóricas que representavam os principais rios do Brasil. No fundo, estendia-se um jardim adornado de plantas exóticas. Em seu interior, luxuosamente decorado, apresentava um hall espaçoso no piso térreo, mais dois andares de amplas galerias, onde foram colocadas artisticamente todas as riquezas da fauna, da flora e da indústria brasileira. Os itens já haviam passado por uma exposição preliminar, inaugurada no Rio de Janeiro em 11 de dezembro de 1888. Foram apresentados em um número tão grande que não sobrou lugar no próprio palácio para a parte histórica e arqueológica, preparada pelo governo, tendo de ser instalada em uma das construções de História e Habitação.[7]

Em tais condições, uma publicidade excepcional só podia ser oficialmente concedida a três obras publicadas pelo Sindicato do Comitê Franco-Brasileiro para a Exposição Universal de Paris: um compêndio apresentava *Le Brésil en 1889* com cartas e quadros; uma volumosa *Notice sur la section Brésilienne* trazia notas mais técnicas relacionadas, sobretudo, às matérias-primas do Brasil; e o *Guide de l'émigrant au Brésil*, formando a terceira obra. Esta última queria convencer sobre a necessidade da emigração. Junto a essas três obras, o editor Delagrave acrescentou um *Petit Atlas de géographie générale*, contendo 24 mapas e sendo precedido por informações estatísticas e por uma *Carte murale du Brésil à l'échelle du 1/3 000 000, rédigée en langue portugaise*, que dizia respeito a toda a América meridional até o sul do Estuário da Prata.[8] As três obras oficiais con-

---

7   Ibidem, p.26.

8   *Le Brésil en 1889*, publicado sob os cuidados do Comitê Franco-Brasileiro da Exposição Universal de Paris e redigido pelo grupo de especialistas brasileiros sob a direção de F. J. Santa-Anna Nery, Paris, Librairie Charles Delagrave, 1889, 40p.; *Notice sur la Section Brésilienne à l'Exposition universelle de 1889*, com uma nota sobre as matérias-primas do Brasil, publicado sob os cuidados do Sindicato Franco-Brasileiro da Exposição Universal de Paris, sob a direção de F. J. de Santa-Anna Nery, Paris, Librairie Charles Delagrave, 1889, 250p.; *Guide de l'émigrant au Brésil*, publicado sob os cuidados do Sindicato do Comitê Franco-Brasileiro da Exposição Universal de 1889 e redigido sob a direção de F. J. de Santa-Anna Nery, Paris, Librairie Charles Delagrave, 1889, 177p.; *Petit Atlas de géographie générale renfermant 24 cartes et précédé de notions statistiques*: superfícies, medidas, população, vias de comunicação, linhas telegráficas,

Le Pavillon du Brésil et la Serre brésilienne (Près la Tour Eiffel).

Figura 2.3   Visita ao pavilhão do Brasil.
Fonte: Emile Monod: *Le Grand ouvrage*, op. cit.

vidariam diversos colaboradores e até mesmo diversos escritores, como é o caso de *Le Brésil en 1889*. Mas as três eram coordenadas por um literato que vivia em Paris desde 1874: Frederico José de Santa-Anna Nery.

II – Frederico José de Santa-Anna Nery, literato brasileiro em Paris

Detentor do título de Barão desde o seu nascimento em 1848, Frederico José nasceu em Belém do Pará, em uma rica família amazonense de origem italiana. Sua educação foi marcada por uma forte influência religiosa e acompanhada,

---

cabos, correntes, temperaturas, altitudes, orçamentos, forças armadas, forças navais, medidas, moeda etc..., Paris, Librairie Charles Delagrave, 1889; *Carte murale du Brésil à l'échelle 1/3 000 000 rédigée en langue portugaise*, Paris, Librairie Charles Delagrave, s.d.

pessoalmente, pelo Bispo do Pará, D. Antonio de Macedo Costa. Após ter feito seus estudos no Seminário de Manaus, Frederico José foi para Saint-Sulpice em Paris, em 1862, dedicando-se aos Estudos Literários. Em 1868, mudou-se para Roma, onde se tornou doutor em Direito, e publicou em Florença, em 1871, uma obra sobre *Les Finances pontificales*. Mas sua passagem por Roma o levou ao afastamento dos círculos católicos conservadores: em 1873, publicou a obra *Le prisonnier du Vatican*. Retornou a Paris em 1874, e sua carreira literária tomou forma.

Inicialmente, seus trabalhos basearam-se na análise comentada de dois poetas: um brasileiro, Gonçalves Dias; e o outro, herói da língua portuguesa, Camões. Em 1875, Frederico José publicou em Paris uma antologia: *Un poète du XIXe siècle: Gonçalves Dias*. Esse poeta romântico maranhense, que havia morrido em 1864, marcou a criação literária do império de Dom Pedro II. O ensaio tinha como objetivo divulgar a obra do poeta na Europa. Contudo, Gonçalves Dias (1823-1864) não era apenas um poeta: ele foi também um dos fundadores da etnologia brasileira. Membro de uma comissão oficial que contribuiu para a exploração científica das províncias do Norte do Brasil em 1857, dedicou-se a conhecer os povos originários da Amazônia. Gonçalves Dias não apenas se propôs a publicar, em Leipzig, em 1858, um *Dicionário da língua Tupi*, mas sua participação na Comissão Científica de Exploração do Brasil o levou a reunir um material etnográfico muito abundante.

Alguns anos depois, em 1879, Frederico José publicou um outro ensaio sobre o outro poeta, no contexto das manifestações do tricentenário de sua morte, trata-se de *Camões et son siècle*. Seus trabalhos sobre o autor de *Os Lusíadas* e sobre Gonçalves Dias fizeram com que ele ficasse conhecido no mundo literário. Tornou-se, assim, um dos fundadores da Associação Literária Internacional – que o elegeu como vice-presidente durante seu Congresso de Londres – e proferiu o discurso inaugural do Congresso Literário Internacional de Paris. Em 1881, lançou em Paris a revista *Le Brésil*, no dia 7 de setembro, Dia da Independência. Depois, em 1884, fundou a *Revue du Monde latin*. Em janeiro de 1886, criou, ainda em Paris, a Sociedade Internacional de Estudos Brasileiros.

Dos estudos literários, Santa-Anna Nery passou, então, à divulgação de conhecimentos sobre o Brasil, mais precisamente sobre sua região natal, a Amazônia, e seus primeiros habitantes, as populações indígenas. Sendo assim, publicou em Paris, em 1885, com apoio da Assembleia Legislativa do Amazonas, uma obra que viria a ter um grande sucesso e diversas edições traduzidas na Itália e na Inglaterra: *Le Pays des Amazones. L'El-Dorado. Les Terres à caoutchouc*. Essa obra também foi apresentada por uma carta-prefácio assinada por Émile

Levasseur, muito conhecido pelo público francês e autor de numerosas contribuições, dentre elas o artigo "Brésil" da *Grande Encyclopédie*, obra monumental publicada em 31 volumes de 1885 a 1902.[9] Em 1888 e 1889, Émile Levasseur havia publicado, especialmente, duas obras sobre *L'abolition de l'esclavage au Brésil*. A fama de Santa-Anna Nery era tanta que, quando o explorador francês Henri Coudreau se dedicou a apresentar sua iniciativa de exploração na Guiana e na Amazônia, ele não hesitou em pedir a Frederico José um "Prefácio" para sua obra, *La France équinoxiale. Etudes sur les Guyanes et l'Amazonie*, publicada em 1886. Coudreau também mandou reproduzir um retrato do ensaísta brasileiro, a partir de uma ilustração de F. Massé, em sua obra *Les Français en Amazonie*, publicada no ano seguinte.

Em 1889, ano da Exposição Universal, Frederico José publicou, em Paris, o primeiro estudo sobre o folclore brasileiro na Europa, que obteve um grande sucesso, com um prefácio do príncipe Roland Bonaparte. O título completo dessa obra era *Folklore brésilien, poésie populaire, contes et légendes, fables et mythes. Poésie, musique, danses et croyances des Indiens...* Situava-se na perspectiva dos trabalhos de uma nova disciplina em pleno desenvolvimento, a etnografia, que tinha, em Paris, o Museu de Etnografia do Trocadero, aberto ao público em 1882, na sequência do desenvolvimento da Sociedade de Etnografia e do nascimento da Sociedade de Tradições Populares, em 1888 – da qual ele foi um dos membros fundadores –, e da expansão do Congresso dos Americanistas, cuja primeira reunião aconteceu em Nancy, em 1875.[10]

---

9   De Frederico José de Santa-Anna Nery: *Un poète du XIXè siècle: Gonçalves Dias*, Paris, 1875; *Camões et son siècle*, Paris, 1878; *Le Pays des Amazones. L'El-Dorado. Les Terres à caoutchouc*, Paris, L. Finzine – Bibliothèque des Deux-Mondes, 1885 (com uma carta-prefácio de Emile Levasseur); *Folklore brésilien, poésie populaire, contes et légendes, fables et mythes. Poésie, musique, danses et croyances des Indiens. Accompagné de douze morceaux de musique*, Paris, 1889, Lib. Académique Perrin (com um prefácio do príncipe Roland Bonaparte). Por sua vez, a respeito de Henri Anatole Coudreau: *La France équinoxiale. Etudes sur les Guyanes et l'Amazonie*, Paris, Challomel Lainé, 1886 (prefácio de Frederico José de Santa-Anna Nery, p.IX-XIV); *Les Français en Amazonie*, Paris, Lib. Picard, 1887 (ilustração de F. Massé, p.89). Sobre Coudreau, cf. Benoit, Sébastien, *Henri Anatole Coudreau (1859-1899). Dernier explorateur français en Amazonie*, Paris, L'Harmattan, 2000 (com um prefácio de Frédéric Mauro e um preâmbulo de Guy Martinière). Por fim, sobre Émile Levasseur: *La Grande Encyclopédie*, verbete "Brésil", p.1077-1127, assim como *L'abolition de l'esclavage au Brésil*, Paris, 1888 et *L'abolition de l'esclavage au Brésil et Compte-rendu du banquet commémoratif à Paris suivi d'un historique de l'émancipation*, Paris, 1889.

10 Cf. Riviale, Pascal, *Un siècle d'archéologie française au Pérou (1821-1914)*, Paris, L'Harmattan, 1996, especialmente p.205-215, assim como Lauzière, Christine, *Paul Rivet, le savant et le politique*, Paris, Publ. du Muséum d'histoire naturelle, 2008, principalmente p.106-113 ; e

Figura 2.4　Retrato de F. J. de Santa-Anna Nery.
Fonte: Henri Coudreau, *Les Français en Amazonie*, Paris, 1887.

Por fim, além de suas atividades de crítico literário e de etnólogo, Frederico José de Santa-Anna Nery havia encontrado um terceiro campo de interesse: a imigração europeia no Brasil. Nesse contexto, havia se interessado, primeiramente, pelo desenvolvimento do povoamento da Amazônia e promovido uma política de imigração. Durante um de seus retornos à sua região natal, não havia ele contribuído para criar, em Belém, em 1885, a Sociedade Paraense de Imigração, e em 1888, em Paris, a Agência de Imigração para o Pará?

Mas essa preocupação era, inicialmente, ligada ao interesse pela imigração italiana no Brasil, então em pleno crescimento. Aproveitando seu conhecimento do campo, desde a sua estadia em Roma, quinze anos antes, e de sua ascendência italiana, publicou em 1884 uma "lettera a un diputado del Parlamento italiano", intitulada *L'Italia al Brasile*. Completou essa brochura com uma outra "lettera... al sig. Rocco de Zerbi", intitulada *l'Emigrazione italana e il nuovo disegno di legge*, em 1888. A oportunidade de publicar em Paris, em 1889, durante a Exposição Universal, o *Guide de l'émigrant au Brésil* foi, portanto, tanto importante que Frederico José Santa-Anna Nery se tornaria geógrafo: três anos depois, se apresentaria em Gênova, durante o Primeiro Congresso Geográfico Italiano, em setembro de 1892, intitulado *L'Emigration et l'immigration pendant les dernières années*.[11] Mas não havia ele já proferido, no Rio de Janeiro em 1887, diante da Sociedade de Geografia, um discurso sobre o povoamento da Amazônia, apelando à necessidade do desenvolvimento de uma emigração europeia no Brasil? O literato brasileiro era, portanto, a pessoa mais indicada para apresentar o Brasil e a sua necessidade de imigração durante a Exposição Universal de 1889 em Paris. As relações que ele havia tecido na França e no Brasil encontraram sua concretização na constituição do Comitê Franco-Brasileiro para a Exposição Universal.

Essas relações apareciam de modo explícito por meio de sua participação em duas das três instituições administrativas desse Comitê, o qual era composto por um emissário especial, quatro diretores, um secretário geral e um tesoureiro. O emissário especial era um senador do Império do Brasil, o Visconde de Cavalcanti. Dois dos quatro diretores eram franceses; os outros dois, brasileiros. Além do advogado E. de Silva-Prado, o segundo diretor brasileiro era F. J. de Santa-Anna Nery. Os dois diretores franceses eram presidentes de suas Câmaras

---

Chonchol, Jacques, e Martinière, Guy, *L'Amérique latine et le latino-américanisme en France*, Paris, L'Harmattan, 1985.

11 Santa-Anna Nery, Frederico José de, *L'Italia al Brasile, lettera a un deputado del Parlemento italiano*, 1884; *L'Emigrazione italiana e il nuovo desegno di legge, lettera all onorevale sig. Rocco di Zerbi*, 1888; *L'Emigration et l'immigration pendant les dernières années*, comunicação proferida no primeiro congresso geográfico italiano, realizado em Gênova de 18 a 25 de setembro de 1892.

Sindicais: um da Câmara Sindical de Paris, de onde também vinham o secretário geral e o tesoureiro. Ao lado do Comitê Franco-Brasileiro propriamente dito, encontrávamos o Sindicato do Comitê Franco-Brasileiro. Este era presidido por E. Lourdelet e seus dois vice-presidentes, que eram brasileiros: tratava-se do advogado E. de Silva Prado e, sobretudo, do membro do Conselho de Sua Majestade o Imperador do Brasil, ex-ministro do Estado, R. E. de Souza Dantas.

A terceira instituição era o Comitê de Publicidade, cujo presidente era o Conselheiro R. E. de Souza Dantas, e incluía quatro membros, todos brasileiros: o Barão de Albuquerque, ex-deputado; o Barão d'Estrella, mordomo de Sua Majestade a Imperatriz do Brasil; o advogado E. de Silva Prado; e Frederico José de Santa-Anna Nery.

Sendo assim, ao longo de sua participação no Comitê Franco-Brasileiro e na Comissão de Publicidade, o papel desempenhado por Frederico José de Santa--Anna Nery parecia fundamental: o literato era mesmo o porta-voz do Império do Brasil na Exposição Universal de 1889.

III – O Brasil descrito pelo *Guide de l'émigrant*

O *Guide de l'émigrant au Brésil* foi dividido em nove capítulos. Oito deles permitiram apresentar de maneira geral e sintética "os motivos que fazem do Brasil um país muito atrativo para os emigrantes".[12] Um longo capítulo, o capítulo VII, descrevia em um pouco mais de uma centena de páginas, ou seja, aproximadamente 2/3 da obra, "as vinte províncias do Brasil e o Município Neutro".[13]

A – As vinte províncias do Brasil

O capítulo VII retomava e desenvolvia também os argumentos apresentados no capítulo V, intitulado "Avantages spéciaux accordés aux immigrants par diverses provinces du Brésil", no qual cerca de dez páginas diziam respeito sobretudo a quatro províncias: da Bahia, do Espírito Santo, de Minas Gerais e de São Paulo.[14]

---

12 Santa-Anna Nery, F. J. de, *Guide de l'émigrant...*, op. cit., p.21.
13 Ibidem, p.51-158.
14 Ibidem, p.33-41.

No capítulo VII, uma atenção maior era dada a três províncias do Brasil.[15] Tratava-se, primeiramente, das Províncias do Amazonas e do Pará, evidentemente, as duas províncias da região natal de Frederico José, que dedicou uma dezena de páginas a cada uma delas; e a Província do Rio de Janeiro, à qual o autor conferiu um número de páginas mais ou menos equivalente e às quais se somaram as páginas referentes ao Município Neutro, sendo a terceira dentre elas. Mesmo se as quatro províncias do Sul, que recebiam o maior número de imigrantes – Rio Grande do Sul, Santa Catarina, Paraná e São Paulo –, fossem objeto de comentários lisonjeiros, as quatro, cinco páginas destinadas a elas eram tão modestas quanto aquelas ocupadas pelas províncias da Bahia, de Minas Gerais e de Pernambuco. As outras províncias, com exceção de Ceará e de Goiás, ou seja, as províncias do Espírito Santo, do Maranhão, do Mato Grosso, da Paraíba do Norte, do Piauí, do Rio Grande do Norte e do Sergipe dispunham apenas de um espaço reduzido, de duas a três páginas.

O plano seguido para descrever cada uma das províncias era idêntico: após apresentar muito sumariamente cada uma delas com informações sobre a "situação", a "extensão" e a "população", o *Guide* dava informações sobre o "clima", as "produções", os "principais centros populacionais" e os "meios de comunicação". A cada província, o texto era concluído por uma descrição das "condições para os imigrantes", suscetíveis de retomar os "benefícios especiais" descritos no capítulo V.

Nos parágrafos dedicados à descrição dos "principais centros populacionais", o autor reunia informações sobre os imigrantes vindos de diferentes países europeus. Assim, no caso da Província do Paraná, "região temperada, altamente favorável aos europeus", vinte centros coloniais eram mencionados, "habitados por italianos, alemães, ingleses, suíços, mas também por espanhóis, poloneses, irlandeses e, evidentemente, franceses". Foi o caso, para os franceses, dos centros de Angelina, Assumguy e Orléans.[16] Dentre "alguns milhares de estrangeiros que se encontravam na Província do Amazonas, os franceses apareciam também entre 'os mais numerosos'... incluindo os Israelitas que reivindicavam a proteção da França".[17] Além disso, mencionava o *Guide*, "existe em Manaus um grande número de casas comerciais, principalmente, francesas e portuguesas".[18] E uma

---

15 Ibidem, respectivamente, p.55-66, 96-110, 122-134 e 135-142.
16 Ibidem, p.113 e p.115-116.
17 Ibidem, p.60.
18 Ibidem, p.66.

população de 250 franceses foi identificada no centro de Rio Novo, na província do Espírito Santo.[19]

Contudo, se, de maneira geral, Santa-Anna Nery dava somente pequenas informações quantitativas sobre a emigração francesa no Brasil, ele citava por diversas vezes autores, viajantes ou estudiosos franceses que deixaram a sua marca na influência francesa no Brasil. Foi o caso, por exemplo, de Ferdinand Denis, Auguste de Saint-Hilaire, Henri Gorceix e ainda de Maury e Louis Berthaud. Ele mencionava também a presença francesa dentre os membros da família imperial, na qual o Conde d'Eu, filho mais velho do Duque de Nemours, era casado com a "filha mais velha" do Imperador Dom Pedro II, "a princesa imperial Dona Isabel, herdeira do trono"... desde 15 de outubro de 1864.[20] Ele acrescentava: "Sabemos que o Imperador do Brasil é um estudioso: ele é membro associado estrangeiro do *Institut de France*".

B – Avaliação estatística da emigração e condições de acesso dos emigrantes

No entanto, nos oito capítulos que compunham um terço da obra, Frederico José de Santa-Anna Nery reunia muitas informações úteis e preciosas sobre as condições de acesso dos emigrantes no Brasil. Alguns desses aspectos merecem ser destacados.

Em primeiro lugar, encontrávamos, no capítulo II, informações estatísticas sobre o movimento migratório da época. A justificativa para o fato de o Brasil ter uma população de 12 a 16 milhões de habitantes, no máximo, em um território quase tão grande que toda a Europa Continental, era porque ele "precisava de uma população numerosa para valorizar as riquezas extraordinárias de seu solo". Essa avaliação estatística do número de imigrantes, que chegaram, de 1885 a 1888, pelos dois portos do Rio de Janeiro e de Santos, indicava a chegada de 243.130 pessoas, sendo 131.268 pessoas apenas no ano de 1888.[21]

Além disso, segundo as fontes oficiais do governo brasileiro, publicadas alguns anos depois, o número total desses imigrantes que chegaram de 1885 a 1889 estava na faixa de 323.390. Esse quinquênio foi o momento mais importante da chegada dos imigrantes desde a Independência do Brasil – sabendo que nos anos 1890-1894 esse número chegaria a 606.226, e que no quinquênio seguinte,

---

19 Ibidem, p.35.
20 Ibidem, p.159.
21 Ibidem, p.17-18.

de 1895 a 1899, acolheria 584.850 pessoas. Na verdade, o ponto culminante da imigração havia sido atingido: somente o ano de 1890 havia permitido acolher 216.760 imigrantes. O ano de 1891, além disso, marcou o ano mais importante para a chegada dos imigrantes no Brasil, cujo número global, de 1820 a 1907, estava na faixa de 2.541.472 pessoas, dentre os quais 1.213.167 eram de nacionalidade italiana, 643.485 de nacionalidade portuguesa, 288.646 de nacionalidade espanhola, 93.065 de nacionalidade alemã e apenas 17.262 de nacionalidade francesa.[22]

Se em 1890 o número de imigrantes de nacionalidade francesa perfazia um fluxo significativo, atingindo o número máximo de 2.844, tendo atingido 1.921 em 1891, mensuramos a relativa baixa quantitativa dessa emigração francesa. Ela era inferior a 3% da imigração total do Brasil em seu ponto culminante, em 1890, e inferior a 1% no ano de 1891, enquanto a emigração italiana oscilava entre os terços e a metade do número de imigrantes nos dois mesmos anos.

No entanto, é necessário observar o impacto da publicidade do *Guide de l'émigrant* publicado em 1889, tendo em vista que essa emigração francesa aumentou significativamente em 1890 e 1891, enquanto ela não passava de 1.778 pessoas nos cincos anos precedentes, de 1885 a 1889? A emigração estava bem no centro das políticas europeias no final do século XIX, e René Gonnard, um jovem jurista francês, dedicou uma obra a esse assunto, que foi um marco para a bibliografia.

A tabela a seguir permite detalhar a entrada dos imigrantes no Brasil de 1820 a 1907 por nacionalidade de origem.

A publicação do *Guide de l'émigrant au Brésil* em 1889 estava situada, portanto, em um período no qual a emigração constituía um momento privilegiado de uma estratégia de crescimento e renovação da população brasileira, cuja análise foi recentemente realizada por diversos autores. Por exemplo, Lucia Lippi Oliveira elaborou um recente compêndio sobre o assunto, e a emigração italiana, mas também alemã ou espanhola, são objeto de interessantes monografias.[23]

---

22 Centre industriel du Brésil: *Le Brésil, ses richesses naturelles, ses industries*, tome 1, p.135-137, Paris, Lib. Ailland, 1909. Essa obra foi publicada sob os auspícios do Serviço de Expansão Econômica do Brasil.

23 Sobre esse assunto, cf. Oliveira, Lucia Lippi, *O Brasil dos imigrantes*, Rio, 2001; uma segunda edição dessa obra foi publicada em 2002 pela editora Jorge Zahar. Dentre as numerosas obras que dizem respeito à imigração italiana, mencionamos, de Mario Carelli: *Carcamanos e comendadores: os italianos de São Paulo. Da realidade à ficção*, São Paulo, Ática, 1988; e, sobre a imigração alemã, a obra clássica de Jean Roche: *La colonisation allemande et le Rio Grande do Sul*, Paris, IHEAL, 1959. Enfim, de René Gonnard: *L'émigration européenne au XIX siècle*, Paris, A. Colin, 1906.

— 137 —

ANNÉES	ALLEMANDS	AUTRICHIENS	BELGES	FRANÇAIS	ESPAGNOLS	ANGLAIS	ITALIENS	PORTUGAIS	RUSSES	SUÉDOIS	SUISSES	TURCO-ARABES	DIVERS	TOTAL
1820—24	1 084										1.682		126	1.808
1825—29													5.313	7.297
1830—34	207							261					1.921	2.569
1835—39	586			159	10		180	413					918	2.086
1840—44	553			64	144	292	5	78			93		819	2.906
1845—49	5.324		2	122	37	236	24	16.175		95	1.818		5.637	29.352
1850—54	10.491		13	51	83	2.686	2.523	47.007		352	710		20.040	78.693
1855—59	10.597		5	1.136	550	1.716	2.393	47.516		304	634		16.539	60.292
1860—64	5.907	104	428	1.841	1.275	1.101	3.446	24.102	82	77	124	31	25.066	47.885
1865—69	3.922	31	53	2.372	2.065	756	43.654	33.454	7.993	142	811	15	3.099	71.882
1870—74	10.705	7.549	205	1.078	11.283	460	53.895	34.155	1.217	229	1.027	66	10.379	122.049
1875—79	10.107	1.371	48	1.778	17.783	193	222.829	47.058	27.125	67	352	43	7.814	130.397
1880—84	9.094	3.232	1.798	2.844	12.008	1.959	132.326	57.632	11.817	16	490	3	881	323.390
1885—89	4.812	3.665	471	1.921	10.471	67	31.275	32.349	158	354	254		2.033	216.760
1890	5.285	4.244	34	616	38.998	100	55.049	25.174	155	2.008	198		593	107.474
1891	800	2.737	37	575	5.986	91	58.552	28.086	57	37	58		3.416	86.203
1892	1.368	798	9	309	17.641	28	34.872	17.941	275	8	40		1.002	60.984
1893	790	9	28	286	24.154	63	97.344	36.055	592	7	21	648	4.787	134.805
1894	973	28	22	327	19.466	106	90.505	22.399	569	7	93	978	1.575	167.618
1895	1.070	10.108	28	225	9.024	103	104.510	33.558	258	4	153	874	2.553	158.132
1896	930	11.365	6	255	5.399	101	49.086	15.105	412	6	90	781	2.700	146.362
1897	535	3.665	13	217	4.834	166	30.046	8.250	147	14	119	772	2.453	78.109
1898	521	1.826	35	333	8.584	47	19.671	11.261	99	27	30	481	3.775	34.629
1899	166	2.089	5	212	3.588	35	59.869	11.606	108		23	1.097	3.535	40.300
1900	217	696	17	151	4.466	85	12.970	11.378	371		17		3.010	85.306
1901	265	311	29	302	10.046	372	32.111	17.318	287		15		2.239	52.204
1902	1.231	474	18	228	25.329	123	12.857	20.181	996		46	1.446	2.658	34.062
1903	797	387	15	224	24.441	73	17.360	21.706	751	8	98	1.193	3.473	46.164
1904	650	427	26	109	9.235	119	20.777	25.681	703		68	1.480	2.251	70.295
1905	1.333	1.012		202			18.238				10		10.716	73.672
1906	845	522									12			67.787
1907														
	93.065	56.892	3.726	19.269	288.646	11.078	1.213.167	634.485	54.593	3.780	9.086	11.731	161.874	2.541.472

En 1908, il est entré 95.695 émigrants.

Figura 2.5 Entrada dos imigrantes no Brasil, de 1820 a 1907.
Fonte: *Le Brésil, ses richesses naturelles, ses industries*, Paris, 1909.

Em segundo lugar, depois de apresentar algumas considerações gerais sobre o conjunto do Brasil (clima, extensão territorial), o *Guide* dedicava-se a descrever as principais atividades econômicas desse "novo país". Primeiramente, foi evocado o domínio industrial, cujo futuro parecia certo: "as indústrias que criaremos certamente encontrarão no país numerosos consumidores e uma clientela bem preparada... Esse país pode facilmente encarregar-se de indústrias e de fábricas de todo tipo, sem ter que solicitar no exterior nenhuma das matérias-primas que possui localmente".[24] Mas, de imediato, era o Brasil "país agrícola" que aparecia como o mais certo de ser um país muito atrativo, com uma excepcional rentabilidade dos solos.[25]

Por fim, era no campo da liberdade que "o estrangeiro, cansado do jugo da Europa hierarquizada e militarizada" podia receber "o acolho mais cordial", no qual "os preconceitos de raça, cor e religião não eram praticados nesse jovem país, que não conhece nem o militarismo, nem a pobreza".[26] Nesse país, o estrangeiro podia, portanto, "viver à sua vontade, à sombra de leis tolerantes e de uma moral branda, quer ele queira manter sua nacionalidade originária, que ele queira naturalizar-se brasileiro".[27]

Os capítulos III e IV eram inteiramente dedicados à "condição legal dos estrangeiros no Brasil" e às "vantagens gerais concedidas aos imigrantes pelo governo do Brasil". Depois de ter evocado a liberdade com a qual o Brasil acolhia os imigrantes e seus direitos à instrução, à segurança e à propriedade, o *Guide* continha informações sobre a liberdade de crença, o direito das crianças, o casamento com uma pessoa brasileira, os direitos das sucessões e longas páginas tratavam da naturalização.[28] O capítulo III concluía-se com um apelo ao compromisso do imigrante com o trabalho: "queremos apenas homens trabalhadores, laboriosos, valorosos, que o destino não valorizou na pátria mãe, homens que têm vontade de se dedicar a um trabalho sério, à indústria ou à agricultura para seu benefício próprio e para o benefício do país que os acolhe".[29] Não havia, portanto, lugar para o ocioso e para o errante.

O capítulo IV resumia em seis pontos os "benefícios gerais" concedidos aos imigrantes pelo governo: a recepção no momento de chegada ao Rio, onde hospedagem, alimentação e manutenção eram fornecidas "sem nenhum custo"

---

24 Santa-Anna Nery, F. J. de, op. cit., p.19.
25 Ibidem, p.19.
26 Ibidem, p.20.
27 Ibidem, p.20.
28 Ibidem, p.26-28.
29 Ibidem, p.27-28.

numa hotelaria de imigrantes (pontos 1 e 2). O transporte ferroviário e marítimo dos imigrantes era "gratuito" até o destino, assim como o de suas bagagens e de seus instrumentos de trabalho (ponto 3). A "concessão de um lote de terras próprias para o cultivo" era descrita em detalhes, assim como o seu custo e os modos de pagá-lo, no caso da aquisição de uma propriedade privada (pontos 4 e 5). O imigrante era instalado com o auxílio do governo, no caso de um "lote colonial" (ponto 6). Uma observação particular era apresentada para que o imigrante se dirija ao Rio, no momento de sua chegada, ao "Gabinete de terras e de colonização" ou à "Sociedade Central de Imigração". A hotelaria dos imigrantes da "Ilha das Flores, uma das ilhas da esplêndida baía do Rio", era objeto de uma menção muito especial.[30]

Figura 2.6   Ilha das Flores, Baía do Rio de Janeiro.
Fonte: Le Brésil, ses richesses naturelles, ses industries, Paris, 1909.

---

30 Ibidem, p.29-31.

Tais benefícios foram, em seguida, descritos em quatro das províncias onde um serviço de imigração estrangeira havia sido recentemente instalado pelo governo provincial (capítulo V). Esse foi o caso da Província da Bahia e da Província do Espírito Santo, como foi também o caso da Província de Minas Gerais, que havia começado a atrair um "grande número de trabalhadores agrícolas da Europa", onde o Serviço de Imigração havia sido criado em agosto de 1887. O mesmo, evidentemente, aconteceu na Província de São Paulo, onde a "Sociedade Promotora da Imigração", a partir de 3 de fevereiro de 1888, comprometeu-se a cuidar de "cem mil imigrantes provenientes da Europa ou das Ilhas Canárias e Açores".

Em Minas Gerais, milhares de emigrantes haviam sido até mesmo "recebidos, literalmente, em meio a ovações de entusiasmo e de alegria geral".[31] E em "São Paulo, as condições de centenas de milhares de emigrantes que já estarão instalados na província são tão prósperas que o fluxo de recém-chegados aumenta a cada dia, e todos encontram aí uma instalação imediata e vantajosa".[32]

O capítulo VI era intitulado "Comment doivent se placer les immigrants lors de leur arrivée". O *Guide* dedicava-se a descrever como "eles podem se instalar seja nos centros coloniais já estabelecidos pelo governo, nas propriedades particulares (fazendas, engenhos etc...) ou em terras próprias, por conta própria".[33] Exemplos numerosos e precisos, inclusive sobre a gestação das instalações, eram dados. Orientações foram distribuídas para "aprender sobre o país" e "evitar os desencorajamentos", tanto por parte de um proprietário de lotes quanto por parte de um empregado.

Depois de listar no capítulo VIII informações relacionadas à forma de governo no Império do Brasil, à língua – "o português" – e à religião – a "religião católica, religião do Estado, mas todos os outros cultos são aceitos e respeitados"[34] –, o *Guide* oferecia aos leitores uma série de informações sobre os pesos e as medidas utilizados no Brasil, assim como várias páginas sobre o valor das moedas e, em especial, as taxas de câmbio da moeda brasileira em relação às moedas de diferentes países europeus.

O capítulo IX, sob a forma de conclusão, era intitulado "Bureaux de renseignements à l'usage des émigrants". Ele apresentava dois documentos recentes, de natureza oficial. Um deles era o trecho de um decreto de 29 de dezembro

---

31 Ibidem, p.37.
32 Ibidem, p.157.
33 Ibidem, p.43.
34 Ibidem, p.160.

de 1888, por parte do Ministro da Agricultura, o conselheiro Antonio Prado, aprovado pelo Imperador, "contendo instruções para a criação de Gabinetes de Informações em diversos países da Europa e, em particular, na Itália".[35] O outro documento era a tradução de uma "carta oficial, endereçada no dia 3 de janeiro de 1889 pelo Ministro da Agricultura ao Cônsul Geral do Brasil na França"[36] Esses dois documentos puderam ser incluídos de última hora no *Guide*, que então estava "no prelo", e traduzidos para o francês.

O texto do decreto continha seis artigos. O artigo primeiro justificava a criação e a instalação na Europa de Gabinetes de Informações, que "tinham como objetivo apresentar às populações rurais [...] os benefícios que o Brasil oferecia aos emigrantes". Esses gabinetes – o primeiro dos quais seria instalado na Itália – deviam estar localizados "em um lugar apropriado, aberto a todos, e fornecer gratuitamente informações a todas as pessoas que desejassem visitá-los". Diferentes suportes, tais como brochuras, livros, jornais, cartazes deverão estar presentes nos salões desses gabinetes e "uma exposição permanente de produtos brasileiros, com todos os dados necessários sobre a agricultura e sobre a indústria do Brasil" deverão ser oferecidos (Art. 2). As informações básicas sobre o Império devem ser completadas regularmente por meio de um boletim mensal, atualizando as informações, que se compromete a transmitir os dados e as ilustrações sobre as colônias existentes, e por uma conferência mensal sobre o Brasil, proferida nesses gabinetes (Art. 3 e 4). Tais gabinetes deveriam ser "controlados por um comissário especial do governo imperial", porém o agente encarregado não tinha caráter oficial junto às autoridades nacionais dos países europeus, em especial, às autoridades italianas (Art. 5 e 6). Frederico José de Santa-Anna Nery destacava, então, que no caso francês, a Sociedade Internacional de Estudos Brasileiros, que ele havia criado em Paris, se propunha "exatamente a esse mesmo objetivo, com a diferença de que ela não tem nenhuma ligação oficial e age por sua própria conta".[37] O exemplo da França encontra-se no cerne das últimas conclusões do *Guide*, uma vez que o segundo documento citado era uma carta oficial enviada pelo próprio Ministro da Agricultura brasileiro ao Cônsul Geral de seu país em Paris. Considerando os diferentes problemas que dizem respeito à emigração francesa no Brasil, sobre os quais o *Guide* não se estende, a carta do Ministro da Agricultura lembrava que "o governo imperial, a fim de dar o maior desenvolvimento possível ao fluxo de imigração em direção ao Império, havia

---

35 Ibidem, p.171.
36 Ibidem, p.174.
37 Ibidem, p.173 e 174.

assinado vários contratos a favor da introdução de um número considerável de imigrantes".[38] O governo imperial também prometia a esses imigrantes, fossem eles empregados, empreendedores de diferentes serviços rurais ou pequenos proprietários nos centros coloniais fundados pelo Estado ou por particulares, "favores" como "o transporte gratuito do porto de embarque até o local onde eles desejarão se instalar no Império", assim como "a hospedagem e a manutenção durante oito dias nos estabelecimentos criados com essa finalidade", ou mesmo em último caso, "a hospedagem provisória até que eles possam construir sua moradia", bem como um salário "até que eles possam fazer suas primeiras colheitas".[39] Contudo, esses "favores" eram acordados sob uma única condição: que os imigrantes venham "em família" e "se dediquem aos trabalhos agrícolas; essas condições não são aplicáveis para aqueles que pretendem explorar qualquer outra indústria".[40]

Conclusão

Desse modo, a publicação, durante a Exposição Universal de Paris de 1889, do *Guide de l'émigrant au Brésil*, redigido sob a direção de Frederico José de Santa-Anna Nery, aparece como uma ação midiática importante na estratégia de promoção da política de emigração europeia, e mais, precisamente francesa, no Brasil. Mesmo que o *Guide* tivesse sido publicado em língua francesa e, portanto, se dirigisse prioritariamente a um público francês, sua difusão foi garantida por ocasião de um evento de natureza internacional – a Exposição Universal – que fazia da França o centro de influência no ano de 1889 na Europa. A obra dedicava-se a mostrar, com o auxílio de muitos exemplos concretos, a diversidade dessa emigração proveniente de diferentes países europeus, liderada pela Itália, mas também de Portugal, Espanha, Alemanha, Polônia, Inglaterra, Irlanda, Suécia, Suíça etc.

É certo que essa publicação tinha como objetivo mostrar a fecundidade e o impacto das relações entre a França e o Brasil, e, portanto, encontrar os caminhos que conduzissem à criação de uma nova dinâmica da emigração francesa, no âmbito das excelentes relações estabelecidas entre os dois países. Mas tornar eficaz um apelo para desenvolver quantitativa e qualitativamente o movimento de

---

38 Ibidem, p.176.
39 Ibidem, p.175.
40 Ibidem, p.175.

emigração proveniente da França para o Brasil, sabendo que ele era inferior a 1% do total da emigração para o Brasil, e os quase 3% podendo ser considerados como excepcionais, não foi uma tarefa fácil. Frederico José de Santa-Anna Nery, que já havia sentido a necessidade de garantir a viabilidade de iniciativas privadas, calculava a dificuldade dessa tarefa mesmo com o apoio do governo imperial.

A prioridade concedida pelo governo imperial para promover a emigração na esfera agrícola, assim como mostravam os documentos oficiais brasileiros da parte do Ministro da Agricultura, publicados no *Guide*, tinha dificuldades em dinamizar esse processo na medida em que a circular de seu correlato francês, o Visconde de Maux, distribuída a partir de agosto de 1875, proibia na França a emigração para o Brasil organizada pelas agências brasileiras de emigração. Essa circular ainda estava em vigor em 1889. Várias iniciativas tomadas na França por políticos partidários da causa brasileira não haviam mudado o ponto de vista do governo francês, cujo Ministério das Relações Exteriores, sendo receptivo à boa relação mantida pela França republicana com o governo imperial do Brasil, era sempre solidário com o Ministério da Agricultura, do Comércio e do Interior: a emigração francesa devia ser prioritariamente orientada em direção às colônias francesas.

No entanto, no Brasil a questão da emigração europeia havia tomado novos rumos. A política de emancipação dos escravizados, que se formava desde a proibição do tráfico negreiro em 1850 e da promulgação da Lei do Ventre Livre em 1871, havia conhecido uma aceleração repentina no final dos anos 1880. A Princesa Isabel, que havia assumido a regência do trono imperial desde a partida de Dom Pedro II para a Europa – para tratar de sua doença declarada em 1° de março de 1887 –, assinou a Lei Áurea em maio de 1888, abolindo a escravidão.

Frederico José de Santa-Anna Nery escreveu no *Guide* a respeito disso:

> Os últimos escravos que existiam no país foram libertos em 13 de maio de 1888, graça aos esforços do Ministério presidido por João Alfredo Correia de Oliveira, que conta em seu seio com homens como Antonio Prado e Rodrigo da Silva. Os ex-escravos, tornados livres, mostram-se, em geral, muito gratos à Princesa Imperial, herdeira do trono, que, durante a última viagem do Imperador à Europa, imortalizou seu nome ao associá-lo a esse grande ato de justiça.[41]

A questão da emigração europeia e francesa para o Brasil era ainda mais urgente.

---

41 Ibidem, p.21.

A simpatia, ou até mesmo a admiração, que Frederico José de Santa-Anna Nery tinha pela família imperial era traduzida em seu seguinte comentário:

> A Princesa Imperial, herdeira do trono, teve a honra de promulgar as duas grandes leis que libertaram os últimos escravos restantes no Brasil: em 28 de setembro de 1871 e em 13 de maio de 1888. René Goblet, Ministro das Relações Exteriores da República Francesa, em seu discurso proferido no dia 10 de julho de 1888, em Paris, chamou-lhe de Isabel, a Redentora, nome que ela conservará na História.[42]

Essa admiração pelo Império levou Santa-Anna Nery a fazer um julgamento no mínimo desajeitado. "Se o Brasil é um país de liberdade", escrevia ele, "ele é ao mesmo tempo um *país de ordem* [destaque de F. J.]. Sem revolução a temer. Sem mudanças repentinas que paralisam os negócios e impedem o progresso. O trabalho, que exige segurança, não há que temer ser perturbado a qualquer momento, e a luta pacífica dos partidos não impede o crescimento comercial e industrial".[43]

Frederico José de Santa-Anna Nery havia escrito o texto desse *Guide* para a Exposição Universal de Paris, cuja inauguração aconteceu no dia 16 de maio de 1889. A Exposição foi encerrada em 9 de novembro de 1889. No dia 15 de novembro desse mesmo mês, uma insurreição eclodia no Rio de Janeiro, a República era proclamada e o Imperador Dom Pedro II abdicava.

Não podemos dizer que o diagnóstico de Frederico José de Santa-Anna Nery relativo à situação política do Brasil, ao escrever no primeiro mês de 1889 que não havia "revolução a temer", foi, portanto, particularmente perspicaz. Suas ligações com o governo imperial do Brasil, que ele havia conseguido valorizar com a publicação de três obras, das quais ele assumiu a direção na ocasião da Exposição Universal de 1889, não tardaram a lhe causar problemas pessoais de ordem política. Frederico José de Santa-Anna Nery publicou, além disso, no início dos anos 1890 na França um "relato humorístico" e "divertido" destinado ao grande público, intitulado *Aux Etats-Unis du Brésil. Voyages de M.T. Durand*, no qual ele tentou "incorporar informações rigorosamente precisas". No capítulo XXI, dedicado à "Nova República", ele reconhecia que

> pensávamos que Dom Pedro seria, talvez, o último monarca desse país, mas estávamos convencidos de que seu longo reinado benéfico terminaria sem incidentes.

---

42 Ibidem, p.159-160.
43 Ibidem, p.20-21.

72 LAURENT VIDAL E TANIA REGINA DE LUCA (ORGS.)

Estávamos enganados. É certo... que a maioria dos brasileiros não queria a República, pelo menos por enquanto. Grande parte daqueles que a aclamaram nas províncias nos dias 18 e 19 de novembro de 1889 combateram-na até o dia 17, quando presumiam que o movimento revolucionário do Rio de Janeiro não teria sucesso... Eu choro, Dom Pedro.[44]

Não é de se surpreender, portanto, que em 1897 ele tenha sido preso e exilado na ilha de Fernando de Noronha, pagando, assim, por sua fidelidade às suas convicções imperiais. Ele escreveu um relato sobre essa experiência, publicado em Lisboa. Em 1900, durante a comemoração de 400 anos da descoberta do Brasil, ele voltará a se dedicar ao conhecimento de sua terra natal amazonense. Publicou duas obras: uma foi a escrita de uma *Bibliographie scientifique sur l'Amazonie*; e a outra, a elaboração de um álbum sobre o Pará, cuja introdução foi assinada por ele.[45]

Se a emigração francesa para o Brasil não teve um impulso particular após esse empreendimento midiático de 1889, que foi a publicação do *Guide de l'émigrant*, a influência francesa continuou, contudo, por meio de outros canais políticos. As ideias positivistas e republicanas procuraram situar a República nascente do Brasil em uma "latinidade" americana que a Terceira República Francesa trabalhou para avivar no conjunto de "repúblicas irmãs" do continente.[46]

---

44 Santa-Anna Nery, F. J. de, *Aux Etats-Unis du Brésil. Voyages de M. T. Durand*, p.259-277, Paris, s.d. Librairie CH de la Grave, 340p.

45 Santa-Anna Nery, F. J. de, *De Paris a Fernando de Noronha*, Lisboa, 1898; *Bibliographia scientífica sobre Amazonas*, Belém, 1900 e *O Pará em 1900*, Belém, 1900.

46 Chonchol, Jacques, e Martinière, Guy, *L'Amérique latine et le latino-américanisme en France*, op. cit., p.57 e ss.; Rolland, Denis, *La crise du modèle français. Marianne et l'Amérique latine. Culture, politique et identité*, Rennes, Presses universitaires, 2000.

3
A EMIGRAÇÃO FRANCESA PARA O BRASIL PELO PORTO DE BORDEAUX: SÉCULOS XIX E XX

Jorge Luís Mialhe

"As viagens, os viajantes – tantas espécies deles!
Tanta nacionalidade sobre o mundo! Tanta profissão!
Tanta gente!
Tanto destino diverso que se pode dar à vida.
À vida, afinal, no fundo sempre, sempre a mesma!"

Fernando Pessoa
(Ode Marítima)

A emigração pelo porto de Bordeaux (1840-1940)

A posição de Bordeaux, próxima ao estuário do Garonne, aberta para o Atlântico, sempre favoreceu a atividade comercial desse porto. As grandes navegações do século XVI e o colonialismo europeu delas decorrente estão na raiz de uma nova era para o porto bordelense. O deslocamento do eixo comercial do Mediterrâneo para o Atlântico favoreceu enormemente os portos do "mar-oceano".

Ao tráfego de mercadorias iniciado no período colonial juntou-se, especialmente durante o século XIX, o transporte de passageiros. A independência das antigas colônias americanas acabou por desbloquear as atividades comerciais dos novos Estados, aumentando as comunicações e o tráfego marítimo.

A história dos grandes portos europeus, na visão de Baines (1993, p.30), indica que o mercado de trabalho era segmentado. Se o desenvolvimento da economia internacional foi uma causa importante do movimento migratório, imaginava-se que os primeiros emigrantes fossem originários de áreas adjacentes aos portos. Todavia, a imigração oriunda, por exemplo, dos arredores de Roterdã, La Rochelle ou Hamburgo foi baixa. Essas cidades eram portos de emigração importantes para povos de outras regiões, como a Suíça, o sul da Alemanha e o interior da Suécia.

Ao mesmo tempo, as crises europeias provocaram a partida maciça de algumas populações. Bordeaux tornou-se um porto de emigração: espanhóis, italianos, franceses, alemães, entre outros, buscavam esse porto para o embarque rumo aos países de ultramar. Contudo, Bordeaux não foi o principal porto

74 LAURENT VIDAL E TANIA REGINA DE LUCA (ORGS.)

naquele momento. Os portos do Havre, de Bremen, de Liverpool, de Antuérpia e os portos italianos e espanhóis serviam mais comodamente aos países de forte emigração.

A atividade do porto de Bordeaux tornou-se importante para a realização de trabalhos sobre a história da imigração francesa. Após a destruição do porto do Havre e de boa parte de seus arquivos,[1] durante a Segunda Guerra Mundial, as pesquisas sobre a imigração francesa encontraram um terreno fértil nos arquivos bem conservados da Gironda. Sobretudo, alimentados com os processos de requerimento de vistos e passaportes encaminhados, na maior parte dos casos, por habitantes do sudoeste da França.

Os dossiês de pedidos de vistos e passaportes para o estrangeiro, atualmente conservados nos Archives Départamentales de la Gironde, eram elaborados, inicialmente, a partir de requerimento encaminhado, pelo interessado, ao prefeito da Gironda. Para tanto, era utilizado papel timbrado com uma estampilha de 50 *centimes*. O mesmo documento trazia como marca d'água, em alto-relevo, uma alegoria e a divisa *enregistrements, timbres et domaines*.

O requerimento, ao ser recebido, levava um número escrito a lápis azul ou vermelho. Em caso de aprovação, o termo *"délivrer"*, escrito a lápis preto ou à tinta, era anotado no rosto do mesmo documento.

O dossiê deveria, ainda, ser instruído por um certificado de boa conduta,[2] expedido pelo comissariado de polícia do bairro onde o requerente residisse ou estivesse hospedado. Em muitos casos, os passaportes foram devolvidos, após o

---

1 Os arquivos do departamento do Seine-Maritime encontram-se atualmente em Rouen, e não no Havre. Um resumo do inventário das fontes de história da América Latina publicado pelos Arquivos Nacionais franceses revelou a inexistência de documentos sobre a emigração francesa naquele arquivo departamental. Cf. France. Archives Nationales.1989, p.400.

2 O certificado, normalmente um formulário, mimeografado após 1910, apresentava o seguinte conteúdo:
O Comissariado de Polícia do_____bairro da cidade de Bordeaux certifica sob a responsabilidade de testemunhas denominadas abaixo, que pode ser entregue ao S (r.a.rta.)_____idade de__anos, profissão de____, nascido em____(cidade) em__(ano), domiciliada em Bordeaux, rua_____, um passaporte para dirigir-se a_____(cidade/país).
Nacionalidade francesa.
Testemunhas: Assinatura das testemunhas
1ª ____
2ª ____
Descrição: cabelos___, sobrancelhas_____, testa____, olhos____, nariz____, boca____, queixo____, barba____, tez____, altura_____, sinais particulares___.
Bordeaux _____ (data). O Comissário de Polícia _____(assinatura e carimbo)
Fonte: Archives Départamentales de la Gironde (Bordeaux). Sous-série 4M 655.

uso, à autoridade expedidora e vieram a integrar os dossiês consultados. Porém, infelizmente, a grande maioria desses passaportes teve as fotos dos usuários recortadas ou, simplesmente, descoladas, provocando uma mutilação parcial dos documentos do período estudado.

Durante a Primeira Guerra Mundial, os requerentes de passaporte, do sexo masculino, eram obrigados a anexar ao requerimento um *Extrait d'État Signa-letique et des Services* fornecido pelo Bureau de Récrutement da respectiva região militar. Tal medida visava a comprovar a situação regular do requerente com relação ao serviço militar e coibir a deserção ou o possível trânsito de pessoas e informações, sem a aprovação das autoridades competentes.

No final dos anos 1920, houve uma preocupação maior por parte do Minis-tério do Interior francês em verificar a conduta das mulheres que requisitavam seus vistos para a América do Sul. Nesse sentido, um ofício de 22 de fevereiro de 1927 alertava a Prefeitura da Gironda para o aumento do número de prostitutas francesas estabelecidas na Argentina, e recomendava que os pedidos de passa-portes para o Brasil, Uruguai, Argentina e Paraguai fossem examinados com um cuidado especial. Passou-se a exigir das menores o atestado do empregador ou, no caso das maiores, dizendo-se modistas ou costureiras, que fossem prevenidas acerca de promessas vantajosas, mas completamente enganosas, feitas por falsos empregadores (Archives Départamentales de la Gironde).

As regiões de emigração na França

O caso da emigração francesa é caracterizado por representar uma reduzi-da parcela da população que atravessou o Atlântico. No período entre 1878 a 1887, algumas fontes americanas registram a chegada de aproximadamente 45 mil franceses aos Estados Unidos, 39 mil à Argentina, dois mil ao Brasil e mil ao Uruguai, totalizando pouco mais de 87 mil imigrantes (cf. Reinhard et al., 1968, p.398).

O artigo 7° do decreto francês de 9 de março de 1861 considerava imigrante, sem outra justificativa: "[...] Todo passageiro que não coma à mesa do capitão ou dos oficiais e que pague pelo preço de sua passagem menos de 80 francos por semana nos vapores e 40 francos nos veleiros".

Dessa forma, os passageiros de primeira e segunda classes jamais foram con-siderados imigrantes. A justificativa, de acordo com o então chefe do escritório encarregado do serviço de emigração do Ministério do Interior, Mr. Mayssent, era que

76 LAURENT VIDAL E TANIA REGINA DE LUCA (ORGS.)

[...] esses destinos que parecem num primeiro momento estranhos são fundados na presunção, geralmente justificada pelos fatos de que os passageiros de classes inferiores são transportados para os países transatlânticos na intenção de se estabelecerem, enquanto que os passageiros de classes superiores pertencem, na maior parte, a categoria dos vapores normais [sic]. O método, usado em certos países, que consiste em perguntar aos passageiros se eles emigram sem o pensamento de retorno ou na intenção de voltar, vai depender da qualidade do emigrante, das declarações que podem não ser verídicas e que as circunstâncias nem sempre as justificam. Muito poucos emigrantes, com efeito, partem com o pensamento de não voltar a suas pátrias. Quaisquer que sejam as vantagens e os inconvenientes da regra estabelecida no artigo 7°, é exclusivamente aos passageiros visados por dispositivo que se aplica a estatística de emigração elaborada na França aos cuidados da direção de segurança geral. (cf. Monin, 1892, p.910)

Assim, em 1861 e 1886, a França realizou um recenseamento de franceses residentes no estrangeiro e obteve, segundo Monin (1892), os dados apresentados na Tabela 3.1.

Tabela 3.1 Recenseamento geral dos franceses residentes no exterior em 1861 e 1886, segundo Monin (1892)

Continentes	Ano de 1861		Ano de 1886	
	Número	%	Número	%
Europa	127.000	40,19	200.000	49,02
América do Norte	113.000	35,76	120.000	29,41
América do Sul	58.000	18,35	40.000	9,80
África	15.000	4,75	30.000	7,35
Ásia	3.000	0,95	15.000	3,68
Oceania	n/c	–	3.000	0,74
Total	316.000	100,00	408.000	100,00

A emigração francesa distingue-se do movimento emigratório dos demais países por seu caráter individualista; os fatores econômicos, nesse caso, têm pouca importância, com exceção de crises violentas em determinadas regiões da França. Já as crises políticas provocaram um aumento considerável das partidas, principalmente entre 1848 e 1850 e em 1871 (cf. Milza et al., 1991, p.3 e ss.).

São indivíduos ou famílias que se expatriaram a partir de algumas regiões, em especial naquelas onde as fronteiras eram menos rígidas: Pireneus, Alpes, Alsácia-Lorena e, mais tarde, Bretanha, Bordelais, Pays de Caux e Paris. O México, em particular, exerceu uma forte atração sobre os habitantes dos vales de Barcelonette, nos Baixos Alpes (cf. Armengaud, 1971, p.86).

FRANCESES NO BRASIL: SÉCULOS XIX E XX   77

Recenseamentos efetuados na Argélia e na Tunísia permitiram conhecer, de maneira relativamente precisa, a origem dos imigrantes franceses que se estabeleceram naqueles países. Os registros mostram que os departamentos situados ao sul, de uma linha saindo de Hendaye e chegando a Genebra (principalmente os Pireneus orientais, a Drôme e os Baixos e Altos Alpes), foram aqueles que tiveram um maior volume de imigrantes destinados ao norte da África.

Essa preponderância dos departamentos meridionais explica-se por uma série de fatores: proximidade do norte da África, climas semelhantes (ao menos no que concerne aos departamentos mediterrâneos), apelo oficial de colonização e, sobretudo, entre 1875 e 1890, a destruição das vinhas francesas pela filoxera, "o principal acontecimento da Terceira República".[3]

Na segunda metade do século XIX, as informações sobre a imigração francesa, ao contrário da primeira metade, aumentaram consideravelmente. Assim, Bunle, apud Dupaquier (1988, p.71), estima a evolução do número de imigrantes franceses no período entre 1851 e 1913, como indicado na Tabela 3.2.

Tabela 3.2   Evolução da imigração francesa na segunda metade do século XIX e início do século XX, segundo Dupaquier (1988)

Período	Imigrantes	%
1851-1860	25.100	9,90
1861-1870	17.700	6,99
1871-1880	35.300	13,93
1881-1890	47.200	18,63
1891-1900	28.600	11,29
1901-1910	44.500	17,56
1911-1913	55.000	21,70
Total	253.400	100,00

Vê-se que os imigrantes foram mais numerosos durante o primeiro decênio (1851-1860), se comparado ao segundo (1861-1870). A explicação, de acordo com Armengaud (1971, p.88), reside nas más colheitas e na epidemia de cólera dos anos de 1853 a 1855. O aumento da imigração nas décadas seguintes deve-se às novas facilidades de transporte, como a generalização da navegação a vapor, e em consequência da guerra franco-prussiana, que arrebatou grande número de imigrantes da Alsácia-Lorena para a Argélia e para os Estados Unidos. O número máximo, observado durante o período de 1881 a 1890, explica-se pela

---

3   Frase de Gaston Roupnel, citada por Braudel (1989, p.105).

grave crise que arruinou a agricultura francesa. É importante destacar que, ao lado do problema da filoxera, supracitado, associa-se a queda dos preços dos cereais na França e, de acordo com Brogan (1947, p.485), nas partes montanhosas da Bourgogne ocidental os baixos preços da lã e da madeira tornaram a vida dessas populações demasiadamente difícil. Já nas primeiras décadas do século XX, mais precisamente até 1913, observa-se um aumento significativo de imigrantes, resultando menos da situação econômica na França que de um estado conjuntural favorável nos países receptores desse fluxo migratório. No último período (1911-1913), de acordo com Dupaquier (1988, p.69), apenas do porto do Havre partiram trinta mil pessoas. Em 1919, o mesmo porto registrou a saída de 4.881 pessoas e em 1920 sofreu uma queda significativa: 2.835 pessoas. Em média, 70% desses emigrantes eram do sexo masculino, cerca de um terço deles exercia uma profissão ligada à agricultura, 35% a 40% trabalhavam na indústria, e os demais eram comerciantes, profissionais liberais ou funcionários públicos, ou não declararam nenhuma profissão (cf. Armengaud, 1971, p.89).

Levantamento realizado por Mitchell, apud Baines (1993, p.9), informa que entre 1815 e 1930 os franceses ocuparam a 11ª posição no ranking da imigração, como se observa pelos dados apresentados na Tabela 3.3.

Tabela 3.3   Principais polos mundiais de imigração entre 1815 e 1930, segundo Baines (1993)

Nacionalidade	Número	% do total
1. Britânicos	11.400.000	22,75
2. Italianos	9.900.000	19,76
3. Irlandeses	7.300.000	14,57
4. Austro-húngaros	5.000.000	9,98
5. Alemães	4.800.000	9,58
6. Espanhóis	4.400.000	8,78
7. Russos	3.100.000	6,19
8. Portugueses	1.800.000	3,59
9. Suecos	1.200.000	2,40
10. Noruegueses	800.000	1,60
11. Franceses	400.000	0,80
Total	50.100.000	100,00

A explicação para o nível relativamente baixo de emigrantes franceses, se comparado aos italianos, alemães, espanhóis e portugueses, está na migração interna da França e no êxodo rural. O despovoamento dos campos iniciou-se antes de 1850 e acelerou-se durante o período da crise do final do século XIX. Durante a primeira metade do século XIX, declara Sennett (1993, p.169), "esse fluxo ainda era o dos jovens e solteiros que vinham de uma certa distância para a cidade".

A diferença entre a imigração do restante da Europa e a imigração francesa é que a segunda não obedeceu passivamente às variações do mercado mundial de mão de obra. As exceções a essa regra são: a imigração francesa para a Argélia, em parte resultado de uma política oficial de colonização, e a imigração francesa facilitada pela ação das agências de imigração, mantidas pelos governos sul-americanos. A imigração francesa não foi uma imigração provocada pela miséria, foi na verdade um empreendimento (cf. Armengaud, 1971, p.93).

As informações disponíveis em 1993 na base de dados da Maison des Pays Ibériques apresentam o sudoeste francês como alimentador de grande parte da emigração escoada por Bordeaux. As cifras relativas aos passaportes e vistos para o Brasil, requeridos entre as décadas de 1840 e 1890, indicam a predominância de imigrantes oriundos do departamento da Gironda.

Numericamente, outros departamentos de destaque, como dos Pireneus atlânticos (Baixos Pireneus), dos Altos Pireneus, da Dordogne, do Alto Garonne e da Charente Marítima (Charente Inferior) foram responsáveis, no conjunto, pela metade dos imigrantes oriundos da Gironda, no mesmo período. De uma amostra de 437 imigrantes franceses, sobre os quais foi possível identificar os departamentos de origem, calculou-se a frequência de distribuição percentual e elaborou-se o gráfico da Figura 3.1.

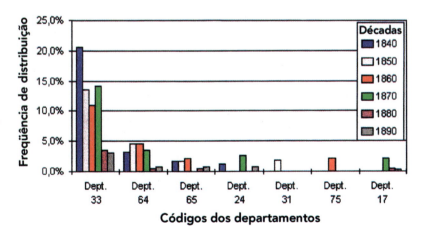

Figura 3.1 Gráfico da distribuição percentual de imigrantes franceses, por década e região de origem, com destino ao Brasil, entre as décadas de 1840 e 1890.

Em comparação com o Brasil, a imigração francesa para a região do Rio do Prata entre 1850 e 1859, informa Bochaca (1971, p.103), compôs-se, da mesma forma, de elementos do sudoeste da França, em sua maioria. As exceções são pouco frequentes e, quando existem, são constituídas de algumas pessoas que, não sendo originárias dessa região, vieram habitá-la algum tempo depois. Apesar disso, quando é encontrada nos passaportes a rubrica *demeurant à Bordeaux*, nunca se sabe exatamente o local ou se trata-se de uma residência provisória (hotel ou pensão).

Em 1854, entre os registros de pedidos de vistos, encontram-se imigrantes originários dos Pireneus atlânticos, da Gironda, do Alto Garonne, do Gers da Dordogne, do Lot et Garonne, e também alguns da Charente Marítima, de Landes, de Vienne, dos Altos Alpes, de Hérault dos Pireneus orientais, das Bocas do Rhône, de Aveyron, do Tarn, do Seine-et-Oise, da Vendée, de Landes, de Meuse, de Meurthe e do Aude. Em muitos casos, percebe-se que alguns funcionários não indicaram nos processos de pedidos de visto e de passaportes o nome das pequenas vilas e lugarejos de origem dos requisitantes, o que dificulta consideravelmente a exata identificação.

Dentre os departamentos acima mencionados, Bochaca (1971, p.100) constatou que os Altos e Baixos Pireneus ocuparam um lugar preponderante e foram responsáveis por 60,9% da imigração via Bordeaux.

É necessário destacar, entretanto, que entre 1846 e 1851 os Baixos Pireneus apareciam como o principal centro de dispersão, com 23 partidas para cada mil habitantes, enquanto os Altos Pireneus contribuíram com 14 partidas no mesmo período (cf. Pinede, 1967, p.238). Se, em Bordeaux, os imigrantes oriundos dos Baixos Pireneus ocuparam apenas o segundo lugar no número de partidas, isso se deve, também, à existência do porto de Bayonne, responsável por uma parcela considerável da emigração basca e dos Baixos Pireneus. Esse porto ocupou o terceiro lugar entre os portos europeus de imigração para a Argentina, por exemplo, no período de 1858 a 1862 e, após essa data, seu movimento declinou significativamente devido à mudança do eixo para Bordeaux.

A região Sudoeste encerrava áreas extremamente pobres. Entretanto, tinha a ventura de possuir dois importantes portos para o embarque de passageiros, o que parecia ser um convite, uma incitação constante a partir. Foi sobretudo a proximidade de Bordeaux que fez da Gironda um departamento de forte emigração.

O fato de na região pirenaica e no Alto Garonne existir uma certa facilidade de comunicação com o exterior foi ampliado pela existência de outras circunstâncias, particularmente a pobreza e a infertilidade do solo em uma região montanhosa. Esses departamentos constituíram, com a Gironda, o principal centro de dispersão entre 1850 e 1859. Durante esse decênio, embarcaram por Bordeaux 7.753 emigrantes franceses, dos quais 2.232 eram originários dos Baixos Pireneus (cf. Bochaca, 1971, p.101-4).

Após 1880, ocorreu um aumento considerável no volume de emigrantes e na extensão dos limites das zonas populacionais envolvidas. Praticamente toda a França se incorporou ao movimento. Bordeaux beneficiou-se de um tráfego particularmente intenso para a Argentina, ao mesmo tempo em que se aproveitou do declínio do porto de Bayonne. A despeito da distância, Bordeaux recebeu importantes contingentes oriundos do Sena Marítimo (Sena Inferior), dos Deux Sèvres, da Vendée, do Finistère que, em princípio, deveriam ter sido embarcados no porto do Havre.

Os oito departamentos que no período de 1850-1859 reuniram 90,8% da imigração bordelense, em 1889 não concentraram mais que 46,1% dela. A contribuição dos Baixos Pireneus e dos Altos Pireneus sofreu uma queda de 28,8% e 32,1% para 18,1% e 8,1%, respectivamente. Certa diminuição da emigração clandestina, o declínio da atividade portuária de Bayonne, o aumento dos efetivos bascos em Bordeaux, a intensa propaganda desenvolvida pelas agências de imigração e a coincidência com uma época crítica da economia francesa são os fatores essenciais para a compreensão do alargamento da zona de emigração, acompanhada de um substancial aumento dos emigrantes de outras regiões francesas. A média anual, que era de cinquenta partidas entre 1850 e 1859, alcançou 9.761 em 1889 (ibidem).

No século XX, os departamentos do sudoeste continuaram sendo os principais alimentadores do fluxo emigratório de Bordeaux para o Brasil. Após a consulta dos mais de oito mil processos de requerimento de passaportes e vistos, dirigidos ao prefeito da Gironda entre 1899 e 1919, além dos livros de registros de pedidos dos mesmos documentos, entre 1920 e 1940, verificou-se a persistência do quadro.

O perfil dos imigrantes franceses e seu ritmo de entrada no Brasil (1840-1900)

No estudo da imigração francesa para o Brasil, a consulta dos processos de pedidos de vistos e passaportes permite traçar o perfil dos imigrantes, notadamente a partir do sexo, da profissão, da idade e do número de acompanhantes. Neste caso, porém, não foi possível averiguar a aplicação do decreto de 9 de março de 1861 aos registros consultados.

Para esta pesquisa, originalmente desenvolvida como parte de uma tese de doutorado financiada com auxílio do CNPq, entre 1993 e 1994, na Maison des Pays Ibériques (MPI), instalada na Université de Bordeaux III, foram selecionados e recuperados dados dos 1.306 emigrantes que, entre 1840 e 1890, declararam o Brasil como destino de viagem. Posteriormente, mapeou-se a origem territorial desses emigrantes a partir dos códigos elencados em arquivo informatizado da MPI. Para tanto, utilizou-se o *Dictionnaire des Communes de France* na decifragem manual dos códigos listados no computador, referentes a departamentos e cidades franceses.

Em seguida, prosseguiu-se com a pesquisa documental nos Archives Départamentales de la Gironde, nos quais foram selecionados os processos de demanda de vistos e passaportes requeridos entre 1899 e 1940. Durante a atividade de consulta e de seleção manual dos cerca de 8.275 processos compulsados, foi possível verificar a profissão e o sexo dos solicitantes, bem como se viajavam sozinhos ou acompanhados.

Embarcaram do porto de Bordeaux rumo ao Brasil, entre 1840 e 1900, mais de 1.300 pessoas, registradas em 1.048 processos de requisição de vistos e passaportes (dentre os quais quarenta não mencionam a região de origem). O Rio de Janeiro aparece como destino em 669 desses processos, seguido de longe por Pernambuco, com 32, pela Bahia, com vinte, e pelo Rio Grande do Sul, com nove.

Esses imigrantes, na sua imensa maioria, eram oriundos da Gironda. Dos 371 registros girondinos, 325 apontaram o Rio de Janeiro como destino; há oito registros para o Rio Grande do Sul, seis para a Bahia, cinco para Pernambuco, quatro para o Pará e apenas um único registro para São Paulo. A Figura 3.2 mostra as porcentagens de imigração girondina para o Brasil entre as décadas de 1840 a 1890.

As demais regiões de destaque, quanto ao volume de emigrantes, foram os Pireneus atlânticos, com 94 registros (dos quais oitenta para o Rio de Janeiro, três para a Bahia, três para Pernambuco e dois para o Paraná); os Altos Pireneus, com 42 registros (dos quais 38 para o Rio de Janeiro, dois para o Paraná e um para Pernambuco); o Alto Garonne, com 41 registros (dos quais 38 para o Rio de Janeiro e um para Pernambuco); a Dordogne, com 40 registros (dos quais 36 para o Rio de Janeiro); a Charente Marítima, com 29 registros (dos quais 25 para o Rio de Janeiro), e Paris, com 26 registros (dos quais vinte para o Rio de Janeiro, dois para Pernambuco e dois para a Bahia).

A distribuição numérica dos imigrantes dos departamentos supracitados, de acordo com os seus principais destinos no Brasil, acha-se expressa graficamente na Figura 3.3.

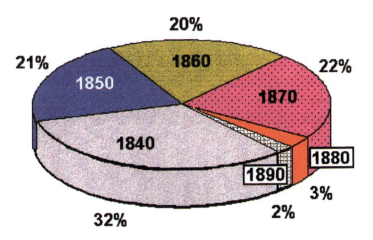

Figura 3.2 Gráfico da distribuição do número de imigrantes girondinos, com destino ao Brasil, entre as décadas de 1840 e 1890.

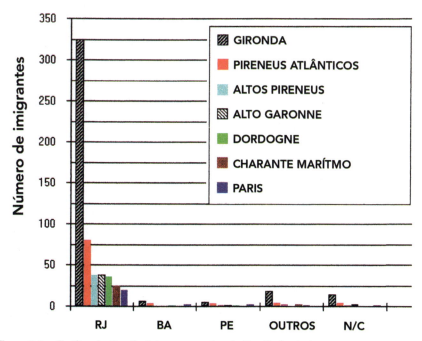

Figura 3.3 Gráfico da distribuição, por estados do Brasil, dos imigrantes embarcados em Bordeaux, provenientes das várias regiões da França, entre as décadas de 1840 e 1890.

Os dados evidenciam a importância do Rio de Janeiro, mas, sobretudo, confirmam a análise de Takeya (1995, p.176), no sentido de que "nas grandes cidades portuárias – Rio de Janeiro, Recife e Salvador –, que constituíam mercados mais fortemente disputados por comerciantes estrangeiros, a presença do comércio varejista francês foi, com certeza, mais notável". Esse fenômeno ficará mais claro quando da análise do item profissão.

Os números revelam, ainda, a pequena imigração para São Paulo na primeira metade do século XIX. A explicação, conforme escreveu Nogueira (1953, p.322),

> [...] reside no fato de que Rio de Janeiro e Recife contavam com a vantagem de serem portos de mar de grande movimento, e sempre em contato com vapores vindos da Europa. Possuíam uma população muito maior, cujo poder aquisitivo era nitidamente superior ao do paulista, e que se habituara a um nível de vida mais elevado. Recife vivia ainda na tradição da riqueza do açúcar e o Rio possuía o exemplo da vida de luxo da Corte. Para esses pontos afluíram artistas, engenheiros, comerciantes, artesãos – franceses atraídos pelas grandes possibilidades que a vida nesses lugares se lhes oferecia. Nessa época ninguém se lembraria de vir para São Paulo, onde a população era pequena, de hábitos modestos e isolada pela deficiência dos meios de transporte, que dificultavam qualquer tipo de comércio! Era no Vale do Paraíba, nos solares das fazendas de café que pontilhavam essa via natural onde se respirava um pouco da atmosfera francesa.

Esse quadro começou a mudar em 1860, quando foi fundada em São Paulo a Casa Garroux. Como bem ressaltou Nogueira (1953, p.323), a partir dessa data, São Paulo recebeu um fluxo considerável de franceses (provavelmente embarcados no Havre) que "muito contribuiu para a transformação da fisionomia da cidade".

Com relação ao sexo dos imigrantes, a distribuição obtida a partir dos dados dos processos de vistos e passaportes, entre as décadas de 1840 e 1890, indica a acentuada maioria masculina sobre a feminina: 77,1% contra 22,9%.

A despeito da escassez de notícia no item profissão, uma parcela dos processos registra essa informação. Daí a construção do gráfico da Figura 3.4.

Esses dados confirmam as informações assinaladas por Takeya (1995, p.31, 175), de que a partir de 1850, e até o final do século XIX, o volume comercial entre Brasil e França só foi superado por aquele entre Brasil e Inglaterra. Pondera a autora que o comércio franco-brasileiro acabou "reforçando a posição do Brasil como um dos 15 principais países no conjunto do comércio exterior francês [...] tendo por base fundamental a representação consular", fio condutor de uma rede

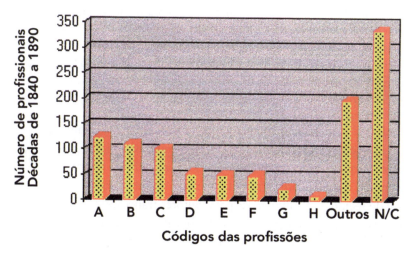

Código dos grupos de profissionais de acordo com o ramo de atividade: A = ofícios de marcenaria, serralheria, mecânica etc.; B = comércio; C = moda e costura; D = agricultura; E = padaria e confeitaria; F = hotelaria e serviços domésticos; G = professores, estudantes e profissionais liberais; H = artistas; N/C = nada consta.

Figura 3.4   Gráfico da distribuição numérica das profissões na amostra dos processos de requisição de passaportes entre as décadas de 1840 e 1890.

de informações entre o Ministère des Affaires Etrangères – MAE e os negociantes franceses acerca do mercado brasileiro, ávido consumidor de "manufaturas compostas de tecidos, os objetos de luxo e de decoração (os chamados "artigos de Paris"), e os vinhos".

Nesse sentido, lembra Nogueira (1953, p.328-9),

[...] todo artigo fica imediatamente valorizado se a ele ajuntar-se a rubrica 'vindo de Paris'. Todo artesão adquire especial prestígio se for francês. [...] Esses numerosos franceses, na sua maior parte simples comerciantes, modestos artesãos, contribuíram poderosamente para a evolução do pensamento e dos modos de vida em São Paulo. [...] Da sua atividade ficaram mais que traços materiais: alguma coisa do espírito e da cultura de cada um.

Freyre (1960, p.16) destaca a irradiação dessas últimas até mesmo pelos cozinheiros e padeiros, que "também difundem cultura e modificam paisagens sociais".

No final da década de 1860, o então plenipotenciário francês no Brasil, ministro Gobineau (1990, p.44), com sua pena ferina, criticava duramente seus compatriotas fixados em território brasileiro. Em carta endereçada a Marie Dragoumis, datada de 17 de junho de 1869, o representante francês disparava:

[...] Os 25.000 a 30.000 franceses instalados no Brasil (20.000 no Rio) em grande número são na maior parte pouco dignos de consideração. Comerciantes sem escrúpulos, aventureiros, colonos incapazes de se adaptar, ao lado, todavia, de numerosos imigrantes vindos sós ou com suas famílias buscar o trabalho que a Europa não lhes oferecia e que seriam integrados nessa sociedade acolhedora e participariam eficientemente do desenvolvimento do país.

Conforme mencionado anteriormente, a maior parte dos imigrantes franceses que escolheu como destino o Brasil indicou o Rio de Janeiro como porto de desembarque, já que a capital proporcionava melhores oportunidades para os imigrantes que atuavam no setor terciário. As informações acerca da cidade, no final do século XIX, divulgadas pelos autores franceses, destacavam a forte influência cultural da França junto às elites brasileiras. É o caso de Henri Avenel (1892, p.20), de cujo texto sobressai este trecho:

[...] Em 1891, o Brasil recebeu mais de 230.000 imigrantes europeus. A supressão da escravidão, abolida em 1888, e a prática da hospitalidade privada com respeito ao viajante de passagem deram aos modos brasileiros uma reputação de doçura que fez aumentar o número de imigrantes. A língua administrativa [sic] é língua portuguesa; o francês, língua preferida das classes superiores é também forte no mundo do ensino. Rio de Janeiro, grande centro intelectual e artístico, possui um observatório, um museu, bibliotecas, uma delas com 160.000 volumes; além disso, como a língua francesa é a língua da sociedade mundana, a capital do Brasil é frequentemente visitada pelos nossos mais célebres comediantes vindos aqui para trazer esse gênero reconhecido em todos os países civilizados: o espírito francês.

Na verdade, tal *attachement,* como lembrou Borges (1994, p.12), é de longa duração. França (1946, p.9), em seu clássico estudo sobre o poder real em Portugal e as origens do absolutismo, ensina:

[...] À nossa formação mental e institucional, duas são as histórias que mais particularmente interessam: a portuguesa e a francesa. De Portugal, tivemos o ser. [...] Depois, quando nos libertamos do colonialismo, veio a cultura francesa polir, para acabamento melhor, as arestas de construção nova onde já se entremostravam pelas marcas de origem leves tintas de procedência gaulesa.
[...] Filhos do casamento das instituições portuguesas com as ideias francesas, somos produto cultural europeu refratado no caboclismo nacional.

Com a queda do Império e o advento da República, o governo francês não reconheceu de imediato a nova forma de governo, como ressaltou Bueno (1995, p.34):

FRANCESES NO BRASIL: SÉCULOS XIX E XX   87

[...] A França retardou seu reconhecimento em razão, além de escrúpulos políticos (não queria desagradar as monarquias europeias e não dar aos partidos republicanos de Portugal e Espanha ensejo para explorações), do decreto brasileiro de naturalização ainda não suficientemente esclarecido e porque tentou resolver de maneira rápida a questão de limites da Guiana Francesa. Todavia, em junho de 1890, a França reconheceu o governo provisório, após este ter-lhe assegurado que retomaria as negociações sobre a referida questão de limites.

O referido decreto republicano de naturalização declarava cidadãos brasileiros todos os estrangeiros que em seis meses não manifestassem expresso desejo de manter sua nacionalidade de origem. De acordo com o censo de 1890, foram 806 os franceses que optaram pela nacionalidade brasileira, representando 20% do total da colônia. Análise realizada por Carvalho (1991, p.81-2) revela que:

[...] Não há dados precisos sobre os efeitos da lei. Pelos relatórios diplomáticos dos representantes inglês, francês e português, percebe-se que houve reação geral contra a lei. As pequenas colônias, como a inglesa, a francesa e a alemã tinham melhores condições de resistir à naturalização, tanto por seu tamanho quanto pela força política de seus governos. [...] A Itália era também particularmente agressiva na defesa de seus nacionais. Como é sabido, o governo italiano chegou a suspender a emigração para o Brasil. Juntamente com a França, ela promoveu intensa campanha entre seus cônsules para conseguir o maior número possível de declarações de manutenção de nacionalidade.

O inciso 4° do artigo 69 da Constituição de 1891 manteve a essência do decreto de naturalização na medida em que foram considerados cidadãos brasileiros os estrangeiros que, achando-se no Brasil em 15 de novembro de 1889, não declararam, nos seis meses posteriores à entrada em vigor da Constituição, o ânimo de conservar a nacionalidade de origem.

Com o *fin-de-siècle*, a participação da França na formação da burguesia brasileira fortaleceu-se ainda mais e, no século seguinte, o perfil dos imigrantes franceses sofrera uma alteração decorrente, principalmente, dos conflitos na Europa.

O perfil dos imigrantes franceses e seu ritmo de entrada no Brasil (1901-1940)

No século XX, os documentos consultados nos arquivos girondinos, dos anos de 1901 a 1940, indicam uma maioria de imigrantes do sexo feminino

(189 processos contra 153 masculinos), motivados principalmente pelos dois conflitos mundiais. A faixa etária desses imigrantes concentrou-se entre os 21 e os quarenta anos, conforme mostra o gráfico da Figura 3.5.

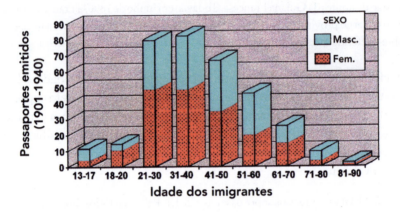

Figura 3.5 Gráfico da distribuição por sexo e faixa etária dos imigrantes franceses embarcados em Bordeaux, com destino ao Brasil, entre 1901 e 1940.

Quanto à origem, os processos confirmam a Gironda como o departamento com o maior número de emigrantes, seguido de longe por Paris.

É importante salientar que os terceiro, quarto, quinto e sexto departamentos com maior número de requisições (Baixos Pireneus, Dordogne, Aude e Corrèze) concentram-se no sudoeste da França, tendo Bordeaux como principal porto. Os destinos dessa população normalmente não são indicados com precisão. A maior parte dos registros traz nesse item somente o nome do país, dificultando uma localização mais detalhada. O gráfico da Figura 3.6 revela claramente isso. No entanto, entre os estados e/ou cidades indicados destacava-se, naturalmente, o Rio de Janeiro.

A influência cultural francesa continuou intensa na capital da jovem República brasileira. Nas palavras de Needell (1993, p.230):

> [...] o peso cumulativo da tradição francófila no Rio só aumentou no decorrer do século. Em 1900, a elite já incorporara ao cotidiano o uso do francês e a familiaridade com a cultura francesa. Muitas mulheres da elite liam a literatura francesa; muitos homens da elite também o faziam. Na verdade, vários literatos escreviam e alguns até pensavam naquela língua. Quando liam obras de autores ingleses e alemães, os brasileiros em geral o faziam em traduções francesas. [...] Pode-se acrescentar à influência da educação, da tradição e da moda o impacto da imprensa e do comércio livreiro. Os editores, tipógrafos e livreiros cariocas eram em sua maioria franceses.

FRANCESES NO BRASIL: SÉCULOS XIX E XX 89

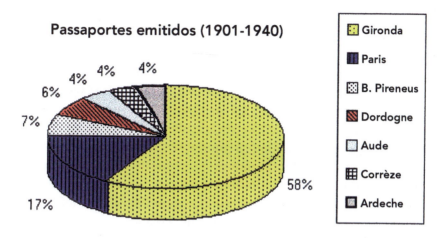

Figura 3.6 Gráfico da distribuição do percentual de passaportes emitidos pela prefeitura da Gironda, cuja origem departamental do titular indicou o Brasil como destino entre os anos de 1901 e 1940.

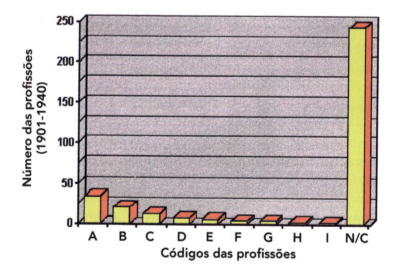

Código dos grupos de profissionais de acordo com o ramo de atividade: A = comerciantes; B = professores, estudantes e profissionais liberais; C = modistas e costureiros; D = soldados e desmobilizados; E = religiosos; F = hoteleiros e prestadores de serviços domésticos; G = agricultores; H = carpinteiros, marceneiros, serralheiros, mecânicos etc.; I = artistas; N/C = nada consta.

Figura 3.7 Gráfico da distribuição numérica das profissões na amostra dos processos de requisição de passaportes no período de 1901 a 1940.

Entre 1904 e 1933, entraram no Brasil 2.247.821 imigrantes oriundos de vários portos, dos quais apenas 19.573 (4,39%) eram franceses, não identificados pela documentação brasileira. No mesmo período, imigraram 64.149 russos, 71.659 turcos, 124.926 alemães, 142.457 japoneses, 353.018 italianos, 371.856 espanhóis e 819.574 portugueses (cf. Bochaca, 1971, p.101-4). Quanto ao grau de instrução, entre 1908 e 1936, apenas 13% dos imigrantes franceses que desembarcaram no porto de Santos eram analfabetos (Nosso Século, 1980, p.12). No mesmo período, esse percentual também é encontrado na população de imigrantes alemães. Entretanto, verifica-se um progressivo aumento de analfabetos em outras nacionalidades: 24,5% entre os austríacos; 41% entre os italianos e 57,5% entre os portugueses. Para o período entre 1909 e 1931, informa Gonzáles (1992, p.18), 72,09% dos espanhóis que chegaram ao porto de Santos não sabiam ler nem escrever.

Os números fornecidos pelos Relatórios da Secretaria da Agricultura do Estado de São Paulo (Nosso Século, 1980, p.12) confirmam o reduzido número de franceses que imigraram para esse estado. A partir dessas fontes, construiu-se a Tabela 3.4 com os dados disponíveis até 1930.

A soma dos imigrantes franceses desembarcados no estado de São Paulo entre 1902 e 1930 indica 1.415 pessoas (Tabela 3.4). Contudo, esse número aumenta significativamente ao ser comparado com aqueles divulgados nos Boletins da Diretoria de Terras, Colonização e Imigração – BDTCI, publicados anualmente pela Secretaria da Agricultura, Indústria e Comércio do Estado de São Paulo. Essa fonte registra a entrada pelo porto de Santos, entre 1908 e 1936, de 2.948 franceses, sendo 1.520 "avulsos" e os demais distribuídos em 404 famílias. A mesma fonte indica que 2.848 imigrantes franceses eram católicos e cem "acatólicos", não especificando a religião. Quanto à faixa etária, 273 tinham até sete anos; 164 tinham de sete a 12 anos; e 2.511 tinham mais de 12 anos de idade. Desse universo de imigrantes franceses, 1.687 estavam solteiros; 1.153 eram casados e 108 declararam-se viúvos.

As informações acerca do número de entradas e de saídas de imigrantes do porto de Santos, distribuídos por nacionalidade, são quase inexistentes. A exceção é o BDTCI de 1937, que informa o movimento referente ao ano de 1936. Naquele ano, 29.094 imigrantes entraram no Brasil pelo porto de Santos. Desse total, 414 (1,42%) eram franceses. No mesmo ano de 1936, 12.977 emigrantes saíram do Brasil pelo porto de Santos. Desse total, 231 (1,78%) eram franceses. A partir desses dados, nota-se que um contingente de 185 franceses permaneceu no país em 1936, representando 44,47% do número total de imigrantes franceses que entraram no Brasil pelo porto de Santos.

Tabela 3.4   Imigrantes franceses que entraram no estado de São Paulo entre 1902 e 1930

Anos	Nº total de imigrantes		Nº imigrantes franceses (*)	
	No ano	Acumulado	No ano	Acumulado
1902	40.386	40.386	4	4
1903	18.161	58.547	0	4
1904	27.751	86.298	0	4
1905	47.817	134.115	4	8
1906	49.429	183.544	0	8
1907	31.681	215.225	0	8
1908	40.225	255.450	35	43
1909	39.674	295.124	56	99
1910	37.690	332.814	0	99
1911	50.957	383.771	0	99
1912	91.463	475.234	235	334
1913	110.572	585.806	116	450
1914	48.413	634.219	48	498
1915	20.937	655.156	22	520
1916	20.351	675.507	21	541
1917	26.776	702.283	117	658
1918	15.041	717.324	20	678
1919	17.418	734.742	0	678
1920	32.484	767.226	0	678
1921	32.223	799.449	63	741
1922	38.635	838.084	73	814
1923	59.818	897.902	106	920
1924	68.161	966.063	73	993
1925	73.335	1.039.398	98	1.091
1926	96.162	1.135.560	93	1.184
1927	92.416	1.227.976	92	1.276
1928	96.278	1.324.254	72	1.348
1930	39.644	1.363.898	67	1.415

(*) Inclui o volume de imigrantes espontâneos e subsidiados, os recebidos na Hospedaria dos Imigrantes e o número de imigrantes encaminhados pela Agência Oficial de Colocação, do Departamento Estadual do Trabalho.
Fonte: Relatórios da Secretaria da Agricultura do Estado de São Paulo, disponíveis na biblioteca da FEA-USP.

Apesar do número reduzido de imigrantes, os representantes diplomáticos da França no Brasil continuavam preocupados com a propaganda enganosa praticada pelo governo brasileiro na Europa. A correspondência diplomática do início dos anos 1920 alertava sobre as ilusórias condições de trabalho dos imigrantes, divulgadas na França (Archives Diplomatiques et Consulaires, 1922):

> [...] Não seria demasiado alertar nossos compatriotas contra o espírito no qual foi concebido esse relatório e que tende a apresentar num dia particularmente vantajoso e tentador as condições de vida no Brasil. A realidade é bastante diferente do que pode fazer crer o memorando em questão. E não duvido que o regime das nossas colônias ofereça aos franceses desejosos de imigrar garantias de justiça e condições de trabalho que seriam absolutamente ilusórias de imaginar-se encontrar no Brasil.

Em outra correspondência, o embaixador Conty analisa alguns hábitos brasileiros "curiosos" aos olhos do etnocentrismo francês (ibidem, 1921, p.4):

> [...] Cortesia e preguiça: esta qualidade e este defeito reunidos têm uma resultante que é o embaraço de um brasileiro em responder "não". Uma recusa produz aqui o efeito de má-educação. E, por outro lado, responder "não" pode provocar insistência, objeções; é necessário fundamentá-lo, envolver-se numa discussão, às vezes uma verdadeira luta que tudo aquilo repugna a indolência brasileira. Um membro do corpo diplomático me contava recentemente que pouco depois da sua chegada ao Rio convidou quatro brasileiros notáveis para jantar. Todos os quatro aceitaram o convite, nenhum veio. Era necessário um esforço para recusar, era necessário um esforço para vir. E em caso similar, não se realiza mesmo o esforço que consiste em redigir uma carta de desculpas; o telefone e o telégrafo permitem agir mais rapidamente no último momento, e ainda frequentemente negligencia-se de recorrer a eles.

A ascendência francesa na formação das forças armadas brasileiras também merece destaque. Tavares (1979) reserva um capítulo de seu livro para abordar a chamada "Missão Francesa". Por sua vez, Corrêa (1976, p.21, 28) afirma que, em 1922, a

> [...] educação militar desdobrou-se em vários estágios tornando-se mais técnica com a criação de escolas para cada especialidade. Acentuou-se a preocupação pela formação de bons oficiais e por uma maior centralização e coesão das forças armadas. [...] Durante as primeiras décadas do século XX vários países latino-americanos solicitaram a colaboração, sob a forma de instrução de missões estrangeiras, principalmente da França e da Alemanha. No Brasil, o governo de São Paulo – [em] 1906, antecipando-se à mesma iniciativa que seria mais tarde – [em] 1918, tomada pelo governo da União.

Do ponto de vista acadêmico, a própria criação da Faculdade de Filosofia, Ciência e Letras da Universidade de São Paulo seguiu, nas palavras de Arantes (1994, p.74), "sem tirar nem pôr, a mesmíssima base sobre a qual se alicerçava o ensino francês da filosofia. Estavam lançadas, portanto, as fundações de um verdadeiro Departamento Francês de Ultramar". Na análise de Petitjean (1996, p.301), o lado culto da sociedade brasileira dominava o idioma francês; entretanto, lembrou Lévi-Strauss (apud Petitjean),

> os estudantes da USP, vindos das classes médias, não falavam. No entanto, dom linguístico, eles nos compreendem em algumas semanas. Uma juventude com vontade de assimilar do exterior, mas também um pouco desconfiada: ela via em nós os instrumentos de poder político que estava na direção do estado de São Paulo.

No início de 1930, o então embaixador francês no Brasil, Mr. Dejean, em ofício (Archives du Ministère des Affaires, 1930) enviado ao MAE, ressalta que o porto mais importante, do ponto de vista da imigração, é o de Santos. De acordo com o diplomata, dos 100.429 imigrantes chegados ao Brasil em 1929, mais da metade (exatos 52.453) entraram pelo porto de Santos. Referindo-se às falsas promessas e à propaganda enganosa realizadas na França por brasileiros, e aos comentários dos jornais locais, que noticiaram a estagnação da imigração para o Brasil, o diplomata alerta seus superiores de que:

> [...] aquilo parece-lhes desejável e protestam contra as "informações tendenciosas" espalhadas no estrangeiro que tendem a restringir este movimento. É possível, escreveu O Jornal, "que em certos Estados da União, alguns imigrantes, que se entregam aos trabalhos nos campos, tenham sofrido desgostos por conta de circunstâncias ocasionais, mas essa não é a regra e não existe um país comparável no Brasil do ponto de vista da hospitalidade e do ponto de vista dos recursos imensos que ele oferece aos que desejam e procuram trabalho.
>
> Convém alertar os nossos compatriotas contra semelhantes afirmações e evitar que as autoridades francesas, associando-se às manifestações de propaganda brasileira, pareçam dar-lhes uma consagração oficial.
>
> É assim que um francês, sr. Voisin, chegado há alguns meses, declarou-me ter vindo ao Brasil acreditando numa conferência de propaganda brasileira, realizada em Bordeaux, à qual assistia o Prefeito da Gironda. Ele lamenta a quem quiser ouvi-lo que a presença deste elevado funcionário deu-lhe o direito de pensar que as promessas do conferencista brasileiro eram garantidas pelo governo francês e ele reclama por toda a parte um emprego, ao qual pretende ter direito como antigo combatente e que me é impossível de procurar-lhe, sobretudo neste momento no qual o Brasil atravessa uma grave crise econômica. Nunca pude afastar de sua cabeça esse raciocínio. Ele acabou consumindo aqui o capital que tinha trazido da França, incrimina o Prefeito e as autoridades francesas e terminará, sem dúvida, por permanecer às nossas expensas.

Esse não é um caso único e seria necessário chamar a atenção dos representantes da autoridade sobre os inconvenientes que podem representar a sua presença nas conferências de propaganda favoráveis ao Brasil. Certas pessoas creem ingenuamente que a presença dos funcionários franceses, estando lá por simples cortesia, oferece uma confirmação oficial às promessas do conferencista e estas pessoas pretendem tornar-nos responsáveis por suas desilusões. Ora, atualmente, não é conveniente estimular os nossos compatriotas a tentar fortuna neste país e nada deve ser feito que possa aparentemente encorajá-los.

Os franceses que querem vir ao Brasil devem embarcar apenas se tiverem um emprego assegurado, com contratos absolutamente regulares, com a previsão de pagamento do seu regresso à França. Todos os que chegarem aqui de forma aventureira correm o risco de encontrar apenas decepções e a ruína.

É com ironia que os diplomatas franceses observam a elite política brasileira, fútil e exibida. Em certo trecho de correspondência (Archives Diplomatiques et Consulaires, 1934) entre a legação francesa no Rio de Janeiro e o MAE, lê-se: "[...] A condescendência francesa transparece igualmente nas relações protocolares. Assim, a legação pede a Legião de Honra para dois ministros, pois é com elogios que se conquista os brasileiros e, sobretudo, com condecorações".

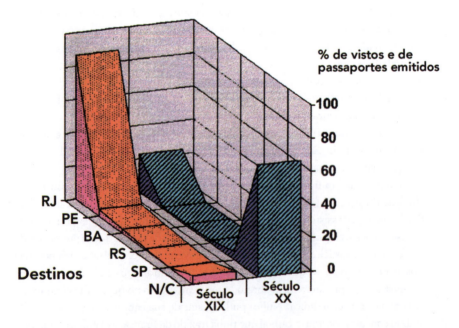

Figura 3.8   Gráfico da distribuição comparativa de imigrantes franceses de acordo com o local de entrada no Brasil, no período de 1840 a 1940.

Finalmente, o confronto dos destinos dos portadores de vistos e passaportes emitidos em Bordeaux nos séculos XIX (1840-1900) e XX (1901-1940) indica a tendência ilustrada pela Figura 3.8.

É interessante notar que, enquanto no século XIX a preferência dos imigrantes era pelo Rio de Janeiro, já no século XX houve uma significativa mudança. O aumento na percentagem de "N/C" em parte prejudica a análise, mas indica não estar mais havendo uma tendência predeterminada de fazer constar dos passaportes e vistos o Rio de Janeiro como destino.

Considerações finais

A microimigração francesa foi constituída, basicamente, de homens com ofícios técnicos ou especializados, comerciantes, profissionais do setor de serviços e profissionais liberais, em nítido contraste com a massa empobrecida de imigrantes mediterrâneos que se deslocou em direção ao Novo Mundo.

Nesse contexto, a emigração francesa pelo porto de Bordeaux representou, entre 1840 e 1940, um pequeno contingente se comparado à grande massa de pessoas originárias de outros países europeus, com graves problemas na agricultura e de superpopulação, que migraram para o Brasil.

No universo dos registros de mais de 1.600 franceses que partiram do porto de Bordeaux rumo ao Brasil, nota-se, na segunda metade do século XIX, a predominância daqueles do sexo masculino e sua superação, nas primeiras décadas do século seguinte, pelos imigrantes do sexo feminino, oriundos, majoritariamente, em ambos os casos, do departamento da Gironda.

O destino da maior parte desse contingente populacional foi o Rio de Janeiro, antiga capital e, na época, a maior cidade brasileira. A carência de mão de obra qualificada e de produtos ao gosto da elite local explica a diversidade de profissionais que aportaram neste país, sobretudo aqueles do setor de serviços e os comerciantes em geral.

Destaca-se, portanto, o fato de que a imigração francesa diferenciou-se, qualitativa e quantitativamente, dos demais fluxos migratórios provenientes da Europa em direção à América.

4
DA AMÉRICA DO NORTE AO BRASIL. DOIS
EPISÓDIOS DE IMIGRAÇÃO FRANCÓFONA NA
SEGUNDA METADE DO SÉCULO XIX

Rosana Barbosa
Yves Frenette

A imigração entre o Quebec e os Estados Unidos é considerada "o maior evento da história de Quebec no século XIX."[1] No entanto, a imigração para outros países da América ainda é muito pouco estudada.[2] Ao pesquisar as relações Brasil-Canadá, Rosana Barbosa descobriu dois episódios de imigração francófona e canadense para o Brasil: no estado do Pará, em 1876, e no de São Paulo, vinte anos depois. Ambos são analisados numa obra que trata das ligações históricas entre o Brasil e o Canadá, publicado em 2017.[3] No ano seguinte, John Zucchi publicou um livro sobre o caso migratório de 1896.[4] Até o momento, essas são as únicas publicações sobre a imigração do Canadá para o Brasil.

Os dois episódios aqui abordados inserem-se nas grandes correntes migratórias atlânticas do século XIX e do início do século XX, sobretudo no que diz

---

1 Faucher, Albert, "L'émigration des Canadiens français aux États-Unis au 19e siècle: position du problème et perspectives", *Recherches sociographiques*, v.2, n.2 (avril-juin 1961), p.244. Ver também: Ramirez, Bruno, "Émigration et franco-américaine: bilan des recherches", Louder (dir.), Dean, *Le Québec et les francophones de la Nouvelle-Angleterre*, Québec, Presses de l'Université Laval, 1991, p.3-12.

2 Ver Lamarre, Jean, "Du Mexique à l'Italie, en passant par les États-Unis: les volontaires québécois dans les conflits militaires du XIXe siècle", *Cap aux Diamants*, nº 90, été 2007, p.23-27.

3 Barbosa, Rosana, *Brazil and Canada: Economic, Political and Migratory Ties, 1820s to 1970s*, Lanham, Maryland: Lexington Books, 2017.

4 Zucchi, John, *"Mad Flight?": The Quebec Emigration to the Coffee Plantations of Brazil*, Montreal: McGill-Queen's University Press, 2018.

respeito à competição internacional por imigrantes, contexto no qual o Brasil e o Canadá eram concorrentes.[5] Os dois casos ilustram também o papel dos ciclos econômicos nos movimentos migratórios.[6] No que diz respeito a Quebec, a imigração para o Brasil destaca o lugar que essa província ocupa no sistema migratório atlântico, tanto como região de imigração quanto de emigração.[7] Além disso, no caso da imigração para o Pará, o pesquisador pode observar como se articulam as correntes migratórias francesa e franco-canadense,[8] enquanto o movimento em direção a São Paulo constitui um exemplo do comércio migratório, tal como entendido por Robert Harney.[9]

Pará, 1876

No dia 19 de fevereiro de 1876, um grupo de francófonos[10] chegou a Belém, vindos de Nova York e recrutados pelo cônsul geral do Brasil naquela cidade para se estabelecer na colônia de Benevides no Pará.[11] Eles foram transportados numa pequena embarcação, *Panola*, fretada pelo consulado – identificada às

---

5   Ver Barbosa, Rosana, "Representations of Brazil in Canadian Newspapers. At the Turn of the 20th Century." *Latin America Made in Canada*. Suescun Pozas, Maria del Carmen, e Robin, Adena (eds.), Ottawa: Lugar Comun Editorial, 2022, p.20 e 24.

6   Jones, Maldwyn Allen, *American Immigration*, Chicago, University of Chicago Press, 1960; Lavoie, Yolande, *L'émigration des Québécois aux États-Unis de 1840 à 1930*, Québec, Éditeur officiel, 1979; Roby, Yves, "L'évolution économique du Québec et l'émigrant (1850-1929)", Claire Quintal (dir.), *L'émigrant québécois vers les États-Unis, 1850-1920*, Québec, Conseil de la vie française en Amérique, 1982, p.8-20.

7   Sobre esta questão, ver os trabalhos pioneiros de Bruno Ramirez: *Par monts et par vaux: migrants canadiens-français et italiens dans l'économie nord-atlantique, 1860-1914*, Montréal, Boréal, 1991 ; e *La ruée vers le Sud: migrations du Canada vers les États-Unis, 1860-1930*, Montréal, Boréal, 2003.

8   Para outros exemplos, ver Frenette, Yves, "L'apport des immigrants français aux francophonies canadiennes", *Francophonies d'Amérique*, v.26, automne 2008, p.309-330.

9   Harney, Robert, "The Commerce of Migration", Anctil, Pierre, e Ramirez, Bruno (Dir.), *If One Were to Write a History: Selected Writings*, Toronto, Multicultural History Society of Ontario, 1991, p.19-36.

10 Havia pelo menos um anglófono entre eles, já que o *Diario de Belém* do dia 23 de junho de 1876 indicou que Joseph Laverdure e Charles Bulk, vindos do Canadá, haviam pedido passagem para a colônia de Santarém. O pedido foi aceito e a companhia do Amazonas foi encarregada de "transportar a Santarem os emigrantes Laverdure e Bulk". Charles Bulk é claramente um nome inglês.

11 *Jornal do Pará*, 26 de janeiro de 1876.

vezes como "barca", outras vezes como "lugre" ou como "vapor".[12] Ou seja, não foram transportados em um transatlântico ou num navio comercial que já se encarregava de transportar imigrantes pelo Atlântico.

A imigração entre os Estados Unidos e o Brasil já acontecia desde o final da Guerra Civil Americana, quando o império brasileiro iniciou uma campanha de recrutamento de imigrantes,[13] a qual ocorreu num contexto de intensificação das relações entre o Brasil e os Estados Unidos. Após o término da guerra em 1865, foi inaugurada uma linha de navios a vapor entre Nova York e Rio de Janeiro, seguida por outra conexão Nova York-Brasil (Pará, Pernambuco, Bahia e Rio de Janeiro).[14] Além disso, a imigração de norte-americanos para o Pará em 1876 foi facilitada pela visita de Dom Pedro II aos Estados Unidos e ao Canadá entre abril e junho desse mesmo ano, fato que despertou um certo interesse nos jornais locais a partir de 1875.[15]

Sabe-se muito pouco sobre essa imigração. As fontes disponíveis não indicam exatamente o número de pessoas, mas sabemos que o total era entre 250 e 300. *O Novo Mundo*, revista brasileira publicada em Nova York, indicou 277 imigrantes. *O Diario de Pernambuco* destacou que entre estes havia 237 pessoas acima de doze anos, 26 entre três e onze anos, e 14 menores de três anos.[16] O total de 277 é também sugerido pelo *Diario do Gram-Para*, cuja informação foi publicada no *Jornal do Recife* de 4 de março de 1876. *O Diario de Belém* se refere a 250 "emigrantes francezes que, procedentes do Canadá, se dirigem à província do Pará,[17] enquanto a correspondência consular da França apresenta o total de 300 pessoas.[18]

Os passageiros do *Panola* parecem ter vindo de Quebec, ou pelo menos passaram por lá. Podem ter sido franco-canadenses que emigraram para a nova Inglaterra, imigrantes franceses que estavam no Canadá ou uma combinação desses dois grupos, sendo as fontes imprecisas a este respeito: às vezes mencio-

---

12   *Novo Mundo* citado no *Diario de Pernambuco*, 2 março 1876. *Diario do Gram-Para* citado no *Jornal do Recife*, 4 de março de 1876. *Jornal do Pará*, 26 de janeiro de 1876.

13   Barbosa, *Brazil and Canada*, p.95-96.

14   *New York Times*, January 30, 1876; Steven Topik, *Trade and Gunboats: The United States and Brazil in the Age of Empire* (Stanford, Stanford University Press, 1996), p.54.

15   Barbosa, *Brazil and Canada*, p.95-96; *New York Times*, September 23 e November 6, 1875; Dorotioto, Francisco Fernando Monteoliva, "O Império do Brasil e as Grandes Potências", Martins, Estevão Chaves de Resende (Dir.), *Relações Internacionais: Visão do Brasil e da América Latina*, Brasília, IBRI, 2003, p.148.

16   *Diario de Pernambuco*, 2 de março de 1876.

17   *Diario de Belém*, 8 de março de 1876.

18   Barbosa, *Brazil and Canada*, p.96.

100 LAURENT VIDAL E TANIA REGINA DE LUCA (ORGS.)

nam "canadinos", mas na maioria das vezes são referidos como "franceses do Canada". Segundo o *Novo Mundo*, a grande maioria dos imigrantes teria vindo da Alsácia-Lorena e eram quase todos "agricultores, moços, robustos, laboriosos, alguns com família".[19] No entanto, essas características também eram comuns para os franco-canadenses, principalmente aqueles que emigravam para o nordeste americano.[20]

Os passageiros do *Panola* foram sem dúvida seduzidos pelas oportunidades oferecidas pelo Brasil num momento de crise econômica na américa do norte.[21] Em 1876, a crise era significante a ponto de um grande número de imigrantes franceses solicitarem ao governo canadense ajuda para que retornassem à França.[22] Vale lembrar que o recrutamento foi feito durante o inverno do hemisfério norte, período em que a vida daqueles com dificuldade econômica ficava ainda mais complicada, com alguns correndo risco de vida por causa do frio intenso.

A expectativa da chegada dos canadenses era grande, anunciada já em janeiro de 1876: "Homens laboriosos, intelligentes e habituados ao serviço do campo, taes são as qualidades dos Canadinos que expontaneamente buscão o solo paraense."[23] O estado do Pará era visto como uma ótima oportunidade pela qualidade da terra, aliado aos esforços dos "canadinos [...] que procuravam uma nova patria [...] no valle do Amazonas, mais rico, mais vasto e de mais futuro que o Valle de S. Lourenço."[24] A colônia de Benevides, localizada a 33 quilômetros da capital, havia sido fundada em junho do ano anterior por cerca de 20 colonos, na maioria franceses.[25] Logo que chegaram a Belém, 64 dos passageiros optaram por se instalar em Benevides.[26] Logo se juntaram a eles mais 140, incluindo 105

---

19 *Novo Mundo*, citado no *Diario de Pernambuco*, 2 março 1876. Sobre a emigração da Alsácia-Lorena, ver Fouché, Nicole, *Émigration alsacienne aux États-Unis, 1815-1870*, Paris, Publications de la Sorbonne, 1992; Maire, Camille, *L'émigration des Lorrains en Amérique, 1815-1870*, Metz, Centre de recherches en relations internationales de l'Université de Metz, 1980.

20 Anctil, Pierre, "Chinese of the Eastern States, 1881", *Recherches sociographiques*, v.22, n.1, janvier-avril 1981, p.125-131.

21 Ver Roby. "L'évolution économique", p.8-20.

22 RG 17, v.174, Dossier 18085, C. O. Perrault, vice-consul de France, à J.-C. Taché, sous-ministre de l'Agriculture, 11 décembre 1876.

23 *Jornal do Pará*, 26 de janeiro de 1876.

24 *Diaro de Gram-Para*, citado pelo *Jornal de Recife*, 4 de março de 1876.

25 Diario de Belem, 25 de fevereiro de 1876. Ver Corps, Grégory, "A Imigração Contratada: O Caso da Colônia de Benevides", Franceses no Brasil, editado por Laurent Vidal e Tania Regina de Luca, São Paulo, Editora Unesp, 2009, p.343-5.

26 *Jornal do Pará*, 3 de março de 1876.

homens, 17 mulheres e 18 crianças.[27] Além disso, 3 famílias – totalizando de 13 pessoas – decidiram se dirigir "para a colônia americana de Santarem",[28] onde muitos ex-confederados americanos haviam se estabelecido desde 1867. Outros aguardavam o seu destino.[29]

O *Diario de Pernambuco* declarou que o adiantamento das passagens para o grupo havia sido fornecido pelo governo imperial, enquanto o governo provincial proporcionou, baseado na lei n° 676 de setembro de 1871,

> Concessão provisoria de um lote de terras com 150 braças de frente sobre 300 de fundo [...] fornecimento da telha necessaria para a sua habitação, sementes para o plantio, instrumentos agricolas adiantamento de viveres durante os seis primeiros meses, adiantamento da quantia de 50$ [...] bem assim animaes domesticos, como sejam vaccas, porcos, gallinhas etc.[30]

O jornal prossegue, afirmando que a província teria de ser indenizada dentro de cinco anos, em três prestações, a contar do terceiro ano em que os colonos fossem estabelecidos. Dentro desse prazo, estes poderiam receber o título permanente para suas terras – ou até antes, se houvessem cultivado pelo menos metade de suas terras e construído suas casas (entre outras condições estipuladas). No entanto, os lotes dos imigrantes que não tivessem iniciado o cultivo e a construção de suas casas iriam "reverter ao domínio provincial, salvo a prorrogação do prazo, justificada por algum incidente devidamente provado".[31]

Realmente, a proposta era muito interessante; no entanto, a colonização de Benevides por esses imigrantes foi um verdadeiro fracasso.[32] No dia 1 de setembro, quando terminou o período de ajuda governamental, os "colonos do Canada" ainda em Benevides pediram às autoridades provinciais que continuassem a fornecer-lhes alimentos durante três meses, pelo fato de eles não terem "ainda colheita que possam tirar sua manutenção". A comissão de colonização considerou o pedido razoável e remeteu o assunto à Presidência da Província, mas não há indicação de se o pedido foi aceito ou não.[33] Os colonos careciam de várias coisas, como ferramentas, tinta, papel e remédios. Em outubro "uma

---

27 *Diario de Belem*, 8 de março de 1876.
28 *Jornal do Pará*, 3 de março de 1876.
29 *Jornal do Pará*, 3 de março de 1876.
30 *Diario de Pernambuco*, 2 de março de 1876.
31 *Diario de Pernambuco*, 2 de março de 1876.
32 Corps, "A Imigração Contratada", p.343-5
33 *Diario de Belem*, 1 de setembro de 1876.

LAURENT VIDAL E TANIA REGINA DE LUCA (ORGS.)

febre de mao caracter" atacou a pequena colônia e matou três pessoas.[34] No início de 1877, o governo parou de apoiar os colonos estrangeiros de Benevides, e migrantes vindos da Província do Ceará – que fugiam de uma seca severa – começaram a predominar em Benevides.[35]

Não sabemos quase nada sobre o destino dos passageiros do *Panola*, se permaneceram em Benevides ou se abandonaram o local. Sabemos apenas que alguns dos colonos pediram para ser enviados a Santarém ou para o sul do império, outros foram repatriados para a França ou se estabeleceram em Belém.[36]

Os imigrantes francófonos no Pará faziam parte de um movimento maior para colonizar os vastos espaços livres do império brasileiro. Vinte anos depois, canadenses –francófonos e anglófonos – imigraram para o Brasil, mas desta vez com destino à região cafeeira de São Paulo.

São Paulo, 1896

A imigração decorrente da economia cafeeira é fato bastante conhecido na historiografia brasileira, e foi nesse contexto que aconteceu o segundo episódio de emigração do Canadá para o Brasil, especificamente para o Estado de São Paulo. Como sabemos, São Paulo atraiu grande parte dos imigrantes chegados ao Brasil no final do século XIX, sendo que a maioria era subsidiada como mão de obra para fazendas de café.

Em 1896, os contextos brasileiro e canadense se combinaram para fazer com que os residentes de Quebec imigrassem para São Paulo. Nesse momento, fazendeiros e políticos estavam preocupados com a preponderância de imigrantes italianos, alguns sendo considerados anarquistas e perigosos – por protestarem contra as condições de vida nas fazendas paulistas. Sendo assim, o Canadá se torna uma alternativa para a imigração de europeus (ou descendentes), sobretudo quando países europeus, como a Itália e a França, proibiram esse tipo de imigração para o Brasil.[37] Com esse objetivo, o governo

---

34 *Diario de Belem*, 16 de setembro, 22 de outubro de 1876.

35 *Diario de Belem*, 31 de janeiro de 1877; e Barbosa, *Brazil and Canada*, p.98.

36 Corps, "A Imigração Contratada", p.344-5. É interessante notar que vinte anos depois, Donald Burns, um importador de animais, disse a um repórter que conhecia uma mulher franco-canadense no estado do Amazonas que, junto com o marido, negociava bens de consumo com os indígenas em troca de borracha e outros produtos. *Montreal Gazette*, 16 Septembre 1896.

37 Barbosa, *Brazil and Canada*, p.108.

de São Paulo contrata a Angelo Fiorita & Co., empresa de Gênova – que há vários anos transportava imigrantes para o Brasil – para expandir sua base de recrutamento. Em 1896, a empresa assinou um contrato prevendo que ao longo daquele ano recrutaria 45.000 europeus e 10.000 canadenses, estes vindos de Montreal e de Halifax.[38]

Autoridades brasileiras sabiam que o Canadá passava por uma crise econômica e que muitos europeus que haviam imigrado para lá estavam desempregados.[39] Além disso, a ligação entre os dois países já era uma realidade de longa data. Não apenas houve a tentativa de imigração para o Pará em 1876, mas também, durante mais de um século, o Brasil comprou bacalhau daquele país.[40] A conexão era grande o suficiente para, em 1866, o Canadá formar uma missão comercial ao Brasil.[41] Esse interesse aumentou ainda mais após a viagem norte-americana da família imperial em 1876. Sendo assim, em 1882 o governo nomeou um cônsul-geral para o Canadá e publicou um livro promocional para exaltar os méritos do Brasil.[42] Catorze anos depois, o vice-cônsul John Magor retomou essa ideia para justificar o projeto de emigração canadense para o Brasil:

> Je suis en faveur d'un traité commercial entre le Canada et le Brésil et c'est pour mieux arriver à cette fin que j'encourage l'établissement d'une colonie canadienne à São Paulo. Si nous réussissions à établir quelques milliers des nôtres au Brésil, les relations entre les deux pays seraient beaucoup plus faciles. Le gouvernement fédéral m'a-t-on dit, a demandé à la chambre de commerce française du district de Montréal de faire un rapport sur l'opportunité de créer un traité de commerce entre les deux pays et de dire qu'elle est au Brésil la meilleure contrée pour y établir leur marché canadien... Je crois que, grâce à l'émigration canadienne dans San Paulo, nous arriverions à échanger beaucoup de produits et cela à l'avantage des deux pays.[43]

A ligação italiana também desempenhou, sem dúvida, um papel importante. Montreal era então um centro de imigração, e a agência Angelo Fiorita

---

38 Barbosa, *Brazil and Canada*, p.98-9.

39 Barbosa, *Brazil and Canada*, p.108.

40 Barbosa, *Brazil and Canada*, p.13-17; Desjardins, Marc, e Frenette, Yves, *Histoire de la Gaspésie*, Québec, Presses de l'Université Laval, 1999, p.233-239; ver também: Innis, Harold A., *The Cod Fisheries: The History of na International Economy*, Toronto: University of Toronto Press, 1954.

41 Barbosa, *Brazil and Canada*, p.18-9.

42 *Direct Trade between the Empire of Brazil and the Dominion of Canada by the Brazilian Consul General in Canada*, Montréal, George E. Desbarats & Cio, 1882.

43 *La Presse*, 14 Septembre 1896.

& Co provavelmente já havia feito negócios por lá. Para concretizar o esquema com São Paulo, ela recorreu a uma empresa de vapor de Genova, a *Liguri Brasiliana*, que se instalou em Montreal, e contratou um gerente geral, Francesco Antonio Gualco – que lançou uma campanha publicitária bem agressiva.[44] Gualco seria responsável pelo embarque no navio *Moravia*, da Linha Hamburgo-America, que transportaria os imigrantes. Com a saída marcada para 15 de setembro, a *Liguri Brasiliana* conseguiu recrutar quase 800 pessoas,[45] as quais, com certeza, foram seduzidas pela publicidade da empresa italiana, que distribuía panfletos em Montreal e seus arredores. Esta oferecia passagem grátis para São Paulo, com todas as despesas cobertas, além de alojamento e tudo o que fosse necessário para o estabelecimento dos passageiros assim que chegassem a seu destino.[46]

Consciente da importância da religião católica em Quebec, a *Liguri Brasiliana* contratou um padre – E. F. Trudel – que incitou a emigração para o Brasil, com a promessa de que os franco-canadenses estavam sendo recrutados para abrir fábricas de manteiga e queijo. Afirmava também que estes poderiam preservar sua cultura e sua religião no Brasil muito melhor do que no Canadá. A imprensa local denunciou vigorosamente o plano, e considerou Trudel de ser um padre excomungado e bêbado.[47] John Zucchi colabora com essa informação e afirma que Trudel não tinha uma reputação muito boa dentro na Igreja católica e nem no Quebec.[48] Além disso, Zucchi mostra que Trudel já havia tido informações sobre o Brasil em 1892 quando este encontrou com o cônsul brasileiro em Montreal, J. C. Alves de Lima, que lhe falou sobre o Brasil como uma terra de oportunidades para imigrantes. Talvez tenha sido nessa oportunidade que ele desenvolveu a ideia de levar franco-canadenses para o Brasil. A oferta de trabalhar com a *Liguri Brasiliana* foi uma oportunidade de ele retomar essa ideia, e, com certeza, sua presença reforçou a campanha. Ele viajou no *Moravia* na primeira classe, tentou conseguir autorização para entrar para a arquidiocese de São Paulo, mas acabou saindo dessa cidade em novembro do mesmo ano e nunca mais voltou; viajou à Europa e posteriormente se estabeleceu definitivamente em Montreal.[49]

---

44 Barbosa, *Brazil and Canada*, p.98-9.
45 Zucchi, *"Mad Flight?": The Quebec Emigration*, p.4.
46 *Montreal Gazette*, 15 Septembre 1896; *O Commercio de São Paulo*, 10 de outubro de 1896. Zucchi, *"Mad Flight?": The Quebec Emigration*, p.44.
47 *Montreal Daily Herald*, September 15, 1896; *Montreal Gazette*, 15 Septembre 1896.
48 Zucchi, *"Mad Flight?": The Quebec Emigration*, p.38.
49 Zucchi, *"Mad Flight?": The Quebec Emigration* p.40-2, 59 e 126.

O governo do Canadá condenou essa emigração e ordenou aos seus próprios agentes de imigração para que desencorajassem qualquer pessoa interessada em emigrar para o Brasil; as autoridades federais também pediram ao Arcebispo de Montreal que conversasse com seus sacerdotes para que fizessem o mesmo. Muitos dos que desistiram fizeram isso na última hora, comparecendo ao porto, exigindo que seus nomes fossem riscados da lista de passageiros. Houve até passageiros que desembarcaram do navio no último minuto, impressionados com os gritos de fúria e escárnio de uma multidão de pessoas que se reuniram para ver o navio partir. Por fim, cerca de 480 pessoas partiram no *Moravia* em direção a Santos.[50]

O recrutamento dos canadenses não foi diferente do que já se fazia na Europa. Isto porque a política de imigração daquele estado era comum a todos. Se as autoridades governamentais pagaram pela passagem dos imigrantes, foi porque pretendiam importar trabalhadores que teriam dificuldade de quebrar a dependência ao final do seu contrato.[51] É certo que uma boa parte dos imigrantes do *Moravia* já se encontrava numa situação econômica precária antes mesmo de embarcarem para o Brasil, como observou o *Montreal Daily Star*.[52]

Naturalmente, todos, quando chegaram a Santos, indicaram que eram agricultores, pois isso era condição para essa imigração. Só que a realidade era que a maioria não tinha experiência com agricultura. Alguns foram rejeitados em fazendas cafeeiras por falta de experiência, e alguns especificamente por serem "artistas" e não agricultores.[53] Como o cônsul britânico em Santos afirmou, o grupo era totalmente inadequado ao tipo de trabalho para o qual estava sendo recrutado:

> Those that have actually come are of a class totally unsuited for the occupation required of them. They are excellent folk but have been misled by false representations and are dupes of their own simplicity [...]. The São Paulo Authorities have been exerting themselves to place them satisfactorily but are forced to acknowledge that

---

50 *Globe*, September 11 e 14, 1896; *La Presse*, 14 Septembre 1896; *Montreal Daily Herald*, September 14 e 15, 1896; *Montreal Gazette*, 15 Septembre 1896 e Zucchi, *"Mad Flight?": The Quebec Emigration*, p.4.

51 Holloway, Thomas, *Immigrants on the Land: Coffee and Society in São Paulo, 1886-1934*, Chapel Hill: University of North Carolina Press, 1980, p.44.

52 *Montreal Daily Star*, 15 Septembre 1896. Ver também: Zucchi, *"Mad Flight?": The Quebec Emigration*, p.58-61.

53 Barbosa, *Brazil and Canada*, p.100-1.

106   LAURENT VIDAL E TANIA REGINA DE LUCA (ORGS.)

a great mistake has been committed and recognise that they have been deceived in the element that had been brought out.[54]

Para serem patrocinados pelo Estado de São Paulo, os imigrantes teriam que imigrar em família, ou seja, casais de até 45 anos sem filhos; casais casados com filhos, dos quais pelo menos um em idade produtiva; viúvos ou viúvos com filhos; os pais do chefe da família, seus avós, seus irmãos e cunhados solteiros, seus sobrinhos e sobrinhas.[55] Na verdade, a migração familiar não era de forma alguma estranha aos franco-canadenses.[56]

Em relação à origem destes, ao contrário do que afirmavam os jornais canadenses e o cônsul britânico em Santos, os franco-canadenses não representavam a maioria dos passageiros do *Moravia*.[57] Segundo um artigo de John Zucchi, os francófonos não contavam mais de 32% do grupo.[58] Em seu livro, Zucchi reafirma essa informação, mas levanta a possibilidade de que eles poderiam ser ainda menos numerosos.[59] No mesmo grupo estavam também ingleses, irlandeses, alemães, belgas, suecos, franceses, italianos – provavelmente imigrantes no Canadá que se encontravam desempregados e, como o inverno canadense estava chegando, havia uma ansiedade entre aqueles que se encontravam em situação de pobreza.[60] Os passageiros do *Moravia* eram, portanto, um grupo diversificado em termos de língua, origens e também de religião. Zuchi estima que havia por volta de 289 católicos e 192 protestantes. Entre os católicos, havia franco-canadenses, irlandeses e francófonos nascidos na França.[61]

O *Moravia* chegou a Santos no dia 6 de outubro. No dia 7 os passageiros foram recebidos e, um dia depois, enviados de trem para a cidade de São Paulo,[62]

---

54 Barbosa, *Brazil and Canada*, p.100.

55 Holloway, *Immigrants on the Land*, p.47.

56 Frenette, Yves, *Brève histoire des Canadiens français*, Montréal, Boréal, 1998, p.93-97.

57 *Toronto Globe*, September 14, 1896; *Ottawa Evening Journal*, September 15, 1896; External Affairs. Colonial Office (UK). "Distressed Emigrants in Brazil". Correspondence with Canadian and British Government Department Departments. RG 25-A-1-58. October 28, 1896.

58 Zucchi, John, "Mad Flight?" The Montreal Migration of 1896 to Brazil", *Journal of the Canadian Historical Association* 24, n.2 (2013), p.192.

59 Zucchi, *"Mad Flight?": The Quebec Emigration*, p.41.

60 *Montreal Daily Star*, 15 Septembre 1896; *O Commercio de São Paulo*, 9 de outubro de 1896; "Distressed Emigrants", October 28, 1896.

61 Zucchi, *"Mad Flight?": The Quebec Emigration*, p.57-8.

62 Zucchi, *"Mad Flight?": The Quebec Emigration*, p.72.

desembarcando diretamente na plataforma da Hospedaria de Imigrantes. Construída para acomodar 4.000 pessoas, o edifício por vezes acomodava até 10.000. Todos os imigrantes que passavam por lá tinham direito a duas refeições por dia, mas, como as filas eram muito longas, tinham que esperar várias horas antes de serem servidos; em cada dormitório, entre 600 e 700 pessoas amontoavam-se em colchões e a mortalidade infantil era alta. Na verdade, a Hospedaria parecia mais uma prisão do que um hotel, com guardas patrulhando o local dia e noite, sendo proibido sair de lá até terem assinado um contrato de trabalho.[63]

Os passageiros do *Moravia* permaneceram ali por alguns dias ou algumas semanas, a depender da rapidez com que assinassem contratos de trabalho em plantações ou na cidade de São Paulo. Segundo o cônsul britânico em Santos, no final de outubro, dois terços deles já trabalhavam em algum lugar. Originalmente, parece ter-se esperado que a Fazenda Dumont, propriedade da francês Henrique Dumont que acabara de ser vendida a ingleses, tivesse interesse em contratá-los, e o processo de adaptação seria assim facilitado pela facilidade de lá haver uma ou mais línguas em comum.[64] Porém, a plantação não necessitava de muita mão de obra naquela época e recrutou apenas cerca de dez famílias, ficando em terceiro lugar depois da Fazenda Santa Veridiana e da Fazenda Paulino Carlos e filhos de Rio Claro.[65] Ao todo, 69 famílias estavam espalhadas por plantações de café e 26 famílias haviam conseguido trabalho na cidade de São Paulo, enquanto 22 famílias continuavam na Hospedaria.[66]

Essa tentativa de imigração do Canadá foi também um verdadeiro fracasso. Assim que chegaram ao Brasil, os imigrantes começaram a reclamar das falsas promessas dos recrutadores, e no dia 9 de outubro o *Commercio de São Paulo* falou do "fiasco canadense".[67] Na Hospedaria, as condições em nada se assemelhavam à situação quase idílica descrita nas circulares da Ligure Brasiliana. Para acalmar os ânimos, o governo distribuiu 300 garrafas de leite aos canadenses,

---

63 Holloway, *Immigrants on the Land*, p.51-54; Paiva, Odair da Cruz, e Moura, Soraya, *Hospedaria de Imigrantes de São Paulo*, São Paulo, Editora Paz e Terra, 2008, p.29-39.
64 *O Commercio de São Paulo*, 10 de outubro de 1896; *O Estado de São Paulo*, 10 de outubro de 1896.
65 Veja a obra clássica de Dean, Warren, *Rio Claro: A Brazilian Plantation System 1820-1920*, Stanford, Stanford University Press, 1976.
66 "Distressed Emigrants", October 28, 1896.
67 *O Commercio de São Paulo*, 9 outubro 1896.

que haviam recebido visitas do vice-cônsul britânico, do vice-cônsul francês e até do Secretário de Agricultura do governo federal brasileiro.[68]

No final de outubro, algumas famílias vindas do Canadá ainda permaneciam na Hospedaria e foram pressionadas a sair de lá, onde deveriam ter permanecido por apenas oito dias. Segundo o Secretário de Agricultura, eles haviam recusado ofertas de emprego e seriam obrigados a sair da Hospedaria. O cônsul acrescentou que eles estavam debilitados fisicamente e mentalmente, "broken down in health and spirits".[69] Aqueles que foram empegados em fazendas não estavam em situação muito melhor. Não conhecemos as causas exatas do seu descontentamento e da sua subsequente partida, mas podemos concluir que as condições eram bastante ruins: alojamento desconfortável, além de trabalho duro e intenso, controlado de maneira autoritária, com resquícios de escravidão. E tudo isso em condições climáticas muito diferentes daquelas de Quebec ou da Europa.[70] No início de novembro, o cônsul britânico do Rio de Janeiro, George Wagstaff, recebeu uma carta escrita em francês na qual três famílias – três homens, três mulheres e nove crianças – pediam ajuda para retornar ao Canadá. Eles haviam sido empregados na fazenda Sabbona e de lá saíram para o Rio de Janeiro, em situação de extrema pobreza.[71]

Mas eles não foram os únicos que recorreram a ajuda para sair do Brasil. Desde o final de outubro, os representantes britânicos no Brasil começaram a considerar a repatriação de imigrantes do Canadá. No entanto, só no dia 23 de dezembro um primeiro contingente, prestes a ser expulso da Hospedaria de Imigrantes do Rio, foi enviado de volta ao Canadá via Liverpool. Daquele momento até o início de junho de 1897, a repatriação foi massiva. As autoridades consulares também parecem ter apoiado financeiramente cerca de 50 imigrantes, empregando-os na construção da "English Railway". Também pressionaram o Estado de São Paulo para que contribuísse com os custos da repatriação, que foi feita à taxa de 10 contos de réis, ou seja, aproximadamente 400 libras esterlinas. Já o governo canadense gastou aproximadamente US$ 3.370 para pagar a passagem de retorno dos imigrantes. Ao chegarem ao Canadá, muitos deles foram apoiados por instituições de caridade pública.[72]

---

68 Barbosa, *Brazil and Canada*, p.101.
69 Barbosa, *Brazil and Canada*, p.100.
70 "Distressed Emigrants", October 28, 1896.
71 Barbosa, *Brazil and Canada*, p.100.
72 "Distressed Emigrants", October, 28 e 31, December 19, 1896; January 12, 16 e 26, February 13 e 24, 1897; *Toronto Globe*, December 28, 1896, January 28, June 4 e 15, 1897; *Toronto Evening Star*, January 23, 1897.

Assim terminou a aventura dos passageiros do *Moravia*, que não foi mais feliz que a dos francófonos do *Panola*. Devido ao fracasso e ao número limitado desses dois projetos migratórios, eles desapareceram da memória coletiva canadense e brasileira. Contudo, ambos revelam grandes tendências na história do Canadá, na história do Brasil e na dos movimentos migratórios transatlânticos e hemisféricos e devem ser mais estudados.[73] Além disso, os dois casos ilustram o caráter racista da imigração para o Brasil nesse período, na qual europeus e seus descendentes eram vistos como salvação para o futuro do país. O Canadá foi visto como uma alternativa precisamente pelo fato de poder fornecer imigração branca.

---

73 Houve algumas tentativas de imigração do Brasil para o Canadá nos primeiros anos do século XX, mas muito pouco se conhece sobre esses movimentos. Para mais informações, ver Barbosa, *Brazil and Canada*, p.117-123.

5
A EMIGRAÇÃO PROIBIDA:
O CASO FRANÇA-BRASIL ENTRE 1875 E 1908

Mônica Leite Lessa
Hugo Rogélio Suppo

A história da imigração francesa no Brasil é ainda lacunar e marcada por paradoxos: uma colônia numericamente inexpressiva destaca-se das demais pela forte presença que sua cultura de origem conquista na sociedade brasileira ao longo do século XIX; poucos autores se interessam em dedicar-lhe estudos específicos, e, no entanto, inúmeros trabalhos sobre a história cultural do Brasil oitocentista contemplam o peso da cultura francesa na formação e *habitus* das elites brasileiras. Nesse sentido, cabe salientar, as abordagens mais correntes ou consideram unicamente as luzes da cultura francesa para explicar o alcance de sua influência ou atribuem à corte portuguesa a difusão dessa cultura a partir do Rio de Janeiro ou se debruçam apenas sobre os representantes ilustres dessa colônia ou sobre as atividades profissionais em maior evidência no período. Note-se ainda que os temas dos estudos sobre os franceses no Brasil são poucos e/ou recorrentes: a influência cultural da França e a Missão Artística Francesa estando entre os preferidos. Salvo Gilberto Freyre, que observou existirem duas "épocas" na história da "influência francesa" no Brasil – até a primeira metade do século XIX ela é sobretudo intelectual, e, na segunda metade, técnica –, poucos estudiosos se aventuraram para além da tríade que encerra a presença francesa no Brasil no mundo da moda, das artes e dos *divertissements*. Esse tríptico não se constitui por acaso; ele tem sua origem em um dos aspectos da identidade internacional da França, resultado do *status* da sua cultura entre as potências europeias e das inúmeras atividades decorrentes desse universo cultural, mas também da cuidadosa construção da diplomacia cultural francesa, que privilegia essa imagem apresentada como monolítica e unívoca. Freyre, ao contrário da maioria de seus congêneres brasileiros contemporâneos, analisou justamente "a influência técnica" ao publicar uma obra consagrada a *Um engenheiro francês no Brasil* (Freyre, 1940), na qual examinou a importância de Louis Vouthier, figura de destaque na história urbana do Recife de seu tempo.

De nossa parte, consideramos que em tempos de globalização e controversos modelos societários acerca da circulação de pessoas e do valor do trabalho, e porque *os fatos têm o inconveniente de existirem*, como nos adverte Clemenceau, seria interessante introduzir aqui um momento raramente analisado na história das relações franco-brasileiras: a proibição oficial de emigração imposta pelo governo da França ao Brasil, de 1875 a 1908. O episódio, ignorado pela maior parte da bibliografia relativa às relações franco-brasileiras, muito provavelmente devido à discrição com que ambos os governos agiram, foi cuidadosamente tratado pelo Governo Imperial como um mal-entendido atribuído à desinformação do governo republicano sobre a situação dos imigrantes europeus residentes nos trópicos. E, embora esse capítulo da história comum dos dois países represente o oposto do quadro idílico sugerido pelos trabalhos referentes às relações França--Brasil, a Circular de 1875 efetivamente não abalou as relações bilaterais em foco. Tampouco interrompeu a emigração espontânea para o Brasil. O ocorrido, contudo, serve para apreciarmos *autrement* a razão do pequeno contingente de imigrantes franceses no Brasil, os interesses conflitantes entre os dois países e os desafios impostos a ambos os lados.[1]

Isso nos revelou a pesquisa empírica, pautada nas correspondências diplomáticas brasileira e francesa e nos relatos publicados de viajantes franceses.[2] Essas fontes de natureza distinta possuem a vantagem de desvelar, sob diferentes ângulos, esse aspecto da história da imigração no Brasil. Por um lado, esclarecendo sobre a condição dos imigrantes anônimos que compõem a colônia francesa no Rio de Janeiro – em sua maioria trabalhadores de origem social humilde que nos centros urbanos tiveram suas identidades nacionais mais evidenciadas do que seus compatriotas instalados no meio rural, o qual absorveu uma imigração de massa, de braços para a lavoura. Por outro lado, desnudando os interesses e *enjeux* franceses no Brasil.

---

1 Entre outros, observe-se que o mito criado em torno da hospitalidade brasileira aos estrangeiros é muito relativizado quando se estuda a recepção aos trabalhadores imigrantes dos séculos XIX e XX.

2 Para efeitos de compreensão, atualizamos a grafia do português oitocentista, constante na maior parte das fontes consultadas.

Ao privilegiarmos a pesquisa histórica, buscamos particularmente proporcionar ao leitor uma narrativa pontilhada pelas impressões e opiniões dos atores históricos da trama aqui analisada. A qualidade de suas análises, tão pertinentes e esclarecedoras sobre o nosso assunto, justifica o resgate dessas fontes, que aqui pretendemos promover. Aceitamos o risco de abdicar de uma análise teórica acerca do fenômeno da imigração no mundo moderno, e, sobretudo, do papel da imigração na construção do Brasil pós-1822, em prol da tentativa de melhor introduzirmos um tema de estudo que despertasse o interesse por novos objetos de pesquisa, e também porque pretendíamos oferecer uma nova imagem das relações franco-brasileiras, na qual evidenciamos os conflitos (relativos), as contradições (esperadas), os interesses (múltiplos) e os desafios (constantes) em jogo.

Tristes tropiques[3]

É sabido que a péssima reputação das condições de vida dos imigrantes europeus no Brasil em muito contribuiu para que o país se tornasse uma frequente escala nas viagens desses emigrantes rumo a outras terras do continente. Além disso, é igualmente conhecido o fato de que a França não possuía uma tradição de emigração, como outros países do Velho Continente, o que torna bastante plausível a explicação de que as "ondas" de emigração francesa foram em grande parte ocasionadas pelas crises políticas e econômicas de 1815, 1848 e 1870. No entanto, Frédéric Mauro destaca:

> O que imediatamente chama a atenção, quando se considera o caso da França, é que essas colônias sem bandeira não existiam. Não houve expansão demográfica da França no século XIX e depois no século XX. Por quê? Porque a França não conhece o crescimento demográfico que conhecem outros países da Europa. E, na medida em que pudesse existir um excesso demográfico, eu não ouso empregar esse termo, antes dirigiu-se para o império francês que se reconstituía [...]. Observam-se poucos imigrantes franceses nas camadas inferiores da sociedade. Certamente, isso pode ser explicado de diferentes maneiras, mas uma das razões parece ser o prestígio de que gozavam os franceses nos países latinos, e o prestígio da cultura francesa era tal que criava um *a priori* favorável para qualquer um vindo da França, e o imigrante se beneficiava dessa situação para, rapidamente, se fazer um lugar ao sol. [...] A França se faz

---

3 Título do belo livro de Claude Lévi-Strauss, *Tristes tropiques*, publicado pela Editora Plon, em 1955.

presente por uma certa qualidade, sua importância não é quantitativa, mas qualitativa. E a compreensão deste fenômeno é capital para analisar o papel que desempenhou a França no passado [...]. De resto, a esse respeito, convém sublinhar um outro aspecto da presença comercial francesa ligada ao gênio da França, a exportação para a América Latina de produtos que são em parte produtos culturais, como os produtos da indústria de luxo, por exemplo as obras de arte, os perfumes, a alta costura, em síntese tudo o que faz o prestígio dos artigos de Paris. (Mauro, 1974, p.22-4)

Por sua vez, empenhado em atrair uma mão de obra qualificada que contribuísse para o "processo civilizador" do Brasil, o Governo Imperial multiplicou esforços e ações nesse sentido, inclusive criando agências de emigração na Europa. O país, no entanto, possuía grandes desvantagens para atrair a mão de obra europeia, a começar pelo clima dificilmente tolerado pelos habitantes dos países de clima temperado, até mesmo por aqueles em situação privilegiada, como os representantes diplomáticos. Por exemplo, o primeiro-ministro plenipotenciário da Legação francesa no Rio de Janeiro, que ocupou o posto entre 1827 e 1828, resumiu assim o desconforto sentido logo após sua chegada à capital do Império:

> [...] todas as circunstâncias desta cidade concorrem para aumentar as dificuldades. As habitações um pouco agradáveis do Rio de Janeiro, dispersas sem limite na praia, são muito afastadas umas das outras; enquanto o calor aumenta sensivelmente as distâncias, e mergulha na [ilegível] como na mais improdutiva preguiça a miserável população das classes baixas e causa uma apatia não menos completa nos setores mais elevados. (AMAE, 1827, f.9)

Em 1828, o diplomata solicitou seu retorno ao país natal, em razão dos efeitos "nocivos" do clima à sua saúde. Esta foi também uma das razões apresentadas pelo então primeiro secretário da Legação, Charles Pontois, em 1834, para solicitar seu repatriamento definitivo:

> Prefiro não falar da fastidiosa monotonia da vida que aqui se vive, a falta de sociabilidade do caráter dos habitantes, a natureza desagradável e penosa das dificuldades, que incessantemente reaparecem, que reencontra aqui a condução dos negócios. Mas o Senhor Conde não ignora o quanto é funesta a influência que o clima dos trópicos exerce sobre a mais robusta das saúdes. [...] Eu não poderia, por conseguinte, sem graves inconvenientes para minha saúde, assim como para a minha fortuna, prolongar ainda mais minha estada neste país. (AMAE, s.d., v.2)

Quase um século mais tarde, o embaixador Paul Claudel dirigiu aos seus superiores a mesma argumentação de seus predecessores. Dentre as razões apresentadas para seu pedido de retorno a Paris, o clima é o argumento principal, inclusive pelo fato de o diplomata ter assumido seu posto sem a companhia de sua família que, por temer o clima e as enfermidades típicas dos trópicos, havia permanecido na França. Em desespero, ele terminou uma de suas correspondências endereçadas a Philippe Berthelot admitindo: "eu não poderia aceitar passar um quarto verão no Rio de Janeiro" (AMAE, 1918, f.26).

Além do clima, e de acordo com o racismo científico e o determinismo geográfico europeus típicos do período, relatos de viajantes também apontavam a "raça africana" como outro fator determinante, negativo e prejudicial na formação e no desenvolvimento do Brasil. No mundo acadêmico não era diferente. Pierre Denis, por exemplo, antigo discípulo de Vidal de La Blache, professor da Université de Paris e assíduo colaborador da *Revue de l'Amérique Latine*, sublinhava os "aspectos negativos" das "populações negras", consideradas "preguiçosas", "moralmente inferiores" e destinadas à lenta extinção sem jamais oferecer verdadeiro contributo e influência para o desenvolvimento do país. Em *Le Brésil au XX siècle*, publicado em 1909 após sua viagem pela América do Sul com direito a estada no Brasil, o geógrafo fez coro aos que caracterizavam as "populações negras" como um empecilho ao "progresso", alinhando-se assim, mesmo que involuntariamente, ao lado dos que defendiam a "política de embranquecimento" do governo brasileiro (Denis, 1909, p.259-66).

Nada surpreendente então que, na visão do primeiro chefe da Missão Militar Francesa, General Gamelin, a miscigenação e o clima tropical fossem considerados os principais fatores a comprometer a postura e a competência das forças armadas brasileiras:

> [...] as raças são muito misturadas e de origens muito diversas e o clima geralmente tropical, o que resulta deste conjunto é frouxo e frequentemente falta consistência. A extrema lentidão das promoções (com exceção dos motivos políticos) contribui para diminuir sua atividade.[4]

Em 1926, quando de sua segunda estada no Brasil, entre 1919 e 1927, o embaixador Alexander Conty conclui:

> [...] o brasileiro, cuja atividade é retardada pela influência avassaladora dos trópicos, onde a existência é garantida pelas facilidades das colheitas, realiza, de acordo com

---

4   ASHAT, 7N-Brasil, v.3394, Bordereau d'envoi n.200, General Mangin, Membre du Conseil Supérieur de la Guerre, ministre de la Guerre, Envoi de la lettre n.199 de 06 nov. 1921 au sujet de l'Armée brésilienne, En mer à bord du *Jules Michelet*, 06/11/1921.

a lei do mínimo esforço, lucros imediatos, não procura mesmo distinguir o interesse geral da sua pátria, ignora o esforço e o sacrifício, e espalha seu nacionalismo em xenofobia verbal. Sob a cultura latina, o sangue africano fez a sua obra; o caráter brasileiro, extremamente sedutor em certos sentidos, possui irremediáveis elementos de fraqueza: boa graça e afabilidade sem correção regular, veleidades sem perseverança, assimilação rápida, mas sem profundidade, conhecimentos livrescos e superficiais, incapacidade de manter um esforço, prodigalidade, presunção, vaidade, amor ao jogo, culto exagerado da palavra e das fraseologias redundantes, inanidade do pensamento. (AMAE, 1926, Lettre n.67)

Contudo, meses mais tarde, avaliando os interesses econômicos em jogo, ele ponderou que:

É necessário conhecer o caráter dos brasileiros e os costumes deste país, caso se queira aqui tentar o mais pequeno [sic] negócio que, por outra parte, é geralmente de lucros duvidosos. Nós não podemos, contudo, nos desinteressar por um país de oito milhões e meio de quilômetros quadrados que pretende ter mais de trinta milhões de habitantes, dos quais aproximadamente 30% sabem ler e escrever, se tratam, quando estão doentes, com nossos produtos farmacêuticos, se vestem e se perfumam para o nosso grande lucro, e às vezes bebem nossos vinhos por esnobismo, sem saber apreciá-los. (AMAE, 1926, v.32)

E, ao insistir no peso das características negativas dos brasileiros, um dos principais empecilhos para a realização de uma parceria econômica estável, o diplomata avaliou que:

Os brasileiros têm grande facilidade para conceber ideias interessantes, generosas, frequentemente engenhosas e mesmo graciosas. Mas da concepção à execução há muita distância, e, quando se trata de realizar um projeto, as pessoas no Brasil dão o lamentável espetáculo de sua falta de espírito de organização e de sequência, de sua inércia, de sua negligência, de sua incoerência e, o que é pior, de sua corrupção e de sua venalidade. (AMAE, 1927, v.95)

Lutar contra a imagem negativa do Brasil dominante na Europa, veiculada pelas opiniões dos diplomatas e por diversas obras críticas com relação à organização político-social do país, era tarefa árdua. Para reverter essa "indisposição", desde a segunda metade do século XIX, numerosas publicações brasileiras vêm a lume com o principal objetivo de desmentir e desqualificar as publicações estrangeiras críticas com relação ao desenvolvimento brasileiro, ao sistema escravagista, às condições de vida material das populações livres e trabalhadoras.

Outras tantas declaravam implicitamente sua razão de existir: contribuir para a construção de uma nova imagem, positiva, do Brasil, seja por meio de um balanço geral dos progressos materiais alcançados nas décadas anteriores, seja por meio da hipervalorização dos recursos naturais à disposição de investidores e trabalhadores estrangeiros em busca de fortuna no Novo Mundo. No período romântico, o edenismo e a idealização da civilização brasileira tornam-se os binômios preferidos desse tipo de discurso.[5]

Publicações estrangeiras também representavam espaços disputados para uma divulgação positiva do Brasil. A *Revue des Deux Mondes*, por exemplo, desde sua fundação, em 1830, até 1880, publicou cerca de quarenta artigos dedicados ao país (Dantas in Parvaux; Revel-Mouroz, 1991, p.141-3). Alguns deles suscitaram acalorados debates, por sua franqueza crítica (caso do artigo de Louis de Chavagnes, publicado em 1844), mas outros foram assinados por viajantes conhecidos e "amigos do Brasil" (para utilizarmos a expressão de Rouanet) – Ferdinand Denis, Auguste de Saint-Hilaire e Francis de Castelnau, entre outros, sem contar os artigos de propaganda assinados por expoentes da política ou do mundo intelectual brasileiro.

Gilberto Freyre resumiu essa prática de promoção e de propaganda orquestrada a partir do Itamaraty, com o fito de mudar a imagem do Brasil no exterior, seja para atrair capital e mão de obra estrangeiros – não apenas uma imigração de massa, mas também uma imigração de elite –, seja para promover grupos ou interesses ligados ao comércio exterior, ou para projetar uma imagem nova, distante daquela que marcava o país e que era tão conhecida da diplomacia estrangeira. Em *Ordem e Progresso*, Freyre analisou o papel do Ministério das Relações Exteriores, ao tempo do barão do Rio Branco, ao desenvolver importante "publicidade do Brasil" na Europa e nos Estados Unidos. Para o sociólogo pernambucano, Rio Branco foi um precursor de uma diplomacia cultural ativa e principalmente voltada para a Europa:

> [...] ao criar a mística, que criou, em torno do "gênio", da "cultura", da "civilização" brasileiras representadas pelo Conselheiro Ruy Barbosa [...] Ou a procurar tirar partido para o Brasil da imensa popularidade alcançada na França por Alberto Santos Dumont. Também foi considerável a propaganda que se fez na Europa [...] dos triunfos alcançados pelo médico e higienista Osvaldo Cruz na luta contra a febre amarela;

---

5 Em sua excelente obra, *Eternamente em berço esplêndido*: a fundação de uma literatura nacional, Siciliano, 1991, Maria Helena Rouanet disseca a visão brasileira oitocentista sobre as críticas e interpretações desfavoráveis à imagem do Brasil por escritores estrangeiros, que passaram a ser divididos entre "inimigos" e "amigos" do Brasil.

pelo prefeito Pereira Passos, na urbanização, na modernização e no embelezamento da Capital da República; pelo Marechal Hermes da Fonseca, na reorganização do Exército; pelo Almirante Alexandrino de Alencar, na modernização da Marinha de Guerra [...]. (Freyre, 1990, p.442)

Mais recentemente, em sua biografia sobre Rio Branco, Rubens Ricupero (2000, p.63, 64) reafirmou as observações de Freyre ao salientar a importância da dimensão cultural da política externa do diplomata brasileiro e ao identificar um "programa de aprimoramento do país" que consistiria na europeização das elites. Mas foi Gilberto Freyre quem primeiro sintetizou este aspecto da gestão do Ministro Rio Branco:

> Do Barão há quem diga ter concorrido com seu estímulo para o desenvolvimento, no Rio de Janeiro, de colégios de freiras francesas para meninas, do tipo nitidamente europeu e aristocrático do Sacré-Cœur e do Sion. Aí deviam educar-se as meninas aristocráticas do Brasil para que aos diplomatas, aos homens de Estado, aos grandes da República, não faltassem esposas de maneiras esmeradamente europeias. [...] Também entendia o Barão do Rio Branco que não deviam representar o Brasil no estrangeiro senão brasileiros brancos ou com aparência de brancos, tendo sido a República, sob esse aspecto e sob a influência do poderoso Ministro do Exterior, mais papista que o papa, isto é, mais rigorosa em considerações étnicas de seleção de seu pessoal diplomático que o próprio Imperador Pedro II. [...] Lopes Neto, por exemplo, representou o Brasil imperial no estrangeiro, a despeito de ser homem de cor. [...] Do Barão destaque-se, ainda, que foi quem, na diplomacia moderna, inaugurou, pelo menos na América do Sul, o uso sistemático, embora por vezes dissimulado, da propaganda ou da réclame, paga ou não, em jornais e revistas do País e do estrangeiro em prol da causa em que estivesse empenhado. (Freyre, op. cit., p. XLIX- L)

Para Freyre, sob a direção do Barão de Rio Branco o Itamaraty tornou-se

> um sistema mais que diplomático [...] de organização e definição de valores superiormente nacionais: sistema em que o Barão imprimiu sua imagem de superprotetor de uma pátria a seu ver necessitada do respeito dos europeus e dos anglo-saxões, para crescente afirmação do seu prestígio. (ibidem, p.CLI)

Ricupero observou, no entanto, que o Itamaraty do Barão do Rio Branco sempre apresentou, no plano externo, "um país ideal", em contraste com o "país real":

> [...] a ideia de Brasil do chanceler era uma *cosa mentale*, uma concepção idealizada para melhor permitir sua acolhida e recepção pelo mundo exterior, mas em muitos pontos destoante da realidade, não bastava vender aos estrangeiros a imagem criada.

Era igualmente preciso criá-la na realidade, transformando a própria realidade, a fim de aproximá-la da imagem abstrata, do seu modelo ideal. (Ricupero, op. cit., p.64)

A esse propósito, o brasilianista Thomas Skidmore identificou a origem de uma política para "civilizar" o Brasil e "promover" uma identidade internacional positiva do país, com fins ao seu desenvolvimento e inserção internacional, desde a chegada da corte portuguesa em terras tropicais, em 1808. E a França, apontou Skidmore, seria o país-alvo dessa política então nascente:

> Muito antes da queda do Império, a elite brasileira preocupava-se com a necessidade de promover, no exterior, a imagem do Brasil [...] Viam os Estados Unidos como exemplo patente de que é possível atingir prodigioso desenvolvimento pela acolhida hospitaleira do capital estrangeiro e da imigração em larga escala. [...] A fim de atraí-los, políticos e escritores tanto cuidaram de projetar uma imagem do país capaz de impressionar tanto europeus ocidentais quanto norte-americanos. [...] A política de promoção da imagem do Brasil no exterior era, pelo menos, tão velha quanto o reinado de Dom João VI, que contratou missões estrangeiras para fundar no país instituições educacionais, científicas e artísticas. Outrossim, o neto, Dom Pedro II, também se interessa por assistência e colaboração estrangeira nessas áreas, embora fosse menos sistemático em seus esforços. [...] Intelectuais liberais estiveram envolvidos diretamente no trabalho de "vender" o Brasil aos possíveis imigrantes. Depois, o Barão do Rio Branco, por exemplo, passou muito tempo em Paris tentando melhorar as relações públicas do Brasil. [...] Nas últimas décadas do segundo reinado houve um surto de propaganda dirigido à França. Os convites para investir no Brasil eram muitas vezes justificados com a alegação de que a cultura e civilização brasileiras tinham raízes francesas, o que deveria constituir para os franceses um incentivo especial. [...] Mas era batalha morro-acima. A imagem do Brasil na Europa e na América do Norte era moldada principalmente por viajantes famosos, como Louis Agassiz e Richard Burton. Sua maneira de pensar racista induzia-os a dar ênfase à influência africana que os propagandistas brasileiros queriam minimizar. Algumas audiências europeias achavam até difícil distinguir entre as nações latinas do Novo Mundo. Peças levadas ao palco em Paris em 1863 e 1873, por exemplo, mostravam uma confusão total entre brasileiros e hispano-americanos. Muito depois, quando o Imperador Pedro II visitou Paris em 1871, seus hospedeiros franceses vasculharam a cidade em busca da partitura do Hino Nacional Brasileiro. Descobriram, embaraçados, que não havia um só exemplar. (Skidmore, 1989, p.142-4)

Mais do que "raízes comuns", como apontou Skidmore, em conformidade com as ideias iluministas de progresso e civilização, e em sintonia com a crença liberal de que a circulação de pessoas, mercadorias, ideias e capital favorecia o desenvolvimento dos povos, as elites brasileiras reivindicavam afinidades culturais adquiridas por meio de viagens, do aprendizado do idioma francês, da leitura de seus autores, de uma formação escolar em instituições de ensino instaladas no Brasil ou em cursos realizados em reputadas instituições em Paris, da assistência de companhias de teatro em turnês internacionais e em muitas outras manifestações da cultura francesa, então dominante no mundo ocidental. Procuravam dessa forma afirmar o desenvolvimento do país e diminuir as desvantagens naturais e sociais que os "estrangeiros" insistiam em atribuir-lhe. Por sua vez, essa orientação cultural das elites brasileiras era amplamente incentivada por parte das autoridades francesas, como se pode ler no discurso proferido pelo cônsul Georges Ritt à ocasião da cerimônia de final de curso da Aliança Francesa de São Paulo, em 1898, organizada nas dependências do Cercle Français:

> [...] é particularmente agradável participar desta festa a título oficial e de poder assim oferecer, com todo o meu coração de francês, uma homenagem autorizada à obra fecunda de propaganda intelectual desenvolvida pela Aliança Francesa. Esta obra vocês a conhecem: facilitar pela escola, pelas conferências e pelo livro, o estudo e o conhecimento da língua francesa, colocar o ensino ao alcance de todos os orçamentos, de todas as idades e de todos os sexos, aproximando assim de nosso coração e de nosso espírito todas as nacionalidades amigas, as unir ao nosso pensamento pela comunhão de uma mesma língua, desta bela e harmoniosa língua francesa tão suave ao ouvido e tão vibrante ao coração, desta língua que foi, que é, e que permanecerá sempre, não importa o que se possa fazer, a verdadeira língua universal, a verdadeira língua da humanidade em marcha, pois não foi sobre as asas douradas da suave fala da França que sempre voaram para o Ideal infinito as harmonias inebriantes da Civilização e do Progresso? (AMAE, 1898, v.220)

Assim, a exaltação da "influência intelectual" francesa, expressão empregada até a primeira metade do século XX para definir o fenômeno da influência cultural, servia, segundo a ocasião, de argumento preferencial das autoridades diplomáticas para se referirem positivamente à civilização brasileira. Ao mesmo tempo, era também objetivo e argumento de uma certa elite brasileira, que reivindicava essa afinidade seletiva visando a diferentes fins e resultados. Assim, pretendia-se, por exemplo, superar as críticas à miscigenação que prometia um destino trágico, segundo os vaticínios do célebre escritor e diplomata Conde de Gobineau, que serviu na Corte brasileira em 1869 tornando-se então amigo pessoal de Pedro II:

> A maioria absoluta da população brasileira é mestiça [...]. Todos os países da América, seja no norte, seja no sul, mostram hoje de maneira incontestável que os mulatos

de diferentes graus não se reproduzem além de um número limitado de gerações. A esterilidade não acontece sempre nos casamentos, mas os produtos chegam gradualmente a ser tão insalubres, tão pouco viáveis, que desaparecem [...] se, em vez de reproduzir-se por si mesma, a população brasileira estivesse em posição de subdividir mais ainda os elementos deploráveis de sua constituição étnica atual, os fortificando por alianças de um valor mais elevado com as raças europeias, então o movimento de destruição observado nas suas fileiras cessaria e daria lugar a uma ação totalmente contrária. A raça se recuperaria, a saúde pública melhoraria, o temperamento moral seria ressuscitado e as modificações mais felizes se introduziriam no estado social deste admirável país. (Gobineau apud Raeders, 1938, p.147-8)

A despeito dos esforços, os emigrantes franceses não eram atingidos pela propaganda brasileira e o número de franceses residentes no país nunca alcançou índices relevantes. Entre 1820 e 1920, o Brasil recebeu 3.648.382 imigrantes de 12 diferentes nacionalidades. Desse total, apenas 30.500 eram franceses, sendo que o ingresso dessa nacionalidade no país só ultrapassou umas poucas centenas em 1864 (1.166), 1872 (1.048), 1876 (1.214), 1890 (2.844), 1891 (1.921), 1909 (1.241), 1910 (1.134), 1911 (1.397), 1912 (1.513) e 1913 (1.532) (AMAE, 1922, v.21).[6]

Naturalmente, foi apenas a partir da chegada de Dom João VI e da corte portuguesa ao Brasil em 1808, e do posterior restabelecimento das relações diplomáticas entre Portugal e França em 1815, que teve início a crescente importação de produtos de luxo franceses consumidos pela corte. Esse quadro não se alterou com o retorno do rei para Lisboa em 1821, mas tampouco se expandiu no grau esperado, e isso devido à falta de recursos dos comerciantes franceses:

Foi necessário, adaptando-se às novas circunstâncias, abrir paulatinamente o mercado de artigos de primeira necessidade ou de um luxo mais ao alcance de todas as classes; e esperar o tempo passar para que a primeira impressão da partida do Rei fosse apagada

---

6   Há controvérsia com relação a esses números, pois, segundo o *Journal Oficiel*, de 13/08/1876, p.6350, residiam na província do Rio de Janeiro pelo menos trinta mil franceses. CDHI, 225/3/3, Ofícios Ostensivos, Seção Central, 1876-1877, n.67, relatório da Legação do Brasil ao Ministério das Relações Exteriores.
Por outro lado, tais números tampouco constam do banco de dados do IBGE, no qual a página consagrada à história da imigração no Brasil não apresenta índices referentes à imigração francesa que, muito provavelmente, encontra-se incluída na categoria "outros" das tabelas disponíveis a partir de 1820. Deve ser ainda destacado que o fluxo imigratório geral se acelera e amplia sobretudo a partir da década de 1870 e que dentre os povos constantes como grupos étnicos expressivos, numericamente, no aporte à formação do povo brasileiro, o IBGE nomeia apenas portugueses, alemães, italianos, espanhóis, japoneses, árabes e judeus. Cf. Instituto Brasileiro de Geografia e Estatística (IBGE). Disponível em: <http://www.ibge.gov.br/brasil500/index2.html>.

e criada uma nova aristocracia. Sucedendo a antiga nobreza, ela herdava sem dúvida a necessidade de prevalecer e o gosto para o luxo.

Para alterar assim a natureza das importações, nossos vendedores e nossas casas comerciais estabelecidas no Rio de Janeiro tiveram que vencer muitos obstáculos: por um lado, os hábitos dos consumidores acostumados há muito tempo a se aprovisionar dos mesmos artigos com outros produtores; e, de outro lado, sobretudo a desigualdade dos direitos alfandegários, e mais ainda o sistema vexatório adotado para a percepção desses direitos. [...] A nova aristocracia, não sendo mais reprimida em seus gostos pela inferioridade relativa de sua posição, apresenta o luxo da antiga [...]. Por uma vicissitude natural, a pequena burguesia se colocou abaixo desta nova nobreza. Ela a imitou nos seus costumes, nos seus hábitos, nos seus modos, e o consumo de nossas mercadorias é certamente maior do que no tempo do Rei Dom João VI. [...] os resultados obtidos por estas lojas de moda e de novidades mereciam mais atenção de nossa parte, já que constituem a mais bonita página da história de nossas relações comerciais com o Brasil. [...] Por sua parte, os negociantes franceses estabelecidos no Brasil fizeram apenas uns poucos esforços para forçar a venda de artigos importantes como nossos tecidos e os produtos de nossa indústria agrícola [...]. Por último, o comércio da França com o Brasil permaneceu nas mãos de alguns vendedores que começaram sem recursos e que importavam geralmente apenas as mercadorias que lhes eram vendidas a crédito.[7]

Em consequência, a superioridade das atividades comerciais em mãos dos imigrantes ingleses e norte-americanos era, desde 1833, objeto das preocupações das autoridades francesas sediadas no Brasil:

[O] Rio de Janeiro [...] é muito mais um bazar e a capital do comércio brasileiro do que a capital do Império. [...] pode-se dizer que os ingleses dividiram com os norte--americanos o monopólio do grande comércio no Brasil: suas casas estão em primeiro lugar em todo canto [...] Há no Rio de Janeiro 66 casas inglesas, 23 das quais de primeira classe. [...] Há muitos franceses no Império e aqui, como por toda parte, eles apresentam mais um perfil industrial do que comercial. Quase todos se ocupam de profissões onde o gosto e o conhecimento mecânico têm muito mais importância que o talento, a perseverança e a solidez. Pode-se dizer que a população francesa representa na sua variedade o terceiro estado em qualquer ramo do espírito ou da atividade humana. No das Artes, pelos seus pintores, escultores, arquitetos; no da Ciência, pelos seus médicos, seus farmacêuticos, seus escritores, seus professores e

---

7 "Do comércio da França com o Brasil", por Saint-Aimé Lajard, representante do consulado da França no Rio de Janeiro, ao Quai d'Orsay, AMAE (Arquivo Histórico do Ministério das Relações Exteriores da França), MD, Brasil, v.10, f.16-65, RJ, 20/10/1826.

seus impressores; no do comércio industrial, pelas suas casas de venda a varejo, como ourives, relojoeiros, lustradores, armeiros, estofadores, modistas; no da agricultura, pelos seus agricultores [...] [porém] a mais elevada das fortunas francesas não atinge a quarta parte das fortunas inglesas ou norte-americanas, entretanto a colônia francesa se compõe de uma espécie de proprietários intermediários, abaixo dos ingleses e norte--americanos, ela possui pequenas indústrias, possui conhecimentos e capacidades: pode-se dizer que a população francesa, pelas múltiplas naturezas de suas ocupações, pôde contribuir mais do que todas as outras para introduzir e difundir o gosto e os costumes da Europa. (AMAE, 1833, v.2, f.68-72)

Com o passar dos anos, a perspectiva sobre a emigração gerou debates na sociedade francesa e os envolvidos com o tema possuíam opiniões pouco otimistas sobre o desempenho de seus compatriotas residentes no exterior. Alguns, como o chefe do Serviço de Estatística do Ministério do Comércio, Alfred Legoyt, acreditavam que os imigrantes franceses "só vencem no exterior como cabeleireiros, perfumistas, professores de dança etc. (por que não também como cozinheiros, a caricatura estaria completa...)" (Silva, 2001). Em 1862, o jornalista e escritor Charles Expilly escreveu, municiado por sua experiência de alguns anos passados no país:

Sem pretender estabelecer proporções exatas, eu diria que, mais ou menos, a imigração francesa compõe-se, em dois terços, de pessoas sem reconhecimento, que seus vícios ou crimes forçaram a deixar sua pátria. [...] A base do terceiro terço é constituída por negociantes infelizes, mas não degradados; trabalhadores laboriosos; pais de família desgraçados pela miséria, que uma louca esperança de realizar rapidamente uma modesta fortuna empurrou à expatriação [...]. Esta estatística uma vez estabelecida, nada não nos impede de declarar que a Rua do Ouvidor não goza de uma excelente reputação. É lá, pretendem os brasileiros, que se realizam particularmente esses negócios afrancesados que lançaram sobre o nosso nome um tão triste verniz. (ibidem)

Os poucos relatórios existentes sobre as condições de vida dos imigrantes franceses no Rio de Janeiro estabelecem estatísticas aproximativas que, porém, confirmam o perfil social dessa comunidade como urbano e modesto. Na verdade, a falta de recursos da Legação francesa aparentemente impedia que o corpo diplomático providenciasse os estudos necessários para recensear devidamente seus expatriados ou oferecesse a assistência esperada para os que residiam em outras cidades que a capital do país. Inúmeras reclamações por parte desses imigrantes – sobretudo dos residentes em São Paulo, que mantinham relações comerciais com o país de origem, mas sem uma estrutura consular que atendesse às necessidades desse grupo – foram registradas pelos próprios diplomatas:

> Em carta datada em 15 de setembro, o Ministro da República no Brasil solicitou que um crédito de 1.800 a dois mil francos lhe seja concedido sobre o orçamento do Departamento, para poder visitar o estado de São Paulo. Há vários anos que os franceses estabelecidos neste estado solicitam a visita de nosso representante. Alguns deles poderiam fazer reclamações que nosso Ministro poderia assim estudar de perto. Sua presença, por outro lado, incentivaria nossos compatriotas, numerosos nessa parte do Império, onde a fertilidade do solo e a salubridade de um clima moderado permitiu-lhes fundar colônias prósperas e negócios agrícolas importantes. Nossos nacionais mantêm relações comerciais diretas com a França pelo porto de Santos, ligado aos principais centros do interior por diversas linhas de estradas de ferro e em comunicação com nossos portos, particularmente o do Hâvre, por vários serviços marítimos. Nosso Ministro poderia aproveitar a viagem para redigir e enviar ao Departamento um relatório sobre a situação atual da imigração francesa nesta província. Poderia anexar um quadro do comércio de Santos com a França. (AMAE, 1884, v.VI)

No entanto, a carência por profissionais nos diversos ramos do comércio e dos serviços favoreceu a sobrevivência dessa gente, como apontou Mauro, ainda que a maioria tenha enfrentado as dificuldades denunciadas pelos diversos relatos sobre a vida dos trabalhadores no Brasil no século XIX. O preconceito contra o trabalho, em uma sociedade escravista e com passado colonial, sendo a origem de todos os dissabores econômicos e sociais pelos quais, em geral, os imigrantes europeus foram obrigados a passar. As dificuldades econômicas, no entanto, são o principal fator de emigração tanto no Brasil quanto alhures: "a maior parte dos franceses do Rio da Prata é composta por operários e artesãos obrigados a abandonar a pátria para fugir de uma existência miserável ou porque foram expulsos por negócios excusos".[8]

Coisa curiosa, entretanto [sic]! Essa população de origem tão incerta fez, do ponto de vista do progresso da influência francesa, mais do que as frotas da velha monarquia, mais do que todos os artistas e cientistas enviados a grandes custos. Esse "mascate" (vendedor ambulante) malandro, que percorre as "fazendas" (*plantations*) com as suas caixas de joias falsas, essa comerciante da moda sobre a qual os vizinhos sussurram,

---

8 *Revue des Deux Mondes*, février 1841, apud Bourdé, Guy; Rossi, Martha Marenales. "L'immigration française et le peuplement de l'Uruguay (1830-1860)", *Cahiers des Amériques Latines*, n.16, Paris, IHEAL, 1977, p.5-30.

são forças de propaganda de um poder inimaginável [...]. O francês vai à frente dos brasileiros, o atrai com sua vivacidade gaulesa e sua infalível jovialidade [...]. Essa atividade, esse bom humor, essas maravilhas da indústria parisiense agem como correntes magnéticas sobre o espírito dos habitantes e lhes provocam inconscientemente o desejo de conhecer mais a fundo uma civilização que realiza tantas coisas e que possui um povo de maneiras tão sedutoras.[9]

Les tropiques interdits: 1875-1908

Os primeiros grupos de imigrantes não portugueses eram provenientes dos Cantões Germânicos diretamente para a atual Nova Friburgo e destinavam-se fundamentalmente à atividade agrícola voltada para o mercado interno. A partir de 1822, o Estado imperial passou a incentivar a imigração por meio de ofertas de passagens, lotes de terras gratuitos e subsídios em dinheiro ou em instrumentos de trabalho. Considera-se, no entanto, que é somente a partir da promulgação das leis Eusébio de Queirós e de Terras que a imigração europeia adquiriu uma importância concreta para a política do Governo Imperial.[10] Atento ao desenvolvimento da imigração no Brasil, o representante francês entre outubro de 1822 e setembro de 1827 apontava os problemas do modelo então em funcionamento, a começar pela origem social dos imigrantes:

> [...] o Brasil sente a necessidade que tem de população [sic], que ele quer conseguir às expensas das outras nações. A primeira que a forneceu foi a Alemanha; um agente brasileiro foi enviado a esse país em 1822, o Major "Schaffer", que não parou desde então de enviar ao Rio de Janeiro, por meio de navios holandeses, hamburgueses e dinamarqueses, uma massa de indivíduos dos quais uma parte provinha das prisões e reformatórios, e que estão em completa desmoralização. Outros infelizes, retirados de uma classe laboriosa mas crédula, foram os alvos de todos os meios de sedução empregados pelo Major "Schaffer" para levar esses infortunados a contrair obrigações, das quais, em sua maioria, eles se arrependeram de contrair assim que chegaram ao Brasil. Esses colonos podem ser divididos em três classes: a primeira

---

9 Assier (A. d'), *Le Brésil contemporain*. Races. Mœurs. Institutions. Paysages. Paris: Durand et Lauriel, 1867, p.261-2.

10 A Lei Eusébio de Queirós, de 1850, proibia o tráfico de escravos e dessa forma contribuiu para incentivar o projeto de imigração como uma solução paulatina para a reposição da mão de obra escrava. A Lei de Terras, também de 1850, estabelecia a compra como a única forma de acesso à propriedade da terra, abolindo assim, em definitivo, o regime de sesmaria. Essas duas leis teriam impulsionado a imigração europeia, que além de povoar terras e desenvolver a lavoura deveria contribuir para o "embranquecimento" do Brasil.

126 LAURENT VIDAL E TANIA REGINA DE LUCA (ORGS.)

é obrigada a fazer os piores trabalhos a partir de sua chegada; a segunda é agrupada e distribuída nas províncias brasileiras, onde se ocupará da agricultura; a terceira, a menos numerosa, possui alguns recursos, que lhe permitem certa independência e portanto uma situação mais autonôma em relação ao governo brasileiro, ou se liberou por circunstâncias particulares. Ela é absolutamente livre e vive no Rio de Janeiro de sua profissão.

Esse sistema de colonização, cuja imperfeição se faz sentir a cada momento, não deixa de convir ao governo brasileiro, que fez algumas tentativas para estendê-lo a outras nações. Eu tive que rejeitar várias insinuações que me fizeram a respeito, [...] sobre a situação dos passageiros do *Charlotte Louise* [...] eu havia sempre temido que o Governo Imperial não se aproveitasse da infeliz situação dos franceses que o governo de Buenos Aires contratava ao seu serviço, para retê-los em Montevidéu e estabelecer sobre eles os mesmos direitos que sobre os sujeitos alemães que a condescendência das Potências do Norte deixou ir até a escravidão. [...] Após ter vegetado em Montevidéu, a suas custas e das autoridades brasileiras que por meio de alguns recursos lhes obrigavam a fazer obras nas fortificações, foram eles enviados aqui. O governo tendo pago suas passagens pensa ter adquirido direitos sobre eles, e parece querer aplicar-lhes o regime de colonização alemão [...]. (AMAE, 1826, v.4)

Organizou-se então, de forma mais sistemática, a vinda de contingentes para povoar as terras do sul, que correspondem aos atuais estados do Rio Grande do Sul, de Santa Catarina e do Paraná, ou para trabalhar nas lavouras de café da região Sudeste, em franca expansão desde 1840. Surgiram, assim, as primeiras agências de colonização que compravam terras baratas e as revendiam aos colonos, enriquecendo os seus proprietários e endividando os imigrantes. Doravante, a imigração não mais se destinaria apenas a garantir o povoamento,[11] mas também garantir que as lavouras de café, principal artigo de exportação do país, se beneficiassem de uma mão de obra livre e de baixo custo, supostamente mais qualificada que a mão de obra escrava, e que aportasse novas técnicas passíveis de aumentar a produção.

A despeito das críticas ao "sistema" de imigração, a documentação francesa confirma a colaboração entre os respectivos governos no tocante ao projeto de imigração brasileiro, que desde 1833 pretendia ser mais seletivo. Tal medida, segundo o encarregado de negócios da legação no Rio de Janeiro, Conde de

---

11 O Decreto n.3784, de 19/1/1867, publicado na Coleção de Leis do Império do Brasil, t.XXVII, parte I, regulamenta as condições do colono para o acesso à propriedade de lotes demarcados nas colônias do Estado, por sua vez situadas em diferentes partes do país. Disponível em: <http://brazil.crl.edu/bsd/bsd/hartness/index.html>. *Agricultura*, 1867, p.31-40.

Gabriac, se justificava com o fito de evitar a "massa de estrangeiros sem moral, atraídos de todas as partes do mundo, por causa da facilidade com que eram admitidos no país" e que se tornavam um peso para o Brasil, identificados pelo Governo Imperial como em grande parte responsáveis pela desordem e violência existentes nas cidades portuárias, repletas de "vagabundos", "mendigos" e "bêbados" de origem estrangeira e que oneravam os cofres públicos, internados em hospitais ou nas prisões do Império. Gabriac apoiava então a Circular, com o ministro do MAE, que o governo brasileiro faria vigorar a partir de 1° de janeiro de 1833, e pela qual solicitava a cooperação dos governos europeus autorizando-o a somente admitir imigrantes que tivessem profissão declarada e ocupação regular atestadas pelas autoridades consulares brasileiras (AMAE, 1832).

Mas, passadas algumas décadas, devido ao número crescente de alemães que retornavam aos seus Cantões por motivos de maus-tratos, endividamento e dificuldades de adaptação agravadas pela falta de uma estrutura que amparasse essa população, foi aprovada a Lei Heydt, em vigor entre 1859 e 1897, que proibia a emigração oficial patrocinada pelas agências brasileiras. Inglaterra e Áustria, diante da mesma realidade, preferiram, no entanto, adotar medidas menos radicais, mas indicaram que, diante das denúncias conhecidas, o processo de recrutamento e as condições de contrato dos imigrantes passariam pela supervisão de seus governos.[12]

Em 1875 foi a vez de o governo francês, após a instalação da Terceira República e da normalização da vida política do país, adotar posição análoga à da Alemanha. Em 30 de agosto de 1875, o Visconde de Meaux, Ministro da Agricultura e Comércio da França, em comum acordo com os Ministros das Relações Exteriores e do Interior, proibiu, por meio de uma Circular do Ministério da Agricultura, o recrutamento de seus compatriotas pela Agência Brasileira de Imigração.

---

12 Em 1864, o governo brasileiro criara uma agência oficial para executar as disposições do regulamento do Ministério do Império, de 1° de maio de 1858, destinada a assegurar proteção aos imigrantes. A agência, posteriormente denominada "Inspectoria geral das terras e da colonização", se ocuparia do transporte, da inspeção da hospedaria destinada aos recém-chegados, do desembarque e transferência para a hospedaria, do transporte para as colônias do Estado, de ajuda na procura de emprego para aqueles que preferissem se fixar no Rio de Janeiro (durante os primeiros oito dias após a chegada ao Brasil, o Estado garantia o sustento dos imigrantes) e transporte gratuito para os que se destinassem para outras localidades do Império.

IMMIGRAÇÃO.

Circular do ministerio da agricultura e commercio de França, prohibindo a emigração para o Brazil. Reclamação da legação imperial.

N. 139.

Circular.

(Traducção).—Pariz, Agosto de 1875.

Senhor.—Em 14 de Abril proximo passado dirigi-vos uma circular destinada a prohibir que as agencias de emigração contratem emigrantes para Venezuela. Informações transmittidas pelos representantes do governo francez no Brazil dão a conhecer que nesse paiz as condições, em que se acham os emigrantes, são egualmente deploraveis, resultando para os nossos consules, tanto no Brazil como em Venezuela, a necessidade de repatriarem á custa do governo grande numero de nossos nacionaes.

Afim de pôr termo aos abusos que se teem committido nestes ultimos tempos e que ameaçam aggravar-se, resolvi, de accordo com os Srs. ministros dos negocios estrangeiros e do interior, que até nova ordem seja prohibido a todas as agencias de emigração contratar os nossos nacionaes para o Brazil.

Julgo do meu dever lembrar-vos de novo, senhor, que as agencias de emigração, que se não conformarem com esta determinação, se sujeitarão a que lhes seja retirada a autorização concedida, sem prejuizo das medidas que poderem attingi-las conforme a gravidade dos factos de que forem accusadas.

Aceitai a segurança da minha perfeita consideração.

Ao Sr.....agente de emigração em Pariz.

O ministro da agricultura e do commercio,

C. de Meaux.

Figura 5.1

Fonte: Disponível em: < http://brazil.crl.edu/bsd/bsd/u1590/000345.html>.

De nada adiantaram os protestos e argumentos da Legação Imperial do Brasil na França, como se constata na nota enviada ao ministro francês das Relações Exteriores, em outubro de 1875:

[…] Permiti, sr. Duque, que, referindo-me à conversação que coube-me a honra de ter com V. Ex. sobre este assunto em 13 do mês próximo passado, chame a atenção de V. Ex. para esta Circular, que, estou convencido, produzirá a mais penosa impressão no meu Governo. Com efeito, a ordem dada às agências de emigração não é uma medida geral, tomada pelo governo francês para proteger a sua população contra um decrescimento por expatriação, refere-se exclusivamente ao Brasil e à Venezuela, para a qual já existe proibição análoga; e além das condições deploráveis em que os representantes do governo francês julgaram poder dizer que se achavam os emigrantes no Brasil, acrescenta que, segundo parece, os abusos cometidos agravar-se-ão ainda mais.

A existência da Circular do sr. Visconde de Meaux tanto mais surpreende-me, quanto anteriormente nunca o governo francês julgara dever tomar medidas contra a emigração para o Brasil, o que tenderia a provar que até os últimos tempos os relatórios dos seus agentes no Império eram concebidos em sentido mais justo e favorável. De mais, convém observar que a emigração francesa para o Brasil é relativamente muito pouco importante; não há ali centros franceses de colonização; o número total dos colonos franceses não atinge senão um algarismo muito pouco considerável; e, como V. Ex. sabe, a corrente da emigração francesa para a América do Sul dirige-se quase exclusivamente para as repúblicas do Prata. A proibição decretada pelo governo francês terá, consequentemente, por principal resultado *direto*[13] desviar, em proveito das repúblicas vizinhas, os poucos emigrantes que possam tomar o caminho do Brasil, e não posso crer que por esse meio se consiga o fim da circular, isto é, a garantia dos interesses dos emigrantes franceses, pois está verificado que no decurso deste ano o Brasil tem recebido do Rio da Prata muitos milhares de imigrantes que se viram obrigados a sair dali por motivos que não me compete averiguar, mas que certamente são conhecidos de V. Ex.

Além disto, e para este ponto chamarei especialmente a atenção de V. Ex., é de recear que, vendo a França, a qual não está interessada na questão de emigração para o Brasil senão em proporções muito restritas, tomar contra ela medidas tão absolutas e exclusivas, julguem-se outros Estados autorizados a apoiar-se em seu exemplo para adotar medidas semelhantes, o que, segundo a minha convicção, estava longe do pensamento francês, e iria muito além do fim que ele se propôs. Infelizmente, esta consequência indireta da Circular do sr. Visconde de Meaux apresenta um perigo iminente e ameaça causar grave prejuízo ao desenvolvimento da prosperidade do meu país.

---

13 Em itálico no original.

130 LAURENT VIDAL E TANIA REGINA DE LUCA (ORGS.)

Como todos os países do Novo Mundo, o Brasil tem necessidade de aumentar a sua limitada população, para aproveitar as riquezas naturais do seu imenso território, e com este fim é obrigado a apelar para os excedentes da Europa. [...]

Em vez de encontrar da parte de outros governos obstáculos aos seus esforços tão louváveis e tão justificados, podia o meu governo, creio eu, contar com a simpatia dos outros Estados para o coadjuvarem nestas circunstâncias; tanto mais quanto todos os esforços, tendentes a minorar a crise que pudesse provir da passagem gradual do trabalho escravo para o trabalho livre. [...] Quanto aos sacrifícios que o meu governo faz atualmente em favor dos imigrantes, e que consistem em largas subvenções para a passagem, em uma recepção gratuita durante oito dias depois da chegada, no transporte também gratuito para o lugar de residência livremente escolhido, em concessões liberais de terrenos acompanhadas de todas as garantias que os estrangeiros têm o direito de esperar de um governo tão esclarecido como é o do Império. [...]

Não posso, pois, persuadir-me de que os dados em que se funda a Circular de S. Ex. Visconde de Meaux sejam de data muito recente e justifiquem atualmente a conservação de medidas exclusivas que se prescrevem, até nova ordem, às agências de emigração [...].[14]

Sem tardar, o Ministério das Relações Exteriores da França respondeu afirmando a manutenção da Circular de 1875 que, destacava, ao contrário dos argumentos do Brasil, já havia sido precedida por medidas semelhantes por parte dos governos da Alemanha, da Inglaterra e da Áustria-Hungria pelas mesmas razões que motivaram o governo francês: o número crescente de emigrantes repatriados às expensas desses Estados, devido às deficiências do sistema brasileiro para acolhimento e adaptação dos imigrantes, e o envolvimento, irregular e constrangedor, de agentes consulares do Brasil com as agências de emigração, notadamente na França.[15]

Para além do impacto no fluxo migratório, e suas subsequentes consequências, a Circular de 1875 contribuía para afirmar a imagem negativa na qual o Brasil tanto se empenhava em apagar e que logo se fez sentir quando a Itália, em setembro do mesmo ano, adotou, pelas mesmas razões,[16] o mesmo texto publicado pela França:

---

14 Disponível em: <http://brazil.crl.edu/bsd/bsd/hartness/index.html>. Nota n.140, Legação Imperial do Brasil, Paris, 06/10/1875. Relações Exteriores, 1876-1A, p.308-9.

15 Disponível em: <http://brazil.crl.edu/bsd/bsd/hartness/index.html>. Nota n.141, do governo francês à Legação do Brasil, Paris, 10/12/1875. Relações Exteriores, 1876-1A, p.310-2.

16 "Os emigrantes chegados ao Rio Grande, encontrando ali falta de todo trabalho, são colocados em um barracão coberto de zinco, outrora depósito de objetos navais, mal abrigado do vento, com uma simples tarimba por leito, com alimento bastante escasso, e com o incômodo de mil

FRANCESES NO BRASIL: SÉCULOS XIX E XX   131

Com diversos despachos tenho remetido a V. Ex. documentos próprios para desfazer as impressões desfavoráveis que provocaram nesse país a expedição da Circular do ano passado findo contra a emigração para o Brasil.

O Governo Imperial julga que com esses dados poderá V. Ex. responder ao sr. Duque de Decazes à correspondência de dez de dezembro de 1875.

Não se pode desconhecer os termos centrais em que foi redigida a dita nota e o desejo manifestado pelo governo francês de procurar acordo com o Brasil os meios de assegurar aos imigrantes da sua nação as garantias que tão infundadamente julga ele não existirem entre nós, mostra ao menos o espírito de conciliação a que se acha animado sem que contudo seja necessário semelhante acordo. O da Itália imitou esse governo nas medidas repressivas, porém, agora, melhor informado, já parece disposto a revogar sem condição alguma a sua Circular de igual teor ao da que se expediu em França, substituindo-a por uma projetada lei para coibir os desmandos dos Agentes de colonização de todos os países, segundo as comunicações que tenho da Legação Imperial de Roma.

Seria justo que agora o governo francês imitasse por si mesmo o procedimento da Itália. Entretanto não deixaremos aqui de ouvir a propaganda do agente diplomático desse país, logo que isso receba as prometidas instruções. [...] No sentido acima indicado, e com os dados que estão em poder dessa Legação, formulará V. Ex. a resposta que devemos à nota do Duque de Decazes, fazendo em todo o caso sobressair ainda mais uma vez não só a injustiça como a precipitação com que foi expedida a Circular de que se trata, ato este que mal poderiam justificar as medidas preventivas anteriormente adotadas pela Alemanha, Inglaterra e Áustria-Hungria.[17]

Contrariamente à França, em 1876 a Itália efetivamente retirou o projeto de lei contra a emigração para o Brasil.[18] Mas, em verdade, o comportamento dos agentes de imigração do Brasil continuava a ser alvo de críticas e a minar a confiança que o Itamaraty se esforçava em estabelecer na Europa. A situação

---

desagradáveis insetos." CDHI, Relações Exteriores 1876-1A, p.324, nota n.145, Circular do Ministério do Interior de Itália, proibindo a emigração para o Brasil. Roma, 15/09/1875.

17 CDHI, 225/3/3, Ofícios Ostensivos, Seção Central, 1876-1877, n.13, despacho do Barão de Cotegipe para a Legação do Brasil em Paris sobre a Circular francesa contra a emigração para o Brasil. Ministério das Relações Exteriores, Rio de Janeiro, 31/05/1876.

18 Como os italianos partiam de portos estrangeiros, sem passaporte e em navios estrangeiros, o governo de Victor Emanuel decidiu suspender a medida proibitiva em abril de 1876 e substituí-la por um regime de vigilância, como fizeram Inglaterra e Áustria-Hungria, para impedir abusos. CDHI, 225/3/3, Ofícios Ostensivos, Seção Central, 1876-1877, nota n.148, Relações Exteriores 1876-1A, p.329, segunda Circular do Ministério do Interior de Itália. Roma, 28/04/1876.

132 LAURENT VIDAL E TANIA REGINA DE LUCA (ORGS.)

dos imigrantes italianos, representativa da situação de todos os imigrantes no Brasil, era apontada por muitos desses expatriados como extremamente difícil, pela efetiva falta de infraestrutura e recepção adequada a esses trabalhadores:

> Sobre o estado da emigração no Rio Grande (Brasil) chegam-me às mãos relatórios oficiais, que contêm particularidades verdadeiramente vexatórias e tais que impõem às autoridades a obrigação de adotar todas as medidas possíveis com o fim de dissuadir os iludidos, que afaguem, não obstante, o projeto de transportar-se à América seduzidos por falazes promessas de especuladores.
>
> Os emigrantes chegados ao Rio Grande, encontrando ali falta de todo trabalho, são colocados em um barracão coberto de zinco, outrora depósito de objetos navais, mal abrigado do vento, com uma simples tarimba por leito, com alimento bastante escasso, e com o incômodo de mil desagradáveis insetos.
>
> Reduzida [a] tanta gente pobre – assim se lê no relatório –, composta de tantas classes diversas, ao desespero, teria oferecido a quem deles se aproximasse um dos quadros mais constritadores e ao mesmo tempo dos mais estranhos: uns blasfemavam, outros choravam, outros riam, ocasionando mil estranhas cenas por efeito da fome, do frio e da miséria.
>
> Nem terminam aqui as desventuras daqueles desgraçados, que, devendo dentro de poucos dias abandonar o asilo provisório para dar lugar aos recém-chegados, são obrigados a embarcar por Porto Alegre, a fim de se ocuparem como colonos, e aquele que não sendo apto para cultivar a terra, prefere dirigir-se para o Prata, tem de viajar a pé, sem um soldo na algibeira, mendigando à ventura um pedaço de pão.
>
> Quem se recusasse a abandonar o barracão para dar lugar aos recém-chegados, a isso seria obrigado pela força, como já aconteceu.
>
> É necessário que estas lastimosas condições dos imigrantes sejam levadas ao conhecimento de todos os italianos, e convido os Srs. Prefeitos a publicarem estas tristes notícias, empregando toda a vigilância para impedir e reprimir energicamente a funesta especulação dos agentes de emigração.[19]

Se a Circular francesa de 1875 não impediu a imigração espontânea, ela, no entanto, contribuiu para a diminuição do fluxo de imigrantes até a metade da década de 1880. As razões do governo da França eram as mesmas apresentadas pelos demais países, mas, neste caso, como observou Mauro, suspeita-se de que

---

19 Disponível em: <http://brazil.crl.edu/bsd/bsd/hartness/index.html>. Nota n.145, tradução de uma Circular do Ministro do Interior da Itália proibindo a emigração para o Brasil, datada de 15/09/1875, tradução da Legação do Brasil em Roma, Roma, 10/12/1875. Relações Exteriores, 1876-1A, p.324.

ela também refletisse a preocupação com a decrescente curva demográfica do país e a necessidade de estimular e orientar a emigração para os domínios coloniais da Terceira República.

Menos pela importância de um contingente de imigrantes pouco expressivo, mas muito mais pela repercussão de uma propaganda negativa, representada involuntariamente pela Circular de 1875, que o Império buscava evitar, a decisão da França foi sentida como um golpe que contribuiu para que os demais países, com exceção da Itália, renovassem suas ressalvas às agências de emigração do Brasil. Dessa maneira, o projeto imperial de imigração europeia encontrou um novo obstáculo que, na visão de seus formuladores, aumentava a distância para que o "país real" alcançasse "o país ideal". De todas as formas, a decisão da França foi sentida como uma espécie de ingratidão injustificada:

> Recebi o ofício reservado n.1, de 14 de setembro último, pelo qual o Secretário da Legação, Encarregado de Negócios Interiores, deu-me conhecimento da Circular que o Ministro da Agricultura e Comércio deste país dirigiu aos agentes de emigração proibindo-lhes o recrutamento de emigrantes franceses para o Brasil.
>
> Cumprindo o seu dever, reclamou essa Legação contra a expedição da referida Circular em termo que aprovo completamente. Adotando semelhante medida, a França corresponde muito mal às provas de simpatia que tem recebido do Brasil, onde se tem aberto largas subscrições a favor dos franceses, tanto por ocasião dos desastres da guerra franco-prussiana, como das inundações que ultimamente têm flagelado diversas partes deste país; e um país generoso que assim procede não daria aos imigrantes o tratamento de que é acusado. [...][20]

Em 1880, ao analisar o estado do projeto de imigração e colonização do país, o responsável pela Secretaria do Estado dos Negócios da Agricultura, Comércio e Obras Públicas, Buarque de Macedo, chamou a atenção para a comunicação que seu predecessor endereçara aos governos da Alemanha, Itália, França, Áustria-Hungria e Inglaterra, informando que a partir de 21 de janeiro de 1879 os imigrantes "espontâneos" que chegassem ao Brasil não mais contariam com a ajuda do Governo Imperial para financiar seus custos de desembarque e estabelecimento.[21] "Semelhantes providências", ponderava Macedo, "que não podem

---

20 CDHI, 227-1-13, 1871-1890, 2ª Seção. Nota do MRE à Legação do Brasil em Paris, Rio de Janeiro, 14/10/1875.

21 Desde 1845 os cofres públicos passaram a financiar a introdução de trabalhadores estrangeiros, contudo, a sistematização dessa política só passou a ser adotada após a promulgação da Lei n.3270, de 28 de setembro de 1885, que determinava o pagamento integral das passagens

134 LAURENT VIDAL E TANIA REGINA DE LUCA (ORGS.)

deixar de influir desfavoravelmente na entrada de colonos, só motivo muito grave as determinaria, e não foi por certo outro senão a insuficiência, mais que demonstrada, da consignação destinada a tal serviço pela lei do orçamento vigente".[22] Como resultado do tratamento dispensado a esses trabalhadores, a imigração diminuiu drasticamente. Apenas 25% dos imigrantes em trânsito pelos portos brasileiros desembarcavam no país, sendo que, destes, dois terços eram portugueses. Dos 11.054 imigrantes que entraram pelo porto do Rio de Janeiro no segundo semestre de 1880, 3.758 eram portugueses e os 7.296 restantes, de outras nacionalidades – sendo que 10.188 eram resultantes de emigração espontânea e apenas 866 trazidos por agências de emigração.[23] Mas os números auferidos com a emigração espontânea não eram suficientes para atender às expectativas dos setores produtivos. Isso porque o governo brasileiro jamais conseguiu reunir as condições necessárias para vencer a concorrência dos Estados Unidos e dos Estados do Prata na conquista pela mão de obra europeia.

Ao final de 1875, o Itamaraty solicitou à Secretaria dos Negócios da Agricultura vários estudos acerca da situação dos imigrantes no Brasil, de forma a melhor preparar sua defesa contra as reclamações que atingiam o país. Recolheu depoimentos dos representantes diplomáticos da França, bem como de colonos originários daquele país e residentes no Rio Grande do Sul.[24] Dentre os estudos apresentados ao Governo Imperial, destacamos o elaborado em 1881, pelas sugestões que contém e pelo fato de que, em grande parte, foram elas incorporadas à política de imigração do Estado: construção de um local adequado à recepção de imigrantes, em condições de comportar o movimento anual de cinquenta mil pessoas; hospedagem e pensão gratuitas por oito dias; transporte gratuito do Rio de Janeiro até o destino final, eleito pelo imigrante; aquisição de terrenos destinados à criação de núcleos provisórios de colonização. Finalmente, a Secretaria reconhecia que:

---

dos imigrantes destinados a estabelecimentos agrícolas. Dessa forma, o fluxo de imigrantes finalmente passou a aumentar.

22 Disponível em: <http://brazil.crl.edu/bsd/bsd/hartness/index.html>. *Agricultura*, com entrada em 1879, mas relativo, também, ao ano de 1880, relatório intitulado Immigração e Colonisação, p.62-6.

23 Disponível em: <http://brazil.crl.edu/bsd/bsd/hartness/index.html>. *Agricultura*, com entrada em 1881, mas relativo, também, ao ano de 1882, relatório intitulado Immigração e Colonisação, p.140-2.

24 CDHI, 227.1.13. 2ª Seção. Minuta de ofício n.14 do Barão de Cotegipe para a Legação em Paris, 31/12/1875.

O estado atual das coisas em que o imigrante, chegado à província onde tem de se estabelecer, nenhuma informação e nenhum auxílio recebe, é próprio a estancar dentro de pouco essa mesma frouxa corrente de imigrantes espontâneos, que sem dúvida são em grande parte atraídos por parentes, amigos e conterrâneos que povoam os estabelecimentos coloniais.

Não é ainda tempo, quanto a mim, de esperar inativamente a imigração e de deixá-la colocar-se como lhe convier. A temerosa concorrência que nos oferecem, por um lado os Estados do Prata, incessante e energicamente empenhados em atrair imigrantes, e por outro os Estados Unidos, para onde o transporte é mais barato que para o Brasil, acarreta-nos a necessidade de redobrar esforços para introduzir braços úteis.[25]

Em maio de 1883, o governo inaugurou a Hospedaria do Imigrante, administrada pela Inspetoria de Terras e Colonização. Criada especialmente para recepcionar os imigrantes recém-desembarcados, em trânsito ou não na capital do país, era localizada em uma ilha no fundo da Baía de Guanabara, denominada Ilha das Flores, e na época tornou-se uma referência do esforço do Estado no âmbito do projeto de colonização. Mas, na realidade, a capacidade de hospedagem da Ilha das Flores estava bem distante dos números aconselhados pelo estudo da Secretaria dos Negócios da Agricultura. Por exemplo, em 1888, obras de ampliação foram realizadas permitindo a recepção de até dois mil imigrantes, em vez dos cinquenta mil sugeridos; em média, os imigrantes passavam quatro dias hospedados na Ilha das Flores, em vez dos oito inicialmente indicados. Com o fim do regime escravista, em 1888, o Estado viu-se premido a encontrar rapidamente uma saída para atrair e fixar o imigrante europeu nas grandes propriedades rurais. E a Ilha das Flores serviu então, muito apropriadamente, ao propósito de reunir e concentrar os esperados trabalhadores destinados à lavoura, dificultando, em parte, a opção daqueles que desejavam se instalar nos centros urbanos. Em 1889, com a proclamação da República, a situação pouco se alterou; aliás, a Ilha das Flores funcionou até 1966, e o governo republicano deu continuidade, em linhas gerais, ao projeto imperial de colonização,[26] servindo-se

---

25 Disponível em: <http://brazil.crl.edu/bsd/bsd/hartness/index.html>. *Agricultura*, com entrada em 1881, mas relativo, também, ao ano de 1882, relatório intitulado Immigração e Colonisação, p.140-2.

26 Por sua vez, a Constituição de 1892 determinou a entrega aos estados das terras devolutas neles situadas, o que tornou necessária a modificação do sistema de colonização até então em vigor. A Lei n.126B, de 2 de novembro de 1892, transferiu para os estados o serviço de localização dessas terras, de forma que o Governo Federal ficasse desobrigado dessa responsabilidade, cabendo-lhe apenas assegurar a chegada desses imigrantes até o estado de sua escolha. Para

da estrutura existente e ainda devendo enfrentar os mesmos problemas conhecidos nos tempos do Governo Imperial que, até seus últimos dias, em 1889, não descuidou da propaganda brasileira endereçada à Europa, mais ainda porque naquele ano a Exposição Internacional se realizaria em Paris:

> A propaganda a favor do povoamento do Império é necessidade reconhecida de longa data, e tão eficaz nos seus efeitos que são notórios os grandes esforços com que a organizaram e sustentaram nos centros populosos da Europa todos os países empenhados ativamente na introdução de imigrantes. O Governo Imperial não tem sido indiferente a esta necessidade e cabe aqui afirmar, do modo mais positivo, que da sua parte tem havido a lealdade escrupulosa ao indicar as condições que aguardam no Brasil o imigrante laborioso e morigerado, ao tornar conhecidas nossas riquezas, instituições e costumes, ao confutar apreciações menos fundadas, em tudo, finalmente, que entende com este interesse nacional. O meu honrado antecessor, com este pensamento, deliberou criar na Europa escritórios especiais de informações [...].
>
> Art. 1°. O Escritório de informações terá por fim dar conhecimento às populações rurais, por constantes e variadas notícias, das vantagens que o Império oferece aos imigrantes, facilitando-lhes por todos os meios possíveis as suas relações com os agentes encarregados de fornecer-lhes os necessários meios de transporte até as províncias a que se quiserem destinar.
>
> Art. 2°. O Escritório deverá ser situado no lugar mais conveniente, onde se torne mais facilmente conhecido, devendo ser franco a todos [...]. Para esse fim haverá salas destinadas à leitura de jornais, livros e brochuras, exames de mapas e outras publicações que se fizerem tratando do Brasil, todas as quais deverão ali se achar, bem como uma exposição permanente de produtos brasileiros, com todos os dados necessários acerca da nossa lavoura e indústria.
>
> Art. 3°. Será publicado mensalmente e gratuitamente distribuído, nos lugares mais importantes do reino da Itália, um boletim contendo circunstanciada notícia sobre o Brasil em geral e em particular sobre o nosso serviço de imigração, sobre as

---

tal, a União celebrou um contrato com a Companhia Metropolitana, em 2 de agosto 1892, pelo qual a empresa se comprometia em trazer para o Brasil, em um período de dez anos, 1.094.438 imigrantes procedentes da Europa e de possessões espanholas e portuguesas. Cabia ainda à Companhia Metropolitana a organização e implantação de propaganda e defesa do nome do Brasil na Europa. Mas esse contrato foi rescindido em 1896 e todos os serviços referentes à imigração e à colonização foram transferidos para os estados. Dessa forma, cessaram completamente os custos da União com o transporte internacional dessa mão de obra, arcando o Governo Federal apenas com as despesas pela recepção, hospedagem e distribuição dos imigrantes que, por conta própria, chegassem ao país.

colônias, sobre o nosso movimento comercial e industrial e sobre os melhoramentos materiais que se promoverem no Império, assim como sobre nossa organização administrativa e recursos.[27]

A despeito das restrições dos governos europeus, as ações brasileiras em prol da imigração – sobretudo o pagamento da viagem marítima internacional e a propaganda formulada pela polêmicas agências de emigração – resultaram em um aumento da entrada dos imigrantes europeus pelos portos brasileiros na década de 1880: de 30.135 em 1884 para 54.990 em 1885, sendo que o número de saídas do país, registradas em nomes de imigrantes, teria sido de 7.757. Em 1888, as autoridades registraram a entrada nos portos de Rio de Janeiro, Santos e Vitória de 131.745 imigrantes, e esse aumento significativo era então atribuído à decisão do Governo Imperial, por meio da Lei n. 3.270, de 28/9/1885, de pagar integralmente as passagens dos imigrantes destinados à lavoura. Mas a propaganda era sempre um aspecto importante nas considerações acerca do projeto de imigração europeia:

> O primeiro passo para a propaganda leal era não só impedir artifícios que induzissem a erro a vontade dos que desejassem emigrar, mas ao mesmo tempo poupar ao Estado sacrifícios esterilmente empregados na introdução e agasalho de estrangeiros menos aptos para a vida rural que, embarcando para o Império, tão somente o fizessem confiando naqueles favores, tentando experiências mais ou menos aventurosas. Deste elevado intuito inspirou-se o seguinte aviso-circular:

> Ministério dos Negócios da Agricultura, Comércio e Obras Públicas – Rio de Janeiro, 4 de janeiro de 1889.

> Havendo o Governo Imperial celebrado contratos para introdução no Império de avultado número de imigrantes europeus, e não convindo sejam ignorados quais os favores que lhes são concedidos, declaro a V. S., para seu conhecimento e devidos efeitos, que tais favores e auxílios aos estrangeiros que se propuserem a emigrar para o Brasil consistem no transporte gratuito, desde o porto de embarque até a localidade a que se destinarem no Império, no agasalho e alimentação, durante oito dias, em estabelecimentos especialmente organizados para esse fim, devendo V. S. assegurar aos imigrantes que, apenas aqui chegados, poderão sem o mínimo embaraço, e como mais conveniente lhes parecer, empregar-se como trabalhadores assalariados, como

---

27 Disponível em: < http://brazil.crl.edu/bsd/bsd/u1974/000161.html>. *Agricultura*, relatório intitulado Immigração, relativo a 1888, mas publicado em 1889, p.158.

138 LAURENT VIDAL E TANIA REGINA DE LUCA (ORGS.)

empreitados dos diversos serviços das fazendas, ou ainda como pequenos proprietários nos núcleos coloniais fundados pelo Estado ou por particulares.[28]

Do ponto de vista do Ministério das Relações Exteriores da França, a existência da Circular de 1875 passou a ser considerada despropositada e contraprodutiva aos interesses franceses no Brasil. Em 1896, por exemplo, ao responder à consulta do Ministério do Comércio e da Indústria, o diplomata e ex-ministro das Relações Exteriores, Gabriel Hanotaux, teria manifestado sua oposição à manutenção dessa interdição.[29] Entretanto, naquela ocasião, sua opinião não encontrou eco e a situação permaneceu inalterada.

A imigração francesa, tão pouco expressiva do ponto de vista quantitativo, possuía, no entanto, um capital de simpatia, prestígio e uma visibilidade que sobejamente compensavam esse *handicap*. A posição comercial da França no Brasil, como o corpo diplomático reiteradas vezes destacou, igualmente tornava a proibição de 1875 uma indelicadeza incompreensível para as elites brasileiras em geral. Esse sentimento foi devidamente registrado em 1889, no âmbito da Exposição Universal de Paris, na apresentação da coletânea de artigos organizada pelo escritor e jornalista Barão de Santa-Anna Nery, conhecido ativista da emigração europeia para o Pará, seu estado de origem, e publicada com o concurso do Sindicato do Comitê Franco-Brasileiro:

> As Exposições Universais, que foram tão criticadas, têm pelo menos a vantagem incontestável de permitir aos diferentes Estados participantes estabelecer uma espécie de balanço oficial da maior parte dos ramos da sua produção. Rico ou pobre, é sempre útil conhecer exatamente o grau de prosperidade ou de decadência onde nos situamos. [...] porque na luta internacional do comércio e da indústria, tudo é apenas negócio de relação e de relações. [...] Por conseguinte, nós aproveitamos rapidamente a ocasião oferecida de recapitular brevemente tudo o que o Brasil tem feito de útil e de grande desde alguns anos. [...] Este ano não nos apresentamos oficialmente em Paris, mas pelo menos figuramos em número e de uma maneira satisfatória. Já é muito que a primeira nação latina do Novo Mundo tenha podido ocupar um lugar. [...] O Brasil veio a Paris [...] para estabelecer mais solidamente as ligações que o unem com a Europa, para abrir novos mercados para suas matérias-primas e, sobretudo, para dar confiança a todos aqueles que estariam prontos para escolhê-lo como a sua nova pátria,

---

28 Disponível em: <http://brazil.crl.edu/bsd/bsd/hartness/index.html>. *Agricultura*, relativo ao ano de 1888, mas publicado em 1889, relatório intitulado Immigração, p.161.

29 AMAE, NS, Brésil, v.4, correspondência do Ministro do Comércio e da Indústria ao ministro do MAE, Paris, 23/04/1908.

para ali trabalhar ou para fazer frutificar seus capitais. [...] A maior parte do público ignorava tudo do Brasil [em 1867]. [...] Não se conhecia nada do Brasil, apenas um Brasil de opereta, a febre amarela e as serpentes. [...] A América do Norte era tudo e era recomendada a todos os espíritos. Qualquer um que tivesse falado em emigrar para o Brasil teria sido tomado por um original ou por um quimérico descobridor de Novos Mundos. As coisas mudaram muito desde então. Ocuparam-se de nós. O Brasil conquistou atenção. Fez muito falar dele nos jornais, nas obras de toda espécie. Criou mesmo sociedades de estudos. Graças a toda essa publicidade, graças também aos brasileiros que atravessam o mar todos os anos para vir à Europa, sabem o que somos, o que queremos. [...] Este progresso nos honra, porque é em parte obra nossa. É o Brasil que revelou o Brasil ao mundo. [...] Nós não temos recuado diante de nenhum sacrifício para nos livrarmos desta herança dolorosa da Europa. [...] O trabalho livre, substituindo o trabalho servil, produzirá melhores frutos. Atrairá o trabalhador europeu. Com efeito, a imigração seguiu uma marcha ascendente à medida que a escravidão diminuía. [E ao final de seu texto, Santa-Anna Nery dirige-se diretamente aos homens de negócios franceses] Bem, Senhores, se conservam ainda uma excelente situação nas nossas importações, se vossa clientela entre nós não diminuiu muito, é que os Senhores possuem ainda duas espécies de viajantes que vos fazem conhecer. Os primeiros são vossos homens de letras, vossos romancistas admiráveis, vossos inimitáveis autores dramáticos. Exportam suas ideias francesas, um artigo muito pedido; e pela brecha que criam suas obras passam os pacotes de mercadorias. Os escritores fazem mais por vocês que o vosso corpo consular e se a Rua do Sentier fosse grata, lhes daria uma participação nos seus lucros. Os segundos somos nós, os brasileiros, nós que fomos educados no vosso ameno país, que aprendemos vossa bela língua, que amamos vossa hospitalidade agradável e que conservamos eternamente o gosto inesquecível das coisas francesas. Ingratos que vocês são, vocês não vêm aqui ou se vocês aparecem, às vezes, é para dar uma caricatura do nosso país, como o falecido Biart e o falecido Ayamard. Mas nós, nós buscamos o convívio com os Senhores. (Santa-Anna Nery, 1889, p.VIII-XVI)

1908: *les tropiques, terre du progrès?*

Em 1907, o ministro plenipotenciário no Brasil, Barão d'Anthouard, endereçou a Paris um relatório com forte apelo político-econômico contra a Circular de 1875. Argumentava ele que sua revogação – a Circular era qualificada por ele de "anomalia" diplomática – não deveria mais tardar, em prol dos próprios interesses da França. De uma parte porque os investimentos franceses no Brasil haviam sempre sido favorecidos pelo governo pátrio. Credora do Brasil em mais de um bilhão de francos, a França deveria ser a primeira a reconhecer as vantagens em aumentar sua imigração no país e dessa forma aumentar e assegurar o valor de seus investimentos (AMAE, 1908, f.74-6). E finalmente, naquele mesmo ano, o ministro da Indústria e Comércio, em acordo com o presidente do Conselho de Ministros, e os ministros do Interior e das Relações Exteriores, revoga a Circular de 1875.

Efetivamente, entre 1845 e 1849 a média da importação dos quatro principais fornecedores do Brasil era de 27.540 contos de réis para a Inglaterra, 6.016 contos para os Estados Unidos, 5.781 contos para a França e 5.309 contos para Portugal. Em 1875, para um total de 97 mil contos de réis em importação registrados no porto da capital, a parte da Inglaterra foi de 43.200 contos, e a da França, de 18.400 contos de réis, ou seja, cinco vezes mais que o valor das importações portuguesas (Graham, 1973, p.89). Em 1903, o total das importações inglesas foi de 160.738 contos de réis, as dos Estados Unidos, de 54.930 contos, e as da França, de 42.865 contos de réis (Anthouard, 1911, p.411). Em 1908, a França ocupava o quinto lugar nas importações e o quarto nas exportações do Brasil. Ela perdera importância nos últimos vinte anos, quando chegara a ocupar o segundo lugar (após a Inglaterra) nas importações e o terceiro nas exportações.

Quase quatro décadas após o cenário catastrófico projetado por Gobineau, e apenas alguns anos após a revogação da Circular de 1875, o Barão d'Anthouard publicava uma obra rica em informações e análises esclarecedores, com um título sugestivo: *Le Progrès Brésilien – la participation de la France*:

> Desde 1826,[30] ou seja, desde a independência, [...] embora sendo uma nação há um século, o Brasil continuou a ser um país de colonização e o será por muito tempo ainda, porque não pode, com seus únicos recursos, povoar e valorizar seu solo, ele deve recorrer à ajuda dos países onde as forças sociais e econômicas são superabundantes. [Mais adiante, ele escreve, atenuando engenhosamente o peso do elemento africano e indígena na formação da "raça" brasileira] O corpo brasileiro é composto em grande parte de elementos emprestados pelas nações latinas da Europa. A alma brasileira é sobretudo latina; sobre o fundo português, os espanhóis e os italianos depositaram aluviões mais ou menos espessos. A estas influências étnicas, a cultura francesa veio juntar-se e acelerar, se assim pode-se dizer, a mistura. (Anthouard, op. cit., p.211, 315, 322)

---

30 O barão d'Anthouard comete um lapso, confunde a data da independência do Brasil com a data da renovação do tratado franco-brasileiro, em 8 de janeiro de 1826.

Apoiando a filosofia geral da obra do Barão de Anthouard, o prefácio assinado pelo antigo diplomata e ministro Gabriel Hanotaux (idealizador e fundador do Comité France-Amérique, em 1909, do qual Anthouard fazia parte na seção América Latina) era quase uma plataforma política:

> Trata-se de saber em que sentido o Brasil, chegado ao ponto em que se encontra atualmente, se desenvolverá e como os demais povos concorrerão para esse crescimento. Sigamos um guia tão informado e seguro. [...] O leitor é levado assim a compreender este chamado incessante que faz o Brasil por braços, cabeças e sobretudo capitais europeus. A um país que se desenvolve por tais métodos, à frente do qual se abrem tais horizontes, é necessário: dinheiro, dinheiro, e sempre dinheiro! [...] Eu não quero considerar aqui o que o Brasil deve às populações europeias, primeiro à mãe pátria, Portugal, depois à Inglaterra, à Alemanha, à Itália, à Polônia, à Rússia, a todas essas regiões que despejaram sobre ele o excedente de sua vida e de suas aptidões. [...] eu abordarei, sobretudo, o papel da França. A parte que corresponde à França na criação do gênio brasileiro não deveria ser exagerada. Os nomes que assinala o sr. Anthouard em todos os ramos da alta cultura, a reputação das firmas fundadas por colonos franceses, o apoio de nossa educação e, sobretudo, a influência da concepção francesa na criação do ideal brasileiro são os fatos significativos e que se impõem. O Comitê França-América tem por tarefa torná-los conhecidos e os desenvolver ainda mais.
>
> A França tem uma autoridade no mundo que equivale a propaganda, particularmente sobre os povos da América do Sul, que acreditam na confraternidade latina. Esta confraternidade não é uma palavra sem sentido. [...] constatamos simplesmente a adesão voluntária e espontânea que o brasileiro, como o latino em geral, manifesta à potência intelectual da França e à radiação de sua capital, Paris. Mas a França pode trazer, deve trazer ao Brasil uma participação mais real e mais imediata; a de seu pessoal e de seus capitais: formar uma elite de imigrantes, determinar a partida e a estada duradoura de chefes de oficinas, engenheiros, diretores de lojas de comércio, de indústria, de banco, é o método mais eficaz de expansão francesa em países novos. É tempo de agir e retomar as nossas antigas vias, na presença da concorrência dos outros povos da Europa e da América. [...][31]

Finalmente, em 19 de julho de 1908, a chamada "Circular de Meaux", de 1875, é revogada. No dia seguinte, o embaixador brasileiro na França comunica a notícia ao Barão do Rio Branco:

---

31 Prefácio de Gabriel Hanotaux. In: Anthouard, op. cit., 1911, p.IV, VIII.

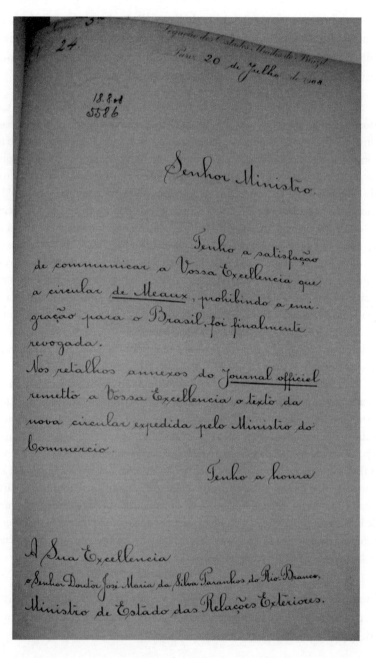

Figura 5.2a

FRANCESES NO BRASIL: SÉCULOS XIX E XX   143

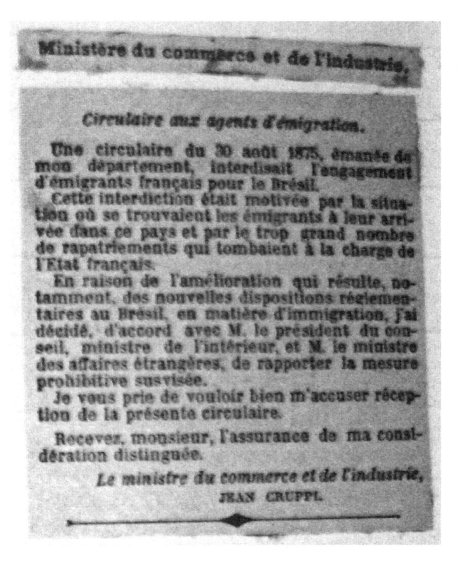

Figura 5.2b
Fonte: CDHI, Ofícios Ostensivos, Anexo do Ofício n.24, Circular do Ministério do Comércio e da Indústria da França, de 19/07/1908, enviada ao Ministério das Relações Exteriores do Brasil pela Legação em Paris, 20/07/1908. Relações Exteriores, 1876-1A, p.307.

A emigração francesa ou a vitória do *charm*

Em 1908, inicia-se uma nova etapa na história da imigração do Brasil. Chega ao porto de Santos o navio japonês *Kasato Maru*, com 176 famílias nipônicas a bordo, aproximadamente oitocentos indivíduos destinados ao trabalho nas grandes fazendas de café do Oeste Paulista. A recepção por parte dos brasileiros foi fria, quase hostil. Tolerantes com pequenos grupos de asiáticos que, desde o final do século XIX, passaram a desembarcar no porto paulista, pela primeira vez um grande contingente de "seres inferiores", "amarelos", era reunido para repor a mão de obra necessária ao desenvolvimento das lavouras do principal produto de exportação da economia brasileira.

Ao clamarem por braços para as lavouras de café, que a emigração europeia já não supria em número suficiente, os grandes fazendeiros tornaram-se reféns da visão racista de uma sociedade que após a escravidão de africanos discriminava os asiáticos e (novamente) os africanos, ambas as populações consideradas "raças inferiores". À República coube assinar o instrumento legal que legitimava tal visão, o Decreto n. 528, de 1890, que exigia autorização especial para que asiáticos e africanos entrarassem no país. Contudo, passados apenas dois anos, os interesses econômicos sobrepujaram a ideologia racista e, em 1892, foi aprovada a Lei n. 97, que revogava o Decreto n. 528.

Paralelamente, ao comentar o fim da Circular de 1875, o Barão d'Anthouard delineou, realisticamente, o espírito do modelo que doravante organizaria a presença da França no Brasil:

> [...] o Governo da República revogou a Circular de 1875 que proibia o recrutamento de emigrantes franceses para o Brasil. Esta medida foi um ato de confiança para com o Governo Federal e o governo de vários estados [...]. É também um ato oportuno, pois nossos capitais e nossas forças industriais tentam atualmente penetrar neste país, quer seja sobre a forma de empresas francesas, ou em associação com empresas estrangeiras; vamos incentivar este movimento onde a nossa influência econômica pode tirar preciosas vantagens e ninguém iria entender que nós pudéssemos obstacular a emigração dos nossos cidadãos para um país onde nossos capitais estão investidos em grande quantidade. E, por outro lado, o apoio moral e material que nós daríamos assim ao povoamento da terra brasileira destina-se a permitir a exploração de suas riquezas naturais e, como principal credor da Federação, nós seremos os primeiros a nos beneficiar, porque o valor de nosso penhor aumentará.
>
> Dessa forma, nós não nos opomos mais ao recrutamento de emigrantes franceses para o Brasil. Não é provável que, dado o estado atual de nossa natalidade, esta emigração venha a ser significativa. [...] Na retomada de nossa expansão no Brasil

nossos capitais representam a força inicial que deverá conduzir nossa emigração e nosso comércio. Em função disso é conveniente solicitar, às empresas francesas e às empresas estrangeiras com participação de capitais franceses, apoio para a contratação eventual de compatriotas que desejem aqui trabalhar. De agora em diante vocês devem se informar sobre o apoio que poderiam prestar caso necessário, em função de suas necessidades de pessoal atuais e futuras. Vocês devem insistir sobretudo sobre as profissões que exigem cultura científica ou literária, um gosto artístico desenvolvido, uma grande habilidade profissional. Elas podem de fato oferecer oportunidades para nossas escolas de engenharia, de arquitetura, de contra-mestres e de operários, e permitir assim a criação de uma colônia francesa influente. Vocês aplicarão esses procedimentos quando forem consultados, especialmente por compatriotas que desejem se estabelecer no Brasil. Vocês não esquecerão a importância que nós damos a esses contratos. Eu tenho certeza de que as empresas francesas ajudarão ativamente. Talvez as empresas estrangeiras, às quais eu me referi anteriormente, hesitarão entre o desejo de favorecer seus compatriotas e o temor de nos desagradar. A maioria delas, quando solicitaram empréstimos na França, se comprometeu a utilizar pessoal e produtos franceses. É uma promessa que conviria lhes recordar, naturalmente com tato, mas deixando claro que posteriormente isso será levado em conta.[32]

Gabriel Hanoteaux também propõe que uma emigração seletiva seja o modelo adotado pela França, no lugar da emigração intensiva que somente outras nações estavam em condições de efetuar. Esperava-se, dessa maneira, contornar a concorrência desses países, e indicava-se a vantagem de explorar a influência intelectual francesa que, por outro lado, os próprios franceses haviam negligenciado, como havia assinalado o francófilo Santa-Anna Nery, cedendo lugar ao crescente prestígio dos alemães e dos norte-americanos. Tanto era assim que, em 1909, segundo o entendimento do corpo consular, a colônia francesa não só era pequena como havia se "desnacionalizado":

> Sessenta por cento dos jovens franceses nascidos no Brasil recusam-se a cumprir com suas obrigações militares. A maior parte fala muito imperfeitamente nossa língua e sua ignorância das coisas referentes ao nosso país é realmente desestimulante; também acreditam encontrar uma desculpa suficiente para esse comportamento no fato de que a Constituição brasileira declara que todo indivíduo nascido no Brasil é cidadão brasileiro. É necessário procurar a principal causa destas defecções na ausência de uma instituição francesa de ensino. (AMAE, 1909, v.47)

---

32 AMAE, NS, Brésil, v.4, ofício do ministro plenipotenciário, Barão d'Anthouard, dirigido aos cônsules franceses no Brasil, intitulado "Sur la levé de la loi du 30-08-1875", Petrópolis, 29/08/1908.

Mas, convencido da importância do continente americano no cenário internacional, Hanotaux, liberado de suas antigas funções de ministro das Relações Exteriores, passa então a se dedicar à pesquisa histórica e a influenciar a política exterior francesa por meio de numerosos artigos publicados na *Revue des Deux Mondes* e na *Revue Hebdomadaire*. Em 1909, reuniu em sua residência diplomatas, professores, jornalistas, escritores, cientistas, intelectuais e homens de negócios para propor-lhes a fundação do Comité France-Amérique, a *terceira etapa da diplomacia francesa*. Ao apresentar o recém-fundado comité, Hanotaux exaltou a importância da França para as Américas: na América do Norte, a *colonização*, a *ação dos homens*; na América do Sul, a *influência moral* das *ideias francesas nas lutas anticoloniais*. Na falta de grandes contingentes de imigrantes franceses nessas regiões, o diplomata exalta o peso e a extensão da influência cultural da França, do comércio de luxo, enfim, dos produtos culturais, como um trunfo político inestimável para os interesses franceses:

> [...] é um total de vários milhões de franceses ou de americanos falando a língua francesa, felizmente bastante espalhados e podendo servir de precursores e de apoios às empresas francesas. [...] As artes francesas tocam o coração, a elegância francesa leva à moda. Quem não se desarma diante de um sorriso? Essa primazia do charme ninguém nos contesta, se é apenas esta que nos reconhecem; adesão ainda mais preciosa porque é consentida, é voluntária, e que naturalmente se dirige ao seu objeto.
>
> Eu várias vezes observei a injustiça das estatísticas oficiais em relação a nós [...] os artigos de luxo que são, portanto, a flor do comércio, porque produzem a baixos custos e sem riscos (se dirigem a uma clientela rica) grandes lucros. Qual é a "tonelagem" de um chapéu da Rue de la Paix? O que representa um chapéu em termos de matéria-prima e investimento? É um sopro, uma asa de uma borboleta; vocês calcularam, no entanto, o lucro líquido representado por esta pluma ao vento? O que pesa um diamante valendo mil vezes mais que a tonelada de carvão? O que pesa um quadro de Meissonnier? Peso pesado, lucro pequeno, peso leve, lucro enorme. (Hanotaux, 1910, p.1-8)

Nesse mesmo ano, quando o "sistema" de imigração brasileiro foi devidamente "aprovado" pela França – apesar de nada indicar uma mudança "radical" nas condições de vida dos imigrantes, em 1910, por exemplo, o governo da Espanha proibe a emigração para o Brasil com passagem gratuita, evocando as péssimas condições a que eram submetidos seus cidadãos[33] –, a imigração asiática ganha impulso.

---

33 Disponível em: <http://brazil.crl.edu/bsd/bsd/hartness/index.html>. Relações Exteriores, 1911, p.28.

A Primeira Guerra Mundial mudou tudo. A França foi obrigada a apelar para o "amor pátrio" de suas "colônias sem bandeira" para juntarem-se ao país no esforço de guerra. Passados alguns anos, em 1922, nos marcos das comemorações do centenário da independência do Brasil, é celebrado o acordo franco--brasileiro que suprime a exigência de visto para os cidadãos de ambos os países. A repercussão desse ato se completa com o tipo de participação da França nas referidas comemorações, que o governo brasileiro pretende que tenham um alcance mundial e que atraiam para o Rio de Janeiro as principais potências da época. Assim, a programada "exposição nacional" transforma-se em "exposição internacional" e a festa brasileira torna-se um palco para propagandas, disputas e rivalidades entre os países convidados. A França, para superar as dificuldades econômicas originadas pela guerra, e buscando consolidar a "influência intelectual" tão almejada por sua diplomacia, organiza uma comitiva eminentemente cultural, que se distingue das demais pela ausência de presenças militares, como era usual nesse tipo de evento, ou comitivas comerciais. Além disso, o presente oferecido aos brasileiros, uma réplica do *Petit Trianon*, uma das "joias da arquitetura francesa" e *souvenir* indelével de sua cultura, é destinado a abrigar a sede da Academia Brasileira de Letras. Fascinados, os brasileiros saúdam a comitiva de universitários franceses como um dos momentos mais "brilhantes" da festa – as demais comitivas são apontadas como representantes de potências belicistas e comerciais. A política francesa, tanto no que diz respeito ao acordo relativo à circulação dos cidadãos dos dois países, ao envio da Missão Militar Francesa (1919), quanto ao tipo de participação nos festejos de 1922, inaugura assim uma nova etapa nas relações franco-brasileiras, na qual as desconfianças e discriminações são cuidadosamente abolidas e olvidadas em nome da "cooperação intelectual" e das afinidades seletivas como a "latinidade", por exemplo.

PARTE 2

TERRA DE REFÚGIO, TERRA DE UTOPIA

PARTE 2

TERRA DE REFÚGIO
TERRA DE UTOPIA

6
Preciosos súditos, emigrantes atravancadores: a França e os franceses do Brasil no início do século XIX[*]

Juliette Dumont

Com a paz europeia de 1815, numerosos franceses começaram a chegar ao Brasil, atraídos pela presença da Corte portuguesa no Rio de Janeiro, embora alguns tenham se dirigido para as capitanias da Bahia e de Pernambuco.

O contra-almirante Julien de la Gravière, a bordo do navio *Le Colosse* atracado no porto do Rio de Janeiro, escreveu, no dia 8 de setembro de 1820 : "[...] Contamos neste momento, somente no Rio de Janeiro, com uns 3.000 franceses e as chegadas frequentes aumentam sensivelmente esse número" (Silva, 1995). Consultando o registro da polícia encarregada do controle dos franceses que moravam no Rio de Janeiro, pode-se ter uma ideia da data de suas chegadas: nove teriam chegado antes da paz europeia; quatro em 1815; 45 em 1816; 108 em 1917; 38 em 1818 e 37 em 1819. Em oito casos, a data indicada é vaga, e para 56 pessoas não há informação. As categorias profissionais são numerosas: podemos recensear 48 ofícios (Arquivo Nacional, 1960).

A queda de Napoleão e a assinatura, na Europa, de um tratado de paz desempenharam papel importante no que se refere à recepção reservada aos imigrantes franceses, mesmo que nenhuma ajuda lhes tenha sido proporcionada, como veremos mais tarde. Com efeito, os dois autores do livro *O Império do Brasil* (Machado; Neves, 1999, p.43-6) notam que, nos anúncios anteriores a 1814, era necessário para os franceses que desejavam trabalhar no Brasil justificar sua presença pela adoção da nacionalidade portuguesa (que se obtinha por decreto de Sua Majestade) ou pela condição de "emigrante que fugia da revolução, respei-

---

[*] Traduzido pela autora com o apoio de Silvia Capanema.

tado tanto pelo seu conhecimento quanto pelo seu respeito para com a tradição" (ibidem, p.45). Mais tarde, o fato de ser francês passou a ser um trunfo, pois o jeito e o gosto franceses eram muito apreciados pela Corte. Isso se reflete nos anúncios publicados na *Gazeta do Rio de Janeiro*.

A chegada dos franceses é reveladora dos transtornos causados pela instalação da Corte portuguesa no Rio. Em 1821, o retorno para Portugal provocou a partida de muitos franceses. Assim, o almirante Jurien notou em uma carta datada de 5 de maio de 1821: "O comércio do Brasil já sofre do afastamento da corte. O dinheiro tornou-se escasso, os preços das mercadorias são excessivos [...]" (Potelet, 1993, p.35). Esse contexto levou a pequena comunidade de comerciantes e artesãos franceses ao enfraquecimento.

O ano de 1822 não permitiu nenhuma melhora para o comércio e os negócios. "O comércio é quase inexistente", escreveu do Rio de Janeiro, em 24 de março de 1822, o comandante da estação naval Roussin (ibidem). Os negócios só melhoraram em 1825, quando o Império do Brasil foi reconhecido por Portugal. Essa prosperidade durou até 1831-1832, anos particularmente difíceis no Rio de Janeiro. Dom Pedro abdica no dia 7 de abril de 1831, e desordens se sucedem nos primeiros anos da Regência. Com a partida do imperador para a Europa e a crise que a acompanha, numerosos franceses viram suas fortunas destruídas. Assim, no dia 24 de julho de 1831, o almirante Grivel percebeu-se obrigado a repatriar no navio *La Durance* aproximadamente cinquenta indigentes franceses.

Essa breve apresentação da imigração francesa no Rio de Janeiro mostra até que ponto ela dependia tanto do contexto brasileiro como do contexto francês e europeu. Não é a comunidade francesa em si que nos interessa aqui, mas a atitude da França para com seus súditos: teria esse país estimulado a emigração para reforçar sua presença no Brasil? Qual foi o apoio que a França deu à sua comunidade emigrante no Brasil? Que papel desempenhou o contexto particular da Restauração para os franceses do Brasil? Para responder a essas interrogações, escolhemos somente arquivos franceses, presentes nos fundos do Quai d'Orsay, privilegiando a correspondência do coronel Maler, cônsul em função no Rio de Janeiro de 1814 a 1824.

Os emigrantes franceses: um trunfo para o comércio francês no Brasil

Se a diplomacia era considerada pela França um meio privilegiado para favorecer suas relações comerciais com o Brasil e contrabalançar a influência da

Inglaterra, quase hegemônica na América, as empresas dos franceses no Brasil não podiam ser ignoradas para realizar esse objetivo. Esta era a opinião do conde de Gestas em 1823, que sublinhava em particular o fato de os franceses serem geralmente bem acolhidos no Brasil:

> [...] De todos os estrangeiros presentes, são os franceses que são considerados com mais boa vontade: seus usos, suas maneiras, suas modas, os objetos de luxo e muitas outras coisas convêm perfeitamente aos brasileiros; é inútil recordar aqui a bondade do acolhimento que os príncipes da casa de Bragança sempre ofereceram aos france-ses, mas podemos dizer que a Revolução do Brasil só fez aumentar essas disposições favoráveis, e que o príncipe regente, bem como seus ministros, deixaram isso claro recentemente. A falta de recursos que oferecem hoje nossas colônias engaja uma mul-tidão de franceses a tentar sua chance num país onde eles estão seguros da imediata proteção do governo, e podem gozar de um clima cuja salubridade ganharia a ser conhecida [...]. Uma parte dos franceses que vão ao Brasil funda lá estabelecimentos agrícolas, alguns para constituir uma fortuna que eles trazem de volta para a França depois de alguns anos e assim a enriquecem, outros para instalar-se definitivamente; uns e outros já começam a fornecer ao Brasil ocasiões de aumentar o consumo de nossos produtos, de introduzir nossos usos, de fazer sentir neste país a influência da França, para balançar, e daqui a pouco superar a da Inglaterra no que se refere ao comércio; as vantagens seriam com efeito enormes e serão com certeza apreciadas pelas pessoas que lerão esta nota [...] (AQO, 1823)

Na rivalidade que opunha França e Inglaterra, os súditos franceses eram, cer-tamente, um trunfo apreciável. Mais numerosos que os ingleses, em particular no Rio de Janeiro, eles podiam promover de maneira mais eficiente seus produtos e ao mesmo tempo atiçar o rancor dos brasileiros para com a Inglaterra que, desde o tratado de 1810, aparecia como uma nova metrópole. Além disso, o governo portu-guês só podia encorajar tal imigração, pois esta trazia a um país imenso, em pleno desenvolvimento, uma mão de obra qualificada, assim como técnicas e habilidades escassas a uma nação onde as manufaturas e o artesanato até bem recentemente não podiam existir. O coronel Maler dá conta dessa situação ao ministro Richelieu da seguinte maneira:

> O número de franceses nesta capital aumenta consideravelmente; as duas últimas naves que chegaram trouxeram mais 54 pessoas, das quais a maioria são artesãos [sic]. Muitos outros são anunciados como vindos diretamente da França e de portos dos Estados Unidos. O governo português considera com boa vontade essas chegadas, mas esse é o único apoio que lhes é proporcionado. Parece óbvio que, por menos que se pense em protegê-los e ajudá-los desde seu embarque, este país [o Brasil]

faria aquisições muito importantes que teriam uma influência fundamental para a prosperidade dessa comunidade. (AQO, 1817, v.130)

A ausência de apoio concreto por parte das autoridades portuguesas – e depois brasileiras – também foi ressaltada por Augusto de Carvalho em 1875. Segundo ele, o governo brasileiro não fez o necessário para estimular a imigração e oferecer aos recém-chegados as condições para seu êxito (Carvalho, 1875, p.105-6). Contudo, o governo francês via de maneira positiva essa implantação e buscava encorajá-la, para multiplicar suas chances de estabelecer um comércio sólido e duradouro com o Brasil. Essa emigração tinha, todavia, de se realizar segundo certas condições, e não devia ser definitiva, como mostra a resposta de Richelieu a Maler:

> O senhor fez-me a honra de informar-me, no dia 23 de fevereiro, que chegava ao Rio de Janeiro um grande número de franceses. Peço-lhe que me dê algumas informações detalhadas e positivas sobre a existência que eles podem ter no Brasil. O senhor pensa que o governo português lhes dá pouca ajuda. Contudo, se este considera com bons olhos sua chegada, é provável que tente por um meio qualquer encorajar essas imigrações [...]. Aqueles [os franceses emigrados] que vão constituir no Brasil algum estabelecimento de comércio destinado a corresponder com a França e a dar às relações dos dois países mais utilidade e desenvolvimento devem ser particularmente protegidos. Ao contrário, se alguns trazem ao Brasil técnicas que colocariam este país em posição de concorrer com a França, nenhuma ajuda deve-lhes ser proporcionada: nossas leis proíbem a exportação de nossas máquinas e dos procedimentos de nossas manufaturas. Deve-se em geral manter os franceses que vão ao estrangeiro em boas disposições para com sua pátria e no espírito de retornar para a França. (AQO, 1817, v.131)

Isso reflete bem a ausência de tradição de emigração na França. Deixar definitivamente a França parece ter sido considerado uma traição. Pode-se supor também que existia medo de que o país perdesse sua força de trabalho e de inovação. A menção às máquinas e aos procedimentos industriais reflete bem a época e o contexto de industrialização que caracterizava a economia – um contexto de concorrência entre países europeus, em particular com a Inglaterra, mais avançada. Não se desejava que um país como o Brasil, ao qual se esperava vender produtos manufaturados em troca de matérias-primas, pudesse prover as suas necessidades e, ainda pior, entrar em concorrência com a Europa.

Segundo o coronel Maler, era necessário atenuar a falta de iniciativa do governo português por meio de uma representação oficial mais importante, de maneira a ajudar os franceses no Brasil e a mostrar a esse mesmo governo o desejo francês de estabelecer relações duradouras, incitando-o, assim, a tomar providências para favorecer os estabelecimentos franceses. Isso poderia traduzir-se na redução das tarifas aduaneiras, o que a França pedia repetidamente ao Brasil:

> Os franceses são geralmente bem vistos neste país, e se os estabelecimentos que aqui se formaram não tiveram o desenvolvimento que se esperava, deve-se achar a causa principal na falta de um representante francês, cuja eminência lhe teria proporcionado a consideração pública necessária para proteger e apoiar seus compatriotas em todas as ocasiões. O número de franceses estabelecidos no Rio de Janeiro ou nos arredores é aproximadamente de 2.000; muitos são comerciantes e, apesar das numerosas dificuldades encontradas, eles conseguiram com que nossas mercadorias fossem apreciadas e que houvesse uma rivalidade com os ingleses, apesar das enormes vantagens aduaneiras de que gozam em nosso detrimento. Os objetos da moda francesa têm aqui o maior sucesso, os vinhos e os óleos encontram também muito êxito. [...] Vossa Excelência notará que os que vêm ao Brasil para formar estabelecimentos são geralmente tão apegados à França que só pensam em fazer fortuna aqui para poder aproveitá-la depois de alguns anos na sua pátria. (ibidem)

Essas conclusões conduziram algumas pessoas do Ministério das Relações Exteriores francês a pensar que uma emigração mais expressiva em direção ao Brasil permitiria consolidar e melhorar a posição já adquirida pelos comerciantes e produtos franceses. Foi o caso em particular no tempo das manobras políticas que acompanharam a questão do reconhecimento do Império brasileiro: quando se tratou com efeito de aproveitar a situação em que se achava o governo brasileiro, mas também a desorganização resultante da partida de muitos portugueses, para orquestrar uma implantação mais massiva. Essa foi, por exemplo, a opinião do conde de Gestas em 1823:

> [...] As desordens inseparáveis de uma Revolução e, sobretudo, a falta de homens capazes, aumentada pela despedida de muitos portugueses cujas opiniões eram contrárias às do governo brasileiro, facilitou o acesso de algumas pessoas recomendáveis no meio das quais vários ingleses que a necessidade obrigara a empregar; não seria útil para a França encorajar secretamente franceses sem emprego ou arruinados pelas revoluções, e sobre os quais o governo conservaria certa influência, a oferecer seus serviços ao Brasil? (AQO, 1823)

Como se pode ver, sempre esteve presente o cuidado em guardar os que iriam para o Brasil no seio da pátria-mãe, mantendo uma discreta vigilância para que tais empreitadas não pudessem se transformar em apoios para uma dissidência organizada.

A sombra de Napoleão

O interesse da França pelo Brasil era, com efeito, também político, dizendo respeito não ao Brasil em si, mas, sobretudo, à França e a seu passado recente. Temos de lembrar que certo número de bonapartistas escolheu o Brasil como terra de exílio, o que inquietava tanto as autoridades francesas como as austríacas que temiam, em certos casos, um proselitismo liberal ou uma tentativa de agrupamento e ação na América. Dispomos, em torno dessa questão, de vários documentos que provêm das autoridades francesas.

O coronel Maler é o autor da maior parte dos relatórios sobre os bonapartistas no Brasil. Ele é bastante representativo dessa geração de realistas que a Revolução e as guerras napoleônicas traumatizaram por ter desabado uma ordem que eles pensavam imutável, uma vez que divina. Maler falava e escrevia português, era antibonapartista, sendo, portanto, a pessoa mais indicada para tratar dos interesses franceses durante o restabelecimento das relações entre a Corte portuguesa e a França. Maler nunca deixou de afirmar em sua correspondência a sua fé realista e de expressar seu horror diante do "monstro revolucionário". A revolta de Pernambuco, em 1817, o fez temer que se desenvolvessem desordens revolucionárias no Brasil. Nesse contexto, os emigrantes bonapartistas aparecem capazes de constituir "minoridades facciosas" – segundo as palavras de Maler – e de fomentar desordens.

De fato, a figura de Napoleão continuava atormentando os espíritos, particularmente os dos tenentes da Restauração. A relativa proximidade de Santa Helena com as costas brasileiras e a presença de emigrantes bonapartistas nesse país mantinham o coronel Maler, assim como os representantes ingleses e austríacos, sempre atentos. Foi por essa razão que ele nunca deixou de transmitir com todo o cuidado aos seus superiores hierárquicos tudo o que se relacionava ao imperador. Maler chegou ao Rio de Janeiro no momento em que Napoleão voltou para a França, retomando o poder. Essa última demonstração de força de Bonaparte e o apoio que ele recebeu da população francesa no seu retorno aumentaram os receios do cônsul da França no Brasil. Os "Cem Dias" provocaram um endurecimento da posição realista, que se traduziu do outro lado do Atlântico pelo zelo do coronel Maler contra os partidários de Napoleão.

Ele não foi o único, pois o Duque de Luxemburgo, depois de uma missão no Brasil para resolver a questão da Guyana, também recebeu como instrução fazer com que toda relação com Santa Helena fosse impossibilitada:

> As relações do Rio de Janeiro com as Índias e com o mar do Sul são frequentes; uma parte das embarcações da Europa é obrigada a passar pelo Brasil durante sua

navegação e o embaixador de Sua Majestade pode assim recolher informações úteis. Ele buscará saber se toda comunicação com Santa Helena está proibida, ou se está preparando qualquer ação em favor de Bonaparte para retirá-lo dessa ilha. No caso, pouco verossímil, da formação no Brasil desse tipo de projeto, ele fará o necessário para que fracasse o dito projeto. Ele informará o seu governo de tudo o que descobrirá a esse respeito. Ele está até autorizado, se as informações forem importantes e urgentes, a mandar uma nave para a França para transmiti-las. (AQO, 1816)

No tempo de sua embaixada, o Duque de Luxemburgo preocupava-se com a existência desses emigrantes bonapartistas. Mesmo que ele não os julgasse realmente perigosos, desejava que fossem estreitamente controlados:

[...] Os franceses recém-chegados ao Brasil não têm aqui qualquer influência; eles encontram-se, ao contrário, totalmente dependentes do governo. Sabendo que alguns deles procuravam ir para Buenos Aires, informei ao ministro que os indivíduos que não tivessem um passaporte entregue pela embaixada ou pelo consulado geral não deveriam ser considerados como autorizados. (ibidem, 1816)

Disso decorre uma série de relatórios sobre a audiência do imperador no estrangeiro. Foram sobretudo os diplomatas europeus presentes no Rio de Janeiro, mais do que as autoridades portuguesas, que mantiveram um clima de psicose: nada devia perturbar ou alterar o consenso de Viena.

Para a França, tratava-se também de uma questão econômica, por causa das reparações fixadas pelos aliados; uma nova manifestação de Bonaparte poderia colocar a França em uma posição ainda mais desconfortável ante os outros países europeus. Era necessário, portanto, que as precauções e a vigilância fossem máximas, tanto na Europa como na América, em particular no Brasil, dado o tamanho do seu território e a proximidade com as colônias espanholas insurretas.

A vigilância dos bonapartistas exilados

A maioria dos exilados bonapartistas queria levar uma vida tranquila no Brasil, queria mudar de vida. O governo português, cujo interesse era acolher quem pudesse trazer para o Brasil sua experiência nos domínios da agricultura, da indústria ou das artes, não criava muitas dificuldades para esses emigrantes bonapartistas. Todavia, os membros do governo não olhavam sem apreensão para o regime que representava tal concentração de cidadãos franceses; portanto, os membros do governo foram os mais sensíveis às insinuações dos ministros inglês e espanhol e do coronel Maler. Aumentou-se a severidade nos controles de navios e as quarentenas que eram impostas, sob o pretexto de saúde pública, eram na realidade um meio de impedir a entrada clandestina de emissários de Paris, capazes de perturbar a paz brasileira. Na verdade, poucos eram os que almejavam uma atividade política, e o perigo era mais imaginado do que real. A esse respeito, o coronel Maler, com seus relatórios alarmantes e suas acusações muitas vezes sem fundamento contra certas pessoas, teve uma grande responsabilidade. Todo francês lhe parecia suspeito se não fosse explicitamente realista ou de uma família que sofrera com a Revolução: "Os franceses que encontrei aqui e alguns outros que chegaram depois não me inspiraram muita confiança..." (AQO, Tome 1, 1816). Essa atitude pode ser compreendida pela fraca tradição de emigração da França: um emigrante aparecia necessariamente como alguém que havia fugido, que fizera algo errado. Se, além do mais, o emigrante em questão era conhecido pelo seu apoio a Napoleão, com certeza ele se encontrava na mira do cônsul da França no Rio de Janeiro.

Maler tornou-se, assim, o porta-voz das autoridades austríacas ou inglesas, para as quais a França e seus súditos permaneciam um perigo potencial. Como se pode perceber em sua carta, considerada a mais esclarecedora no que se refere à questão:

> Fiquei sabendo, senhor, de maneira indireta, mas, no entanto, totalmente autêntica, que o Império da Áustria advertiu a Sua Majestade muito fiel, pela voz do seu embaixador, num despacho chegado ontem, que os olhos de sua polícia estão vigiando com o maior cuidado a reunião e as diligências dos franceses que se encontram no Brasil; que Sua Majestade não ignorava que no conjunto desses indivíduos alguns eram muito perigosos e que era necessário vigiá-los com toda a autoridade possível [...].

Maler teve uma conversa a esse propósito com Dom João VI e a relatou:

> Ele me disse que havia aberto seus portos a todas as nações, que devia indistintamente a todos; todavia, ele não receberá com prazer conspiradores e revolucionários, que a colônia francesa era a mais numerosa de todas, que eu podia ver a inteira confiança que ele tinha em mim, que ele esperava que eu vigiasse meus compatriotas e que lhe desse sobre eles informações precisas [...]. (AQO, 1817)

Para Maler, "a grande maioria dos franceses que veio a este país manifestou opiniões pouco favoráveis". Ele reconhece, todavia, que "se pode temer e encontrar mentores somente em um pequeno número, e são esses que devem ser bem vigiados [...]" (AQO, 1818).

Seu empenho foi particularmente duradouro contra Joachim Lebreton, chefe da Missão Artística de 1816. Essa missão e sua composição foram-lhe suspeitas desde o início:

> O senhor cavaleiro Britto, encarregado de negócios da Corte de Portugal em Paris, anunciou ao senhor cavaleiro d'Araujo, ministro da Marinha, que vários franceses distintos estavam prestes a embarcar para estabelecerem-se no Brasil; contam-se vinte pessoas e fala-se em particular do senhor Le Breton, secretário perpétuo da classe de Belas-Artes. Não posso garantir todos esses detalhes. [...] Nunca conseguirei, senhor, ver franceses expatriarem-se sem um sentimento penoso, sobretudo se há alguma aparência ou suposição de descontentamento por parte do governo paterno do melhor dos reis; mas me resta uma consolação: eles não tardarão a se arrepender de sua resolução e de sua viagem e a dar-se conta da diferença entre os dois países. [...] Todavia, esse sentimento poderia abrandar-se se, por uma razão que ignoro, essa decisão fosse aprovada por Sua Majestade. (AQO, 1816)

Não parecia concebível para Maler que um francês, sobretudo bonapartista (o que era o caso da maioria dos membros da Missão Artística), pudesse decidir emigrar sem que houvesse razões negativas, sem que ele tivesse "descontentado o governo do melhor dos reis". Foi necessário que o duque Richelieu, que sucedeu a Talleyrand, enviasse uma nota a Maler para lhe comunicar que a partida dos artistas que faziam parte da Missão Francesa era "inteiramente voluntária" (ibidem). Maler, portanto, não deixou de continuar convencido de que "podia-se ter dúvidas a propósito da moralidade do senhor Le Breton", e suas suspeitas foram avivadas pela discrição extrema do secretário da Missão Artística: é o que nos mostra o *post scriptum* de uma carta de 5 de maio de 1817: [...] de todos os franceses que aqui estão, o senhor Le Breton é aquele que se deve mais vigiar, e o rei pareceu estar de acordo com essa opinião, acrescentando que ele nunca aparecia e que vivia muito retirado". A principal acusação contra Lebreton era que ele se comunicava com os bonapartistas e os revolucionários de toda a América, com o objetivo de reunir essas forças dispersas e fomentar algum conluio contra a ordem monárquica, ou, em todo caso, dar apoio aos insurgentes espanhóis:

> [...] Sei com certeza que ele mantém com a França relações criminais, que recebe com regularidade respostas e boletins editados pelo espírito de partido o mais cego e obstinado que seja; como esse homem é muito tímido e muito astucioso, eu não pude descobrir quais são os infames correspondentes que partilham e encorajam suas opiniões. Comuniquei de maneira confidencial minhas observações ao governo português, até designei o senhor Barão de São Lourenço, grande tesoureiro, como

o intermediário, o porta-voz e o protetor desta correspondência. Cuidei para nada exagerar; ao mencionar esse personagem, apresentei minhas conjeturas e expliquei os argumentos nos quais elas eram baseadas. Acredito que minha confidência não pareceu despropositada; se eu estivesse mais livre e menos ocupado, poderia dar sem grande dificuldade a Vossa Excelência informações mais concretas. Embora eu não tenha os mesmos índices para acusar Lebreton de corresponder com os franceses banidos e refugiados nos Estados Unidos, não hesito em supor isso. Ele estava muito ligado aos principais e não rejeitaria possibilidades revolucionárias que viriam dessa parte. Tenho que acrescentar que, embora pensionado pelo governo, ele é geralmente desprezado e odiado por todos, exceção feita ao grande tesoureiro já mencionado, e que vegeta na lama e na obscuridade. (AQO, 1818)

Essas acusações revelaram-se sem fundamento. Quando morreu Lebreton, Maler ordenou que fosse feito um inventário de seus bens e de seu correio e nada de comprometedor foi achado (AQO, 1819).

Lebreton não era o único que figurava nesse relatório; havia também outros personagens inquietantes, mais aventureiros que agitadores políticos, e que Maler suspeitava se comunicarem com Santa Helena, que permanecia o núcleo de todos os males:

[...] As comunicações da Ilha de Santa Helena com esta capital para alguns abastecimentos forneceram-me a melhor ocasião de desmascarar esses indivíduos e foi uma armadilha que arrumei para sua imprevidência e sua leveza nessas ocasiões que se tornaram escassas este ano: Mme. Bertrand e outros davam diferentes comissões aos oficiais ingleses. Eu as fazia seguir com cuidado e sabia perfeitamente, sem que fosse suspeitado, a maneira como essas demandas eram feitas e acolhidas. [...] Que Vossa Excelência não se alarme, além de saber tudo o que acontece na cidade, a vigilância a bordo desses navios é perfeita dadas minhas relações com o encarregado de negócios da Inglaterra, por conseguinte, nada é descuidado. (AQO, 1818)

Todavia, era verdade que muitos franceses transitavam pelo Rio de Janeiro para ir aos países do Prata e juntar-se aos insurgentes, mais por oportunismo que por sincera adesão à sua causa. Numerosos eram os que figuravam depois entre os piratas que percorriam as costas do sul do Brasil.[1] Segundo Maler, a América era a nova área de jogo dos

---

1 Um deles, cujo nome era Cailhé, militar que havia conseguido se alistar no Exército português, embarcou em uma das naves destinadas à luta contra os piratas e "fez circular pela cidade a notícia de que ele aceitaria todos os indivíduos que quisessem acompanhá-lo como voluntários, e que eles teriam uma parte do tesouro do corsário Artagas..." (AQO, 1818).

cavaleiros errantes da era revolucionária [que] se reuniam pouco a pouco nos encontros gerais da América do Sul e do Norte, cada indivíduo trazendo seu escote, seu olhar revolucionário sobre as regiões que percorrera, as relações que estabelecera, e era assim que se alimentava o que eles chamavam de fogo sagrado [...]. (ibidem)

Convencido da terrível capacidade de ação desse inimigo bordejante, Maler pediu ao seu ministro de tutela a criação de um posto de vice-cônsul para ajudá-lo na sua tarefa, que ele descrevia como demasiado importante para um homem só:

> Além da extensão e da importância deste consulado geral, que Vossa Excelência me permite acrescentar considerações particulares que resultem do número e do caráter dos franceses que aqui residem. Seria supérfluo, senhor, recordar-lhe em que época começou a migração dos franceses para o Brasil? Vossa Excelência pode conhecer qual é o espírito dessa população examinando a lista dos passaportes entregues para o Rio de Janeiro: do caráter desses indivíduos resulta a necessidade de uma vigilância contínua, sobretudo por causa das comunicações com Santa Helena, para preservar a tranquilidade da França, de Sua Majestade muito fiel, mas também a segurança e a continuidade de nossas relações comerciais com este país; quantos relatórios a escutar, quantos esforços para abafar os rumores e fazer com que esses indivíduos sejam neutralizados! (ibidem)

Esta última citação do coronel Maler resume o que estava em jogo no que se refere aos franceses que emigraram para o Brasil, nesse período movimentado dos dois lados do Atlântico. Era um tempo de recomposições políticas, geopolíticas, mas também econômicas e comerciais. Daí a ambivalência do olhar do governo francês e de seu representante em terras brasileiras sobre a chegada de franceses ao Brasil, às vezes percebidos como um trunfo em particular perante os ingleses, às vezes como uma ameaça. Nos dois casos, parece claro que a França não desejava encorajar correntes migratórias, o que mais tarde constituiria uma desvantagem para sua difusão nessa parte do mundo. Pode-se observar nessa reticência a consequência da hecatombe provocada pelas guerras napoleônicas. A sua lembrança continuava pesando sobre a política francesa, mas também europeia, e o discurso quase paranoico de Maler nos revela o trauma que a Restauração tentou esconder. Esse ponto de vista muitas vezes superou qualquer outra consideração, em particular comercial, e deformou o olhar do governo francês sobre o Brasil.

7
UM EMIGRANTE FRANCÊS NO BRASIL: JEAN ÉTIENNE SERAINE (1827-1854)*

Jean Glénisson**

Vinte anos atrás, ao estudar a carreira do politécnico Louis Vauthier, Gilberto Freyre revelava a extensão e a variedade dos aspectos de que se revestiu a influência exercida pelos franceses no Brasil, ao findarem as grandes guerras napoleônicas. Outros trabalhos mais minuciosos vieram precisar certos pontos do papel desempenhado, no século XIX, por esses emigrantes temporários ou definitivos (Freyre, 1940a; 1940b; Nogueira, 1953, p.317-42). Os documentos que aqui publicamos acrescentam um toque novo a um quadro ainda apenas em esboço, mas que merece, sem dúvida, ser um dia retomado e completado pelos historiadores franceses e brasileiros.

É conhecida a fórmula de Sílvio Romero (p.151): "Desde os fins do século XVIII, o pensamento português deixou de ser o nosso mestre. Fomos nos habituando a interessar-nos pelo que ia pelo mundo".

Para os brasileiros, nessa época, o mundo é a Europa e, mais especificamente, Inglaterra, França e Alemanha. Um sopro de ar europeu – brisa ainda bem leve! – fez-se sentir desde a década de 1790, e disso encontramos indícios na

---

* Texto originalmente publicado na *Revista de História*, n.46, v.22, abr./jun. 1961, p.445-74 e aqui reproduzido com autorização do autor e dos responsáveis pela publicação. As cartas, publicadas em francês no original, foram traduzidas por Fernanda Murad Machado.

** Este pequeno artigo deve muito a M. e Mme. Payen de Paris, que nos transmitiram as cartas de Jean Étienne Seraine e nos deram permissão para publicá-las; ao professor João Cruz Costa, que nos beneficiou com seu perfeito conhecimento da História brasileira; ao dr. Florival Seraine, que nos endereçou informações preciosas sobre seu bisavô Jean Étienne, e a Maria Odila Leite da Silva Dias, que traduziu estas páginas e efetuou para nós numerosas pesquisas.

164 LAURENT VIDAL E TANIA REGINA DE LUCA (ORGS.)

infeliz Inconfidência Mineira. A elite culta brasileira dispõe-se a acolher com paixão todas as influências do estrangeiro (Costa, 1956, p.58 e ss.). A chegada da Corte de Lisboa ao Rio de Janeiro, sob a escolta de um esquadrão naval inglês (no que se pode ver um símbolo), é o acontecimento que precipita uma evolução já ocultamente incitada. Desmorona-se bruscamente a barreira erguida em torno do Brasil pela tradicional política colonial. Na verdade, a dependência na qual se encontra a dinastia de Bragança em relação a Londres parece de início reservar apenas aos britânicos os benefícios da emancipação econômica e intelectual da colônia, logo promovida à condição de estado independente. Mas esse privilégio precário é rapidamente abolido pelas consequências da queda de Napoleão. Cedo, espalham-se as novas de que foram abolidos, de direito ou de fato, os privilégios durante séculos ciumentamente mantidos pelas metrópoles – Espanha e Portugal. O restabelecimento da paz e o fim do bloqueio continental drenam para a América os homens e as mercadorias de uma Europa avaliada pelo peso das guerras.

Tudo isso é bem conhecido. Os "pequenos anúncios" que aparecem na imprensa brasileira constituem uma fonte tão rica e pitoresca que permitiu a Gilberto Freyre, graças a uma utilização habilidosa, mostrar em sua plena atividade a multidão de artesãos, de comerciantes, de engenheiros e mesmo de aventureiros ingleses e franceses, os quais foram, sem disso ter consciência, os viajantes incumbidos da cultura e da técnica do Velho Mundo, em um país em via de uma "re-europeização".[1]

Se os imigrantes europeus, buscando antes de tudo o lucro pessoal, ignoram a importância de sua função cultural, a jovem nação brasileira procura, pelo contrário, muito conscientemente, aproveitar em seu benefício os recursos intelectuais, artísticos e técnicos da Europa.

"Uma espécie de euforia geral invadia a nação. Há entusiasmo por tudo, principalmente por aqueles instrumentos capazes de engendrar progressos no domínio espiritual e material" (ibidem).

Ora, não parece que se tenha ainda estudado, com a merecida amplitude, essa manifestação concreta do entusiasmo universalmente sentido no século XIX pelas coisas do Velho Mundo. Não é verdade que, desde os fins das guerras napoleônicas, uma ampla política oficial de "recrutamento" foi promovida pelo Brasil na

---

1   Além dos trabalhos de Gilberto Freyre citados, ver, do mesmo autor, *Ingleses no Brasil*: aspectos da influência britânica sobre a vida, a paisagem e a cultura do Brasil. Rio de Janeiro: José Olympio, 1948. (Documentos brasileiros, 58). A fórmula "re-europeização" é de Gilberto Freyre, em *Sobrados e mucambos*.

Europa? É conhecida a célebre Missão Artística de 1816, cujos membros vieram da França a convite de Dom João VI. Temos, graças a testemunhos contemporâneos, dados sobre os métodos empregados pelo governo imperial brasileiro, por volta de 1824, para recrutar na Alemanha aqueles mercenários cujo motim deveria, quatro anos mais tarde, ensanguentar o Rio de Janeiro. Um certo Schäffer, favorito da Imperatriz Leopoldina, operava em Hamburgo sob o disfarce de uma missão diplomática (Schlichthorst, 1943).[2] Auxiliado por alguns personagens de reputação duvidosa, ele fazia embarcar de tropel para o Brasil jovens em busca de aventuras, facínoras saídos das galeras de Mecklemburgo, camponeses e artesãos desejosos de fazer fortuna em terras novas. Chegados ao Rio, todos os homens mais ou menos válidos ingressavam de bom grado ou à força nos batalhões estrangeiros de granadeiros ou caçadores, então em via de formação.

Por essa mesma época, são recrutados colonos na Suíça e mercenários na Irlanda, e arregimentam-se na Alemanha os elementos de uma engenhosa companhia, alguns antigos soldados que serviram depois no Recife, por volta de 1840, sob os olhares do engenheiro francês Vauthier (Freyre, 1940, op. cit.). Esse politécnico, cuja carreira brasileira é bem conhecida e que, de 1841 a 1846, desempenhou papel importante na Capital da Província de Pernambuco, fora contratado na França pelas próprias autoridades provinciais, e não pelo governo do Rio de Janeiro. A política de recrutamento de técnicos estrangeiros, cujo exemplo fora dado pela administração real, depois imperial, estendeu-se pouco a pouco por todo o país. E, à medida que tomam poder as gerações educadas à maneira europeia – quando não o eram na própria Europa –, tornam-se cada vez mais frequentes os apelos oficiais das administrações locais a estrangeiros, contratados graças à intervenção de agentes diplomáticos brasileiros na Europa ou recrutados aqui mesmo. Uma busca cuidadosa nos artigos, nas obras e nos documentos já publicados permitiria, sem dúvida, medir de uma vez a amplitude e as consequências desse movimento.[3]

---

2   Sobre Schäffer, assim se exprime Schlichthorst (p.14): "[...] observando de mais perto as relações, as ações e as ocupações desse cavalheiro, achei-o uma espécie de traficante de carne humana". Esse Schäffer deixou uma obra intitulada *Brasilien als unabhangiges Reich* [O Brasil como país independente].

3   Ver os exemplos citados por Gilberto Freyre em *Um engenheiro francês* (p.92 e ss.): contratações do engenheiro alemão Bloem, do engenheiro francês Boyer; tentativa de contratar na Holanda um engenheiro encarregado de perfurar poços artesianos etc. para a província de Pernambuco. Do Ceará parte para a Europa o dr. Marcos Antônio de Macedo e volta a Fortaleza em 1838, trazendo vários trabalhadores franceses (cf. Studart, 1918, p.197-9).

166 LAURENT VIDAL E TANIA REGINA DE LUCA (ORGS.)

Mas é preciso também perguntar que tipos de homens respondem ao apelo do Brasil e quais motivos os levam a proceder assim. O simples bom senso sugere várias respostas. As tempestades provocadas em toda a Europa pelas conquistas da Revolução e do Império haviam largado mais de um destroço às margens. Oficiais bonapartistas, homens políticos comprometidos, procuram pôr-se a salvo, uma vez restabelecida a antiga ordem. O desejo de aventura e a atração da riqueza desempenhavam, bem entendido, seu eterno papel.[4] Os comerciantes, informados da abertura de um mercado imenso, lançavam-se à conquista. Após 1808, as frotas inglesas despejavam sobre o Rio de Janeiro os mais heteróclitos produtos da indústria britânica.

Todas essas explicações são, bem entendido, válidas. São, porém, um tanto simples demais. Aventureiros, mercenários, comerciantes, "técnicos", colonos: essa enumeração não é suficiente. Os arquivos dos consulados ingleses, suíços, franceses, alemães... poderiam oferecer, a quem os consultasse sistematicamente, informações mais precisas; permitiriam eventualmente levantar estatísticas e, por que não, fornecer os elementos de um estudo "sociológico" – sumário da emigração europeia do século XIX, pelo menos daquela anterior ao grande afluxo de mão de obra, provocado pela expansão da cultura cafeeira e a abolição da escravidão.[5]

---

4   "No outono de 1824, anseios extravagantes de ser feliz e de gozar a vida, desejos que se não realizaram e esperanças que se frustaram levaram-me a uma viagem ao Brasil... Eu tinha vindo para o Brasil com o firme propósito de fazer fortuna." (Schlichthorst, op. cit., p.13, 67).

5   Gilberto Freyre foi o iniciador de um estudo desse gênero e ele próprio o realizou parcialmente nas suas obras dedicadas aos ingleses e franceses no Brasil. O dr. Neeser, de Salvador, graças ao manejo sistemático dos arquivos consulares suíços, preparou um trabalho, infelizmente ainda inédito, sobre os suíços estabelecidos no Brasil. Um estudo consagrado à imigração alemã no Brasil, e especialmente ao papel desempenhado por Karl von Koseritz, está em curso de aparição nas edições Anhembi: Martins, 1955. Sobre a imigração no século passado, temos de Visconde de Taunay, *Estrangeiros ilustres e prestimosos no Brasil, 1800-1892* (São Paulo: Melhoramentos, 1932). Como obras mais amplas temos, de Eduardo da Silva Prado, *Imigração* (São Paulo: Collectaneas, 1904, 1906, volume I), e o volume VIII da *História do café no Brasil* (Rio de Janeiro: Departamento Nacional do Café, 1939), de Afonso de E. Taunay. Além de estudos mais especializados e relatórios oficiais brasileiros, há uma vasta bibliografia estrangeira sobre o assunto, incluindo obras de jornalistas e viajantes que estudaram as condições da imigração: Grossi, V. *Storia della colonizazione al Brasile e della Emigrazione Italiana nello Stato di S. Paulo*. 2.ed., Milão, 1914; Isabelle, A. *Emigração e colonização na província brasileira do Rio Grande do Sul, na República Oriental do Uruguai e em toda a Bacia do Prata*. Trad. Belfort de Oliveira. Rio de Janeiro: Souza, 1950; Carvalho, H. *Études sur le Brésil au point de vue de l'émigration et du commerce français.*Paris: Chez Garnier Frères, 1858; Dunn, B. S. *Brazil, the home for southerners...* Nova York: G. B. Richardson, 1866; Molhall, M. G. *Rio Grande do Sul and its German Colonies*. Londres: Longmans Green and Co., 1873; Tschudi, J. J.

Talvez a emigração europeia para o Brasil de 1816 a 1860 tenha sido, antes de tudo, uma emigração de "qualidade" e não uma remessa, em massa, de mão de obra miserável. Portanto, convém indagar por que razão optaram pelo Brasil homens que podiam relativamente escolher seu destino (América do Norte ou territórios espanhóis da América Latina). Não estaria a resposta em uma verdadeira propaganda brasileira posta em prática, desde 1820, para manter a campanha de recrutamento empreendida pelas autoridades oficiais?

Nas encantadoras memórias que deixou sobre sua estada no Brasil, entre 1824 e 1826, escreveu o jovem emigrante alemão C. Schlichthorst: "Propalou-se na Alemanha, oralmente e por escrito, uma opinião exagerada sobre esse maravilhoso país".[6]

Não foi, sem dúvida, por acaso que Georges Henri von Langsdorff (viajante alemão que se tornou cônsul da Rússia no Rio de Janeiro desde 1813) editou em Paris, em 1820, em língua francesa, uma *Mémoire sur le Brésil pour servir de guide à ceux qui désirent s'y établir*, brochura traduzida para o português por A. M. Sampaio e reeditada no Rio de Janeiro em 1822.[7] De fato, após a queda de Napoleão, um desejo de evadir-se parece tomar conta dos europeus, que as hostilidades permanentes haviam, por assim dizer, enclausurado dentro dos

---

von. *Viagem às províncias do Rio de Janeiro e São Paulo*. Introdução de Afonso de E. Taunay. Trad. E. de Lima Castro. São Paulo: Livraria Martins Editora, Biblioteca Histórica Paulista, 5, 1953; Lallement, R. A. *Viagem pelo sul do Brasil no ano de 1858*. Rio de Janeiro: Instituto Nacional do Livro, 1953. São também ricos em dados os relatos espontâneos de viagens como os de Augusto de Saint-Hilaire. Para as províncias do norte é inestimável a obra de Bates, H. W., *O naturalista no Rio Amazonas*. Trad. Cândido de Melo Leitão. Coleção Brasiliana. Companhia Editora Nacional, 1944. E, ainda, Kidder, D. P. *Reminiscências de viagens e permanência no Brasil (províncias do norte)*. Trad. Moacir N. Vasconcellos. São Paulo: Livraria Martins Editora, s.d. Biblioteca Histórica Brasileira, XII; e Lallement, R. A. *Reise durch Nord-Brasilien im Yahre 1859*. Leipzig: F. A. Brockhauss, 1860. Existem alguns preciosos testemunhos pessoais dos próprios imigrantes, como o do colono suíço Thomaz Davatz, *Memórias de um colono no Brasil (1850)*. Trad., prefácio e notas de Sérgio Buarque de Holanda. São Paulo: Livraria Martins Editora, s.d. Biblioteca Histórica Brasileira, V; como o do jornalista Carl von Koseritz, *Imagens do Brasil*. Trad. e notas de Afonso Arinos de Melo Franco. São Paulo: Livraria Martins Editora, 1941. Biblioteca Histórica Brasileira, XIII; ou os relatos de mercenários, imigrantes temporários, como o de Carl Seidler, *Dez anos no Brasil*. Trad. e notas do general Bertoldo Klinger. Prefácio e notas do coronel F. de Paula Cidade. São Paulo: Livraria Martins Editora, s.d. Biblioteca Histórica Brasileira, VIII.

6   Schilichthorst, C., op. cit., p.18.

7   G. H. von Langsdorff é ainda o autor de *Voyages and travels in various parts of the World during the years 1803, 1804, 1805, 1806 and 1807*. Londres: Henry Coldburn, 1813 (ed. original em alemão). E sobre as viagens de Langsdorff existe o livro de Hercule Florence, *Viagem fluvial do Tietê ao Amazonas. De 1825 a 1829* (tradução do visconde de Taunay e edição Melhoramentos).

limites de seu continente durante uma quinzena de anos. Ressurge, então, o movimento de exploração científica do globo que marcara os últimos anos do século XVIII. Multiplicam-se os relatos de viagens longínquas. O romantismo havia, de resto, colocado o exotismo em moda. Atendo-se apenas à França, vê--se aparecer uma *Histoire du Brésil depuis sa découverte en 1500 jusqu'en 1810*, publicada em 1815 por Alphonse de Beauchamp; *Le Brésil ou histoire, mœurs, usage et coutumes des habitants de ce royaume*, por Hippolyte Taunay e Ferdinand Denis (1822); *Promenade autour du monde*, de Jacques Arago; *Aperçu d'un voyage dans l'intérieur du Brésil*, de August de Saint-Hilaire (1823); *Voyage autour du monde*, de Louis de Freycinet (1827).

A Europa, portanto, impressiona-se pelo Brasil. As minas fabulosas, a beleza paradisíaca da baía do Rio de Janeiro, as florestas intermináveis, os rios imensos, as tribos indígenas: eis o quinhão do exotismo, apelando para o desejo de aventura. Por outro lado, temos a obra de Anglievel la Baumelle (*De l'empire du Brésil considéré sous ses rapports politiques et commerciaux*, Paris, 1823); a brochura de Ed. Gallès (*Du Brésil ou observations générales sur le commerce et les douannes de ce pays*, Paris, dezembro de 1828); os *Documents relatifs au commerce des nouveaux États d'Amérique communiqués... aux principales chambres de commerce*, da França: eis a contribuição não menos importante do espírito de lucro.[8] Quinze anos depois do desaparecimento do Império Napoleônico, constituiu-se, sem dúvida, a propósito do Brasil, um "estoque" de ideias ao mesmo tempo muito românticas e muito realistas. São essas as ideias que arrastam os emigrantes.

***

Jean Étienne Seraine, autor das cartas que aqui publicamos, desembarcou no Rio de Janeiro em 4 de março de 1827.[9] Seus ancestrais, oriundos da Champagne – "A honorável, grande e antiquíssima família de Seraines de Conflans" –, pertenciam à pequena burguesia provincial e haviam enriquecido no comércio da madeira.[10] Nasceu em Villenauxe, cidade do atual departamento do Marne, no dia 18 de fevereiro de 1781. Alguma rusga inexplicável, provocada talvez pelo desejo de fugir ao meio familiar, por demais calmo e tradicional, quando

---

8 A lista dessas obras foi tirada do precioso artigo de Guilherme Deveza, Um precursor do comércio francês no Brasil (ver Freyre, 1940, op. cit.), que fornece uma soma considerável de dados sobre as relações econômicas entre a Europa e o Brasil no início do século XIX.

9 Com exceção de alguns pormenores, cuja fonte será indicada, todos os dados sobre J. E. Seraine provêm das cartas aqui publicadas e, principalmente, da carta de 7 de agosto de 1853.

10 Esses dados foram fornecidos pelos descendentes atuais dessa família.

toda a Europa estava abalada pela aventura napoleônica, fez que abandonasse para sempre sua pequena cidade natal em 1806, aos 25 anos. Percebe-se, apesar da discrição de sua correspondência, as maldições terríveis que se abateram então sobre o filho pródigo: todos me execraram. Teria, graças a alguma proteção poderosa, ingressado na administração imperial? É o que deixa entender: ocupou, diz ele, alguns *grands emplois* na França e na Holanda até 1813 e, em seguida, de 1814 a 1820, na França.[11] Ao que podemos deduzir, sua hostilidade para com os Bourbon acarretou-lhe uma demissão, embora tardia. Levou, de 1820 a 1827, uma vida sem dúvida difícil na França: "já conheci algumas vezes a infelicidade, porém jamais a miséria...".

Emigra em 1827, em companhia de sessenta *demi-solde*,[12] completamente despojados e obrigados a se expatriar por causa de suas opiniões contrárias ao regime de Restauração.

É de lamentar muito que Jean Étienne Seraine nada nos diga sobre as razões precisas que o levaram a escolher o Brasil como refúgio. O regime político que desfrutava o jovem império americano já era tido na Europa como muito liberal.[13] Além disso, talvez uma certa lenda brasileira tivesse se espalhado pelos meios bonapartistas. Alguns conspiradores não tiveram a intenção de arrebatar o Imperador de Santa Helena para conduzi-lo até o Brasil? Pode ser, enfim, que os oficiais companheiros de exílio de Jean Étienne alimentassem a esperança de se empregar nos batalhões de mercenários que Dom Pedro então organizava.[14] Esperança desfeita – se existiu –, pois a maioria deles se perdeu na imensidade brasileira, em busca de uma fortuna hipotética.

Seraine preferiu estabelecer-se no Rio de Janeiro. Espírito lúcido, compreendeu imediatamente quais as possibilidades que lhe eram oferecidas por esse novo país, onde ele desembarcava sem fortuna aos 46 anos de idade. "Confiei em minhas forças. Em um país onde as ciências ainda estavam na infância, estava seguro de meu sucesso feliz."

---

11 As pesquisas efetuadas no Arquivo Nacional de Paris e nos Arquivos do Ministério da Guerra francês não nos permitiram encontrar traço de J. E. Seraine. É preciso, portanto, confiar na sua palavra.

12 Expressão usada no período da Restauração para designar os soldados do Exército Imperial postos em disponibilidade (N. T.).

13 Ed. Gallès, por exemplo, sublinha na brochura comentada por G. Deveza a extensão das liberdades políticas brasileiras.

14 Schlichthorst (op. cit., p.277) faz uma lista dos oficiais mercenários. Nela figura um certo número de franceses.

De fato, ele havia tido a sorte de cultivar, por gosto pessoal, em um tempo em que a instrução escolar repousava toda sobre as humanidades clássicas, as disciplinas que seriam as mais úteis no Brasil do século XIX: "Tinha me aprofundado em matemática, geografia, geologia, agrimensura e construção de edifícios."

Uma vez aqui, como todos os recém-chegados, oferece seus serviços a *Messieurs les Propriétaires*, inserindo pequenos anúncios nos jornais do Rio de Janeiro. Tem a sorte de alcançar bom êxito no seu primeiro trabalho: um *ouvrage de luxe*, que lhe fora encomendado pelo ministro plenipotenciário da Áustria. Ei-lo "encaminhado". Durante sete anos, meio engenheiro, meio arquiteto, ele passará da construção de engenhos de açúcar à drenagem de pântanos.

Embora esses trabalhos lhe tenham valido *une grande réputation*, percebe-se que aceitou, como uma promoção social, a proposta que lhe foi feita em 1834 pelo senador José Martiniano de Alencar de dirigir os trabalhos públicos do Ceará, como o salário *d'un conto deux cents milreis*. Esse acontecimento tão importante na vida de Jean Étienne Seraine pareceria todavia bem insignificante ao historiador se não conferisse ao emigrante francês, de um momento para o outro, o valor de uma figura típica.

Nessa pequena maravilha de erudição e fineza, que é a biografia do engenheiro francês Vauthier, Gilberto Freyre estudou um "caso" que ilustra admiravelmente bem o papel desempenhado no Brasil pelos "técnicos contratados estrangeiros". O "caso" Seraine apresenta tantas analogias com o "caso" Vauthier que se impõe imediatamente uma aproximação, a qual viria confirmar, se preciso fosse, a exatidão da visão do grande sociólogo brasileiro.

Vauthier, antigo aluno da Escola Politécnica, engenheiro do Corpo de Pontes e Calçadas, fora contratado na França em 1840, a pedido do presidente da província de Pernambuco, Francisco do Rego Barros. Ali administrou os trabalhos públicos da província, cercado de um pequeno estado-maior de agentes técnicos franceses. Os políticos conservadores que administravam Recife deram prova de sua capacidade em matéria de urbanismo e, no tocante ao desenvolvimento da rede de comunicações, demonstraram espírito suficientemente moderno para entreter a ação de um jovem engenheiro estrangeiro durante seis anos. Aliás, desde 1830 Vauthier fora precedido no Recife por um engenheiro alemão e em seguida por um francês, ambos contratados no Brasil, para onde haviam emigrado (Freyre, 1940, op. cit.).

É bem possível que a emulação entre duas províncias vizinhas tenha levado o senador Alencar, a exemplo de seu colega do Recife, a tomar como assistente um engenheiro de trabalhos públicos, representante da técnica adiantada na Europa. Mas é, sem dúvida, necessário ver nisso, mais profundamente, o sintoma da rede de modernização que dominava então o Brasil.[15] Impulso que reinava tanto em Fortaleza como no Recife. O barão de Studart, em um estudo consagrado aos estrangeiros notáveis do Ceará, observou, precisamente a propósito de Seraine: "Eram então preocupações do governo a imigração de estrangeiros e a construção de obras que embelezassem e melhorassem as condições da cidade" (Studart, 1918, p.197).

A carreira de Jean Étienne Seraine em Fortaleza prende-se à história local e é muito bem conhecida, apesar do desaparecimento de seus projetos e planos. Aliás, o próprio Seraine fez o balanço do seu trabalho em sua carta de 7 de agosto de 1853. Imagina-se facilmente como teria sido a vida cotidiana do novo engenheiro dos Trabalhos Públicos de Fortaleza ao ler o diário íntimo de Vauthier. Deve ter sido marcada por uma luta constante contra as intrigas conjugadas dos "nativistas" e das autoridades locais. A rotina confortável e as relações estabelecidas deviam ser singularmente alteradas pela chegada de um estrangeiro, aureolado com o prestígio da Europa. Somente a amizade que o senador Alencar sempre lhe devotou fez que Seraine pudesse manter sua posição. Quando Alencar foi definitivamente substituído na chefia da província por um presidente do partido da oposição, os rancores acumulados contra o infeliz engenheiro lhe valeram uma destituição e perseguições que o obrigavam a buscar refúgio no Maranhão. Chega em São Luís no dia 23 de junho de 1845. Para grande felicidade de Seraine, a proteção de Alencar não o abandona. O presidente do Maranhão é amigo do senador e Seraine é por ele designado para proceder à delimitação dos "terrenos de marinha" da sua província. Pouco tempo depois, o presidente o nomeia administrador das Fazendas Nacionais de São Bernardo, diretor das tribos indígenas dos Canelas, Mateiros e Gaviões, encarregando-o, finalmente, da exploração de uma mina de cobre.

Em 6 de março de 1846, recebe uma homenagem que o deixa profundamente sensibilizado: torna-se tenente-coronel honorário do Estado-Maior do Exército brasileiro.

A partir desse momento, a vida do emigrante francês parece transcorrer em um discreto recolhimento. Bastante idoso, ainda robusto e muito orgulhoso de o ser, ele se dedica à administração das terras e dos homens que lhe confiaram, sem se lamentar por viver em um "deserto". Constitui família e é proprietário

---

15 Eis alguns exemplos particularmente notáveis: em 1819, Felisberto Caldeira Brant, futuro marquês de Barbacena, inaugura um serviço de barcos a vapor entre Salvador e Cachoeira. O primeiro paquete foi construído no Brasil. Em 1826, o navio a vapor *Correio Brasileiro* fazia a travessia entre o Brasil e Liverpool. Nesse mesmo ano, o *Amazonas* inaugurava a navegação a vapor naquele rio.

da fazenda do Bom Lugar, onde cultiva algodão. Por essa época, havia muito que se naturalizara brasileiro e absolutamente não sonha em regressar à pátria de origem: a idade e o receio do *mal de mer* o dissuadiriam de qualquer modo... É então, após 27 anos de silêncio, que decide reatar relações com os seus, no dia 25 de agosto de 1852, "às oito horas da noite", porque acaba de saber que um navio francês, partindo no dia seguinte de São Luís para o Havre, poderá levar sua carta.[16]

∗∗∗

As quatro cartas de Jean Étienne Seraine que nos vieram às mãos não primam particularmente pelo talento epistolar, nem mesmo pelo que é normalmente chamado "interesse histórico". Mas é precisamente a ausência do sensacional que lhe confere seu caráter de exemplo. São tão raros os documentos espontâneos sobre a adaptação dos emigrantes do século XIX ao meio brasileiro que não nos podemos dar ao luxo de desprezar alguns. Além disso, a longa indiferença – ou o persistente rancor – de Jean Étienne Seraine para com sua família nos proporciona a oportunidade pouco comum de ver um emigrante traçar, por suas próprias mãos, um retrospecto de sua carreira brasileira.[17]

Por outro lado, formigam nessas cartas pequenos pormenores de grande valor. Somos, por exemplo, levados a medir até que ponto um emigrante pode esquecer sua língua natal, após uma prolongada estada no exterior, mesmo quando dotado, como Seraine, de uma memória espantosa.[18] Jean Étienne, embora continuasse a conversar na sua língua de origem, nem por isso deixa de salpicar de lusitanismos sua correspondência, o que devia desconcertar muito seus des-

---

16 Sobre as atividades de Jean Étienne Seraine em Fortaleza, ver Studart, artigo citado; Nogueira, Paulino, Presidentes do Ceará. Período Regencial. 7º Presidente: Senador José Martiniano de Alencar. *Revista do Instituto do Ceará*, t.XIII (1899), p.202, nota 3; Brígido, J., *Ceará.* (Homens e fatos). Rio de Janeiro: Besnard, 1919, p.198; Girão, Raimundo, *Pequena história do Ceará.* Fortaleza, 1952, p.153. Essa bibliografia nos foi comunicada pelo sr. Florival Seraine, que infelizmente não pôde encontrar, nos arquivos locais, os documentos deixados pelo seu bisavô.

17 Segundo informações dadas pelo dr. Florival Seraine, Jean Étienne morreu no Maranhão, talvez em Caxias. Ignoramos a data de sua morte.

18 De fato, Seraine tinha auxiliares franceses. Uma carta do ministro Castro e Silva a José Martiniano de Alencar (18 de outubro de 1837) menciona a contratação de um carpinteiro francês por Seraine (Revista do Instituto do Ceará, 1908, t.XXII, p.152-3). Trata-se, talvez, de um certo Gagné, mencionado por Paulino Nogueira (artigo citado, p.202, n.3).

tinatários.[19] Confusão ainda mais curiosa: ele parece, em mais de uma ocasião, atribuir à França alguns dos traços característicos da vida brasileira. Por exemplo, quando indaga de um dos seus parentes o nome do vigário, o do prefeito e o do coronel de Villenauxe, a essa altura, o que ele certamente pretende é saber quem ocupa, na sua pequena cidade natal, a posição de um desses coronéis brasileiros, chefes eleitorais e quase feudais, muito mais que militares, os quais, durante muito tempo, dominaram a vida política de seu país, mas que nunca tiveram equivalentes na França.

Não são menos interessantes os dados numéricos sobre o transporte do correio e a rapidez das comunicações. Uma carta remetida da França em meados de fevereiro chega a São Bernardo no mês de junho seguinte. Para entregar a 12 de julho de 1853, a seu destinatário, cartas expedidas da França em outubro de 1852, os agentes do correio devem perfazer 38 dias de marcha. Esses pormenores e outros que seria possível extrair das cartas de Seraine apresentarão, talvez, algum interesse aos olhos dos historiadores do Ceará e do Maranhão.

A própria fisionomia de Jean Étienne Seraine, tal como se depreende dessa breve correspondência, é também, em si, digna de atenção. O Vauthier que Gilberto Freyre nos revelou, nascido após a queda do Império e aluno da Escola Politécnica, quando esta era um laboratório de ideias novas e um foco de revoluções, foi o porta-voz do socialismo francês para os brasileiros que o conheceram em 1840. Seraine pertence a outra geração. Ainda que tenha nascido apenas alguns anos antes da Revolução de 1789, suas ideias, a filosofia que ele toma o cuidado de revelar em alguns maus versos,[20] seu vocabulário e mesmo sua ortografia datam do século XVIII. Vê-se por aí quais aspectos diferentes da França podiam oferecer aos brasileiros dois franceses vivendo ao mesmo tempo no Brasil. Mas ambos tinham em comum, acima de tudo, o fato de serem representantes da técnica mais adiantada do mundo naquela época exclusivamente europeia E é a esse título, afinal de contas, que Seraine nos interessa: representa muito bem o tipo médio daqueles europeus "politécnicos" que, desde o início do século XIX, dedicam-se inconscientemente a transformar o mundo à imagem do seu continente.[21]

---

19 Exemplos de lusitanismos e formações peculiares: carta de 7 de agosto de 1853: *partidiste*: equivaler; je ne m'y enuuie pas *la moindre chose*; t'accompanhoient. Carta de 10 de agosto de 1853: *comme* (em vez de avec) 38 jours de marche; *presencié*; me *resumer* (em vez de ressaisir) etc. A ortografia das cartas, aliás, frequentemente incerta, conservou muito das características do século XVIII.

20 Carta de 10 de agosto de 1853.

21 Carta de 14 de janeiro de 1854.

174   LAURENT VIDAL E TANIA REGINA DE LUCA (ORGS.)

***

I – Carta de Jean Étienne Seraine a um seu primo de Villenauxe, em que pede notícias da família e dá informações sobre a sua residência no Maranhão e sobre os cargos que ocupa.[22]

> *Maranhão,[23] 25 de agosto de 1852, 8 horas da noite.*
>
> *Meu querido primo,*
>
> *Faz 36 anos que fui para Villenauxe,[24] 27 que nos encontramos em Paris e 26 que estou no Brasil. Moro a duzentas léguas no interior da província do Maranhão. Cheguei a esta cidade anteontem, para onde vim por objetivo da administração. Sou diretor de três aldeias de índios canelas[25] e administrador das fazendas nacionais da comarca da Chapada.[26] Sabendo que um navio francês partiria amanhã para o Hâvre, escrevo-lhe estas poucas linhas para lhe dar notícias minhas, assim como para lhe rogar que me dê notícias suas, de sua família, de suas irmãs, minhas primas, de nossa prima Sophie, e de todos os nossos parentes e amigos, seja de Conflans[27] ou de Villenauxe.*
>
> *Adeus, meu querido Seraine, meu amigo e meu primo, responda-me, você não sabe o prazer que me dará: creio que sua carta terá tanto efeito sobre mim como a terra tinha sobre Anteu quando ele a tocava.*
>
> *Seu primo e seu bom amigo,*
>
> *Jean Étienne Seraine.*

---

22 Ressalta-se ainda, dessas cartas, o interessante aspecto humano e psicológico do homem deslocado de seu meio: o emigrante procura afirmar-se perante os brasileiros exaltando o elevado nível social e cultural de sua família na França. Por exemplo, na carta de 10 de agosto de 1853, a "ovelha negra" tenta reabilitar-se perante a família, engrandecendo seus sucessos em um país longínquo.

23 São Luís do Maranhão. Maranhão é mais especificamente o nome da ilha em que se localiza a cidade, mas, até o século passado, esse nome aparecia em mapas e era comumente usado pelos estrangeiros e pelos próprios brasileiros para designar a cidade de São Luís.

24 Villenauxe, no departamento de Aube, distrito de Norgent-sur-Seine.

25 A lei provincial n.85, de 2 de julho de 1839, estabelecia três missões indígenas – duas no Alto Mearim e uma no Grajaú –, ficando os cuidados espirituais a cargo dos missionários e a administração temporal entregue aos diretores. (*Coleção de leis, decretos, regulamentos e resoluções da Província do Maranhão de 1835-1880*. Maranhão: Tip. Const. de J. J. Ferreira. A luta contra os timbiras foi a árdua conquista do interior do Maranhão no século passado, monopolizando esforços de lavradores e autoridades oficiais. Constituíram grande obstáculo à lavoura, pois, as férteis terras do Alto Mearim até Pastos Bons não podiam, por causa desses índios, ser aproveitadas para a cultura do arroz e do algodão (Gaioso, 1818).

26 A comarca de Chapada (atual Grajaú), desmembrada da comarca de Pastos Bons, foi criada pela lei provincial n.113, de 31 de agosto de 1841, e era constituída pelos termos do Riachão e Chapada, incluindo o atual município de Barra do Corda, onde se localizava a Fazenda Nacional de São Bernardo.

27 Conflans-sur-Seine, no departamento do Marne, distrito de Epernay, Cantão de Anglure.

P.S. – Se você me escrever, este é meu endereço:
A Mr. le Lieutenant Colonel Jean Étienne Seraine,
Directeur des Indiens Canellas,
Administrateur des fazendas nationales,
à Sam Bernardo[28]
Province de Maranhão – Brésil.
Minhas recomendações a todos aqueles que se lembram de mim.
Deus e Pátria.

***

II – Carta de Jean Étienne Seraine ao seu primo David Seraine, em que expressa saudades de sua família na França e rememora os sucessos e as vicissitudes da sua carreira de imigrante no Brasil, fazendo um esboço de sua filosofia e seus hábitos pessoais.

São Bernardo, 7 de agosto de 1853.
Meu querido primo David Seraine e meu amigo,
Tive o indizível prazer de receber sua amável carta datada de Conflans de 14 de fevereiro último, que recebi em junho, que era assinada também por minha querida prima Sophie, que sempre amei assim como a Seraine, de uma amizade e afeição particular. Elas eram tão amáveis quando eram jovens; e gostavam muito de mim! Quantas vezes não pensei em vocês, meus queridos amigos? Em novembro próximo fará 47 anos que deixei Villenoxe e, durante esse quase meio século, jamais me separei de vocês, meus bons amigos, a não ser pela distância. Meu coração e minha alma sempre estiveram junto de vocês. Eu sabia que a Seraine tinha morrido e como Sophie é mais velha que eu, acreditava que tivesse morrido também. O prazer que senti ao ver sua assinatura é inexprimível; ao ver a assinatura da mais velha de nossa família, nossa muito respeitável prima Sophie. Que Deus lhe dê vida e saúde para sempre! A recepção de sua carta mexeu a tal ponto com minha sensibilidade que derramei muitas lágrimas de prazer, de dor, como também de remorso por não ter escrito a vocês por 25 anos. Se vocês me perguntassem o porquê, eu não saberia realmente lhes dizer, pois o mutismo de minha parte com relação a vocês é uma coisa que não sei explicar nem a mim mesmo, mas como gostam muito de mim, vocês me perdoarão por isso e não me farão reprimendas. Vamos

---

28 A Fazenda Nacional de São Bernardo situava-se nas nascentes do Rio Ourives, afluente que deságua na margem direita do Rio Corda, com 132 quilômetros de curso. José Ribeiro do Amaral, em *O estado do Maranhão em 1896* (Maranhão, 1897), traz a única referência específica que encontramos sobre a localização dessa fazenda. Convém observar que a orientação e as distâncias indicadas por Seraine, na carta de 7 de agosto de 1853, não são precisas, sendo por vezes contraditórias entre si.

ficar igualmente contentes: nós nos reencontramos todos em boa saúde e felizes, Deus seja louvado! Estamos velhos, você me dirá? A velhice não é nada, meu amigo. Não se pode ser sempre jovem, mas quando a gente viveu longos anos com honra e probidade e uma consciência irrepreensível, quando criou filhos que nos dão satisfação, estamos todos em boa saúde e felizes, Deus seja louvado!, de ser jovem. Nós é que sabemos o que fomos e o que somos, e os mais jovens que nós sabem o que são, mas não o que serão.

Quando deixei Villenoxe, todos me lançaram anátema, mas desde que fui embora, consegui, por uma boa e constante conduta, atrair a estima, a benevolência e a amizade de pessoas de altas qualidades. Fui por elas ativamente e continuamente protegido. Ocupei grandes empregos tanto na França quanto na [sic] Holanda até 1813 e, de 1814 a 1820, na França. Mas 1813 foi funesto para mim. Minha opinião contra os Bourbon me trouxe ao Brasil para onde eu viria em 1814. Passei, meu querido Seraine, por muitas vicissitudes durante os 47 últimos anos de minha vida, mas a perseverança e a constância no bem sempre me ajudaram a vencê-las gloriosamente.

Vocês desejam saber como me fiz: vou satisfazê-los. Cheguei ao Rio de Janeiro no dia 4 de março de 1827,[29] com sessenta oficiais franceses que também emigravam por opinião. Estávamos todos bem vestidos, mas com pouco dinheiro e sem nenhum conhecimento no Brasil. Assim, a maioria se retirou para o interior do país. Nunca mais ouvi falar deles. O que se tornaram? Não sei nada. Mas eu, como sempre trabalhei para me instruir, mesmo em ciências que eu não podia prever que um dia me seriam úteis, tinha me aprofundado em matemática, geografia, geologia, agrimensura e construção de edifícios. Sabia fazer e desenhar um plano, seja de edifícios ou de superfície pela prática e pela teoria, mas as outras, eu só as conhecia pela teoria. Todos vocês sabem que a necessidade é a mãe da inteligência, que a ideia inventa e que a inteligência executa. Fiei-me em minhas forças: em um país onde as ciências ainda estavam na infância, eu tinha certeza de meus felizes sucessos. Depois de ter refletido maduramente, tomei a resolução de oferecer através dos jornais meus conhecimentos aos Senhores Proprietários.[30] Quase

---

29 O *Diário Mercantil* do Rio de Janeiro, de 5 de março de 1827, na coluna "Alviçareiro-Mor", assinala a entrada, no dia 4, do navio *Le Grand Dusquesne* de Havre de Grace, depois de 45 dias de viagem, trazendo 44 passageiros franceses.

30 Encontramos no *Diário Mercantil* do Rio de Janeiro, de 4 de abril de 1827, um anúncio que parece refletir a personalidade prolixa de Jean Étienne Seraine: "Uma pessoa de probidade e capacidade afiançada, se oferece a dar lições para ensinar a designar [sic], a tocar o *Forte pianno* e cantar; também para ensinar a *lingoa francesa*, *Geographia*, História Natural, *Mathematica*, Filosofia, Moral, Fisica, História Politica, Economia Nacional e Rural, *Technica*, Jurisprudência, Diplomática e mais algumas outras Ciências procuradas: tambem ele se oferece a executar, ou a fazer só os desenhos para qualquer engenho, com o melhor arranjo e gosto. No caso que alguma pessoa lhe quisesse para administrar e amilhorar com inteligência alguma, Fazenda ou outro estabelecimento, pode que talvez ele consentiria conforme as condições; quem se quiser utilizar do seu préstimo queira deixar sua morada ao dono da Botica n.82 da Rua dos

de imediato, fui chamado pelo embaixador da Áustria[31] para lhe fazer uma obra de luxo na entrada de seu palacete. É a esse trabalho, em que me saí perfeitamente bem, que devo minha situação e o que sou hoje. Trabalhei sete longos anos tanto no Rio de Janeiro quanto em suas imediações, tanto erguendo fábricas de açúcar, grandes casas quando dessecando seus lagos e brejos. Tinha alcançado grande reputação. Em junho de 1834, Sua Excelência, o sr. Senador José Martiniano de Alencar,[32] que acabara de ser nomeado Presidente da Província de Ceará, sua terra natal, mandou me chamar para saber se eu queria ir com ele para a sua província para me encarregar da administração dos trabalhos públicos de sua província por um conto e duzentos mil-réis de salário por ano, a viagem às suas expensas. Aceitei e o acompanhei. Chegamos no Ceará em 28 de setembro de 1834. Em 1º de outubro, ele assinou minha nomeação para administrador de trabalhos públicos.[33] Realizei grandes obras ali. A cidade não tinha água: meus primeiros trabalhos foram várias fontes públicas, e para uma delas fui obrigado a fazer um grande reservatório, um aqueduto e ir buscar água a uma légua da cidade. Também abri diversas vias através das florestas; fiz oito pontes; construí um edifício de 130 pés quadrados com um pátio no centro para a Tesouraria provincial e para a inspeção do algodão; uma prisão em Maranguape[34] e diversos outros trabalhos, durante cinco anos de

---

Barbônios, para ser procurado". E novamente em 29 de outubro de 1827: "Um professor já bastante conhecido na sua prática de dar lições em casas particulares de desenho, *lingoa francesa, Geographia, Mathematica*, História Natural, *Phísica, Philosofia*, História e alguns outros idiomas, adverte que ele tem agora duas horas desembaraçadas que são destinadas para a mesma prática; observando também que ele continua a incumbir-se de traçar planos, e desenhos de qualquer engenho, ou outra coisa".

Aliás, nas colunas de *"notícias particulares"* do *Diário Mercantil*, substituído pelo *Jornal do Commercio*, em outubro de 1827, abundam anúncios de franceses que ora se propõem a administrar fazendas "com conhecimento profundo da agricultura", ora a fazer "as escriturações em qualquer casa de comércio francesa", em geral a dar lições particulares da língua francesa, de Geografia e Aritmética "aplicadas ao comércio e às artes"; de Latim, História etc.

31 Felipe Leopoldo Wenzel, barão de Mareschal, figura de projeção na época, chegou ao Brasil em 1819 e aqui permaneceu em sucessivos postos diplomáticos até 1830. Antes, em Viena, cursara a Escola Militar e servira como oficial de cavalaria. Em maio de 1826 foi promovido do cargo de "encarregado de negócios" para o de ministro plenipotenciário (Schlichthorst, op. cit.).

32 Senador José Martiniano de Alencar, grande político e homem de ação, nasceu em 1794 em Barbalha, no Ceará. Estudou no Seminário de Olinda, onde tomou ordens. Pai do romancista José de Alencar, abandonou o hábito para constituir família, em uma época em que se projetava a abolição do celibato. Teve um brilhante, porém acidentada carreira política. Eleito senador em 1831, foi nomeado presidente do Ceará em 1834 e ali realizou muitas obras. Liberal, interrompeu o mandato em 1837, retomando novamente o cargo uma vez proclamada a Maioridade, da qual foi um dos principais protagonistas.

33 "... de la province" (anulado).

34 Maranguape, sede de município desde 1851, situada na zona fisiográfica do Baturité, estado do Ceará, a 23 quilômetros da capital, rumo SO. Teve origens no século XVIII, quando os holandeses iniciaram a exploração de suas minas de prata.

178   LAURENT VIDAL E TANIA REGINA DE LUCA (ORGS.)

minha administração. É à amizade constante de Sua Excelência, o sr. Senador Alencar, que devo tudo o que sou. Sua amizade para mim foi sempre a de um irmão bem-amado. Hoje ele é meu compadre duas vezes. Sou padrinho de seu terceiro filho, Tristan, e ele é padrinho de meu filho Jean Étienne Seraine de Conflans, que nasceu no Ceará no dia 8 de maio de 1838: ele fez 15 anos no último dia 8 de maio. É um belo menino. Amo-o do fundo do meu coração. É o único filho que tenho.[35] Tenho também uma filhinha que nasceu em 12 de março de 1847. Ela se chama Martiniana. Essas duas crianças são aqui minha maior felicidade.

Sua Excelência, o sr. Senador Alencar, sempre foi e continua sendo o chefe do Partido Liberal (Santa Luzia).[36] Entre mim e ele existe uma inquebrantável amizade de simpatia, de opinião e de religião. Somos um para o outro o que se diz na França serem duas cabeças no mesmo boné. Foi ele que providenciou para me naturalizar, porque era necessário para obter um emprego público. Não sou menos francês por isso. Amo e amarei sempre minha bela pátria. Eu precisava de uma existência honesta [sic]: a necessidade se sobrepôs a todas as considerações. Sua Excelência, o sr. Alencar, foi substituído, em 1845, por um presidente[37] que não era de seu partido, que também não era do meu. Eu me demiti de meu emprego e fui injustamente perseguido, tanto que tive de me refugiar na província de Maranhão, em Maragnan,[38] onde cheguei em 23 de junho de 1845. Encontrei ali um presidente partidista [sic] e amigo íntimo de S. Excelência sr. Alencar. Fui visitá-lo e lhe expor as desgraças que tinha provado [sic] no Ceará. Ele logo se afeiçoou muito a mim: poucos dias depois, recebi uma carta do sr. Alencar que me falava de me apresentar ao presidente do Maranhão,[39] a quem também tinha escrito. Como resultado, S. Ex. o Presidente do Maranhão me nomeou em 1° de agosto de

---

35   Segundo informações do dr. Florival Seraine, seu bisavô teria excluído um seu filho mais velho, Joseph Pierre Seraine, o qual veio a falecer, assim como Martiniana, na cidade de Amarante (Piauí), onde se dedicava ao comércio.

36   A designação "Santa Luzia", a princípio regional, evocava a revolução liberal mineira de 1842. No seu livro *O naturalista no Rio Amazonas* (Coleção Brasiliana, Companhia Editora Nacional, 1944), lembra Bates: o partido liberal era conhecido no Brasil como o partido Santa Luzia e o conservador, como o partido Saquarema. O barão de Studart, em *Dados e fatos para a história do Ceará* (Tip. Fortaleza, 1896), narra as vicissitudes do partido liberal nesse período, quando os conservadores retomam o poder.

37   O senador Alencar foi substituído na Presidência da Província, em 9 de maio de 1841, pelo brigadeiro José Joaquim Coelho, do partido conservador. Sucederam-se vários governadores até que, em 4 de dezembro de 1844, tomou posse o coronel Inácio Correia de Vasconcelos, ao qual se refere o texto.

38   São Luís, 7 de agosto (1853).

39   Refere-se ao desembargador João José de Moura Magalhães, que tomara posse em 17 de maio de 1844, tendo seu mandato renovado duas vezes até outubro de 1846 (Marques, 1873, parte II, p.179).

FRANCESES NO BRASIL: SÉCULOS XIX E XX   179

1845 engenheiro encarregado da demarcação dos terrenos da Marinha (franco-bordo)[40]
da Província do Maranhão e, no dia 23 de novembro seguinte, o mesmo presidente me
nomeou administrador das fazendas nacionais[41] de São Bernardo, diretor dos índios[42] de

---

40 Sobre a instituição dos "terrenos de marinha": A Ordem Régia de 7 de maio de 1725, consumada pela de 10 de dezembro de 1726, designava como "propriedade nacional" o "espaço de terreno compreendido em 15 braças entre terra firme e o bater do mar em marés vivas". No Maranhão, a Carta Régia de 13 de maio de 1797, dirigida ao Presidente da Província, estabelecia serem da posse da Coroa "todas as mattas e arvoredos à borda da costa e rios que desemboquem imediatamente no mar", proibindo e anulando as concessões de sesmarias nessas paragens. Quanto à medição e demarcação dos terrenos, a Ordem Régia de 13 de janeiro de 1845, dirigida à Tesouraria da Província do Maranhão, estabelecia que o engenheiro encarregado da medição de terrenos de marinha "deve ocupar-se efetiva e continuamente da medição, enquanto houverem pretendentes (ao aforamento); e enquanto nessa diligência estiver, deverá perceber a respectiva gratificação de residência, pago por conta da Fazenda Nacional [...]" (Lima, 1854).

41 A Fazenda Nacional de São Bernardo, criada no início do Segundo Império, foi uma das cinco fazendas nacionais estabelecidas no século passado para a colonização dos índios. Nessa mesma região existe hoje uma Colônia Nacional sob a administração do Instituto Nacional de Imigração e Colonização (INIC). O Serviço de Proteção aos Índios tem aí uma Ajudância, que supervisiona dois postos com 16 aldeias, três das quais dos canelas. As aldeias dos canelas são as mais distantes de Barra do Corda.

42 Como diretor, Seraine tinha em mãos uma administração complexa. Era seu dever incentivar a agricultura e orientá-la para os produtos mais úteis e acessíveis; repartir as terras para as plantações em comum e, para as particulares, inspecioná-las; decidir da necessidade de certos trabalhos em comum, distribuir os objetos e os instrumentos necessários; designar os índios para os respectivos serviços, evitando o princípio de injustiças e, sempre que possível, de acordo com os maiorais da aldeia; encaminhar e dar consumo a parte dos produtos reservada aos índios; prestar contas ao tesoureiro da renda das plantações, da extração das drogas do sertão, das pescarias e das trocas locais. Deveria fazer a demarcação das terras dadas aos índios e, de quatro em quatro anos, proceder ao arrolamento dos índios aldeados. Tinha a seu cargo a força militar; deveria alistar os índios capazes para o serviço militar e, eventualmente, organizar companhias. Quanto à questão orçamentária, deveria aplicar a verba sob a orientação do diretor-geral; por conta própria poderia gastar até 100 mil-réis. Além disso, deveria zelar pelo progresso da aldeia e individualmente pelo bem-estar e moral dos índios. Era de sua responsabilidade manter a disciplina e a segurança; aplicar pessoalmente as penas menores ou apelar para a polícia. Seria o procurador dos índios. Era ele, enfim, que distribuía os prêmios, superintendia as construções e cuidava do aparato das festas civis e religiosas.
O cargo de diretor dos índios foi primeiro instituído pelo malicioso Diretório de 1758, organizado no Pará pelo capitão-general Francisco Xavier de Mendonça Furtado e aprovado pelo Alvará de 17 de agosto do mesmo ano. Os diretores seriam nomeados pelos governadores e capitães-generais. A sua missão teórica era a de fiscalizar e aconselhar os magistrados indígenas, mas os 95 parágrafos do Diretório estabeleceram, na realidade, um cuidadoso sistema de exploração da mão de obra. Daí ter sido extinto por uma Carta Régia de 12 de maio de 1798. O decreto n. 426, de 24 de julho de 1845, veio estabelecer um diretor em cada aldeia e criar ao mesmo tempo, em cada província, para maior eficácia e coesão, o cargo de diretor-geral. Esse "Regulamento" previa ainda para as aldeias maiores um tesoureiro, um almoxarife e um cirurgião. O diretor seria nomeado pelo presidente da Província por proposta do diretor-geral e prestaria contas

180 LAURENT VIDAL E TANIA REGINA DE LUCA (ORGS.)

três tribos, Mateiros, Canelas e Gaviões,[43] *entre os rios navegáveis Alpercata e Grajaú, em uma extensão de 86 léguas, e encarregado da exploração da mina de cobre que fica perto da Chapada, quase à margem do Grajaú, onde encontrei uma inesgotável mina de ferro não explorada.*[44] *Em 9 de agosto de 1845 fui nomeado membro correspondente da Sociedade Filomática Maranhense das Ciências e das Artes,*[45] *e em 6 de março de 1846 fui nomeado tenente-coronel honorário do Estado-Maior do Exército brasileiro.*[46] *Eis, meu amigo, exatamente como cheguei ao apogeu de minha existência. Não devo tudo o que sou ao meu compadre e amigo, há quase vinte anos: minha pequena fortuna e minha graduação?*

Se eu possuísse neste país, onde estou há oito anos, tanta fortuna quanto possuo de estima, de consideração e de influência sobre o povo, seria muito rico... Aqui, meu amigo, não sou o primeiro em fortuna, não; mas em representação e instrução, sim: seu primo no Brasil tem um nome e uma reputação merecida, que lhe dão muita honra. Se um dia você encontrar em suas viagens a Paris brasileiros que me conhecem, pode sem receio lhes dizer que sou de sua família, da honorável, grande e muito antiga família dos Seraine de Conflans.

Volto à minha prima Sophie: você, meu querido David, eu o vi em 1826, há 27 anos; mas Sophie, há pelo menos sessenta. Não me lembro de tê-la visto desde 1793 ou

---

de três em três meses, redigindo anualmente um relatório completo (Ver *Colleção das Leis do Brasil*. Rio de Janeiro: Imprensa Nacional, 1891). No entanto, para pôr em prática essas novas resoluções, o governo cedeu ao Maranhão a insignificante quantia de 1 conto de réis. Apesar disso, o diretor-geral barão de Anajatuba tornou possível a navegação dos Rios Mearim, Pindaré e Grajaú, reunindo e pacificando ali numerosas tribos (Marques, op. cit.)

43 São os timbiras do leste, da família gê ou crans. Os gaviões (*pukóbye*) ocuparam o Alto Grajaú e, mais especificamente, a região do seu afluente Sant'Ana; os canelas tem seu habitat a leste do Rio Corda e ocuparam antigamente toda a região do Médio e Baixo Alpercatas, do Ourives (Fazenda Nacional São Bernardo) e do Porcus, entre o Rio Corda e o Itapecurú, lutando contra as "bandeiras". Os mateiros (*cakamekra*) ocupam o distrito do Rio das Flores, pequeno afluente do Mearim, tendo no século passado assolado e tornado perigosa a navegação de todo o Alto Mearim (Nimuendaju, 1946).

44 São afamadas as minas de cobre do Grajaú, próximo à Chapada. Francisco Inácio Ferreira, no seu *Dicionário Geographico das Minas do Brasil* (Rio de Janeiro: Imprensa Nacional, 1875), assinala: "Os engenheiros Henning e Mollara, tendo examinado o cobre das mencionadas jazidas, atestaram a excelência e abundância do precioso metal". E, justamente a esse propósito, escreve César Augusto Marques: "Ao lugar chamado Fazendinha acha-se cobre e em outros ferro [...]" (*Dicionário Histórico Geográfico da Província do Maranhão*, Maranhão, 1870).

45 César Augusto Marques (op. cit.) faz referência a essa sociedade: "[...] creou-se antes (por volta de 1843) uma sociedade litteraria a esforços dos drs. Maia e Teophilo, do pharmaceutico francês Luiz Bottentuit e d'outros, a qual chamou-se Associação Philomática e publicou um jornal, que foi também de pequena duração".

46 Essa é a graduação honorária que o decreto de 24 de julho de 1845 estabelecia para o cargo de diretor. Ao diretor-geral caberia a graduação de brigadeiro e ao tesoureiro, a de capitão. Em exercício, ostentariam as respectivas fardas.

1794, a última vez que fui à festa de Conflans, que era no primeiro domingo de agosto. E não é que uma coisa sempre leva a outra? Estou dizendo que a festa de Conflans é no primeiro domingo de agosto, quando vejo em meu almanaque que a data de minha carta é precisamente do dia 7, primeiro domingo de agosto. Que triste! Digo a mim mesmo, estou aqui sozinho, sem minha família e por minha própria conta, abandonado às minhas ideias quiméricas, e meus primos, reunidos em família, passam momentos felizes! Quem sabe um deles não se lembre de mim e não beba um copo de vinho à minha saúde: feliz o homem que vive no seio de sua família, que vê crescer seus filhos e seus netos! Nada é comparável a essa felicidade: digo isso por uma longa e terrível experiência. Você está cercado de seus filhos, netos, sobrinhos etc. e eu, aqui, a mais de duas mil léguas de vocês, em um terrível deserto, em meio a um povo bruto, sem religião, sem moral, fanático e supersticioso de negros e de índios, todos mais ou menos selvagens. Não há nenhuma fortuna, nem dignidade, aqui, para mim, que possa equivaler à felicidade da qual você usufrui no seio de sua família: onde se pode estar melhor que no seio de sua família?

No próximo dia 18 de fevereiro, a Páscoa com seus dedos malvados marcará meus anos com um 7 seguido de um 3: terei 73 anos, nasci em 1781. E você, qual é a sua idade? Qual é a idade de Sophie? Se Deus nos conceder uma duração de existência tão longa como a de meu tio, teu avô, temos muito tempo a viver. Tudo me pressagia uma longa velhice: sou muito forte, robusto, não tenho reumatismo nem dores, minha vista não está fraca, o ouvido é bom, tenho bom apetite, tenho pouca gordura, não sou gordo, nem magro. Tenho boa saúde; mantive minha antiga alegria; restam-se ainda dois ou três décimos de força física, monto a cavalo como há quarenta anos. Em julho último, voltando da Chapada, fizemos caminhadas de 14 a 16 léguas por dia, sem que eu me sentisse cansado. Ando ainda bem ereto, minha cabeça não está caída, curvada sob o peso dos anos, como se quisesse encontrar para mim uma sepultura adequada. Nunca fui de beber nem de jogar; nunca tive febres, indigestões, nem doenças sifilíticas, embora sempre tenha amado o belo sexo: esse vício foi o dos grandes homens e o menos funesto à humanidade.

Não sucumbi à Religião e à Política. Sou bastante filósofo para não saber me dirigir em relação a uma ou à outra. Estou feliz em minha casa; não tenho ambição, sei me contentar com pouco; resisto com uma força estoica às privações, assim como aos acontecimentos imprevistos e inevitáveis, não sendo dotado da presciência. Nada me afeta, tenho confiança na Divina Providência: ela é meu talismã, minha consciência está intacta. Quando me deito, durmo bem porque meu travesseiro não tem nada a me repreender. Em suma, não me falta nada para ser plenamente feliz a não ser estar junto de vocês: o que me é impossível de realizar.

Digo-lhe que vivo em um deserto: você julgará. Meu vizinho mais próximo está a cinco léguas a leste de São Bernardo; a Barra do Corda,[47] a 24 léguas Norte-N.E.;

---

47 Barra do Corda, sede de município desde 1835, localizada na zona fisiográfica do Alto Mearim, a 345 quilômetros de São Luís, rumo SSO.

a Chapada,[48] *distrito e paróquia, a quarenta léguas Sudoeste-¼ S.O.; São Félix das Balsas,*[49] *a trinta léguas Sul-S.O.; Pastos Bons,*[50] *a 24 léguas Sul-S.E.; e Passagem Franca,*[51] *a 28 léguas Sudeste. Você pode ver qual é minha posição em meio a esse vasto espaço onde só existem alguns fazendeiros (que criam animais selvagens e cavalos, e que só cultivam para sobrevivência) e alguns miseráveis habitantes nômades de todas as cores e todos muito distantes uns dos outros. Ouço-o dizer: mas meu primo deve se aborrecer muito sozinho nesse deserto? Eu lhe direi primeiramente que o homem se acostuma com tudo, para o bem ou para o mal, que eu não me aborreço nem um pouco e que às vezes até acho os dias curtos demais. Trato das ocupações habituais e diárias. Dividi os trabalhos do dia em três partes: a primeira é para minha administração; a segunda é para a instrução dos meus dois filhos; a terceira é dedicada à leitura. Tenho uma bela biblioteca com livros de autores clássicos. Eu recebia os jornais, mas me desgostei porque eram escritos por penas venais. Meus livros são meus velhos, bons e constantes amigos. Eles me instruem e me dão bons conselhos: com eles, o universo está à minha disposição; eles me fazem viajar pelos quatro cantos do mundo sem sair de meu escritório. Vejo a História Antiga terminar em 476 da era de Jesus Cristo; a História da Idade Média terminar em 1453, e a Moderna, até esta época.*[52] *Eis, meu amigo, como passo minha vida, e às vezes até me sinto feliz por não ter vizinhos, pois vale mais não ter nenhum do que ter maus vizinhos, não é verdade?*

Coloco um ponto para resistir ao entusiasmo de minha pena, que tem tanto prazer em conversar, tanto com você, meu querido David, quanto com minha querida Sophie, que se eu a deixasse fazê-lo ela lhe escreveria uma carta tão prolixa e tão longa quanto é um sermão da Paixão de Jesus Cristo.

---

48 Atual Grajaú, sede de município desde 1835, situada a 433 quilômetros de São Luís, rumo SSO, também no Alto Mearim. Fundada em 1811, sofreu muitos reveses na luta contra os timbiras.

49 São Félix das Balsas, atual distrito do município de Loreto, situada na zona fisiográfica do Alto Parnaíba, a 520 quilômetros de São Luís, rumo SSO. Já era freguesia em 1761, sob o nome de São Bento das Balsas.

50 Pastos Bons, sede de município desde 1821, situada na zona fisiográfica do Alto Parnaíba, a 445 quilômetros de São Luís, rumo SSE. Foi fundada em 1844, como cabeça de ponte na conquista do sertão.

51 Passagem Franca, sede de município em 1838, situada na zona de Itapecurú, a 397 quilômetros da capital, rumo SSE.

52 Seraine tinha provavelmente um manual de História Universal e é curioso notar como essa periodização era recente na época, pois o período da Idade Média era ignorado nos programas oficiais de ensino na França até 1814. Em 1829, O. Desmichels dava ao seu manual o título *Histoire Général du Moyen Âge.* A expressão foi definitivamente consagrada nos programas de 1838 (ver Lot, 1940).

FRANCESES NO BRASIL: SÉCULOS XIX E XX   183

Minha esposa e meus filhos se juntam a mim para lhes rogar que recebam nossos sinceros sentimentos da mais verdadeira e sincera amizade (meus filhos lhes rogam que recebam seus profundos respeitos), como para lhes rogar, a você e a Sophie, que abracem por nós sua esposa, minha prima, e todos os seus filhos e netos, sobrinhos e sobrinhas. Rogamos a Deus que os conservem para sempre em perfeita saúde, como também em próspera felicidade. Nós, por ora, gozamos todos da melhor saúde possível. Deus seja louvado!

Desejo que você me recorde os nomes de nossos primos ou amigos que o acompanhavam quando nos vimos em Paris. Se eles não morreram, tenho junto de você dois colegas de escola: Cri, o mais velho dos Caves, e Duchat, o mais velho de Luret ou de Eclavole. Se eles estiverem vivos, recorde de mim para suas lembranças e transmita-lhes meus sinceros cumprimentos.

Adeus, meu querido David Seraine; adeus, minha querida Sophie Seraine! Vocês estão no meu coração. Posso estar também nos seus. Concedam-se sempre suas boas amizades: elas serão para mim uma doce consolação em minha velhice. Rogo que abracem todos por mim. Não me esqueçam jamais em suas reuniões de família; falem sempre de mim; falem de mim aos seus filhos; lembrem que eles têm um primo no Brasil que os ama muito. Se Deus quiser, quando meu bem-amado filho Jean-Étienne Seraine de Conflans fizer 18 anos, eu o enviarei para junto de vocês, para que o apertem em seu peito e para que ele abrace a todos por mim.

Adeus, meus bons amigos. Adeus, que Deus e a felicidade estejam sempre com vocês.

Seu primo de coração e alma,

Jean Étienne Seraine.

E a lápis, em outra caligrafia: [Lieutenant-Colonel, Directeur des Indiens Canellas, Administrateur des fazendas nationales, à San Bernardo, Province de Maranhão, Brésil].

***

III – Carta de Jean Étienne Seraine em resposta à do seu primo e amigo Payen Seraine, em que pede notícias detalhadas da família e de toda a região, tecendo curiosos comentários políticos e referindo-se a uma próxima viagem sua para o Rio de Janeiro em visita ao senador Alencar.

São Bernardo, 10 de agosto de 1853, feira em Nogent-sur-Seine
Meu querido primo e bom amigo Payen Seraine,

Eu estava no júri na Chapada, sede de seu distrito, e minha Paróquia, a quarenta léguas de S. Bernardo ainda mais para o interior, quando o sr. Doutor Policarpo Lopes de Leão,[53] juiz de direito, meu amigo, em cuja casa estava alojado, recebeu pelos soldados do Correio do Maranhão, com 38 dias de marcha, a correspondência onde estavam suas cartas, que ele me remeteu em seguida. Era 12 de julho, uma sua e a outra de meu primo Prosper, de 8 e 10 de outubro de 1852; recebi a de meu primo David, de 14 de fevereiro, 35 dias antes das suas. Li e reli suas cartas com tanta sensibilidade quanto inexprimível prazer, por toda parte encontrei as marcas da mais franca e cordial amizade; não podia esperar menos de vocês, meu querido primo, por ser o filho de minha bem-amada prima Sophie e genro de meu primo David Seraine. É exatamente isso, o primo esposou a prima: eu os felicito, meu amigo, seus filhos serão puro sangue dos Seraines, eles regenerarão a família. Estou totalmente convencido de que sua mãe, minha prima Sophie, e seu sogro, meu primo David, tiveram uma enorme surpresa e satisfação quando receberam minha carta, porque éramos amigos de infância, e porque nossos pais, que eram os três quase da mesma idade, eram ligados por uma amizade fraterna. Vocês, e meu primo Prosper, estiveram presentes à leitura de uma carta levando notícias minhas; estou seguro de que a satisfação foi grande, e muito sentida, tenho uma ideia muito clara disso por tudo o que eu próprio senti quando recebi suas cartas. É impossível explicar o efeito que teve sobre mim a visão das assinaturas de meu primo David, e sobretudo a de Sophie, que realmente eu imaginava morta. Eu lhes asseguro que por vários dias caí em uma triste apatia sem conseguir me conter; eles me imaginavam morto, ou vegetando em uma ínfima miséria, em um canto deste vasto mundo. Graças à Divina Providência, não é assim. Seu primo em sua longa vida enfrentou muitas vicissitudes, porque a carreira dos homens, neste mundo perverso, não é uma rosa sem espinhos. Contudo, juro por minha honra que, se algumas vezes conheci o infortúnio, jamais conheci a miséria.

Faz mais de 27 anos que vi meu primo David em Paris; mas sua mãe, faz 59, ou sessenta, porque não me lembro de tê-la visto desde 1793 ou 94. Mas bem! Você, meu querido Payen, que com a experiência, a idade e a educação necessárias para apreciar as coisas e as circunstâncias faz ideia de tudo o que pude sentir em minha posição; me vi como um navio no mar, em uma tempestade, batido por todos os ventos: mil ideias, sofrimentos, prazeres, remorsos se sucediam uns aos outros, não sabia o que eu era, nem o que devia fazer, enfim, Deus me permitiu receber suas cartas, elas foram para mim o bálsamo salutar; vi com a maior satisfação que vocês estavam todos estabelecidos, e felizes, rendi graças ao Céu.

Sendo filho de minha querida prima Sophie, e genro de meu primo David, por seu casamento, você é duas vezes meu primo. Sejamos tão bons amigos quanto parentes próximos, tenhamos juntos uma correspondência ativa, em seguida, você me responderá a tudo o que eu pedir, e eu farei o mesmo com relação a você.

---

53 Desembargador Policarpo Lopes de Leão, homem de grande influência na região. Foi sob sua direção que se abriu, em 1854, uma estrada de vinte léguas, unindo Chapada a Barra do Corda; tinha o privilégio de exploração das minas de cobre da Chapada.

Não irei nunca mais a Conflans: a idade e os incômodos da mareação me impedem de fazê-lo, mas, se Deus me conservar a vida ainda por alguns anos, com certeza enviarei seu primo, Jean Étienne, meu filho, a Conflans para abraçar todos vocês por mim; talvez ele fique alguns anos com vocês, meus bons amigos; creio que vocês o receberão como se fosse eu mesmo.

Estou muito satisfeito por saber que todos vocês estão felizes; essa felicidade, meu amigo, é um dom de Deus, devemos continuamente render-lhe graças, e invocar sua suprema e divina proteção: quanto a mim, não sou rico, mas não sou pobre, tenho com que viver honradamente, e desejo com sinceridade ser o mais pobre dos Seraine presentes e dos que virão.

Nosso primo Gauthier não tem muita saúde, é triste para ele, e por nobre satisfação é um bom sujeito. A nobre prima Alexandrine sempre foi feliz com ele; eles têm filhos? Quantos eles têm? Transmita-lhes meus mais sinceros cumprimentos. Abrace por mim Alexandrine.

Você não me fala de Trudon, nem de sua mulher, minha prima. Será que eles morreram? Me dê notícias deles. Desrat e o caçula Desrat morreram, deixaram filhos, casaram, o que eles fazem? Estão felizes? Recorde de mim para sua lembrança e me fale deles.

Sua mãe, minha prima, como você me diz, teve três filhos, dois meninos e uma menina. Diga-me os nomes deles, e as idades de vocês; sua irmã é casada com Hypolite Demeuve. Lembro-me perfeitamente dele, era mais velho que eu. Você, meu querido Payen, você era neto do sr. Payen-le-Sucre, que morava na rua do lago e moinho de Bacheret, e do moinho de vento, à mão direita em direção à praça de Conflans.

Você tem um irmão estabelecido em Troyes,[54] *comerciante de algodão. Ele tem uma fiação? Manda fiar? Compra seu algodão em Paris ou em Rouen? Qual é o preço médio do algodão na França, seja em Rouen ou em Paris? Me informe: nosso algodão aqui tem a mesma qualidade do algodão de Pernambuco.*[55] *Se eu visse alguma vantagem nos preços, poderia enviá-lo para a França. Faço essa cultura em grande dimensão, é a principal da feitoria nacional, como também da minha, que se chama em português Bom Lugar.*

Diga-me onde você fica em Paris quando você vai lá; se ainda existe o Café de Aube na Pont-aux-Blend e quem o ocupa? Desejo ter essas informações, você me dá os nomes escritos com exatidão?

Eu sabia que seu tio Vital, meu primo, tinha morrido, mas achava que essa desgraça tinha ocorrido na primeira juventude. Ele era casado e deixou uma viúva e três filhos. Agrada-me muito sabê-los estabelecidos, e felizes; assegure-os de minha particular amizade. Abraço-os do fundo do meu coração.

---

54 Troyes, sede do departamento de Aube.

55 Em 1818, Gaioso (op. cit.) defendia esse ponto de vista em tom de polêmica, no capítulo "Reflexoens sobre a diferença dos algodoens do Maranhão e de Pernambuco".

Vejo em meu Dictionnaire Géographique Universel: *Marcilli (Aube),* [56] *Distrito de Nogent-sur-Seine. Explique-me isso, você, sr. Prefeito de Conflans, como pode Marcilli ser em Aube, e Conflans em Marne? Não entendo: mais ainda, os coches vão portanto também até Marcilli e vocês têm uma estrada de ferro nas imediações? Há muito tempo que tomei conhecimento do Canal de Romilli,* [57] *acho que em minha Enciclopédia Moderna de Courbin datando de 1825. O Canal de Troyes começou; tem oito léguas de extensão, tem seis desvios parciais, da Seine, de Marcilly até Troyes, e um entroncamento de Saint-Just* [58] *a Anglure.* [59] *Chama-se de Canal Selvagem a parte compreendida de Mery-sur-Seine* [60] *até a confluência de Aube: esses canais foram concluídos? Escreva-me em papel de carta grande, e com suplemento se for necessário; suas mais longas cartas serão sempre exíguas para mim.*

Vocês pelas chuvas e nós pela seca tivemos más colheitas no ano passado.

Vosso Luís Napoleão III [61] *é o salvador da França, hein?... Isso não está claro? De um ponto de vista moral, o general Cavaignac* [62] *merece mais essa insigne honra do que ele; o que ele fez para salvar a França? Esses golpes de Estado. Ele fez como o arco-íris, apareceu depois da tempestade, apareceu como um acontecimento, ou, apoiado por um partido fanático, se mostrou ao povo (como sendo o sobrinho do Grande Homem, de quem ele jamais será a sombra) coberto de lauréis que caberiam ao bravo Cavaignac, que se expôs aos maiores perigos para salvar Paris, e a França; se ele não tivesse esmagado e pulverizado um milhão de canalhas que, vencedores, teriam pilhado Paris e a França, por sua junção com todos os canalhas das principais cidades da França. Luís Napoleão seguiu passo a passo César, que foi assassinado por Brutus. Foi mais feliz do que ele, subiu ao trono; mas se quiser se conservar em seu trono efêmero, ele deverá se recordar, sempre, que todos os dias de sua vida serão uma página de sua história, e que se um dia tiranizar os franceses, ele encontrará um Brutus que não será romano: amo a França, ela é minha pátria, eu a desejo feliz. Se o Imperador souber fazer a felicidade dos franceses, rogarei a Deus para protegê-lo, mas se desviar desse princípio, desejarei que um raio se abata sobre ele. Fechei os olhos para o passado, mas não para o futuro; o presente está em evidência. A monarquia constitucional representativa é a melhor combinação, e por consequência a mais feliz. O Imperador é o primeiro Magistrado da sociedade; foi eleito*

---

56 Marcilly-Le-Hayer, no departamento de Aube, distrito de Nogent-sur-Seine.

57 Romilly-sur-Seine, no departamento de Aube, distrito de Nogent-sur-Seine.

58 Saint-Just-Sauvage, no departamento de Marne, distrito de Epernay.

59 Anglure, no departamento de Marne, distrito de Epernay.

60 Mery-sur-Seine, no departamento de Aube, distrito de Nogent-sur-Seine.

61 Napoleão III (Charles Louis Napoleon Bonaparte, 1808-1873), eleito presidente da Segunda República em 10 de dezembro de 1848, restaurou o Império pelo golpe de Estado de 1851, mantendo o poder até 1870.

62 Quando irrompeu a insurreição de junho de 1848, o general Louis Cavaignac (1802-1857), então ministro da Guerra, foi nomeado chefe do poder Executivo, substituindo a "Comissão Executiva" da Segunda República. Restaurou o regime parlamentar, continuando como ditador temporário até dezembro de 1848, quando perdeu as eleições para Luís Napoleão.

pelo povo, do qual emana sua autoridade, e ele deve usá-la para o povo; e não contra ele. No século em que estamos, meu querido primo, um governo injusto, déspota, pode se manter por um tempo mais ou menos longo pela astúcia, e pela violência: mas com isso mostram aos oprimidos o uso funesto que podem fazer dele. Li nos jornais tudo o que você me disse da máquina infernal.[63]

Você é, meu amigo, o prefeito de Conflans. Essa notícia me deu um enorme prazer. É uma prova irrefutável de seu mérito. Receba, meu querido primo, meu sincero cumprimento, e toda a satisfação que isso me dá: a população de Conflans cresceu muito, é um sinal seguro de sua boa administração – como da prosperidade de seus habitantes. Que Deus proteja Conflans tão cara ao meu coração.

Desejo saber os nomes do prefeito, do coronel e do padre de Villenauxe, só por curiosidade.

Aviso-o, e você avisará a todos os meus primos, você, meu bom amigo, que, em janeiro próximo, irei ao Rio de Janeiro, ver e abraçar meu velho, bom, velho amigo, e compadre, S. Ex. sr. Senador Alencar. Ficarei na casa dele, onde pretendo permanecer por pelo menos seis meses. É uma viagem de mais de oitocentas léguas de São Bernardo ao Rio.[64] Faz-se a viagem do Maranhão ao Rio de Janeiro em vinte dias nessa viagem, visita-se o Ceará, Rio Grande do Norte, Pernambuco, Alagoas, e Bahia: todas essas cidades são capitais de províncias (departamentos). Irei sozinho, minha família ficará em São Bernardo. É para o Rio que vocês endereçarão suas cartas em um único envelope com o endereço seguinte, tendo o cuidado de fazer suas cartas pelo menos da dimensão da minha carta. Suas cartas estarão em um único envelope, mas fechadas e para meu endereço.

Eis o endereço do envelope superior:

Ilmo. Exmo. sr.

Comendador José Martiniano de Alencar, Digníssimo Senador de Império do Brasil etc.

Rio de Janeiro.

du Maire de Conflans sur Seine.

---

63 Expressão consagrada a partir do célebre atentado de 24 de dezembro de 1810, organizado pelos realistas contra Napoleão. Verificaram-se vários atentados por parte dos republicanos contra o novo imperador no decorrer de 1853 (Lavisse, 1921).

64 O vapor San Salvador chegou ao Rio de Janeiro no dia 13 de fevereiro, depois de uma viagem de 22 dias e 16 horas, sendo comandante o capitão-tenente Antônio Carlos Figueira (*Jornal do Commercio*, 14 de fevereiro de 1854, coluna "Movimento do Porto"). Fazia normalmente esse percurso desde o Pará e portos intermediários. As comunicações regulares entre a Corte e as províncias do norte foram primeiro estabelecidas pelo decreto de 22 de abril de 1836, que aprovava o contrato celebrado na mesma data com João Tarrand Thomaz: os paquetes a vapor partiriam de 15 em 15 dias e seriam nacionalizados como brasileiros (*Coleção das Leis do Brasil*. Rio de Janeiro: Imprensa Nacional, 1891).

***

IV – Breve carta de Jean Étienne Seraine ao seu primo Payen, comunicando-lhe sua iminente partida para o Rio de Janeiro e resumindo em alguns versos sua filosofia pessoal.

Maranhão, 14 de janeiro de 1854.

Meu querido Payen,

Bom dia, saúde, alegria e prosperidade é o que lhe desejo de todo o meu coração, não somente a você, mas também à sua mãe, minha velha boa amiga, e ao meu primo David, meu velho amigo, e primos, assim como a meus primos Prospere e outros.

Cheguei ao Maranhão no dia 8 deste mês, de viagem para o Rio de Janeiro. Embarcarei no vapor San Salvador dia 22 ou 23 para seguir minha viagem. Deixei em São Bernardo a mãe e os filhos em boa saúde; quando digo a mãe, e o filhos, quero dizer suas primas e seus primos, que desejam muito conhecê-los.

Quanto a mim, meus amigos, estou sempre em boa saúde, alegre e satisfeito, como pode estar um velho filósofo.

Eis minha filosofia:

A felicidade está por toda parte com sua herança,
o rico não a recebeu;
na alma tranquila do sábio,
ela habita com a virtude.
O homem verdadeiramente feliz pode sê-lo sempre:
aos caprichos da sorte ele amolda seu gosto
sofre a miséria, ri da riqueza,
e sabe tanto usufruir quanto se abster de tudo.

Adeus, Payen, adeus, todos vocês, meus bons amigos, escrevam-me com frequência, vocês têm meu endereço no Rio de Janeiro.

Seu primo, velho e bom amigo,

Jean Étienne Seraine.

No mesmo envelope, deem-me o prazer de acrescentar uma carta de vocês para o sr. Alencar, onde agradecerão a ele em nome de toda a família as amabilidades que sempre me prodigalizou, assegurando-lhe que ele tem na França, como sinceros, respeitosos e bons amigos, a grande família dos antigos Seraine de Conflans. Conheço meu amigo, o sr. Alencar, sua carta lhe dará um sensível prazer; ele lhes responderá. Sou muito prolixo, meu querido amigo, não é? Mas o que você quer, é a primeira vez que lhe escrevo. Ela é longa, talvez seja fastidiosa para você, porém, digo-lhe apenas uma parte muito pequena do que pretendo lhe dizer, tenha paciência. Abrace por mim sua mãe, minha querida prima Sophie, minha prima, sua esposa, e seus queridos filhos.

Adeus, meu querido Payen, meu primo e meu amigo. Receba, você, minha prima, sua esposa, nossos abraços, estejam em boa saúde, sejam sempre felizes.

Seu primo e amigo de coração e alma,

Jean Étienne Seraine.

8
O BRASIL E O SOCIALISMO DO SÉCULO XIX: FOURIERISTAS NO SAÍ[1]

Ivone Gallo

Nos últimos anos, vêm tomando vulto novamente entre os historiadores os trabalhos voltados para uma análise comparativa. Nesse campo, muito se progrediu desde as primeiras discussões levantadas por Marc Bloch (1963),[2] que chegou a propor analogias entre sociedades espacial e temporalmente separadas, como forma de explicar, por meio de situações aparentemente desconexas, sobrevivências antes inexplicáveis em determinados contextos. Se inicialmente as pesquisas apontavam para um interesse maior nas sociedades europeias, atualmente, sobretudo depois das abordagens de Luís Felipe de Alencastro (2000), vemos ampliar-se, no Brasil, o espectro de análises historiográficas com a introdução de novos temas e problemas ou mesmo uma mudança de enfoque de proposições anteriormente aceitas. Os novos enfoques sugeridos pelas historiografias inglesa e italiana mais recentes também despertaram interesse entre os historiadores brasileiros por estudos comparativos relacionando o Brasil aos países africanos,

---

1 O nome Saí corresponde ao lugar no atual estado de Santa Catarina onde instalou-se o falanstério brasileiro. Localizado na parte continental de São Francisco do Sul, o distrito do Saí hoje é formado por Estaleiro, Vila da Glória e Torno dos Pretos.

2 Ainda que o nosso intuito neste artigo não seja o de um esgotamento da discussão sobre o método comparativo, isto nos parece uma referência importante contra uma percepção da história como isolamento. Além de Bloch, existe uma extensa bibliografia sobre história comparada, mas cito apenas os seguintes: Cohen, D.; O'Connor, M. (Org.). *Comparison and History*. Europe in cross-national perspective. Nova York, Londres: Routledge, 2004; D'Étienne, M. *Comparar lo incomparable*. Alegato em favor de uma ciência histórica comparada. Barcelona: Península, 2001; a revista *Studia Histórica*, v.X-XI, 1992-1993 (Ed. Universidad de Salamanca), traz também artigos interessantes sobre o tema.

o que permitiu a renovação das interpretações sobre a escravidão, fato de significativo peso para a história social.

A mim, parece um desafio muito grande a perspectiva comparada na relação França–Brasil, pois poderíamos, apesar de certas precauções, incorrer em deslizes eurocentristas, porém, no nosso caso, esse limite é quase inexistente, em virtude, sobretudo, do tema que elegemos para a análise e, por outro lado, do tratamento que dedicamos a ele. Na verdade, a imigração francesa para o país no século XIX sempre foi abordada a partir de um contingente de intelectuais, cientistas e artistas, cujos costumes provenientes de uma nação emancipada aos olhos do mundo influíam sobremaneira nos modos rudes de uma sociedade selvagem, primitiva, como eles acreditavam ser a nossa. Sempre nos reportamos aos estrangeiros como personagens ilustres que nas suas viagens exploratórias descobriam o Brasil e narravam, com toda a autoridade de povos civilizados, a história do país e a das suas gentes. O caso de que vou tratar confere visibilidade a uma presença francesa de outro tipo no país: eram operários franceses fourieristas[3] que, vencidos nas revoluções dos anos 1830 e ameaçados pela opressão e pelo desemprego, rumaram para o Brasil na década de 1840 do século XIX, determinados a formar um falanstério.[4]

Sobre essa experiência ainda há poucos trabalhos publicados, algumas teses, artigos que versam sobre personagens dessa história e alguns parágrafos a respeito do assunto que autores como Wamireh Chacon e Gilberto Freyre, no Brasil, e Gaumont, na França, incluíram em suas obras.[5] Talvez essa lacuna se atribua

---

3   Fourieristas são os adeptos das teorias societárias de Charles Fourier, que nasceu em Besançon em 1772 e morreu em Paris em 1837. Deixou uma obra complexa e extensa em manuscritos que foram parcialmente publicados por seus discípulos. Uma edição mais completa, mas ainda assim não exaustiva, apareceria na década de 1960. *Oeuvres Completes de Charles Fourier*. Paris: Editions Anthropos, 1966-1968. 12v.

4   Falanstérios são, na concepção de Fourier, as comunidades de tipo fourierista, formadas a partir do que o autor chamou de falanges, por sua vez definidas como uma associação que cultiva uma unidade territorial, bem entendido, no sentido francês de unidades político-administrativas. Nos falanstérios, que substituiriam a civilização moderna, a humanidade viveria em harmonia e felicidade. Difícil é, para nós, encontrarmos uma definição mais completa ou única dos termos, tanto em Fourier como em seus vários discípulos.

5   As obras a que me refiro são as seguintes: Chacon, V. *História das ideias socialistas no Brasil*. Rio de Janeiro: Civilização Brasileira, 1985; Freyre, G. *Um engenheiro francês no Brasil*. Rio de Janeiro: José Olympio, 1960, e, com prefácio e notas do mesmo autor, *Diário íntimo do engenheiro Vauthier 1839-1846*. Rio de Janeiro: Serviço Gráfico do Ministério da Educação e Saúde, 1940; Gaumont, J. *Histoire générale de la coopération en France*, t.1, *Precurseurs et prémices*. Paris: Féderation Nationale des Coopératives de Consommatrion, 1924, e, do mesmo autor, *Le commerce véridique et social (1835-1838) et son fondateur Michel Derrion (1803-1850)*. Amiens: Impr. Nouvelle, 1935.

à dispersão de fontes ou mesmo à dificuldade em acessá-las devido aos problemas ainda enfrentados no Brasil, em especial pelo estado precário dos arquivos. Felizmente, parte considerável do quebra-cabeça do falanstério brasileiro pode ser remontada a partir dos arquivos franceses e de outros países da Europa e, sob outra perspectiva, nos arquivos norte-americanos, pois nos Estados Unidos a experiência de colonização com espírito fourierista foi muito mais ampla, em termos numéricos e de penetração social, do que no Brasil. Como vemos, os poucos trabalhos que fomos capazes de produzir até o momento ainda não foram suficientes para responder aos questionamentos propostos pela riqueza das fontes neste domínio e que permitem comparações entre as Américas e a Europa.

Do ponto de vista da análise historiográfica, a questão do chamado "socialismo utópico" sofreu uma importante revisão nos anos, que rompe com a divisão clássica estabelecida por Marx e Engels (1985) entre um socialismo utópico e um socialismo científico, reconhecida e reproduzida pelos meios acadêmicos ainda hoje. Na França, a partir de Michelle Riot-Sarsey (1998; Rancière, 1988; Arantes, 1992) concebeu-se que o primeiro socialismo não foi um espectador passivo, perdido em divagações românticas, nas revoluções de 1830 e de 1848; muito pelo contrário, hoje, aceita-se com tranquilidade que o papel dos sansimonianos, suas ações com o operariado e sua filosofia disseminada na sociedade converteram-se no fator primordial para a ocorrência da revolução de 1830. Na América do Norte, Carl Guarneri (1991) e Jonathan Beecher (1993; 2000) empreenderam grandes esforços de pesquisa no seu país e no exterior, reunindo fontes capazes de lançar novos olhares sobre Fourier e o fourierismo híbrido disseminado no continente, movimento este que, fora do seu contexto original, viu-se confrontado, por exemplo, com a realidade da escravidão, das doutrinas religiosas que embasavam, na América do Norte, os sistemas comunais. Há entre esses estudos também a opção pelas biografias dos personagens mais destacados, como do próprio Fourier e de Victor Considerant (1808-1893),[6] ambas de autoria de Beecher, que vê, principalmente em Fourier, um fantástico sonhador. Estudos sobre a presença do socialismo na América Latina para o período também não são muitos, mas marcam presença com os de Carlo Rama, Robert Paris e de Pierre-

---

6   Engenheiro militar e politécnico, travou seu primeiro contato com Charles Fourier em 1831 e abandonou a carreira pela propagação das ideias fourieristas. Eleito como representante do povo, defendeu na Assembleia os direitos da mulher e o reconhecimento do direito ao trabalho. Perseguido em 1849, refugiou-se na Bélgica e na Inglaterra. A partir de 1850, reconsiderou suas posições sobre a realização da teoria e partiu para a América do Norte para uma experiência societária.

-Luc Abramson,[7] que descortinam as relações Europa-América Latina do ponto de vista do intercâmbio de experiências proporcionadas pela emigração francesa, inclusive dos proscritos, iniciadas a partir dos processos revolucionários de 1848-1850. Esses trabalhos caminham na direção de compreender o socialismo posterior mais apegado aos precursores do que a Marx.

Contudo, difícil seria compreendermos a imigração francesa para o Brasil sem nos reportarmos a um contexto mais amplo no qual ela se insere. O caso do Falanstério do Saí faz parte de um complexo de relações estabelecidas a partir da Revolução Francesa e que, depois dos anos 1830 e 1840, culminaram nos grandes movimentos migratórios em direção às Américas. Os primeiros socialistas e comunistas convivendo na década de 1820 haviam elevado, cada um a seu modo, um corpo consistente de críticas à Revolução. Dentre os que assim procederam, podemos localizar Charles Fourier, que inclusive ultrapassou uma crítica à Revolução propriamente dita, avançando até a crítica à civilização. Em suma, para ele, a Revolução converteu-se em um fator de aprofundamento dos problemas já existentes, isto é, na sua visão parecia fantasiosa a imagem que se teceu sobre esse acontecimento sentido pelo mundo todo como uma real ruptura com o passado. À luz dessa crítica devemos compreender as suas propostas de comunidades (falanstérios). Fourier, morto em 1837, nos legou vários cadernos manuscritos, além de publicações várias, que, entretanto, não revelam de forma definitiva detalhes acerca da constituição de falanstérios. Isso favoreceu, ou não, o surgimento de diferentes propostas entre a militância fourierista a respeito de como e onde estabelecê-los. Em torno da matriz original de Fourier, inúmeros planos de falanstérios foram concebidos pelo próprio movimento social do período, que objetivava conferir a melhor forma de realização às ideias do mestre. As formas plurais de compreender a mudança social resultaram no aparecimento de grupos divergentes entre os fourieristas, e as polêmicas começavam a se fazer notar. Se Victor Considerant, com a autorização do próprio Fourier, havia estabelecido em Paris a École Sociétaire, com pretensões de convertê-la no centro do movimento fourierista, por outro lado uma dissidência formada por diferentes grupos resistia à centralização do movimento em Paris, sob a direção de Considérant. Os discípulos das províncias da França, muitos dentre eles ex--sansimonianos ou adeptos de seitas várias a que mesclavam as teorias de Fourier,

---

7　Refiro-me aos seguintes trabalhos: Rama, Carlos. *Utopismo socialista, 1830-1893*, s.l. (Caracas): Biblioteca Ayacucho, 1977; Paris, Robert. Fourier et l'Amérique Latine, *Auto-gestion et socialisme*, Paris, n.20-21, set.-dez. 1972; Abramson, Pierre-Luc. *Las utopias sociales en América Latina en el siglo XIX*. México: Fondo de Cultura Económica, 1999.

recusavam-se a aceitar que a função dos militantes para o momento seria apenas a de discutir a teoria de Fourier e deixar para segundo plano a sua realização na prática. Os que resistiam a isso eram, sobretudo, os operários, cujas necessidades de vida pediam soluções imediatas, e por isso lhes agradava o entusiasmo de Fourier com a promessa de um destino melhor para a humanidade.

Enquanto Considerant se ocupava em difundir a teoria no bojo da burguesia, da qual procurava extrair investimentos para uma experiência futura da teoria do mestre, os operários, ao contrário, entusiasmados com as propostas de Fourier, organizavam-se em sociedades com o fim de recolher fundos para a realização imediata de falanstérios na França. Nisso foram combatidos sem trégua por Considerant e, em virtude de grandes desentendimentos decorrentes dessas duas visões, os dissidentes acabaram se afastando do "centro". As disputas internas aparentemente obtinham certo apoio de Just Muiron, primeiro discípulo de Charles Fourier que, talvez magoado por ter sido preterido por ele na competição com Considerant pela direção do movimento, sutilmente as orquestrava da província. Durante esse período, formou-se em Lyon um grupo de operários que se reuniram na Société Union Industrielle (Manifeste et Statuts de L'union Industrielle, 1841) com estatutos próprios a partir dos quais firmavam o compromisso dos futuros associados com uma proposta de comunidade fourierista. Dessa sociedade, Benoit Mure, Derrion e Jamain, entre outros, haviam tomado parte. Com o conhecimento de que o Brasil oferecia chances para a implementação de projetos de colonização, Benoit Mure,[8] médico homeopata nascido em

---

8   Benoit Mure deixou sua obra publicada em diferentes idiomas. Entre os livros publicados há *La philosophie absolue*, edição póstuma, revista e atualizada por Sophie Liet (Paris: Librairie Moderne, 1884), na qual expõe a sua filosofia política. Outras informações sobre a atuação de Mure como médico e militante podem ser encontradas em Liet, Mme Vve. *Manuel homoeopathique à l'usage des familles suivi de le liste et des propriétés des medicaments brésiliens et autre, de l'école du dr. Mure ou Algèbre homoeopathique mise à la portée de tout le monde.* Gênova: Via Gálata Casa Ponte, 1861. Em Dalibert, Mme. Vve. *Histoire de l'homoeopathie em Sicile* (Paris: Imprim. De Mme Lacombe, s.d.) encontramos informações sobre a divulgação da homeopatia na Europa, além de aspectos biográficos interessantes. Mure também colaborava no jornal parisiense da dissidência fourierista, *Le Nouveau Monde* (1839-1841; 1843-1844), e no Brasil foi o responsável pela fundação da Escola de Homeopatia e do Instituto Homeopático do Rio de Janeiro. Ainda no país publicava a revista *A Sciência, revista synthética dos conhecimentos humanos* (Rio de Janeiro: Typ. Universal Laemert, 1847-1848). Uma hipótese levantada pelo jornal *Le Nouveau Monde* é a de que a interessante brochura de Louise Bachelet, *Phalanstère du Brésil. Voyage dans l'Amérique méridionale* (Imprim. De Pommeret et Guenot, 1842), que relata os primórdios da experiência do Saí, tenha, na verdade, sido escrita pelo próprio Mure, que se valeu de um pseudônimo.

Falanstério no Brasil: um capítulo da história do socialismo

Lyon, comprometeu-se a partir para o Brasil a fim de buscar terras onde pudesse estabelecer um falanstério.

Falanstério no Brasil: um capítulo da história do socialismo

Em 1839, circulava no movimento fourierista um Calendrier Social de 1840,[9] folheto de apelo popular que fazia a propaganda do falanstério no Brasil, e uma apologia de Fourier e de Hahnemann. No centro, uma figura ilustrava o falanstério rodeado pela natureza e por pessoas a admirá-lo e a executar tarefas em perfeita harmonia, imagem rara, pois a representação originária de comunidades fourieristas em Fourier e em seu discípulo Victor Considerant normalmente restringe-se a uma mera planta de engenharia ou arquitetura, desprovida de vida, de natureza.

O calendário, patrocinado, acredita-se, por Benoit Mure, que também assina o documento, portava uma representação mais humanizada e, portanto, com maior capacidade de evocar a antecipação de uma situação real de felicidade. Mais do que provocar a adesão ao falanstério pela sedução das imagens, o folheto traduzia em dois textos – um sobre o falanstério e outro sobre a homeopatia – o destino prometido ao homem em futuro próximo.

Algumas frases retiradas do documento – como "Eis o palácio do homem", "Não há mais assalariados", "Independência absoluta" – conferem a medida do entusiasmo com a perspectiva de superação do caos do mundo civilizado: "Nossos bairros malsãos, nossos burgos [...] logo vão estar desertos graças aos salubres e suntuosos lares descritos pelo gênio de Fourier". O público-alvo da propaganda eram as classes desfavorecidas, a julgar pelo preço de venda declarada: a unidade por um *sou* e a dúzia por cinco *sous*.

Em 1840, um homem alto, de olhos claros, com um olhar inteligente saltando por detrás dos óculos de aros redondos, aportava no Rio de Janeiro vindo da França no navio de nome inspirador, *Eole*. Hospedado no Hotel Europa, que na época representava o destino certo para os visitantes embaraçados com a falta de opção, esse homem, Benoist-Jules Mure, vinha munido de cartas de apresentação, com o propósito de conseguir do imperador Dom Pedro II a autorização para o estabelecimento de uma colônia industrial no Brasil.

Inicialmente nos perguntamos qual a provável relação entre *colônia* e *falanstério*, já que no próprio Fourier não existe menção a esse tipo de tradução.

---

9 Calendrier Social de 1840, Impr. De L. Bouchard-Huzard, s.d., IFHS 14As 8 (22).

O título do projeto, então, já sugeria que o seu mentor havia se inspirado em uma leitura bastante subjetiva a respeito da obra de Fourier. Ex-sansimoniano, rompido com o movimento aparentemente em virtude das polêmicas internas provocadas pelo tratamento dado à questão da mulher, Mure parece ter permanecido fiel a uma valorização da tecnologia (por isso a imaginação sobre uma colônia industrial) como instrumento de progresso para a humanidade, noção herdada de Saint-Simon. Também não nos parece desprezível o fato de que, com a promessa de introdução de máquinas nos trabalhos agrícolas, Mure procurasse seduzir as autoridades brasileiras com a solução do problema da escravidão, cada dia mais insustentável em todos os sentidos. As pressões inglesas sobre o tráfico negreiro eram enormes e, por outro lado, a sustentação de uma monarquia em um mundo em plena transformação prenunciava a necessidade de proposição de medidas capazes de operar progressos dentro da ordem, evitando-se, com isso, o risco de movimentos semelhantes aos que estremeceram os países vizinhos do Brasil.

A apresentação formal do dr. Mure ao jovem imperador deu-se por intermédio do ministro do Império Cândido de Araújo Vianna. O imperador recebeu Mure em audiência algumas vezes e, supomos, manteve uma relação menos formal com ele. Mure também parecia desfrutar de certa intimidade com o palácio, pois comenta em suas obras ter apanhado dos jardins do imperador plantas das quais fazia uso em suas experiências médicas. Se algum interesse das autoridades despertava o projeto, não era pela discussão de socialismo que suscitava, mas pela remessa de mão de obra qualificada vinda do exterior.

Como pudemos verificar, ainda sem muita capacidade de prova, mas mesmo assim como hipóteses relevantes para a investigação, o correr dos fatos indica que, mais do que a necessidade de desenvolvimento imediato de indústrias no país, se pretendia, em primeiro lugar, o desenvolvimento da agricultura, o povoamento de regiões interioranas. Em segundo lugar, interessava o desenvolvimento de uma infraestrutura urbana, e talvez ainda, por último, o aprimoramento da tecnologia de construção naval, sempre relacionada aos transportes fluviais e menos a uma marinha de guerra. Se considerarmos que o governo pouco fez para favorecer a sustentação da Colônia do Saí e que, depois de desfeita, houve o imediato emprego dessa mão de obra na realização de obras públicas no Rio de Janeiro, nossas suspeitas adquirem consistência. Além disso, a promessa do dr. Mure sobre a construção de barcos e uma certa insistência dele a respeito da duana no porto de Paranaguá demonstram a necessidade de estudos mais amplos que comprovem o incremento do comércio interno a partir da presença dos fourieristas na região e/ou o possível contrabando de madeira e outros produtos para a região do Prata a partir do Saí e, por que não, do Uruguai, por meio de Eugene Tandonnet,[10] para o Brasil.

As incógnitas sobre o interesse do governo brasileiro no assunto e, por outro lado, dos interesses dos colonos para além do idealismo permanecem. Em 1845, ocorreu, por exemplo, a aprovação de um decreto governamental chancelando a formação de uma sociedade, Família Industrial, inspirada nas teorias de Charles Fourier e talvez formada com os remanescentes da experiência do Saí, cuja finalidade seria o desenvolvimento de técnicas agrícolas e a educação dos adultos e dos menores que se fizessem membros associados. A aprovação desse projeto era saudada no jornal *O Socialista da Província do Rio de Janeiro*, como a iniciativa do primeiro governo a reconhecer e adotar, até então, o socialismo como solução.[11]

As nossas dúvidas se ampliam se considerarmos que a Colônia Industrial do Saí não viria a ser implantada sem certo conflito, diga-se de passagem, gerado fora mesmo do Brasil. Mure apresentava-se aqui como representante de uma sociedade francesa interessada em formar uma colônia industrial no país. A essa sociedade pertenciam operários treinados em diferentes ofícios, dispostos a migrar, vindos, na maior parte dos casos, da cidade de Lyon, onde nascera o próprio Mure, e também de Paris. Na qualidade de empreendedor responsável, o dr. Mure veio ao Brasil com o fim de negociar com o governo e acertar as coisas antes de trazer os primeiros imigrantes. Depois da autorização do imperador, o dr. Mure partiu em um navio da Marinha de Guerra para a região de Desterro (SC), com o fim de procurar terras onde pudesse formar a colônia. Na viagem, Mure encantou-se com uma região, uma península no município de São Francisco (SC), entre os rios Saí-Guaçu e Saí-Mirim, a própria visão da terra virgem, a ilha, o paraíso original como cenário para a realização de uma experiência que, segundo as suas expectativas, seria capaz de transformar durante o seu curso o mundo inteiro.

---

10 Fourierista que no final da década de 1830 do século XIX ruma para o Uruguai, onde põe em prática uma versão própria do sistema de Fourier, bem como exerce uma militância fourierista por meio do jornal *Le Messager Français*.

11 *O Socialista da Província do Rio de Janeiro*, n.5, de 6 de agosto de 1845. Evidentemente que o conceito de socialismo empregado pelo jornal até esta data possuía um sentido mais prático do que teórico, com tônica no fim de "abusos", na educação e no progresso. Para Fourier, entretanto, o sentido da palavra "societário" nos parece mais radical e abrangente, na medida em que pressupõe a total superação do modelo civilizado e não sua conservação. Sobre o jornal, em que houve a participação de fourieristas como Derrion, preparo no momento estudos que pretendo em breve apresentar.

Em suma, na imaginação do dr. Mure desenhavam-se as chances de um recomeço para a humanidade. O lugar escolhido, entretanto, já possuía um dono, o coronel Camacho, que em um tradicional gesto de paternalismo, com todas as implicações que o conceito traz na sua aplicação aos contextos sul-americanos, aceitou ceder os terrenos para a colônia. Mure, todavia inocente a respeito das formas de poder que perpassavam as relações sociais no Brasil, interpretou o gesto de Camacho como demonstração de desprendimento ou, supomos, como atitude natural de pessoas não contaminadas pelo vício da civilização.

Com o auxílio de conterrâneos instalados no Rio de Janeiro, como, por exemplo, François Antoine Picot, naturalizado brasileiro, e seu cunhado, o conde de Villeneuve, diretor-redator do *Jornal do Commercio do Rio de Janeiro*,[12] Mure divulgava o projeto da Colônia do Saí bem como obteve destes algum recurso material, pois a casa-sede da colônia onde seriam instalados os primeiros imigrantes levava o nome de Casa Picot (cf. Boiteux, 1944, p.76).

A euforia inicial logo se reverteria em tormenta com a chegada do navio Caroline, que trazia do Havre a leva inicial de imigrantes, desembarcados no Rio de Janeiro em fins de 1841. O desembarque que assumia ares de festa oficial, com a presença de autoridades e do próprio imperador, terminou em um protesto veemente dos colonos assim que tomaram conhecimento do teor do contrato firmado com o governo, que concedia exclusivamente a Mure autoridade sobre a colônia. Em vista disso, os recém-chegados rebelaram-se ainda no Rio de Janeiro, recusando-se a embarcar para o seu destino final em direção a São Francisco do Sul, antes do estabelecimento de um novo contrato, agora em nome da Société Union Industrielle, entidade à qual eram filiados os operários franceses. A esta reivindicação Mure faria forte oposição, sustentando que, durante a sua vinda para o Brasil, a sociedade da qual fazia parte teria sido infiltrada por sansimonianos que, sem seu conhecimento, haviam estabelecido novos estatutos nos quais não figurava a assinatura de Mure e que, em virtude disso, nada devia a eles, não sendo seu representante reconhecido e não os reconhecendo como representados. Sem maiores satisfações, Mure partiu apressadamente com um grupo que o apoiava para o destino da colônia, levando na sua embarcação os pertences e mantimentos do conjunto dos imigrantes, sobre os quais reivindicava direitos. Abandonados à própria sorte no Rio de Janeiro, Jamain e Derrion[13] foram ter

---

12 O referido jornal, no período de 1840 a 1845, publica uma série de notícias esclarecedoras a respeito da Colônia do Saí.

13 Jamain era um mecânico muito envolvido no movimento fourierista em Paris; notamos a sua assinatura de apoio a vários projetos da militância, como a edição a preços populares de brochuras explicando a teoria de Fourier ao público, bem como aparece com o jornal *Le Nouveau*

com as autoridades brasileiras para salvaguardar os interesses dos operários que representavam, igualmente deixados no Rio de Janeiro. Depois disso zarparam para o destino da futura colônia em busca de seus direitos.

A esse incidente seguiu-se uma série de outros que mobilizaram os imigrantes e as autoridades brasileiras em acusações mútuas e em tentativas fracassadas de reconciliação entre as partes em disputa. A cisão provocada no Saí resultou na formação de um segundo falanstério no Palmital, a partir de abril de 1842, gerido com o aval do governo pelo grupo dissidente.[14] Sobre o Palmital não são muitos os registros documentais descobertos até o momento, mas acreditamos que sua duração foi curta, pois quando Mure decidiu finalmente abandonar o falanstério do Saí, em 1843, logo depois Derrion viria a assumir, também por pouco tempo, a sua direção. Vivendo no meio da selva, sem recursos e sem apoio, sofrendo inclusive a perda de associados que, vencidos pelo cansaço, debandavam o falanstério, Derrion finalmente desiste entre 1845 e 1846 e dirige-se para o Rio de Janeiro, cidade em que se estabelece e segue a militância no fourierismo.[15]

A tarefa de reunião de dados a respeito dos falanstérios brasileiros tem sido algo muito difícil. A partir das fontes descobertas não chegamos a obter, por exemplo, uma lista completa dos imigrantes franceses que participaram da em-

---

Monde, um dos órgãos de difusão da dissidência. Derrion, por seu turno, é mais influente. Natural de Lyon, foi sansimoniano convicto, tendo participado do grupo Compagnon de la Famme. Assistiu aos levantes dos *cannuts* na cidade nos anos 1830 e procurou intervir com a publicação de uma brochura com tom pacifista; Derrion, Michel M. *Constitution de l'industrie et organization pacifique du commerce et du travail ou tentative d'um fabricant de Lyin pou terminer d'une maniére définitive le tourmente sociale.* Lyon: Mme Duval, 1834. Depois desses episódios, perseguido pelas autoridades, ingressa no movimento fourierista e, arruinado nos negócios, ruma para Paris, onde mantém uma militância fourierista ativa até vir para o Brasil. Desfeito o falanstério no Saí, leva a militância fourierista para a cidade do Rio de Janeiro, onde se estabelece até a sua morte, por febre amarela, em 1851.

14 Aqui existe uma certa confusão que atribuo à excessiva dispersão das fontes, pois Jean Gaumont (op. cit.) frequentemente se refere ao falanstério Oliveira, este formado por Mure em terras do coronel Camacho e, por outro lado, o falanstério do Palmital, como experiência original que congregava Mure, Derrion, Jamain e Arnaud, antes da dissidência. Isto se deve principalmente ao fato de que Gaumont não conhecia a documentação brasileira, hoje disponibilizada para consulta no Arquivo Histórico de Joinville. Acreditamos que informações acerca do Palmital possam ser encontradas na França. Infelizmente, em nossa pesquisa não foi possível localizar tais documentos.

15 O destino dos fourieristas do Saí depois de finda a experiência foi variado. Uns voltaram para a França, outros empregaram-se em obras públicas no Rio de Janeiro. Algumas famílias permaneceram na região de São Francisco do Sul, onde encontraram trabalho em fazendas próximas. Algumas famílias remanescentes dos primeiros imigrantes são ainda encontradas em São Francisco, como os Ledoux, os Rainert, Devoisin e Nenevê. Alguns afirmam que ainda podem ser notados os vestígios da Colônia do Saí.

preitada, mas estima-se que não excedeu a quinhentos,[16] distribuídos em ao menos cinco desembarques. Os primeiros cem imigrantes chegaram em 1841, no navio Caroline, e uma segunda leva de 117 colonos chegou em 1842, pelo Neustrie. No mesmo ano, o Virginie trouxe uma terceira leva, e o Curieux, em 1843, mais colonos, cujo total é desconhecido. Ainda naquele ano, o navio Turenne trouxe mais 120 deles. Novos embarques para o Brasil foram suspensos quando o conde Ney, ministro da França no Brasil, reportou-se a Guizot, ministro dos Negócios Estrangeiros na França, solicitando a proibição de novos embarques, pois os colonos não encontrariam meios de sobrevivência no Saí.[17] Certamente, quinhentos associados dos estimados, jamais tal quantidade de pessoas ocupou a colônia a um só tempo. Poucos suportavam os trabalhos exaustivos de abertura de caminhos em um terreno inóspito e os desgastantes trabalhos de cultivo, nem sempre bem-sucedidos, sobretudo se considerarmos que a quase totalidade de participantes era de artesãos provenientes de centros urbanos desenvolvidos na França. Com muitos sacrifícios também chegaram a construir uma pequena embarcação, uma olaria, um moinho e, com seus conhecimentos técnicos, prestavam serviços às fazendas da região.

Em termos práticos, o falanstério pouco contemplou das ideias iniciais de Mure, que mesclavam as teorias de Fourier com os postulados de Hahnemann, Jacotot e a revelação de Swedenborg; por outro lado, muito pouco concretizaria dos parágrafos constantes dos estatutos da Société Union Industrielle, entre eles educação integral, auxílio mútuo, remuneração de acordo com o aporte de capital, trabalho e talento. Esses estatutos, suficientemente detalhados, estipulavam as regras do jogo aos associados em benefícios e deveres de cada um, mas falharam no confronto com a realidade, pois a necessidade fazia a pressa, e as dificuldades enfrentadas, a impaciência, de tal modo que muitos dos pontos nem sequer teriam sido colocados em pauta.

---

16 Na ausência de fontes documentais que nos assegurem a respeito de dados mais consistentes, nos pautamos em dados esparsos extraídos da documentação encontrada e nas declarações do próprio dr. Mure. Entretanto, isso não quer dizer que quinhentos imigrantes foram atuantes nas colônias do Palmital e do Saí. Há também divergências com relação a datas de desembarque, pois Guilherme Auler, na "Introdução" do *Registro de Estrangeiros 1840-1841*, afirma que os primeiros cem imigrantes chegaram em janeiro de 1842 no *Caroline*, e que uma segunda leva veio pelos brigues *Virginie* e *St. Paul*, que transportaram mais 117. Cf. Ministério da Justiça e Negócios Interiores. Arquivo Nacional. *Registro de Estrangeiros 1840-1842*, Rio de Janeiro, 1964, p.III.

17 Carta endereçada pelo conde Ney à Guizot, ministro dos Negócios Estrangeiros, Rio de Janeiro, 24 de maio de 1844. Arquivos do Quai d'Orsay, Correspondance Politique (22), jul. 1843-maio 1844.

A experiência do Saí em uma breve comparação

Desde o início, a militância fourierista não se preocupou com uma fidelidade absoluta à teoria de Fourier, no que tange ao modelo de falanstério. As razões para isso são, primeiramente, que o próprio Fourier se queixava da falta de recursos que permitissem um aprimoramento da sua teoria; em segundo lugar, como o próprio pai da ideia admitia uma fase de transição entre o caos do mundo civilizado e a harmonia futura, planos e mais planos foram sendo inventados com vistas a dar forma à ideia da transição. Vários desses projetos surgiram sem que Fourier tivesse a chance de palpitar a respeito, de tal sorte que se encontram com facilidade na documentação francesa planos de falanstérios para crianças, falanstérios em fazendas, quando não cooperativas com base no sistema de comércio verídico, seja para padarias ou moradia coletiva, e até para publicações populares da Escola Societária. O comércio verídico consistia na venda ao consumidor dos produtos ao preço do atacado, sendo o consumidor um sócio do negócio a partir do dispêndio de pequena monta. Todos esses planos, entretanto, distanciavam-se, em muito, da proposta original de Fourier, que nada tinha de cooperativista. Se na França não se levou a efeito nenhum projeto que aplicasse de forma integral as ideias de Fourier, no exterior os ensaios de falanstério foram ainda mais exóticos.

Algumas questões básicas representavam o conceito de falanstério na matriz original: reunião de um número determinado de pessoas em idades e sexos diferentes, desiguais em fortuna, dispostas a viver e a trabalhar aceitando as diferenças de personalidade de cada um, para dedicar-se ao exercício, em grupos, de funções variadas ao longo do dia, em liberdade de escolha de função e de parceiro no amor. Para Fourier, o falanstério não é apenas uma solução para a gestão da economia, mas toda uma forma diferente de vida que pressupõe liberdade de escolha e o fim da opressão seja no trabalho, na família ou na vida social e política. A partir dessa colocação, pode-se dizer que jamais houve, em lugar algum, um ensaio fourierista que contemplasse esses requisitos.

Na Europa, Conde-sur-Vesgre (1832-1834), ensaio fourierista que pretendia ser levado por Baudet-Dulary, proprietário e deputado que entrara em acordo com a militância fourierista a esse respeito, naufragou antes mesmo de começar, pois nesse caso partiu-se do princípio de que os fundos arrecadados seriam insuficientes para levar adiante a empresa. O falanstério de Scaieni (1834), na Romênia, inspirado por Theodor Diamant e pelo proprietário Balanceano, um sansimoniano e o outro fourierista, visou a causas mais bizarras ainda, porque aparecia como solução para os problemas de uma aristocracia decadente. Em uma avaliação superficial arriscamos dizer que, estruturalmente, o caso romeno preserva semelhanças com o caso brasileiro em uma comparação que exigiria estudos mais aprofundados para determinarmos o grau em que esta afirmação pudesse ser admitida com mais segurança.

Poderíamos elencar as diferentes tentativas. Porém, a partir de um artigo de época publicado na *Revue des Deux Mondes*, de autoria de Charles Mazade (1852), pretendemos repor algumas questões, pois o autor levantou no século XIX pontos ainda pertinentes para os dias de hoje. Seguindo o padrão interpretativo do período que dividia o mundo entre civilização e barbárie, Mazade tencionava demonstrar quão inadequada lhe parecia a sustentação do socialismo, princípio que de resto considera em si mesmo incongruente com a realidade, e mais ainda se transportado para a América do Sul. Para o autor, esse deslocamento não apenas não atingia seus objetivos como essa ineficácia se devia à inadequação da própria ideia ao contexto. Na América do Sul, os princípios do socialismo seriam torcidos para contemplar os interesses de uma elite. Quanto ao povo, letárgico, preguiçoso e avesso ao trabalho, em um continente de abundância e, na opinião de Mazade, ainda intocado pelas contradições do capitalismo, o socialismo e os demais problemas que suscita para a humanidade, como organização do trabalho, direitos a benefícios, educação, saúde etc., nada queriam dizer. Se os pressupostos do autor curiosamente se prestam a uma crítica aos que hoje defendem posições anacrônicas na interpretação dos movimentos sociais do período, por outro lado não nos ilumina sobre uma compreensão mais abrangente. Para o caso do Brasil, por exemplo, esses primeiros fourieristas se confrontaram com a opressão dos negros escravizados e mesmo se comprometiam nos seus estatutos, no artigo 6°, a não utilizar trabalho escravo ou assalariado na associação que promoviam. De fato, a experiência de Mure e de Derrion no Brasil elucidam as dificuldades de uma militância dessa natureza em uma sociedade conservadora. Porém, a partir dessa militância fourierista disseminada pelas Américas no correr do século XIX, hoje podemos desenvolver estudos a respeito de uma relação, para muitos ainda estranha, entre socialismo e escravidão,[18] não apenas do ponto de vista teórico, mas a partir de uma militância e de uma prática.

Diante disso, um observador distante no tempo e informado do desenrolar dos acontecimentos do Saí não poderia deixar de apontar a discrepância entre

---

18 Procurei dar início a essa discussão para o Brasil em um texto que apresentei no II Encontro Escravidão e Liberdade no Brasil meridional, Porto Alegre, UFRGS, 2005, intitulado "Socialismo e escravidão: paradoxos do século XIX", reproduzido no CD do Encontro. No momento procuro dar maior extensão a essa pesquisa.

o entusiasmo inicial e o seu reverso tempos depois, provocado pela experiência desastrosa de falanstério no Brasil. Felizmente, desde há algum tempo, os historiadores mudaram o seu foco na análise dos movimentos sociais e hoje, mais do que apontar lacunas neles, nos ocupamos em compreendê-los acompanhando essas manifestações sem imputar-lhes uma lógica exterior, sobretudo levando em consideração as escolhas e ações que fizeram, a partir das opções e limites apresentados pelo tempo em que se situam. Essa posição tem contribuído para a análise do que foi e de como foi, em vez da indagação sobre o que poderia ter sido. Sem dúvida alguma o Falanstério do Saí, um acontecimento quase invisível, oferece na sua insignificância problemas mais do que suficientes para a interpretação pelo historiador.

Dentre as questões relevantes para a análise encontra-se o fato de a história do socialismo no Brasil poder hoje somar mais um capítulo ao seu conjunto, com os recentes estudos sobre as experiências de comunidades embasadas em Charles Fourier no Palmital e no Saí (Gallo, 2002; Guttler, 1994; Thiago, 1995). Sobre o assunto ainda há muito que investigar, apesar de hoje termos já alcançado o conhecimento de acontecimentos-chave que nortearam essa experiência. Infelizmente, não há espaço para tratarmos de novas hipóteses.

9

UM SOCIALISTA FRANCÊS DIANTE DA ESCRAVIDÃO NO BRASIL: LOUIS-XAVIER DE RICARD E O JORNAL *LE SUD-AMÉRICAIN*

Claudio H. M. Batalha

Quando do seu lançamento em julho de 1885, o semanário *Le Sud-Américain* poderia parecer apenas mais um dos diversos periódicos em francês e em outras línguas estrangeiras voltados primordialmente para as diversas comunidades imigrantes residentes na capital do Império. Esse não era um fenômeno novo, jornais em francês eram publicados no Rio de Janeiro desde fins dos anos 1820,[1] e duas décadas depois já era comum encontrar jornais voltados para as comunidades estrangeiras. Não fosse pela história pessoal de seu editor-chefe e pela postura que o jornal viria a assumir, *Le Sud-Américain* teria sido apenas mais um título entre outros.

Para começar, Louis-Xavier de Ricard, o principal responsável pelo jornal, pouco tinha em comum com os comerciantes e artistas franceses que vinham tentar a sorte nos trópicos, tampouco fora forçado ao exílio como alguns dos refugiados franceses que, nas décadas de 1840 e 1850, para cá vieram. Ricard provinha de uma família abastada. Filho do general e marquês Joseph Honoré Louis Armand de Ricard, ajudante de campo de Jérôme Napoléon, fez seus estudos no Lycée Charlemagne em Paris e dedicou-se à literatura. Poeta, republicano e anticlerical, editou diversas revistas literárias e políticas nos anos 1860, tendo entre seus colaboradores Paul Verlaine, Anatole France, Sully Proudhomme e Catulle Mendès. Suas posições lhe valeram processos e períodos de prisão durante o Segundo Império. Participou da defesa de Paris durante a

---

1 Provavelmente um dos primeiros foi *L'Écho de l'Amérique du Sud: journal politique, commercial et littéraire*, Rio de Janeiro, 1827-1828.

guerra franco-prussiana e colaborou no jornal oficial da Comuna de Paris. Com a derrota da Comuna, refugiou-se na Suíça, onde conheceu e casou-se com a escocesa Lydie Wilson. De retorno à França, em 1873, por não haver um processo contra ele, instalou-se nas proximidades de Montpellier. Em 1876, aderiu ao *félibrige*, movimento político-literário que tinha por objetivo o reerguimento do sul da França, cujo principal expoente era o poeta Fréderic Mistral (criador do provençal moderno). No entanto, junto com sua mulher, Auguste Foures, poeta occitano, e Napoléon Peyrat, pastor protestante federalista e autor da *Histoire des Albigeois*, Ricard constitui uma minoritária ala anticlerical e republicana, em um movimento majoritariamente de caráter conservador e católico. O periódico *La Lauseta*, lançado por Ricard e seus amigos, torna-se o porta-voz dessa ala "esquerda" do *félibrige*.

A exposição mais completa das ideias de Ricard aparece no livro *Le fédéralisme*, publicado em 1877, no qual defende a república democrática e social, o princípio federalista, a constituição de uma federação dos povos latinos, o anticlericalismo e a emancipação do proletariado. Em 1879, publicou o efêmero *Commune Libre*, jornal socialista federalista e órgão dos trabalhadores, que apoiou a realização do congresso operário de Marselha, que daria início à reestruturação do movimento operário francês, desarticulado desde a supressão da comuna.

Profundamente abalado com a morte da mulher em 1880, Ricard ainda chegou a concorrer sem sucesso às eleições municipais de fevereiro de 1881 por Montpellier em uma lista possibilista (corrente do socialismo reformista que tinha em Paul Brousse seu principal expoente). No mesmo ano, em agosto, concorreu, dessa vez por Béziers, em uma lista radical às eleições legislativas, sendo novamente derrotado. Por alguns meses, entre 1881 e 1882, assumiu a função de redator do jornal *Midi Républicain*, antes de decidir partir para a América do Sul.[2]

Entre 1882 e 1885, viveu em Buenos Aires, onde se casou com Louise Kürchner e lançou o jornal *L'Union Française*, e em Assunção, onde fundou o jornal *Le Rio Paraguay*. Não se sabe a data precisa de sua chegada ao Rio de Janeiro, mas as informações disponíveis indicam que, em fins de junho de 1885, Ricard convence o homem de negócios Georges Lardy, que pretendia lançar um jornal com o título *L'Echo du Brésil*, a juntar esforços no lançamento de um periódico

---

2 A maior parte dos dados biográficos foi extraída de Batalha, C. H. M. (Org.). *Dicionário do movimento operário na cidade do Rio de Janeiro do século XIX aos anos 1920*: militantes e organizações. São Paulo: Editora da Fundação Perseu Abramo, Fapesp, 2009. O verbete "RICARD, Louis-Xavier de" é de Robert Paris e Claudio Batalha.

comum, *Le Sud-Américain*.[3] Georges Lardy era proprietário do Colégio Lardy para meninas, dirigido por sua mulher, e já tivera uma experiência prévia com a imprensa na condição de gerente do jornal *Le Messager du Brésil*, desaparecido no final de 1884 (Almanak Laemmert para 1885, p.684). No *Sud-Américain*, Lardy assumiria igualmente a função de gerente.

O semanário *Le Sud-Américain* tinha em suas intenções iniciais muito em comum com outros periódicos publicados no Brasil especificamente voltados para colônias estrangeiras. O próprio subtítulo adotado pelo jornal, órgão dos interesses franceses na América do Sul, reforçava sua semelhança com outros jornais do gênero. A regra básica desses jornais era defender os interesses da comunidade para a qual estavam voltados, evitando o envolvimento com questões de política interna do país que os hospedava.

Outro periódico francês do Rio de Janeiro, existente desde 1882, a *Revue Commerciale, Financière et Maritime de la Place et du Port de Rio de Janeiro*, fazia questão de lembrar aos recém-chegados essa regra:

> [...] Uma publicação desse gênero tem seu lugar assegurado no Brasil. Ela prosperará se a redação se persuadir de que ela tem o dever de defender exclusivamente os interesses franceses no Brasil e de se abster a cada vez em que for convidada a se transformar em instrumento das baixas e inconfessáveis paixões.
>
> Nós não devemos ter, nem desejamos ter um jornal de partidos, de opiniões, de correntes políticas ou de aspirações particulares.[4]

Logo no editorial do primeiro número, Ricard parecia aceitar esse papel, fazendo, porém, algumas ressalvas ao escrever:

> [...] Nós respeitamos em demasia a hospitalidade que nos é acordada para nos imiscuirmos nas disputas *puramente políticas* e na competição das ambições pessoais. Mas nos cremos no direito de emitir opinião sobre todas as leis e todos os projetos de lei referentes aos estrangeiros, à colonização e à imigração [...]. Pensamos não faltar com o respeito e com a amizade que devemos ao Brasil ao desejar-lhe, no interesse de sua reputação e do seu crédito na Europa, de encontrar o mais cedo uma solução para o sinistro problema da escravidão.
>
> Porquanto o Brasil tem dois inimigos principais que militam violentamente contra sua prosperidade e o seu povoamento: seu clima, caluniado sistematicamente pelos seus vizinhos no intuito de afastar dos seus portos o comércio e a imigração; e a escravidão. (Ricard, 1885d, p.1)

---

3   "Miscelanées", *Revue Commerciale, Financière et Maritime de la Place et du Port de Rio de Janeiro*, 4 (73), 21 jun./5 jul. 1885, p.2.

4   Ibidem.

Na prática, os limites entre aquilo que constitui ou não uma intervenção na política local são difíceis de definir. Assim, *Le Sud-Américain*, ao assumir, desde seu primeiro número, a defesa da imigração europeia e a crítica da escravidão, não fazia mais do que ecoar as posições já encontradas em jornais como o *Courrier du Brésil*, publicado também no Rio de Janeiro, de 1854 a 1862, por participantes da Revolução de 1848, e na propaganda da Sociedade Central de Imigração, presidida pelo descendente de franceses Alfredo Maria d'Esgragnolle Taunay.[5]

Todavia, nem a defesa da imigração nem o fim da escravidão e, mais particularmente, a luta abolicionista faziam a unanimidade na comunidade francesa instalada na Corte, e periódicos como a *Revue Commerciale*, que a partir de agosto de 1885 mudaria de título para *L'Étoile du Sud*, faziam questão de lembrar essas divergências. É claro que grande parte do engajamento do jornal podia ser atribuída às posições e à história de seu fundador e redator-chefe, Xavier de Ricard. A despeito de pretender representar os interesses do conjunto dos franceses, a defesa do federalismo esteve presente desde seu primeiro número, quando Ricard afirmava que a política francesa estava dividida em dois grandes partidos: o partido autoritário e centralista militar; e o partido descentralizador, autonomista e libertário. Divisão essa que oporia inclusive os diferentes partidos socialistas (Ricard, 1885e, p.2).

Mesmo a distância, o editor do jornal preserva sua ligação com o *félibrige* e com seu líder Fréderic Mistral, a quem escreve em 9 de julho de 1885 encaminhando o primeiro número do jornal. Nessa carta, propõe ajudar a tornar conhecido no Brasil o *félibrige* e sugere que Mistral envie para a Biblioteca Nacional seu dicionário e seus poemas (Carbasse, 1977, p.157-9).

No que diz respeito à questão da escravidão, além da defesa programática da necessidade de seu fim, o jornal publica várias denúncias, quase sempre reproduzidas de outras fontes, de episódios de maus-tratos e tortura de escravos.

Ricard insistia, porém, em reafirmar a disposição do jornal em não se envolver em questões de política interna brasileira e, particularmente, abster-se da discussão da natureza do regime político, mesmo que para isso tivesse de recorrer a malabarismos retóricos.

---

5 A respeito do *Courrier du Brésil*, ver Canelas, L. G. Franceses quarante-huitards no Império dos trópicos (1848-1962). Campinas, 2007. Dissertação (Mestrado em História) – Universidade Estadual de Campinas. Sobre a Sociedade Central de Imigração, ver Hall, M. M. Reformadores de classe média no Império brasileiro: a Sociedade Central de Imigração. *Revista de História*, 27 (53), São Paulo, 1974, p.148-60.

Os estrangeiros não têm que exprimir opinião sobre a política interna do Brasil. A condenação, assim como o elogio, nos são proibidos. O único aspecto sob o qual podemos e devemos considerar a luta dos partidos é o aspecto econômico e sociológico. Nós não devemos de modo algum colocar em questão a forma de governo, sabendo, nós mesmos, o quão nos é desagradável ver e ouvir, em nosso país, estrangeiros combatendo aquela que a França escolheu adotar. Nós não nos permitiremos discutir aqui os méritos, *diferentes do ponto de vista dos princípios*, dos dois partidos em cena, e não nos ocuparemos de fazer um balanço dos serviços prestados por cada um deles ao seu país, em nome dos quais um protesta contra a crise atual, ao passo que outro a exulta. Nós vivemos de resto um tempo em que as questões de ordem econômica – que aqui se chamam a escravidão e a imigração, que na Europa se chamam de assalariamento e monopólio –, se sobrepõem às questões de ordem política; em um tempo no qual os governos – república, monarquia constitucional ou império absoluto – devem resolver, sob pena de enfrentar distúrbios ou revoluções, um problema idêntico no fundo, ainda que se apresente de formas diversas. (Ricard, 1885c, p.1)

As posições de Ricard eram, sob vários aspectos, contraditórias, ao mesmo tempo em que lembrava suas posições federalistas e autonomistas, que dificilmente seriam do agrado de muitos dos seus compatriotas no Brasil, fazia a defesa do papel da França como potência colonial, endossando a política do Estado francês, o que agradaria ao espírito chauvinista.

Isso não quer dizer que se deva aprovar tudo aquilo que foi feito e, sobretudo, a maneira como foi feito. A França não deve, nas suas conquistas coloniais, imitar os procedimentos de certos povos que fazem questão de desprezar todo o resto da humanidade. As raças ditas inferiores têm o direito de viver e de se desenvolver, e a ação que deve ser exercida sobre elas é uma ação de tutela e não de extermínio. Isso é evidente. É evidente, todavia, que as nações mais civilizadas, restritas a um território que não lhes é mais suficiente, não podem se condenar a morrer de fome e de miséria, quando ainda há tantas terras despovoadas e improdutivas, que poderiam alimentar uma humanidade dez vezes mais numerosa. Elas têm sobre as tribos que não sabem fazer valer os domínios imensos que ocupam inutilmente o mesmo direito de expropriação que na boa economia política todo Estado deveria exercer contra os proprietários fundiários que deixam suas terras improdutivas. Mas esse direito de expropriação que têm as raças laboriosas contra aquelas que não o são, e contra os parasitas que vivem em prejuízo ao demais, não acarreta absolutamente o de massacrar: ele acarreta, ao contrário, o dever de lhes facilitar o acesso a uma vida mais civilizada e de administrar, nessa direção, as transições, que, quando muito bruscas, os desconcertam e os matam. (Ricard, 1885b, p.1)

Por chocante que esse posicionamento possa parecer à nossa sensibilidade atual, o valor diverso atribuído nas diversas latitudes à solidariedade e ao humanismo sustentado no discurso de Ricard não chega a constituir uma exceção entre os socialistas franceses da Terceira República, ainda que nem sempre a questão fosse colocada em termos tão crus. Mesmo aqueles socialistas que lutavam pela autonomia dos povos colonizados não o faziam no sentido da independência, mas no da incorporação com plenos direitos à França seguindo uma tradição que remontava à Revolução Francesa, a exemplo de Louis Dramard, que instalado em Argel por razões de saúde lutou pelos direitos políticos para berberes e árabes nos anos 1870-1880, ou de Jean Hégésippe Légitimus, líder negro do guesdista Partido Operário Francês no Guadalupe (Antilhas Francesas) dos anos 1890 (cf. Malon, 1888, p.408-20; Stuart, 2006, p.100-1).

No seu número de 13 de setembro de 1885, o jornal anunciava aos seus assinantes e leitores que, diante do número crescente de anúncios, os proprietários do jornal estudavam uma fórmula capaz de conciliar os interesses dos leitores e os da publicação. A solução encontrada seria a saída duas vezes por semana do jornal.[6] Esse pequeno anúncio parece indicar a existência de divergências entre os proprietários sobre a natureza do empreendimento, pois, duas semanas mais tarde, Georges Lardy deixa o "jornal por motivos e obrigações puramente pessoais", de acordo com a nota publicada na ocasião (*Le Sud-Américain*, 1885, p.1). Ricard via no jornal um instrumento de propaganda de suas convicções, ao passo que Lardy, na condição de homem de negócios, via no jornal, sobretudo, um empreendimento comercial. Nesse sentido, os anúncios pagos eram fundamentais para a rentabilidade do negócio. É altamente provável que essas divergências não fossem apenas de natureza comercial, mas também políticas. Era Ricard quem imprimia a linha editorial ao jornal e assinava os editoriais, mas a presença de Lardy como sócio garantia certa moderação política, que tendeu a diminuir com sua saída. Afinal, se Ricard – que em sua carta a Mistral, logo após o lançamento do jornal, escrevera que não sabia por quanto tempo permaneceria no Brasil e que esta seria provavelmente sua última etapa na América (Carbasse, op. cit., p.158) – estava de passagem, Lardy tinha sólidos interesses comerciais no Rio de Janeiro.

Ricard, desde o início da publicação do jornal, deixara claras suas empatias federalistas. Todavia, com a saída de Lardy, temas ligados ao federalismo ganham maior destaque, como a defesa da aliança latina, "sob a forma de uma confederação dos povos que compõem a Raça Latina: Bélgica, França, Espanha,

---

6   A nos abonnés et lecteurs, *Le Sud-Américain*, 1 (11), 13/09/1885f, p.1.

Portugal, Itália e Romênia" (Ricard, 1885a, p.1). O termo *raça* aqui não tem uma conotação biológica – ainda que esse sentido passasse a ser corrente em fins do Oitocentos –, mas linguística e cultural. Marx, ao escrever que a guerra franco--prussiana poderia se transformar em uma "guerra de raças", tampouco confere ao termo um sentido biológico;[7] No vocabulário da época, tratar raças, povos e nações como sinônimos não era um procedimento incomum. Habitualmente, as discussões acerca da aliança dos povos latinos limitavam-se aos países europeus; Ricard, porém, amplia essa perspectiva ao concluir com a seguinte frase:

> Acrescentemos que a Aliança Latina não é apenas uma questão europeia, ela é também uma questão americana; que destino não poderá alcançar a América Latina, no dia em que decidir enfim querer realizar o grande projeto que lhe foi legado por Bolívar?

O próprio uso da designação América Latina – que a essa altura não constituía mais uma novidade[8] – era incomum no vocabulário de Ricard, que habitualmente se referia à América ou à América do Sul.

Outro aspecto curioso desse editorial é que nele, pela primeira vez no jornal, aparece uma referência a Benoît Malon – socialista francês que se tornaria muito popular entre os socialistas brasileiros da década seguinte –, ao comentar um artigo que publicara no jornal *Intransigeant*, de Paris, justamente tratando da aliança latina. No mesmo número do jornal, em notícia sobre as publicações francesas que haviam mencionado o *Le Sud-Américain*, aparece nova referência a Malon, dessa vez como diretor da *Revue Socialiste* (na qual Ricard mais tarde iria colaborar) e na condição de "nosso amigo". Depois disso, as referências a Malon se tornariam frequentes, por exemplo, por meio da propaganda no jornal da *Revue Socialiste*, de uma resenha de seu livro *Le socialisme réformiste* ou, ainda, anunciando a fundação, na França, da sociedade de estudos por ele criada, a Sociedade Republicana de Economia Social.[9]

---

7   Cf. Segundo Manifesto do Conselho Geral da Associação Internacional dos Trabalhadores sobre a guerra franco-prussiana. In: Marx, Karl; Engels, Friedrich. *Textos*. São Paulo: Edições Sociais, 1975, v.1, p.177.

8   A criação do termo é atribuída ao sansimoniano Michel Chevalier, que o teria empregado pela primeira vez, em 1836, no relatório de uma missão oficial ao Estados Unidos e ao México. Disponível em: <http://pt.wikipedia.org/wiki/Michel_Chevalier>.

9   Cf. "Bibliographie", *Le Sud-Américain*, 1 (25), 20/12/1885g, p.3 ; "Publications françaises", *Le Sud-Américain*, 2 (28), 10/01/1886e, p.3 ; "France – Nouvelles Diverses", *Le Sud-Américain*, 2 (29), 17/01/1886f, p.2.

Não se sabe praticamente nada das atividades de Ricard durante sua permanência no Brasil (até a duração exata dessa permanência continua desconhecida, já que não se sabe a data exata de sua chegada), afora – é claro – sua atividade como redator-chefe do *Sud-Américain*, tampouco há maiores informações sobre seu círculo de relações. Entretanto, as notícias publicadas no jornal fornecem alguns indícios. Em novembro de 1885, a coluna que cobria os acontecimentos semanais, particularmente na França, anunciava o lançamento, em Paris, do periódico *Chronique Franco-Brésilienne*, que tinha como redator-chefe José Lopes da Silva Trovão. Lopes Trovão, como era mais conhecido, era um dos principais expoentes do movimento abolicionista e um republicano histórico (fora um dos signatários do Manifesto Republicano de 1870); depois de sua participação na Revolta do Vintém, ocorrida no Rio de Janeiro entre 1879 e 1880, passou alguns anos na França. Nos números seguintes, as atividades do novo periódico brasileiro publicado no exterior são acompanhadas de perto pelo jornal de Ricard, valendo-se de seu correspondente em Paris, Edmond Thiaudière, e até artigos de Lopes Trovão serão reproduzidos (1885, p.3; Thiaudière, 1885, p.2). É verdade que nada do que é publicado relacionado ao líder republicano chega a ser particularmente comprometedor para Ricard. Entretanto, a simples referência ao mais radical tribuno popular republicano nas páginas do *Sud-Américain* remete ao seu ideário abolicionista e republicano. Trovão, por sua vez, de Paris, ao incorporar e endossar a ideia da fraternidade dos povos de raça latina,[10] evoca um imaginário caro a Ricard. Desse modo, mesmo à distância, é compreensível que esses homens – partilhando as mesmas ideias – desenvolvessem simpatia mútua. Ademais, se pouco sabemos das relações de Ricard no Rio de Janeiro, a cobertura dada pelo jornal a Lopes Trovão sugere que seu editor mantivesse contato próximo com os círculos abolicionistas e republicanos da Corte.

Se, desde a saída de Lardy, Ricard imprimira ao jornal um perfil mais próximo de suas concepções políticas, ampliando a defesa do federalismo e da união dos povos latinos e introduzindo temas como o socialismo, por intermédio de Malon, e o republicanismo (no Brasil), com as referências a Lopes Trovão, a linguagem do jornal no que diz respeito à política interna brasileira permanecera comedida. Todavia, isso mudaria rapidamente no envolvimento do jornal em uma polêmica com a *Gazeta de Notícias* em janeiro de 1886, ou melhor, com o

---

10 Cf. "Semaine", *Le Sud-Américain*, 1 (23), 06/12/1885h, p.2.

correspondente do jornal em Paris, Mariano Pina.[11] A origem dessa polêmica foi um artigo de Pina sobre as eleições legislativas francesas, ocorridas em outubro do ano precedente, traçando uma série de considerações pejorativas sobre alguns dos deputados eleitos, citando nominalmente Alexandre Millerand (que se tornaria um dos principais expoentes do socialismo parlamentar), L. V. Maillard (que fora um dos auxiliares de Ledru-Rollin) e Georges Brialou (ligado aos meios anticlericais e tendo como base política o bairro operário de Belleville), entre outros, e consagrando uma série de adjetivos, sem nunca nomear o líder dos mineiros de Anzin, Émile Basly, que se celebrizara por dirigir uma greve de sua categoria em 1884 (Pina, 1886, p.2). As eleições de 1885 haviam colocado na Assembleia Nacional diversos representantes do operariado e vários dos deputados mencionados no artigo, junto com outros eleitos, constituiriam o chamado "grupo operário" naquela casa.[12]

Uma das passagens do artigo de Pina, que mais tarde seria relembrada tanto por seus críticos quanto por seus defensores, dizia:

> E é em mãos de tais senhores que está Paris. Estes senhores representam Paris, estes senhores que nem um só parisiense receberia na sala – com medo de que lhe não partissem os bibelôs ou lhe não sujassem os tapetes [...]. (Pina, ibidem)[13]

Ricard traduz uma longa passagem do artigo da *Gazeta* no editorial de seu jornal, incluindo a passagem supracitada, recomendando a sua leitura especialmente aos confrades de imprensa francesa e aos parlamentares que representem qualquer fração do povo francês. Na sua leitura, o correspondente da *Gazeta*, ao desqualificar os representantes eleitos para o parlamento francês, coloca em causa o regime republicano e abusa da hospitalidade francesa (Ricard, 1886d, p.1). Vai além ao atribuir à *Gazeta*, a despeito de suas notórias simpatias abolicionistas e republicanas, as mesmas posições do correspondente. E chega a ameaçar levar adiante a comparação entre as formas de governo dos dois países.

> Se os correspondentes dos jornais brasileiros se propõem, ao difamar a França e o governo que ela se atribuiu, uma espécie de propaganda caluniosa contra as ideias

---

11 Homem de letras, português que editava em Paris a revista *Ilustração* e que na condição de correspondente da *Gazeta de Noticias* fazia, na maior parte das vezes, a cobertura das estreias teatrais e musicais da capital francesa.

12 Sobre as eleições legislativas de 1885, ver Orry, 1911, p.10-4.

13 A ortografia foi atualizada, mas a construção bizarra da frase para os padrões atuais foi mantida do original.

e a forma republicanas, para maior glória das monarquias, nós os faremos observar que não lhes será provavelmente muito agradável que, os tomando por modelo, nós façamos a propaganda oposta contando o que se passa aqui no melhor e mais liberal dos impérios. As pessoas sinceras instadas a fazer a comparação não hesitariam.

Nós não o faremos e sempre nos abstivemos de nos imiscuir na política brasileira. Mas contra o Sr. Mariano Pina ou o Sr. Sant'Anna Nery repetindo, envenenando-os ainda com sua malevolência pessoal, os gracejos de alguns jornais reacionários contra os homens da República, não seriam represálias muito justificadas de nossa parte traduzir, exclusivamente para o público da França, aquilo que pensam dos homens e das instituições do império, os opositores, republicanos ou simplesmente liberais? Bastar-nos-ia transcrever e nossos compatriotas seriam edificados com a alta moralidade política de um país em nome do qual se permite julgar com tal impertinência os assuntos franceses. (ibidem)

Nesse ponto, por mais que declare que não o faz, Ricard rompe claramente com a regra não escrita para a imprensa estrangeira publicada no Brasil de não se envolver na política local. Ainda assim, vê Pina, antes de tudo, como um ignorante que desconhece a história de lutas dos eleitos que menciona ao tratá-los como recém-chegados na política e que da França apenas conheceria a vida mundana parisiense.

Dias depois, o jornal publica a suposta carta de um leitor, assinada "um brasileiro", a propósito do artigo de Pina, perguntando-se o que os brasileiros têm a ver com quais representantes são eleitos para o parlamento francês. No mesmo número, aproveita a crítica demolidora que faz do recém-lançado livro de Gustave Aimard, *Le Brésil nouveau: mon dernier voyage*,[14] em virtude de seus erros ortográficos, equívocos de todo tipo (como a possibilidade de serem encontrados ursos e tigres na Tijuca ou no alto do Corcovado) e banalidades, para retomar o debate da política brasileira. O fato de a crítica ao livro estar no editorial do jornal não deixa dúvidas sobre sua intenção. Nessas linhas, Ricard

---

14 Gustave Aimard é o nome de pluma de Olivier Gloux, romancista popular com vasta produção, cujas histórias era ambientadas no oeste americano ou em navios piratas. Apesar de ter escrito um romance autobiográfico, *Par mer et par terre* (1879), a mistura entre realidade e ficção é de tal ordem que vários aspectos da sua biografia permanecem desconhecidos. Passou um período na América do Sul, mas não é certo que tenha estado no Brasil. Morreu insano em 1883. Segundo Ricard, *Le Brésil nouveau* foi escrito em 1882, apesar de somente ter sido publicado em 1886. Disponível em: <http://mletourneux.free.fr/auteurs/france/aimard/Aimard.html#adresses> e <http://mletourneux.free.fr/auteurs/france/aimard/aimard-bibliographie.htm>.

sustenta que as lisonjas a Dom Pedro II contidas no livro foram em troca de um conto de réis enviado ao autor (Ricard, 1886c, p.1).

Novo artigo de Pina publicado na *Gazeta* acerca da política francesa, ainda que pouco acrescente ao precedente e de estar menos carregado de juízos de valor, faz com que Ricard definitivamente abandone o discurso de não intervenção na política brasileira. Como demonstra a reação a seguir:

> Nós, entretanto, diante da obstinação de certos órgãos em desconsiderar o governo de nosso país, nós também temos nosso dever. Visto que, no Império brasileiro, certos jornais consideram decente fazer a propaganda, à custa de nosso país, contra a ideia republicana, eles não acharão estranho que, doravante, nós façamos a propaganda, na França, contra a monarquia à custa do Império brasileiro. O *Sud-Américain* não abusara todavia daquilo que alguns brasileiros denominam tão pomposamente sua hospitalidade, ainda que os limites possam ser facilmente atingidos. Mas, uma vez que consideram conveniente ao Sr. M. Pina e consortes, cobertos de atenções pela República Francesa e pelos republicanos, se permitirem nos tratar como tratam, e, sem serem cidadãos franceses, invocar sobre nosso país todos os males da ditadura, eles considerarão igualmente excelente que nós contemos, na França, os esplendores do regime usufruído no Brasil e a maravilhosa situação desse país tanto do ponto de vista administrativo quanto do ponto de vista econômico.
>
> [...]
>
> Forçam-nos, pela calúnias contra nosso país, suas instituições e essa massa de eleitores que formam o povo francês, a sair da impassibilidade na qual gostaríamos de permanecer. Pois bem, nós saímos, e nós teremos conosco todos os brasileiros cujo patriotismo esclarecido e inteligente conhece os males de que padece seu país e sabem quais os remédios a serem aplicados. (Ricard, 1886b, p.1)

Se a reação do editor do *Le Sud-Américain* a Pina e a generalização que faz das opiniões daquele correspondente parecem exageradas, há, ainda, circunstâncias conjunturais que contribuem para que o discurso de Ricard se radicalize.

Em 30 de dezembro de 1885, ocorre um incidente diplomático entre Brasil e França quando o paquete postal *France*, de bandeira francesa, ao entrar na Baía de Todos os Santos, é alvejado por uma das fortalezas devido ao fato de ter-se aproximado da embarcação militar *Traripe*, que portava a bandeira de quarentena. O disparo de canhão causou pequenos danos na embarcação e provocou a morte de um passageiro de nacionalidade italiana que viajava na terceira classe. Ricard aceita a versão francesa de que a bandeira de quarentena não estava visível e de que não foram ouvidos tiros de advertência precedendo o disparo que atingiu o *France*, como sustentaram as autoridades brasileiras, e ainda critica o silêncio da

216 LAURENT VIDAL E TANIA REGINA DE LUCA (ORGS.)

imprensa brasileira sobre o caso.[15] Esta, por sua vez, nada mais fez que divulgar a versão oficial sobre o episódio. É evidente que o nome do navio francês reforça as dimensões simbólicas do episódio para o *Sud-Américain*, como se a própria França tivesse sido atingida pelo canhão da fortaleza baiana. As repercussões desse incidente se prolongam pelos meses de janeiro e fevereiro de 1886, justamente quando a postura de Ricard torna-se cada vez menos conciliadora.

Deixando de lado a autocensura, Ricard passa a fazer uma associação, até então apenas insinuada, entre a natureza do regime brasileiro e a escravidão, ao mesmo tempo em que a denúncia de violências contra escravos e a exigência da abolição imediata ganham ainda maior virulência no jornal. Em mais um editorial sobre a escravidão, sustenta que "o Brasil necessita de grandes remédios, prontamente e heroicamente aplicados" ao defender o fim de qualquer política protelatória e a abolição imediata da escravidão. Descreve a situação como revolucionária e considera que o império "fundado sobre bases artificiais" caminha para um cataclismo e necessita de coragem e de vontade política para pôr fim à "mais podre [dessas bases] e que infelizmente é a que praticamente sozinha sustenta todo o edifício econômico e social desse país, a escravidão" (Ricard, 1886a, p.1).

No final de fevereiro, a situação de Ricard e do jornal se tornaram insustentáveis, em virtude do tom que suas críticas ao regime monárquico haviam assumido. São, então, anunciadas aos leitores a interrupção da publicação no Brasil e a intenção (nunca concretizada) de continuar sua publicação na França, mediante um editorial assinado por Ricard e J. Mistely (que ficaria encarregado dos interesses do jornal no Brasil) (1886, p.1).

No dia 6 de março Ricard embarca no vapor Orénoque, de retorno para a França; é provável que ainda tenha conseguido ler, antes de sua partida, o artigo de Charles Morel, editor de *L'Étoile du Sud*, que criticava sua atitude de envolvimento com a política brasileira:

> Assim como nós condenamos a conduta do Sr. José do Patrocínio, quando expunha pelos cabarés do Boulevard Montmartre as pragas que atingiam sua pátria, hoje igualmente não hesitamos em dizer a todos os estrangeiros que vieram pedir ao Brasil para deixá-los viver sob abrigo de suas leis e de suas instituições, que do momento em que estas não forem mais compatíveis com suas maneiras de proceder, de dizer e

---

15 Cf. "L'Affaire da 'La France'", *Le Sud-Américain*, 2 (29), 17/01/1886g, p.2 ; sobre a repercussão do caso na imprensa francesa, ver "Le coup de canon de Bahia", *Le Sud-Américain*, 2 (35), 28/02/1886h, p.1.

de pensar, que eles têm todo o direito de se liberarem desse fardo que ninguém lhes impôs. (Morel, 1886a, p.1)

Definitivamente, as posições de Ricard, seu republicanismo, sua defesa da abolição, suas relações socialistas e, sobretudo, seu crescente engajamento contra o Império obtiveram pouca simpatia junto aos setores da comunidade francesa do Rio de Janeiro ligados ao comércio e aos negócios. Não deveria ser uma surpresa para ele, todavia, a publicação, no número seguinte do órgão concorrente, de novo artigo de Charles Morel, dessa feita fazendo coro com as posições de Pina sobre os eleitos à Assembleia Nacional francesa, retomando inclusive no título a expressão do correspondente em Paris, "os quebradores de bibelôs"; isso certamente iria chocá-lo (Morel, 1886b, p.1).

10
JUDEUS-FRANCESES
NO RIO DE JANEIRO DO SÉCULO XIX

Fania Fridman[*]

Este trabalho pretende recuperar a saga de judeu-franceses que fizeram do Rio de Janeiro seu porto seguro em um tempo de grandes transformações, tanto na Europa quanto no Brasil, onde, apesar das autoridades privilegiarem a colonização agrícola, esta imigração assumiu um caráter urbano. Tal como Novais (2005), ao perguntar por que certos acontecimentos se passaram, buscamos aproximações ou algumas conexões partindo de uma periodização baseada na natureza do fenômeno da emigração iniciada em 1814, com o restabelecimento das relações entre Portugal e França. Se esta data não é aleatória, tampouco é considerada origem do deslocamento, pois, ao estudar fenômenos "aparentados", eles acabam definindo os cortes temporais.

Observaremos alguns elementos que podem ajudar na compreensão do seu deslocamento. A maioria dos emigrantes judeus veio da Alsácia e da Lorena, onde se impunha o *serment more judaico* ("à maneira judaica"), encenação na qual todo israelita citado em um tribunal como pleiteante, queixoso ou testemunha deveria prestar juramento na sinagoga, e aquele que não se submetia era condenado.[1] Ao longo do Oitocentos ocorreu a deserção do campo, processo verificado com muita expressão entre os judeus, já que não estavam fixados à

---

[*] Meus agradecimentos a Luciana Alem Gennari, pesquisadora do Grupo de Estudos do Território e de História Urbana da Universidade Federal do Rio de Janeiro (IPPUR) pela coleta e tratamento da iconografia, e ao graduando Manoel Batista do Prado Junior, pelo levantamento bibliográfico.

1 O Consistório Central protestava desde 1809 contra esta prática, no entanto sua abolição só ocorreu em 1846.

220 LAURENT VIDAL E TANIA REGINA DE LUCA (ORGS.)

terra. Somando 24 mil almas circunscritas à área rural desta região, os judeus eram acusados de deter a maior parte do solo – denúncia que ocasionou atentados em 1848 – e de arruinarem a Alsácia com a cobrança abusiva de juros pelos empréstimos (Philippe, 1979). No entanto, os intendentes qualificavam-nos de pobres em seus relatórios, e há dados do Musée Judéo-Alsacien de Bouxwiller demonstrando que, em 1857, o percentual de hebreus que necessitavam de auxílio atingia 13%, enquanto os protestantes somavam 5%, e os católicos, 9% (apud *Mundo Judaico*, dez. 2000). Com certeza, essa condição urbana também contribuiu para a perspectiva a partir de meados do século XIX.

Observem-se os dados: se, em 1815, 25% deles viviam nas cidades, em 1860 eram pelo menos 50%, constituídos majoritariamente de pequenos fabricantes, comerciantes, artesãos e operários que ganhavam pouco,[2] o que acabou por ocasionar o surgimento de uma rede de assistência financiada pelos mais ricos, como o Comité de Secours et d'Encouragement (1840) e as escolas primárias e profissionais (para a formação de floristas e modistas). Em 1860, foi organizada a Alliance Israélite Universelle para defender os direitos dos judeus e criar colégios do norte da África até Bagdá. Com a anexação da Alsácia e da Lorena em 1871, dos 41 mil judeus que passaram a sofrer humilhações após a perda de seus direitos, pelo menos 15 mil emigraram para Paris,[3] Marselha, Lyon e Lille, ou ainda para a Argélia e para as Américas.

Nesse contexto, perseguições na França misturavam-se[4] com possibilidades mais otimistas que se abriam em outras partes do mundo, e alguns judeus emigraram para o Brasil.

---

2   Berman (1937) cita um levantamento elaborado em 1843 com 409 famílias, no qual estão elencados os ofícios exercidos pelos homens (armeiros, pintores de parede, fabricantes de bijuterias e de enfeites, açougueiros, moedores de tintas, chocolateiros, condutores de diligências, criados, marceneiros, luveiros, colchoeiros, trabalhadores com nacre, palafreneiros, recuperadores de porcelana e torneiros) e pelas mulheres (entrançadoras, polidoras de porcelana, operárias de passamanaria, lavadeiras, passamaneiras, sirgueiras, floristas, fiandeiras e costureiras).

3   No início do século XIX, em Paris, essa etnia representava 5,83%, atingindo 26,2% em 1861, dos quais três quartos eram alsacianos e mais de um quarto considerado indigente.

4   Perseguições iniciadas na Idade Média sob a acusação de constituir um povo deicida, continuadas com a determinação de moradia em bairros especiais depois de uma Bula Papal de 1555, e da condição de servos da Câmara não cessaram com a outorga aos judeus dos Direitos do Homem e dos Cidadãos em 1791. Um antijudaísmo cotidiano persistiu na imprensa, na vertente conservadora da Igreja, no "Decreto Infame" de Napoleão Bonaparte – válido por dez anos, colocou sob exame e eventual cancelamento as dívidas contraídas aos israelitas, exigiu licença especial para o exercício de atividades comerciais, restringiu o direito de residência na Alsácia e obrigou os jovens a servirem no Exército sem permissão de se fazerem substituir,

Este artigo dedica-se a dois momentos específicos de um longo século XIX: aquele iniciado em 1814 mostra as múltiplas formas de uma imigração dispersa que vai dar nascimento, em 1867, à União Israelita do Brasil; e, em um segundo tempo, apresenta o novo afluxo ligado à anexação da Alsácia-Lorena pela Alemanha, em 1871.

"São os homens de que precisamos"[5]

Após a Corte, fugindo de Lisboa, instar-se no Brasil em 1808, Portugal abriu seus portos e assinou com a aliada Inglaterra um Tratado de Amizade e Paz em 1810. Nesse tratado consta um artigo que assegura aos estrangeiros liberdade de religião, permitindo, assim, a vinda de imigrantes não católicos.

O ano de 1815 tornou-se um marco para a chegada de franceses dedicados ao ensino, a projetos agrícolas, importação, comércio e artesanato, atraídos pela nomeação do cônsul-geral encarregado dos negócios. O Tratado de Amizade, Comércio e Navegação assinado em 1826 consolidou as relações entre as duas Coroas, permitindo aos súditos liberdade de consciência em matéria religiosa,[6] direito de propriedade e isenção de serviço militar obrigatório, de empréstimo forçado e de requisições militares. Garantia, ainda, liberdade de residência e de comércio e navegação em todos os portos. Portanto, o aspecto tenebroso dessa história parecia desaparecer com o encontro dos trópicos. Em primeiro lugar, em face da brasileira admiração pela França, pelos franceses (Priore, 2005) e pelas teorias iluministas na formação do país. Tavares (1979), referindo-se ao Primeiro Reinado, mostra a confluência de interesses quando os dois países se relacionavam de forma amistosa, um servindo de asilo para o outro nos momentos de repressão.[7]

Ainda que a orientação para o povoamento, logo após a Independência, tivesse sua base na instituição de colônias agrícolas e industriais com europeus em

---

    tal como os demais cidadãos franceses – e em alguns movimentos anticapitalistas. A política ambígua com relação aos judeus e as coerções e restrições foram importantes razões para que o êxodo ocorresse em direção a outros países e aos trópicos.

5   Editorial do *Diário do Rio de Janeiro* de 15/09/1869 (apud Renault, 1982).

6   Lembre-se de que até o início do século XIX a legislação portuguesa vigente no Brasil Colônia restringia os direitos dos judeus e seus descendentes de assumirem cargos públicos, receber comendas e possuir terras.

7   Os irmãos José Bonifácio e Martim Francisco Andrada se exilaram em Bordeaux após a Constituinte.

cada município da província do Rio de Janeiro,[8] a imigração de franceses teve principalmente destino urbano. Viajantes, naturalistas, cientistas, cronistas, artistas, comerciantes, impressores, cabeleireiros, modistas, alfaiates, sapateiros, tipógrafos, professores das mais variadas disciplinas, jornalistas, cortesãs, operários e artesãos aqui vieram tentar a vida. Muito comentada foi a presença, a partir de 1816, de artistas como Nicolas-Antoine Taunay, Jean-Baptiste Debret, Joachim Lebreton e Grandjean de Montigny, entre outros, que participaram ativamente da constituição de uma Escola Real de Ciências, Artes e Ofícios (depois denominada Academia de Belas-Artes) e das mudanças urbanísticas da capital.[9]

Um grupo expressivo foi o dos judeu-marroquinos de fala francesa. O Brasil recebeu nas primeiras décadas do Oitocentos uma grande onda de imigração sefardita proveniente do norte da África e do Levante e, em menor medida, dos Bálcãs.[10] Por sofrerem discriminação em suas terras, acomodaram-se na Amazônia e no Rio de Janeiro, onde constituíram o chamado Bairro Árabe (ou Turquia Pequena), compreendido pelas Ruas da Alfândega, Buenos Aires, Senhor

---

8 Através de contratos com empresários ou companhias, sob a condição de garantia aos colonos de porções de terras mediante o pagamento de um foro; isenção de impostos provinciais por dez anos; casas provisórias porém seguras e o recebimento de ferramentas e diárias durante um ano. Um decreto de 1835 autorizou o francês de Lorena, Jean Henri Freese, a formar colônias com cláusulas de proibição do emprego de escravos, de demarcação das terras em um prazo de dois anos e de sua ocupação com pelo menos sessenta casais de europeus por légua quadrada que seriam naturalizados depois de um ano de residência. Em 1842, a Ludgero José Nellis foi permitida a contratação de 125 colonos belgas e alsacianos para o cultivo do linho através da concessão de meia légua de terras e de um empréstimo para as passagens e as primeiras despesas. Houve conflitos e 95 imigrantes desertaram diante das condições encontradas (Fridman, 2007a).

9 Schwarcz (2008), retomando ideias de vários estudiosos, diz ter partido da "colônia Lebreton" a iniciativa de oferta de seus serviços, pois, sendo bonapartistas (e, por isso, considerando-se "refugiados políticos"), teriam perdido seus postos. A autora aponta 17 navios partindo do Havre para o Brasil em 1816 com negociantes de tapetes, capitalistas, artesãos, joalheiros, fabricantes de armas e selas, alfaiates, curiosos, cientistas, literatos e religiosos.

10 Na invasão da Argélia pela França, em 1830, o Marrocos se colocou ao lado da colônia e foi derrotado em 1844. Berman (op. cit.) diz existirem relatos de judeus maltratados em 1844, quando o príncipe de Joinville participou do bombadeio de Tânger e da posse de Mogador. François Ferdinand-Philippe d'Orléans, o príncipe de Joinville, era casado com a princesa Francisca de Bragança, filha de Dom Pedro I. Dez anos após a tomada de Alger, ocorreu o "affaire de Damas" – o assassinato de Père Thomas, pelo qual artesãos judeus foram acusados. Protestos no mundo ocidental, inclusive nos Estados Unidos, ocasionaram a libertação dos condenados. Missionários da Alliance Israélite Universelle ouviram em 1860 relatos de torturas, cativeiro de moças e de conversão forçada em Tetouan, onde um terço dos judeus vivia na miséria e dois terços, em situação precária.

dos Passos e Tomé de Sousa, e organizaram a primeira entidade comunitária, a União Shel Hassadim.[11]

Logo chegou a primeira leva de judeu-franceses que se dedicaram principalmente ao comércio e às casas de penhores.[12] Um corretor de gêneros alimentícios, François Leon Cohn,[13] atuava na praça do Rio de Janeiro por meio da firma Cohn e Filho, na Rua da Alfândega, 3. Há referência a um senhor Hoffmann como proprietário das Companhias de Seguradoras e Companhia Permanente na Rua da Alfândega, em 1816 (RIHGB, 1965), e a Gorin, Risk e Cia. na Rua da Quitanda, em 1824 (RIHGB, 1968). Citamos José Buschental, um alsaciano que se tornou financista na Corte de Dom Pedro I quando do aumento da dívida externa brasileira na primeira metade do século XIX. Sobre o seu relacionamento com o imperador, existe um documento depositado no Arquivo Histórico do Museu Imperial que demonstra o seu desejo de ajudá-lo no momento de sua abdicação em 1831. Trata-se de uma carta endereçada ao marquês de Cantagallo, na qual diz que compraria todas as apólices de Sua Majestade ao preço de 72%, entregando imediatamente 40 mil pesos e 20 ou 30 mil libras sobre Paris e Londres, e enviando o restante da importância para qualquer praça que o imperador designasse após sua chegada à Europa.[14] José Bonifácio de Andrada e Silva dirigiu uma missiva a Dom Pedro I, em 11 de abril de 1831, nos seguintes termos:

---

11 Primeiramente localizada na esquina da Praça da República com a Rua Senhor dos Passos, em 1866 mudou-se para a Rua da Alfândega, 358.

12 Encontram-se referências na bibliografia sobre a presença de judeu-franceses em outros municípios da província, como Niterói, Itaguaí, Resende, Valença, Paraíba do Sul, Petrópolis, Cantagalo e Campos dos Goytacazes. Wolff e Wolff (1986) revelam que em Campos 80% dos judeus eram franceses e que esta região foi visitada por inúmeros caixeiros desde os anos 1830 até pelo menos 1875. Sobre franceses não judeus, há informações interessantes: em 1830, o arquiteto Pierre Pézerate e o engenheiro Pierre Taulois assinaram o projeto de um palácio que o imperador pretendia construir na Fazenda do Córrego Seco, onde seria fundada Petrópolis. Em 1843, os emigrantes que haviam saído de Dunquerque para a Colônia do Saí, em Santa Catarina, acabaram trabalhando nos melhoramentos da estrada Normal da Estrela, que ligaria a Corte a Petrópolis, sob a chefia do engenheiro francês Charles Rivera. Há que se comentar ainda a vinda, em 1840, de uma missão técnica comissionada para trabalhos em Pernambuco, composta de Vauthier, Boulitreau, Millet, Buessard, Moral e Portier, que inovariam a engenharia nacional.

13 Seu filho, Francisco Leão Cohn, abandonou os negócios e seguiu a carreira militar. Foi tenente-coronel da Guarda Nacional, membro da Associação Internacional de Imigração e da loja maçônica Grande Oriente do Brasil; foi agraciado com a Ordem de Cristo e a Ordem da Rosa.

14 Códice I POB 8.8.1831, Bus.c. Buschental era casado com Maria Benedita de Castro Delfim Pereira Buschental, irmã da marquesa de Santos, a amante de Dom Pedro I. Em março de

Folgarei infinito que V. M. e toda a sua Augusta Família passem bem a noite. Senhor Samuel Fillipe me mostrou a procuração que V. M. lhe passou, que achei muito em regra, mas deu-me uma notícia que me afligiu. É que o célebre Buschental entra também neste negócio como Pilatos no credo. Como? E quer fiar-se V. M. em um maroto como tal reconhecido, amigo de seu maior inimigo? Pensa V. M. no que faz e não vá entregar nas mãos de um traste os seus interesses pecuniários. Beijo as mãos de V. M.[15]

A diversidade profissional

Outra figura de destaque, o "rei da moda" Bernard Wallerstein, desligou-se em 1828 da P. Saisset e Cia. abrindo a B. Wallerstein e Cia. na Rua do Ouvidor, 98 e 103, então centro do comércio carioca. É importante ressaltar que era fornecedora da Casa Imperial. Importava artigos de Paris, como sedas, calçados, camisas, joias, cristais, porcelanas, quadros, artigos de palha, *champagnes*, além dos charutos de Havana. Por volta de 1850, aceitou um sócio, alterando a razão social para B. Wallerstein e M. Masset, ampliando seus tratos comerciais com um armazém no número 70 da mesma rua para a venda de papéis de parede (Figura 10.1).

O distrito de Sacramento, o coração da cidade, tinha a predileção das lojas e moradias dos franceses. Ali, onde já estavam assentados numerosos estrangeiros, funcionavam desde 1836 a Société Française de Bienfaisance, na Rua Nova do Ouvidor, assim como a Chancelaria Francesa,[16] instalada na Rua do Ouvidor, 186 (posteriormente na Rua do Rosário, 128), e a Sociedade Francesa de Socorros Mútuos, polos de atração para os imigrantes daquela nacionalidade. Nessa rua, a Loja das Judias, de propriedade de um israelita alsaciano, anunciava chapéus e enfeites na década de 1830. Comissários de café, como a empresa Kauffmann e Hoffmann, situada na Rua da Alfândega, 25, e Samuel e Salomon Levy negociavam com os produtores. Nesse período de difusão do racismo na Europa, outros alsacianos foram atraídos pela política imperial brasileira que estimulava a vinda de profissionais liberais, como engenheiros, médicos e dentistas, e de

---

1832, ele seguiu para a Inglaterra e posteriormente fez transações financeiras na Argentina, onde organizou um banco em nome do barão de Mauá, e no Uruguai.

15 Arquivo Histórico do Museu Imperial, códice II POB 8.4.1831, Sil.c, 1-2.

16 O *Jornal do Commercio* publicou em 21/11/1832 uma nota da Chancelaria Francesa "que ajuda os emigrados na procura de ocupações com que possam sustentar-se" (apud Renault, 1969).

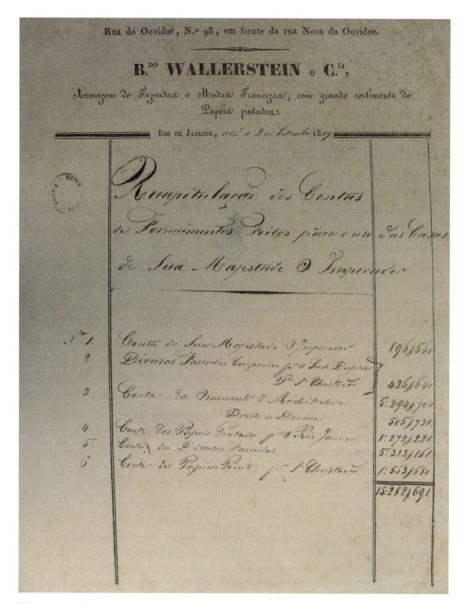

Figura 10.1 Relação de despesas da Casa Imperial feitas na B. Wallerstein e Cia.
Fonte: Arquivo Histórico do Museu Imperial, códice I-POB-07.9.1829-Wal c.

226 LAURENT VIDAL E TANIA REGINA DE LUCA (ORGS.)

pessoas de posses com o objetivo de difundirem ideais civilizatórios e de criar uma elite tecnocrática no país.[17] Tal foi o caso do dentista Arson e do médico Hostein, clinicando na Rua dos Ourives 41 e 89, respectivamente, e do comissário Nestor Dreyfus, que fundou a Fábrica Normal de Produtos Químicos logo após a publicação da lei de 5 de setembro de 1846.[18] Nestor Dreyfus Aîné e Cia. também exportava café e importava fazendas, vinhos, conhaques, artigos de armarinho e joias da França, e também cimento norte-americano, vendidos a prazo na Rua da Alfândega, 28. A companhia A. B. Dreyfus, admitindo Gustave Cerf como parceiro, constituiu-se em corretora de navios e em agente da Companhia Franco-Americana no número 40 da mesma rua.

No início da década de 1850, na Rua do Ouvidor, 9, encontrava-se o joalheiro David A. Rosenwald que, junto com seu irmão, abriria uma casa de operações bancárias e de câmbio à mesma rua, no número 29. Marcos Rosenwald, associado a Maurice e David Bloch, fundaria o Banco Predial e a Empresa Predial em 1871. Casou-se com a viúva Sarah Conseil, proprietária da famosa loja de flores artificiais[19] à Rua do Ouvidor, 140, onde no final do século funcionou As Parasitas, de grinaldas e coroas. Ao negócio de joias dedicaram-se Godchaux Haas e Alphonse Worms, na Rua dos Ourives, 83. Sua esposa Emma, modista de vestidos de baile e de casamentos, atendia no seu *atelier* na Rua dos Ourives, 47, sobrado. Sidney Worms fornecia mantimentos e demais gêneros para a armada com lojas na Rua São José, 47, e na Rua da Quitanda, 15. Alphonse Cahen, aportando em 1858,[20] passou a comerciar gêneros nacionais e estrangeiros na Rua dos Ourives, 115. Anos mais tarde associou-se a L. Samuel na casa de penhores na Rua Lampadosa, 66, logo se desligando para abrir seu próprio negócio de adiantamento de

---

17 Circular da Secretaria de Polícia da Província do Rio de Janeiro recomendava vigilância para não desembarcarem negros dos Estados Unidos. Quanto à imigração asiática, o imperador Pedro II declarou: "opor-me-ei sempre às tentativas dessa ordem, porque estou certo de que a influência étnica desses povos virá aqui agravar ainda mais o aspecto heterogêneo de nossa gente" (apud Neiva, 1944, p.380).

18 Esta autorizava o Governo Imperial a emprestar até 180 contos de réis. Em meados de 1850, a fábrica já funcionava na Rua do Areal, na chamada Cidade Nova, distrito de Santana. Arquivo Histórico do Museu Imperial, códice M 112.Doc 5503.

19 Havia um "culto à flor" para ornamento dos cabelos femininos, das casas, festas, procissões e dos batizados, além de sua utilização como mensagem simbólica pelos casais. Eram feitas com seda, plumas, penas de pássaros, escamas de peixe e asas de insetos, por artesãos qualificados.

20 Alphonse Cahen chegou em 1858 em companhia de Arthur Aron, Gustave Cerf, Sarah Klein, Achille Bloch, Joseph Posener e de Gouthier, Leopold Samuel, David Oscar e Valentin Levy.

dinheiro na Rua Leopoldina, 4. Era o mesmo ofício de J. Alkaim e Cia., que operava na Rua do Sacramento,19, desde 1862. Nessa mesma ocasião, a Emile Kahn e Torres era importadora de vinhos e Arthur Aron, comerciante de artigos de armarinho, chapéus, meias, bijuterias, fazendas e perfumes, encontrava-se na Rua da Alfândega, 54-56, também endereço da sede da Heymann e Aron Cia. A Companhia M. Baumann e Honold foi organizada no Rio de Janeiro para fundar vinte núcleos coloniais em São Paulo, Santa Catarina e Paraná. Tais empreendimentos contariam com o apoio financeiro de Arthur Aron, Virgílio Ramos Gordetti, comendador Antônio da Costa Chaves Faria, Antônio Martim Lage Filho e dos bancos Continental do Brasil e Luso-Brasileiro.

Salomon Warks alojou sua Lingerie Parisiense na Rua do Ouvidor, 101. No número 132, a Sra. Bloch possuía uma oficina de camisas e cambrainhas, e os irmãos alfaiates Maurice e David Bloch, em conjunto com Lehmann Ettinger, atendiam sua clientela na loja 131. Jean-Jacques Germain Bloch, da Germain Bloch e Cia., estabelecida à Rua da Alfândega, 32, trazia joias, artigos de armarinho e o *Jornal dos Alfaiates* de Paris e, no sobrado 64, a firma Bloch e Ângelo atuava na importação de conhaque. L. Bloch e Cia., também dedicada à importação de mercadorias, funcionava na Rua Teófilo Ottoni, 23.

Como vida comunitária, a partir de 1857 os alsacianos se reuniriam para a realização de solenidades religiosas que, provavelmente, ocorriam nos salões do Banco do Commercio, na Rua Primeiro de Março. Dez anos depois, para apoiar a colônia, fixaram-se na cidade representações da Alliance Israélite Universelle e da Société Union Israélite de Bienfaisance (ou União Israelita do Brasil), esta última para ajudar os necessitados e congregar a comunidade.[21] Situava-se no sobrado da Rua da Alfândega, 25, mudando-se no final do Império para a Rua do Hospício (Figura 10.2).

---

21 Em caso de moléstia recebiam-se 5 mil-réis diários e, se necessário, a ajuda de enfermeiros. Pagavam-se ainda as despesas de moradia, alimentação, internação em hospital e de sepultamentos. No Arquivo da AIU há um documento em que Adolphe Cahen solicita ao imperador um terreno para a Société (cote Brésil 7.01) e um outro, de Samuel Hoffmann, com uma listagem de cotizações para a construção de um cemitério israelita (cote Brésil 7.08).

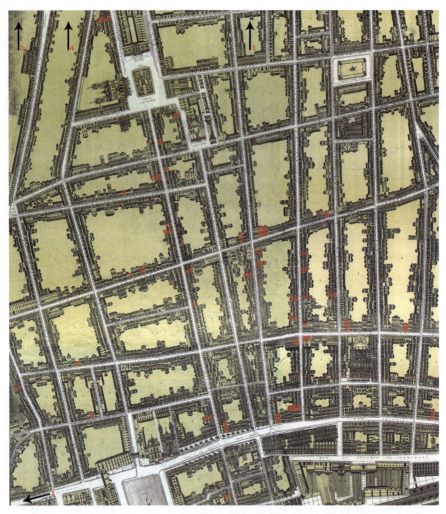

Figura 10.2 Mapa de localização das casas comerciais pertencentes aos judeus franceses no distrito de Sacramento.
Fonte: Fragoso, João da Rocha. Mappa Architectural do Rio de Janeiro: Parte Commercial, 1971. Acervo da Fundação Biblioteca Nacional – Brasil, 470826.jpg, arc 002, 11, 016.

Um novo afluxo

Com a guerra franco-prussiana, o Brasil recebeu mais uma onda de imigração de asquenazes alsacianos, além de austríacos e de europeus do leste.[22] Também aportou o novo embaixador francês, o conde Joseph Arthur de Gobineau. Autor da obra *Essai sur l'inegalité des races humaines*, admitia a existência de uma aristocracia racial dos germânicos e de raças mistas ou inferiores nas quais estariam os judeus. Estas contaminariam a pureza das demais e seriam responsáveis pelas mazelas da sociedade. Para Freyre (2004), tais ideias tiveram impacto no Brasil assim como as bonecas francesas de louça, louras de olhos azuis e vestidas de seda que, ao substituírem as de pano, contaminaram as crianças de certo arianismo.[23] O imperador, um entusiasta da imigração, pois a considerava um instrumento para ocupação civilizada do território, apesar de sua intensa amizade com Gobineau não se deixou influenciar por aquelas concepções ao afirmar que "não se adequam [sic] ao nosso clima" e "não combaterei os judeus, pois de sua raça nasceu o Deus da minha religião" (apud Elkim, 1996, p.84). Há notícias que dão conta de serem israelitas seu mordomo, seu procurador e o dentista, Samuel Edouard Costa Mesquita.[24] No entanto, a nova lei de naturalização para estrangeiros, promulgada em 1871, passou a exigir a declaração da religião do requerente, além de dois anos de residência, emprego e propriedade de bens de raiz (com exceção daqueles casados com brasileiras ou introdutores de algum gênero de indústria). É fato que no Brasil houve naturalizações a partir de um decreto de junho de 1855, pelo qual somente cidadãos brasileiros poderiam exercer ofícios de comissários e de agentes de casas de penhores.

Um bairro francês[25]

Com os territórios da Alsácia e da Lorena conquistados pela Alemanha, os franceses recusaram-se a aceitar a nova nacionalidade. Em 1º de abril, o *Jornal*

---

22 De 1855 a 1884 entraram pelo porto do Rio de Janeiro 477.256 estrangeiros, que passaram a representar 30% da população carioca.

23 Priore (op. cit.) recorda a vinda, à esta época, das *cocottes*, as elegantes prostitutas francesas.

24 Com consultório à Rua Gonçalves Dias, foi condecorado com a Ordem da Rosa e recebeu terras em São Paulo com vistas à colonização por judeu-russos em 1891.

25 É preciso introduzir aqui a noção de colônia, uma rede de cooperação que permite superar obstáculos. Sua origem pode ser religiosa, cultural ou sustentada por uma mesma língua ou base territorial. Segundo Castells (2002), o conceito de colônia vincula-se ao de identidade, que pode resultar de três processos: de legitimação, de resistência e de projeto. A legitimação se dá através da participação e aceitação do indivíduo nas entidades dominantes. A resistência

do Commercio publicou uma nota em dialeto alsaciano, na qual aqueles residentes no Rio de Janeiro declaravam sua intenção de permanecerem franceses e não "compatriotas da cachorrada prussiana [...] que bombardeou nossa bela Estrasburgo". Cinco dias mais tarde, foi inserida no mesmo diário uma carta aberta em francês, dirigida à Assembleia Constituinte, na qual demonstravam sua "indignação e a mais profunda dor" e solicitavam "de maneira mais formal o nosso desejo de continuar franceses [...]".[26]

Muitos dos que assinaram as petições estavam na freguesia de Sacramento. Esta congregava o maior número de manufaturas e ofícios e, junto com a da Candelária, alojavam a maior parte dos comerciantes da cidade. Ali estavam, no último quartel do século XIX, Eugenio Roger e Joseph Blum, que patrocinavam peças teatrais e possuíam um empreendimento de importação de cervejas. Joseph Blum fazia parte também do corpo social da J. Levy e Cia. de artigos para alfaiates, modistas e chapeleiros, localizada na Rua do Hospício, 78 [não se sabe ao certo se o número é 78 ou 75]. Joseph Levy e Frère dedicava-se à importação, comissões e consignações. L. Samuel e Cia., de propriedade de Gouthier Levy, Levy Samuel e Edouard Samuel Hoffmann, emprestava dinheiro na Rua do Sacramento, 4, até mudar-se para a Rua Luís de Camões, 3. Edouard Samuel abriu casa de penhores em 1881 na Travessa do Ouvidor, 15, que, em 1896, estava no Beco do Rosário, 18. A firma Haguenauer, dos irmãos Jules e Leon, negociava com câmbio e corretagem na Rua Primeiro de Março, 35. Na mesma rua, no número 17, ficava aquela de Cahen Haguenauer. Citamos a casa de penhores de Louis Leib, mais tarde Veuve Louis Leib e Cia., e a casa de câmbio A. Dreyfus

---

ocorre quando um grupo é estigmatizado ou perseguido e se vê obrigado a construir trincheiras culturais para sobreviver. Já o projeto surge quando se recorre aos costumes para uma redefinição da consciência e das características da coletividade em um momento de transformação da sociedade como um todo. Tal perspectiva, que leva em conta a dimensão política dos conflitos manifestados no urbano, tem no bairro um importante referencial constitutivo e simbólico, mesmo que nem sempre seus limites estejam claros. Para demonstrar a pertinência dessas afirmativas, apresento o significado da palavra "bairro" na língua portuguesa no século XIX. Moraes Silva (1813) a definiu como "quartel da cidade, que consta de certas ruas [...]; parte da cidade que compreendia certa e determinada área, ocupada em geral por povos da mesma esfera ou classe [...]" (Fridman, 2007b).

26 Na nota em dialeto alsaciano assinaram Josef Baer, Moritz Gutmann, Jacob Goldmacher, Veit Edelmann, Samuel Jeitteles, Simon Wolff, Ananias Rosenau e Isaac Adler. Na carta aberta seguiam as assinaturas de A. Dreyfus, Felix Samuel, Isidor Falentin, David Meyer, J. David Mock, Lehmann Ettinger, H. Hirsch, Pierre Moser, Erard Levy, Alphonse Cahen, Simon Haguenauer, Cerf Levy-Oliver, E. Kauffmann, Nestor Dreyfus, Emile Levy, M. May, Eléonore Dreyfus, Sylvain Dreyfus, M. Levy, David Bloch, Max Rosenwald, Levy Samuel, Maurice Bloch, Marie Sallaberry e Isaac Uhry (Wolff; Wolff, 1975).

e Cia., situada à Rua de São Pedro, 28, mais tarde na Rua da Alfândega, 29. Entre os comissários que atuavam na praça do Rio de Janeiro, encontravam-se Sylvain Dreyfus, na Rua do Sabão, 41, e H. N. Dreyfus, com endereço na Rua Primeiro de Março. Charles e Fernand Dreyfus, em conjunto com Alfred Metzger, abriram uma casa comissária que teve vida curta. Marc Rosenwald, acionista do Banco Franco-Brasileiro, e Maximilian Bloch foram nomeados em 1890 corretores de fundos públicos.

Abraham George Cahen e David Levy comercializavam joias na Rua do Ouvidor, 107. A joalheria de Alexandre Gerson Frère e Cia. estava na Rua do Hospício, 51, transferindo-se depois para a Rua da Alfândega, 57,[27] e J. Dreyfus atendia na sua propriedade localizada na Rua da Alfândega, 64. A oficina de costura de Madame Dreyfus, inicialmente na Rua Gonçalves Dias, 57, e depois na Rua do Ouvidor, 101, oferecia, além de roupas bordadas, grande variedade de chapéus e tecidos. A J. Dreyfus e Cia. tornou-se agente da "Companhia Mecânica e Importadora de São Paulo", especializada em maquinário para café, arroz e outros produtos de lavoura. Estabelecida à Rua General Caldwell, 76, transferiu-se para a Rua da Quitanda, 111. Désiré Khan e Joseph Kerjean, instalados na Rua do Teatro, 33, forneciam gêneros para hotéis desde 1872. Seis anos mais tarde, Khan, associado ao norte-americano James W. Graham, foi fundador da Maison Moderne, famoso café e restaurante na Rua do Espírito Santo, 1. Em 1894, juntamente com parceiros portugueses, inaugurou o restaurante Stadt München Maison Desiré, na Praça da Constituição, 19. Fanny Arion vendia azeite de oliva, lanternas venezianas, conservas e chocolates na Rua Gonçalves Dias, 44.

A firma Cahen, Oppenheimer e Cia. importava calçados franceses,[28] mesma atividade de Léon Hertz e Ramon Barrère e da Speyer e Cia., com lojas nas Rua da Misericórdia, 84, e na Rua do Carmo, 11. Julius e Martim Rée, com a matriz na França, importavam mercadorias estrangeiras para suas lojas na Rua da Alfândega, 39, e na Rua da Quitanda, 129. Ainda na mesma função encontravam-se Jules Braun, situado à Rua Santa Luzia, 34, e os irmãos Frederic e Gabriel Manassah Brandon, com suas fazendas, gregas, franjas de seda, algodão com

---

27 Com matriz em Paris, possuía sucursais em São Paulo, no Recife, em Montevidéu e Buenos Aires.

28 Consta que Ernst Oppenheimer, do qual desconhecemos a nacionalidade, era diretor-gerente da Companhia Locadora Imigratória e diretor-tesoureiro da Companhia de Restaurantes Populares em 1889 (Fridman, 2007b).

vidrilhos, perfumarias e demais produtos franceses.[29] Os irmãos Daniel, Isidoro e Max Haas dedicavam-se à importação de velas, louças, artigos de armarinho, caldeiras e máquinas para fábricas. Max Haas também era representante da casa francesa Egrot Grangé Sucres, de aparelhos de destilação de cana-de-açúcar.[30] Quanto aos serviços públicos, o consórcio A. Levy e Cia. requereu, em dezembro de 1892, o abate de carnes verdes junto ao Conselho Municipal do Rio de Janeiro. A F. Prado e Cia., de Samuel Nathan Bloch e Fernando Maria Prado, recebeu a concessão para a abertura e o transporte entre o curato de Santa Cruz e Itaguaí,[31] e a sociedade Isidoro Kohn e Cia., registrada em 1901, teve assinado um contrato pela prefeitura, renovado no ano seguinte, para incineração de lixo da limpeza pública e particular e sua aplicação para fins industriais (Wolff; Wolff, 1979) (Figura 10.3).

Além das ações de filantropia na União Israelita e na Société Française de Bienfaisance, os componentes mais ricos da comunidade organizaram, em 1889, a Communauté Israélite onde, em 1894, foi realizada uma cerimônia fúnebre por ocasião da morte do presidente da França (Wolff; Wolff, 1975). Exerciam também cargos na Associação Comercial do Rio de Janeiro, na Alliance Française, no Cercle Français, na Union Française e na Chambre de Commerce France-Brésil, participando ativamente do comitê organizador e fazendo donativos para os festejos de 14 Juillet.[32] Para esses senhores foram concedidas comendas – Nestor Dreyfus, Léon Fould, Henri Fould, George Halphen e Jules Worms receberam a de Oficial da Rosa.[33]

---

29 Em 1890, em conjunto com James Schofield, fundaram a Fábrica de Fiação e Tecidos Andorinha em Santo Aleixo (Magé).

30 Mais tarde abriu uma serraria em Grama (Paraíba do Sul) e a Mate Laranjeiras, no sul do país.

31 A linha funcionou somente de 1879 a 1889 em decorrência das inundações. A concessionária também construiu o hipódromo local.

32 Nas comemorações de 1890, entre os donativos constaram 200 mil-réis da firma A. Aron e Cia. e 20 mil-réis dos senhores Isidore Haas e Joseph Weissohn. Sabe-se ainda da presença na cidade do Rio de Janeiro das seguintes famílias: Coulon, Daniel, David, Falk, Goetschel, Gordy, Hanau, Heyman, Hirsch, Hyman, Lambert, Liebmann, Lindheimer, Lion e Wellisch. Há notícias de uma delegação de judeo-alsacianos recepcionada por Dom Pedro ii em 1887 e de uma festa à República brasileira oferecida pela colônia francesa em 1889.

33 Menciono aqui o Caso Dreyfus – Alfred Dreyfus, um dos poucos oficiais judeus que pertenciam ao Estado-Maior francês, foi injustamente acusado de vender planos militares ao governo alemão em 1894. Preso e deportado, seu processo detonou protestos em todo o mundo. Na França recebeu manifestações de apoio à sua condenação e contrárias – um dos mais belos libelos pela liberdade foi escrito por Émile Zola, o famoso "J'accuse" publicado em janeiro de 1898 no jornal *L'Aurore*. Entretanto, foi o brasileiro Rui Barbosa quem primeiro se manifestou publicamente ao publicar em 1896, no *Jornal do Commercio*, uma de suas Cartas da Inglaterra

Figura 10.3 Acervo da Fundação Biblioteca Nacional (Rio de Janeiro, Brasil) – Coleção Periódicos: O Paiz (p.4 das edições de 20/10; 3/11; 3/12 e 18/12 de 1884) PR--SPR 0006.

Muitos de seus compatriotas israelitas exerciam seus *métiers* nas manufaturas e nos estabelecimentos comerciais (vendedores, guarda-livros ou gerentes), eram

com o título "O processo do capitão Dreyfus", influenciando a tomada de posição a seu favor (Dines, 2008). Ainda assim, a *Revista da Semana* noticiou o fato em junho de 1900 através da visita da sra. Figueiredo que, em nome das damas brasileiras, foi portadora de um brinde aos Dreyfus em sua residência, próxima a Genebra. Reproduziu os termos do jornal *Libre Parole*, acrescentando ao final um comentário irônico: "um judeu, chamado Figueiredo, ofereceu ao traidor Dreyfus um cofre cheio de velhas moedas muito curiosas, naturalmente os trinta dinheiros de Judas. Não se pode dizer que seja um modelo de gentileza para com um estrangeiro, mas também não se pode deixar de reconhecer que tem graça...".

professores no ensino da língua francesa, de música e de desenho, realizavam trabalhos artesanais e artísticos, ou, ainda, dedicavam-se ao comércio ambulante.[34] Em razão de sua renda e morando em locais menos nobres, não constam dos documentos disponíveis à consulta dos pesquisadores. Reconhecemos, portanto, silêncios neste trabalho e, como Lefebvre (1971), sabemos que esta é uma narrativa do que sobrou – somente os mais influentes deixam seus traços – e não de todo o passado.

---

34 "Nem todos os jovens europeus que vieram tentar a sorte no Brasil foram bem-sucedidos, às vezes seguindo para outros países sem dar sinal de vida para seus familiares" (Wolff; Wolff, 1979, p.173). Foram solicitadas informações no Consulado Francês das seguintes pessoas: Jean Arnold, Jacob Asser, Isaac Atchouel, Esther Bernard, Simon Bloch, Jérôme Dreyfus, David Kahn, Caroline Kauffmann, Joseph Lipman, Isidore Marx, Jeanne Mayer, Joseph Meyer, Joseph Perez, David Salomon, Isidore Sommer e Georges Verschneider, entre outros.

PARTE 3

O AMPLO LEQUE DAS ATIVIDADES URBANAS

11
COMÉRCIO FRANCÊS E CULTURA MATERIAL EM SÃO PAULO NA SEGUNDA METADE DO SÉCULO XIX[1]

Heloisa Barbuy

Na segunda metade do século XIX, os comerciantes franceses em São Paulo não eram tão numerosos quanto os luso-brasileiros ou os germânicos, mas marcavam presença nas ruas principais, no centro da cidade, presença esta que se tornava ainda mais destacada e aparentemente maior em função da profusão de nomes franceses nas lojas, nas marcas, nas modas difundidas localmente, independentemente da origem de seus proprietários, tal o prestígio da moda francesa no Brasil.

Para um levantamento relativo a imigrantes franceses atuando no comércio paulistano da segunda metade do século XIX, a primeira fonte a considerar são almanaques comerciais de São Paulo. Sobre eles, contamos com o trabalho basilar de Ana Maria de Almeida Camargo (Camargo, 1983), que localizou todos os almanaques existentes em instituições públicas e em algumas coleções privadas que pôde encontrar. Não existem para todos os anos (nem foram publicados todos os anos), mas a partir deles é possível fazer mapeamentos vários, com diferentes critérios: por ramos de comércio (tal como já estão organizados), por ruas, por nomes próprios. Quanto a este último, em seu consagrado texto, *O nome e o como*, Carlo Ginzburg (1989) nos indicou o alcance que pode ter a

---

1 O presente artigo tem parte de seus dados e ideias extraídos de Barbuy, H. *A Cidade-Exposição*: comércio e cosmopolitismo em São Paulo, 1860-1914. São Paulo: Edusp, 2006. (Originalmente Tese de Doutorado defendida em 2001, na Faculdade de Arquitetura e Urbanismo da Universidade de São Paulo).

238 LAURENT VIDAL E TANIA REGINA DE LUCA (ORGS.)

pesquisa histórica que tem como fio condutor os nomes de indivíduos. Com uma informação inicialmente tão pequena, muitas vezes é possível guiar-se por arquivos, bibliotecas e acervos de museus, para recuperar ao menos parte de suas trajetórias.

Percorrendo o primeiro almanaque comercial de São Paulo, datado de 1857, encontram-se relativamente poucos nomes de comerciantes presumidamente franceses (ou de países de língua francesa),[2] em meio a uma grande maioria de nomes luso-brasileiros: de um total de 49 "profissões", apenas três nomes são aparentemente franceses;[3] de 169 estabelecimentos de "comércio",[4] são apenas sete;[5] de 238 estabelecimentos classificados em "indústria, artes e ofícios", trinta correspondem a nomes franceses.[6] Assim, considerando o total de 456 registros nas três categorias mencionadas, ficam apenas em 8% a 9% os nomes franceses, mas destacam-se como únicos a atuar em alguns ramos, tais como o de cabeleireiros e entrançadores (Charles André e P. Teyssier), empresários de calçadas (Marcelino Gerard) e espingardeiros (L. B. J. Gueury e Geryn), e estão entre os poucos presentes em alguns outros ramos: entre os seis cafés, bilhares e hotéis da cidade, três pertencem a proprietários de nomes franceses (J. Lefebre, Felicia Lagarde e Galdino & Geryn); das duas fábricas nacionais de cerveja, uma pertence a Jacob Michels; um entre seis fabricantes de chapéus finos (de novo Jacob Michels); dois entre oito fabricantes de velas (Alexandre Roland e Victor Gerard); três entre dez ourives e comerciantes de joias (Luiz Supplicy, Pedro Jacques Velein e A. Masseran), entre outros casos.

Observe-se também que, dos únicos seis anúncios comerciais publicados no almanaque para 1857, três são de estabelecimentos franceses, sendo um do cabeleireiro Teyssier e outros dois de Victor Marmotant, comerciante de artigos

---

2   Excluímos sobrenomes como Bitancourt (ou Bettencourt) e Goulart, de longo tempo incorporados à Península Ibérica.

3   Um médico homeopata (Marqois) e dois dentistas (A. Masseran e Emílio Vautier).

4   Não foram contabilizadas aqui as vinte tavernas constantes do almanaque, pois são indicadas apenas as ruas em que estão situadas e não os seus proprietários.

5   Celestino Bourroul, Victor Marmotant, Philippe Rose, além de nomes mais dúbios como André Christ, João e José Joint e Jorge Greiner.

6   Felix Lecointe, Fresnau, Pedro Bougarde, Charles André (aparece duas vezes), P. Teyssier, J. Lefebre, Felicia Lagarde, Geryn (duas vezes), L. B. J. Gueury (duas vezes), Jacob Michels, Jorge Grain, Marcelino Gerard, Alexandre Roland, Victor Gerard, Daniel André, Luiz Supplicy, Pedro Jacques Velein, A. Masseran, Reine Vilidieu, Viúva Mugnanis & Filhos, André Lex, N. J. V. Ferard, Genein e Victor Marmotant, novamente e com mais dois registros. Um nome dúbio como Cazimiro Moulte é provavelmente francês, já que este fabricante de chá tem depósito na alfaiataria de Fresnau, reconhecidamente francês. Outro nome dúbio é Carlos Ablas.

variados como bengalas, óculos, lunetas e elixires; estes dois últimos anúncios são os únicos ilustrados, o primeiro com a gravura de um guarda-chuva e o segundo de artigos óticos (Figura 11.1). Isso corresponde ao que ocorria também nos anúncios comerciais publicados no principal jornal local daquele período, o *Correio Paulistano*: comerciantes estrangeiros que se instalavam na cidade, entre eles os franceses, faziam circular anúncios mais propriamente publicitários, com ilustrações e chamadas sedutoras, menos presos ao aspecto apenas informativo dos anúncios que predominavam até então. As estratégias publicitárias que vinham sendo adotadas na Europa, desenvolvidas no espírito do capitalismo e da sociedade de consumo em formação, transpunham-se para a capital da província paulista. Assim, em vez de chamadas simples e sem ilustrações, tais como "Seda cor d'Havana/muito própria para toucados e vestidos, vende-se na Rua de S. Bento n.67, a 2$000 rs. o covado", são cada vez mais praticados

Figura 11.1 Anúncio do estabelecimento de Victor Marmotant, publicado no almanaque para 1857.

Figura 11.2 Anúncio da alfaiataria França-Brazil, de Pedro Bougarde, publicado no jornal *Correio Paulistano* em 1867.

os anúncios ilustrados como o da alfaiataria de Pedro Bougarde, em que uma figura masculina, tendo de um lado o escudo do Império brasileiro e, do outro, o de Paris (Figura 11.2), faz balouçar, ao alto, uma bandeira com a inscrição "França Brazil", nome de seu estabelecimento, elenca uma grande variedade de artigos de vestuário e toucador à venda e oferece desconto de 15% naqueles que "não forem muito à moda",[7] isto é, apresenta um anúncio mais sofisticado, que contém mensagens implícitas sobre as relações comerciais entre França e Brasil, colocando-se como um seu representante.

Não se trata, ainda, de levantamentos precisos, pois para tanto será necessário avaliar uma série de variáveis: identificar a real origem dos comerciantes de nome

---

7   Ambos os anúncios no *Correio Paulistano*, 1867.

FRANCESES NO BRASIL: SÉCULOS XIX E XX   241

francês, considerar diversos outros nomes de origem germânica, mas que podem designar comerciantes originários do norte da França, e assim por diante. Uma dificuldade adicional é que, de acordo com os costumes locais, normalmente os primeiros nomes eram abrasileirados. Esses levantamentos iniciais podem servir, no entanto, como indicadores da presença francesa em São Paulo na segunda metade do século XIX, e os próprios almanaques podem trazer também pequenos registros sobre relações entre comerciantes franceses estabelecidos em São Paulo: é o caso do vidraceiro Genein, que indica residir na casa do comerciante Victor Marmotant, do ferreiro ou serralheiro Daniel André, que aponta a casa do dono de armazém Philippe Rose, e do fabricante de chá Casimiro Moulte, que mantém depósito de seu produto na alfaiataria de Fresnau.

Em 1895, o crescimento da cidade era de tal ordem, tanto espacial como populacional, que o almanaque para aquele ano traz o registro de 4.520 estabelecimentos e profissionais.[8] Nesse total, há uma extraordinária presença italiana, resultante dos grandes fluxos imigratórios então recentes de poucos anos. Diluem-se numericamente os nomes franceses, mas concentram-se, preferencialmente, nas ruas centrais da cidade, destinadas ao comércio fino.

Quanto aos nomes franceses dados a lojas paulistanas, especialmente nas ruas centrais, são muitos os casos em que o proprietário do estabelecimento não é francês, mas quer dar às suas mercadorias a conotação de excelência de que goza o produto francês e, ao seu negócio, a aura cosmopolita que cerca as lojas de Paris. Daí que, sendo franceses ou não, vários comerciantes tomam de empréstimo, para seus estabelecimentos, nomes conhecidos do comércio parisiense do século XIX.

O imaginário local em torno do comércio *chic* de Paris fazia dar às lojas de pequenas dimensões (como era o padrão paulistano, mesmo nas ruas principais) nomes dos grandes "palácios da moda" da capital francesa: Au Bon Marché,[9]

---

8   Todos se encontram na categoria Comércio e Indústria, da qual apenas não contabilizamos os dois primeiros itens, correspondentes aos quadros da Associação Comercial de São Paulo e às autoridades consulares.

9   Au Bon Marché é a mais antiga loja de departamentos de Paris, ainda hoje em atividade (cf. Miller, Michael B. *Au Bom Marché, 1869-1920*; le consommateur apprivoisé. Paris: Armand Cloin, 1987). Em São Paulo, Au Bon Marché era uma loja de tecidos e confecção situada na Rua de São Bento. Depois houve outra loja com o mesmo nome na Rua XV de Novembro.

Printemps,[10] À la Belle Jardinière,[11] Au Paradis des Enfants,[12] e assim por diante. Os lotes típicos da cidade, que obedeciam a padrões portugueses de urbanização colonial, eram estreitos e relativamente pequenos, com apenas cinco a dez metros de frente e trinta a sessenta metros de comprimento, resultando em terrenos de apenas trezentos metros quadrados em média. As construções eram todas em taipa e geminadas, com no máximo um pavimento acima do térreo, subindo para pouco mais no final do século XIX.[13] Era, entretanto, em imóveis com essas dimensões que se instalavam as lojas evocativas dos *grand magasins* de Paris. Ao contrário do que se dava no caso francês, em que as figuras dos edifícios funcionavam como marcas identificadoras dessas casas, impressas assiduamente em gravuras de publicidade, no caso paulistano pouco se recorria aos edifícios para identificar as lojas nos anúncios publicitários. O que se via eram gravuras de vestuário, elenco de artigos incluindo termos e marcas franceses e, com muita frequência, a indicação de um sistema de compras de produtos em Paris: "casa de compras em Paris", "importação direta". A propósito, a quase totalidade de endereços em Paris, relacionados a lojas paulistanas, situavam-se no 9° e 10° subdistritos da capital francesa, onde se concentravam, então, os grandes depósitos de mercadorias integrados ao sistema de transportes para distribuição, inclusive de exportações.

Assim, nas ruas comerciais do centro de São Paulo, se sobrepunha, à velha cidade de taipa, ainda com muitas de suas características coloniais, um revesti-

---

10 Printemps é o nome de uma grande loja de departamentos de Paris fundada no século XIX e ainda hoje existente (cf. Carcalla, Jean-Paul. *Le roman du Printemps*: histoire d'un grand magasin. 2.ed. Paris: Denoël, 1997 [1.ed. 1989]; Dumuis, Solange; Raquinel, E. Cent ans de jeunesse. In: *Printania*: revue du personnel des entreprises du Groupe Printemps. Paris: Groupe Printemps, 1965). Em São Paulo era uma pequena casa de modas na rua.

11 À la Belle Jardinière de Paris era uma casa especializada em vestuário masculino, fundada em 1824 na Île de la Cité. Teve outros endereços, até que encerrou suas atividades em 1960 (cf. Jarry, Paul. *Les magasins de nouveautés*: histoire retrospective et anecdotique. Paris: André Barry et Fils, 1948, p.80-3; Guerrand, Roger-Henri. *Moeurs citadines:* histoire e culture urbaine XIXe-XXe siècles. Paris: Quai Voltaire, Edima, 1992, p.193-203; Faraut, François. *Histoire de la Belle Jardinière*. Paris: Belin, 1987). A Belle Jardinière de São Paulo era também uma casa de vestuário masculino. Situava-se na Rua de São Bento e existiu por pouco tempo.

12 Au Paradis des Enfants, em Paris, era o nome de uma loja de brinquedos na Rue de Rivoli, entre 1864 e possivelmente 1925 (cf. Coleman, D.; Coleman, E. *The Collector's Encyclopedia of Dolls*. Londres: Robert Hale, 1986. 2v.). Em São Paulo, a loja com este nome era um bazar de variedades, dos poucos que vendiam brinquedos na cidade em meados do século XIX, e ficou depois mais conhecida pelo nome de sua proprietária, Casa Genin, tendo existido por bastante tempo, avançando em décadas pelo século XX.

13 Um edifício com três pavimentos acima do térreo, que abrigava a Casa Paiva, era a única exceção, e o primeiro projeto de edifício com cinco pavimentos, sobreloja e térreo data de 1912.

mento simbólico que prometia transportar o consumidor ao mundo referencial do comércio de luxo francês. Proprietários estrangeiros, nomes fantasia, artigos importados à venda, reformas de fachada, introdução de vitrines e respectivos arranjos e anúncios em jornais e revistas compunham o aparato que podia transfigurar pequenas casas paulistanas quase em sucursais ou portas de entrada imaginárias para grandes palácios da moda parisienses aos olhos de compradores ansiosos pelas maravilhas vindas de fora e cheios de referências estrangeiras em mente, como eram as elites locais.

A Pygmalion[14] foi um desses casos: a viúva[15] Ida Weiler oferecia tecidos e artigos variados, como espartilhos, tinturas para cabelos, luvas, leques, fitas, rendas, indicando ter casa de compras em Paris, na Rue Bleue, além de ter também uma oficina de costura no local, que lhe permitia confeccionar vestidos de noiva, grinaldas, enxovais e vestuário da moda. Foi citada pelo cronista Jorge Americano (1957, p.408) como uma das casas *chics* de São Paulo. Exercia suas atividades em um sobrado da Rua XV de Novembro, de um só toldo, cuja fachada térrea foi totalmente reformada em 1906, na onda de reformas modernizadoras da cidade daquele período, para colocação de uma estrutura com vitrines em estilo *art nouveau* assinada por um arquiteto não identificado, mas provavelmente francês.[16]

Há também casos de lojas que mudam de proprietários, mas mantêm os nomes franceses, independentemente da origem dos comerciantes envolvidos, como ocorreu com a À la Ville de Paris[17] (Figura 11.3), loja da qual se conserva, no Museu Paulista, um vestido da década de 1880 que pertenceu à baronesa de Pirapitinguy (Figuras 11.4a e 11.4b). Modelo sintonizado com a moda parisiense daquele momento, pressupõe uma armação sob a saia, para aumentar pronunciadamente para trás os quadris de quem o veste. Esta moda pode ser

---

14 A Pygmalion de Paris existiu de 1794 a 1918, entre a Rua de Rivoli, o Boulevard Sebastopol e Ruas Lombard e Saint-Denis (cf. Jarry, Paul. *Les magasins de nouveautés*: histoire retrospective et anecdotique. Paris: André Barry et Fils, 1948, p.71).

15 A condição de viúva permitia que mulheres pudessem se tornar comerciantes donas de seus próprios negócios.

16 O projeto trazia, em francês, as seguintes inscrições: "Dressé par l'architecte soussigné/São Paulo/Paul [...]". Arquivo Municipal Washington Luís, Fundo Diretoria de Obras, Série Obras Particulares, caixa 190.

17 À la Ville de Paris ou Casa Tallon era outra loja de roupas masculinas, também situada na Rua Direita, ao lado da Bon Diable. Pertenceu a Achilles Oppenheim & Cia. e, depois, a Armando & Freudenberg.

Figura 11.3 Rua Direita em 1887, vendo-se na esquina, à direita, a loja À la Ville de Paris (ou Casa Tallon). Fotografia de Militão Augusto de Azevedo, *Álbum comparativo da cidade de São Paulo, 1862-1887*.
Fonte: Acervo do Museu Paulista da Universidade de São Paulo.

Figuras 11.4a e 11.4b
Vestido que pertenceu à baronesa de Pirapitinguy na década de 1880, com etiqueta da loja À la Ville de Paris.
Fonte: Acervo do Museu Paulista da Universidade de São Paulo.

vista também em anúncio de outra loja, La Saison,[18] cujo proprietário, Henrique Bamberg, provavelmente alemão, fez constar gravuras ilustrativas desse tipo de modelo quando em uso, além de mesclar palavras em francês ao texto em português – "toiletes para promenades" (Figura 11.5). O vestido da Ville de Paris traz costuras parcialmente não originais[19] e uma das hipóteses que podem explicar esse detalhe é o sistema de exportação de roupas semiprontas adotado pelas grandes casas parisienses, como a Samaritaine, para facilitar as vendas para o exterior e o necessário ajuste, *in loco*, ao corpo da consumidora de alhures. Vê-se, assim, o quanto o comércio de padrão francês estabelecido em São Paulo pode literalmente envolver, até mesmo fisicamente, habitantes locais.

Figura 11.5 Anúncio da casa de modas La Saison, de Henrique Bamberg, publicado no almanaque de 1890.

Alcides Pertica, estabelecido por volta de 1900, foi daqueles comerciantes que, presume-se, não era francês, mas deu ao seu negócio um nome francês. Além de comercializar produtos franceses, anunciava no jornal da colônia francesa,

---

18 La Saison era o nome de uma importante revista de moda francesa e também de uma revista brasileira que seguia seu modelo (cf. Martins, Ana Luiza. *Revistas em revista*: imprensa e práticas culturais em tempos de república (1890-1922). São Paulo: Edusp, Imesp, Fapesp, 2001, p.78-81).
19 Observação da conservadora de têxteis do Museu Paulista, Teresa Cristina Toledo de Paula.

Le Messager de Saint Paul. Era importador de artigos diversos, mas lançou-se também como fabricante de brinquedos, o primeiro de que se tem notícia em São Paulo (Souza, 2004, p.45-6). Ao mesmo tempo, oferecia brinquedos e bonecas de fabricação francesa, mas também italiana, alemã e norte-americana. A Casa Lebre, inicialmente uma loja de ferragens e depois uma espécie de loja de departamentos, em sua seção de brinquedos também expunha e vendia bonecas de algumas das principais marcas francesas, Bru e Jumeau, anunciando esses produtos no mesmo jornal da colônia francesa.

No final do século XIX, houve uma intensificação da imigração francesa que, associada ao crescimento econômico do estado de São Paulo, levou à criação de um Consulado da França na capital paulista, onde antes havia apenas uma agência consular. Como primeiro cônsul de São Paulo foi nomeado Georges Ritt, que atuou nessa região de 1895[20] a 1898, e cuja correspondência nos permite, hoje, uma visão bastante rica do comércio francês no estado paulista. Foi com base em relatório seu que a Diretoria dos Consulados e Negócios Comerciais da França apresentou ao seu Ministério "Notas sobre a colônia francesa de São Paulo",[21] nas quais se faz o mapeamento dos franceses residentes no estado e seus ramos de atuação.

Avaliava-se, naquele documento de 1896, que o número de franceses no Estado de São Paulo havia aumentado vertiginosamente nos últimos vinte anos, passando de cerca de duzentos ou 250 para, no mínimo, 4.500, dos quais três quintos (cerca de 2.500) residia na capital, e os demais concentravam-se em Santos, onde se situava o porto (cerca de 150 franceses), Campinas (180), Ribeirão Preto (duzentos) e em cidades ao longo das ferrovias. Embora pequena em relação a outras colônias estrangeiras, como a italiana, a portuguesa ou a espanhola, a colônia francesa gozava de grande prestígio social. Ao cuidar de suas origens, eram divididos em quatro grupos:

---

20 Instruções sobre o posto de São Paulo, dirigidas a Georges Ritt em 7 de junho de 1895. Destacamos o seguinte trecho: "Aproveito a ocasião para lembrá-lo da importância dos interesses econômicos que me levaram a criar um Consulado em São Paulo./A cidade onde o senhor irá residir é, como sabe, a metrópole comercial dos estados meridionais do Brasil; Paraná, São Pedro, Rio Grande do Sul, Santa Catarina e São Paulo são os territórios desses estados que formarão a circunscrição de seu novo posto". Archives du Ministère des Affaires Étrangères.

21 Correspondência do sr. Wiener, Sous-direction des Affaires Commerciale (Ministère des Affaires Étrangeres, Mission dans l'Amérique du Sud, Direction des Consulats et des Affaires Commerciales), Rio de Janeiro, Ofício n.137, 5 de outubro de 1896, para o Ministère des Affaires Étrangères, Paris. Archives Nationales de France, Série F12/7052.

1° franceses estabelecidos em São Paulo há muito tempo, bem antes da "era de prosperidade" da região, e que haviam se tornado "brasileiros de fato";

2° imigrantes originários da região de Alsácia-Lorena, indicados como dominantes no comércio paulista;

3° recém-chegados da França ou de outros países para tentar a sorte em São Paulo;

4° franceses vindos de outras cidades da América do Sul, como Buenos Aires e Rio de Janeiro.

No que tange à "força financeira" da colônia francesa, era atribuída aos cerca de quatrocentos comerciantes de alto padrão estabelecidos em São Paulo, ainda por identificar. Elencavam-se apenas as casas comerciais francesas ativas na capital, entre comércio de alto padrão, comércio de varejo e fábricas.

Ainda não se fez a biografia de todos esses estabelecimentos comerciais ou de seus proprietários. Até o momento, alguns trabalhos apenas avançaram nesse sentido; ainda há muito que desenvolver, tanto no que diz respeito às histórias individuais como à sua inserção em fenômenos históricos mais amplos, como, por exemplo, a questão dos imigrantes originários da Alsácia-Lorena apontados no relatório de Georges Ritt. São Paulo foi apenas um dos destinos de toda uma massa de franceses evadidos daquela região por causa do domínio alemão resultante da guerra de 1870-1871, movimento que se repetiria depois, na Primeira Guerra Mundial. Nesse quadro, a questão da diáspora judaica também tem de ser examinada: mesmo que até certo ponto seja possível tratar esses imigrantes apenas como franceses – e não somente por sua nacionalidade, mas também pelas tradições culturais de que são portadores –, desvelar a origem também judaica de muitos deles certamente esclarecerá outra parte de suas tradições, especialmente no campo da cultura do comércio. A crise econômica argentina, no final do século XIX, é outra conjuntura que provoca a vinda para São Paulo de imigrantes europeus em geral e franceses em particular, antes radicados em Buenos Aires, e foi pouco pesquisada até agora.

Entre os comerciantes de alto padrão citados por Georges Ritt estavam os Bloch Frères, um dos casos de judeu-franceses originários da Alsácia-Lorena que vieram se estabelecer em São Paulo. Fundaram, em 1878, a loja de roupas masculinas Au Bon Diable, que se tornou uma das mais importantes do comércio paulistano na passagem do século XIX para o XX. Entre pelo menos 1884 e 1915 encontram-se registros nos almanaques comerciais dessa casa, situada na Rua Direita,[22] no pavimento térreo do edifício ocupado pelo Hotel de França. Por

---

22 Rua Direita, 47-49 e, a partir de 1911, no número 33.

volta de 1907, associam-se a A. M. de Carvalho & Cia. Sabe-se, por informações obtidas de descendentes seus, que mais tarde instalaram uma loja de tecidos na Rua Líbero Badaró.

Na Bon Diable, os irmãos Bloch constituem uma casa comercial com notórias características francesas, a começar pelo nome, tomado de uma loja parisiense (Jarry, 1948, p.69) instalada na Rue de Rivoli após a reforma de Haussmann, isto é, associando-se ao *chic* do comércio de Paris. Seu próprio perfil de casa de roupas masculinas, para homens e meninos, é uma especialização característica do comércio fino cuja referência era essencialmente francesa. Foi uma das introdutoras da "roupa feita" na cidade e, ao contrário do que acontecia inicialmente em Paris, onde a roupa pronta era vista como algo pouco refinado, em São Paulo esse tipo de artigo ganhava uma conotação de requinte exatamente por ser proveniente da França. Nesse campo, a Bon Diable oferecia tipos de vestimentas claramente destinadas a um consumo de elite, como roupas para banhos de mar, para jogos de tênis e enxovais para colegiais.[23] Anunciam marcas famosas francesas como Coutard[24] e Godchaux.[25] O uniforme profissional – para cocheiros, cozinheiros e foguistas – também é um tipo de vestimenta que lojas de Paris tinham começado a vender e que, por isso, entra na Bon Diable como um artigo moderno. A publicidade em jornais de grande circulação é uma constante: os anúncios da loja são bastante ilustrados e, por vezes, trazem termos franceses para designar parte dos artigos oferecidos, como *cavour*, capote com capuz para meninos. Assim como outros comerciantes franceses de alto padrão, mantém uma casa de compras em Paris, 45, Rue Joubert (1884), e mais tarde 30, Rue Faubourg Poissonnière (1900), no 9º e 10º subdistritos,[26] e isso é anunciado para sublinhar sua capacidade de manter os estoques de vestuário de acordo com a última moda francesa.

---

23 Anúncios publicados no jornal *O Estado de S.Paulo* em 23/03/1907, 12/01/1910 e 16/01/1911, entre outros.

24 A Maison Coutard foi inaugurada durante o Segundo Império francês, na Rue Croix-des--Petits-Champs (Jarry, 1948, p.89).

25 É possível que se trate da Maison Codchau, contemporânea e vizinha de rua da Maison Coutard, em Paris (Jarry, 1948, p.89). Havia também, entretanto, nos Estados Unidos, os irmãos Godchaux, originários de Herbeviller, na Lorena, que imigraram para o Estados Unidos e criaram uma confecção em Nova York, em 1858. Disponível em: <http://judaisme.sdv.fr/histoire/document/secessio/secessio.htm>. Acesso em: 2 ago. 2008.

26 O 9º e o 10º subdistritos de Paris eram os locais onde se concentravam as casas de compras de comerciantes franceses estabelecidos em São Paulo. Tratava-se, à essa época, de uma área parisiense com grande número de depósitos para estocagem de mercadorias.

FRANCESES NO BRASIL: SÉCULOS XIX E XX   249

Sobre a inserção dessa casa no consumo da sociedade paulistana, temos alguns tipos de indicadores. Um deles é fornecido por Jorge Americano, estudante e depois professor e diretor da tradicional Faculdade de Direito do Largo de São Francisco que, em suas crônicas-memórias, aponta a Bon Diable como uma das poucas lojas em São Paulo que oferecia roupa feita para crianças: meninos de elite, como ele, no inverno, vestiam "meias compridas e 'cavour' ou capote com capuz./Ou blusa à marinheiro, de lã branca ou vermelha e calças compridas, azuis./Aos 12 ou 13 anos, no Natal, ou aniversário, ganhava a primeira roupa de homem, do 'Bon Diable' ou da 'Ville de Paris'" (Americano, 1957, p.63, 283). Como o nome da loja continha referência ao diabo, alguns de seus anúncios traziam a figura de um diabo de capa, vertendo grande quantidade de roupas para tentação ao consumo; isso gerou um caso de censura religiosa e os anúncios foram retirados das revistas, considerados atentatórios à Igreja Católica (Guastini apud Martins, 2001, p.129-30).

Antoine Daniel Souquières, vindo de Buenos Aires para São Paulo em consequência da crise econômica argentina no final do século XIX (Souza, 1998, p.219), radicou-se na capital paulista com um negócio chamado Rotisserie Sportsman, em sociedade com Landucci. Por volta de 1900, o negócio se expandia para os imóveis vizinhos, fundando-se o Hôtel Sportsman, que teve três endereços sucessivos, todos em edifícios importantes do centro urbano. Foi um dos mais modernos e luxuosos hotéis da cidade, e sobre ele comentou Paul Walle em 1921:

[...] o melhor da cidade é inconteste o Hôtel Rôtisserie Sportsman, situado em pleno centro, bem ao lado do Viaduto do Chá. É um estabelecimento cosmopolita, dirigido à francesa, possuindo uma boa mesa; o mobiliário é bastante bom, mas o edifício, novo em folha, não foi especialmente construído para sua destinação atual. (Walle, 1921)[27]

Confirmava o referencial francês estabelecido na cidade para as coisas de luxo, fosse nos objetos de mobiliário, fosse na hospedagem hoteleira, fosse na gastronomia.

Em alguns casos, os nomes franceses se enraizaram em São Paulo como marcas ou nomes comerciais e permaneceram em circulação até os dias de hoje. Com longa trajetória empresarial, esse é o caso da marca Duchen. É possível encontrar

---

27 O edifício havia sido construído para residência do conde de Prates, com projeto do arquiteto Samuel das Neves (cf. Toledo, 1989, p.70-1).

250 LAURENT VIDAL E TANIA REGINA DE LUCA (ORGS.)

registros de Pierre Duchen nos almanaques comerciais de São Paulo desde 1895. No final do século XIX, tratava-se de um comerciante de artigos variados na área de alimentação, a maior parte importada. Mais tarde, notabilizou-se no ramo da fabricação de biscoitos, segmento recentemente incorporado pela multinacional de origem italiana Parmalat.[28] A citação de Georges Ritt nos dá conta de que, naquele momento do século XIX, o ramo mais forte da Casa Duchen era o de vinhos e licores. Contraditoriamente, porém, no almanaque para 1895 nem sequer consta nos itens relacionados a vinhos ou alimentação, e, sim, em "armarinhos a varejo" e "fazendas"; no *Almanaque Laemmert para 1901* já se inseria nos "secos e molhados, conservas, vinhos". O catálogo[29] da casa datado de 1906 (Figura 11.6) é o documento mais interessante a que temos acesso até o momento sobre esse estabelecimento.[30] Nele, não apenas estão elencados os vinhos (variedades Bordeaux, Bourgogne, Champagne, portugueses, Porto e diversos), licores e outras bebidas, além das conservas e mantimentos variados que a casa comercializava, como já se destacam os biscoitos Excelsior, "propriedade da Casa Pierre Duchen", diferenciados entre "sortidos 'baunilhados'", "petit beurre" e "Marie", em latas de um ou cinco quilos, com preços variando entre 1.500 e 7 mil-réis. Além dessas indicações, a capa do catálogo traz a gravura de uma lata dos "Biscoutos Excelsior", assinalando que a fábrica da Rua São Lázaro era "montada com maquinismos modernos movidos pela força elétrica". Pode-se ver, assim, em Pierre Duchen, um daqueles casos de comerciantes importadores que, por força dos próprios conhecimentos que adquirem das redes internacionais de comércio, passam, aos poucos, a se constituir como industriais, importando as próprias máquinas para produzir algum tipo de produto que, percebem, pode ter boa aceitação local (Dean, s.d., p.34). Com isso, para além de suas histórias individuais e empresariais, são partícipes ativos do processo histórico mais amplo do desenvolvimento industrial paulista.

Em sua crônica *Artigos importados na passagem do século*, sobre os bens de consumo em circulação, o já citado Jorge Americano lista aqueles produtos estrangeiros que, segundo sua memória, eram os mais consumidos em São Paulo,

---

28 Disponível em: <http://www.parmalat.com.br/?page=marcas&id=2> e <http://www.parmalat.com.br/index.php?secao=1#90>. Acesso em: 2 ago. 2008.

29 A julgar pelos anúncios publicados nos jornais paulistanos, um grande número de lojas distribuía gratuitamente seus catálogos a quem os pedisse. Entretanto, embora isso nos faça crer que tenham sido impressos em quantidade considerável, hoje é bastante difícil encontrar esse tipo de publicação, talvez porque não tenha havido preocupação em guardar algo que se destinava apenas à circulação momentânea e a finalidades comerciais imediatas.

30 Catálogo e preços correntes da Casa Pierre Duchen. São Paulo, 1906. 12p. 20,8 x 13,8 cm.

Figura 11.6 Capa do catálogo de produtos oferecidos em 1906 pela Casa Pierre Duchen.

em uma espécie de rito de moda que fazia associar marcas de fabricantes e países de origem e dava à cidade um ar cosmopolita, internacional, tal como se almejava. Entre os artigos franceses são citados: as sardinhas Philippe Canot e Amieux--Frères; linho; a manteiga Demagny; perfumarias; as camisas Bertholet; vinhos, incluindo a "Champanha"; retroses; marrons-glacés; os conhaques Ductilloy e Martell; tapetes; as bicicletas Peugeot; os cristais Baccarat; e porcelanas.

Recuperar as redes de negócios que se desenvolveram entre brasileiros e franceses é remetermo-nos não apenas a um sistema comercial, mas a atividades vividas cotidianamente ao longo de várias décadas em lugares muito concretos, como navios, portos, ruas, armazéns e lojas, realizadas por indivíduos em movimento entre o Brasil e a França, e que implicaram a construção de todo um mundo de mudanças materiais e trocas culturais, inserido no contexto mais amplo da internacionalização e das imigrações. É possível buscar uma história encarnada, construída a partir do exame de situações bem circunscritas de comerciantes franceses em São Paulo, tanto a partir de suas biografias pessoais, mesmo que fragmentárias, como de seus estabelecimentos comerciais, negócios, bens de consumo que põem em circulação. É um modo de ver sua interação com a cidade e a cultura em que se instalaram, em um período de forte internacionalização e cosmopolitização da capital paulista (Figura 11.7).

Figura 11.7 Vista atual da Rua dos Franceses. Situada no bairro da Bela Vista, recebeu esse nome em homenagem à presença francesa em São Paulo.

12

DO OUTRO LADO DO ATLÂNTICO: IMIGRANTES FRANCESES NA SÃO PAULO DO SÉCULO XIX

Vanessa dos Santos Bodstein Bivar
Eni de Mesquita Samara

A investigação sobre os imigrantes franceses começou como um desafio. O estranhamento dos colegas de academia mediante o tema era logo consubstancia-do pelo seguinte questionamento: "Houve imigração francesa para São Paulo?". Sem dúvida, as lembranças trazem traços mais fortes daquelas nacionalidades cuja imigração foi massiva e quantitativamente expressiva, como a dos italianos, alemães, japoneses e árabes, mas não dos franceses.

Ademais, na maior parte da historiografia, somente menções pulverizadas deixavam rastro da existência deles na capital, tanto no que concerne aos estudos brasileiros como aos franceses. No caso destes últimos, o interesse despertado pelo assunto é recente, em particular, na Escola de Altos Estudos em Ciências Sociais. A fundação de associações na América e na França, que buscam res-gatar a história dos emigrantes franceses, mantendo acesa a chama da memória por meio de centros culturais e encontros entre os descendentes de emigrados, despertam a atenção dos pesquisadores.[1]

---

1 A partir de 1970, a história da emigração francesa ganhou destaque nos quadros acadêmicos, mesmo por conta de iniciativas como exposições, mas foi nos anos 1990 que houve a explosão de movimentos aos poucos articulados. Uma exposição organizada pela Câmara de Comércio em Bayonne (França) acerca da emigração basca, assim como uma obra sobre a emigração bearnaesa feita pela Associação de Memória Coletiva de Béarn, aguçaram a curiosidade e o gosto pela pesquisa deste tema. Tal se deu justamente em 1992, ano do "quinquagésimo centenário da descoberta da América pelos europeus", cuja comemoração, de âmbito inter-nacional, em muito contribuiu para a dinâmica de olhar para o passado, rememorar. Logo, sucessivas associações passaram a ser fundadas. Em 1993, na cidade de Buenos Aires, a As-sociation Franco-Argentine de Beárnais (AFAB); em 1995, Les Amis de l'AFAB; em Pau,

Nesse contexto, corrobora também o fato de que, por longos anos, a historiografia francesa esteve vinculada ao republicanismo, em que a "afirmação do nacional" relegava a segundo plano aqueles que rompessem o contrato social implícito que os ligava à nação, acrescido à falta de interlocução entre os historiadores franceses e os especialistas do país de acolhida.

No Brasil, por sua vez, a maior parcela das análises relativas à imigração no século XIX para São Paulo envereda para as nacionalidades cujo número de integrantes salta aos olhos. Diferente do que aconteceu com a imigração francesa, por se tratar de saídas de cunho individual e espontâneo, e não massivo, além de ocorrer em um momento no qual era premente a demanda de braços para a lavoura cafeeira, e os franceses verterem-se principalmente para as cidades, não para o campo, o grande foco de estudos. De todo modo, a imigração francesa foi patente ao longo do século XIX e não era composta somente de viajantes, escritores, pintores ou engenheiros, facetas mais conhecidas e que induzem ao pensamento de que essa imigração era especializada e tinha traços de elite. Pelo contrário, o grosso da população que dali partiu, e em particular fez da São Paulo oitocentista parte da sua caminhada, eram pessoas comuns de parco ou nenhum recurso, esperançosas, assim como as demais vertentes de imigrantes, de ascensão econômica, de possibilidades mais prósperas e dignas de sobrevivência. Logo, a emigração francesa não deve ser considerada uma "aberração" ou um capítulo à parte na história, porém mais um componente, nem mais, nem menos excepcional que os demais, no quadro das movimentações intercontinentais que o século XIX abarcou.

A França figurava entre as potências da época, com crescente industrialização – sem esquecer, no entanto, que o setor primário ainda detinha importante peso na economia – e com a burguesia definindo seus contornos, firmando-se cada vez mais no poder e demandando mudanças no panorama francês. A construção de ferrovias, o desenvolvimento de bancos, a facilitação do crédito e da formação de sociedades anônimas, ademais a remodelação urbana efetuada por Haussmann em Paris, foram exemplos dessa ingerência. A burguesia exalava comportamentos, formas de vestir, comer e, sem dúvida, de consumir. A influência cultural espraiava-se, inclusive por meio da exportação dos chamados

---

no ano de 1999, a Association pour la Mémoire de l'Émigration (AMME); na Montevidéu de 2001, a Association Franco-Uruguayenne de Beárnais (UFUB); em 2002, a Association Bigorre-Argentine-Uruguay, relativa à emigração provinda dos Hautes-Pyrénées. Também há as Associações Savoie-Argentine, Haute-Saône, no México, além do Musée de la Vallée, remontante à emigração dos Alpes de Haute Provence.

"artigos de Paris", como tecidos, objetos de armarinho, perfumaria, móveis e peças de decoração.

Para o escoamento desses produtos (Figura 12.1), em concorrência com a Inglaterra e, posteriormente, com a Alemanha, havia toda uma rede em que comércio e representação consular estavam imbricados. O Brasil era um dos alvos na América para a exportação de produtos franceses. São Paulo, nesse contexto, tinha agentes consulares que, por meio de relatórios e cartas enviados ao Ministério dos Negócios Estrangeiros, formavam uma teia de informações acerca dos entraves e das possibilidades de expansão comercial na localidade.

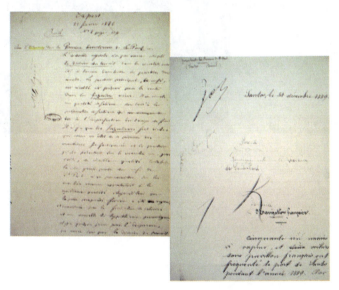

Figura 12.1   Documentos consulares. *Archives Nationales*, Paris.

Mediante esse conjunto, a França lançava seus tentáculos de influência cultural que acabavam por corroborar em fluidez no comércio dos produtos de suas indústrias. Ao longo do Segundo Império, por exemplo, Paris era concebida para ser modelo, vitrine mundial, enfim, a "Meca da Moda".

Por outro lado, esse viés de observação que se queria incutir não era unilateral. A fenda entre burguesia e povo era profunda, e as desigualdades sociais, evidentes. Miseráveis e remediados também faziam parte daquela França cujo luxo e riqueza eram pautados. Lutavam pela sobrevivência diária (Figuras 12.2a e 12.2b). A fome e a falta de condições mínimas de subsistência, assim como em outros países europeus, estavam presentes e induziam à migração, fosse ela interna ou externa.

Figura 12.2a   Caillebotte, Gustave. *Os raspadores de assoalhos*, 1875.

Figura 12.2b   Millet, Jean-François. *As catadoras de espigas*, 1857.

FRANCESES NO BRASIL: SÉCULOS XIX E XX   257

Os números consubstanciais de saída não devem ser desprezados (Weil, 2000, n.1, p.5),[2] ao passo que um estudo quantitativo da imigração francesa torna-se praticamente inviável pela própria deficiência das fontes estatísticas e pelo fato de que os franceses não saíram em massa. Tal emigração não comporta ser vista em um aspecto macronacional, mas, sim, como o somatório de fluxos regionais diversos. Cada departamento e mesmo cada *arrondissement* tinham lógicas próprias.

A emigração massiva não se deu na França por alguns fatores, entre os quais não estavam incluídas as possibilidades de que sua população não passasse por dificuldades e de que não houvesse lacunas sociais, de modo que todos tivessem acesso a parcelas equitativas da dita "prosperidade". A principal causa de isso não ocorrer estava envolta no ponto de que não houve um *boom* populacional. A França contava com baixas taxas de natalidade, e isso fazia o governo adotar medidas restritas à emigração de seus nacionais. As agências de emigração brasileiras, por exemplo, estavam proibidas de atuar na França pelo menos até fins do século XIX. O aliciamento de trabalhadores franceses para a lavoura cafeeira foi mínimo, e, mesmo assim, muitos se evadiram para as cidades onde encontravam maiores chances de ascensão econômica.

O controle sobre as agências de emigração dificultava as saídas em massa, mas não as espontâneas, individuais. A população francesa na segunda metade do século XIX não permaneceu estanque, ela se movimentou. Os caminhos foram vários. A migração interna era recorrente, em geral partia do campo para as cidades. E, no que tange às emigrações, estas se deram principalmente dentro da própria Europa. Não obstante, também cruzavam o Atlântico. Na América, os Estados Unidos e a Argentina foram os países eleitos pelos franceses. Já no Brasil, sem dúvida, o Rio de Janeiro, então capital do Império, foi o local para onde mais se encaminhavam.

Nesses trajetos, São Paulo era rota secundária. Os percursos dos franceses denotavam fluidez. Da Bacia Platina, do Rio de Janeiro ou da própria França partiam para a cidade de São Paulo, onde o surto cafeeiro começava a dar frutos na urbanização e no aumento da demanda por comércio e serviços. Sob esses dois últimos vieses, os franceses tomaram importante papel, mesclando-se entre a população local e os demais imigrantes, de modo a acentuar ainda mais a propagação do ideário cultural francês, que pouco a pouco se espraiava nos diversos âmbitos da São Paulo de outrora.

---

2   A emigração de mais de um milhão de franceses para a América entre os anos 1820 e 1920 oferece ao historiador ampla matéria de reflexão.

Nesse meio, fixaram residência que, temporária ou permanentemente, acarretou múltiplas estratégias de sobrevivência, redes de sociabilidade e diferenciados padrões familiares, os quais, na realidade, evidenciam sua inserção ativa nos entremeios históricos, tanto econômicos como sociais, da cidade que hoje se rotula como "multicultural" por ser "acolhedora" de contingentes populacionais das mais diversas nacionalidades.

Destarte, um dos ideários deste trabalho é trazer a lume o cotidiano dos imigrantes franceses que tiveram como uma das vias de seu destino a imperial cidade de São Paulo, ali trilhando suas trajetórias de vida no decorrer da segunda metade dos Oitocentos – até o momento em que é findo o Império –, baliza temporal esta que abarca desde um tímido, porém mais constante movimento imigratório, até seu apogeu com o *boom* da chamada imigração de massas. Mesmo com foco nesse período, ele não foi considerado de maneira estanque, dado que vários imigrantes franceses chegaram antes de 1850 e vivenciaram os anos seguintes. Portanto, não se podia descartá-los.

Os franceses que ali vivenciaram parcelas de seus dias tinham o perfil típico dos imigrantes da época. A maioria era constituída de homens em idade produtiva, o que não exclui a participação ativa de mulheres francesas, que auxiliavam os maridos, tomavam a frente dos negócios ou formavam os seus próprios.

Na São Paulo oitocentista, a influência cultural era patente. Não só no que concerne ao âmbito das letras, mas na maneira de vestir-se, comportar-se, pentear-se, falar, divertir-se e, até mesmo, comer. No paulatino cosmopolitismo em que a cidade se inseria, as lojas estavam repletas de produtos importados da França. Vestidos, roupas feitas, calçados, bibelôs, perfumarias, tranças para cabelos, tecidos, entre outros componentes que acabavam por adquirir uma aura de luxo e requinte, verdadeiros diferenciadores de *status* social porque vinham da França.

Foi nessa esteira que esses imigrantes se assentaram. Aproveitando-se da influência cultural, alguns com o *savoir-faire* e muitos outros sem, improvisavam seus papéis, tornando-se modistas, alfaiates, ourives, empreendedores dos ramos de hotéis e restaurantes, cabeleireiros, donos de lojas de armarinhos e de fazendas, enfim, ofícios vinculados à imagem cultural que a França fazia transpassar ao longo dos continentes. Serralheiros ou marceneiros na França, em São Paulo lidavam com tecidos. Essas eram estratégias de sobrevivência.

Mesmo aqueles pequenos artesãos no país de origem, com técnicas ultrapassadas do ponto de vista europeu, eram aqui considerados eficientes detentores de habilidades, as quais os faziam sobressair nos entremeios do comércio. Anúncios de jornal alardeavam artigos e pessoas vindas de Paris como sinônimo de qualidade. Por isso, o pequeno índice de naturalizações. Ser francês era importante para a própria subsistência.

Sem dúvida, não se pode deixar de lado a presença de médicos, engenheiros, do livreiro Garraux, do litógrafo, pintor e desenhista Jules Martin, conceptor do Viaduto do Chá, do engenheiro Euzebio Steveaux, personalidades que com seu ofício e conhecimento marcaram a São Paulo de outrora (Figuras 12.3a e 12.3b). Mas a maior parte dos imigrantes franceses que rumavam para essa cidade, na realidade, eram pessoas simples, não grandes especialistas ou detentores do afamado *savoir-faire*. Eram imigrantes comuns, com seus sonhos e esperanças.

—Acudindo ao vosso chamado, eis-nos em S. Paulo. Somos as representantes da civilisação, da sciencia, das artes, e das modas européas; esperamos que por vosso intermedio. seremos favoravelmente acalhidos pelo povo paulistano.
—Podeis entrar, posso affiançar-vos que o sereis. Ha aqui uma illustrada Academia ; a mocidade ama as sciencias, e a população sabe dar apreço ás modas e á todos os artefactos de gosto.

Figura 12.3a   Garraux e a civilização. Charge de *O Cabrião*.
Fonte: Cabrião. Semanário humorístico editado por Angelo Agostini, Américo de Campos e Antonio Manoel dos Reis, 1866-1867. Edição fac-similar. 2ª edição revista e aumentada. São Paulo: Editora Unesp; Imprensa Oficial, 2000.

Figura 12.3b   Consulat de France. *Correio Paulistano*, 19/08/1870.
France e Brazil. *Correio Paulistano*, 21/07/1865.
Jules Martin e a lithographia Imperial. *O Polichinello*, 10/09/1876.

No esteio dos cabeleireiros: perfumaria, cabelo, barba e bigode

Na São Paulo de meados do século XIX, que paulatinamente passava por um processo de transição, de mudanças nos campos econômico, social e cultural, com a influência francesa pairando e, por sua vez, colocando tons burgueses na cidade, atuaram os cabeleireiros.

Dentre os mais antigos imigrantes franceses que tomaram São Paulo por morada e adotaram esse ofício estava, no almanaque para 1857, o "híbrido" Charles André. Para além de denominar-se entrançador, cabeleireiro e barbeiro, era sangrador, atuando em moléstias. Depois de figurar no almanaque desse ano, não mais apareceu. Não anunciou no jornal. Em 1856, casou-se com uma brasileira, e eis sua última notícia.[3] Pode ter permanecido na Rua Direita, mudado de endereço, migrado para outra cidade ou província, denotando a fluidez da população.

Assim como o destino de Charles André, muitos outros franceses escapam aos olhos do historiador, ficando no anonimato. Na São Paulo oitocentista, então, é certo que, entre uma rua e outra, caminhos de vida de um cotidiano transcorreram sem que as linhas desse trabalho possam alcançar.

Pedro Teyssier também apareceu no almanaque de 1857 (Figura 12.4). Cabeleireiro, entrançador e barbeiro (não sangrador), tinha sua casa, que era ao mesmo tempo de morada e de negócios, na Rua da Imperatriz, onde ficou muitos anos com o seu "Ao Figurino da Moda". Assim como acontecia com os demais negociantes, Teyssier não vivia somente com os réis que lograva como cabeleireiro. Quem adentrasse em seu comércio poderia dispor de artigos para *toilette*, muitos dos quais provinham de Paris, mas também de charutos, globos e outros vidros para lampiões, lamparinas e castiçais "modernos".[4] Fora isso, perfumarias, pentes, escovas, esponjas, loções para fortalecer, tingir ou tirar a caspa dos cabelos, pomada para curar os calos dos pés – "este curativo é tão fácil que ninguém se deve escusar de fazê-lo a fim de evitar o sofrimento de tão contínuas e terríveis dores e ter um sono muito tranquilo"[5] –, navalhas, pó para branquear os dentes, "leites para tirar manchas e espinhas do rosto", "brilhantina para lustrar e embellecer a barba, nova tintura superior para tingir os cabellos e a barba, frascos de Colonia superior de diversos tamanhos",[6] "o que há de mais fino em odores".[7] Para contar com preços moderados, o freguês tinha de pagar em dinheiro – tratava-se de abatimento para o comprador e segurança de recebimento para o negociante. Isso, porém, não significava que tal forma de pagamento sobressaísse ao usual crédito. Os grandes espelhos com moldura dourada, advindos de fábricas parisienses, as luvas de pelica e as grinaldas que adornavam a cabeça das noivas, por exemplo, por certo tinham saída e eram anotados por Teyssier na lista de devedores.

---

3   ACMSP. Registro de casamento. Casamento de brancos e libertos. Notação 1.2.13.
4   APESP. *Correio paulistano*. Anúncio de 13 de setembro de 1862.
5   Ibidem, Anúncio de 21 de outubro de 1865.
6   Ibidem.
7   Ibidem.

Figura 12.4   Ao figurino da Moda. *Correio Paulistano*, 13/09/1862.

Provavelmente, era a ele que Maria Paes de Barros se referia em suas memórias quando relatou os bailes e seus preparativos:

> Bem cedo aparecia o cabeleireiro francês para pentear as senhoras, colocar flores sobre os seus cabelos e colar-lhes nas faces os mimosos *accroche-coeurs*. Algumas já de véspera se penteavam, pois que em São Paulo só havia um bom cabeleireiro francês. (Barros in Moura, 1998, p.107)

No início de 1870, Teyssier não andava bem de saúde.[8] Nesse ano, no intervalo de poucos meses, contratou dois outros cabeleireiros. Não deixava de alardear em anúncios – como elementos que denotavam qualidade e chamavam a atenção do público – que um era "hábil oficial" proveniente do Rio de Janeiro,[9] e o outro, "um bom cabeleireiro francês".[10] Essas ações não parecem ter sido ao acaso. De acordo com Antonio Egydio Martins (2003, p.272), em meados de 1871, Teyssier voltou definitivamente para Paris. Em seu lugar ficou Ignácio Pinto, aquele "hábil oficial" que veio da capital do Império. Continuou com o negócio

---

8   Ibidem. Anúncio de 19 de fevereiro de 1870.
9   Ibidem.
10 Ibidem. Anúncio de 26 de julho de 1870.

na Rua da Imperatriz e, para não deixar de dar referências de confiabilidade à clientela, passou a assinar Ignácio Pinto Teyssier, e com esse nome figurou no Almanaque da Província de São Paulo para 1873.

Já Henrique Biard conjugava seu ofício de cortar cabelos e fazer a barba[11] com casa de perfumarias. Também instalado na Rua da Imperatriz – reduto dos franceses em São Paulo –, atendia, entre outras coisas, com chinós e enchimentos, na capital e no interior. Não obstante, suas mercadorias tinham caráter mais variado que as de Teyssier. No seu sortimento podiam ser encontrados guarda-chuvas, bebidas como vinho, *cognac* e *vermouth*, colarinhos de linho e até objetos de papelaria, tais como papel de renda, para cartas, para luto, envelopes sortidos e tinta.[12] A sobrevivência dependia dessa variedade.

Conforme se pôde apreender, a frequência desses cabeleireiros era destinada tanto a homens quanto a mulheres. José Pruvot, que em 1862 mudou-se da Rua Direita para a Rua da Imperatriz, por exemplo, tinha disponíveis charutos, cigarros e fumo francês para os seus fregueses que iam fazer a barba ou cortar os cabelos. Já para as senhoras, afiançava fazer diferentes tipos de penteados com chinós (espécie de aplique), desenhos fúnebres, correntes e anéis – designações da época faladas pelos "artistas em cabelos"[13] –, além de rememorar constantemente nos anúncios que "penteão-se as senhoras em sua própria casa".[14]

Entre o que vendia, Pruvot detinha-se mais às "perfumarias e utensílios para toilette". Em 1865, por exemplo, dizia ter feito "aquisição do mais excelente antidoto, que ate hoje se há descoberto, para as enfermidades externas da cabeça, como a caspa, o definhamento e a perda total do cabello, é o que tem exposto à venda [sic]".[15] E pedia, como forma de propaganda – parecia confiar de fato no produto, mas também podia filtrar as respostas –, "encarecidamente as pessoas que fizerem uso deste remedio se dignarem de comunicar-lhe por escripto os resultados que obtiveram da applicação; autorisando-o desde logo a servir-se dessas comunicações para qualquer fim que lhe convenha".[16] No mês seguinte, já publicava uma resposta com o nome completo e endereço de quem a dera para delinear tons de veracidade: "attesto que usando o Elixir Odorifero de Boudrot, por espaço de 15 dias, obtive a cura das caspas que tanto me afligião [sic]".[17]

---

11 Ibidem. Anúncio de 13 de fevereiro de 1862.
12 Ibidem. Anúncio de 4 de maio de 1862.
13 Ibidem. Anúncio de 11 de maio de 1862.
14 Ibidem. Anúncio de 1º de janeiro de 1862.
15 Ibidem. Anúncio de 22 de fevereiro de 1865.
16 Ibidem.
17 Ibidem. Anúncio de 12 de março de 1865.

264 LAURENT VIDAL E TANIA REGINA DE LUCA (ORGS.)

De fato, Pruvot sabia se utilizar dos anúncios. Alguns, inclusive, eram mais engenhosos. Neste, simulou uma conversa entre duas pessoas:

– Onde se encontrão lindas flores para cabello?
– Em casa de Pruvot, na rua do Rosario n.53.
– E onde há os mais bonitos quadros de cabello?
– Em casa de Pruvot, na rua do Rosario n.53, e tudo por preços que convidam a fazer a acquisição destes objectos.
– Então vamos comprar flores e obra de cabello em casa de Pruvot, rua do Rosário n.53.[18]

Francês emigrado, traçou os caminhos de sua vida em São Paulo. Casado com uma francesa, constituiu família, entrou na rede creditícia, emprestando e pedindo emprestado,[19] interagindo com a população local e com os compatriotas. Pedro Bougarde, alfaiate, e Pedro Chiquet, ourives, foram testemunhas da dívida contraída com o também ourives Louis Suplicy.[20] Viu seu filho de quatro meses falecer em outubro de 1874[21] e quatro anos depois, aos 55 anos de idade, foi sua vez.[22] Os casos de retorno à terra natal não eram maioria. O livreiro Garraux, ao voltar rico para a Europa, por exemplo, foi exceção em meio aos imigrantes franceses residentes em São Paulo.

Em fevereiro de 1865, Francisco Bossignon abriu na Rua da Imperatriz o Salão Parisiense. Nos anúncios do *Correio Paulistano*, exalava o tom glamoroso de sua casa e de seu ofício como "artista cabellereiro". Além do "sortimento completo das mais afamadas perfumarias [...] escovas para cabelos, dentes e unhas, pentes"[23] e de deslocar-se até a casa do freguês, contava com um salão particular, em separado, para pentear as senhoras e tingir seus cabelos. Fabricava "cabelleiras", chinós e laços. Às freguesas também avisava novas modas de penteados, com enfeites de fitas e flores, "muito elegantes", "apropriados ao gosto moderno para baile e theatro".[24] Entretanto, não se dedicava só às mulheres; nos homens, cortava cabelo, fazia e frisava a barba e, se necessário fosse, aplicava barba e bigodes postiços. Era com ferro aquecido que frisava e anelava

---

18 Ibidem. Anúncio de 15 de março de 1865.
19 APESP. Obrigação de dívida e hipoteca. Livro n.55, f.102v, 103.
20 Ibidem.
21 ACMSP. Registro de óbito. Livro n.15. Óbitos de livres. Notação 3.1.43.
22 Ibidem. Livro n.16. Óbitos de livres. Notação 2.3.36.
23 APESP. *Correio Paulistano*. Anúncio de 15 de fevereiro de 1865.
24 Ibidem. Anúncio de 2 de junho de 1865.

os cabelos – tinha 17 deles.[25] E com um arsenal de "apliques" diversos, como tranças, cachos, marrafas, topetes e caixas contendo cabelos curtos, médios e longos de várias cores, frisados ou não,[26] Bossignon assegurava os penteados "pelo ultimo gosto dos figurinos de Paris [sic]".[27] Dizia receber todos os meses jornais especializados "na sua arte", o que transpassava a ideia de constante atualização.[28]

Padrões burgueses de roupas, cabelos, perfumaria e higiene, escovas com cabo de osso para limpar as unhas, escovas de dente, incluindo os mais variados preparados para mantê-los brancos e saudáveis, elixir para caspa e queda de cabelo, água-de-colônia, sabonetes, tintura e pomada depilatória. Eram novos preceitos de viver que estavam sendo ditados a partir das influências de uma França cuja maior parte da população não tinha acesso aos elementos mais básicos da alimentação, mas na qual a cultura burguesa imputava seus padrões de higiene.

Em São Paulo, com suas problemáticas e os olhares próprios de cada habitante, não era de estranhar que esse influxo atingisse determinada parcela da população. Outros talvez zombassem dessas práticas, ignorassem-nas ou não dessem atenção a elas, dados os modos de viver já arraigados no cotidiano. Talvez, outros, ainda, que aspirassem a ascensão social, de alguma forma mirassem ou tentassem a seu jeito incorporar essas maneiras de se vestir, arrumar os cabelos e, quem sabe, de comportamento, nem que fossem só aparências, diferenciadores de *status* social.

Bossignon tinha um espaço só para esse tipo de artigo, denominado "sala de perfumarias", composto, para exposição e venda, de vitrines e armações envernizadas de madeira com vidro, balcão e uma escada para alcançar a mercadoria almejada. Para a espera, conversa e sociabilidade dos fregueses, contava com um local em que uma mesa de centro de mármore era rodeada por um sofá, duas cadeiras de braços, quatro cadeiras "rasas" e seis cadeiras austríacas com assento de palhinha. Candeeiros iluminavam o ambiente e o freguês, antes de se sentar, deixava o chapéu em qualquer um dos dois cabides americanos ali disponíveis, perto dos quadros com molduras douradas. Em outro ambiente, duas poltronas, um divã, duas almofadas estufadas, duas cantoneiras e uma pedra

---

25 ATJSP. Inventário de Francisco Bossignon. Processo n.2367. 1° Ofício da Família, 1877.
26 Ibidem.
27 APESP. *Correio Paulistano*. Anúncio de 15 de fevereiro de 1865.
28 Ibidem. Anúncio de 3 de dezembro de 1865.

de mármore com dois pés, fingindo um aparador, provavelmente destinado às senhoras frequentadoras.

Cada vez mais as senhoras deixavam de fazer suas compras em casa, visitadas pelos mascates, e iam pessoalmente às lojas, ou modistas, sem que isso diminuísse a sua reputação. Ao contrário, seriam bem faladas se fizessem boa figura. (Oliveira, 2003, p.183)

Para o seu ofício, tinha dois *toilletes* com espelhos, tampo de mármore e gavetas; um lavatório de mármore com três torneiras de metal, três bacias de porcelana, três pertences para sabão e um espelho comprido com tampo de madeira; enfim, todos os aparatos para lavar cabelos. Caixas com diferentes apliques de cabelo, grinaldas para as noivas, flores finas artificiais, grampos, broches e fivelas "a phantasia", ou seja, que imitavam joias, para não falar das escovas, pincéis para fazer a barba, entre outros objetos, estavam guardados em dois armários, um envidraçado para amostras e outro com 16 gavetas e meia porta de vidro. Espécies de "manequins" feitos de papel, madeira ou cera eram adornados com cabelos e enfeites, para dar ideia do tipo de trabalho e chamar a atenção dos transeuntes. Finalmente, ao som do "tic-tac" do relógio de parede, o senhor ou a senhora se direcionava para a sua respectiva cadeira de braço para cortar o cabelo, com assento e costas de palhinha e bancos de madeira para apoiar os pés.[29] Os preços eram os seguintes:

Para cortar e frisar os cabelos – 500 rs.
Por fazer a barba – 200 rs.
Por fazer a barba e frisar os cabelos – 500 rs.
Por lavar a cabeça – 500 rs.[30]

Mas todo esse *glamour* se quebrou por ser um negócio frágil, baseado no crédito para sua concepção e para a movimentação cotidiana de clientes. O inventário permite ver toda a trajetória. Sua morte em 1877 trouxe à tona um retrato do que se passava na casa de negócio. Todos os bens tiveram de ir a leilão para compensar as dívidas passivas. Para Bossignon, "certamente não foi suficiente ser imigrante, e ter um negócio próprio, para subir na vida (como reza a lenda...)" (Oliveira, op. cit., p.198-9). Ao filho de seis anos nada restou.

---

29 ATJSP. Inventário de Francisco Bossignon. Processo n.2367. 1° Ofício da Família, 1877.
30 APESP. *Correio Paulistano*. Anúncio de 2 de junho de 1865.

Esse francês viveu sob as bases das relações creditícias e, no entremeio destas, os compatriotas eram presença marcante. A Garraux devia 11 letras em troca de mercadorias importadas, das quais dispunha em seu negócio. A Henrique Luís Levy devia por bebidas diversas, como café, *vermouth*, *cognac*, além de fumo. A Pedro Bougarde, mercadorias várias, inclusive para corte de cabelo. Ao negociante francês Manfredo Meyer, 17 chapéus de mola que havia deixado em consignação.

Todavia, essa rede de credores não era restrita, ela se ampliava em termos de nacionalidade e serviços para as coisas mais cotidianas, vitais do dia a dia. No que remonta ao negócio, devia alguns aluguéis da casa na Rua da Imperatriz, os salários de seus dois caixeiros, e, ao novo dono da casa, que instalara encanamento de gás, o consumo de mais de dois meses no valor de 48$220. Fora isso, até alguns móveis que compunham seu salão estavam esperando pagamento: a vitrine de rua para amostra, um armário com vidros, o sofá austríaco e seis cadeiras. No que se refere aos gastos consigo, o salário da cozinheira, roupa que havia mandado fazer e, no alto da doença, "bixas" que foram nele aplicadas, ademais das visitas do médico, dr. Guilherme Ellis.

Por outro lado, dentre a relação de devedores ao espólio, também apareciam nomes de imigrantes franceses viventes em São Paulo, como Corbisier e Henri Michel; figuras de destaque social, como o engenheiro inglês Dulley e Victor Nothman; e outros nomes precedidos pelas denominações de doutor, dona, madame. "A carreira comercial, sobretudo para os pequenos, amparados em redes de crédito, era frágil, movediça, cheia de descaminhos" (Oliveira, op. cit., p.199), condicionada à probabilidade de não satisfação das dívidas. Várias maneiras de cobrança eram tentadas, anúncios de jornal, cartas e, no caso de Bossignon, alguns pagaram. Porém, a constatação da própria pessoa contratada para cobrá-las era: "sem esperança de fazer maior cobrança, visto que outros devedores declarão que não devem e antes alguns se julgam credores do espólio".[31] Para além desses fatores, o levantamento do ativo e do passivo demorara a ser efetuado, dado que o inventariante aludia a que "os livros de escriptura da casa commercial estão escritos em francez em pessima caligraphia, alem de confusos no método, de modo que elle inventariante não pode afirmar cousa alguma sobre o activo e o passivo [sic]",[32] e pedia ao juiz para nomear um perito para saber qual era o real estado da casa.

---

31 ATJSP. Inventário de Francisco Bossignon. Processo n.2367. 1° Ofício da Família, 1877.
32 Ibidem.

268 LAURENT VIDAL E TANIA REGINA DE LUCA (ORGS.)

A Bossignon sucederam outros franceses, com aspirações próprias de imigrantes, que se aventuraram no mesmo ramo. Cabeleireiros, barbeiros, vendiam perfumarias e até joias. Aimeé Quillet, na Rua da Quitanda, Eugène Husson, na Rua de São Bento, utilizando os mesmos apelos, como o de receber "lindas tranças de Paris a 10$ o par".[33] E Luiz Chautin, no seu Salão Internacional de Barbeiro e Cabellereiro, em 1885, especializado em penteados para senhoras, também encontrado na Rua da Imperatriz.

Não se deve esperar, entretanto, que os ofícios aqui denotados estivessem somente em mãos de franceses. Antonio Egydio Martins (Martins, op. cit., p.272) comenta que, em 1865, os portugueses José Braga e Avelino Figueiredo, assim como Antônio Belém e o negro Aleixo Penha, vulgo Aleixo Barbeiro, por exemplo, tinham estabelecimento de cabeleireiro. E quanto à concentração de franceses na Rua da Imperatriz, com o fim do século e a cosmopolitização que se acentuava, além de outros fatores, pela crescente chegada de imigrantes, o comércio francês tendeu a se pulverizar pela cidade. A cultura francesa penetrava; contudo, a Rua da Imperatriz não era mais reduto majoritário dos franceses. Esse tipo de negócio começava a atrair diferentes contingentes. Nascidos no Império também passavam a abrir casas próprias, mesmo que com nomes franceses.

Horticultura: as flores e hortaliças *françaises*

Sementes europeias ou do interior da província? Esta era a pergunta a ser feita para os franceses que vendiam sementes e/ou plantas e flores em broto ou já crescidas. Ernani da Silva Bruno comenta que, desde a primeira metade do século XIX, eram vários os jardins particulares com bonitas flores.

Tanto que Pedro Bougarde, alfaiate em cuja loja na Rua da Imperatriz vendia roupas feitas, optou por adentrar em mais um veio de comércio. Desde o início da década de 1860, anunciava sementes de flores e hortaliças vindas da Europa e já prevenia: "duzentas espécies não eram muito conhecidas, enquanto cem o eram".[34] Em 1865, avisava que haviam chegado, mas não de onde, sementes de repolho, nabo, rabanete, alface, chicória, couve-flor, tomate, melão e ervilha. Tal negócio de compra pode muito bem ter sido fechado com produtores do interior da província.[35] Os compradores principais, não excluindo os habitantes do cen-

---

33 APESP. *Correio Paulistano*. Anúncio de 16 de outubro de 1865.
34 Ibidem. Anúncio de 27 de julho de 1862.
35 Ibidem. Anúncio de 22 de fevereiro de 1865.

FRANCESES NO BRASIL: SÉCULOS XIX E XX   269

tro urbano, provavelmente foram os donos de chácaras que se encontravam nos arredores da cidade. Nos anos 1870, sucederam-se anúncios de flores, tanto em sementes como já crescidas. Bougarde oferecia camélias – "das mais modernas que tem aparecido nas exposições de Paris"[36] –, além de dálias. Eram mudas de camélias brancas e mais oitenta qualidades de flores chegadas de Paris.[37]

P. Magne, horticultor e florista francês, na sua Camelia Pariziense instalada na Rua do Rosário, também vendia plantas e flores, além de árvores frutíferas – macieiras, cerejeiras e figueiras originárias, segundo ele, da África. Ao que parece, a venda não era só de sementes, mas de plantas já constituídas. Há probabilidade de que essas últimas viessem em vapores da Europa e ainda tivessem de passar por transporte interprovincial no Brasil, trajetória essa que poderia ocasionar avarias nas plantas. Por outro lado, trazer sementes importadas e plantá-las em solo brasileiro, fosse carioca ou paulista, deveria requerer uma série de adaptações e experiências, nem sempre regadas de sucesso. Isso, não só no sentido do que foi plantado vingar, mas igualmente de sua saída entre os fregueses.

No caso de Magne, a pouca procura refletiu-se no leilão, para o qual contratou José Elias Paiva. Programado para 21 de março de 1865, às 14h, colocava em arrematação o fruto de seu trabalho, que foi vendido em quantidade, mas a preços mais baixos do que o esperado.[38]

No âmbito das sementes, flores e hortaliças, nem todos os franceses estavam envolvidos com a importação. Alguns ofereciam seus préstimos. E o anúncio era um meio para isso. Em 1862, um francês de trinta anos – detalhe da idade colocado para relacioná-la à força e vitalidade – desejava se empregar como jardineiro e horticultor. Não dava seu nome, só fornecia as coordenadas de um armazém na Rua do Rosário, onde os interessados podiam buscar informações. É provável que contasse com a ideia de que ser francês já o abonava de condições favoráveis.

Fouchon, que durante 17 anos trabalhou nas oficinas da Companhia Inglesa, em 1880 foi contratado pelo governo da província para cuidar do Jardim Público (Martins, op. cit., p.192), o qual ficava em frente ao Seminário Episcopal e era considerado local de agradáveis passeios ao ar livre.

Contudo, o mais afamado horticultor da segunda metade do século XIX em São Paulo foi Julio Joly. Francês natural de Grenoble, em maio de 1858, encontrava-se na casa do barão de Iguape onde, mediante um tabelião, fez escritura

---

36 Ibidem.
37 Ibidem. Anúncio de 1º de janeiro de 1875.
38 Ibidem. Anúncio de 11 de janeiro de 1875 e 21 de abril de 1875.

de compra e venda. Adquiriu do dito barão "uma chácara na freguesia do Braz com casas de sobrado em frente à estrada que segue para a Penha, fundo para os campos que seguem para o Pary".[39] E ali começava a história de seu ofício. Recebia sementes de árvores frutíferas, hortaliças, flores e outras plantas – tudo que denominava "luxo" – da Europa e, em especial, da França e as plantava naquela chácara, onde as aclimatava e produzia mudas para venda. Trabalho paciente cuja efetividade foi despontar a partir de 1870. A cada mês, o leitor do jornal *Correio Paulistano* se deparava com um anúncio dele. Em visita a São Paulo, a princesa Isabel passou parte da tarde de 8 de novembro de 1884 em sua companhia, conhecendo a chácara.[40] Porém, antes desse momento, percalços por certo o abalaram.

No entremeio dessas etapas, Julio Joly tomou uma decisão drástica: o retorno definitivo para a Europa. Em 20 de março de 1862, colocou todos os pertences que tinha amealhado durante anos à venda. Dado que o primeiro indício dele na documentação foi em 1844, quando da compra de um pequeno sítio na Villa de Jundiahy, significava que pelo menos 18 anos na província já haviam se passado. Quanto aos pertences à venda, entre os itens elencados havia dois escravos, vinhos, licores, joias, uma propriedade no Morro do Macaquinho e a dita chácara, com capinzal, animais soltos, arvoredos novos dando frutas, parreiras e um jardim com flores e hortaliças – "um reccuo tanto agradável, como rendoso".[41] O piano também estava presente, e no anúncio a ele se deu destaque especial. Acessível a poucos e símbolo de refinamento da burguesia francesa que se estendeu para São Paulo, mesmo na chácara de Joly havia

> [...] um lindo piano harmonico em 12 registros [sic] com muito bonitas peças de musica tanto para recreio em valsas, entradanças etc., como assim para a Igreja com peças sacras e orações, além de servir não só para quem sabe tocar, tem uma machina com manivela que colocada sobre o mesmo pode ser tocado com perfeição por qualquer pessoa ignorante de música.[42]

Eis aí um dos segredos do piano.

Apesar de Joly pedir para quem tivesse interesse ir a sua chácara no Brás, entre 10h e 14h, nada se concretizou. Os motivos pelos quais Joly repentinamente

---

39 APESP. Registro de compra e venda. Livro n.52, f.219, 219v, 220.
40 *O olhar distante. Diário da princesa Isabel.* In: Moura, op. cit., p.237.
41 APESP. *Correio Paulistano.* Anúncio de 20 de março de 1882.
42 Ibidem.

queria voltar à França, e o que o fez desistir, ficaram perdidos na história. Dos documentos que se dispõe ficou o silêncio.

Nesse anúncio, o francês identificava-se como "Julio Joly Pai", o que significa que no comércio paulistano outro Julio Joly era conhecido, o filho. Se ele veio com o pai, ou depois dele, a questão é que em 1885 dizia ter "um rico sortimento de fazendas, miudezas e objectos modernos". E em uma sala em separado, que nomeou por Sallão de Christal, colocou cristais e porcelanas do "melhor gosto". Essas peças "naturalmente tiveram que subir a serra com grande sacrifício, nos lombos de mulas e carros de bois" (Campos, 1977, p.460) para que não fossem quebradas, trincadas e lascadas, ou seja, abrigadas de todos os riscos que a travessia de Santos para São Paulo compreendia. Entre os anúncios percebem-se diferentes artifícios para chamar a atenção dos fregueses. Joly Filho tentava imprimir a marca burguesa, afirmando "o bom gosto dos habitantes desta cidade",[43] os quais esperava no Sallão de Cristal também com objetos de *toilette* e ornatos para a sala. Isso nos horários em que se encontrava aberto, quais sejam, todos os dias das 16h às 21h – o que é mais um elemento para corroborar a vivacidade noturna da cidade, contrariando os memorialistas que a consideravam "soturna".

Voltando ao Julio Joly Pai (Figura 12.5), este não se limitava às vendas na própria chácara do Brás, que ficava fora do núcleo comercial da cidade. Então, para os fazendeiros e "amadores de pomares e jardins desta Província", abriu três canais de compra a fim de que não deixassem, inclusive, de encomendar *bouquets*, enfim, "tudo quanto mais delicado para jardins e pomares". O primeiro era a própria chácara do Brás, onde se encontrava um catálogo extenso das flores e frutas. O segundo, pedido por cartas, em 1885 na caixa do correio n.48. E, finalmente, na Rua da Imperatriz, seu ponto de comercialização no chamado "Triângulo" da cidade. De todo modo, qualquer que fosse a opção escolhida pelo comprador, Joly se encarregava de embalar adequadamente para que não houvesse nenhum estrago à mercadoria, mas era o freguês quem arcava com as despesas de transporte.[44]

---

43 APESP. *Correio Paulistano*. Anúncio de 28 de setembro de 1885.

44 Cf. APESP. *Correio Paulistano*. Anúncios de 09/02/1870; 01/07/1870; 28/09/1870; 15/01/1875; 06/02/1885; 11/07/1885; e 31/12/1885.

Figura 12.5   Militão, Augusto de Azevedo. Chácara de Julio Joly em 1862.

Por conta da influência cultural, muitos franceses imigrantes se deparavam com oportunidades ou faziam-nas acontecer. O crescimento da cidade, o aproveitamento endógeno do lucro cafeeiro, o "aburguesamento" das elites – que não deixava de ter reverberações na população como um todo – abriram espaço para o consumo de artigos importados e de serviços, de modo especial da França que, tardiamente se comparada à Grã-Bretanha, passava pela "Segunda Revolução Industrial" e, inclusive por meio de trâmites consulares, procurava estrategicamente ganhar mais cifras nas exportações para o Brasil.

Os franceses, nem sempre dotados do *savoir-faire* e/ou de capital para comprar um negócio, aventuravam-se nessa empreitada, como em geral os imigrantes, que buscavam melhoria em suas condições econômicas e traçavam sonhos que, de uma forma ou de outra, os fizeram sair da terra natal. As vertentes mais conhecidas de suas atuações eram de modistas, alfaiates, cabeleireiros, donos de hotéis e restaurantes, com pitadas de *glamour* que, entretanto, por vezes não correspondiam ao seu dia a dia árduo, repleto de estratégias de sobrevivência, ou a outros ofícios, como o de pedreiros e açougueiros, cuja história foi apagada por não se enquadrar nessa tela de glamorosa, na qual a ideia de ser "francês" era atrelada à de burguesia.

É bom lembrar que ao lado dos poucos técnicos franceses mais experimentados, como, por exemplo, médicos, dentistas, parteiras, engenheiros e músicos, estavam os que Gilberto Freyre denominava "charlatões" (Freyre, 1940, p.55). D'Assier, francês que esteve em viagem ao Brasil no século XIX, percebeu "certa facilidade por parte dos franceses em se improvisarem no nosso país, mestres ou especialistas das artes mais disparatadas".[45] Imigração minoritária, mas que não deve ser confundida com de elite.

Nem sempre *glamour*: outros ofícios

Inventários, anúncios e registros de escritura só mostram algumas facetas da população. Daquelas que têm bens a legar, comprar, vender, hipotecar ou alugar. Por isso, cabeleireiros, ourives, modistas e alfaiates tendiam a aparecer mais. As próprias fontes documentais os colocam a lume, assim como os tons da influência francesa em São Paulo facilitavam sua entrada nesses ramos. Mas havia outros imigrantes, com ofícios menos glamorosos, vivências diferentes.

Aqui e ali se consegue "pescá-los" nas fontes, porém de maneira menos corrente. Eram poucos os que conseguiam publicar anúncios. Alguns, por exemplo, apareciam na lista do *Indicador* de 1878, justamente porque esta era uma de suas funções, indicar aos interessados. É assim que outros franceses vêm à tona. Franceses que, *grosso modo*, não são lembrados pela historiografia, nem imaginados em seus ofícios. Na Rua de São Bento, o ferrador Victor Duché; no Largo de São Francisco, outro ferrador, Fabien Elichalt; e Amadeu Rossaux, funileiro no Brás. Igualmente foram agentes históricos que, no caminhar de sua trajetória, teceram o dia a dia da São Paulo oitocentista.

Alexandre Morel era açougueiro. Em 1862, abriu a Boucherie Française, "dirigida pelo sistema francês" que, na sua concepção,

> [...] offerece muitas vantagens a seus fregueses, não somente pela limpeza e aceio das carnes, como do estabelecimento, mas também pela maneira delicada com a qual o annunciante pretende servir as pessoas [...] acharão sempre carne de vaca, vitela, carneiro e porco, todas ellas muito frescas e cortadas a contento dos fregueses.[46]

Cada peça de carne vinha com o preço marcado. Praticamente um mês depois, inaugurava duas casas filiais, uma na Rua Boa Morte e outra na Rua da Cruz Preta. Sinal de que o comércio ia bem. Todavia, mais nem um outro anúncio.

---

45 Ibidem, p.89.
46 APESP. *Correio Paulistano*. Anúncio de 5 de abril de 1862.

Alexandrin saiu da França em 1873. Morou no Rio de Janeiro por um ano e, em 1875, já estava instalado na Rua da Constituição, onde era carpinteiro.[47] Em 1876, casou-se com uma francesa, cujo pai, também francês, residia na cidade e era ferreiro.[48]

Ofícios nada glamorosos para os parâmetros fornecidos pelas linhas culturais da burguesia francesa, na qual se queria que a própria França fosse revestida com nuances de grandeza e luxo. Nem lá, menos aqui, essa imagem deve perdurar como única, intocável. Os imigrantes franceses eram como quaisquer outros, não uma exceção. Poucos vinham com um saber especializado. Labutavam no cotidiano com anseios próprios de imigrantes. De fato, com a patente influência cultural, sua entrada em determinados ofícios era facilitada, mesmo que dele nada entendessem ou não tivessem experiência alguma. O adendo de franceses açougueiros, ferreiros, carpinteiros, e que vagavam pelas moradas alheias pedindo serviço, também corroboram para quebrar essa visão. Ao folhear os processos criminais encontram-se esses outros personagens. Franceses que se defrontavam com uma vida nada glamorosa, mesmo dentre os ourives ou modistas, e que se imiscuíam em problemáticas que estavam longe de espelhar a tão apregoada ideia de sua atuação como "agentes civilizadores".

---

47 Ibidem. Anúncio de 5 de setembro de 1875.
48 ACMSP. Processo de casamento. Notação 73.12.8398, 1876.

13
OS FRANCESES EM PERNAMBUCO NO SÉCULO XIX

Emanuele de Maupeou

A imigração não é um fato natural? Não é um direito legítimo, para um homem que não consegue encontrar em seu país os meios para satisfazer as suas necessidades e as da sua família, ir buscar para além dos mares uma melhoria na sua situação?

Os que partem não são os ricos, mas os que buscam fortuna.[1]

Pernambuco, ao lado do Rio de Janeiro e da Bahia, é um dos primeiros destinos escolhidos pelos franceses que começam a desembarcar no Brasil a partir do início do século XIX. O que poderia ter atraído homens como o negociante Robert em 1813, o carpinteiro Julien Beranger e o industrial J. Navarre em 1816, ou ainda o médico homeopata Henry Armand Chave[2] em 1818, para esta região rural, açucareira e escravocrata, marcada por uma excepcional concentração de riqueza e poder nas mãos de poucos? Antes de mais nada, é preciso lembrar que nesse período de transição para a Independência, de formação do mercado consumidor brasileiro e de desenvolvimento da atividade comercial e portuária, Recife, capital regional em pleno desenvolvimento, era a terceira cidade da América Portuguesa. E, apesar do relativo declínio do Nordeste açucareiro no plano nacional ao longo do século XIX, a dinâmica urbana da cidade do Recife oferecia oportunidades aos franceses que soubessem se adaptar às demandas da sociedade local. Durante todo esse período, a elite pernambucana soube manter o mesmo modelo de dominação rural, mas passou a adotar novos comportamentos e hábitos citadinos, afirmando desse modo sua adesão aos valores do mundo dito "civilizado", encarnado pela sociedade urbana e burguesa europeia.

---

1 Centro dos Arquivos Diplomáticos de Nantes (CADN), Arquivos do Ministério das Relações Exteriores da França (AMAE), União Internacional, *L'immigration au Brésil*, E. le Marchand, 25 de outubro de 1875 [tradução da autora].

2 CADN-AMAE, Rio de Janeiro (1816-1919), *État nominatif de la population française*, Pernambuco, 1845.

O processo migratório analisado neste artigo escapa por diversos motivos ao modelo de migração em massa. Em primeiro lugar, trata-se de uma migração mais antiga, iniciada antes mesmo da Independência do Brasil, no contexto da instalação da família real portuguesa no Rio de Janeiro e sobretudo após 1814, com o fim das guerras napoleônicas e o estabelecimento de relações comerciais entre o Brasil e a França. Além disso, trata-se sobretudo de uma migração espontânea, de indivíduos.

Enfim, esse movimento migratório está muito relacionado ao desenvolvimento de cidades que abrem seus portos a nações estrangeiras e onde cidadãos franceses instalam-se e propõem serviços até então inexistentes no território. Os três principais portos do país – Rio de Janeiro, Salvador e Recife – passam a receber franceses que, em um segundo momento, se instalam também em outros centros do país.

Uma migração que alimentou uma imagem clássica de uma colônia francesa urbana, qualificada e que oferecia serviços especializados, particularmente no setor da moda e do luxo, da arquitetura e das artes em geral. Gilberto Freyre, o primeiro a interessar-se por esses migrantes em *Um engenheiro francês no Brasil*,[3] publicado em 1940, destacou o papel desses franceses – comerciantes e profissionais liberais que na primeira metade do século XIX habitavam os três grandes portos brasileiros. Desde o estudo do sociólogo pernambucano, baseado em anúncios de jornais, a historiografia tem frequentemente destacado o papel dos numerosos boticários, modistas, professores, costureiras, cozinheiros, cabeleireiros e outros franceses que povoavam os bairros comerciais das cidades brasileiras e ofereciam seus serviços em jornais locais. No entanto, ainda são raras as informações precisas sobre esses franceses, suas motivações e itinerários.

Neste sentido, as fontes consulares francesas[4] oferecem informações preciosas sobre a origem geográfica e a situação socioprofissional e familiar de inúmeros

---

3   Freyre, Gilberto, *Um engenheiro Francês no Brasil*. 2v. 2.ed. Rio de Janeiro: José Olímpio, 1960.

4   As informações apresentadas ao longo deste artigo baseiam-se numa amostra de 535 franceses que deixaram vestígios da uma passagem por Pernambuco nos arquivos consulares entre 1819 e 1914. Documentos consultados: *État nominatif de la population française*, 1845 (cote 79); *Registre d'immatriculation consulaire*, 1854 (cote 170); *Registre des actes administratifs (1874-1895)*, carton 01, 1 vol., cote C.I.8.; *Livre de registre d'immatriculation consulaire* (1896 à 1910), carton 03, cote F; *Livre de registre d'immatriculation consulaire* (1910 à 1921), carton 04, 1 vol., cote F. Documentação conservada no CADN, AMAE nas séries Recife (1874-1986), Bahia (1821-1924) e Rio de Janeiro (1816-1919). Para evitar repetições desnecessárias, para todos os franceses citados neste artigo, referir-se a esta nota. Sobre o tema, ver também Maupeou, Emanuele de, *Les migrants français au Pernambouc* (1840-1914). *Vecteurs de la*

migrantes, além de conterem indicações sobre as motivações que levaram os indivíduos a migrar e a optar por esta região do Nordeste. De fato, apesar de não permitirem um estudo quantitativo sobre esse movimento migratório,[5] as fontes consulares indicam a diversidade de perfis dos franceses em Pernambuco e nos permitem examinar por um outro prisma uma colônia muitas vezes idealizada. Além disso, são fontes que destacam não só o papel das autoridades francesas na chegada desses migrantes, mas também a ligação entre a chegada destes últimos e os interesses econômicos e culturais da França no Brasil. Inclusive, a própria organização da rede diplomática francesa acompanha este movimento migratório. Em 1815, a França envia à capital do Império um cônsul geral, responsável de negócios, e instala, já em 1819, agências consulares nas cidades de Salvador e Recife.

Além disso, a análise sobre a origem e a situação familiar e socioprofissional dos franceses revela que a imagem de uma colônia urbana, qualificada e oferecendo serviços especializados não aparece como uma evidência em si, mas foi sendo construída ao longo de todo o século XIX. Se uma parcela dos migrantes corresponde de fato à imagem clássica do francês vivendo no Brasil, muitos outros souberam adaptar-se às expectativas da sociedade local e, ao mesmo tempo, promoviam a indústria e o comércio francês no Brasil.

Origem geográfica

Os franceses que habitaram Pernambuco ao longo do século XIX tinham origens bastante diversas e provinham da maioria dos departamentos franceses (Figura 13.1). Uma diversidade representativa de praticamente todo o território francês, reflexo inclusive da inexistência de um real fluxo migratório da França para o Brasil e da natureza individual dessa migração. Apenas o departamento do Sena,[6] sobretudo a cidade de Paris, é o local de origem de um número importante de migrantes, o que contrasta com as demais localidades do país.

---

présence culturelle et économique de la France au Brésil? Dissertação (Mestrado em História) – Universidade de Toulouse-Le Mirail, Toulouse, 2009.

5   Os registros consulares estão longe de ser exaustivos, pois muitos migrantes não estavam inscritos nas listas consulares, assim como a grande maioria das mulheres.

6   Na organização político-administrativa francesa atual, o departamento do Sena não existe mais e corresponde hoje ao conjunto do território de Paris, Hauts-de-Seine, Seine Saint-Denis e Val de Marne.

Além disso, se levarmos em conta o último lugar de residência, o peso de Paris é ainda mais importante. Tal tendência é confirmada por vários estudos sobre a emigração francesa,[7] que indicam Paris como principal localidade de emigração do país. Numa dinâmica migratória interna à França, as pessoas mudavam de região e de trabalho e Paris passou a ser tanto um destino final quanto um local de passagem antes da partida para o exterior. Ou seja, migrar para um outro país se inseria na continuidade dessa dinâmica, como uma nova etapa na busca por melhores oportunidades de vida e de trabalho.

Entretanto, uma análise mais geral por região nos permite relativizar a ideia de grande dispersão e indica que o movimento migratório para Pernambuco acompanha a tendência geral da emigração francesa para as Américas (Figura 13.1). Ou seja, depois de Paris e seu entorno, é o Sul, sobretudo o Sudoeste, a região de origem de muitos franceses que migraram para Pernambuco. Essa tendência acompanha o movimento geral da emigração francesa no século XIX, marcada por um fluxo proveniente das regiões rurais afetadas por crises agrícolas. Este é o caso das regiões de montanha ou de fronteira, como o País Basco francês, os departamentos dos Alpes e dos Pireneus[8] e da bacia do rio Garonne, territórios onde o empobrecimento do solo tornou a população vulnerável em períodos de crise.

No que diz respeito especificamente ao sudoeste da França, os migrantes vinham tanto de vilas portuárias, como de pequenos povoados da região. Por exemplo, uma pequena cidade de pescadores bascos como Saint-Jean-de-Luz foi mais citada do que portos importantes como Bordeaux ou Baiona. Do mesmo modo, pequenas cidades e povoados agrícolas e de montanha eram citados, como Moulis e Ustou, no Ariège; Saint-Affrique e Villefranche, no Aveyron; Mirande e Gimmont, no Gers; ou ainda Barzun e Eaux-Bonnes, nos Baixos-Pireneus.

A dinâmica de migração nestas regiões rurais era diferente da encontrada nas grandes cidades. A partir de povoados, a migração se dava por etapas, e as pessoas passavam por cidades francesas maiores antes de embarcar para o Brasil. Era nestas últimas que circulavam informações sobre oportunidades de trabalho no exterior e nas quais se encontravam as agências de imigração e as companhias

---

7   Gebod Paul, "Parisiens et Parisiennes hors de France au milieu du XIXe siècle (1846-1860)", *Revue Historique*, n. 604, out.-dez. 1997. Weil, François, "Les migrants français aux Amériques (XIXe-XXe siècles), nouvel objet d'Histoire", *Annales de Démographie Historique*. Paris: Belin, n. 1, 2000.

8   Podem ser citados os departamentos de Hautes-Pyrénées, Pyrénées-Orientales, Hautes-Alpes, Basses-Alpes, Savoie e Haute-Saône.

FRANCESES NO BRASIL: SÉCULOS XIX E XX   279

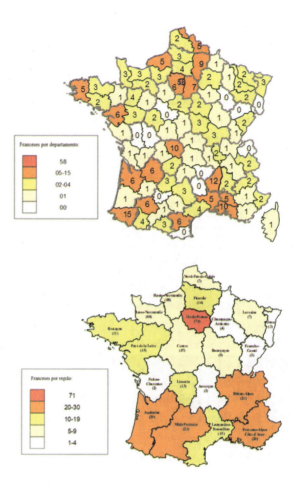

Figura 13.1   Origem dos franceses de Pernambuco por departamento e por região.[9]

de navegação (Figura 13.2). Do mesmo modo, as motivações para a migração eram distintas. No ambiente rural, a impossibilidade de produzir – consequência das crises agrícolas, da pobreza do solo e das práticas de sucessão hereditárias – levava as pessoas a buscar novas oportunidades fora das suas regiões. Já em uma

---

9   Representação gráfica baseada nas informações sobre a origem de 325 franceses e francesas que declararam o local de nascimento no consulado de Recife. Além da França metropolitana, em Pernambuco também viviam 3 pessoas nascidas na Guiana, 2 na Argélia e 1 na Tunísia. Do mesmo modo, 25 franceses declararam outros países como local de nascimento (15 no Brasil, 3 na Itália, 2 na Suíça, 1 na Espanha, 1 em Moçambique, 1 em Portugal, 1 na Rússia e 1 no Senegal). CADN-AMAE, op. cit.

cidade como Paris, as migrações estavam muitas vezes relacionadas à existência de oportunidades no exterior para profissionais urbanos. Assim, no meio urbano, a burguesia era mais representativa do contingente de expatriados, enquanto no meio rural os migrantes também tinham origem camponesa.

Ou seja, é importante distinguir a emigração francesa urbana (sobretudo de Paris) da rural, particularmente oriunda do Sul da França. Aspectos como a motivação da viagem e as redes de informação relativas a cada uma delas são distintos e ainda mais perceptíveis quando se levam em conta outras informações, como a profissão ou as oportunidades encontradas na sociedade brasileira.

Figura 13.2 Reprodução da introdução de um folheto de propaganda com, no fim, o endereço da agência de emigração localizada em Paris, distribuído na França pelo governo brasileiro. O documento foi conservado pelas autoridades consulares em 1876. Em carta endereçada aos consulados no Brasil, em 1891, autoridades ministeriais francesas consideravam que "os consulados brasileiros distribuem sobre todo o nosso território e sobretudo nos departamentos do sul panfletos concebidos para atrair de maneira quase inevitável aqueles que os têm diante dos olhos. Neste contexto, pelo menos duas circulares enviadas pelo ministério do Comércio, da Indústria e das Colônias, datadas de 31 de agosto de 1875 e de 7 de setembro 1891, proíbem as agências francesas de emigração o recrutamento de emigrantes destinados ao Brasil".[10] Na mesma época, muitos franceses chegavam a Pernambuco para trabalhar nos setores de negócios e na modernização da indústria e da infraestrutura local.

---

10 CADN-AMAE, Unions Internationales, *Question d'immigration*, 1878; Immigration, *Lettre du Ministère du Commerce, de l'Industrie et des Colonies au Ministre des Affaires Étrangères*, Paris, 7 de setembro de 1891 [tradução da autora].

Situação socioprofissional

Entretanto, independentemente da origem no país natal, as fontes consulares indicam que os franceses exerciam em Pernambuco atividades predominantemente urbanas, relacionadas sobretudo ao desenvolvimento da cidade do Recife ou à modernização da infraestrutura e do complexo açucareiro da região. Mesmo levando em conta que os franceses que habitavam regiões distantes da capital tinham maior probabilidade de não constarem nas listas consulares, a predominância das atividades urbanas é considerável.

O próprio censo brasileiro de 1872[11] indica que mais de 80% dos franceses de Pernambuco viviam em Recife ou Olinda. Inclusive muitos deles prosperaram no Brasil oferecendo técnicas e serviços inovadores em uma sociedade rural em busca de modernidade, mas também graças ao capital cultural que a nacionalidade francesa representava. Este capital permitia que indivíduos de origens e formações diversas se adaptassem às demandas da elite local e exercessem atividades para as quais nem sempre estavam preparados. Ou seja, nem todos os franceses chegaram com uma formação ou um conhecimento específico; pelo contrário, muitos deles aproveitaram oportunidades para começar uma nova carreira no Brasil. A mudança de profissão foi provavelmente a escolha de muitos franceses de origem rural. São pessoas como Auguste Pradines, originário de Mirande, no Gers, que aparece na documentação consular como operário em 1854, cuteleiro em 1875 e finalmente como professor em 1887. Percebe-se, neste caso, que cada mudança de profissão equivale a uma promoção social.

Comerciantes, negociantes e artesãos

O setor de comércio e serviços é de longe o mais representativo da presença francesa em Pernambuco. Mais da metade das profissões declaradas são relacionadas ao setor e as principais profissões declaradas são as de comerciante, negociante, empregado do comércio ou de negócios e lojistas. Podem também ser considerados neste grupo os inúmeros artesãos que vendiam suas produções.

Na documentação, o termo "negociante" é utilizado para o comércio atacadista, ao passo que o de "comerciante", para o comércio varejista. Em Pernambuco, o negociante era principalmente aquele que trabalhava no setor de importação, no bairro do Recife, perto do porto; enquanto o comerciante possuía uma loja

---

11 Dados disponíveis no portal do IBGE: https://biblioteca.ibge.gov.br/biblioteca-catalogo?id=225477&view=detalhes.

no centro comercial da cidade. Comerciantes e negociantes franceses estiveram presentes no comércio da cidade ao longo de todo o século XIX, e os dois grupos de profissionais exerciam um papel importante na promoção de artigos e serviços oferecidos pela França. As casas comerciais desempenharam um papel relevante no comércio atacadista, sobretudo na segunda metade do século, graças ao contexto favorável da industrialização na França e do desenvolvimento urbano no Brasil. Tratava-se de estabelecimentos responsáveis pela importação de produtos destinados ao mercado consumidor local, que, por ordem de importância, eram os seguintes: tecidos, artigos parisienses, relógios e joias, produtos alimentícios, chapéus, sapatos, couros e peles, livros, perfumes, móveis e instrumentos musicais.[12] Por outro lado, estes mesmos produtos eram oferecidos por muitos comerciantes do varejo ou artesãos que começaram a se instalar na cidade do Recife antes mesmo da Independência e que aos poucos passaram a inundar os jornais de anúncios que insistiam na qualidade, no luxo e na superioridade dos produtos franceses.

Neste grupo dos comerciantes devem-se considerar também os inúmeros franceses que declaravam profissões como as de cabeleireiros, açougueiros, padeiros, proprietários de restaurantes, garçons, fabricantes de luvas, alfaiates, relojoeiros, cozinheiros, estofadores, livreiros, fabricantes de limonadas e de sorvetes, modistas, farmacêuticos e fotógrafos de daguerreótipo. Ou seja, muitos comerciantes eram também artesãos especializados. São pessoas como Charles Leclère, fabricante e comerciante de sapatos, Joseph Grosjean, ferreiro e comerciante, Abel Béranger, marceneiro, ou Jean Vignes, fabricante de pianos.

Mesmo havendo uma grande diferença entre os pequenos artesãos e os grandes negociantes atacadistas, as autoridades francesas tinham consciência da importância do grupo como um todo na defesa dos interesses da França no Brasil. Inclusive, as representações consulares eram muitas vezes formadas por esses profissionais, sobretudo pelos mais ricos. É o que ocorre, por exemplo, em 1837, quando o cônsul Félix Naudin adoece gravemente: os quinze membros da colônia francesa de Pernambuco que se reúnem para escolher um administrador provisório são todos comerciantes ou negociantes.[13]

Este reconhecimento social dos negociantes e comerciantes franceses é perceptível também pelos bairros onde atuavam. As lojas francesas encontravam-se

---

12 Takeya, Denise Monteiro, *Europa, França e Ceará*. Natal: Ed. Universitária UFRN, 1995. p.88.

13 CADN-AMAE, *Réunion de 15 Français à la chancellerie du consulat*, 24 juillet 1837, *Correspondance avec les postes diplomatiques et consulaires, Recife* (1835-1862), Série Rio de Janeiro (1816-1919).

no centro, sobretudo no bairro de Santo Antônio, na ilha de Antônio Vaz, que concentrava o comércio de luxo e de produtos importados. No mesmo sentido, o censo de 1872 indica que cerca de 30% dos franceses de Pernambuco moram na ilha de Antônio Vaz. Inclusive, é neste bairro que se encontra a rua Nova, ocupada por franceses desde os anos 1830. Já na segunda metade do século XIX, outros setores da cidade – como o cais do Capibaribe, a rua do Trapiche, a rua da Cruz, a rua do Crespo e a rua da Senzala Nova – ganham notoriedade com suas lojas de luxo e seus comerciantes estrangeiros. São todos bairros com boa reputação na cidade e reservados à elite, onde a concentração de franceses alimentava a imagem clássica de uma colônia urbana, qualificada, que introduzia novos serviços no Brasil.

Profissionais liberais, artistas e religiosos

Apesar de menos numerosos, os profissionais liberais franceses também estavam presentes em Pernambuco. Alguns trabalhavam no setor da saúde, como farmacêuticos, médicos ou enfermeiros, outros eram artistas, professores de música, botânicos e naturalistas. Havia também aqueles que ocupavam cargos importantes de maior visibilidade, como Jean Pierre Teissonnier, botânico de 23 anos e diretor do Jardim 13 de Maio em 1896, principal parque da cidade. Na mesma época, Eugène Anatole Bionne era o jardineiro do hospital Pedro II.

Entretanto, entre os profissionais liberais, o segmento educacional era, sem dúvida, o de maior destaque. Já é amplamente conhecido o papel dos professores particulares ou tutores europeus prestando serviço ou atendendo nas casas dos ricos senhores de engenho. Entretanto, na documentação consular estes profissionais são pouco numerosos, sobretudo se comparados aos religiosos e religiosas trabalhando em escolas católicas de Recife e Olinda. Principalmente a partir das últimas décadas do século XIX, o número de missionárias e missionários católicos aumentou consideravelmente entre os migrantes franceses. Eram em sua maioria pessoas pertencentes a congregações religiosas dedicadas ao ensino e que viviam nas escolas destinadas à elite local, como os Irmãos Maristas dos colégios de Apipucos e Salesiano ou da comunidade religiosa de Camaragibe. Neste grupo, também aparecem muitas mulheres, que são inscritas nas listas consulares por serem solteiras e religiosas. Eram sobretudo francesas da congregação de São Vicente de Paula que dirigiam uma escola no bairro da Estância ou religiosas que se dedicavam às atividades de caridade na casa de Órfãs em Olinda, no hospício dos Enjeitados no pátio do Paraíso ou no hospital Pedro II em Recife.

Empresários, técnicos e funcionários

O último grupo de migrantes de maior destaque é aquele dos que exerceram atividades técnicas, sobretudo como engenheiros, técnicos e operários especializados. São profissionais que chegaram ao longo de todo o século XIX e que tiveram um papel importante no processo de urbanização e de modernização da infraestrutura e da produção açucareira local. Pela atividade exercida, eles contribuíram para a construção de um mito em torno da figura do engenheiro francês no Brasil, considerado introdutor da modernidade e da racionalidade técnica.

Os primeiros franceses exercendo atividades técnicas chegam a Pernambuco relativamente cedo, ainda no contexto de independência, mais ao longo do século XIX percebe-se uma mudança no perfil destes migrantes. Antes de 1850 chegaram principalmente alguns pioneiros, com pouca qualificação, mas que, graças a um determinado conhecimento técnico, conseguiram prosperar adaptando-se às necessidades locais e à falta de mão de obra especializada. São homens como Eugène Duperron, que chegou em 1825, casou-se com uma brasileira e exerceu a profissão de comerciante antes de se tornar destilador nos anos 1850. Ou ainda, Fréderic Chave, Louis Amable Ligneau e J. Navarre: todos instalaram-se em Pernambuco entre 1816 e 1824 e atuaram respectivamente como destilador, topógrafo e industrial nos anos 1840.

Pouco a pouco o número desses profissionais no Brasil aumentou, acompanhando a expansão da infraestrutura e do desenvolvimento industrial do país. Sobretudo ao longo da segunda metade do século XIX, os engenheiros e técnicos que chegavam eram cada vez mais representantes de empresas francesas e vinham com atribuições específicas, no final das quais iam embora. Neste período, a rede consular francesa já era muito mais atuante e organizada, de modo que colaborava mais ativamente para a instalação de empresas e a importação de mercadorias francesas. Desde modo, no fim do século XIX e no início do XX, muitos desses profissionais moravam na cidade do Recife, como os oito pedreiros, um carpinteiro, um moldador e dois estucadores que chegaram para trabalhar na construção do prédio da Faculdade de Direito de Pernambuco. Na mesma época, onze telegrafistas franceses trabalharam na empresa South American Cable Company e vinte e seis profissionais da mesma nacionalidade – entre os quais cinco engenheiros, três técnicos em mecânica, dois em ferro e um escafandrista – exerciam suas atividades na Companhia de Construção do Porto de Pernambuco.

Neste novo contexto, os franceses não atuavam apenas no setor técnico, mas também ocupavam cargos de direção, como os cinco diretores da agência Havas, primeira agência de telégrafos de Pernambuco que se instalou em Recife nos anos 1870. Outros eram funcionários de empresas estrangeiras e ocupavam cargos como o de contador, gerente de escritório e caixa de companhias como a Société Industrielle Française de Dragage Extrême Orient ou a South American Cable Company. Havia também empresários ou técnicos que trabalhavam na modernização do complexo açucareiro local e que na documentação aparecem como engenheiros, destiladores, químicos, mecânicos ajustadores, topógrafos, tanoeiros, industriais e fabricantes de açúcar. É o caso de Emile Billion, enge-nheiro, fabricante e instalador de usina de açúcar que nos anos 1880 fundou a usina Billion com seu sócio, Théobule Brocheton, e empregou muitos técnicos franceses.

É importante destacar que esse grupo de profissionais desfrutava de um re-conhecimento social importante em Pernambuco. Muitas vezes eles moravam em bairros como o da Boa Vista, em Recife, um dos mais modernos da cidade, incorporado à aglomeração urbana a partir do crescimento demográfico do século XIX. Bairro residencial com largas avenidas, a Boa Vista concentrava muitos sobrados imponentes e profissionais franceses com qualificação e atuando em empresas importantes, os quais, portanto, participavam deste ambiente privi-legiado. O próprio recenseamento de 1872 reflete tal realidade e indica que 77 franceses moravam no bairro.[14]

Entretanto, foram sobretudo os engenheiros que, durante o processo de ur-banização, tiveram maior visibilidade e contribuíram para alimentar a imagem positiva do engenheiro francês no Brasil, particularmente num período em que a arquitetura neoclássica e o estilo eclético se impuseram como norma para a elite de muitas cidades do país. Recife não escapou a essa tendência. Muitos engenheiros franceses trabalharam em obras de urbanização na cidade e três deles – Jules Boyer, nos anos 1830; Louis-Léger Vauthier, nos anos 1840; e Victor Fournié, nos anos 1870 – chegaram a dirigir todo o setor de obras públicas da província de Pernambuco. Além da atividade de coordenação e de planejamento urbano, engenheiros franceses também foram responsáveis pela construção de importantes prédios públicos em Pernambuco antes da Primeira Guerra Mun-dial. É o caso do teatro de Santa Isabel, por Louis-Léger Vauthier, do mercado São José, por Victor Lieuthier – em parceria com Vauthier, que vivia novamente na França –, do Hospital da Tamarineira, por Victor Fournié, e da Faculdade de Direito, pelo arquiteto Gustave Varin. A última grande obra na cidade a contar

---

14 Recenseamento brasileiro de 1872, disponível no portal do IBGE: https://biblioteca. ibge.gov.br/biblioteca-catalogo?id=225477&view=detalhes.

com a presença de vários engenheiros e técnicos franceses foi a construção do porto do Recife, realizada pelo Ateliers des Batignolles.

Situação familiar

Os estudos sobre migração europeia indicam o migrante típico como um homem adulto e solteiro.[15] Esta tendência também é encontrada entre os franceses de Pernambuco. Já entre os casados, as esposas de nacionalidade francesa eram mais numerosas, mas os casamentos mistos entre franceses e brasileiras eram bastante comuns, e ocorriam também uniões com migrantes de outras nacionalidades. Esta é uma tendência geral, pois há variações dependendo do período de migração. Entre aqueles que chegaram antes de 1860, a presença de jovens solteiros era maior e os casamentos com brasileiras, mais comuns. Se no final do século XIX os homens solteiros continuaram a ser maioria entre os migrantes, o número de casados aumentou, principalmente entre funcionários enviados por grandes empresas francesas.

Levando em conta tais variações, é possível identificar dois grupos de franceses que viveram em Pernambuco no século XIX. O primeiro é formado por aqueles que vieram por iniciativa própria em busca de oportunidades, na maioria homens que chegaram jovens e solteiros e trabalharam como comerciantes ou artesãos no contexto do desenvolvimento urbano do Recife. Pessoas com esse perfil chegaram majoritariamente na primeira metade do século XIX e muitas instalavam-se de maneira definitiva no país, casando-se com brasileiras. É o caso de homens como François Nesmes, reparador de charretes; Benjamin Charles, comerciante ourives; François Poirier, ebanista; Gaspard Bougeois, que oferecia o aluguel de carros; ou J. Grosjean, comerciante ferreiro.

Já o segundo grupo era composto por pessoas que chegavam com situações mais estáveis, muitos eram detentores de diploma na França que desembarcavam no Brasil já casados com francesas para exercer atividades técnicas ou como funcionários qualificados. Neste grupo, a taxa de retorno ao país de origem era mais elevada, inclusive porque para muitos suas relações familiares já estavam construídas na França e eles chegavam ao Brasil contratados para tarefas específicas.

---

15 Sobre essa questão, ver os artigos sobre os franceses que migraram para diferentes países das Américas publicados em Weil, François, op. cit., e Fausto, Boris (Org.). *Fazer a América: a imigração em massa para a América Latina*. São Paulo: Edusp, 1999. Ver também o estudo sobre as migrações provenientes de Paris: Gebod, Paul, op. cit.

Além disso, quando ocorriam, os casamentos mistos geralmente eram realizados com brasileiras de famílias de proprietários de terras, sobretudo entre os mais ricos. Com o desenvolvimento urbano, as famílias tradicionais de Pernambuco passaram a casar as suas filhas com ricos citadinos, especialmente grandes negociantes instalados no Recife. Neste "mercado matrimonial", a nacionalidade francesa representava um prestígio suplementar e oferecia aos franceses a possibilidade de participar da lógica local de manutenção do status social e da riqueza por meio do casamento. Nesse sentido, o exemplo mais esclarecedor é, como veremos adiante, o de Augusto Milet, mas outros exemplos também podem ser citados. São pessoas como Joseph Burle, negociante que em 1845 vivia no Brasil e era casado com uma brasileira e tinha 7 filhos. Em 1854, Burle é identificado como aposentado e na sua ficha de matrícula consular há uma observação que indica que ele não parece ter nenhuma esperança de retorno.

Mas o casamento não era o único meio à disposição dos migrantes para construir relações afetivas e familiares em Pernambuco. Para alguns, a migração representava um novo começo e até a possibilidade de formar uma nova família. Pessoas como Auguste Dubos, que se casou na França com Célestine Françoise Jacques em 1869, mas que, em 1896, enquanto sua esposa permanecia em Paris, vivia em Recife como tapeceiro e afirmava estar em processo de divórcio. Outros eram identificados como solteiros, mas declaravam ter filhos, como Herman Luff, pai de uma menina, ou Jean Loubes, fabricante de guarda-chuvas e pai de dois meninos.

Nesse aspecto, é importante mencionar também a situação de mulheres que aparecem nos registros consulares por serem solteiras, viúvas ou com maridos declarados ausentes. Na realidade, grande parte das mulheres eram invisibilizadas nos registros consulares, pois eram consideradas sob tutela dos pais e maridos. Assim, eram inscritas nos registros apenas aquelas que não estavam sob a dependência de um homem. Entre estas mulheres, a maioria chegou ao Brasil antes de 1850 e exercia uma profissão em Pernambuco. São mulheres solteiras como Adèle Cavallier, alfaiate; *mademoiselle* Chouard, modista; e Zélaide d'Hannetot, preceptora. Do mesmo modo, três *mademoiselles* Sügers chegaram de Caiena em 1824 e exerciam a profissão de modista em Recife nos anos 1840. Inclusive, uma delas declarava ser mãe de um menino. Podemos citar também mulheres como Dame Lachasse, viúva de um francês que trabalhava como costureira em 1845, ou ainda Jeanne Therard, modista de 47 anos, casada – mas seu marido é declarado ausente. É difícil saber até que ponto as profissões declaradas por essas mulheres serviam para esconder outras atividades. Sabe-se que a profissão de costureira-modista servia muitas vezes de atividade de fachada para ocultar a prostituição de francesas existente em grandes cidades brasileiras.

Em todo caso, numa sociedade dominada por homens, uma mulher sem marido era considerada uma mulher vulnerável e o trabalho feminino era malvisto e restrito. As francesas que viviam em Pernambuco sob a tutela de pais ou maridos eram quase sempre consideradas sem profissão, sobretudo nos meios privilegiados. Para aquelas que ficavam viúvas e com filhos pequenos em um país estrangeiro, um novo casamento aparecia como a solução mais viável. Numa região onde doenças tropicais matavam mais facilmente estrangeiros e onde a cor da pele desempenhava um papel social importante, o número de viúvas francesas casadas com brasileiros pode ter sido elevado. A grande maioria dessas mulheres não deixou vestígios de sua passagem por Pernambuco, mas encontramos algumas delas, como Aînée Theard, casada com Victor Étienne Lasne, negociante que chegou ao Recife em 1841. Em 1854, o casal ainda vivia em Recife com seus 4 filhos, mas, 20 anos depois, a viúva Lasne é citada na documentação como senhora Lopes de Sena ao solicitar o consulado para realizar formalidades administrativas. Neste caso, consentimentos de casamento para dois de seus filhos que moravam na França. Do mesmo modo, Sophie Bance vivia com seu marido Alexis Quinson em Recife, quando, em 1880, este último morreu, deixando um testamento onde afirmava não ter muitos bens para deixar como herança para sua esposa. Sete anos depois, Sophie Bance ainda vivia em Recife, agora casada com Joaquim José de Medeiros.

Os migrantes e os interesses econômicos franceses no Brasil

A análise das fontes consulares sobre os franceses em Pernambuco nos possibilitou identificar dois grupos distintos. Como vimos, o primeiro foi formado por quem veio tentar a sorte por iniciativa própria. Chegados sobretudo na primeira metade do século XIX, tinham origens variadas e nem sempre eram representantes da burguesia, como queria a imagem do glamour francês no Brasil. Nem sempre eram detentores de diploma ou de qualificação formal, mas muitos conseguiram adaptar-se às expectativas da elite local. São, portanto, pioneiros que souberam aproveitar o contexto favorável brasileiro e a imagem positiva da França no país para prosperar numa nova sociedade. De certa forma, eles também contribuíram para a consolidação dessa imagem no Brasil e tiveram um papel importante na defesa dos interesses franceses no exterior. Além disso, o fluxo de chegada desses migrantes esteve bastante relacionado à instalação de uma rede diplomática francesa no país. Era uma diplomacia consular que tinha por objetivo tanto defender os interesses franceses junto ao governo brasileiro, quanto criar uma rede de informações sobre as possibilidades do mercado local para o comércio francês.

Já o segundo grupo era constituído de profissionais ligados à importação de mercadorias francesas, à instalação de empresas e à modernização da indústria e da infraestrutura locais. Numerosos no final do século XIX, a chegada destes franceses acompanha a chamada "segunda industrialização" do país europeu. Percebe-se que neste período a rede consular já está muito mais ativa e organizada para defender os interesses econômicos franceses no Brasil. É também neste momento que muitos clérigos e freiras franceses passam a assumir a educação dos filhos da elite, contribuindo ainda mais para forjar uma imagem muito positiva da França no Brasil.

Ou seja, o final do século XIX é um período de consolidação da imagem de uma França burguesa no Brasil. A documentação consular reflete este esforço das autoridades francesas para fortalecer essa imagem, não apenas incentivando a instalação de empresas, técnicos e comerciantes na região, mas também buscando direcionar – e de certa maneira controlar – os migrantes franceses que chegavam à região. Em um contexto em que a emigração em massa preocupa as nações europeias e a França busca limitar a migração de trabalhadores manuais para o Brasil, um número crescente de trabalhadores especializados chega a Pernambuco para trabalhar na modernização da infraestrutura local.

Percebe-se, assim, que as autoridades francesas dos dois lados do Atlântico se preocupam tanto em preservar e alimentar a imagem burguesa do país no exterior quanto, de certa maneira, em encorajar uma emigração escolhida, voltada para as atividades urbanas, comerciais e técnicas. Trata-se de uma mudança de postura das autoridades francesas, pois, em meados do século XIX, a migração parecia ser um aspecto importante para o desenvolvimento dos interesses econômicos do país no Brasil, como evidenciado pela correspondência consular:

> O nosso principal objetivo deve ser o de popularizar aqui, mantendo boas relações entre os dois povos, a nossa indústria e o nosso comércio, desenvolver a nossa imigração que é tão vantajosa para o próprio país, e contribuir tanto quanto pudermos para fazê-la ser apreciada e amada.[16]

---

16 CADN-AMAE, Rio de Janeiro (1816-1919). *Lettre de Mr. E. Guillemot, Chargé d'Affaires de la République française à Rio de Janeiro au Consul de France à Recife*, 18 de dezembro de 1848 [tradução da autora].

Já no fim do século XIX, em um contexto de migração em massa, o esforço oficial visa valorizar apenas uma emigração escolhida. Diante da política migratória brasileira que buscava, a partir de agências estabelecidas na Europa, atrair europeus para o país, em Paris o Ministério das Relações Exteriores encomendou relatórios aos representantes consulares sobre as possibilidades da imigração francesa para o Brasil. No caso do Nordeste, as palavras do cônsul na Bahia são claras no que diz respeito ao perfil do migrante procurado para a região:

> É preciso antes de mais nada dividir os emigrantes em duas classes e considerar, primeiramente, os franceses que exercem uma profissão manual; estes emigrantes, na sua maioria, têm apenas uma instrução limitada e deixam a França levando consigo, quase sempre, apenas um capital insignificante, quando não estão absolutamente desprovidos de quaisquer recursos.
> [...]
> Se, agora, eu examinar as condições em que se encontrariam os imigrantes franceses pobres, nas suas relações com os patrões que os empregariam e com os trabalhadores do país, não vejo nada que me pareça suscetível de atraí-los. [...] Na verdade, os proprietários de terra ou fazendeiros, habituados desde a infância a utilizar os escravos para o trabalho, poderiam por vezes tratar os trabalhadores europeus com uma rudeza que estes nem sempre estariam dispostos a tolerar.
> Minhas conclusões, no entanto, não serão tão desanimadoras no que diz respeito aos franceses com uma certa instrução comercial ou industrial e dispondo de algum capital [...]. A indústria, as obras públicas, o comércio de importação e exportação oferecem um campo bastante amplo para a atividade dos estrangeiros [...].
> Quanto ao clima, cujos perigos apontei para os trabalhadores imigrantes, os estrangeiros pertencentes à classe sobre a qual acabei de tratar o suportam com menos dificuldades quando são dotados de uma constituição robusta. Os negociantes e seus empregados, os engenheiros e chefes de usina, não sendo obrigados a qualquer trabalho físico e usufruindo, na maioria das vezes, de recursos que lhes permitem escolher bem suas habitações e ter uma boa alimentação, resistem melhor à ação irritante do calor e muitas vezes conseguem se aclimatar.[17]

A mensagem é clara: é a migração de técnicos e de negociantes que interessa à França. A fixação de pessoas que exercem atividades manuais já não traz vantagens nem para a nação francesa nem para o migrante. Do ponto de vista do

---

17 CADN-AMAE, Unions Internationales. *Lettre du Consul de Bahia au Ministre des Affaires Étrangères*, 28 de dezembro de 1883 [tradução da autora].

migrante, o clima[18] e as relações escravistas dificultam sua integração. Do ponto de vista da nação francesa, a ausência de interesses econômicos, comerciais e até mesmo culturais torna a migração de trabalhadores manuais desvantajosa.

Se durante a primeira metade do século XIX os trabalhadores manuais franceses encontravam oportunidades adaptando-se ao contexto inicial do desenvolvimento urbano e às expectativas das elites locais, num segundo momento, quando a migração em massa se tornou uma preocupação e o número de trabalhadores nacionais pobres aumentava no campo e nas cidades brasileiras, as possibilidades para esses estrangeiros foram se restringindo.

Dois exemplos opostos – a equipe de Vauthier e o caso dos trabalhadores manuais

Esta mudança, tanto no contexto brasileiro como no perfil do migrante e na política das autoridades francesas, fica mais evidente quando analisamos dois casos específicos. O primeiro diz respeito à equipe de cinco engenheiros franceses liderados por Louis-Léger Vauthier, contratado para dirigir o setor de obras públicas de Pernambuco entre 1840 e 1846.[19] Vauthier, certamente o mais famoso dos franceses que passaram por Pernambuco no século XIX, foi escolhido pela administração local para implementar um vasto projeto de modernização da infraestrutura provincial e de embelezamento da capital Recife. Vauthier e sua equipe representam um exemplo de transição no perfil dos franceses que desembarcaram em Pernambuco. Por um lado, dos seis engenheiros em questão, cinco foram contratados diretamente na França pelo governo local

---

18 O argumento do cônsul da Bahia sobre a inadaptação dos trabalhadores manuais europeus ao clima tropical do Nordeste era frequentemente evocado na época. Não devemos esquecer que este foi o período áureo do racismo científico em que os determinismos geográficos, climáticos e raciais estavam em voga e estas ideias eram amplamente mobilizadas durante o debate sobre a migração europeia para o Brasil. Nesse contexto, a questão climática foi um dos argumentos utilizados para justificar a política migratória do governo brasileiro que favoreceu a fixação das populações europeias no sul do país, onde as terras disponíveis eram abundantes e o clima mais próximo ao do Velho Continente.

19 Para se ter uma ideia da dimensão desse projeto de modernização, sob as ordens de Vauthier trabalhou uma equipe de cinco engenheiros franceses e um alemão, cerca de 200 operários alemães, sem contar a mão de obra local, formada por homens livres e escravizados. Sobre Vauthier e sua équipe, ver Maupeou, Emanuele de, *Louis-Léger Vauthier: un ingénieur fouriériste entre France et Brésil. Histoire et mémoire*. Tese (Doutorado em História) – Université de Toulouse Jean-Jaurès, Toulouse, 2015.

e chegaram ao Brasil com atribuições específicas e salários vantajosos. Por outro, nem todos possuíam formação em engenharia e pelo menos três deles optaram por permanecer no Brasil, mas deixando de exercer a profissão de engenheiro.

Vauthier é o primeiro técnico altamente qualificado contratado para trabalhar em Pernambuco. Formado pela escola Politécnica de Paris e engenheiro de Pontes e Calçadas, ele chegou jovem e solteiro ao Brasil. Em um período em que perfis especializados como o seu eram raros no país, ele assumiu uma missão de direção que lhe conferiu prestígio e poder na administração local e certa liberdade de atuação. Ele tinha, inclusive, bastante consciência das oportunidades de enriquecimento no Brasil para franceses como ele. Além dos encargos no governo provincial, Vauthier desenvolveu diversas atividades paralelas, incluindo projetos de investimento em empresas privadas, construção de habitações particulares e instalação de maquinário. O engenheiro politécnico, bem integrado na elite local, chegou a hesitar em casar-se com a filha de um dos comerciantes mais ricos de Pernambuco por questões financeiras. Finalmente, em 1844, ele se casou com uma francesa, Élisa Joubert, e retornou à França em 1846, depois que seu contrato com o governo não foi renovado no contexto de disputas políticas que precederam a Insurreição Praieira de 1848.

No que diz respeito aos outros cinco franceses contratados como engenheiros sob as ordens de Vauthier, o único que deixou vestígios de uma formação e passagem pela administração francesa foi Joseph Jean-Jacques Morel, que detinha o diploma técnico de condutor de obras na Escola de Pontes e Calçadas de Paris.[20] Tendo chegado a Pernambuco em 1841, ele foi o primeiro da equipe a retornar à França em 1846. Quanto aos outros, muitos boatos circulavam na cidade do Recife, inclusive nos jornais, sobre o fato de que "seis dos engenheiros que ele [Vauthier] enviou não passavam de meros serventes de estradas, sem estudos profissionais, e até um deles de profissão muito diversa da de engenheiro".[21] É provável que os colaboradores de Vauthier em Pernambuco tenham trabalhado com ele na França, mas sem realmente possuir diplomas no país de origem. Contudo, no Brasil, um certo conhecimento prático e o apoio de Vauthier foi valorizado e possibilitou que eles ocupassem cargos como engenheiros com altos salários.

---

20 Arquivos Nacionais franceses, *Dossiers des Conducteurs des Ponts et Chaussées* (séculos XVIII-XIX), Referência F14/2622.

21 *Diário Novo*, 16 de agosto de 1844.

Talvez tenha sido por essa razão que pelo menos três dos cinco franceses da equipe de Vauthier preferiram ficar em Pernambuco.[22] O primeiro é Louis Ferréol Buessard, que, ao final do contrato com o governo provincial, em 1845, tornou-se proprietário de uma serraria, tendo como sócio Boulitreau, um outro engenheiro da equipe. Em seguida, Buessard se estabeleceu como comerciante, em 1845. Em 1854, casado com uma francesa e pai de três filhos, ele ainda morava no Brasil e era dono de uma loja de moda com a sua esposa no centro do Recife.[23]

O caso dos dois outros membros da equipe é ainda mais representativo das possibilidades de ascensão social para o migrante francês no Brasil. Pierre-Victor Boulitreau deixou seu cargo no governo provincial em 1844 e tornou-se proprietário da serraria com Buessard, antes de se dedicar à produção açucareira. Por fim, tornou-se senhor de engenho e, quando faleceu em Pernambuco em 1882, possuía duas propriedades agrícolas e numerosos escravizados.

Entretanto, a trajetória de Henri Auguste Milet é ainda mais surpreendente. Quando embarcou para o Brasil no porto do Havre, declarou a profissão de comerciante, antes de conhecer Vauthier durante a travessia do Atlântico. Deixava a Europa, como muitos migrantes, para tentar a sorte no Novo Mundo e, ao chegar sem perspectiva de trabalho, considerou a possibilidade de embarcar no comércio transatlântico de escravizados. Foi então que a amizade com Vauthier possibilitou seu contrato como engenheiro da província de Pernambuco em dezembro de 1840. Por fim, através do casamento, Milet tornou-se proprietário de terras. Em um contexto de valorização de hábitos citadinos, da cultura francesa e da aproximação da elite rural com o meio de ricos negociantes, Milet casou-se, em 1847, com Maria Carmelita de Albuquerque, filha de Francisco do Rego Barros, Presidente da Província que havia contratado Vauthier e sua equipe. Dessa maneira, o francês torna-se senhor de engenho e, em 1863, graças à herança da sua esposa, integrou o grupo dos mais poderosos produtores de açúcar de Pernambuco.[24] Respeitado na sociedade local, escreveu diversas obras sobre a economia agrícola do Nordeste e tornou-se um dos líderes dos proprietários

---

22 Florien Désiré Portier é o único colaborador de Vauthier que não é mencionado nas fontes consultadas depois do fim do seu contrato com o governo de Pernambuco em fevereiro de 1847.

23 *Diário Novo*, anúncios da loja de Madame Millichau Buessard de dezembro de 1844 e da Serraria Hidráulica do Piza, publicados entre dezembro de 1844 e abril de 1845 pelos engenheiros Boulitreau e Buessard.

24 Dabat, Christine, "A produção de açúcar nas fronteiras da modernidade: o percurso de Henrique Augusto Milet (Pernambuco, século XIX)". *Clio – Revista de Pesquisa Histórica*. Recife, n. 30.2, UFPE, 2012.

que defendiam a modernização e a substituição gradual do trabalho escravizado na produção açucareira da região.

Ou seja, mesmo sem diploma, mas com um certo conhecimento, esses franceses souberam valorizar o capital cultural que detinham e aproveitar as oportunidades oferecidas aos homens brancos de origem europeia numa jovem nação independente, escravista e em busca da modernidade. Servindo os interesses da elite local, alcançaram certo reconhecimento social e tiveram a oportunidade de prosperar. Certamente, estes elementos foram levados em conta quando esses franceses fizeram a escolha de permanecer nos trópicos. Até hoje, os nomes de Milet e Boulitreau têm certo prestígio em Pernambuco e suas memórias são valorizadas pelos descendentes dos dois franceses.

Entretanto, nas últimas décadas do século XIX, o contexto era bastante diferente e as oportunidades, bem mais restritas para os migrantes que vinham tentar a sorte em Pernambuco. É o caso em 1890, quando,

> Nos últimos dois meses, mil imigrantes de diversas nacionalidades deixaram a República Argentina para vir a Pernambuco. Cerca de um terço dos recém-chegados são franceses. Entre eles, são poucos os agricultores e quase todos são artesãos para os quais não há trabalho no Estado de Pernambuco. [...] Eles foram atraídos para cá pelas promessas formais dos Agentes de Imigração, que lhes deram a ideia de que um trabalho muito bem remunerado os aguardava. [...] Desde os primeiros dias eles vieram reclamar no Consulado que tinham sido enganados, porque há aqui, entre os locais, tantos trabalhadores quanto o necessário para trabalhar a terra a um valor de 1,50 por dia e os artesãos, entre 2,50 e 3,50.[25]

Pela citação, percebe-se que o perfil do migrante não é tão distinto do de muitos franceses que desembarcaram em Pernambuco na primeira metade do século XIX, mas o contexto não é mais o mesmo. Não apenas eles são mais numerosos, como as cidades brasileiras cresceram significativamente e contam na sua população uma parcela importante de trabalhadores pobres sem emprego. Num país que acabava de abolir a escravidão e onde toda a atividade manual permanecia associada às relações escravistas, a nacionalidade francesa já não bastava para aqueles que não correspondiam às exigências da elite local e à imagem do bom gosto e do refinamento da cultura francesa. Apesar disso, o governo brasileiro insistia na política de incentivo à imigração europeia, motivada tanto pela po-

---

25 CADN-AMAE, Unions Internationales, *Lettre du Consulat du Pernambouc au Ministre des Affaires Étrangères*, 24 de outubro de 1890 [tradução da autora].

lítica de substituição da mão de obra escravizada como pelas teorias racistas de branqueamento da população do país.

Cientes das dificuldades que encontrariam esses migrantes, rapidamente a autoridade consular em Recife "deu ordens para impedir que os franceses viessem para Pernambuco", mesmo se muitos navios continuavam a se dirigir para a região. Numerosos e sem trabalho, o tratamento recebido por estes franceses estava longe de ser acolhedor: "falta de trabalho ou trabalho mal remunerado, exasperação geral, maus tratos no hotel de imigração, envio de tropas, ataques da cavalaria sem aviso prévio, brutalidade inimaginável etc... etc."[26] Apesar dos esforços do cônsul para tentar encontrar trabalho para esses migrantes, as autoridades dos dois países pareciam não encontrar uma solução. Do lado brasileiro, o governo de Pernambuco afirmava:

> Oferecer trabalho, na colônia Suassuna, a todos os pedreiros, carpinteiros, cortadores de pedras etc. no valor de 2$000 réis por dia. Ofereci aos agricultores lotes de terras, sementes e ferramentas agrícolas para eles e suas famílias até a primeira colheita. Apesar de todas estas vantagens, ninguém quis se estabelecer em Suassuna.[27]

Do lado francês, depois de uma longa correspondência e uma parte dos migrantes estabelecidos em Pernambuco, o cônsul em Recife conseguiu reembarcar a maioria dos franceses e concluiu que:

> A imigração francesa para o Norte do Brasil deveria ser proibida, porque só há trabalho para os trabalhadores do país que se contentam em ganhar 600-800 e 1.000 réis por dia e são os únicos a poder suportar o cansaço do clima alimentando-se de farinha de mandioca.[28]

Além de evidenciar o pensamento determinista e o racismo científico da época, esta citação mostra como, mesmo no Nordeste – região considerada como não impactada pela onda migratória do final do século XIX –, as autoridades francesas tiveram de lidar com a chegada de numerosos migrantes. Se, de um modo geral, a França, graças a diversos fatores – como um contexto econômico

---

26 Ibidem.

27 CADN-AMAE, Unions Internationales, *Traduction de la lettre du délégué Manoel Augusto Ferreira au Baron de Lucena* [então governador de Pernambuco], 18 de outubro de 1890 [tradução da autora].

28 CADN-AMAE, Unions Internationales, *Lettre du gérant du Consulat du Pernambouc au chargé d'Affaires à Rio de Janeiro*, 22 de outubro de 1890 [tradução da autora].

favorável, uma transição demográfica mais avançada do que a de outros países europeus e um império colonial que absorvia boa parte dos que deixavam o território –, conseguiu proteger a sua população da migração em massa para as Américas, isso não significa que o problema não existiu.

De fato, franceses exercendo atividades manuais foram numerosos em Pernambuco. Se, em um primeiro momento, muitos deles conseguiram prosperar adaptando-se às exigências da elite local, em um segundo momento, muitos deixavam a região ou não tiveram a mesma projeção no seio da colônia francesa. Inclusive, a chegada do grupo de trabalhadores manuais em 1890 permanece, ainda hoje, um fato muito pouco conhecido, assim como a tentativa de instalar estrangeiros na colônia Suassuna – projeto agrícola governamental que fracassou rapidamente.

Conclusão

A análise do perfil dos migrantes franceses demonstra o quanto a imagem de uma colônia urbana, qualificada e voltada para os serviços especializados foi sendo construída ao longo do século XIX. De fato, coexistiam diferentes categorias de migrantes. Se as profissões por eles exercidas são em grande parte urbanas, suas origens eram diversas, muitos não tinham diploma e não eram representantes da burguesia. Entretanto, muitos souberam se adaptar às demandas do mercado local e prosperar.

Além disso, ao longo do século os interesses dos dois países foram se diversificando e o perfil do migrante cada vez mais associado a uma mão de obra especializada. Essa mudança acompanhou tanto as transformações no contexto brasileiro quanto o estabelecimento da rede consular e o desenvolvimento dos interesses econômicos franceses no Brasil. Do lado brasileiro, o número de trabalhadores nacionais pobres crescia e a migração em massa tornava-se uma realidade. Do lado francês, o comércio e o investimento do país no Brasil se estruturava frente à concorrência de outras nações. Assim, as autoridades consulares se esforçavam para reforçar a imagem de uma França burguesa que favorecesse seus interesses econômicos, com a instalação de empresas, técnicos e negociantes. Uma política que passava também pelo controle migratório de trabalhadores manuais e estimulava uma emigração escolhida, ligada às atividades urbanas, comerciais e técnicas.

Ou seja, a imagem de uma colônia francesa urbana, qualificada e voltada para serviços especializados construiu-se a partir de um movimento de mão dupla estabelecido entre a França e o Brasil. As elites brasileiras tinham demandas específicas em relação à cultura francesa. Adotar a imagem de uma França urbana e burguesa oferecia não apenas códigos de distinção social, mas também um sentimento de pertencimento ao ideal de modernidade e progresso em voga na época, sem, todavia, romper com a antiga estrutura social herdada do período colonial. Particularmente para as elites do Nordeste – primeira região de colonização, mas que perdia dinamismo no contexto nacional –, adotar os ideais vindos da França significava também passar uma imagem de modernidade e progresso às novas elites que se firmavam cada vez mais no Sudeste cafeicultor. Por outro lado, ao encorajar e preservar a imagem burguesa da França no exterior, bem como ao estimular a emigração seletiva, as autoridades francesas promoviam os interesses econômicos e culturais do país, favorecendo sua indústria e seu comércio no Brasil. Do mesmo modo, a adoção de um discurso civilizatório baseado na noção de modernidade e progresso e a promoção da cultura francesa serviam ao modelo imperialista francês.

Neste contexto, o papel dos franceses instalados em Pernambuco no século XIX acabou sendo muitas vezes o de servir aos interesses da elite pernambucana e ao mesmo tempo promover a economia francesa no Brasil. Mas, numa sociedade hierarquizada racial e socialmente, teriam eles realmente a possibilidade de prosperar posicionando-se de uma outra maneira?

14
FACETAS MARGINAIS DO SONHO DE CIVILIZAÇÃO: IMIGRAÇÃO FRANCESA E PROSTITUIÇÃO NO BRASIL (1816-1930)

Lená Medeiros de Menezes[*]

Ao longo do século XIX e início do XX, com motivações variadas, franceses e francesas de várias procedências e profissões deslocaram-se da França com destino ao Brasil, em especial para a cidade do Rio de Janeiro. Nesses deslocamentos, algumas histórias de sucesso fertilizaram a mitologia da imigração. Nem todos, porém, viram suas expectativas transformadas em realidade, da mesma forma que, em muitos casos, a emigração não se constituiu em opção, mas em fatalidade.

No contexto dos impulsos de modernização que atingiram o Brasil, o brilho e os ruídos da superfície tenderam a apagar os sussurros e lamentos dos bastidores, onde se movimentavam indivíduos anônimos, vários deles mergulhados na marginalidade e no crime.

Ao lado de personagens que se tornaram famosas na história da imigração francesa no Brasil, como Debret,[1] outros homens e mulheres, perdidos no anonimato do cotidiano, protagonizaram processos e participaram, à margem, do sonho de civilização que tinha na França – com destaque para Paris – o farol a seguir. Mesmo aqueles que se colocavam fora da chamada "boa sociedade"

---

[*] Este trabalho faz parte de uma pesquisa mais ampla sobre francesas no Brasil, financiada pelo CNPq e pela UERJ. A tarefa de coleta de dados em arquivo contou com a colaboração das bolsistas Angélica Ferrarez, Angélica B. Raymundo e Gisele P. Nicolau. A temática específica do Alcazar, por outro lado, fez parte do estágio de pós-doutorado realizado na PUC-SP.

1 O pintor e retratista Jean-Baptiste Debret integrou a Missão Artística Francesa de 1816, sendo responsável por imortalizar inúmeras personagens urbanas no Rio de Janeiro do início do século XIX.

exemplificaram, pelo avesso, a chegada de novos tempos em terras brasileiras, como Ivonne e Irene.

Madame Ivonne era considerada uma francesa muito bonita. Segundo a revista *Demi-Monde*, costumava acompanhar "moços distintos" ou velhos endinheirados em "ceias animadas" nos idos de 1896. Nos restaurantes que frequentava, abundavam o *champagne*, os licores, os risos e os encontros fáceis, demonstrando como a sede pelos prazeres havia invadido uma cidade ainda escravista e de feições coloniais.

Conhecida como Guisette, Irene emigrou de Paris e chegou ao Rio de Janeiro em dezembro de 1927. Sua trajetória no Brasil, entretanto, nada teve de fama ou *glamour*. Caso não tivesse deposto em processo policial movido contra o marido que a explorava, sua passagem pelo Rio de Janeiro ficaria para sempre perdida no silêncio que tende a afetar as classes populares. Tinha 22 anos quando depôs na polícia. Era casada, sabia ler e escrever e morava em zona degradada da cidade. Prostituta em Paris, continuou a exercer a mesma atividade no Brasil. Segundo o depoimento prestado às autoridades policiais, casara-se apenas dois meses antes de emigrar, em cerimônia realizada em Saint-Dennis, em 29 de outubro de 1927. Esta fora a condição por ela imposta ao companheiro para partir de Paris. Não sabemos se ela permaneceu ou não no país de acolhida ou se, expulso o marido, continuou exercendo a prostituição, pois Guisette, mais uma vez, mergulhou no anonimato.[2]

Flertando, tangenciando, invadindo ou mergulhando no universo multifacetado da prostituição,[3] cada uma dessas mulheres, a seu modo e em tempos diferenciados, trilharam alguns dos caminhos possíveis àquelas que, por opção ou necessidade, colocavam-se à margem dos papéis femininos socialmente aceitos.

No Brasil, a prostituição transformou-se em problema urbano no século XIX, como parte do processo de modernização que atingiu, principalmente, a capital.[4] A partir do final dos anos 1860,[5] transformou-se em "verdadeiro escândalo", a

---

2 Arquivo Nacional, Rio de Janeiro, SPJ, módulo 101, pacotilha IJJ7133. Processo de Louis Roger Blain, 1928.

3 Consideradas as polêmicas e o caráter indefinido dos conceitos de prostituição e prostituta, é necessário esclarecer que estamos trabalhando com o conceito amplo que considera prostituta toda aquela que, de forma permanente ou ocasional, tem relações sexuais mediante a interveniência do dinheiro, seja através do pagamento direto, seja através de outros meios de patrocínio financeiro.

4 O processo caracterizou-se pela adoção de novos equipamentos urbanos, abolição do tráfico e expansão do trabalho livre. Tudo isso incentivado pela exportação e pelos lucros do café.

5 Nessa época foram estabelecidos os primeiros "conventilhos" na cidade do Rio de Janeiro, em sobrados do centro urbano, oferecendo os serviços sexuais de mulheres estrangeiras.

ponto de o Rio de Janeiro ser comparado a uma casa de tolerância a céu aberto quando caía a noite (cf. Verbugge; Verbugge apud Leite, 1984, p.117), contabilizando cerca de 1.880 meretrizes.[6]

Em 1870, o chefe de polícia da Corte, denunciava:

> [...] a maneira indecente por que as mulheres se colocam à janela de suas habitações e a liberdade com que invadem os jardins públicos, praças e ruas mais centrais da cidade, é um escândalo tal que afugenta as famílias e dá uma triste ideia de nossa moralidade.[7]

Nove anos depois, em seu relatório anual, o ministro da Justiça fazia a mesma denúncia, alertando para a participação de estrangeiros no processo:

> Homens desmoralizados, pela maior parte estrangeiros, associaram-se a libertinas para organizarem prostíbulos, aliciando aqui e importando de outros países, em larga escala, mulheres inexperientes ou já pervertidas, que ficavam numa espécie de clausura, sujeitas à imposição dos gêneros que lhes eram vendidos por preços exagerados, e constrangidas a excessos para auferirem lucros, que pela maior parte revertiam em benefício dessa indústria aviltante. (Relatório do Ministério da Justiça de 1879, 1880)

Nesse momento, a capital brasileira conhecia não só o afluxo de meretrizes de ofício, que buscavam fugir à concorrência no país de origem, quanto de jovens seduzidas ou enganadas, iniciadas na prostituição como parte de sua aventura e(i)migratória, antecipando práticas que, mais tarde, explodiriam como crime internacional.

Os anos compreendidos entre 1850 e 1890 foram, efetivamente, um divisor de águas no Brasil, com o sonho do progresso alterando radicalmente as formas tradicionais do viver. A demanda oferecida pela cidade do Rio de Janeiro, um dos principais portos do mundo e polo de atração de correntes migratórias caracterizadas pela expressiva participação de homens solitários, não cessaria de expandir-se nas décadas que seguiram, tornando-a referência obrigatória nos circuitos estabelecidos, tanto os internacionais quanto aqueles que, iniciados na capital brasileira, irradiavam-se para outros pontos do território.

---

6 Relatório do chefe de polícia da Corte, apresentado ao ministro da Justiça no Rio de Janeiro em 1878.

7 Idem para o ano de 1870.

Por mais que as denúncias sobre a expansão da prostituição e das formas diferenciadas de exploração de mulheres tenham se repetido, somente o lenocínio foi criminalizado, visto a prostituição ser considerada vício ou doença que afetava algumas representantes do sexo feminino. Como "mal necessário", deveria ser tolerada em benefício das jovens de família, ameaçadas pelos arroubos da virilidade masculina. Tal caracterização, entretanto, não impediu que a polícia, objetivando reprimir o meretrício, buscasse mantê-lo fora das vistas das famílias.

O lenocínio transformou-se em crime a partir da entrada em vigor do primeiro código criminal republicano, no ano de 1890, quando o espetáculo da prostituição já era tido como uma calamidade e o tráfico de brancas, considerado por Corbin um "encontro de todas as obsessões da época" (Corbin, 1978, p.405), configurava-se uma realidade internacional, afetando de forma expressiva cidades como o Rio de Janeiro. A partir de então, os processos policiais e, principalmente, os processos de expulsão de estrangeiros passaram a fornecer indicações mais objetivas e precisas sobre homens e mulheres envolvidos com o mundo da prostituição.

O estudo de um universo tão diversificado e complexo como este exige cuidados especiais e redobrados. Além dos limites que não poderão jamais ser transpostos pelo historiador,[8] alguns importantes obstáculos afetam inevitavelmente o trabalho do pesquisador. Em primeiro lugar, o fato de o universo prostitucional ser afetado por processos de silenciamento, mascaramentos e falsidades. Dessa forma, como nos lembra Farge, "a primeira ilusão a combater é a do relato definitivo da verdade" (Farge, 1989, p.115).

Um segundo obstáculo a ser considerado é o caráter diversificado tanto da prostituição quanto do proxenetismo ou do rufianismo, bem como as dificuldades que daí decorrem para o estabelecimento de contornos nítidos das duas atividades. A existência de fronteiras móveis e turvas entre os mundos do trabalho e do que, então, era considerado não trabalho está presente em muitos discursos de época, como o que segue, proferido por autoridade policial brasileira no ano de 1872, quando a discussão sobre a regulamentação ou não da prostituição estava no ar, por conta da expansão das doenças venéreas, em especial da sífilis.

> Se é indispensável conhecer, registrar e submeter a precauções sanitárias as mulheres que descem a um tal grau de abjeção, quanta prudência não é necessária para discernir a nuvem, muitas vezes insensível, que separa as prostitutas das mulheres cujo comportamento imoral, conquanto inspire um igual desprezo, não apresenta todas

---

8   A referência foi feita por Girardet, no tocante aos mitos (cf. Girardet, 1987, p.24).

as condições que caracterizam a prostituição e que, todavia, deveriam submetê-las às regras impostas às mulheres públicas.[9]

Apesar do preconceito existente na base de seu discurso, as palavras do chefe de polícia traduziam uma verdade inquestionável: a de que o universo da prostituição era elástico o suficiente para incluir diferentes facetas, esquivando-se às tentativas de demarcação. Esse era um problema que se expressava, no espaço urbano, na presença de prostitutas profissionais, meretrizes ocasionais, clandestinas, acidentais, de tempo integral ou parcial, além de *demi-mondaines* envoltas em luxo e *glamour*,[10] que viveriam em outras "ilhas flutuantes" que não apenas "o oceano parisiense".[11]

Quer na Europa, quer na América, definir o que era prostituição sempre foi uma tarefa inglória para as autoridades, como também o era a tentativa de traçar linhas de demarcação confiáveis entre o trabalho socialmente reconhecido e as atividades que se colocavam à margem desse espaço. Em parte porque muitas trabalhadoras pobres complementavam seus salários com a venda do corpo, como resultado da superexploração a que eram submetidas e do desemprego recorrente que as afetavam. Em parte porque atrizes, dançarinas e cantoras – que integravam o mundo do trabalho feminino na noite[12] – conjugavam, não raras vezes, sua presença nos palcos com favores sexuais aos clientes, representando o lado glamouroso da mesma atividade.

A complexidade do universo da prostituição, associada ao esforço continuado de encontrar modelos classificatórios, levou o chefe de polícia da Corte, no ano de 1874, a dividir as prostitutas em atuação na cidade do Rio de Janeiro em quatro "classes" principais:

---

9 Relatório do chefe de polícia da Corte, apresentado ao ministro da Justiça no Rio de Janeiro em 1872.

10 Observe-se que, na cidade do Rio de Janeiro, a existência da escravidão possibilitou que escravas fossem obrigadas a se prostituir por imposição de seus senhores, que viram na atividade uma nova fonte de lucros.

11 Referências à descrição de *demi-monde* em peça de Alexandre Dumas filho, apresentada nos palcos parisienses em 20 de março de 1855. Segundo o autor, o *demi-monde* não representava nem a aristocracia nem a burguesia, "mas algo que vagava como uma ilha flutuante no oceano parisiense, um mundo que reclamamos e que acolhe e admite tudo o que cai, tudo o que emigra, tudo o que se evade de um dos dois continentes, sem contar com os náufragos de circunstâncias e que vêm sabe-se lá donde" (*Le demi-monde*, ato II, cena IV). Citado por Adler, Laure. *A vida nos bordéis de França, 1830-1930*. Lisboa: Terramar, 1990. p.29.

12 O reconhecimento dessas atividades, como trabalho, só se deu na Era Vargas, assim mesmo com a obrigatoriedade de registro policial.

1ª As escravas – pretas e pardas, alojadas em casas decentemente mobiliadas por seus próprios senhores, que as obrigam ao pagamento de salários elevados.

2ª De miseráveis que residem em casas térreas, vivem na pobreza e apresentam-se esquálidas e com sinais visíveis das enfermidades que estão afetadas.

3ª De jovens, quase todas estrangeiras, que habitam casas de boa aparência sob a inspeção de mulheres que auferem os lucros da impureza, satisfazendo o estipulado nas convenções particulares que com elas têm celebrado.

4ª De não menos miseráveis mulheres que ocupam casas suntuosas, usam de sedas, plumas de subido preço, joias e brilhantes de grande valor, frequentam teatros e lugares públicos e têm à sua disposição vistosos carros.[13]

As duas últimas "classes" estavam constituídas, basicamente, de mulheres estrangeiras: imigrantes que fugiam das dificuldades na terra natal e que viam a capital e outras cidades brasileiras como possibilidades de uma vida melhor.

No topo da hierarquia proposta pela autoridade policial posicionava-se a *cocotte comédienne* francesa, regra geral artista do Alcazar (teatro francês) e moradora nas *pensions d'artistes* do centro da cidade do Rio de Janeiro, estrela maior de um *vaudeville* reinventado que possibilitava que mulheres desnudas – ou parcialmente vestidas – desfilassem nos palcos teatrais, compondo coros vocais ou dançando ritmos frenéticos como o cancã.[14] Essa posição de destaque foi apontada por autoridades, romancistas e viajantes estrangeiros, dentre eles Lino d'Assumpção, que viajou pelo Brasil em meados do século XIX e assim hierarquizou a prostituição com que se defrontou no Rio de Janeiro:

> O último degrau, vindo de cima, é ocupado pela francesa, quase sempre atriz--cantora do Alcazar [...]. Nas ruas da crápula encontram-se poucas negras, algumas mulatas, grande número das nossas mulheres do Minho e Douro, e abundância das ilhas. (D'Assumpção, 1980, p.119)

Como faceta marginal do processo de caminhada em direção à civilização destacava-se, assim, a prostituição exercida por francesas – fossem elas verdadeiramente francesas ou não[15] –, que se constituiu na faceta glamorosa de uma atividade desenvolvida como parte constituinte da modernidade. Dessa forma,

---

13 Relatório do chefe de polícia da Corte, apresentado ao ministro da Justiça no Rio de Janeiro em 1874.

14 Uma primeira manifestação do cancã no contexto do teatro de variedades teria sido o galope que anunciava a descida de Orfeu aos infernos, em consagrada opereta de Offenbach.

15 Há muitos registros de belgas, suíças e mulheres de outras procedências que se faziam passar por francesas.

a influência cultural da França e a verdadeira *attirance* das elites brasileiras por Paris manifestavam-se não apenas no plano das ideias, nos usos e costumes, nas artes e na difusão da moda, mas também na adoção de novas concepções sobre o sexo. Como bem foi comentado por Cruls: "Ao contrário do que acontecera ao tempo de Villegagnon, quando os franceses perseguiam as índias, era a gente da terra que saía atrás das francesas" (Cruls, 1965, p.553) (Figura 14.1).

As primeiras referências à prostituição por parte de francesas no Brasil estão relacionadas às atividades de bastidores exercidas por costureiras-modistas fixadas na capital e, posteriormente, em outras cidades importantes do país, a partir da chegada da Corte portuguesa ao Brasil, em 1808.[16] Desde muito cedo, insinuações

Figura 14.1   *Gandins* (homens jovens, elegantes e refinados, mas bastante ridículos) e *coccottes* (mulheres de comportamento livre, ricamente sustentadas) foram personagens características do Segundo Império francês. Graças à influência cultural da França, marcaram, também, a paisagem humana de cidades em processo de modernização, como o Rio de Janeiro. ("As damas, algumas vezes, regalam-se, mas são sempre eles os que pagam.")

---

16   Episódica, a presença francesa no Brasil tornou-se visível a partir dos tratados de comércio, aliança e amizade assinados em 1816.

e denúncias sobre os "favores sexuais" por elas oferecidos compuseram relatos diferenciados, enraizando-se no imaginário da cidade. Fosse pela utilização da costura como atividade de fachada a mascarar a prostituição ou pela necessidade imposta por planos não concretizados, o meretrício impôs-se como possibilidade de complementação de renda, fazendo que o maldizer atingisse, injustamente, o conjunto daquelas que se dedicavam à criação e à confecção da moda.[17]

Junto à fama alcançada pela modista francesa, difundiu-se, paralelamente, a má fama. Em parte isso se deveu a determinadas representações que tenderam a acompanhar o processo e(i)migratório; em parte foi resultado do choque cultural estabelecido pela ousadia da imigrante francesa adentrar o mundo do trabalho, em uma cidade na qual a mulher branca e livre tendia a se dedicar ao lar, deixando o trabalho a cargo dos escravos.

Deve ser lembrado, em acréscimo, que a presença da escravidão no Brasil possibilitara o estabelecimento de um verdadeiro divórcio entre prazer (função das escravas) e procriação (tarefa das esposas), antecipando, de algum modo, a moral burguesa geradora da contraposição entre as imagens da prostituta e da mãe de família. Isso pode explicar por que a prostituição se expandiu de forma tão rápida na capital e em outras cidades brasileiras, acompanhando e tornando-se parte marginal do processo de substituição do trabalho escravo pelo trabalho livre do imigrante.

Ao se referir às francesas da Rua do Ouvidor,[18] em 1825, Carl Schelichthorst nos fornece um bom exemplo das representações que afetavam as mulheres francesas, ao descrevê-las como:

> Caixeiras exageradamente pintadas, com cinturas finas e olhos à espreita, exibem gastos encantos diante dos espelhos, cosem em atitude elegante ou lançam as redes de seus olhares pela longa fila das lojas, o que até certo ponto lembra o Palais-Royal. (Schelichthorst apud Leite, op. cit., p.195-226)

De muitas maneiras, modistas, costureiras, proprietárias e caixeiras de loja acabaram por se tornar alvos inevitáveis de suspeição sobre a honestidade de seus

---

17 É interessante observar que a fusão entre a circulação feminina no espaço público e a prostituição levou mulheres participantes das jornadas revolucionárias na França de 1789 a peticionar que as *prostitutes* portassem marcas distintivas em seu vestuário.
18 A Rua do Ouvidor era considerada a mais francesa das ruas brasileiras. Comparada por Debret à Rue Viviane, na Rive Gauche. Segundo Manoel de Macedo, uma verdadeira hégira teria ocorrido a partir de 1822, quando ninguém mais compareceu a saraus e bailes sem ter vestido cortado e costurado por modista da Rua do Ouvidor (cf. Macedo, 1988).

fazeres, consideradas, em seu conjunto, rameiras, estivessem ou não disponíveis para os prazeres da carne. Alguns romances ruidosos, por outro lado, pareciam confirmar a moralidade "frouxa" que lhes era imputada. Um deles envolveu o imperador Pedro I e Madame Clémence Saisset, que viveu no Rio de Janeiro entre 1822 e 1831. Considerada uma ruiva lindíssima, Clémence era modista por profissão, casada com comerciante de sucesso da Rua do Ouvidor e mãe de um dos muitos filhos ilegítimos do imperador.

A presença das modistas francesas pode ser rastreada em fontes variadas, dentre elas o *Almanaque Laemmert*, publicado anualmente a partir de 1944, dedicado a publicar listagens de profissionais e estabelecimentos comerciais existentes na cidade e províncias do Rio de Janeiro. Nas listagens relativas a costureiras e modistas – nas quais as francesas são majoritárias –, alguns indícios de uma prostituição mascarada se fazem presentes, quando um olhar mais cuidadoso é dirigido às mulheres que anunciam seus fazeres.

Ao lado de modistas de sucesso, renome e boa reputação, como Madame Catharine Dazon (1849-1862)[19] ou Madame Antoinette Verlé (1862-1881),[20] encontram-se mulheres que se faziam anunciar simplesmente pelo "madame" seguido pelo prenome, como várias Madames Joséphine, Aline, Antoinette e Eugénie. A marca do simples uso do prenome aparece complementada por outros indícios, como os endereços por elas indicados, localizados em áreas degradadas da cidade, onde se concentravam casas de prostituição, situados para além das áreas nobres da costura.

O conhecimento amplo ou restrito desses códigos, ou as razões que motivavam essas mulheres a assim se anunciarem, fazem parte dos limites impossíveis de transpor, aos quais já nos referimos. É certo que o sucesso nem sempre foi possível para muitas das que haviam imigrado, e isto aparece comprovado no próprio *Almanaque Laemmert*, quando as listas por ele publicadas são sujeitas a um tratamento diacrônico por parte do pesquisador. Algumas profissionais que se fizeram anunciar inicialmente como costureiras, atuando nas adjacências da Rua do Ouvidor, terminaram por se anunciar como lavadeiras, indicando endereços mais distantes do centro comercial. Outras, ainda que mantendo a mesma atividade, deixaram a Rua do Ouvidor e desenharam circuitos representativos de dificuldades.

Outras fontes nas quais travamos contato com imigrantes francesas, por outro lado, indicam que muitas mulheres solteiras migraram na companhia de filhos

---

19 *Almanak Administrativo, Mercantil e Industrial do Rio de Janeiro* (doravante *Almanaque Laemmert*) para os anos de 1849 a 1862. Rio de Janeiro: Eduardo e Henrique Laemmert.

20 Idem para os anos de 1862 e 1881.

308   LAURENT VIDAL E TANIA REGINA DE LUCA (ORGS.)

menores,[21] demonstrando que a Fantine de Victor Hugo existiu possivelmente em muitas trabalhadoras que optaram pela emigração como possibilidade de sobrevivência e/ou de construção de uma nova vida, nem sempre coroada de êxito.

A escolha do Brasil, em especial da cidade do Rio de Janeiro como destino – temporário ou permanente –, dependeu de fatores variados. Dentre eles podem ser citados: a presença da vida de corte, com seus circuitos de sociabilidade; o progresso material possibilitado pelos lucros do café, que dotou a capital e outras cidades brasileiras de novos equipamentos urbanos, e o surgimento de uma camada urbana da população pronta e apta a consumir novidades, prazeres e diversão.

A velocidade com que as novidades circulavam entre a Europa e o Brasil pode ser comprovada pela introdução do teatro de variedades na capital brasileira, a partir da abertura do Alcazar Lyrique (1859),[22] cerca de um ano depois do início das atividades do Théâtre des Bouffes Parisiens, em Paris (1858). Chamado por alguns de café-concerto, foi responsável por introduzir algumas importantes novidades no país, como a opereta e a ópera-bufa, que faziam o delírio da Paris do Segundo Império. Foi responsável, ainda, por trazer para o cotidiano brasileiro uma nova personagem, tipicamente urbana: a *cocotte comédienne*, representação suprema de um meretrício envolto em luxo e *glamour*, condizente com tempos nos quais cafeicultores enriquecidos queriam aproveitar ao máximo os prazeres da vida mundana.

A influência de Paris no mundo teatral assim foi expressa pelo *Ba-ta--Clan:*[23]

> Todos os grandes sucessos de Offenbach e os melhores *vaudevilles* do Palais Royal e de Variétés são oferecidos à multidão que vinha aplaudir Mlles Aimée, Delmary e Bourgeois e Ms. Marchand e Urbain e todos os artistas de elite que a administração

---

21 Blanche Bernardete, por exemplo, embarcou no Havre, em julho de 1840. Era solteira e emigrou na companhia de um filho menor, enquanto Victoria Denil, também solteira, de 34 anos, retornou à França em maio do mesmo ano, acompanhada de quatro filhos menores: de quatro, três e dois anos, e uma criança de cinco meses. Arquivo Nacional, Rio de Janeiro, Códice 415, Entrada de embarcações e passageiros estrangeiros e brasileiros, v.3, f.144; Códice 423, Legitimações de estrangeiros, 1818-1841, v.2, f.57, respectivamente.

22 Sua fase áurea iniciou-se em 1864, quando Monsieur Arnaud foi a Paris buscar uma *troupe* de artistas, procurando recriar, no Rio de Janeiro, o ambiente dos cabarés parisienses. O prédio onde se localizava o estabelecimento foi destruído por incêndio em 1877. Após essa data, ressurgiu, sendo finalmente demolido em 1880.

23 O *Ba-ta-Clan*, que se autocaracterizava como jornal satírico e humorístico, tinha no Alcazar e em suas atrizes seus temas principais, dedicando a estas uma coluna intitulada "L'Alcazar en robe de chambre" a partir de 1867.

do teatro francês soube elevar ao nível parisiense [...]. Durante algumas horas acreditamos ser transportados às margens do Sena [...]. Um bravo a todos os excelentes artistas e os votos mais sinceros do *Ba-ta-Clan* para a prosperidade sempre crescente do empreendimento.[24]

Tão polêmico quanto o teatro que lhe servia de modelo em Paris, o Alcazar nem sempre recebeu críticas benevolentes, como as do *Ba-ta-Clan*. Para Joaquim de Macedo, o "satânico" teatro era o lugar "dos trocadilhos obscenos, dos cancãs e das exibições de mulheres seminuas", responsável pela "corrupção dos costumes e pela imoralidade", que haviam determinado "a decadência da arte dramática e a depravação do gosto" (Macedo, 1988, p.142). Acusações semelhantes se faziam presente em *O Artista*, que denunciava que "nunca houve consciência d'arte" no Alcazar, pois a "imoralidade" mostrava-se "de face erguida, conquistando aplausos".[25] De qualquer maneira, o que nele ocorria era parte de um processo segundo o qual a sociedade se transformara "em um teatro onde todo o mundo encenava a vida parisiense" (Duvignaud, 1965) (Figura 14.2).

O deslumbramento que provocavam suas mulheres pode ser exemplificado pela correspondência trocada entre Eugénie Boboche e um admirador, publicada pelo *Ba-ta-Clan* em 1867. Este, além de "seu coração", oferecia a Eugénie um apartamento "luxuosamente mobiliado", um conto de réis mensal e um *"coupê* puxado por magnífico alazão", ofertas que a *cocotte* aceitou com alegria, passando a ter o protetor rico com que sempre sonhara.[26]

A liberdade com que as *cocottes* do Alcazar se apresentavam no palco e a forma exuberante como se vestiam e desfilavam pelas ruas, ao acompanharem fazendeiros, políticos e comerciantes de sucesso, causavam sempre emoções exacerbadas. Sua presença na capital brasileira foi responsável por uma verdadeira reinvenção da noite em uma cidade até então pacata e provinciana. Graças a elas, o Rio de Janeiro passou a conhecer um *demi-monde* repleto de banquetes, jogos, música, teatro, confeitarias, cafés e ritmos da cidade, que demonstravam que a busca do prazer havia invadido o espaço urbano[27] (Figura 14.3).

Como parte desse novo movimento, tornou-se rotineiro, após o término dos espetáculos, prolongar a noite nos cafés, restaurantes e hotéis das redondezas do

---

24 *Ba-ta-Clan*, Rio de Janeiro, 7 de março de 1868.
25 *O Artista*, Rio de Janeiro, 7 de janeiro de 1866.
26 *Ba-ta-Clan*, Rio de Janeiro, 14 de setembro de 1867.
27 *Demi-Monde*, Rio de Janeiro, 1° fasc., 1896.

Figura 14.2   A peça *O Barba-Azul*, musicada por Offenbach, foi encenada, com retumbante sucesso, no Alcazar dos idos de 1867. A ilustração faz referência ao fato, para propor diálogo jocoso, no qual duas *cocottes* tecem comentários sobre as aventuras amorosas da personagem-tema, comparando-as às suas próprias aventuras. ("Hei! O que pensas do Barba-Azul? Um homem com cinco mulheres?/ Naquela época! Mas, hoje, nós subvertemos as coisas.")

Alcazar. Nesses espaços, era possível ouvir a gargalhada das *cocottes* misturar-se ao borbulhar do *champagne*, criando uma cena urbana que se prolongaria para além do Novecentos, como demonstra Luís Edmundo ao descrever uma noitada no restaurante Paris, "o mais chique e movimentado" da cidade do Rio de Janeiro nos idos de 1902.

> Quando os teatros fecham, o movimento da praça referve. São atrizes que chegam em cupês particulares e descem atravessando a sala de café que vai dar ao restaurante, num halo de importância e de perfume; são as grandes *cocottes* que moram na Richard ou na Valéry,[28] acompanhadas de velhos abrilhantados, de polainas brancas e monóculos;

---

28   Nomes de pensões em que moravam artistas francesas.

Figura 14.3 As *cocottes* eram sempre assunto de destaque nos números do *Ba-ta-Clan*. Ao retratar "o giro dos ponteiros no mostrador", ou as 24 horas na vida de uma *cocotte*, o ilustrador demonstra, de forma divertida, como a vida cotidiana dessas mulheres estava voltada para as atividades noturnas e os prazeres mundanos. Enquanto o dia era reservado ao repouso e aos cuidados com o corpo e as vestimentas, a noite incluía os encontros amorosos, a ida ao Alcazar e os prazeres do sexo.

são gigolôs dos chamados de luxo [...]; são diretores de jornais, banqueiros, senadores e deputados, *brausseurs d'affaires* [...]. As gargalhadas das *cocottes* transborda como o *champagne* em taças de cristal. (Edmundo, 1956, p.142)

Dentre todas as *cocottes comédiennes*, artistas do Alcazar, que circularam pelo Rio de Janeiro na segunda metade do século XIX, Aimée destacou-se como exemplo paradigmático, imortalizada nos papéis principais das operetas de Offenbach. Foi Eurydice em *Orphée aux Enfers*, Héléne em *La Belle Hélène* e Boulette em *Barbe Bleu*. Chegou ao Brasil em junho de 1864, integrando *troupe* de artistas contratada por Monsieur Arnaud em Paris. Segundo os seus admiradores, tinha "uma fisionomia provocante, olhos cintilantes, nariz fino, boca pequena, pernas perfeitas, boa voz e ótima inteligência",[29] e sua fama devia-se não apenas à sua brilhante atuação nos palcos, mas também às "diabruras que praticava fora dos bastidores", transformando a vida de muitos lares em um "verdadeiro inferno" (Barreto Filho; Lima, 1942, p.218). Para muitos, entretanto, era uma simples mundana de luxo (Cruls, 1965, p.554), considerada a principal causa dos conflitos, alguns com a ocorrência de mortes, que aconteciam no Alcazar, "cujo policiamento era reforçado todas as noites" (ibidem, p.217). Após seu retorno à França, em agosto de 1868, passou a ser para sempre lembrada como símbolo

---

29 *Ba-ta-Clan*, Rio de Janeiro, 8 de junho de 1867. p.7.

maior de um tempo de descobertas e novidades, associado "à alegria de viver e à ligeireza dos costumes" (Duvignaud, op. cit., p.161).

Outras artistas do Alcazar também encantaram o público com sua arte, sua beleza ou brejeirice. Todas elas tornaram-se presença obrigatória nas páginas do *Ba-ta-Clan* (Figura 14.4), na coluna "L'Alcazar en robe de chambre", que se dedicava a informar detalhes de sua atuação nos palcos e na vida cotidiana. Segundo esta coluna, Mademoiselle Delmary tinha "pouca voz", mas seu "método e estilo" faziam-na amada do público.[30] Émile Foucaud, conhecida como Solange, não era bonita, mas tinha "um nariz que da[va] ar picante à sua fisionomia" e uma voz que, mesmo "pontuda como uma agulha", fazia-a encantar quem a assistia, principalmente ao "sublinhar as palavras de duplo sentido".[31] Mademoiselle Jeanne de Bar era "uma das mais bonitas atrizes do Alcazar" (ibidem), possuidora de reconhecidas qualidades intelectuais e dona de "uma pequena voz cerebral", que remetia os que a ouviam aos "afortunados sopranos da Capela Sixtina [sic]".[32] Valentine de Bousset possuía "qualidades sérias como cantora" e chegaria certamente "a conquistar o favor do público se a administração do Alcazar lhe conferisse papéis que pudessem ser por ela criados". Fora dos palcos, era considerada "uma mulher charmosa e do melhor estilo".[33] Marguerite Bourgeois era uma "veterana do teatro" e "excelente comediante, possuindo todas as tradições da boa escola". Sua boa reputação devia-se ao fato de nunca se revoltar com os papéis que lhe eram destinados, mesmo os mais insignificantes.[34] Mademoiselle Virginie Personne tinha "uma magnífica voz de contralto, plena, vibrante, metálica e, ao mesmo tempo, doce como uma noite harmoniosa", da qual "não sabia tirar partido" (ibidem). Madame Blanche (Blanche Guy), antes conhecida como Madame Fiorelle, e Mademoiselle Barbotte tinham necessidade permanente de se destacar do conjunto. Barbotte, por exemplo, desenvolveu o hábito de, em cena, amarrar um cordão ou fixar alfinetes necessários para segurar peças do vestuário sempre dispostas a escapar.[35] Por fim, Mademoiselle Adèle Escudero adquiriu excelente experiência nos palcos brasileiros, o que lhe permitiu trabalhar no Opéra Comique após seu retorno a Paris, no ano de 1867.[36]

---

30 *Ba-ta-Clan*, Rio de Janeiro, 15 de junho de 1867.
31 Ibidem,14 de julho de 1867.
32 Ibidem, 1° e 29 de junho de 1867.
33 Ibidem, 20 de julho de 1867.
34 Ibidem, 22 de junho de 1867.
35 Ibidem, 27 de julho de 1867.
36 Ibidem, 13 de junho de1867.

Figura 14.4   As capas do *Ba-ta-Clan* eram extremamente sugestivas, constituindo-se no primeiro registro da vocação humorística e satírica da publicação. Regra geral, elas constituíam-se de ilustrações caricaturais dos artistas do teatro de variedades, com destaque para as atrizes do Alcazar. Totalmente escrita em língua francesa, a revista colocava-se como porta-voz de uma *chinoiserie*[37] franco-brasileira.

---

37   Fantasia inspirada no gosto popular chinês.

314   LAURENT VIDAL E TANIA REGINA DE LUCA (ORGS.)

Nesse *demi-monde* recriado nos trópicos, não só as atrizes principais tiveram seus momentos de fama, mas também algumas coristas, como Pauline e Charlotte. A primeira, conhecida como *Petite* Pauline, era frequentadora assídua da Confeitaria Paschoal. "Trêfega, inteligente e viva", era "tentação dos velhos e a perdição dos moços" (Barreto Filho; Lima, op. cit., p.143). A segunda era "uma dançarina que tinha escola; uma das melhores, senão [sic] a melhor bailarina que já aparecera em cena no Alcazar", sendo-lhe reputados apenas "dois defeitos, sua juventude e sua magreza", apesar da última estar condizente com o que ocorria em Paris, onde "as dançarinas magras [estavam] na moda no Opéra".[38]

Tivessem grande ou pequeno brilho, todas essas mulheres sintetizaram os sonhos eróticos de homens solteiros, casados e viúvos no Oitocentos carioca, em um contexto de expansão urbana no qual as estrelas do Alcazar representaram o esplendor da vida mundana na capital brasileira, mimetizando Paris e os anos loucos do Segundo Império na França.

A liberdade e o esplendor desse *demi-monde* viria a contrastar fortemente com a prostituição em suas facetas mais cruéis, parte constituinte dos processos de mundialização ocorridos nas últimas décadas do Oitocentos, responsáveis por fazer ressurgir na história o tráfico de seres humanos.

A imigração de massa iniciada na virada dos 1890 foi responsável por integrar a cidade do Rio de Janeiro e outras cidades brasileiras no tráfico internacional de mulheres que assolava o mundo, transformando o espaço urbano em cenário de circulação de cáftens de diferentes nacionalidades, dentre os quais figuravam alguns franceses. O lenocínio, na forma de caftismo, tornou-se, então, uma das motivações explícitas para a expulsão de estrangeiros do Brasil.

O Decreto-lei de 7 de janeiro de 1907, que regulava a entrada e a expulsão de estrangeiros, estabelecia como causa de expulsão "a vagabundagem, a mendicidade e o lenocínio competentemente verificados".[39] Como procedimentos a serem seguidos, no caso específico do lenocínio, o crime deveria ser provado por meio de inquérito aberto pela autoridade policial, constando do processo "documentos de reconhecida força probatória – ou, pelo menos, o depoimento de duas testemunhas insuspeitas", que afirmassem "a verdade dos fatos". Determinações de igual teor estariam presentes em novo decreto, assinado em janeiro de 1921, no qual o lenocínio, mais uma vez, constituía-se em motivo explícito para

---

38 *Ba-ta-Clan*, Rio de Janeiro, 14 de julho de 1867.
39 Coleção de Leis da República de 1907. Decreto n.1.641, de 7 de janeiro de 1907, art. 2º.

a expulsão, figurando ao lado do homicídio, furto, roubo, bancarrota, falsidade, contrabando, estelionato e moeda falsa.[40]

Uma análise de trinta processos movidos contra franceses residentes ou de passagem pela capital brasileira entre 1907 e 1930 demonstra que o par prostituta-explorador tornou-se parte do cotidiano das grandes cidades, a ponto de o lenocínio tornar-se tema obrigatório na obra de juristas como Evaristo de Moraes.[41] Demonstra, também, as formas pelas quais o tráfico de brancas fez-se presente no Brasil, envolvendo não só traficantes da Europa do leste, mas cáftens oriundos da Europa ocidental, com a primazia, neste último caso, cabendo aos franceses, não faltando mesmo livros destinadas a estabelecer comparações entre o traficante oriental e o traficante francês, considerado mais "civilizado" e conhecedor das artimanhas da sedução (cf. Pinto, 1930).

Em uma era na qual a prostituição se configurava como negócio lucrativo, grandes traficantes conviviam com indivíduos que exploravam uma ou duas mulheres, conforme demonstra amostra formada por 19 proxenetas franceses, processados com vistas à expulsão do Brasil. Com relação a estes, as situações eram bastante variadas. Havia aqueles que comercializavam o corpo das próprias esposas (cinco no total dos 19), com o casamento mostrando-se uma forma de burlar a vigilância das autoridades nos atos e(i)migratórios. Havia os que exploravam amantes eventuais. Havia aqueles que compravam passes de meretrizes no mercado europeu, com elas deslocando-se para o Brasil.[42] Os processos movidos contra Lautier, Julien, Bernier, Piouffle e Bartoli são, nesse caso, significativos.

A. L. Lautier tinha 39 anos quando foi preso e processado. Havia chegado ao Brasil em companhia da esposa, também de nacionalidade francesa, utilizando nome falso. Contra ele testemunhou uma atriz de nome Irene, que declarou ter conhecido o acusado em Buenos Aires, confirmando a afirmação de que Lautier explorava a mulher. Apesar das negativas da esposa, o marido foi expulso no ano de 1912, acusado da prática de lenocínio.[43]

R. Julien foi processado e expulso em 1928, quando contava 33 anos. Era solteiro, e contra ele depôs a amante, L. Germain, costureira de 31 anos que se

---

40 Idem para o ano de 1921. Decreto nº 4.247, de 6 de janeiro de 1921, art. 2º.

41 Destaque para a obra intitulada *Ensaios de patologia social, vagabundagem, alcoolismo, prostituição e lenocínio*. Rio de Janeiro: Leite Ribeiro & Maurillo, 1921.

42 No mercado moderno da prostituição, a venda de passes era relativamente comum, configurando-se como transação natural na lógica capitalista, quando o negociante recebia uma oferta vantajosa ou queria se livrar de uma mercadoria que rendia aquém do esperado.

43 Arquivo Nacional, Rio de Janeiro, SPJ, módulo 101, pacotilha IJJ7128.

declarou alfabetizada. Em seu depoimento à polícia, Germain declarou que, antes de conhecer o acusado, já exercia o meretrício em Paris e que, tornando--se sua amante, emigrou para o Brasil em sua companhia, dando continuidade à atividade que já desenvolvia.[44]

B. Bernier, natural de Saint-Étienne, era mecânico, viúvo e tinha 28 anos no momento da expulsão, em 1927. Era reservista da armada francesa e representante da casa La Cutillage Ancienne. Explorava J. Dudin, francesa de 23 anos, que se declarou casada e costureira por profissão. No depoimento prestado à polícia, Dudin disse que Bernier havia fugido do Rio de Janeiro, deslocando-se para Santos (São Paulo), quando a repressão policial se intensificou. Tinha intenções de embarcar para Marselha, o que, entretanto, não ocorreu, pois o amante voltou ao Rio de Janeiro para encontrá-la, sendo, então, preso e processado.[45]

A. L. Pioffle declarou que era desenhista em Paris quando resolveu emigrar. Da capital francesa deslocou-se para Buenos Aires e, de lá, para o Rio de Janeiro. Solteiro, tinha 21 anos e estava no Brasil havia um ano e meio. Contra ele testemunhou J. Dumont, francesa de vinte anos, também natural de Paris. Diante da polícia, Dumont declarou que Pioffle a havia seduzido quando estavam na Europa, obrigando-a, depois, a prostituir-se. Seu depoimento foi confirmado por outra prostituta, de nacionalidade russa, e por F. Rosteter, francês empregado em uma loja comercial. Culpabilizado, Pioffle partiu com destino à Europa em 1908.[46]

P. V. Bartoli foi preso com outros indivíduos acusados de lenocínio, em casa conhecida pela polícia como "covil de cáftens e ladrões". Explorava M. Jault, natural de Lyon, que disse à polícia que Bartoli havia comprado seu passe de outro indivíduo, trazendo-a para o Brasil. Inicialmente, fixaram-se em Porto Alegre; posteriormente, no Rio de Janeiro.[47]

Em todos esses casos, o depoimento prestado pela mulher explorada ou que se dizia explorada foi decisivo. O mesmo procedimento, porém, não se verificava nos processos movidos contra indivíduos envolvidos nas tramas do tráfico internacional de brancas. Uma das características marcantes desses processos é o silêncio das mulheres vitimadas que, por medo das redes que se colocavam por trás de cada traficante, optavam por não denunciar seus exploradores. Na falta de seus depoimentos, a expulsão se dava com base na troca de informações entre as polícias dos países afetados pelo fenômeno, constituindo-se em provas

---

44 Ibidem, pacotilha IJJ7147.
45 Ibidem, pacotilha IJJ7134.
46 Ibidem, pacotilha IJJ7129.
47 Ibidem, pacotilha IJJ7150.

FRANCESES NO BRASIL: SÉCULOS XIX E XX   317

documentais dossiês que comprovavam prisões anteriores pelo mesmo crime e notícias relativas a expulsões anteriores. Estas forneciam as justificativas necessárias à expulsão.

O silêncio das mulheres nos processos movidos contra cáftens integrantes de redes internacionais pode ser demonstrado pela portaria de expulsão que compõe o processo movido contra B. Gilberti, natural da Córsega e preso em 1930. Nesta consta, explicitamente, que era difícil obter provas cabais do crime, "pois as vítimas negavam-se a acusar seus algozes".[48]

Na virada do século XIX para o XX, o chamado tráfico de brancas internacionalizou-se, acompanhando a lógica mundializada e monopolista do capitalismo. Rapidamente, alcançou os quatro continentes,[49] com a rede de bordéis, espalhada pelo mundo, aquecendo uma demanda continuada por mulheres destinadas à prostituição, comercializadas como simples mercadorias. Desde o início do Novecentos, as rotas, que da Europa orientavam-se para a América do Sul, ganharam visibilidade, tendo por pontos terminais cidades como Buenos Aires, Montevidéu e Rio de Janeiro, com intensa circulação dos envolvidos por estas e outras cidades do cone sul, lugar de encontro das repúblicas do Brasil, Argentina e Uruguai.

A presença de prostitutas francesas vítimas do tráfico pode ser demonstrada por estatística policial realizada no ano de 1914, tendo por referência o distrito policial que abrangia uma das áreas de baixo meretrício do Rio de Janeiro. Segundo os números apresentados pelo respectivo delegado, haviam sido contabilizadas 94 casas de tolerância, ocupadas por um total de 299 meretrizes. Dentre elas contavam-se 33 russas, trinta italianas, vinte espanholas, 16 francesas, 15 portuguesas, dez inglesas, nove alemãs, sete austríacas, quatro argentinas, quatro turcas, três romenas, duas polacas, duas marroquinas e uma suíça.[50]

Os processos de expulsão de estrangeiros do Brasil, instituídos com base nas leis de 1907 e 1921, comprovam que a rota direta Buenos Aires–Rio de Janeiro, ou a rota terrestre Buenos Aires–Montevidéu–Porto Alegre e Rio de Janeiro foi cumprida por muitos cáftens e mulheres traficadas. Muitas delas cumpriram trajetórias que, iniciadas em aldeias distantes da Europa, terminaram em países com os quais elas não tinham, inicialmente, nenhuma identidade. A primazia da Europa do leste no tráfico não excluiu a presença de jovens provenientes da

---

48 Ibidem, pacotilha IJJ7133.
49 Como exemplo, a Convenção de 1910 já contava, entre os países signatários, com a presença de China e Japão.
50 Estatística do 12º Distrito Policial para o ano de 1914 (Silveira, 1915, p.27).

Europa ocidental, principalmente da França e da Bélgica, como demonstram os exemplos a seguir.

P. J. Alexandre, que se declarava cozinheiro, foi preso e processado em 1930, aos 43 anos. Era casado, alfabetizado e seu processo indica uma ampla circulação internacional. Saindo da França, pela primeira vez, dirigiu-se a Buenos Aires para, posteriormente, retornar a Paris e, novamente, à capital argentina, de onde se deslocou para o Rio de Janeiro. Em seu dossiê consta uma prisão anterior em Buenos Aires e sua presença em conhecido reduto de cáftens existente no Rio de Janeiro.[51]

Os processos de Butteri e Deschamp são igualmente significativos. O primeiro chegou ao Brasil em 1928, procedente de Marselha. Por sete meses ficou sem exercer nenhuma atividade profissional, hospedado no Hotel Avenida, no centro da cidade do Rio de Janeiro. Após esse primeiro período de permanência, viajou para a França e lá permaneceu por três meses, voltando depois ao Brasil. Uma das testemunhas do processo declarou que, nessa segunda viagem, ele trouxe uma meretriz francesa, acrescentando ter conhecimento de que, embora o acusado não exercesse profissão, tinha conta em banco, na qual fazia depósitos constantes. Preso e processado como cáften, Butteri embarcou para a França. Tinha, então, 28 anos.[52]

F. Deschamps declarou-se músico. Era natural da região do Sena, alfabetizado e tinha 42 anos no momento da expulsão, efetivada em 1928. Foi acusado explicitamente de importar brancas da Europa, em conluio com N. Muglin, de nacionalidade russa, que administrava a casa de prostituição onde foram encontradas seis mulheres trazidas da Europa por Deschamps. Ambos terminaram expulsos do Brasil.[53]

Outras referências significativas do tráfico internacional podem ser encontradas nos processos instituídos contra Nebout e Renuci, que, pelos indícios encontrados, ocupavam lugar de destaque nas redes criminosas que ligavam a Europa à América. Francês de Vichy, ourives por profissão declarada, solteiro e alfabetizado, R. Nebout fornecia mulheres para bordéis de Buenos Aires e do Rio de Janeiro. Preso, foi expulso do Brasil em 1928, quando tinha trinta anos.[54]

N. Renuci chegou ao Brasil procedente de Marselha. Era solteiro, alfabetizado, tinha 26 anos e não declarou o exercício de nenhuma profissão. Antes de ser

---

51 Arquivo Nacional, Rio de Janeiro, SPJ, módulo 101, pacotilha IJJ7150.
52 Ibidem, pacotilha IJJ7174.
53 Ibidem, pacotilha IJJ7179.
54 Ibidem, pacotilha IJJ7179.

preso e processado, circulava entre Buenos Aires, Montevidéu, Porto Alegre e Rio de Janeiro, conforme demonstra seu dossiê. Era possuidor de conta corrente no British Bank of South America e movimentava vultosas quantias em dinheiro, com remessas regulares para Marselha. Sua folgada condição financeira permitiu que contratasse dois advogados e pudesse embarcar antes do prazo para a defesa, arcando com todas as despesas de transporte. Corria, então, o ano de 1929.[55]

Uma análise quantitativa dos trinta franceses processados por prática de lenocínio contabiliza apenas uma mulher, acusada de explorar casa de prostituição. Como registro de procedência, oito eram originários da Córsega e da Argélia. Os demais provinham de diferentes pontos do território francês: Paris, Vichy, Saint-Étienne, Rhone, Eure, Aix-en-Chapelle, Provence, Montsennil, Saint-Victor e Charrente. De noroeste ao sul, passando pelo planalto central (Auvergne), diferentes regiões estavam, assim, representadas, demonstrando que o fenômeno, apontado por Alain Corbin, de expansão da prostituição por toda a França (cf. Corbin, op. cit.) atravessara o Atlântico para se reproduzir no Brasil.

A projeção de Marselha nas rotas internacionais existentes merece um destaque especial. Sua posição estratégica no Mediterrâneo possibilitava relações não só com o Magreb como com as máfias italianas, tornando-a centro de encontro de cáftens oriundos de toda a Europa ocidental. As menções a Marselha na documentação existente são múltiplas, indicando, por exemplo, que lá funcionavam agências clandestinas aptas a fornecer contratos de trabalho que pudessem auxiliar o embarque de mulheres. As raízes do tráfico podem ser observadas no telegrama que se segue, enviado pelo ministro das Relações Exteriores do Brasil ao consulado brasileiro em Paris:

> Telegrafe-se a Paris: Chefe de Polícia informa que V. Gentil seguiu dia 22 Europa trazer mulheres prostituição, conseguindo aí facilidades embarque simulando-se artistas apresentando contratos, passagem de ida e volta com apoio de um auxiliar Consulado de Paris cujo nome não pude obter. Recomendo [...] agir como convier conjuntamente com cônsul para descobrir qual auxiliar e evitar fato, comunicando--me tudo.[56]

Segundo as denúncias apresentadas pela principal autoridade policial brasileira, toda uma rede de cumplicidades na cidade auxiliava o embarque de mulheres

---

55 Ibidem, pacotilha IJJ7179.
56 Arquivo Histórico do Itamaraty, Rio de Janeiro. Maço 303/3/7. Documentos da Polícia do Distrito Federal, 1920-1930. Ofício reservado de 23 de abril de 1921.

sozinhas ou acompanhadas de parentes fictícios, munidas de falsos contratos. Essa rede de cumplicidade contava não só com funcionários dos consulados, mas também com empregados nos portos, tripulação dos navios, garçons de restaurantes, mulheres que se passavam por mães e tias e muitos outras personagens de "moral ilibada", que buscavam burlar as autoridades. Por conta disso, todas as discussões travadas sobre o tráfico apontavam na direção de reforçar a vigilância nos portos de saída e de chegada, bem como nas estradas e fronteiras terrestres.[57]

O tráfico orientado da Europa para o Brasil perdeu seu vigor com a Segunda Guerra Mundial, mas algumas das francesas por ele vitimadas nunca puderam retornar à França ou rever parentes e entes queridos, perdidos para sempre no tempo e no espaço. Algumas chegaram ao final dos 1900, terminando suas vidas em asilos esquecidos em território brasileiro. Suas trajetórias fazem parte dos muitos silêncios que afetam a história das mulheres nos dois lados do Atlântico.

---

57 Vejam-se, por exemplo, as convenções assinadas em Paris em 1902 e 1910.

15
A Casa "Boris Frères" no Ceará

Denise Mattos Monteiro

Le Brèsil, Messieurs, n'est point une colonie de sauvages, comme l'ont écrit quelques esprits légers; c'est un empire colossal, parfaitement constitué au point de vue politique, administratif et commercial... Quel pays!... Quel avenir!...[1]

Ao fim da década de 1850, um jovem francês de aproximadamente 17 anos, Théodore Boris, partiu da França com destino ao Brasil. Essa viagem daria origem a uma casa comercial importadora-exportadora, com matriz na França e filial no Brasil, que permaneceria nas mãos da mesma família por vários decênios. A importância e o poder da Casa Boris Frères, estabelecida na cidade de Fortaleza, capital da província, depois estado do Ceará, foram expressos em um dito popular segundo o qual o "mar do Ceará [era] o açude dos Boris e a justiça, sua mãe".

Que motivos teriam levado o jovem Théodore a essa viagem para uma terra desconhecida na distante América do Sul? E como foram construídos essa importância e tal poder?

Paris–Fortaleza: a fundação e o estabelecimento da Casa Boris Frères

A origem histórica da família Boris está ligada à cidade de Chambrey, na região da Alsácia-Lorena, na fronteira com a atual Alemanha. É lá que vamos

---

1 [O Brasil, Senhores, não é uma colônia de selvagens, como foi escrito por alguns espíritos superficiais; é um gigantesco império, perfeitamente constituído em termos políticos, administrativos e comerciais ... Que pátria!... Que futuro!...]. Gallès. *Considérations générales sur le commerce de la France avec l'Empire du Brèsil, les États de la Plata et la République d'Haiti*, 1861.

encontrar Moyse Abraham, nascido em Cernay, em 1734, negociante, mercador de cavalos em Chambrey. No contexto da Revolução Francesa, quando os direitos de cidadania foram estendidos aos judeu-franceses, a família adotou o sobrenome Boris. Um dos netos de Moyse Abraham, Isaac Boris, nascido em 1789, foi mercador de animais, como seu avô, mas ascendeu ao cargo de Conselheiro Municipal em Chambrey. De seus cinco filhos, Joseph Boris parece ter originado a prole mais numerosa, na qual estavam aqueles que emigraram para o Brasil. Seus dois filhos mais velhos foram os primeiros a se estabelecer neste país como negociantes: Alphonse, então com 22 anos, desembarcou em Fortaleza em 1865, seguido, dois anos mais tarde, por Théodore, seu irmão mais velho e o primogênito da família.

Os Boris não foram os primeiros, ou únicos franceses que, após a abertura dos portos em 1808, chegaram ao Ceará. Nessa província, como em muitas outras, atuaram trabalhadores "especializados", como carpinteiros, pedreiros e marceneiros, e "técnicos", como engenheiros-arquitetos, que eram eventualmente contratados pelo Governo Provincial para a realização de obras públicas.

O encarregado, no Ministère des Affaires Étrangers, de missões comerciais no Brasil, Charles Wienner, em um relatório datado de 11 de março de 1896, no qual analisava a situação do grupo de imigrantes franceses no estado de São Paulo, subdividia esses imigrantes em quatro subgrupos, de acordo com sua origem. Um deles era aquele constituído "pelos emigrados da Alsácia-Lorena, os quais dominavam o alto comércio francês no estado".[2]

Embora esse relatório diga respeito a uma situação diagnosticada no final do século XIX, portanto décadas depois da chegada de Théodore e Alphonse ao Brasil, e a um estado da região Sudeste, é provável que ele retrate uma especificidade daqueles imigrantes franceses no Brasil oriundos da Alsácia-Lorena, como os irmãos Boris.

Essa região, situada no nordeste da França, constituiu, a partir dos decênios de 1860 e 1870, um dos polos do crescimento industrial francês, sendo, portanto, uma de suas regiões mais ricas. Podemos supor que aqueles que lá se dedicavam ao comércio, tendo assim acumulado algum capital, foram os mesmos que optaram pela emigração e vieram estabelecer casas comerciais no Novo Mundo, ligadas a matrizes francesas. A disponibilidade de um capital para esse tipo de empreendimento e a experiência comercial devem ter constituído pelo menos

---

2   Archives Nationales, Paris, Série F12, Commerce et Industrie. Para Wienner, os outros subgrupos seriam: os estabelecidos há longos anos no Brasil (artesãos, capitalistas e proprietários que "se tornaram brasileiros"); os novos imigrantes que tentavam fazer fortuna como artesãos, empregados e engenheiros e que "constituíam quase a metade da população francesa existente" e, finalmente, os marginalizados de outras colônias francesas da América do Sul.

Figura 15.1 O comerciante Théodore Boris, Chambrey, 1841. Paris, 1933. (*Uma casa chamada Boris*, 1869-1969. Fortaleza, s.n., [1969?].)

uma das origens do estabelecimento das casas comerciais francesas que atuaram no Brasil como atacadistas, nos negócios da importação-exportação.

Ainda que não seja possível afirmar com segurança que famílias como a Boris possuíam na França um capital acumulado a ser investido, é certo que a expansão da agricultura de exportação em uma província brasileira do norte do Império, por volta de meados do século XIX, como o Ceará, acenava-lhes com a possibilidade de progredir comercialmente e multiplicar um capital inicial. Assim, esse tipo de imigrante francês no Brasil, quando comparado aos "técnicos" que aqui vieram igualmente se estabelecer, apresentaria uma vantagem em relação a estes: uma certa formação intelectual aliada a um pecúlio pessoal e familiar.

Tudo indica que os Boris tiveram acesso a algum tipo de informação a respeito das potencialidades do Brasil como mercado para os produtos franceses. Tais informações eram copiosamente produzidas por todo o corpo consular e divulgadas na França por diferentes canais, como o *Annuaire-Almanach Didot-Bottin*, que constituía uma publicação de referência para os negociantes em geral. Nesse almanaque, a província do Ceará apareceu pela primeira vez em 1851, com uma breve notícia.[3] Relatórios consulares, por seu turno, apontavam para as possibilidades que se abriam para quem estabelecesse uma casa comercial nessa província.

A inexistência de casas comerciais francesas no Ceará, entretanto, não significava que as mercadorias vindas da França não chegassem à província, pelo contrário. As mercadorias com essa origem, como vinhos, manteiga, tecidos e objetos de decoração, passaram a chegar regularmente ao Ceará a partir dos anos 1850, de modo que, no decorrer do século, vieram ocupar o segundo lugar na pauta das importações pelos portos da província.[4] (Figura 15.1)

A viagem de Théodore e Alphonse Boris a Fortaleza, aliás, teve como primeiro objetivo, provavelmente, não o estabelecimento de uma casa comercial, mas um conhecimento prévio da região, o que equivale a dizer: a observação de sua potencialidade para o comércio. Os negócios por eles desenvolvidos no Ceará, nessa primeira etapa, não chegaram a resultar na montagem da estrutura de uma casa comercial. Isso é tanto mais verdadeiro quando se observa que a partida dos dois irmãos para a França, com o fim da guerra franco-prussiana em 1871, parece ter ocasionado o término de sua primeira atividade comercial na província.

Ao retornarem ao seu país de origem, Théodore e Alphonse reuniram-se ao restante da família, que emigrara da região da Alsácia-Lorena para Paris. Não é

---

3 Bibliotèque Historique de la Ville de Paris. *Annuaire-Almanach Didot-Bottin*. Paris: Didot Frères, Fils et Cie.

4 Archives Nationales, Paris, Série F12, Commerce et Industrie.

de todo improvável que a eclosão da guerra franco-prussiana tenha determinado a partida dos Boris em direção à capital francesa ou confirmado uma escolha anteriormente feita. Segundo Armengaud, em meio a diferentes interpretações sobre as causas e as tendências do movimento emigratório francês, em suas diferentes fases no decorrer do século XIX, é certo que essa guerra provocou um aumento no número de emigrantes da região citada, fulcro das rivalidades (Armengaud in Braudel; Labrousse, 1976, p.161-238).[5]

Em Paris, em 14 de fevereiro de 1872, os irmãos Théodore, Alphonse e Isaie – este último, o terceiro na linha de sucessão masculina do velho Joseph Boris – elaboraram a ata de fundação de uma *société au nom collectif* que se formava para a criação da uma casa comercial.[6] Tanto Théodore como Alphonse apresentaram-se nessa ata como *negociantes* ou *representantes do comércio* – atividade à qual a família se dedicava há algumas gerações na França – e residentes em Paris.

Se, por um lado, não podemos determinar exatamente a que tipo de comércio os Boris se dedicavam antes da fundação da sociedade, por outro, não resta dúvida de que passaram a atuar no *comércio de importação-exportação*, quando foi estabelecida a casa comercial na capital francesa. Essa atividade, tal como descrita na ata, embora englobasse tanto a exportação quanto a importação, priorizava a primeira em detrimento da segunda.

No *Annuaire-Almanach Didot-Bottin*, anúncios da casa comercial apareceram pela primeira vez em 1873. Nestes, os Boris Frères foram caracterizados como *comissários em mercadorias*, caracterização essa que se manteria nessa obra até a década de 1940. Já em documentação existente nos *Archives Nationales* de Paris, os citados irmãos foram identificados como *comissários em artigos de Paris*.[7]

Convém ressaltar que a ata de fundação da sociedade revela algumas particularidades referentes a Théodore e Alphonse na sociedade comercial criada, a

---

5 Uma das consequências dessa guerra foi a anexação da Alsácia-Lorena pela Alemanha, firmada no Tratado de Frankfurt. Essa região voltaria ao domínio francês pelo Tratado de Versalhes, ao final da Primeira Guerra Mundial.

6 Archives Départamentales de Paris, Série D.U3, Tribunal de Commerce. Esse documento foi feito *sous seing-privé*, isto é, entre os irmãos e sem a presença de um notário. Seu registro final do Tribunal de Commerce data de 21 de fevereiro do mesmo ano, tendo Isaie Boris assinado o registro em nome dos três irmãos. Observe-se que esse registro foi regido pela lei de 1867, no contexto da expansão da atividade industrial e comercial da França a partir dos anos 1850--1860. A denominada *société au nom collectif* reunia um pequeno número de sócios, geralmente membros de uma mesma família. Segundo Beltrand, A. e Griset, P., esse tipo de sociedade representou, na França, no decorrer do século XIX, "a forma jurídica mais difundida de criação de sociedade" (1988, p.103).

7 Archives Nationales, Paris, Série F12, Commerce et Industrie.

Figura 15.2   O comerciante Alphonse Boris, Chambrey, 1843. Paris, 1898. (*Uma casa chamada Boris*, 1869-1969. Fortaleza, s.n., [1969?].)

saber: a eles, que empreenderam a primeira viagem ao Brasil, lançando as bases para um comércio, coube o fornecimento do capital inicial para o empreendimento, em partes iguais para os dois irmãos. Embora, lamentavelmente, não tenhamos dados que confirmem a hipótese, acreditamos que esse capital tenha tido origem nos primitivos negócios feitos em Fortaleza, nos anos 1860, ou pelo menos tenha contribuído para o aumento de outro capital preexistente.

Uma vez fundada a casa matriz em Paris, em 1872, Théodore voltou a Fortaleza, dessa vez acompanhado de Adrien, o mais novo dos sete filhos homens de Joseph Boris. Sete meses depois, foram seguidos por Achille, o sexto na linha de sucessão masculina, estabelecendo então, definitivamente, na capital do estado do Ceará, a casa filial daquela matriz francesa.

Por que eles escolheram essa província, contrariando a tendência existente entre os comerciantes franceses de se estabelecerem no Rio de Janeiro, em Recife ou em Salvador? Ora, na província do Ceará, entre 1860 e 1870, ocorria uma expansão agroexportadora apoiada principalmente na produção algodoeira, que integrava o mercado cearense às correntes do comércio internacional. Tal expansão significava para os interesses comerciais franceses, representados pela Casa Boris, a possibilidade de atuarem não apenas no ramo da exportação de matérias-primas para a Europa, mas também no de importação de manufaturados. Com efeito, como decorrência do processo de integração da economia cearense à nova divisão internacional do trabalho, a riqueza aí gerada potencializava uma parcela da população, ainda que restrita, como mercado consumidor dos artigos franceses, sobretudo aqueles de "luxo", que tão especialmente os caracterizavam (Figura 15.2).

Contudo, devemos considerar, também, que na opção dos irmãos Boris por uma província de menor importância no conjunto do Império, como era o caso do Ceará, pesou o fato de que, naquelas províncias brasileiras onde era menor o número de comerciantes estrangeiros, as possibilidades de sucesso e lucro comercial eram maiores. Dito de outra forma, a inexistência de numerosa concorrência favoreceria os recém-chegados em um mercado que estreitava sua articulação ao comércio internacional.

Os anos 1870: a primeira década de atuação da Casa Boris Frères na província do Ceará

A Boris Frères de Fortaleza passaria a constituir a típica casa comercial importadora-exportadora, atuando no ramo atacadista pertencente a *comissários de*

Figura 15.3   O comerciante Isaie Boris, Chambrey, 1846. Versalhes, 1918. (*Uma casa chamada Boris*, 1869-1969. Fortaleza, s.n., [1969?].)

mercadorias na França. Nesse sentido, e como muitas outras casas comerciais, teve uma importância fundamental no processo da expansão comercial da França, na segunda metade do século XIX, à medida que viabilizou essa expansão, materializando-a (Figura 15.3).

Mas a Boris não foi a única casa francesa a instalar-se na província no começo dos anos 1870. Juntamente com ela quatro outras se estabeleceram: a Gradvohl Frères, a Lévy Frères, a Weill & Cia. e a Habisreutinger & Cia., todas pertencentes a comerciantes franceses oriundos da região da Alsácia-Lorena. Dentre elas, apenas três se manteriam como casas importadoras-exportadoras estrangeiras de importância, no contexto da economia cearense, ao iniciar-se a década de 1880: a própria Boris Frères, a Gradvohl Frères e a Lévy Frères. Essas foram as únicas sobreviventes do período anterior, quando o crescimento do negócio do algodão, nos anos 1860 e 1870, atraiu para o Ceará tantos comerciantes estrangeiros. Tal longevidade se mostraria ainda maior: cinquenta anos depois, em 1930, Gradvohl seria descrito como *banqueiro-negociante* e *negociante-exportador* e Lévy, como *negociante-importador*, enquanto Théodore Boris, diferentemente dos dois anteriores, seria descrito como um negociante que reunia as três atividades, o que demonstra não apenas a consolidação, mas também a importância de sua casa comercial.[8]

A atuação no grande comércio atacadista, fosse na venda de manufaturados importados ou na compra de matérias-primas para exportação, foi o que distinguiu essas três casas comerciais das demais que haviam se estabelecido na província do Ceará, garantindo sua sobrevivência durante décadas. Apoiados, preferencialmente, na estrutura matriz-filial, tais estabelecimentos auferiram as vantagens de atuarem, simultaneamente, em dois mercados-polos: o de Paris e o de Fortaleza. A existência dessa estrutura garantia-lhes uma posição privilegiada, em face não só dos outros comerciantes também franceses, mas, sobretudo, dos nacionais, uma vez que possibilitava o conhecimento de um mercado externo bipolar – consumo, preços e transporte –, conhecimento esse intercambiado entre matriz e filial.

A Casa Boris, especificamente, soube usufruir dessa posição privilegiada, o que lhe garantiu uma expansão contínua. A partir de sua instalação definitiva, em 1872, estabeleceu uma cadeia de distribuição de mercadorias que tinha, em uma de suas extremidades, a matriz em Paris, e, na outra, o pequeno comer-

---

8   *Annuaire-Almanach Didot-Bottin*, Paris, volumes referentes aos anos de 1920 a 1930.

330 LAURENT VIDAL E TANIA REGINA DE LUCA (ORGS.)

ciante do interior da província do Ceará. Essa cadeia atuava tanto na venda de manufaturas como na compra de matérias-primas.[9]

Dentre as mercadorias importadas pelos Boris as principais foram, em ordem de importância: tecidos, peças de vestuário, perfumaria, objetos de decoração, vinhos, conservas, manteiga, farinha de trigo, drogas, artigos de armarinho e papelaria. Essas mercadorias, que eram consignadas ou vendidas a outros comerciantes e se destinavam ao consumo da província, seguiram, de modo geral, o padrão das exportações francesas para o Brasil na segunda metade do século XIX. Entretanto, a Boris Frères diversificou nesse aspecto, provendo-se de mercadorias europeias não francesas, de mercadorias de fabricação brasileira e também de produção local, como velas de cera de carnaúba, charque e aguardente, que eram enviadas de uma área à outra dentro da própria província.

Os produtos típicos da pauta de exportações do Ceará constituíram, ao lado das importações, uma das bases da atividade mercantil da Casa Boris, sendo o algodão o principal gênero comercializado. À medida que os tecidos foram se tornando as mercadorias de maior peso nas importações, passou a ocorrer um intercâmbio comercial no qual se importava manufatura feita com a matéria--prima que se exportava. Um processo semelhante aconteceu com os couros e as penas de ema, matéria-prima para objetos de decoração e vestuário, que ocuparam, respectivamente, o segundo e o terceiro lugares em importância dentre os gêneros comercializados pelo estabelecimento.

A Boris filial comercializou, na exportação, gêneros que seguiam a pauta das exportações brasileiras para a França, na segunda metade do século XIX, como o algodão e os couros, e que, portanto, não faziam concorrência aos produtos coloniais franceses, sendo, em alguns casos, gêneros particulares e mesmo "exóticos", pois eram típicos da região, como as penas de ema, a cera de carnaúba e a borracha da maniçoba e da mangabeira (Figura 15.4).

Dispondo de capital e tendo estabelecido uma extensa rede de contatos, alicerçada na distribuição de mercadorias, fosse na importação ou na exportação, a Boris Frères passou a atuar também como casa comercial com função bancária. Isso provavelmente constituiu uma das formas de absorção de matérias-primas produzidas na província, visto que muitos empréstimos de capital se faziam sob a forma de compra antecipada da produção agrícola. Mas essa não foi a única forma: as estratégias comerciais adotadas, na venda para os comerciantes nativos das diversas mercadorias importadas, implicou uma dependência e um endivi-

---

9 As informações que se seguem estão baseadas, sobretudo, no *Arquivo Boris Frères*, referente à filial, sob a guarda do Arquivo Público do Estado do Ceará.

Figura 15.4 O comerciante Adrien Boris, Chambrey, 1852. Fortaleza, 1889. (*Uma casa chamada Boris*, 1869-1969. Fortaleza, s.n., [1969?].)

damento crescente desses comerciantes junto à Casa Boris, sendo que muitos passaram a pagar suas dívidas com matérias-primas (Figura 15.5).

Essas dívidas tenderam a agravar-se à medida que os preços do algodão começaram a declinar, ainda na década de 1870.[10] Assim, foram muitos os comerciantes, sobretudo da capital, que entraram em processos de concordata e falência, processos esses nos quais a Boris Frères era credora. A eclosão da grande seca de 1877-1879 somou-se a esse quadro, agravando ainda mais a situação financeira de vários comerciantes nativos.

A vivência da crise provocada pela seca, por parte das grandes casas comerciais estrangeiras, como a Boris Frères, porém, foi bem diversa daquela experimentada pelos comerciantes nativos. Além de atuar como credora naqueles processos durante a grande seca, a Casa Boris participou de um ativo comércio de importação de gêneros de primeira necessidade, como o arroz, o feijão, o milho, o café e a farinha. Para as suas relações com clientes falidos, surgiu um sucedâneo: o próprio Governo Provincial. Este, ante a fome que se alastrava na província, passou a comprar gêneros de primeira necessidade, a serem distribuídos à população, através dos grandes comerciantes atacadistas, que tiveram como prática frequente a estocagem de gêneros alimentícios, visando a uma subida forçada dos preços no mercado.

Esse mercado carente e faminto foi disputado palmo a palmo entre as Casas Boris Frères e "Lévy Frères", e, nessa disputa, as amizades pessoais com membros das chamadas "Comissões de Socorros Públicos" foram, se não decisivas, pelo menos importantes na conquista de uma posição privilegiada.

Dessa forma, a Casa Boris não apenas sobreviveu à crise dos anos 1870, como com ela cresceu. Ao iniciar a década de 1880, estenderia suas relações comerciais a outras províncias das regiões Norte e Nordeste do país. Foi provavelmente pela sua contribuição para o desenvolvimento do comércio franco-brasileiro que o governo francês principiou, em 1889, um processo de concessão da Cruz de Cavalheiro da Legião de Honra da República Francesa a membros da família Boris. Embora Théodore, o primogênito, tenha sido cogitado para recebê-la, seria Bertrand, filho de Achille, quem receberia o título, décadas mais tarde.

---

10 A produção e a exportação de algodão pelo Ceará, assim como por toda a região Nordeste do Brasil, tiveram grande incremento em consequência da Guerra de Secessão nos Estados Unidos, o maior fornecedor para o mercado mundial, e o ano fiscal de 1871-1872 registrou o mais alto índice de todo esse período de crescimento. A partir dessa data, porém, a cotonicultura decaiu, tanto em valores como em quantidade exportada, até o re-erguimento nos anos 1880, estimulado pela expansão da indústria têxtil algodoeira nacional.

FRANCESES NO BRASIL: SÉCULOS XIX E XX 333

Figura 15.5   O comerciante Achille Boris, Chambrey, 1852. Paris, 1923. (*Uma casa chamada Boris*, 1869-1969. Fortaleza, s.n., [1969?].)

Tempos de expansão e declínio (1880-1930)

No Ceará, a partir dos anos 1880, a Casa Boris diversificou suas atividades. Passou a atuar como agente de companhias de seguros e de navegação (a francesa Chargeurs Réunis e a alemã Hamburgo Suedamerikanische) e a representar os interesses consulares franceses na província.[11] Se a primeira dessas atividades revigorou os elos com o mercado internacional, a segunda colocou os Boris em situação privilegiada dentre os comerciantes da província/estado, uma vez que passaram a constituir o canal oficial por onde corriam tanto as informações chegadas aos Ministérios franceses sobre a província, como deles oriundos. No setor da agroindústria, implementaram novas atividades por meio de investimentos diretos na agricultura e no beneficiamento dos produtos agrícolas, chegando a apresentar ao Governo do Estado do Ceará, em 1890, projetos para a construção de estradas de ferro, que, porém, não se concretizaram.

A proximidade dos Boris com a elite política do Ceará tendeu a estreitar-se por meio das alianças que estabeleceram na província/estado. Essas alianças reforçaram seu poder econômico e abriram espaço para o exercício da influência política daí decorrente. Seus antecedentes encontram-se ainda na década de 1870, quando as relações de caráter pessoal foram importantes, se não decisivas, no contexto da seca de 1877-1879, para o crescimento comercial da Boris Frères então ocorrido.

A complementaridade de interesses entre essa elite política, constituída, essencialmente, pelos grandes proprietários de terra, e as casas comerciais estrangeiras, como a Casa Boris, advinha do fato de serem os grandes proprietários, simultaneamente, os produtores rurais das mercadorias exportadas e os consumidores dos artigos franceses importados, além de beneficiários de medidas que visassem ao incremento do cultivo e beneficiamento da produção, o que trazia acréscimos aos seus rendimentos.

A importância cada vez maior da Boris Frères no contexto da economia cearense e o aprofundamento da imbricação de seus interesses com a elite política local tiveram sua expressão mais acabada na sua atuação como credora do próprio Governo Provincial/Estadual, tornando viável a execução de diferentes serviços públicos. Além disso, essa casa comercial atuou no campo dos empréstimos externos de capital, agenciando um empréstimo que o Governo do Ceará contraiu

---

11 Essa representação, exercida primeiramente por Isaie Boris, permaneceria nas mãos da família, em uma primeira etapa, entre 1884 e 1925, e no ano de 1928. Na década de 1940, o cargo voltaria a ser ocupado pelos Boris, sendo por eles mantido até 1977, quando passaram a exercer a função de *cônsules honorários*.

em 1910, na França, emitido pelo Banque Louis Dreyfus et Compagnie, tendo por garantia as rendas do estado e os impostos sobre a exportação, e visando à execução do serviço de águas e esgotos de Fortaleza. Em contrapartida a essas suas atividades, a Casa Boris beneficiou-se de uma política fiscal a favorável àqueles que atuavam no comércio exportador-importador.

Sendo assim, não é estranho que a Boris Frères tenha se envolvido nas disputas oligárquicas no Ceará, tendo evidentemente o cuidado de alinhar-se sempre do lado daqueles que favoreciam seus interesses no estado. Foi dessa forma que os Boris mantiveram estreitas relações com a oligarquia da família Accioly, que governou o Ceará entre 1896 e 1912.[12]

Todavia, a evolução das atividades comerciais da Casa Boris viria a sofrer o impacto de conjunturas externas, relativas ao mercado internacional. Em 1910, encerrou o comércio de importação como parte de seus negócios no Ceará, acompanhando a perda progressiva da França de sua posição no mercado mundial. No ano de 1930, seria a vez do encerramento das exportações, no quadro da crise do capitalismo que se seguiu à grande depressão de 1929. A partir de então, as atividades da Boris Frères, no Ceará, se restringiriam, especialmente, ao ramo de navegação e seguros.

A existência de uma casa comercial constituída de uma matriz francesa e uma filial no Brasil, sempre nas mãos de uma mesma família estabelecida nos dois lados do Atlântico, se desfez em 1927.

Se isso se deveu àquelas condições do mercado internacional ou a questões ligadas à linha de sucessão na direção dos negócios, como as pistas indicam, ou a ambas as possibilidades, é uma incógnita. Os limites do nosso conhecimento esbarram nas consequências do processo de acirramento das rivalidades interimperialistas pela conquista de mercados. Este seria responsável não apenas pelo golpe definitivo na expansão comercial francesa, atingindo, indiretamente, as atividades da Casa Boris no Ceará. Determinaria, ainda, a eliminação física da Boris Frères na França, quando entrou em cena um elemento ideológico nesse processo – o antissemitismo. A empresa, em Paris, desapareceu no contexto do sequestro dos bens dos judeus no início da década de 1940, e, com ela, todo o seu arquivo (Figuras 15.6, 15.7 e 15.8).

---

12 Sobre essas relações políticas, ver Silva, Virgínia Maria T. da. *O declínio dos Accioly no Ceará (1912-1914).* São Paulo, 1982. Dissertação (Mestrado) – Universidade de São Paulo; Andrade, João M. de. A oligarquia acciolina e a política dos governadores. In: Souza, S. (Org.) *História do Ceará.* Fortaleza: UFCE, 1989, p.207-26; Porto, Antônio E. C. *Uma cidade contra seus coronéis.* Campinas, 1988. Dissertação (Mestrado) – Universidade Estadual de Campinas; Barroso, Parcifal. *Um francês cearense.* Fortaleza: s.n., 1973.

Figura 15.6 Matriz da Boris Frères: vista frontal do prédio onde se localizava o escritório da empresa entre as décadas de 1880 e 1940 – Rue de La Victoire, 65, Paris (fotografia feita pela autora em 1990).

Figura 15.7 Filial da Boris Frères em 1921: vista fronto-lateral do prédio em Fortaleza (fotografia cedida por Pierre Seligman).

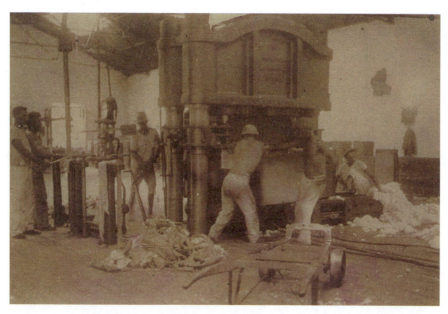

Figura 15.8 Prensa inglesa de algodão da Casa Boris Frères, inaugurada em 1924 (fotografia cedida por Pierre Seligman).

16
O ESPELHO FRANCÊS NA "PARIS DAS SELVAS"

Maria Luiza Ugarte Pinheiro

À época da viagem de Charles-Marie de La Condamine (1992) à região do Alto Amazonas – que mais tarde viria a se transformar na província e, posteriormente, no Estado do Amazonas – era ainda espaço ocupado por diversas culturas indígenas enfrentando o avanço do colonialismo português que então buscava se consolidar. De volta a Paris, La Condamine vaticina sobre as possibilidades industriais de um produto da floresta que mais tarde acabaria por difundir a Amazônia ao mundo, atraindo a sua atenção e cobiça: o látex.

A contribuição de La Condamine para o desenvolvimento da região foi sempre lembrada pela intelectualidade amazonense. De fato, La Condamine ajudou a reforçar a ideia que, no norte do país, associou a França pós-revolucionária ao progresso científico e à modernidade.

Rastrear os primórdios da presença e da influência francesas no Amazonas é tarefa difícil, mas é certo que em meados do século XIX e início do XX essa influência era forte demais para ser ignorada. Ela podia ser mensurada a partir do debate acerca da arquitetura urbana desejada para Manaus, na valorização de hábitos, valores e modismos que ganhavam com insistência espaço nos códigos de posturas e nas páginas dos jornais, além de permear cotidianamente os discursos das autoridades. Na ode modernizante que tomara conta da região ao longo de todo o Ciclo da Borracha, foi comum que o regional passasse a ser associado ao atraso e ao tradicionalismo, em oposição ao progresso e à "civilização" desejados. Nesses meandros discursivos, a França, sempre associada a refinamento e civilização, impôs-se como um espelho em que a sociedade da borracha buscou inspirar-se.

Não sem motivos, portanto, Manaus, capital do estado e então epicentro comercial do frenesi gerado pela economia de exportação da borracha, adotava, já em fins do século XIX e sem doses de modéstia, o apelido que definia o espírito de uma época dourada. Com os olhos focados no além-mar, a "Paris da Selva" eternizou-se na memória de seus habitantes: *"Paris da Selva / Mon amour, très jolie / Com vinte mil-réis / As cocottes dizem 'Oi' / Voilá, mon chéri!"*.[1]

A adoção do "modelo francês" parece, contudo, ter começado a se impor mesmo antes do frenesi gerado pela alta dos preços da borracha. Registros oriundos da rica literatura de viagens dão conta dessa valorização da cultura e modernidade francesas e sua tentativa de incorporação pelas elites locais já em meados do século XIX. Tecendo impressões sobre a Vila da Barra do Rio Negro (Manaus), Paul Marcoy a visualizava no meio de um processo de visível desenvolvimento:

> O aspecto da cidade dá uma impressão agradável a qualquer um que, como nós, entra nela depois de uma prolongada viagem pelos povoados do Alto Amazonas, onde a barbárie ainda reina. Ela deve o título de capital da província, que lhe foi dado pelos estatísticos, às suas casas com sacadas, à sua flotilha multicolorida e à atividade comercial de que é centro. Esse título também explica e justifica a abundância de uniformes e trajes que se observa ao entrar na cidade. *A adoção da moda francesa pelas pessoas abastadas*, o uso de verdadeiras camisas pelos índios no lugar das camisetas usadas nos povoados de rio acima permitem facilmente perceber que deixamos para trás a barbárie e estamos num daqueles canais chamados capitais, onde se unem todas as correntes geográficas, intelectuais, políticas e comerciais do país. (Marcoy, 2001, p.169)[2]

Mesmo no conturbado período da Cabanagem (1833-1840), "as ideias francesas" que andavam na cabeça dos habitantes do Grão-Pará iam para muito além do dístico "Liberdade, Igualdade e Fraternidade", deslocando-se do campo político para o social. Emille Carrey, que estivera em Belém em 1835, ano em que os cabanos tomaram o controle da cidade, soube como poucos descrever e satirizar os costumes locais e estabelecer a denúncia do pauperismo e do descaso político com o qual a região sempre foi tratada. Na densa descrição produzida, emergiu, por vezes, o confronto de valores e práticas sociais dos dois mundos (França e Grão-Pará) vivenciados pelo autor. Em um desses confrontos, emerge o lamento de uma senhora local diante de sua visitante francesa:

---

1 Samba-enredo do Carnaval de Manaus no ano de 1983, da Escola de Samba "Sem Compromisso".

2 O avançar do tempo apenas reforçou essa tendência e, dessa forma, Margareth Booth não deixou de se impressionar com as senhoras brasileiras "vestidas em roupas justas francesas".

– Se a senhora soubesse como somos infelizes! Li num livro francês, que as senhoras francesas saem sós e recebem as suas amizades como lhes agrada. Nós, nunca. Somos sempre acompanhadas por um ou dois escravos; e não podemos receber pessoa alguma senão na presença dos nossos maridos. São de tal modo ciosos, que até nos proíbem de chegarmos às janelas. Comemos sempre sós, à parte, com as nossas escravas. (Carrey, 1862, p.279)

É evidente que os papéis de gênero também se alteraram com a dinamização da vida econômica em consequência da expansão da economia de exportação da borracha, já que esta impunha características e demandas novas à região e, em especial, às cidades por onde era escoada: Belém e Manaus. Um olhar sobre o universo feminino desse período nos permite adentrar nesta problemática. A nova estruturação citadina, aliada a modificações importantes na composição da população local, propiciou oportunidades novas à mulher, arranhando a característica do trabalho remunerado e fixo em Manaus como essencialmente associado ao sexo masculino.

Espelhando-se no modernismo e utilizando-o para derrubar barreiras e ampliar seus espaços, as mulheres inegavelmente avançam para fora dos círculos privados da casa, tornam-se mais visíveis nas praças, confeitarias, teatros e quermesses. Atuam no mercado de trabalho formal e informal. No ensino público de primeiras letras, pela primeira vez superam os professores, embora o Liceu e o Ginásio só existissem para elas na condição de alunas.

Em Manaus, muitas mulheres consagram seus nomes nos ateliês de confecções de roupas e acessórios femininos (chapéus, bolsas, sapatos), tornando-se respeitadas empreendedoras. Esse avanço feminino no espaço público é intimamente associado à modernização e ao progresso e valorizado como um exemplo maior de civilidade, associado ao modelo francês. Em determinada coluna, uma importante revista de variedades descrevia, com certa dose de ironia, o que se via nas ruas de Manaus no quesito "elegância":

Nas ruas, passeando, vimos hontem as graciosas demoiselles pipócas, *chiquement* vestidas de *tulle* preto com enfeites de renda aromática, da cor de ceo enfarruscado. *La belle madame* Cambiantes, toda de branco, da cor de son ame que é pura como a neve. Madame levava nos braços um pequenino chien chéri, todo felpudo e mimoso. Monsieur de dr. E. C., enfraqué, enchia a vista e encontrava o sage maitre Chevalier, de monocle, examinando as bellas promenantes, tout babeux. E outros. – Paguin Petit[3]

---

3   *A Nota*, Manaus, n.12, 18 de novembro de 1917.

Um fator de extrema relevância para a modificação do perfil das mulheres na Amazônia foi a possibilidade de acesso à instrução formal, com a abertura, cada vez mais crescente, de turmas e escolas destinadas às meninas. Não sendo um direito, a expansão da escolaridade feminina no Amazonas foi lenta e restrita aos segmentos médios urbanos. Temendo a subversão dos valores, foi comum que famílias abastadas tendessem a confiar a instrução de suas filhas a preceptores ou a professores particulares que as ensinavam na própria casa, resguardando--as de um maior convívio social, tido por perigoso e, portanto, indesejado. De qualquer forma, a instrução formal, incluindo noções de álgebra, aritmética e o ensino da língua portuguesa (eventualmente o ensino do francês) por parte de um contingente cada vez maior de mulheres, qualificava-as para o exercício de novas profissões em um mercado de trabalho que se expandia e se diversificava em um ritmo frenético.

Manaus se encheu de firmas comerciais ligadas à exportação do produto e de toda sorte de lojas. O comércio varejista, vinculando-se à necessidade de abastecimento dos seringais, alcançou grande expansão. Por outro lado, a contínua ampliação populacional e, em seu interior, o crescimento de um segmento abastado constituído não só por seringalistas locais, mas também por uma significativa "casta" de prepostos das grandes firmas internacionais que atuavam no estado – sabe-se que muitos funcionários de firmas inglesas e alemãs recebiam salários maiores que os proventos do governador do estado –, criaram condições propícias para o desenvolvimento de um comércio de artigos de luxo bastante significativo. Por volta de 1908, o comércio de Manaus congregava em aproximadamente seis mil funcionários, entre balconistas, caixas e guarda-livros.

Embora difícil de mensurar pela escassez crônica de registros, é sabido que uma parte desse mercado abriu-se para o trabalho feminino. A iconografia do período permite visualizar mulheres no exercício daquelas funções. Dentro da lógica de uma cidade eminentemente comercial, consagram-se como balconistas. Nas lojas e, em especial, nas firmas comerciais, travam com sucesso uma batalha silenciosa: com a ajuda da máquina de escrever, lenta, mas de maneira definitiva, substituem os amanuenses. Passam a ser as datilógrafas dos escritórios das casas comerciais e as vendedoras nas lojas de artigos de luxo, e, em especial, naquelas destinadas ao consumo feminino. Assim, esse mercado também se volta para elas, seduzindo-as com suas propagandas de roupas, perfumes e adereços em revistas e jornais da época.

Nas lojas de confecções ou nos ateliês das modistas, as representações da elegância e sofisticação buscam projetar-se e recriar a última moda ditada por Paris (Figura 16.1). "Mme. Marie, 'recentemente chegada de Paris', anuncia-

 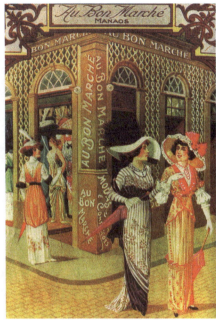

Figura 16.1   Propagandas das lojas Au Bom Marche e As novidades de Paris.
Fonte: Almanack Amazonense. Manaus: Editor Almanak Hénault, Rio de Janeiro, 1912-1913.

va os últimos modelos daquela Meca da moda, que a maioria da classe superior já havia visitado pelo menos uma vez, muitos, periodicamente" (Burns, 1966, p.10).

Não bastasse o apelo imagético, seja em ostensivas vitrines, seja em impressos que circulavam no periodismo local, a propaganda das grandes lojas incorporava o discurso de modernidade e sofisticação, mostrando conexões com o universo parisiense. Um dos mais famosos magazines da cidade, Au Bon Marché, jactava-se ser "o único que recebe todos os seus artigos de Paris", com destaque para as peças de vestuário, chapelaria e perfumaria.[4]

A imprensa humorística do período fazia constante troça com a incorporação dos modismos e hábitos franceses pelas mulheres amazonenses. Denunciava, sobretudo, o caráter ostentatório daquela incorporação e o uso extravagante de chapéus, leques, saltos, meias e espartilhos, em figurinos mirabolantes que por vezes se mostravam em completo desacordo com o clima tórrido da região. Em

---

4   *Cá e Lá*, Manaus, n. 16, 3 de outubro de 1917.

Figura 16.2   Charges "A moda" do jornal *A Nota*, 1917.

A Nota, uma das primeiras revistas de variedades que circularam em Manaus, tais práticas eram ridicularizadas em charges semanais de Raul[5] dedicadas à "moda" (Figura 16.2).

A presença de mulheres estrangeiras em Manaus, embora pequena (exceção das portuguesas, cuja comunidade era uma das maiores do país), acabava por reforçar o gosto pela moda europeia, e a crônica local não deixou de registrar, com escárnio, o fato de que até mesmo as meretrizes de origem europeias, embora desprezadas pelas senhoras da "alta sociedade", tinham seus vestidos copiados por elas.

Com efeito, a presença de estrangeiras na esfera do comércio do prazer foi um capítulo à parte na história de Manaus durante o período da borracha. Embora o meretrício tenha se ampliado na cidade, como de resto em outros lugares, principalmente como estratégia de sobrevivência de mulheres destruídas pela opressiva estrutura social, foi a imagem da *cocotte* francesa que acabou por adquirir destaque no interior da produção literária local até os nossos dias, reforçando, à sua maneira, a imagem idílica do período da borracha. Tratava-se em geral de uma espécie de prostituição oficial, já que tacitamente aceita e, por vezes, justificada e acobertada pelo poder público. Não há ainda estudos específicos sobre o assunto, mas é certo que o número de francesas atuando na prostituição de luxo em Manaus era significativamente menor que sua fama. De acordo com Samuel Benchimol, muitas "polacas", judias jovens e inexperientes

---

5   *A Nota*, Manaus, ns.7, 9 e 11, 14 e 28 de outubro e 11 de novembro de 1917, respectivamente.

que não conheciam o idioma local e não possuíam nenhuma formação profissional, acabavam sendo integradas ao meretrício, e muitas delas "se fizeram passar por mulheres francesas" (Benchimol, 1999, p.275). Tratava-se, pois, de uma estratégia de sobrevivência importante se levarmos em conta que, ainda segundo Benchimol, "mulher de vida fácil foi, por muito tempo, uma 'polaca' no linguajar do manauense e, com esse significado, permaneceu até a década de 30 do nosso século" (Corrêa, 1966, p.57).

Tomando o exemplo das prostitutas francesas como mote, é preciso salientar que, a par de meia dúzia de referências colhidas ao acaso na crônica jornalística e literária regional, as experiências concretas de imigrantes franceses (homens e mulheres) no Amazonas é ainda um solo a ser explorado pela abordagem historiográfica. Sem essa percepção a pesquisa histórica contemporânea se deixa levar por referências consagradas nas falas do poder, em que a opulência e a harmonia social dão a tônica. Eivada de contradições sociais as mais profundas, as imagens da Manaus preconizada por sua elite dirigente escamoteava a aspereza da vida diária das camadas populares. A própria presença francesa, ou melhor, a própria presença de imigrantes franceses no Amazonas tem sido filtrada por esse viés exclusivo que os localiza, sobretudo, em cargos e postos de direção, como agentes comerciais atuando em Belém ou Manaus. O exclusivismo dessa abordagem acaba por encobrir experiências diferenciadas, como a de Pierre Laverran, descrita nos relatórios médico-sanitários do período. De acordo com Alfredo da Mata, Laverran, de 29 anos e solteiro, atuava como seringueiro na região do Rio Yaco, onde contraiu leishmaniose cutânea, de forma que seu "pé estava fortemente edemaciado, tendo as pequeninas úlceras e o original tecido pseudoverrugoso, de papilas reunidas, curtas, grossas e fechadas".[6]

Ainda de acordo com a literatura médico-sanitária do período, entre os anos de 1904 e 1907, nada menos que 26 franceses faleceram no Amazonas, dentre os quais se encontravam alguns membros de uma companhia lírica acometida pelas "febres" tão comuns naquele momento. Hermenegildo de Campos, destacado sanitarista do período, situava os franceses entre as menores colônias de estrangeiros vivendo em Manaus no ano de 1907, não passando de quarenta indivíduos (Campos, 1988, p.35, 101).

É certo que franceses se espalharam também pelo interior do Amazonas, em atuações diversificadas, atendendo à pressão mundial pela borracha. Seringuei-

---

6   *Amazonas Medico*, n.1, Manaus, 1917. Vai aqui um agradecimento especial à pesquisadora Cláudia Amélia Mota Moreira, cujas pesquisas acerca da imprensa amazonense ainda resultarão em grande contribuição à História Social.

346 LAURENT VIDAL E TANIA REGINA DE LUCA (ORGS.)

ros, como Laverran, ou proprietários, como Sebastian Germain Robert, que "fundou a grande fazenda de gado, de nome 'Boa Vista', no Solimões, onde hoje está instalada a Colônia Agrícola Bela Vista, do Governo Federal" (Bittencourt, 1973, p.387).

Pelos registros cartoriais, há indícios de que a comunidade de franceses no Amazonas mostrou-se mais aberta que a dos ingleses e outros estrangeiros,[7] chegando a se enraizar e estabelecer famílias mistas, fruto de casamentos com a população local. O próprio Sebastian Robert, rico proprietário, casou uma de suas filhas com José Paez de Azevedo, oficial de polícia e jornalista, que também chegou a administrar um dos mais importantes Trapiches de Manaus (ibidem, p.387). Há registros formais de casamento de franceses com amazonenses no interior do estado, como os dois casos relatados por Campos no Janauacá (Campos, 1988, p.27).

Deixando de lado a experiência concreta dos imigrantes, a França foi, antes de tudo, o espelho de modernidade em que as elites locais buscaram mirar-se. Com os primeiros atos administrativos da nova Província do Amazonas, instalada em 1852, reforçava-se o desejo tenaz de "civilizar" hábitos e costumes locais, agora por meio da criação de cadeiras regulares de ensino. Destinando-se à população branca e de posses, é sintomático que a primeira cadeira a ser criada na Província do Amazonas tenha sido a de língua francesa. Como ação do estado provincial, o ensino da língua portuguesa só seria fomentado cinco anos depois. Em 1899, o *Álbum do estado do Amazonas*, fazendo um balanço sobre a situação dos edifícios escolares e da educação no estado, deixava entrever que a língua francesa era ainda a única língua estrangeira ministrada nas escolas amazonenses:

> Os edifícios escolares, sobretudo na Capital, são typos de architetura elegante. Não há exagero em affirmar que poderiam hombrear com muitos modelos europeus. O ensino superior corresponde ao bacharellato em lettras. Os diplomas são válidos para as Academias no Brazil.
>
> No curso Normal que dura quatro anos se preparam professores. Cadeiras: Portuguez, *Francez*, Álgebra, História Natural, Biologia, Geographia, História, Sociologia, Economia Política, Phisica.[8]

---

7 "Em geral o inglês não se casa com brasileira, a menos que ela seja filha de ingleses. Também é raro que o judeu, o turco, o árabe se casem com brasileiras que não sejam filhas de turcos, árabes etc." (CAMPOS, 1988, p.26).

8 *Álbum do Estado do Amazonas*, Gênova, 1899, p.31.

Manaus vivia ainda seus primeiros dias da glória febril e fugaz do *cautcho* e já buscava se associar ao movimento sinalizado pelos ideais de progresso, ilustração, refinamento cultural e polidez de costumes. A montagem da primeira biblioteca pública, em 1884, expressava essa intenção das elites dirigentes:

> Para compor o acervo inicial da biblioteca, José Paranaguá chegou a contratar o Barão Ramiz Galvão – então bibliotecário da Biblioteca Nacional do Rio de Janeiro – e para selecionar e indicar coleções e números avulsos que deveriam ser adquiridos na Europa e na Corte. De Paris, vieram mais de mil volumes, despachados pelo porto de Havre. (Braga, 1969, p.63)

Autores franceses eram lidos pelas ruas, uma vez que, ao lado dos jornais locais, qualquer visitante estrangeiro em Manaus encontrava jornais e revistas europeus. Notícia veiculada em um jornal da época dá bem essa dimensão:

> O Centro de Publicações, acreditada casa de jornais e revistas à avenida Eduardo Ribeiro e de propriedade dos srs. Armindo Freitas & C.A., offereceu-nos o número de Fevereiro último da apreciada revista *Ars et Labor*, que se publica em Milano, e diversos do *Menestrel*, de Paris. No Centro de Publicações encontram-se sempre as últimas novidades do país e do estrangeiro. A popular Agência Freitas, à rua da Installação, teve a gentileza que muito agradecemos, de enviar ao nosso jornal o último número do *Le Theatre*, de Paris, e diversos números das revistas francesas *La Vie au Grand Air*, *Paris Qui Chant*, a polka *Tico-Tico*, de Abílio Fonseca, e a bela revista inglesa *The Sketch*.[9]

No Amazonas, jornais como *A Estrela do Amazonas* e seu sucessor, o *Amazonas* (1866), "publicaram muitos romances-folhetins franceses do século XIX" (Meyer, 1996, p.453).[10] Em 1874, com quase dez anos de circulação, o *Diário do Amazonas* anunciava em primeira página uma novidade para seus leitores: decidira incorporar o folhetim. *"Quarta Página – D'ora em diante dedicamos a quarta página do nosso jornal para folhetins, variedades, e damos princípio hoje ao romance* Os Máscaras Vermelhas, *que nos parece ser preferível a outro"*.[11] O folhetim era, em verdade, uma espécie de adaptação livre de romances de Victor Hugo – relatando dilemas, paixões, intrigas, além das injustiças sociais e o drama da miséria urbana de Paris. Por mais de cem números, durante dois anos

---

9 *A Plateia*, Manaus, n.1, 9 de abril de 1907.

10 A informação é atribuída ao escritor amazonense Milton Hatoum, cuja obra não aparece, contudo, indicada pela autora.

11 *Diário do Amazonas*, Manaus, n.1, 4 de janeiro de 1874.

seguidos (1874-1875), publicou folhetins, saindo invariavelmente na última página do jornal.

Em 1906, preparando-se para receber a primeira visita de um presidente da República (Afonso Pena), Manaus se enfeita caprichosa e, em homenagem ao aniversário do governador, brinda-o com nada menos que uma réplica em madeira da Torre Eiffel (Figura 16.3).

Figura 16.3   Fotografia de réplica em madeira Torre Eiffel em Manaus, 1906.
Fonte: Marcos di Panigai.

A fotografia captada pelas lentes de Marcos di Panigai mostra uma estrutura de madeira de aproximadamente vinte metros de altura, projetando-se no alto da principal via da cidade, a Avenida Eduardo Ribeiro, e emoldurada pelas duas mais importantes edificações: o Palácio da Justiça (ao fundo) e o Teatro Amazonas. Em um momento de encantamento e deslumbre, o espelho parisiense nunca se mostrou tão evidente.

Buscando registrar o cotidiano das relações na vida citadina da capital amazonense em seu momento de máximo desenvolvimento econômico (o ano de 1910), Bradford Burns reconhecia que, em uma economia controlada quase que exclusivamente por empreendedores ingleses (eram deles as grandes casas aviadoras que comercializavam a borracha da região),

> [...] foram o gosto e o estilo franceses, entretanto, que muito fizeram para a formação dos hábitos diários dos barões da borracha, suas esposas, amantes e seguidores. Esse grupo jactava-se que sua cidade possuía o "espírito alegre da vida parisiense". Interessante, também, era o fato de ser o francês a única língua estrangeira ensinada na Escola Normal. O jornal *Le Matin* era encontrado nas principais bancas de jornais. O Teatro Julieta, conforme sua direção, orgulhosamente, lembrava ao público, especializava-se em "apresentar os maiores trabalhos de arte da *Comédie Française*, produzidos pela *Compagnie des Cinematographes Pathé Frères* (Paris)". (Burns, 1966, p.10)

Estamos diante, bem se vê, de uma construção discursiva que, produzida pelas elites locais, busca dar um novo significado à cidade e sua própria imagem a partir da incorporação de modelos exógenos, pinçados, sem rebuços, do horizonte cultural configurado pela *Belle Époque*. A riqueza trazida pela borracha reforçou o desejo de sofisticação e refinamento e, logo cedo, generalizou-se a moda de enviar os filhos para estudos em Paris. De fato, Paris passou, no final do século XIX, a exercer forte fascínio sobre a elite letrada em todo o país, ocupando um espaço que fora de Coimbra durante o período colonial. Ao final dos vinte anos de verdadeira vertigem do látex (1890-1910), circulavam por Manaus cientistas e intelectuais locais com um grau de qualificação profissional invejável. Um breve olhar sobre as biografias de personalidades ilustres de Manaus revela uma trajetória de formação técnica e profissional que, iniciada no país, adquiria consagração pela passagem quase obrigatória por Paris:

> O dr. Jorge de Moraes nasceu em Manaus a 18 de julho de 1878. Bem cedo, quando ainda menino, revelou-se muito inteligente. Seu pai o mandou estudar na Bahia, em cuja capital, Salvador, fez o curso de Medicina, conquistando sempre notas bem altas. Depois viajou para a Europa, percorrendo vários países, demorando-se em Paris para aprofundar seus estudos. (Bittencourt, 1973, p.293)

350 LAURENT VIDAL E TANIA REGINA DE LUCA (ORGS.)

Diga-se de passagem que Jorge de Moraes exemplifica uma trajetória intelectual de sucesso, em que o brilhantismo acadêmico, associado aos aportes financeiros da fortuna familiar, facilitou o trânsito na cena pública e na vida política estadual. No entanto, muitos dos filhos de seringalistas que, como ele, tiveram a oportunidade de finalizar estudos em espaços mais cosmopolitas e de efervescente ambiente cultural, apresentaram problemas de readaptação ao cenário local. Sendo o retorno ao Amazonas uma exigência familiar frequente, não raro causava desgostos e insatisfações. De fato, para muitos patriarcas locais, a formação profissional dos filhos, independentemente da área ou campo de atuação, continuava a ter como finalidade primeira a garantia da continuidade dos negócios familiares arraigados no mundo rural, especificamente na montagem e manutenção dos seringais, fazendo que muitos diplomas consagrados não tivessem localmente outra serventia que não a da ostentação.

Com alguma frequência, os egressos do universo cosmopolita europeu sentiram uma flagrante inadequação entre o ideário burguês de valorização do refinamento intelectual e o ambiente cultural local, tido como acanhado, se não medíocre. Muitos foram os que preferiram não retornar à região, em especial aqueles cujas famílias conseguiram sobreviver à crise da economia de exportação. Os que retornaram a Manaus se empenharam em montar estratégias de (re)criação de uma ambiência cultural refinada, em muito contribuindo para o desenvolvimento de políticas públicas inovadoras, em especial no campo da educação. Assim, a atuação no magistério, a participação na vida literária, na imprensa local e na militância político-partidária foram alternativas nada desprezíveis para quem se via entre a lembrança do cosmopolitismo dos grandes centros culturais e a possibilidade do isolamento bucólico dos seringais no sertão amazônico.

Deveu-se, sobretudo a essa elite letrada, a criação de instituições culturais mais arrojadas. Em 1909, em pleno apogeu da borracha, Manaus viu nascer a primeira instituição universitária do país, a Escola Universitária Livre de Manaus, que iniciou suas atividades um ano depois, em 15 de março de 1910, oferecendo diferentes cursos: Direito, pela Faculdade de Ciências Jurídicas e Sociais; Farmácia, Odontologia e um curso destinado a parteiras, pela Faculdade de Medicina; e Engenharia Civil, Agrimensura e Agronomia, pela Faculdade de Engenharia. Boa parte dos docentes da Escola Universitária Livre de Manaus trilhou o caminho seguido por Jorge de Moraes, embora nem todos fossem filhos da terra ou expoentes da aristocracia rural. No âmbito das ciências jurídicas, a formação dos lentes tendeu a se efetuar no próprio país, preferindo-se Pernambuco a São Paulo. Já o recurso ao ensino universitário europeu foi mais significativo entre os

FRANCESES NO BRASIL: SÉCULOS XIX E XX   351

professores da área de saúde. O próprio reitor da universidade, Dr. Astrolábio Passos, um médico piauiense de longa data radicado no Amazonas, exemplifica essa trajetória: formado em Medicina na Bahia, especializou-se em Ginecologia e Obstetrícia em Viena e Paris, onde também pôde cursar o Instituto Pasteur. Outro médico de destaque, Araújo Lima, seguiu um caminho idêntico: graduou-se em Farmácia na Bahia e Medicina no Rio de Janeiro e especializou--se em Medicina Tropical na Universidade de Paris. Antônio Ayres de Almeida Freitas cursou a Sorbonne, especializando-se em "Leprologia", "Sifilografia" e Dermatologia.

Cabe salientar que essas trajetórias intelectuais alavancadas pela acumulação propiciada pela borracha chegaram ao fim tão logo o seu sustentáculo mostrasse os primeiros sinais de debilidade. Mario Ypiranga Monteiro registrou esse impacto, denunciando certo arrivismo entre os intelectuais da região:

> É a ameaça da decadência, a partir de 1909, que transforma o cenário da nossa cultura, pela segunda vez. Na primeira foi o fluxo da inteligência, ao aceno econômico da borracha. Agora é a fuga precipitada, o "salve-se quem puder", à míngua o erário público que sustentou a elegância estilística de Alberto Rangel, o ranço do filólogo Castro Lopes, a vadiagem boêmia de Quintino Cunha, o ócio principesco do barão dos Nery e de outros nobres de secos e molhados que traziam emolduradas sobre cornija coroas adquiridas à rabugem governamental.
>
> Com a revoada dessas aves de arribação, a paisagem cultural não se empanou. Amadurecidas na comunhão diuturna dos livros, dos jornais bem informados (um jornalismo culto), as gerações disputaram lugares frontais e firmaram-se independentes daquela insinuante influência dos ditadores de estilo e de filosofia positivista. (Monteiro, 1968, p.32-3)

Paris foi também a Meca para a boemia literária manauara, que respirava seus ares e gostava de mostrar familiaridade com o ambiente cultural de Montmartre. A expensas do erário público, muitos intelectuais locais viveram anos em Paris, como foi o caso do barão de Santa-Anna Nery. Como Bilac e outros intelectuais da época, detestava o regresso à terra natal. Seu *O paiz das amazonas* foi publicado em Paris e buscava demonstrar, por meio de volumoso uso de fotografias de Manaus e da Amazônia, o avanço da civilização nos trópicos. Santa-Anna Nery orgulhava-se de frequentar os círculos letrados parisienses e chegou a participar como vice-presidente de uma Organização Internacional de Escritores, cuja presidência coube a ninguém menos que Victor Hugo.

Se a chegada a Paris funcionava como elemento de consagração para o escritor amazonense, seu regresso era, por vezes, um calvário. Esse dilema aparece nas memórias de Péricles Moraes, escritor refinado e sagaz, quando recorre à trajetória de um panteão da literatura amazonense, Raimundo Monteiro (1882-1932). Monteiro, o "poeta das Horas Lentas", era filho de abastados comerciantes amazonenses e foi um dos poucos dentre os intelectuais locais que conseguiu projeção nacional. Péricles o apresenta como a expressão máxima do refinamento literário, comparando-o aos grandes nomes da literatura nacional. Para Péricles, a exuberância de Monteiro era decorrência direta de seu estreito convívio com o núcleo central da "república das letras", cujo epicentro era, inegavelmente, a capital francesa. Com efeito, Raimundo Monteiro estudou línguas na França, na Inglaterra e na Espanha, além de ter vivido alguns anos no Rio de Janeiro. Em todos esses lugares, foi frequentador assíduo das rodas boêmias e literárias. Péricles descreve o meio intelectual em que ele viveu:

> Da época de *Volutas*, o livro de estreia, ainda na adolescência, no turbilhão de Paris, figura insubstituível na boêmia libertina de Montmartre e nos cafés do Boul Mich, tomando banhos de sol em Ostende, pelo verão e gozando da intimidade de Collete e dos poetas célebres de França, naquele tempo: Verlaine, Mendès, Leon Vallade, Albert Mérat – ao fastígio de sua glória, no Rio, pertencendo à ronda gloriosa de Bilac, Aníbal Teophilo, Goulart de Andrade, Leal de Souza, Emilio de Menezes, Bastos Tigre. Bilac era um amoroso dos seus poemas parnasianos; e nas horas fugitivas das noitadas estúrdias, recitava-os, de cor, exaltando-lhes as rimas floridas e caprichosas. Esguio, elegante, cavalheiresco, uma rosa à lapela, luvas de camurça e polainas cinzentas, a cabeleira leonina, de longas melenas encrespadas, adornando uma cabeça plástica de estátua, Raymundo Monteiro era a chama, a centelha espiritual, o enlevo feiticeiro, a graça esvoaçante, a *blague* luciferina dos círculos boêmios da metrópole. (Moraes, 1944, p.32, 33)

A exaltação das qualidades literárias de Raimundo Monteiro serve de preâmbulo para Péricles confirmar sua tese do caráter limitador e esterilizante da província, em que a floresta rouba a seiva do poeta e seu brilho literário passa a ser lentamente ofuscado pela imutabilidade tediosa da paisagem selvagem do seringal onde seu pai o encerrou, quando de seu retorno a Manaus.

> Tangido por circunstâncias imperiosas, de ordem econômica, o poeta mergulhara na solidão da floresta, no Rio Madeira, em Mirari, onde nascera. De longe, em longe, as filigranas de suas estâncias miliardárias. Mas a selva, o fragor dos rios encapelados, o bramido das cachoeiras, a vida selvagem e brutal do sertão amazônico, na monotonia do seu imutável cenário, acabaram, em suma, por enfastiá-lo. Refugiou-se em Manaus. Aí, desambientado, sob a pressão de inexorável desalente, embora rodeado das Musas favoritas, que subsistiam imperecíveis, imolou-se na fatalidade

do seu próprio destino, sossobrado [sic] na esterilidade de um cartório provinciano, ele, o peregrino trovador, que "desfolhava um beijo ao falar de Paris", e que um dia sonhara, nos seus devaneios da juventude, com a arte de *vivre em beauté*, como aquele fascinante Dorian Gray, da criação hiperestética de Wilde. (ibidem)

Para a intelectualidade formada no exterior e, sobretudo em Paris, foi natural o desejo de recriação de espaços culturais refinados em Manaus e a cidade busca se moldar, pela mão de seus urbanistas, nesse sonho haussmaniano distante, travestindo-se na "Paris das Selvas" que os memorialistas enfim consagraram. Em 1906, João Batista de Faria e Souza, intelectual renomado na época e um dos redatores da revista *Pontos nos ii*, cujo pseudônimo usado na revista era Gato Preto, informava aos seus leitores:

> Adeus que eu parto...
> *Gato Preto* com as lágrimas nos olhos, todo trêmulo e commovido, despede-se dos seus bons e maus amigos; parte, parte saudoso, vae a longínquas paragens cavar bronze para, voltando a esta *Paris* (Manáos) montar uma revista. Ah! Esta sim, será uma *revista em regra*.
> Gato Preto[12]

Muitos desses intelectuais tentavam recriar em Manaus os espaços por eles frequentados em Paris e no Rio de Janeiro. Circulavam com desenvoltura na boêmia e na vida noturna manauara frequentando os cafés, as confeitarias e os bordéis da época. Produziam periódicos em que falavam de si e de seus pares. Assim, eram referencias nos mexericos de uma imprensa dominigueira que não perdia a oportunidade de revelar ao público as idiossincrasias dos mais conceituados literatos locais. Muitos não se incomodavam com a pecha de boêmio que lhe lançavam os mais conservadores. Sem cerimônia, partilhavam com os confrades as pilhérias, em versejados improvisos que desancavam os desafetos e faziam o delírio da assistência, que, assim, passava a esperar ansiosa sua transposição para os jornais.

A vinculação entre boêmia e vida literária fazia dos cafés, leiterias e botequins os espaços por excelência para onde convergiam os homens de letras. Cada "igrejinha" tendia a fincar raízes em locais específicos, e muitos funcionavam como redações improvisadas, onde alguns jornais foram idealizados e até integralmente redigidos, antes de serem levados à prensa. A vida noturna manauara incluía

---

12 *Ponto nos ii*, Manaus, n.7, 25 de agosto de 1906.

as rodas literárias do Café dos Terríveis,[13] do Terrasse de Ville de Bordeaux ou da Nova Phenix. Assim, o *Monóculo* comunicava a seus leitores: "prevenimos à rapaziada que teremos, por enquanto, somente uma caixa no botequim BOHEMIA".[14] Na *Tezoura*, o leitor é convidado a enveredar por esses espaços da vida boêmia manauara e, ao fazê-lo, encontrar "o pessoal", "a corujada" entregue aos prazeres da noite.

> Amigo leitor, tens o que fazer? Prevejo a resposta, naturalmente "não", então, o braço no meu braço enfia e, vamos Avenida a fora, por esta tarde quente do abrazador Outubro, já ao declinar do sol, até á Terrasse da Ville de Bordeaux, onde o diligente Túlio nos atenderá em dois tempos.
>
> "Venham os dados e o copo", pedimos; jogamos e, de acordo com a lei da probabilidade, um pede o jantar e o outro o aperitivo.
>
> Bebidos e comidos (salvo seja) antes mesmo das nove horas, subamos ao Municipal e vamos filar ao Brito dos Terríveis, o café odoroso e patrício, jogando, ao mesmo tempo, o licor e os charutos.
>
> Ai, como na Ville de Bordeaux, tu ganhas e eu ganho, isto é, pagas o licor e eu os charutos, ou inversamente.
>
> Charuto ao canto da boca, atenção preza às pedras do dominó, aguardaremos a chegada do pessoal, da vida noturna, ou antes, da corujada.
>
> Já por esse tempo, numa das primeiras mesas à direita, o belo e esguio Arthur, em companhia de uns três amigos, beberica o marrasquino e espera que a função do Chalet termine.
>
> Em outra mesa o Th., com o Bahia, o Armando e o Pompeu, enterra-se a valer no dominó a discutir cerveja preta.
>
> Súbito o estrepito das caçambas do Cardoso, do Augusto e do Firmino é ouvido e traz um como que frêmito de vida e animação; aparecem *toilettes* claras e farfalhantes, enormes e espalhafatosos chapéus.
>
> As Divas avançam ao chileno, ao chocolate e a M.me Clicquot...[15]

Periódicos como *Pontos nos ii* (1906), *Cá e Lá* (1917) e *A Nota* (1917), dentre outros, recriavam essa ambiência. Gravitavam em torno do *A Nota* intelectuais do porte de João Leda, Álvaro Maia, Thaumaturgo Vaz, Alcides Bahia e Nunes Pereira. Bem redigido e possuidor de um humor elegante e refinado, *A Nota*, aos

---

13 "A peruada reúne-se toda a noite nos Terríveis, onde se atira ao magnífico Champagne que o Argente vende com o melhor dos seus sorrisos... Outros preferem a saborosa canja de galinha, especialmente dos Terríveis, que muito pode fortificar os sobreditos cujos". *Pontos nos ii*, Manaus, n.1, 14 de julho de 1906.

14 *O Monóculo*, Manaus, n.1, 14 de junho de 1913.

15 *A Tezoura*, Manaus, n.1, 9 de outubro de 1909.

costumes da época, publicava artigos em uma linguagem recheada de francesismos, além de ostentar colunas escritas em francês e italiano. O excesso de um francesismo desbragado levou muitas vezes a revista a fazer troça de si mesma:

> L'amour de Mademoiselle par lês fardes est trés symptomatique de son coeur voluble. Mademoiselle, avec ses yeux nègres et ténébreux, pinte lê sept avec tous les coiôs, que restent em une rode vive autours de son corps parfait. Ainsi, la rue est parcoru par ses individus perilleux jour et muit. Mademoiselle, terrible et zombetaire, donne corde seullement au sargent du Tire Dix...
>
> On vit au, Bosque, pendant le jour 5 du corrent, des choses extraordinaires. On vit des jeunes filles alègres par la bière (XPTO). On vit des garcons par la cachace au pespère d'un banquet...
>
> Mademoiselle, quand danse, sacolége beaucoup lê corps desengoncé. Mademoiselle fique insupportable, incommodant les autres pars. Mademoiselle devie appreendre danser meilleur. C'est um conseil d'ami et admireur.[16]

Até aqui, limitamo-nos a dar breve registro daquilo que tivemos acesso no curso de outras pesquisas. Para além da marcante influência francesa na esfera cultural em escala global, as marcas mais singulares dessa presença no extremo norte do Brasil é ainda um campo aberto à investigação, de onde oxalá se possa colher bons frutos em breve espaço de tempo.

---

16 [O amor da Senhorita pelas fardas é muito sintomático de seu coração volúvel. A Senhorita, com seus olhos negros e tenebrosos, pinta o sete com todos os coiós, que ficam em uma roda viva em torno de seu corpo perfeito. Assim a rua é percorrida por seus indivíduos perigosos dia e noite. A Senhorita, terrível e zombeteira, dá corda somente para o sargento do "Passa Dez"...

Foram vistas, no Bosque, durante o último dia 5, coisas extraordinárias. Foram vistas moças alegres pela cerveja (XPTO). Foram vistos rapazes, pela cachaça, a sofisticação de um banquete...

A Senhorita, quando dança, sacoleja muito o corpo desengonçado. A Senhorita fica insuportável, incomodando os outros pares. A Senhorita deveria aprender a dançar melhor. É um conselho de amigo e admirador.] *A Nota*, Manaus, 14 de outubro de 1917.

O excesso de francesismo abusa de falsos cognatos, como "fardes" (pacote com mercadoria estrangeira) e "pinte" (antiga medida de bebidas). Com a tradução, perde-se toda a força da sátira. (N.E.)

17
O *Courrier du Brésil* e o conflito entre associações francesas no Rio de Janeiro

Letícia Gregório Canelas

O Império dos trópicos encontrou, nos anos 1850, seu auge sobre o desenvolvimento que se impunha no Oitocentos. O país escravista buscava acompanhar a marcha do progresso com a implantação de estradas de ferro, da iluminação a gás, do telégrafo elétrico (inaugurado em 1852), e com o incentivo à imigração europeia. A imagem de seu monarca, Dom Pedro II, constituía-se na de um homem civilizado e amado pelo povo. O capital gerado tanto pela exportação do café como pelo fim do tráfico de escravos (1850) fez o Império e, principalmente, sua Corte conhecerem um considerável desenvolvimento urbano.

Nessa década de 1850, os franceses já teriam erigido uma comunidade promissora nas ruas da Corte do Império brasileiro, imprimindo sua marca no Cais Pharoux, na Rua do Ouvidor, e em outros espaços da cidade. Deste outro lado do Oceano Atlântico, assim como na Argélia, a França e a África se encontravam.[1] No Rio de Janeiro, porém, conviviam nas ruas como estrangeiros que colonizavam uma segunda pátria, quase todos trabalhadores manuais, entre escravos de ganho, artistas e artesãos de oficinas e lojas.

O Rio de Janeiro nessa época tinha mais de duzentos mil habitantes,[2] o que fez dela a maior cidade da América do Sul. Havia espaço e mercado propícios

---

1 Comentário de Charles Ribeyrolles sobre a população do Rio de Janeiro: "Gostais da África? Ide, pela manhã, ao mercado próximo do porto. Lá está, sentada, acocorada, ondulosa e tagarela, com seu turbante de casimira, ou vestida de trapos, arrastando as rendas ou os andrajos [...]" (Ribeyrolles, 1980, p.203).

2 De acordo com o recenseamento publicado em 1872, o Município Neutro tinha um total de 274.972 habitantes, entre 226.033 livres e 48.939 escravos. Também de seu total, 151.799 eram

358 LAURENT VIDAL E TANIA REGINA DE LUCA (ORGS.)

para os estrangeiros que procuravam fugir das crises políticas e econômicas que agitavam a Europa e construir no Novo Mundo melhores condições de vida. A Corte brasileira era um ambiente favorável principalmente para os franceses e os ingleses, já que os produtos dessas nacionalidades estavam em voga. Como afirma Lená Menezes, "vestir-se na última moda de Londres ou Paris tornara-se um imperativo dos novos tempos, e aquele(a)s que produziam moda, ícones de uma nova era, de sofisticação e luxo" (Menezes, 2004, p.12).

De fato, a expressividade de lojas, salões de modistas e cabeleireiros, oficinas, galerias e restaurantes franceses na Rua do Ouvidor era tão marcante, que frequentemente despontava a comparação com a Rue Vivienne em Paris. O *Courrier du Brésil* (hebdomadário publicado em língua francesa no Rio de Janeiro) explicita esta analogia: a Rua do Ouvidor, "esta que é para nós, parisienses do Brasil, nossa Rua Vivienne".[3] Charles Ribeyrolles reproduziu essa caracterização que se tornou bastante usual sobre a comunidade francesa daquele período, ou seja, os franceses comerciantes da Rua do Ouvidor, espaço de mercado suntuoso e elegante e também espaço de sociabilidade, principalmente para a população francesa:

> Que significação histórica daremos à rua do Ouvidor? [...] É uma rua francesa. Eminentemente francesa. Fala-se aí mais do que se ouve. Modistas, costureiras, floristas, joalheiros, dentistas nela se instalam com os suas lojas repletas de coisas de arte, luxo elegante e bom gosto. A mais estreita e mesquinha vidraça faz aparatoso efeito. Custa caro. Mas a clientela prefere a rua do Ouvidor a qualquer outra. A beleza dos estofos, as oficinas-salões, a moda, a graça da vendedora atraem. À noite, ao clarão do gás, turbilhonam os curiosos, os ociosos, os elegantes e quanta novidade, quanto *vaudeville*, quanta piada *maliciosa* se arquitetam naquelas portas! (Ribeyrolles, 1980, p.208)

Foi nesta rua que também se instalou o escritório do periódico *Courrier du Brésil*. Nos primeiros anos funcionava no número 107, Passagem Jeolas, no mesmo endereço do restaurante de Andre Long, que divulgava seu estabelecimento na seção de anúncios do hebdomadário francês. Também ocupou por um tempo o endereço na Rua do Rosário, número 100, que também era uma rua de boa vizinhança, onde funcionou por longa data o escritório do *Diário do Rio de Janeiro* (Gerson, 1965, p.78). Nos últimos anos de sua publicação, o *Courrier du Brésil* voltou para a Rua do Ouvidor, número 112.

---

considerados "brancos", 66.344, "pretos", 55.906, "pardos", e 923, caboclos. Disponível em: <http://biblioteca.ibge.gov.br/>.

3   *Courrier du Brésil*, Rio de Janeiro, 20 de janeiro de 1861.

No entanto, é interessante notar que os estabelecimentos e serviços anunciados nesse jornal francês geralmente não estavam localizados à Rua do Ouvidor, o ambiente preferido dos consumidores que pagavam bem. Cohendoz oferecia seus serviços como pintor, *peintre en bâtimens*, provavelmente no endereço onde morava com sua família, à Rua da Ajuda, 100. O conhecido pintor M. F. R. Moreaux passava a oferecer, além da pintura de histórias e retratos, o trabalho com retratos fotográficos – negócio que vinha atraindo maior público – na Rua do Rosário, 134 (segundo andar). O sr. Pelletier fabricava chapéus também à Rua do Rosário, 129, onde acabava de instalar seu negócio em 1856. Jules Étienne, pintor de letras e brasões, trabalhava à Rua dos Latoeiros, 13, e também atendia no Café Impartial. O astuto artesão marmorista Julio, morador da Rua da Ajuda, 71, havia desenvolvido uma "serra a vapor" para polir, tornear e cortar as peças de mármore para sua clientela. Raunier e Francez eram confeiteiros e doceiros, atendiam à Rua da Assembleia, 85, e faziam *savarins* à moda de Paris – Raunier, de acordo com o anúncio no *Courrier du Brésil*, foi o primeiro a fazer este tipo de doce na Corte brasileira. Outros saíam da Rua do Ouvidor para se instalar em ruas menos elegantes, como Michel Vidal, também fabricante de chapéus, que se mudou para o número 25 da Rua do Cano.

Havia ainda aqueles que estavam desempregados e anunciavam sua disponibilidade: "um homem estável se oferece para escriturário, uma ou mais horas do dia". Ou mesmo aqueles que procuravam por um operário aprendiz, como o sr. Jules Olivier; ele não anunciava seu estabelecimento, a Chapellerie-Française, no *Courrier du Brésil*, mas em um número publicou sua demanda por um "aprendiz que pudesse oferecer todas as garantias morais necessárias", para que lhe confiasse uma loja. Prática comum e que indica a visibilidade e a importância do hebdomadário para a comunidade francesa. Henriot e Horloger, que também não divulgavam seu negócio estabelecido à Rua do Ouvidor no *Courrier du Brésil*, publicaram nesse jornal um anúncio informando que precisavam de um aprendiz, de "nacionalidade francesa", entre 14 e 16 anos, e que os pais pudessem responder por ele. Esses negociantes geralmente anunciavam seus empreendimentos em periódicos de maior tiragem entre os brasileiros, como o *Jornal do Commercio*.

Os estrangeiros não eram tão bem-quistos como fazem pensar as narrativas sobre a prosperidade que lhes proporcionava a nação do Novo Mundo. O artista François Biard comenta que, logo após sua chegada ao Rio de Janeiro, foi visitar o sr. Taunay, cônsul da França, para quem havia trazido cartas de recomendação. Este o encaminhou ao Mordomo do Palácio Imperial, que na época era Paulo Barbosa. Biard afirma que Barbosa "acolheu-o com bastante amabilidade sem, todavia, deixar de entrever que ele, como quase todos os brasileiros, não olham com bons olhos os estrangeiros" (Biard, 1945, p.30). Além de alguns relatos maldizentes de viajantes que passaram pelo Império, essa desconfiança talvez fosse gerada pelo distanciamento que as colônias estrangeiras – ao menos a francesa – geralmente mantinham em relação aos costumes e à língua do país, em uma época de intensa construção do sentimento nacionalista brasileiro.

Em artigo publicado no *Courrier du Brésil*, a população francesa é retratada como uma comunidade hermética, heterogênea e repleta de *trabalhadores manuais* que vieram ao Novo Mundo em busca de maiores salários:

> A população francesa do Rio de Janeiro é composta de elementos os mais heterogêneos. Conjunto de homens de todas as profissões, de todas as características, de todas as condições, eu diria mesmo de toda moralidade, forma uma colônia à parte. Essencialmente diferente das populações brasileira e outras, ela conserva sua linguagem, seus costumes, suas qualidades como seus defeitos. Suas relações com os indígenas não são mais que relações de necessidade ou de exceção. Vindo ao Brasil para aqui procurar um maior benefício salarial, dedica-se geralmente ao trabalho manual.[4]

Adolphe Hubert, editor-chefe do *Courrier du Brésil*, desabafa com certa amargura em sua *Histoire de la semaine*, em 1855, sobre as condições que induziam os franceses a emigrar e como se encontravam em geral no Brasil. Afirma que o "elemento francês" no Rio de Janeiro era composto de "*parvenus*[5] de diferentes classes", que se encontravam em sua partida quase ao mesmo nível de desgraça. No entanto, no Brasil, o "tempo, com seus caprichos", impulsionava os emigrados em diferentes vias. "Uns ascenderam como por encantamento, outros, lutando sem cessar contra a corrente, pararam no meio do caminho, quase exauridos pela luta." Embora o império dos trópicos parecesse uma terra promissora, os imigrantes franceses não constituíam suas fortunas rapidamente. Exigia-se bastante trabalho e esforço e muitos continuavam em escassa situação de sobrevivência.

É nesse contexto em que vivia a população francesa no Rio de Janeiro que ressaltamos a presença de um grupo que colaborava ou mantinha vínculos estreitos com o periódico *Courrier du Brésil*. Uma das atuações mais relevantes desse grupo em relação à comunidade francesa da Corte foi liderar a fundação

---

4 Artigo escrito por um membro da Sociedade Francesa de Socorros Mútuos que assina apenas *Z. Courrier du Brésil*, Rio de Janeiro, 28 de agosto de 1859.

5 De acordo com o *Dictionnaire de la langue française* de Émile Littré, *parvenus* "diz-se de uma pessoa modesta que faz grande fortuna". Em português usa-se vulgarmente a expressão "novo-rico".

da Sociedade de Francesa de Socorros Mútuos e criticar as ações da Sociedade Francesa de Beneficência, a qual tinha o apoio do governo francês.

Na França, Luís Bonaparte instaurou seu Império em 1852 e permaneceu no poder até 1870. Seu golpe de Estado pôs fim à Segunda República francesa, instituída após a Revolução de Fevereiro de 1848. Maurice Agulhon afirma ironicamente em seu livro *Les quarante-huitards* que, considerando que a Revolução foi facilmente bem acolhida, em meados de março toda a França era *quarante-huitarde*. *Quarante-huitards* ou "velhas barbas de quarenta e oito" são denominações românticas que foram criadas *post factum*, nos idos de 1870, para se referir aos "homens de 1848". Estes seriam "revolucionários", "republicanos", "antibonapartistas", "anticlericais", "socialistas", "comunistas", "vermelhos", *montagnards, démoc-socs*. Muitos *quarante-huitards* seriam obrigados a se exilar por volta de 1850, primeiramente devido à reação conservadora ocorrida ainda sob a Segunda República e depois, sobretudo, devido ao golpe de Luís Bonaparte. Grande parte dos exilados franceses rumou para países vizinhos à França, sobretudo para a Inglaterra. Todavia, alguns proscritos se encontrariam também na Corte do Império brasileiro, em meio à comunidade francesa que tomava as ruas do centro do Rio de Janeiro, formada em grande parte por aqueles expatriados que não saíram da França, aparentemente, por questões políticas, mas impulsionados por condições socioeconômicas ou, ainda, pelo desejo de uma outra vida em um "novo mundo", "pitoresco".

O *Courrier du Brésil*

O *Courrier du Brésil – politique, littérature, revue des théâtres, sciences et arts, industrie, commerce* era um semanário, editado em oito páginas, cada uma dividida em três colunas, publicado aos domingos, em francês, na Corte do Império brasileiro entre 1854 e 1862, sob a direção de Adolphe Hubert. A publicação desse jornal escrito em língua estrangeira durou oito anos, ininterruptamente, e, em comparação a outros jornais franceses publicados no Brasil imperial, teve uma das maiores durações.[6]

Entre 1854 e 1858, o *Courrier du Brésil* foi o único jornal publicado em francês no Rio de Janeiro, voltado especialmente para a população francesa da Corte. No

---

6 Anexada a este texto há uma tabela com os títulos e as datas de publicação de jornais franceses impressos no Brasil no século XIX e listados por Fonseca (1941). Todos os títulos foram conferidos nos catálogos de periódicos da Biblioteca Nacional e alguns não foram encontrados.

362 LAURENT VIDAL E TANIA REGINA DE LUCA (ORGS.)

final da década de 1850, houve algumas tentativas de publicação de semanários por outros grupos da comunidade,[7] mas que não duraram nem dois anos. Dessa forma, o *Courrier du Brésil* tinha certo respaldo da comunidade francesa,[8] por ser o único veículo de comunicação em língua francesa estável durante anos, ainda que houvesse aqueles que se opunham a sua linha editorial. Em 1857, quando a Sociedade Francesa de Socorros Mútuos completou seu primeiro ano de existência, o presidente da sociedade agradeceu especialmente ao redator do jornal pela dedicação no conflituoso processo de formação da sociedade:

> Senhores, é aqui o lugar de dirigir nossos agradecimentos a todos os sócios que, direta ou indiretamente, contribuíram para a grandeza de nossa obra. Não nos seria demasiado assinalar ao vosso reconhecimento a participação do sr. redator do *Courrier du Brésil* [...][9]

O *Courrier du Brésil* iniciou sua publicação com uma linha editorial que aparentemente pretendia atender à comunidade francesa em geral e que agradasse, como disse uma vez Hubert, "brancos, vermelhos, amarelos e tricolores".[10] Assim, entre 1854 e 1855 suas convicções políticas eram mais suavemente explicitadas. Contudo, especialmente depois do processo de formação da sociedade mutualista francesa, suas posições políticas foram expressadas sem reservas. Ao iniciar o ano de 1860 com uma carta "aos seus assinantes atuais e futuros", os editores do *Courrier du Brésil* explicitam esse processo e ressaltam sua escolha pela via democrática contra o "partido da direita":

> [...] se ele [o *Courrier du Brésil*] não brilhou entre as esferas da aristocracia e do clero, tem ao menos mostrado ao povo, sem cessar, seu verdadeiro caminho, aquele da solidariedade e do progresso. Dedicado, fiel, inabalável, ele presenciou sem fraqueza aos estéreis massacres dos pobres humanos; sempre estigmatizou energicamente o

---

7 *Figaro chroniqueur – journal critique, comique, satyrique, anedotique, recreatif et amusant, publication anti-politique et anti-scientifique* (3 de abril a 19 de maio de 1859); *L'Écho du Brésil et de l'Amérique du Sud* (1859-1860). Além desses dois jornais, o *Courrier du Brésil* comenta, em dezembro de 1856, a existência de um outro periódico, o *L'Équite*, jornal do sr. Paitre, cujo redator-chefe era Andre Verre. Estes faziam parte da Sociedade Francesa de Beneficência. O sr. Paitre foi presidente desta sociedade entre 1852 e 1853. No entanto, esse periódico não aparece nem na listagem de Gondin da Fonseca, nem nos catálogos da Biblioteca Nacional.

8 Os assinantes do jornal não eram apenas os habitantes da Corte. Há indícios de que havia leitores em Nova Friburgo, Petrópolis, Parahyba do Sul e até mesmo em Campinas (SP). No entanto, parece que o número de assinaturas nesses municípios era bem reduzido.

9 Discurso do dr. Chomet. *Courrier du Brésil*, Rio de Janeiro, 1° de setembro de 1857.

10 *Courrier du Brésil*, Rio de Janeiro, 17 de agosto de 1856.

cinismo dos traidores e dos déspotas, não cessou nenhum momento em afrontar com firmeza as calúnias e as injúrias dirigidas com raiva constante pelo *partido da direita*, vencido e desarmado [...] A tribuna popular do *Courrier du Brésil* está aberta a tudo que é direito [...] nós temos mais do que nunca a necessidade de ter no Brasil um organismo livre e independente [...].[11]

As redações dos jornais no século XIX eram os organismos mais semelhantes aos escritórios e comitês dos "partidos" modernos (Agulhon, 1991, p.26). Na França, antes e durante a Revolução de 1848, por exemplo, periódicos como o *La Réfome* e o *Le National* dominaram a cena política, encerrando em seus quadros de colaboradores sujeitos que se destacaram na formação da Segunda República francesa. A despeito das diferentes conjunturas, o *Courrier du Brésil* não deixou de atuar como um "partido" em meio aos conflitos evidenciados dentro da comunidade francesa no Rio de Janeiro. Os próprios editores do periódico destacaram para seus leitores, em 1860, sua atuação contra o "partido da direita", e em 1861 seu discurso para o novo ano se assemelhava até mesmo a um programa do partido republicano *démoc-soc* da França de 1848:

> Nossos assinantes que, a maior parte, acompanharam a marcha de nossas ideias e de nosso princípios desde o início até hoje, presumirão facilmente quais são nossos desejos mais caros: emancipação do espírito pelo ensino livre e, sobretudo, pelo ensino profissional para todos; liberdade de consciência para todos; comunhão dos povos tanto sob a forma intelectual como nas transações comerciais; o governo do povo nomeado pelo povo e responsável diante do povo. Para chegar a cumprir nossos desejos, serão necessárias muitas gerações, mas cada ano que passa abastecem seus labores e cada trabalhador avança em sua tarefa. Nós nos esforçaremos durante este ano que começa, como nos outros precedentes, tendo sempre em vista o programa da razão e da justiça universais, de trabalhar o mais possível pela obra imensa.[12]

Seu quadro de colaboradores mais assíduos é bastante interessante. Além da figura marcante de seu redator-chefe, Adolphe Hubert, também contribuíram para o funcionamento do jornal Jacques Arago,[13] Charles Pinel, Casimir Lieu-

---

11 *Courrier du Brésil*, Rio de Janeiro, 1º de janeiro de 1860.

12 Seção "Échos de Rio de Janeiro". *Courrier du Brésil*, Rio de Janeiro, 6 de janeiro de 1861.

13 Jacques Arago (1790-1854) era homem célebre, irmão de François Arago (1786-1853), que participou do governo provisório da Segunda República e teve importante atuação para a aprovação da lei que aboliu a escravidão nas colônias francesas; irmão ainda de Étienne Arago, um dos *montagnards* que encabeçaram a manifestação de 13 de junho de 1849 contra o governo conservador da Segunda República, sendo obrigado a se exilar na Bélgica.

taud, L. de Geslin, Charles Ribeyrolles, dr. Gornet, Huger e, destacadamente, uma mulher, Adèle Toussaint-Samson. Arago era escritor, pintor e pesquisador, e, apesar de ter participado do comitê que formou o jornal, contribuiu pouco porque faleceu em novembro de 1854. Gornet era médico e viveu parte de seu exílio em Jersey, juntamente com o grupo próximo a Victor Hugo e ao jornal *L'Homme*. Huger era "operário", como ele mesmo se definia, e trabalhava como torneiro de madeira e metal. Atuou com o grupo de fourieristas que procuravam divulgar sua doutrina no Rio de Janeiro na década de 1840.[14] Ribeyrolles, publicista e escritor, participou da Revolução de 1848 na França, também fez parte do grupo de exilados em Jersey como o dr. Gornet, e foi um dos editores do *L'Homme*; publicou no *Courrier du Brésil* principalmente trechos da obra *Brasil pitoresco*, realizada em parceria com outro proscrito da época do golpe de Luís Bonaparte, o fotógrafo (e ex-bombeiro em Paris) Victor Frond.

Charles Pinel era escritor e naturalista, morador de Nova Friburgo (RJ). Passou a colaborar com o *Courrier du Brésil* em 1856 e era um dos principais responsáveis pela seção "Nouvelles de la Science", na qual publicou também a série "Visions d'un Savant" (1859-1860). Um dos temas que se destacaram nesses textos foram as discussões que despontavam na época em torno das teorias raciais. Assim como Jacques Arago, ele também tinha parentesco com uma figura francesa célebre: era filho do alienista Phillipe Pinel (1745-1826).[15] Era também um proscrito, de acordo com afirmação de Hubert: "constata diante dos corpos sábios da Europa e do Brasil, a existência de um de nossos compatriotas que se debruça *no exílio* a fazer avançar a ciência".[16]

Quanto a Casimir Lieutaud, além de participar da edição do *Courrier du Brésil* desde seu surgimento, também escreveu crônicas políticas para *O Repúblico*, periódico publicado por Antonio Borges da Fonseca,[17] em sua quinta fase (1853-1855). Esse jornal trazia como epígrafe o seguinte texto: "A República é a união, a unidade, a harmonia, a luz, o trabalho criando o bem-estar, a supressão dos conflitos de homem a homem e de nação a nação – o fim das explorações inumanas – a abolição da lei da morte e o estabelecimento da lei da vida". Hélio Viana afirma que, em muitos exemplares desse periódico, se transcreveram arti-

---

14 Sobre esta experiência ver Gallo, 2002.

15 *Courrier du Brésil*, Rio de Janeiro, 12 de fevereiro de 1860.

16 Ibidem, 30 de março de 1856.

17 Vamerih Chacon caracteriza Borges da Fonseca como o "agitador de 48", durante a Revolta Praieira: "Não foram, porém, os ideólogos e os românticos que deflagraram a Insurreição de 48. Os radicais eram os mais ativos; entre eles [...] Inácio Bento de Loyola e Antônio Borges da Fonseca seu próximo em ideias e ardor" (Chacon, p.191, 1965).

gos de exaltação à Segunda República francesa, combatendo o golpe de Napoleão III, "ao lado de comentários e notícias, do *Canto dos plebeus*, de C. Lieutaud" (Viana, 1945, p.580-5).

O hebdomadário francês tratou em suas páginas de diversos temas acerca do Império brasileiro. O enfoque dado às questões sobre a colonização do Brasil, à imigração europeia e à escravidão merecem destaque, tanto pela sua importância naquele período como pelo amplo espaço que tiveram nas colunas do jornal. A política nacional brasileira, por vezes, fora discutida em suas páginas, no entanto, os franceses evitavam maiores conflitos com os brasileiros, pois, como afirmava Hubert, a sua qualidade de estrangeiro lhe impunha "não examinar muito os atos do governo".[18] Havia certo ressentimento com relação à sua condição de imigrante que, residindo tantos anos no Brasil, ainda tinha de agir com reservas ou não opinar sobre as questões brasileiras. Esse sentimento expressou-se com boa ironia quando o *Courrier* publicou uma série de textos que Hubert definiu como a "história política e moral do Brasil em relação às repúblicas hispano--americanas": "Oh! *Pardon*; o *Courrier du Brésil* é uma publicação estrangeira; nós não levamos em consideração esta grande falha".[19]

No entanto, Adolphe Hubert, em vários momentos, talvez por diplomacia, elogiou a liberdade de imprensa no Brasil.[20] Dizia que esta não sofria "a influência direta do governo" como na França bonapartista. Todavia, observou que o desenvolvimento dessa liberdade, às vezes, se estagnava devido ao "egoísmo dos proprietários dos jornais", pois, em algumas circunstâncias, via-se a "bajulação" ao governo imperial se tornar "censuras arbitrárias".[21] Em 1856, o *Courrier du Brésil* publicou na seção "Échos de Rio de Janeiro" uma nota que ironizava a triste relação de dependência e subordinação entre os jornalistas brasileiros e os senhores da imprensa. O "decreto" sarcástico prometia regenerar aqueles que viviam em uma situação de submissão aviltante:

> O *Courrier du Brésil* no ano da graça de 1856 decretou isto que se segue – Todo homem, sem emprego, que teve até este dia como único recurso para viver, apenas estar à mercê dos jornalistas *testas de ferro*, pode se encaminhar ao escritório do jornal, à rua do Rosário, n. 104, onde a redação se encarregará de o catequizar sobre

---

18 *Courrier du Brésil*, Rio de Janeiro, 21 de outubro de 1855.
19 Ibidem, 24 de fevereiro de 1856.
20 Charles Ribeyrolles também ressalta a liberdade de imprensa que havia no Brasil, mas critica a nulidade dos jornais, "salvo algumas exceções". Ver Ribeyrolles, p.100-2, 1980.
21 *Courrier du Brésil*, Rio de Janeiro, 21 de outubro de 1855.

a matéria, que deverá lhe prover dos meios e das recomendações necessárias para se empenhar em abandonar uma existência vergonhosa.[22]

No final da década de 1850 e início dos anos 1860, a atuação deste pequeno "partido" da República – o *Courrier du Brésil* e seus correligionários – já não se limitava tanto apenas à "pequena França" erigida no centro da capital brasileira. É interessante notar como Hubert se refere ao Brasil em uma crônica política que criticava a escravidão no Brasil: "par l'amour de *notre* pays".[23] Em artigo de 25 de março de 1860 – texto que trata, entre outros temas, do renascimento do *Diário do Rio de Janeiro* –, Adolphe Hubert destacaria a importância do "elemento francês" no desenvolvimento do pensamento público brasileiro, principalmente na Corte imperial. Afirma que em 1852 a imprensa brasileira era uma criança. No entanto, desenvolveu-se e naquele ano de 1860 já se encontrava tomada pela "massa" que participava das lutas intelectuais e que impunha a majestade de seus decretos, dilatando o pensamento, comprimido-o por baixo. Essa transformação teria se dado por influência do "elemento francês", que passou a atuar com "livre arbítrio", após se libertar da influência dos dirigentes da Sociedade Francesa de Beneficência ("autoridade de convenção"):

> Chegamos do maior ao menor, do centro do velho mundo, de Paris ao Rio de Janeiro, onde o pensamento se dilata quando é comprimido por baixo. Os organismos brasileiros se agitam às vezes para o individualismo; mas a liberdade que reina fez sempre dominar o interesse comum. [...] O elemento francês por sua vez apareceu. Também, há pouco tempo, era fechado em um círculo restrito, que se ligou pouco ou nada a uma autoridade de convenção que não se precipitou, intencionalmente, vê-lo constituir-se em um corpo, sabendo agir e dirigir a sua ação. Os tempos são chegados: o elemento francês no Rio de Janeiro se constituiu, e se move e goza de seu livre arbítrio.

Quanto ao redator-chefe do *Courrier du Brésil*, Antoine Adolphe Hubert,[24] há indícios de que tenha desembarcado no Império brasileiro em 1852, mas não se sabe em que medida participou da Revolução de 1848 na França. No entanto, frequentemente, divulgou em seu jornal muitas das opiniões que sustentaram a ideia de uma "república democrática e social" naquele período. Além disso,

---

22 *Courrier du Brésil*, Rio de Janeiro, 2 de novembro de 1856.

23 Ibidem, 22 de março de 1857.

24 De acordo com nota publicada em seu aniversário de 33 anos, sua data de nascimento é 29 de julho de 1827. Assim, em 1848 tinha 21 anos.

FRANCESES NO BRASIL: SÉCULOS XIX E XX   367

publicou textos de personagens como Louis Blanc, Victor Hugo, Edgar Quinet, Eugène Sue, Charles Ribeyrolles, Proudhon, Félix Pyat, Ledru-Rollin e outros que participaram ativamente do período revolucionário, da formação da Segunda República e se encontravam na década de 1850 no exílio, fazendo oposição ao governo imperial de Napoleão III. Seu discurso se identificava com a situação de proscrição de seus compatriotas que viviam tanto nos países da Europa, como no Brasil. Em artigo que tratava das notícias do Velho Mundo, desabafou sua saudade da pátria e a mágoa com seus proscritores:

> Eu me contenho, eu noto que é ridículo cantar o amor à pátria. Como todos os amores, ele não deveria durar por muito tempo; e este tempo se findou no dia em que o homem passou a criar, pelo poder de seu gênio, vias de comunicação tão rápidas como a luz; é o cidadão do mundo. Não saberia lamentar aquele que pode se rever tão rápido. Apenas uns deveriam ser excluídos desta felicidade; e uma nova invenção, dado que se fez tantas, deveria de fato livrar, para sempre, as sociedades dos *proscritores políticos*.[25]

Depois de sua passagem pelo Brasil, participou da Associação Internacional dos Trabalhadores (Primeira Internacional, 1864-1876), quando teria presidido um congresso em Bruxelas em 1868. Participou da Comuna de Paris – foi membro do Conselho do XX Distrito – e durante este ano de 1871 trocou cartas com Karl Marx[26] sobre os acontecimentos da Comuna. Em 1874, foi condenado por contumácia pelo 3º Conselho de Guerra à deportação e, em 1879, recebeu anistia (Maitron, 1864-1871). É possível que tenha voltado ao Brasil depois de 1874, pois existiram processos contra ele no Juízo Especial do Comércio, no Rio de Janeiro, em 1877 e em 1883-1884.[27]

Nas páginas do *Courrier du Brésil* não era raro encontrar alguma notícia ou informação sobre proscrição. Assim, além das histórias individuais que formavam um conjunto identitário entre os exilados no Rio de Janeiro, correspondências trocadas entre amigos e correligionários fomentavam ações de "assistência pública" que socorriam alguém em pior situação. Uma delas ocorreu no segundo semestre de 1855, quando receberam na Corte notícias de que um grupo de refugiados franceses, da colônia penal na Argélia, estava em Valença (sudoeste da Espanha), em uma rota de fuga. Héliès, membro da comunidade francesa,

---

25 *Courrier du Brésil*, Rio de Janeiro, 30 de março de 1856.

26 Há cinco cartas de Marx para Adolphe Hubert em 1871 e uma em 1872. Disponível em: <http://www.marxists.org/archive/marx>.

27 Arquivo Nacional, Rio de Janeiro. Varas Cíveis, processos: n.2937/CX. 1339 (1860); n.487/CX. 1493 (1864); maço 680/n.2124 (1883).

foi quem informou o *Courrier du Brésil* sobre a correspondência recebida. A forma como Héliès se refere ("notre ami") ao líder do grupo de fugitivos indica uma noção de identidade e de solidariedade e reforça o papel do hebdomadário francês como espaço de comunicação privilegiado pela parte republicana e/ou proscrita da comunidade francesa:

> Sr. Redator. Nosso amigo Tumel, ex-capitão da sétima legião da Guarda Nacional (Paris), nos fez saber que teve a felicidade de escapar de Lambessa (África) com oito de seus companheiros de infortúnio. Eles estavam presos desde o 2 de dezembro de 1851. Refugiaram-se na Espanha (Valença). Proscritos e sem saber ainda a língua espanhola, sua situação é triste. Nós nos reportaremos com confiança a nossos amigos para lhes ajudar. Uma subscrição a seu favor foi aberta na rua Nova do Ouvidor, n. 27, casa do sr. Héliès.[28]

Ao cruzar estas evidências com a história da Revolução de 1848 na França e da proscrição de muitos franceses na década de 1850, deparamo-nos com a existência de uma rede de relações entre *quarante-huitards* na Corte brasileira. Talvez esse fosse um dos motivos que incentivou o conflito com os dirigentes da Sociedade Francesa de Beneficência na época. Alguns franceses proscritos e vários republicanos, anticlericais e socialistas, vivendo sob as barbas de um Império católico nos trópicos. Esse quadro foi percebido na época e explicitado em um jornal brasileiro:

> A situação dos proscritos franceses é tanto precária que fez circular o boato que o sr. Ch. Ribeyrolles, após ter lutado tão energicamente e durante muito tempo em seu jornal *L'Homme*, que se publicava em Jersey, teria enfim se reduzido a pedir os seus socorros aos seus correligionários políticos do Rio de Janeiro, e que o Comitê da Sociedade Francesa de Socorros Mútuos teria, por uma decisão espontânea que o honra, posto a disposição do corajoso escritor, sobre os fundos da sociedade, uma soma que lhe permitiria vir a capital do Brasil. [...] Diz-se mais que o sr. Ch. Ribeyrolles seria chamado a prestar sua assessoria à redação do *Courrier du Brésil.* – Um irmão e amigo.[29]

Essa nota foi divulgada em francês no *Correio Mercantil* de 29 de outubro de 1856, sob o intrigante título "Os proscritos franceses". Adolphe Hubert reproduziu o texto no domingo seguinte à publicação do periódico brasileiro, afirmando que seu conteúdo era mentiroso e difamatório. O que ofendeu o jornalista e

---

28 *Courrier du Brésil*, Rio de Janeiro, 11 de novembro de 1855.

29 Divulgado em língua francesa nas "publicações a pedido" do *Correio Mercantil*, 29 de outubro de 1856.

seus amigos foi a afirmação de que o comitê da sociedade mutualista francesa dispunha arbitrariamente de seus fundos, sem consultar seus associados e com fins políticos. Havia apenas dois meses da fundação da Sociedade Francesa de Socorros Mútuos, e o processo de sua formação foi extremamente conturbado. Um intenso conflito foi instaurado entre dois grupos – ou "partidos" – que se configuraram dentro da comunidade francesa no Rio de Janeiro: um que passou a ser representado pelo comitê da Sociedade Francesa de Beneficência e o outro, pelos sujeitos envolvidos na formação da Sociedade Francesa de Socorros Mútuos e com o periódico *Courrier du Brésil*.

Ainda que o financiamento da viagem de Ribeyrolles não fosse feito pela sociedade mutualista, e o escritor não prestasse "assessoria" ao *Courrier du Brésil*, é importante notar a identidade que o texto do *Correio Mercantil* imprime ao grupo de franceses. Tanto o grupo do jornal como o da associação mutual seriam "proscritos franceses" e "correligionários políticos" de Charles Ribeyrolles. Essas afirmações não foram questionadas em nenhum momento por Hubert em seu jornal porque, de fato, não eram completamente embustes.

Sociedade Francesa de Socorros Mútuos *versus* Sociedade Francesa de Beneficência

A fundação da Sociedade Francesa de Socorros Mútuos no Rio de Janeiro data de setembro de 1856. Antes da existência dessa associação de apoio previdenciário e mútuo entre franceses, alguns de seus membros fundadores faziam parte dos quadros da Sociedade Francesa de Beneficência, fundada em 1836 na Corte brasileira.

Em junho de 1856, o *Courrier du Brésil* publicou algumas manifestações de insatisfação sobre a ligação da Sociedade Francesa de Beneficência com a Confraria de São Vicente de Paulo. A administração do Asilo da Sociedade Francesa de Beneficência, orfanato para crianças francesas criado em 1852, passaria para a tutela das Irmãs de Caridade de Paris, estabelecidas no Brasil pela Confraria de São Vicente de Paulo e lideradas durante muitos anos pela irmã Caroline Brisacy (Lille, 1827 – Rio de Janeiro, 1892), que aportou na Corte brasileira por volta de 1855. Adolphe Hubert manifesta sua posição contra a Confraria em nome da "maioria dos franceses no Rio de Janeiro":

> É certo que a maioria dos franceses do Rio de Janeiro, recusarão francamente a
> honra de fazer parte da sociedade de São Vicente de Paulo, porque em país livre, onde

as ações não se impõem pela força, prefere-se espantar toda influência conventual, até mesmo a ideia. É legítimo também não substituir o nome de uma sociedade livre de beneficência pelo de uma confraria, que se respeita, sem, no entanto, ser dominado ao ponto de se misturar às suas distinções e se confundir as suas obras [...] é somente um aviso sobre o perigo que ameaça a sociedade atual de beneficência, se ela não se limitar a manter uma obra de família, da família de franceses exilados, em vez de se ligar a comunidades religiosas, que tiveram sempre tendências opostas àquelas que funcionam em nome da família e por toda a sociedade.[30]

Além da "influência conventual", alguns membros da comunidade francesa se incomodavam com o fato de as Sociedades de São Vicente de Paulo receberem subsídios do governo francês. O *Courrier du Brésil* publicou trecho de uma matéria escrita por "um jornal europeu o mais inofensivo do mundo" – no entanto, não cita o título do periódico –, que comentava o apoio dado pelo governo bonapartista e seu ministério católico à Confraria:

As sociedades de São Vicente de Paulo, como todos dizem, não são nada mais que congregações religiosas, que, para dissimular mais habilmente seu fim político resultante necessariamente dos princípios sobre os quais são fundadas, tomaram o abrigo da caridade. A filantropia para elas é um meio de exercer sobre o povo uma influência eleitoral que se faz sentir por todos os lados onde elas estão fortemente organizadas. Porém, elas não possuem de modo algum por toda parte esse poder de organização que coloca em suas mãos importantes somas provindas de numerosas contribuições. O ministério católico que nos governa julgou então útil à sua causa vir ao auxílio destas congregações, das quais a caixa mais ou menos vazia neutraliza os intentos dos comandatários políticos. Nesse sentido, o *Moniteur* de 19 de abril de 1856 nos informou que o governo concedeu subsídios às sociedades de São Vicente de Paulo.[31]

O primeiro artigo dos estatutos da Sociedade Francesa de Beneficência de 1836 afirmava que essa associação, formada por subscritores voluntários, tinha como fim socorrer os franceses "necessitados" e empreender tudo que pudesse ser "útil e honroso a sua Nação" e que fosse na qualidade "de ações de beneficência". Em 1846, esse regimento sofreu pequenas modificações e ao primeiro artigo foi acrescida a seguinte especificação: que "todos os franceses estavam

---

30 *Courrier du Brésil*, Rio de Janeiro, 29 de junho de 1856.
31 Ibidem, 24 de agosto de 1856.

especialmente convidados a fazer parte".[32] O quarto artigo desse estatuto é essencial na definição dessa sociedade beneficente, pois dita que "o chefe da Legação Francesa é de direito presidente honorário da sociedade" e o chanceler ou delegado da chancelaria seria admitido nas reuniões para que pudesse dar todos os esclarecimentos e informações que dele fossem necessárias. Ou seja, a Sociedade Francesa de Beneficência no Rio de Janeiro era estatutariamente ligada ao governo francês, ainda que o mesmo artigo afirmasse que o chanceler jamais teria voz deliberativa. Na prática, Theodore Taunay, um dos delegados da Chancelaria Francesa, tinha voz marcadamente atuante na sociedade. Théodore Marie Taunay (1797-1880) exerceu a função de cônsul da França no Brasil por mais de quarenta anos. Foi fundador da Sociedade Francesa de Beneficência, sendo assim um "dos mais antigos e conceituados sócios", por diversas vezes diretor da instituição e, inclusive, autor do primeiro estatuto da sociedade (Guimarães, 1883, p.61-2).

A reunião geral de 23 de julho de 1856 da Sociedade Francesa de Beneficência foi bastante agitada. A sala do Consulado Francês estava completamente tomada pelos sócios, mas ainda assim não estavam presentes o ministro plenipotenciário francês, Cavaleiro de Saint-Georges,[33] e o cônsul, sr. Breuil. Como era habitual, Theodore Taunay, cônsul honorário, havia sido indicado para representá-los e conduzir a reunião. Havia um descontentamento de alguns sócios com a estreita relação entre a sociedade beneficente e os representantes do governo francês. Adolphe Hubert descreve ironicamente o descaso de Saint-Georges, que como ministro no Brasil tinha entre suas funções aquela de presidir as reuniões gerais da dita Sociedade:

> [...] mas como as altas funções nem sempre permitem satisfazer pequenas exigências, formalidades insignificantes, sr. de Saint Georges, usando de seu livre arbítrio, deferiu seus direitos honoríficos ao sr. Breuil, cônsul francês que também, sem dúvida por motivos particulares, acreditou dever colocar sua presidência a um outro, sr. Taunay, o honorífico cônsul honorário.[34]

Naquele dia da assembleia, alguns membros distribuíram uma carta assinada por 150 pessoas da comunidade francesa. O documento dizia que aquela

---

32 Os estatutos de 1836 e 1846 foram publicados no *Courrier du Brésil* de 3 de agosto de 1856.

33 O ministro pleniponteciário francês exercia a função de "embaixador" e chegou ao Brasil em 1855.

34 *Courrier du Brésil*, Rio de Janeiro, 27 de julho de 1856.

associação deveria ter por "lei fundamental a publicidade e a discussão de seus atos", contudo, o comitê diretor havia se recusado a atender a uma demanda daqueles que assinavam a carta, que consistia em um pedido de publicação do resumo dos trabalhos da Sociedade Francesa de Beneficência quinze dias antes da reunião geral. Naquela sessão anual, seriam eleitos novos membros para o comitê, como previa o Estatuto da Sociedade, e os sócios que assinavam o texto "protestavam" contra a atitude dos dirigentes, pois acreditavam que, para poder votar conscientemente em novos representantes, deveriam ler com antecedência o resumo das atividades e das contas da sociedade daquele ano de administração. Esse protesto evidenciava a formação de um grupo de dissidentes, do qual faziam parte, entre outros, Hubert, o dr. Chomet e o dr. Level.

Durante a assembleia, um dos dissidentes propôs que uma nova reunião fosse convocada em 15 dias para a eleição do novo comitê. No entanto, como afirma Adolphe Hubert, os "senhores do comitê" se opuseram àquela proposta sob o "pretexto capcioso" de respeitar os estatutos da sociedade, que seriam violados pela adoção da proposta. O jornalista também diz que a resistência a novas eleições visava a manter a "via irregular" – referia-se à "presidência honorária" de Taunay – que se firmara na sociedade, preservando uma administração considerada "problemática" por aqueles que queriam uma nova eleição. Argumentaram, então, que a assembleia geral reunia poderes que estavam acima do regulamento, mas os dirigentes da sociedade beneficente discordavam veementemente dessa ideia. Hubert relata a reação de Taunay àquelas manifestações: "Há vinte anos, Senhores, esta prática se perpetua, vocês querem destruir um hábito de vinte anos?". O jornalista afirma que isso era o mesmo que dizer: "Tomem meu abuso, Senhores, tomem meu abuso! Ele é bem constituído, tem vinte anos!".

Na ata da assembleia, o comitê dirigente da Sociedade Francesa de Beneficência declarou que o grupo dissidente acreditava no "direito de fazer e de desfazer" sobre as regras da Sociedade, que o "princípio" invocado por aqueles membros não era mais que um "elemento subversivo de toda ordem e de toda estabilidade sobre as instituições humanas", tornando, neste caso, as "convenções e as leis nada mais que ficções sem valor". O conteúdo da ata revela o início de uma batalha ideológica declarada dentro da comunidade francesa.

A resposta à diretoria da Sociedade foi logo publicada no domingo seguinte em um texto dirigido ao "Sr. presidente do ex-comitê da Sociedade Francesa de Beneficência". A carta era de autoria do dr. Level e foi apresentada com entusiasmo pelo *Courrier du Brésil*. Level afirma que a "ata oficiosa" apresentava "insinuações mal-intencionadas" e por isso era seu dever respondê-la em defesa de "princípios" imbuídos de um "sentimento democrático". Invocando seus "adversários" a pensarem sobre a palavra "ordem", a "história das revoluções humanas", "as leis sociais", "ideias novas" e o "progresso do espírito humano", ataca o que considerava a conduta arbitrária do presidente "oficioso", referindo--se ironicamente a Taunay:

> Vós invoqueis, senhor, a estabilidade das instituições humanas as quais seriam para justificar vossa conduta arbitrária, e vós considereis como elemento subversivo da ordem, todo princípio que tende a destruir esta estabilidade; mas, diga-me, que seria de vós, e todos nós, se esta estabilidade não fosse interrompida; seja, então, coerente com vós mesmos, e consulte ao menos a história das revoluções humanas. [...] Esta palavra: ordem, senhor, como é geralmente compreendida foi mais fatal à humanidade que todos os flagelos destruidores [...] A lei, senhor, é a fórmula da experiência. As leis sociais são como os homens, eles nascem, se desenvolvem e sofrem todas as transformações que reclamam a marcha progressiva do espírito humano. [...] Em vão os homens empregaram a astúcia e a força, a mentira e a calúnia, suas armas favoritas, contra as ideias novas; elas continuam a crescer, semeando por tudo a esperança e recolhendo as bênçãos daqueles que elas consolam.[35]

O dr. Level foi responsável, entre outros, por um programa da Sociedade Francesa de Beneficência de 1849, que também foi assinado por Derrion, socialista fourierista que participou de uma experiência falansteriana no Saí, em Santa Catarina (1840-1846).[36] O programa de 1849 revela que a diversidade de interesses e convicções provocava conflitos dentro da sociedade desde aquele período. Seu conteúdo se pauta em ideais iluministas de progresso. Em um discurso que contrapõem "luz" e "trevas", define dois grupos: de um lado aqueles que escreviam o programa e expunham um sentimento de desejo de mudança da ordem estabelecida (as "luzes"); o outro grupo era formado por aqueles que dominavam a direção da sociedade ("as trevas") e não aceitavam mudanças em sua dinâmica. O programa proposto falava de auxílios a uma parcela da população francesa necessitada, como doentes indigentes, inválidos e idosos, viúvas e órfãos, e ainda apoio ao operário necessitado e indicação de trabalho ao desempregado. A estrutura associativa proposta aparentemente não diferia de grande parte de sociedades beneficentes, no entanto, acreditavam que poderiam transformar a obra de caridade em uma obra de "solidariedade fraternal".[37] Os valores e ideais

---

35 *Courrier du Brésil*, Rio de Janeiro, 10 de agosto de 1856.

36 Sobre a experiência fourierista da qual Derrion fez parte, ver Gallo, Ivone, op. cit.

37 Além de Level e Derrion, também assinaram o programa de 1849 F. Daguerre, Ed. Castel, Delphin e Eugène Gilles, que compunham o comitê administrativo de 1849. O *Courrier du Brésil* publica aquele texto escrito em 1849 em seu número de 17 de agosto de 1856: "Os homens

374 LAURENT VIDAL E TANIA REGINA DE LUCA (ORGS.)

embutidos nesse programa de 1849 aproximavam-se daqueles que fomentariam o grupo dissidente em 1856.

Nessa época de cisão, vários artigos do *Courrier du Brésil* afirmavam claramente que a população francesa na Corte brasileira estava dividida em dois "campos" bem distintos. A batalha ideológica se expressava com ironias ferinas. Por um lado, o grupo de dissidentes falava com entusiasmo em relação às "ideias novas" que consolavam aqueles que precisam de "solidariedade" do "espírito humano". Seus "adversários" eram retratados como desprovidos de inteligência, esta faculdade que dá à humanidade "novas fórmulas de resistência" e uma "moral mais sublime", afirmando que infelizmente na "casa de muitos homens a fortuna parece excluir a inteligência; na casa deles o cérebro se esvazia à medida que o cofre se enche de ouro".[38]

No entanto, o "outro lado", ou seja, os dirigentes da sociedade beneficente acusavam aqueles dissidentes de serem culpados pela desunião. Uma carta remetida ao "sr. redator do *Courrier du Brésil*", datada de 19 de agosto de 1856, foi distribuída nas ruas do Rio de Janeiro entre os compatriotas franceses, no entanto não foi enviada ao escritório do jornal. O autor da carta, muito provavelmente Theodore Taunay, justifica-se, afirmando logo a princípio que se "via forçado a empregar uma outra via que não aquela do jornal para lhe dirigir uma resposta" às críticas publicadas até então. Acusa Adolphe Hubert de incentivar a desunião entre os franceses e, sobretudo, de "colocar de lado o pudor nacional", não cessando de insultar a pátria francesa e de dirigir injúrias grosseiras contra "homens ilustres", difamando "todas as glórias que adquiriram o respeito e admiração do mundo inteiro". O texto dirigido a Hubert ressalta ainda mais as diferenças entre os grupos ao responder às questões levantadas pelo dr. Level:

> Quanto à política, ela deixa transparecer bem uma grande intenção oculta em tudo isso; mas não é ainda o motivo pelo qual nos possa acusar, porque nós não lhes falamos jamais de *revoluções* nem de *solidariedade fraternal*, ainda menos de comitê provisório e outras grandes palavras, abusos da época que nós confessamos humildemente que não compreendemos seu alcance, porque eles todos foram tirados do dicionário político e revolucionário que nós jamais consultamos.[39]

---

que marcham no sentido inverso da perfectibilidade humana, que preferem a sombra à luz, nos acusam hipocritamente de querer inverter a ordem das coisas para estabelecer uma instituição problemática [...] nós contamos com a cooperação de todos nossos compatriotas em uma obra que começa pela caridade e promete se tornar uma obra de solidariedade fraternal".

38 *Courrier du Brésil*, Rio de Janeiro, 10 de agosto de 1856.
39 Ibidem, 24 de agosto de 1856.

Após um mês de discussões nos jornais e nas ruas do Rio de Janeiro, nenhum consenso parecia possível entre aqueles grupos que se opunham dentro da Sociedade Francesa de Beneficência. A "falange da direita" (ibidem) – como Hubert classificava seus "inimigos" – acusava o redator do *Courrier du Brésil* e seus "amigos" de dissimularem suas verdadeiras intenções político-revolucionárias por trás das discussões contra a eleição do novo comitê. Hubert, como porta-voz na imprensa do grupo dissidente, demandava a separação do consulado francês, que abusava de sua influência sobre a sociedade, por meio da autoridade pessoal da figura de Theodore Taunay. Hubert também acusava o grupo da direita de não dedicar esforços aos trabalhadores que necessitavam de socorros.

Uma reunião foi marcada para 1º de setembro de 1856, "para tomar uma determinação sobre o assunto Sociedade Francesa de Beneficência", chamada feita a todos os franceses do Rio de Janeiro por dr. Level, dr. Chomet, Barão de Geslin, Déroche e Charlot. E Hubert, novamente como porta-voz desse grupo, prenunciava que tal determinação teria por finalidade fundar "para sempre o direito dos pobres sobre as bases da assistência mutualista", e conclui seu texto selando o afastamento entre o grupo dissidente e a Sociedade Francesa de Beneficência:

> Consideramos a assistência como o primeiro dever entre nossos semelhantes, e repudiamos a esmola; que este meio humilhante de socorrer os desafortunados seja, sem nossa participação, o triste privilégio daqueles que trabalham em nome de Jesus para as confrarias cujo fim, repetimos, é alheio aos interesses gerais da sociedade.[40]

A Sociedade Francesa de Socorros Mútuos foi fundada em 1856 com 423 membros (Barbosa, 1908), 14% do total aproximado de franceses que habitavam o Rio de Janeiro.[41] A sessão de fundação da nova sociedade ocorreu no salão do Hotel Pharoux, "tomado pela multidão" de pelo menos 250 pessoas. O dr. Chomet apresentaria sua proposta para criação de uma "sociedade de previdência mútua", notícia que já corria à boca miúda e nas entrelinhas do *Courrier du Brésil*. O dr. Level, cidadão bastante conhecido entre os franceses e um dos signatários da convocação, foi encarregado de explicar o motivo da reunião. Em seu discurso explicou que, devido ao estado precário em que se encontrava a

---

40 Ibidem, 31 de agosto de 1856.
41 Este cálculo foi feito sobre o número apresentado pelo recenseamento de 1872; o total de franceses do Município Neutro era de 2.884.

Sociedade Francesa de Beneficência, e se fosse a vontade de todos ali presentes, assentariam as primeiras bases de uma nova sociedade.

Durante a reunião, afirmou que para continuarem sua marcha era necessário combater aqueles que queriam impor a vontade de uma "minoria" e lutar de forma solidária, por meio da "cooperação de cada um em benefício de todos, e de todos em benefício de cada um" e impor a vontade geral. Level refere-se ao Deus que representava a Igreja católica e ao poder de coerção dessa instituição sobre seu fiéis, afirmando que "Deus" era um princípio que prostrava o homem e os fazia orar em vez de lutar. Dizia ainda que esta força de subjugação dissimulada historicamente foi utilizada para a manutenção de forças conservadoras, que desejavam impor seu poder sobre a vontade da maioria, sustentando o pauperismo existente. No entanto, eles, como membros de uma associação, deveriam ser solidários e combater a miséria enquanto esta permanecesse como um problema, sem jamais ferir a dignidade e a liberdade individual:

> [...] Deus é um princípio muito vasto para nossa inteligência, é um trovão sobre a consciência humana que nos força a nos prostrar e a orar; e os homens, que como nós, senhores, sabem chorar sobre as tumbas, enviam as armas ao Céu. Para nós, senhores, até o dia em que a extinção da miséria permanecer como um problema, nós chamaremos ao combate a cooperação de cada um em benefício de todos, e de todos em benefício de cada um, sem jamais suportar danos à dignidade, à liberdade individual. Hoje, senhores, os membros de toda sociedade devem ser, de algum modo, solidários; a desgraça não pode atingir uns sem que o contra-golpe não se faça sentir na casa dos outros; e aqueles que queriam recusar essa responsabilidade não são de nossa religião. [...] queriam nos impor a vontade de uma minoria, nós quisemos impor-lhes a vontade geral.[42]

Percebe-se nas ações e nas propostas dos fundadores da sociedade mutualista uma importante preocupação em fortalecer a autonomia das iniciativas das classes pobres ou dos trabalhadores. Utilizavam diferentes termos para definir socialmente os sujeitos envolvidos no processo de estruturação da associação: trabalhadores, operários, classes pobres, classes laboriosas, todos compatriotas "semelhantes". No entanto, a composição social da Sociedade Francesa de Socorros Mútuos era bastante heterogênea. Era formada por profissionais liberais, pequenos comerciantes, funcionários do comércio e trabalhadores manuais. Havia, então, médicos, farmacêuticos, educadores, fotógrafos, litógrafos, tipógrafos, gravadores, guarda-livros, maquinistas e bombeiros, torneiros e chapeleiros.

---

42 *Supplément au Courrier du Brésil*, de 4 de setembro de 1856.

FRANCESES NO BRASIL: SÉCULOS XIX E XX 377

Contudo, apesar do diversificado quadro de profissões, havia a noção de que a sociedade mutualista francesa no Rio de Janeiro era "composta em sua maior parte por trabalhadores".[43] As mulheres não faziam parte da associação e apenas poderiam receber algum auxílio caso o marido falecesse.

Vale notar as considerações feitas por Alexandre Fortes em seu artigo "Os outros polacos – classe e identidade étnico-nacional entre imigrantes do leste europeu em Porto Alegre". Fortes afirma que pesquisas recentes têm revelado que, ainda que tomados em seu processo de formação nos "espaços de sociabilidade interétnica" no Brasil, a relação estabelecida entre trabalhadores imigrantes com questões como classe e luta política era, muitas vezes, "vivenciada no interior de uma dada comunidade étnico-linguística" (Fortes in Batalha, 2004, p.318). Permeado pelas conclusões explicitadas no jornal francês – sobre o interesse dos "pobres", diferentemente dos "ricos", de se associarem para enfrentar mutuamente as mazelas cotidianas –, esse processo conflituoso instaurado em uma restrita comunidade francesa, deslocada e exilada de seu país de origem, vivendo na Corte do Império brasileiro, é matéria-prima para muitas reflexões histórico-sociais acerca das experiências vividas por imigrantes no Brasil, sobre conceitos como classe e identidade étnico-nacional, associativismo e mutualismo e a articulação de redes de sobrevivência no Novo Mundo.

Mike Savage, em artigo que analisa a relação entre o conceito de classe e história do trabalho, ressalta a importância da "insegurança estrutural"[44] que marca as experiências vividas por trabalhadores, ou, ainda, pelos "pobres". A

---

43 *Courrier du Brésil*, Rio de Janeiro, 9 de dezembro de 1860.

44 "[...] desejo indicar uma versão alternativa da teoria das classes que poderia superar a dificuldade de especificar uma base estrutural precisa para as relações de classe. Desse modo, sublinho que o traço distintivo da vida operária não se apoia exclusivamente no processo de trabalho (como frisariam os marxistas) nem no mercado de trabalho (como desejariam os weberianos), mas na *insegurança estrutural* vivida por todos os trabalhadores. Na sociedade capitalista, a retirada dos meios de subsistência das mãos dos trabalhadores significa constrangê-los a acharem estratégias para lidar com a aguda incerteza da vida diária, que deriva de seu estado de impossibilidade de reprodução autônoma e sem o apelo a outras agências. Essa formulação nos possibilita reconhecer certas pressões estruturais sobre a vida operária, embora também pontue a urgência de examinarmos a enorme variedade de táticas que os trabalhadores podem escolher para cuidar de seus problemas – da luta contra seus empregadores à formação de cooperativas, à demanda de amparo estatal, à tessitura de redes de apoio nas vizinhanças e por aí vai. É tão relevante olhar para as estratégias de vida atualizadas nos bairros urbanos e nos lares quanto para o processo de trabalho em si mesmo. Nesse olhar, o trabalho, enquanto emprego, não carece ser visto como único ou o principal eixo da classe social". Savage, Mike. Classe e história do trabalho. In Batalha, Claudio et al. (Org.). *Culturas de classe*: identidade e diversidade na formação do operariado. Campinas: Unicamp, 2004, p.33.

retirada dos meios de subsistência de suas mãos e a consequente distribuição desigual de recursos materiais na sociedade torna os trabalhadores um grupo muito vulnerável à aguda incerteza da vida diária. A resposta a isso, porém, é o desenvolvimento de uma enorme gama de estratégias criadas para lidar com os problemas cotidianos, como a constituição de redes comunitárias, a formação de identidades locais, envolvendo relações familiares e de vizinhança, ou a instituição de associações. A formação de uma classe seria, então, um processo espacial, em que identidades locais e identidades de classe podem se fundir e combinar.

As especulações teóricas de Savage proporcionam um viés teórico interessante e amplo que possibilita analisar o recorte local e temporal desta e de outras pesquisas que não necessariamente observam a experiência de "classes" em bases estruturais precisas, ou, ainda, dentro do campo das relações de produção ou de mercado. A princípio, ainda com um olhar distante, pairava a impressão de uma comunidade de estrangeiros sem intensas desarmonias sociais entre si. No entanto, principalmente o processo de formação da Sociedade Francesa de Socorros Mútuos revelou um conflito que nos permitiu ressaltar elementos importantes para as polêmicas discussões sobre classe e identidade de classe. Evidentemente, não se trata da manifestação de uma "classe demograficamente coesa", para utilizar mais uma expressão do artigo de Savage, mas, como foi explicitado, trata-se de um fenômeno local e politicamente constituído, que não deixa de se relacionar com questões de paisagens mais amplas, como a política e a identidade nacional francesas.

Tabela 17.1   Jornais publicados em língua francesa no Rio de Janeiro no século XIX

Título do periódico	Período de publicação e observações (Fonseca)	Biblioteca Nacional (BN)
L'Alcyon – littérature, Sciences, arts, théatres	1841	Periodicidade semanal. Imprimerie de Cremiere.
———	———	*Almanach du Brésil Républicain: journal française.* Diretor: M. A. F. Reymond. Imprimerie-Libraire, 1895-1896.
Annales de l'Observatoire Impérial de Rio de Janeiro	1882–1887 Revista.	———
Ba-ta-Clan: chinoiserie franco-bresilienne	1867–1871 Segundo Fonseca, "este jornal fez sucesso no seu tempo", era todo redigido em francês e trazia caricaturas de J. Mill.	Redator: Charles Berry. Caricaturas de J. Mill, Alfred Michon, P. Guimarães, Corcovado. Mudança de subtítulo: *"journal satyrique illustre"* (junho de 1868). Typ. E Lith. Franco-americano.
Le Brésil	1862 Proprietário: Flávio Farnèse. Redação: Flávio Farnèse, Lafayette Rodrigues Pereira e Pedro Luiz Pereira de Souza. Tip. Da Atualidade.	———

(continua)

(continuação)

Título do periódico	Período de publicação e observações (Fonseca)	Biblioteca Nacional (BN)
Le Courrier du Brésil – feuille politique, commerciale et letéraire	1828 Esse periódico não foi encontrado na listagem de periódicos da BN, mas também é citado por Werneck Sodré.	—
Le Courrier de Rio de Janeiro	1871	—
L'Écho de l'Amérique du Sud: journal politique, commercial et littéraire	1827–1828 "Este jornal saiu das oficinas de Pierre Plancher e de seu filho Émile Seignot Plancher."	Epígrafe: "*Il n'y a qu'un écho en Amérique, lorsqu'on prononce les mots de Patrie et de Liberté*", General Foy.
L'Écho de L'Atlantique: journal des etrangers, publie sous la protection des lois bresiliennes	1858	Editor-proprietário: A. Deyme & C. Mudança de tipografia: Typ. De Soares de Pinho. Ano 1, n.6 (31 de janeiro de 1858).
L'Écho du Brésil et de l'Amérique du Sud	1859–1860	Redator-chefe: Altève Aumont. Imprimerie Moderne de H. Guffier.
L'Écho du Brésil: organe français de Rio de Janeiro	1895	1895, ano 3, jan.-jul. Redator: H. Schwod. Diretor-proprietário: J. Cateysson. Administração: G. Grimaldi, Rua da Assembleia, 75.

(continua)

(continuação)

Título do periódico	Período de publicação e observações (Fonseca)	Biblioteca Nacional (BN)
L'Écho Français – bulletin politique, commercial, litteraire, des sciences et des arts	1838–1839	Periodicidade semanal. Imprimerie Imperiale et Constitucionalle de J. Villeneuve.
———	———	*L'Echo Français – revue des journaux de France.* Imprimerie Parisiense, 1849.
L'Entracte: jornal theatral, commercial e industrial	1889	Proprietários: Cateysson e Dethuin. Administração: Rua da Uruguayana, 43. Distribuição gratuita; continha propagandas. Coleção BN / Plínio Doyle.
L'Étoile du Sud	1885–1892 Sucedeu à *Revue Commerciale, Financière et Maritime de L'Empire du Brésil* (1882–1885).	1885; 1895; 1901–1902 Fundador: Ch. Morel. Secretário: G. Belliard. Typ Montenegro, Typ. Gazeta de Notícias e depois Typ Imperial e Constitucional de J. Villeneuve.
Figaro chroniqueur – journal critique, comique, satyrique, anedotique, recreatif et amusant, publication anti-politique et anti-scientifique	De 3 abril a 19 maio de 1859 [Redator e gerente responsável: Arthur du Mouton.	Catálogo de Microfilmes.
Les Folies Bergères	1892	———

(continua)

Título do periódico	Período de publicação e observações (Fonseca)	Biblioteca Nacional (BN)
Foyer	1891	Periodicidade semanal. Órgão dedicado ao teatro. Propriedade de: Frederico de Souza e B. de Gouvea. Typ. Impressora Paris.
La France	1885 Segundo Fonseca, a referência desse periódico é da Biblioteca Nacional; no entanto, não consta nos catálogos da BN.	——
France et Brésil – journal français	1874–1875	1875 Periodicidade semanal. Proprietário: P. L. Basseux. Administrador: Capitão José Dias da Costa. Typ. Cosmopolita.
La Gazette du Brésil	1867–1868	Catálogo de Microfilmes.
Le Gil-Blas: Journal Politique, Satyrique et Artistique	De 14 de outubro de 1877 a 1º de setembro de 1878	Catálogo de Microfilmes.

(continua)

Título do periódico	Período de publicação e observações (Fonseca)	Biblioteca Nacional (BN)
L'Indépendent – feuille de commerce, politique et littéraire	1827 Semanário publicado por Pierre Plancher-Seignot. Primeiro jornal francês publicado no Brasil. Fonseca afirma que existem dez números na BN; no entanto, nenhuma referência foi encontrada nos catálogos da biblioteca. Primeiro número em 21 de abril de 1827. Cada um dos números traz extrato com catálogo das obras que eram vendidas na livraria de Pierre Plancher-Seignot.	——
Le Messager: journal politique et litteraire	1831–1834	Periodicidade bissemanal. Imprimerie de Gueffier et Cia.
Le Messeger du Brésil: Journal français	1878–1884	Continuação de *Le Gil Blas* (1877–1878). Assunto: literatura. Typ. De Le Messeger du Brésil.
Le Nouvelliste	1837–1848	1847–1848 Catálogo de Microfilmes.
Le Nouvelliste de Rio de Janeiro: journal politique, litteraire et commercial	1863 Nova encadernação de *Le Nouvelliste* de 1837. Proprietário: H. Rautenfeld. Redator-chefe: L. A. Nerciat.	*Le Nouvelliste: journal politique, litteraire et commercial.* Catálogo de Microfilmes.

(continua)

Título do periódico	Período de publicação e observações (Fonseca)	Biblioteca Nacional (BN)
Positivisme et Lafitisme	1884	⸻
Révue Brésilienne ou Recueil de Morceaux Originaux sur les Affaires Intérieures de l'Empire, la politique et sur la statistique locale	1830	Redator: Henri Plasson. Primeira revista francesa do Brasil (número único). Imprimerie Gueffier.
Révue commerciale financière et maritime	1882–1885 Typ. De J. Villeneuve.	Continuado por *L'Etoile du Sud*.
Révue Française: litterature, sciences, beaux arts, politique... (1839–1840)	1839–1840 Imprimerie de C. H. Frirey.	v.1, n.1 (1º de maio de 1839); v.2, n.4 (1º de abril de 1840).

(continua)

(continuação)

Título do periódico	Período de publicação e observações (Fonseca)	Biblioteca Nacional (BN)
Révue Franco-Brésilienne – paraissant tous les samedis	1898 Fonseca cita como *Révue de France et du Brésil.*	Epígrafe: "Stimulos dedit aemula virtus". Propriedade: Ducan Wagner e Alfred de Carmand. Diretor-redator: Alfred de Carmand. Mudança de subtítulo: *politique, economique, artistique et litteraire*, a partir do n.4 (15 set.1898). Colaboradores: Ruy Barbosa, Olavo Bilac, José Avelino, Luiz Murat, Nocanor Nascimento, Coelho Netto, Morales de Los Rios, Raoul Wagner Fils (Paris), Artur Thire, e outros. Formato varia. Mudança de tipografia: da Typ. Casa Mont'Alverne para Typ. Luiz Miotto. Possui suplemento, *"Dedie a la colonie française a l'occasion de la fete nationale"*, t.1(1), 14 jul.1898.

(continua)

(continuação)

Título do periódico	Período de publicação e observações (Fonseca)	Biblioteca Nacional (BN)
La Saison (*A Estação – Jornal ilustrado para a família*)	Fonseca cita aqui a *La Saison*, porque esta revista de moda editada em Paris era destinada ao Brasil, sobretudo para o Rio de Janeiro, entre 1872 e 1879. O livreiro Lombaerts, que a comercializava, passou a publicar uma versão em português da revista, *A Estação* (1879–1904).	Jean-Baptiste Lombaerts e seu filho Henri Gustave, livreiros, trabalhavam principalmente com jornais e revistas importadas. De 1871 a 1879 eles produziram um suplemento em português para acompanhar um de seus principais periódicos importados, a revista de moda francesa *La Saison*. Em seguida, a partir de 1879, eles começaram a editar sua própria edição brasileira da revista, com o título "A Estação", edição da Casa Lambaerts. Entre 15 de janeiro de 1879 e 1899 passou a chamar-se "A Estação" e a ter uma parte literária além do prato de resistência, que era o figurino, bordado etc. Nela colaborou também Machado de Assis (1884–1891). Mudança de tipografia: de Typ. Lombaerts & Cia. para Typ. Estação (janeiro de 1897).
Le Sud Américain – journal hebdomadaire	1885–1886	Catálogo de Periódicos Raros.

Fonte: Listagem feita a partir de Fonseca (1941). Os títulos e as informações citados pelo autor foram conferidos nos catálogos de periódicos da Biblioteca Nacional (disponível em: <http://www.bn.br/site/default.htm>). Há indicação quando o periódico mencionado por Fonseca não constou na listagem da BN, havendo simplesmente um traço. O mesmo aplica-se para aqueles encontrados apenas na BN e não em Fonseca. Alguns títulos não estavam completa ou corretamente citados em Fonseca; assim, na coluna do título do periódico, citamos de acordo com a informação dos catálogos da BN.

18
Le Gil-Blas (1877-1878): HUMOR E POLÍTICA E PROL DO IDEAL REPUBLICANO[1]

Tania Regina de Luca

O objetivo deste capítulo é inserir o jornal *Le Gil-Blas*, que circulou no Rio de Janeiro entre outubro de 1877 e setembro de 1878 contabilizando quarenta e sete exemplares, na tradição das publicações francesas impressas na capital do Império desde 1827. Interessa compreender as razões de sua fundação e o papel que o semanário, que vinha a público todos os domingos e não sofreu nenhuma interrupção em sua circulação, desempenhou no cenário da época. É sabido que essa constituiu a primeira fase da publicação que, sem alterar a numeração, abandonou a denominação primitiva em prol de um novo título, *Le Messager du Brésil, journal français* – mudança que demarca um novo momento na trajetória da folha, sobre o qual há notícias até dezembro de 1884 (Luca, 2022) e que extrapola os limites da presente análise, que se concentrou na trajetória inicial da folha.

Um título com história

A denominação de um periódico nada tem de inocente e pode fornecer pistas a respeito de seus objetivos e das razões de sua existência. No caso em apreço, evocava-se o conhecido personagem da obra *Histoire de Gil Blas de Santillane*, narrativa em primeira pessoa publicada entre 1715 e 1735 e de autoria de Alain-

---

1 O texto, com ligeiras modificações, foi publicado em Guimarães e Luca (2017). Agradeço a leitura e as sugestões de Eliana de Freitas Dutra e Márcia Abreu.

388   LAURENT VIDAL E TANIA REGINA DE LUCA (ORGS.)

-René Lesage[2] (1668-1747), que dialoga com uma tradição cujo modelo matricial é *Dom Quixote* (Mancier, 2011). Não cabe retomar aqui a ampla e complexa discussão do campo da teoria literária a respeito das diferentes formas de recepção e interpretação do romance desde a sua publicação, bastando assinalar a tendência, predominante no decorrer século XIX, de tomá-lo como capaz de compor um panorama verdadeiro de sentimentos e situações sociais.[3]

A cuidadosa edição de 1836, sob a responsabilidade do livreiro e editor Alexandre Paulin (1796-1859), com seiscentos desenhos de Jean Gigoux (1806-1894),[4] também trouxe nota do escritor e crítico Charles Nodier (1780-1844), na qual se assegurava lugar ímpar à obra de Lesage – "Gil Blas *est pour nous comme* Don Quichotte *pour les Espagnols, comme* Tom Jones *pour les Anglais, le premier roman de la nation*" (Nodier, 1836, p.7).[5] Tal apreensão estava em sintonia com o sucesso editorial do livro, que figurou entre os mais reimpressos na primeira metade do século XIX, indício da persistência do gosto do público – o que não deixa de surpreender o leitor contemporâneo, acostumado com as flutuantes listas semanais dos mais vendidos.[6]

Longe de ser um fenômeno francês, essa permanência também pode ser comprovada no Brasil e em Portugal, uma vez que, entre o fim do século XVIII e o início da centúria seguinte, não foram poucas as solicitações à censura para imprimir o romance. Num outro registro, os pesquisadores que se debruçaram sobre os anúncios de livros publicados nos principais jornais do Rio de Janeiro ao longo da primeira metade do Oitocentos também se depararam com o volume, situação que se repete em relação aos títulos mais solicitados no setor de empréstimos da Biblioteca Nacional durante o mesmo período (Abreu, 2013).

Tendo em vista esse contexto, não surpreende que escritores franceses fizessem alusão à obra e ao personagem. A exemplo do herói de Cervantes, que consagrou a figura do Quixote e o adjetivo "quixotesco", devidamente dicionarizados, com Gil Blas estava em curso processo semelhante, tanto que em 1852 Alexandre Dumas publicou *Un Gil Blas en Californie* e, em 1856, foi a vez de

---

2   A grafia do nome do escritor alterou-se ao longo do tempo entre Le Sage e Lesage.

3   A respeito dos debates sobre o entendimento da obra, desde o acento no caráter satírico, passando pelo tom realista para desaguar, contemporaneamente, nas apreensões metalinguísticas, ver as duas coletâneas organizadas por Wagner (1997; 2003) e Didier; Sermain (2004).

4   Sobre a renovação do comércio livreiro, levado a cabo por Paulin a partir desta edição de *Gil Blas* que, em alguns anos, vendeu 15 mil exemplares, consultar Martin (1990, p.192).

5   "*Gil Blas* é para nós como *Dom Quixote* para os Espanhóis, como *Tom Jones* para os ingleses, o primeiro romance da nação." As traduções são da autora.

6   Lyons (1990, p.409-448) informa que, entre 1811 e 1845, foram impressos, pelo menos, 70.600 exemplares do romance.

FRANCESES NO BRASIL: SÉCULOS XIX E XX 389

Paul Féval (pai) lançar *Madame Gil Blas*, ambos relatos de aventuras em primeira pessoa, na esteira do original.[7]

Além de ser uma glória da literatura francesa, fator que não pode ser menosprezado para a sua escolha,[8] é relevante o fato de o personagem Gil Blas ter cumprido um longo périplo, que o levou a frequentar e observar os mais diferentes grupos e ambientes sociais, o que permite aproximações com o ideal da imprensa periódica. Cabe lembrar que, sobretudo a partir do último quartel do século XIX, aprofundou-se o compromisso das folhas com a notícia, graças ao rápido crescimento da navegação a vapor e o consequente encurtamento das distâncias, bem como pelos progressos do telégrafo, que conectou os diferentes continentes por cabos submarinos, ensejando novas percepções de tempo e espaço. A análise de Nodier sobre o texto de Lesage, em sintonia com a interpretação então dominante sobre a narrativa, colocou em relevo o grande painel delineado pelo escritor, tido como capaz de dar conta da experiência humana e da vida tal como ela é:

> *Le roman ou le drame à cent actes divers et à mille personnages que Le Sage venoit d'inventer, ce n'étoit pas ce jeu frivole de l'esprit avec lequel on amuse les veillées oisives du boudoir. C'étoit la comédie et le monde. Gil Blas, c'est l'homme dans toutes les conditions de sa fortune, dans toutes les faiblesses et dans toutes les ressources de sa nature, dans toutes les illusions de son esprit, dans toutes les combinaisons de sa pensée: l'homme universel de Térence,[9] placé au milieu d'un concours d'événements qui semblent se plaire à suivre le fil de ses rêves. Le Misanthrope avoit traduit la haute société sur la scène; Gil Blas y traînoit la société tout entière, depuis le bandit qui mendie son pain au bout d'une escopette, jusques au courtisan qui extorque le fruit des labeurs du peuple sous le bon plaisir du roi. Non seulement tous les caractères saillants de l'humanité sont dans le Gil Blas, mais il n'en est pas un qui n'y apparoisse sous tous les aspects, sous tous ses côtés, sous tous les reflets qu'il peut emprunter des jours divers auxquels les circonstances le livrent suivant les temps et les lieux. Le roman conçu ainsi est autre chose qu'un roman, et c'est abuser du terme que d'appeler un roman. C'est le monde écrit, l'histoire morale de l'homme mise à nu* (Nodier, 1836, p.8).[10]

---

7   Cabe lembrar o exemplo de Eugene Sue e seus *Mistérios de Paris*, publicados sob a forma de folhetim entre junho de 1842 e outubro de 1843, e sua intensa difusão internacional, evidenciada no dossiê organizado por Thérenty e Kalifa (2015).

8   É interessante notar a tendência, muito frequente nas folhas fundadas por imigrantes, de homenagear heróis e datas que lembravam a pátria distante, o que não se observa no caso das publicações em língua francesa impressas no Brasil, circunstância que merece ser investigada e que remete, provavelmente, à especificidade desta imigração.

9   Referência ao dramaturgo e poeta romano que viveu no século II antes de Cristo.

10 Manteve-se a grafia do francês utilizada na edição. "O romance ou o drama a cem atos diversos e mil personagens que Le Sage inventou não era um jogo frívolo do espírito para divertir os

390   LAURENT VIDAL E TANIA REGINA DE LUCA (ORGS.)

Tais características, aliadas à ampla difusão da narrativa, ajudam a compreender por que não foram poucos nem os que se valeram do pseudônimo nem os jornais que evocaram em seu título *Gil Blas* ou *Gil Blaz*, como se observa na lista (que não se pretende exaustiva) organizada sobretudo a partir dos catálogos de bibliotecas nacionais brasileira, francesa e portuguesa.[11] Note-se que a escolha realizada no Rio de Janeiro em 1877 não se constituía numa inovação, pois já se contava com pelo menos dois antecedentes parisienses, ainda que o homônimo francês a alcançar maior fama, organizado pelo publicista Auguste Dumont (1816-1885), só tenha sido lançado em 19 de novembro de 1879 – quando o título do jornal que circulou na capital do Império já havia sido substituído por *Le Message du Brésil, journal français*.

Tabela 18.1   Jornais intitulados *Gil Blas*, *Gil Blaz* ou *Gil Braz*[12]

Título	Cidade e circulação[13]
Gil Blas	Paris, 1825-1830
Le Gil-Blas de Paris. Journal-programme non politique. Théâtres. Littérature. Beaux-Arts. Modes. Industrie	Paris, 1854
Le Gil-Blas. Journal politique, satyrique et artistique	RJ, 1877-1878
Gil Blas	Paris, 1879-1914, 1921-1940

---

serões ociosos dos salões. Era a comédia e o mundo. *Gil Blas* é o homem em todas as condições de sua fortuna, em todas as suas fraquezas e em todos os recursos de sua natureza, em todas as ilusões de seu espírito, em todas as combinações de seu pensamento: o homem universal de Terêncio, colocado no meio de uma série de eventos que parecem se deleitar em seguir o curso de seus sonhos. O *Misantropo* traduziu e colocou em cena a alta sociedade. *Gil Blas* trouxe a sociedade inteira, desde o bandido que mendiga o seu pão com o cano de sua escopeta até o cortesão que extorque o fruto do trabalho do povo com o consentimento do rei. Não somente todos os caracteres salientes da humanidade estão no *Gil Blas*, e não há nenhum que aí não apareça sob todos os aspectos, de todos os lados, sob todos os reflexos que se pode tomar dos dias diversos, segundo as circunstâncias de tempo e lugares. O romance assim concebido é algo diverso de um romance e é por abuso do termo que se denomina um romance. É o mundo escrito, a história moral do homem colocada a nu."

11   Sobre o impacto do título, ver Zola (1906, t. 1, p.218-219).

12   Os dados foram retirados dos catálogos já mencionados, exceção feita ao primeiro título citado, repertoriado por Hatin (1866, p.1829), que informa ter sido a folha fundada em 1825 e estar em circulação em 1830; e o lançado em São Paulo, do qual se conhece o primeiro número, depositado no Instituto Histórico e Geográfico de São Paulo.

13   Trata-se do período para o qual se tem referência em acervos, e não o de efetiva circulação do título.

Le Gil Blas Lyonnais. Politique, commercial, industriel et financier, militaire, théâtral et mondain	Lyon, 1887-1888
Le Petit Gil Blas. Journal quotidien	Paris, 1890-1891
Gil Blas	RJ, 1893
Gil Blas. Diário da tarde, social, artístico e mundano	RJ, 1895
Gil Blaz	RJ, 1898
Gil Braz. Quinzenário ilustrado de música, crítica, teatro, touros e esporte	Lisboa, 1898-1904
Gil Braz. Arte, humorismo, teatros, esporte, vida social, atualidades	São Paulo, 1903
Gil Blas. Panfleto de combate	RJ, 1919-1923
Gil-Blas. Journal scolaire paraissant le dimanche	Hanói, 1932
Gil Blas. Bimensuel, journal d'information politique & économique	Paris, 1934

Tal insistência, que abarca um amplo arco temporal (de 1825 a 1934), atesta a longeva circulação da narrativa e de seu personagem central, bem como a capacidade de estes inspirarem os responsáveis por jornais, isso quase dois séculos após a aparição do volume. Chama a atenção a diversidade de subtítulos, que perpassa a política, o ambiente escolar, os esportes, a literatura, a crítica e as artes em sentido amplo, além de conter referências ao mundo da economia e dos negócios, sendo que apenas dois (o primeiro a circular entre nós, aqui em análise, e o lançado em São Paulo) fizeram referências explicitas à sátira e ao humor. É certo que essa particularidade não permite afirmar que tais características foram exclusividade destas folhas, pois tal conclusão teria que estar ancorada em análises circunstanciadas do conteúdo de cada um dos impressos elencados na tabela.

Entretanto, a escolha é interessante por remeter, ainda uma vez, à obra de Lesage, reconhecida como narrativa picaresca, mescla de heroísmo e burlesco. O autor, filiado à estética típica do romance cômico – da qual é inclusive considerado um renovador –, adotava um ponto de vista distanciado sobre o mundo, o que se constitui noutra pista para compreender a escolha do nome do semanário, uma vez que não parece descabido aproximar a postura do herói daquela adotada pelos idealizadores do jornal. Afinal, por meio desse ato de nomeação, é possível divisar um desejo de autorrepresentação dos responsáveis, que se apresentavam como observadores atentos e vigilantes da realidade e que se compraziam, pela sedutora via do humor, em denunciar tudo o que se desviasse de seu próprio padrão, na mesma chave moralista do livro.

Assim, o lugar ocupado pela obra de Lesage no campo literário do Oitocentos, a leitura então prevalente da narrativa e as apreensões do personagem podem ter contribuído, em diferentes graus, para que Gil Blas fosse chamado a figurar na portada da publicação que circulou na Corte.

Le Gil-Blas no âmbito das publicações em francês no Rio de Janeiro

O lançamento do *Le Gil-Blas* em outubro de 1877 remete à tradição de periódicos editados em língua francesa no Rio de Janeiro, cujo marco inaugural é, até onde se sabe, o *L'Indépendant. Feuille de commerce, politique et littéraire* (1827), de Pierre Plancher Seignot – um bonapartista que se exilou quando da ascensão de Charles X ao trono. Tal fato é expresso na tabela geral, na qual figuram mais de uma vintena de títulos anteriores ao *Le Gil-Blas*, todos sediados na Corte. Cabe observar que apenas na última década do século, portanto já na República, há registro da fundação de impressos redigidos em francês em São Paulo, quando a cidade começava a desfrutar das benesses trazidas pelo café.

Não se pode esquecer a importância da língua francesa ao longo do século XIX e até, pelo menos, meados da centúria seguinte, quando o domínio do francês era parte obrigatória da formação das pessoas cultivadas, ao que se somava o fato de o idioma ser largamente utilizado na diplomacia – circunstâncias que acabavam por transmitir certo grau de distinção aos impressos que o utilizavam, não desfrutado por outras publicações em língua estrangeira. Talvez não seja demais afirmar que a aquisição e preservação desses impressos por instituições públicas possa ser, pelo menos em parte, explicada pela força da língua de Molière. Além do mais, como porcentagem significativa de seus acervos foi constituída por doações, é bem provável que parte desse material tenha primeiro figurado em refinados gabinetes de trabalho e bibliotecas de intelectuais ilustres, que não se furtavam a adquirir periódicos em francês editados entre nós. Assim, não é demais supor que o público leitor fosse bem mais amplo do que a pequena comunidade francesa instalada no país.

Outro aspecto a não negligenciar diz respeito à própria natureza da imigração francesa em direção ao Brasil, que não se particularizou pela exuberância numérica, tendo sido levada a efeito por indivíduos isolados, que aqui vinham tentar a sorte, ou por pequenos grupos em busca de refúgio, sobretudo por conta de conturbações políticas como as ocorridas após a queda de Napoleão Bonaparte (1814), a subida ao trono de Charles X (1824), o golpe de Napoleão III (1851) – que levou ao exílio os *Quarante-Huitards* –, e a Guerra Franco-Prussiana (1870-1871), motivo para novo fluxo migratório. Ainda que, no decurso do Oitocentos, se possam citar exemplos da fundação de colônias agrícolas por franceses em diferentes regiões do país (Vidal; Luca, 2009, p.321-366), não se exagera ao afirmar que a corrente imigratória foi, predominantemente, urbana.[14] O recenseamento de 1872 registrou 6.108 franceses no Império, dos quais 458 na província do Rio de Janeiro e 2.884 no Município Neutro.[15]

Durante sua circulação, *Le Gil-Blas* foi o único jornal publicado em francês no Rio de Janeiro. Esta situação, aliás, predominou no âmbito das publicações francófonas, como bem revelam os dados da tabela geral – pois foram raros os momentos em que mais de um impresso dessa natureza disputou a preferência dos leitores. A especificidade da folha lançada em outubro de 1877 ficou por conta da natureza satírica, declarada no subtítulo tal como já o haviam feito dois outros periódicos: o *Figaro chroniqueur. Journal critique, comique, satyrique, anecdotique, récréatif et amusant, publication antipolitique et antiscientifique*, do qual se tem notícia de quatro números publicados em 1859, sem imagens, e o *Ba-ta-clan: chinoiserie franco-brésilienne*, cujo título foi modificado para *journal satirique illustré* e que circulou entre 1867 e 1871 – este, ilustrado, como se fez questão de declarar no subtítulo.

É significativo que, após a experiência do *Le Gil-Blas*, não se tenha outros registros de publicações satíricas em língua francesa; pelo contrário, os periódicos subsequentes insistiam em termos relativos ao mundo prático – *intérêt, commerce, industrie et finances* (interesse, comércio, indústria e finanças) –, como atesta, ainda uma vez, a tabela geral relativa aos jornais franceses preservados em instituições de pesquisa de São Paulo e do Rio de Janeiro. A confiar nos dados disponíveis, pode-se afirmar que a folha foi o derradeiro impresso redigido em francês que se apresentou como jocoso.

---

14 Sobre a presença francesa na capital paulista, ver Barbuy (2006).

15 Trata-se de números modestos se contrapostos aos 55.938 portugueses registrados apenas na Capital do Império, mas que colocavam os franceses na segunda posição, à frente de 1.459 alemães, 966 ingleses e 275 suíços (Recenseamento, 1872, livro 1, p.12).

Características materiais da publicação

Está disponível na Hemeroteca Digital Brasileira[16] a coleção completa do jornal, que seguia o padrão então dominante de quatro páginas, tinha o texto distribuído por três colunas e formato 43,5 por 31,7 cm. A consulta ao conjunto permitiu reunir importantes informações sobre aspectos materiais do impresso, a exemplo da estruturação do seu conteúdo, que não sofreu alterações significativas em sua primeira fase de circulação. A folha publicava artigos, breves notas informativas e pequenos trechos retirados de outros órgãos de imprensa, nacional e internacional. A parte literária era composta pelo romance-folhetim, alocado no rodapé das duas primeiras páginas, e alguns poemas, enquanto os anúncios, em quantidade modesta, ocupavam pequena parte da quarta página.

Havia, ainda, um conjunto de seções de durabilidade bastante variável. A mais perene de todas, com apenas duas ausências, foi *Chronique Politique* (Crônica Política, 45 ocorrências), que fazia as vezes de editorial e era sempre estampada na primeira página. Em termos quantitativos, seguiam-se *Balivernes* (Trivialidades, 19), *Section Scientifique* (Seção científica, 13), *Revue de la presse* (Revista da imprensa, 8), *Nécrologie* (Obituário, 7), *Par-ci, par-là* (Aqui e ali, 7), *Nouvelle de France* (Notícias da França, 6), *Pensées* (Pensamentos, 5), *Petite causerie fluminense* (Conversinha fluminense, 5) e *Faits divers* (4), além de um rol diversificado que se fez presente duas ou três vezes, algumas com objetivos similares a despeito da variação nas denominações – *Boite aux lettres du Gil-Blas* (Caixa de correio do *Gil-Blas*), *Petite correspondance* (Pequena correspondência), *Clochettes* (Sinos), *Devinette* (Enigma), *Les accidents de la semaine* (Os acidentes da semana), *Les choses de la semaine* (Os fatos da semana), *Nouvelle à la main* (Notícias à mão), *Nouvelle d'Europe* (Notícias da Europa), *Dernière nouvelle* (Últimas notícias), *Petite causerie parisienne* (Conversinha parisiense), *Une charade*

---

16 A instituição não permite consulta aos exemplares em suporte papel dos títulos digitalizados, razão pela qual só se conta com a ficha catalográfica, que registra as dimensões citadas. Porém, em Gil Blas. A nos concitoyens. *Le Gil-Blas*, 2me Année, n. 45, p.1, 18/08/1878, lê-se: "La prospérité toujours croissante de notre publication hebdomadaire nous permet aujourd'hui d'en augmenter le format, lui donnant un développement pl... digne de notre colonie et qui réponde mieux aux justes aspirations de la majorité." ["... prosperidade sempre crescente de nossa publicação semanal hoje nos permite aumentar o formato, dando-lhe um desenvolvimento mais digno de nossa colônia e que melhor responder às justas aspirações da maioria"]. Não foi possível precisar a nova dimensão. A intenção era antiga, pois no *Le Gil-Blas*, 2me Année, n. 13, p.1, 06/01/1878, lê-se: *"Aussitôt que l'augmentation de son format le permettra, il* [Le Gil-Blas] *ouvrira plusieurs sections nouvelles."* ["Assim que o aumento do seu formato permitir, o jornal abrirá várias novas seções"].

par semaine (Uma charada por semana), *Zigs-Zags, Réflexions philosophiques* (Reflexões filosóficas) –, numa mescla de títulos graves com outros leves e mesmo enigmáticos. Assuntos relacionados ao teatro, por seu turno, espalharam-se por seções que, a despeito de se sucederem, compuseram um conjunto bastante expressivo (28 ocorrências no total): *Petit courrier des théâtres* (Pequeno correio dos teatros, 8), *Théâtre de variétés* (Teatro de variedades, 6), *Alcazar Lyrique Français* (Alcazar Lírico Francês, 6), *Chronique Théâtrale* (Crônica teatral, 3), *Théâtre-cirque* (Teatro-circo, 3) e *Revue des Théâtres* (Revista dos teatros, 2).

A observação dos exemplares indica que os responsáveis não pertenciam ao ramo dos prelos, em grande parte dominado por estrangeiros, pois contrataram os serviços da *Gazeta de Notícias* (1875-1977) para imprimir a folha. A escolha aponta para a intenção de apresentar um produto bem-acabado e a possibilidade de arcar com os custos, pois a oficina do jornal estava entre as mais bem aparelhadas da capital e apta a executar qualquer tipo de trabalho, como alardeava anúncio publicado no próprio *Le Gil-Blas*: *"Cette typographie possède, en outre du matériel destine au journal, de nombreuses variétés de types et les presses les plus perfectionnées destinées tout spécialement aux travaux du commerce. Factures, Prospectus, Circulaires, Livres d'instruction, Romans, etc. Prix de modicité extrême"*.[17] Tratava-se, portanto, de impresso produzido de acordo com o que de melhor se dispunha do ponto de vista tecnológico, o que estava longe de ser a regra para os impressos organizados por imigrantes.

Le Gil-Blas, contrariamente à prática muito difundida entre os periódicos da capital do Império, não se valia da caricatura, que fez o sucesso tanto das publicações que o antecederam – caso da emblemática *Semana Ilustrada* (RJ, 1860-1876) e de *O Mosquito* (RJ, 1869-1877), que deixou de circular meses antes do aparecimento do periódico em francês – quanto de suas contemporâneas – a exemplo de *O Mequetrefe* (RJ, 1875-1893), *Revista Ilustrada* (RJ 1876-1898), *A Comédia Popular. Hebdomadário ilustrado e satírico* (RJ, 1877-1878), *Psit!!! Hebdomadário cômico ilustrado* (RJ, 1877), *O Diabrete* (RJ, 1877) e *O Besouro. Folha ilustrada, humorística e satírica* (RJ, 1878-1879). Todos esses impressos seguiam o padrão instituído por Henrique Fleiuss na *Semana Ilustrada*, ou seja, o formato *in-quarto*, no qual a folha era dobrada duas vezes dando origem a um caderno de oito páginas. Num dos lados imprimia-se a parte textual e no outro

---

17 *Le Gil-Blas*, 1re Année, n. 03, p.04, 28/10/1877. "Esta tipografia possui, além do material destinado ao jornal, numerosa variedade de tipos e de prensas as mais aperfeiçoadas especialmente destinadas aos trabalhos do comércio. Faturas, Prospectos, Circulares, Livros Didáticos, Romances etc. Preços de extrema modicidade."

a imagética, isto é: capa, contracapa e as páginas quatro e cinco continham imagens, enquanto nas de número dois, três, seis e sete imprimia-se a parte textual (Costa, 2012, p.237-39). O *Le Gil-Blas*, por sua vez, adotava o *in-fólio* (folha dobrada apenas uma vez) típico dos jornais, o que explica suas dimensões mais avantajadas e, mais importante, aponta para uma dada opção no diversificado mundo dos impressos periódicos.[18]

Não se valer das potencialidades da imagem não significava, contudo, falta de preocupação com a composição da página. Para atribuir destaques às informações presentes no cabeçalho, mobilizavam-se famílias de letras, de diversos tamanhos e formatos, enquanto as colunas eram separadas por finos filetes verticais, que ganhavam contornos mais grossos quando se tratava de dividir horizontalmente o conteúdo da página. No interior de uma mesma coluna, utilizava-se uma linha horizontal trabalhada para indicar mudança de assunto, o fim ou começo de uma seção, enquanto para distinguir conteúdos tratados no interior de uma mesma seção empregavam-se pequenos símbolos. O resultado era uma página harmoniosa e que possibilitava boa legibilidade.

Figura 18.1 Exemplos de sinais gráficos utilizados no *Le Gil-Blas*.

Preocupações estéticas também são perceptíveis na organização dos anúncios que, no caso do *Le Gil-Blas*, estavam acantonados na última coluna da quarta

---

18 Cabe lembrar que a tipografia da *Gazeta de Notícias* não pode ser apontada como fator limitante para a escolha do formato, pois ali também se imprimia *O Mosquito*, adquirido em 1872 por Rodrigues Carneiro, um dos fundadores da *Gazeta* juntamente com Ferreira de Araújo, que também colaborou na publicação humorística e fartamente ilustrada.

página, apresentados um após o outro – prática também vigente em outros jornais. Entretanto, a partir de maio de 1878 (n.30), a configuração foi melhorada significativamente, com a ocupação de todo o rodapé da última página e com cada anunciante destacado por meio de boxes, o que conferia equilíbrio e unidade ao conjunto.

Figura 18.2 Exemplos de organização dos anúncios no *Le Gil-Blas*.
Fonte: *Le Gil-Blas*, 2ᵐᵉ Année, n. 22, 10/03/1878, p.4 e 2ᵐᵉ Année, n. 30, 05/05/1878, p.4.

A publicidade fornece indícios a respeito das fontes de receita do jornal, tanto que um dos reclames aqui reproduzidos explicitava os preços vigentes no *Le Gil-Blas*, além de informar sobre hábitos, aspirações, valores e demandas sociais de uma dada época. Exceção feita a três números (11, 12 e 26), todos os demais continham propagandas, em sua grande maioria redigidas em francês – alguns valeram-se do português, mas rapidamente mudaram para a língua de Molière, em consonância com a comunidade à qual se destinava, prioritariamente, mas não exclusivamente, a publicação. No total, foram vinte e três diferentes anúncios, com predominância das lojas localizadas nas ruas elegantes da cidade (Rua do Ouvidor, Sete de Setembro, Nova do Ouvidor), divertimentos (bilhar, teatro, restaurante, festas, Jockey Club) e ofertas de serviços especializados (médico, dentista, cabeleireiro, professor, pintor, serviços tipográficos).

Tabela 18.2   Lista dos anúncios publicado no *Le Gil-Blas*, ordenados por quantidade.

Anunciante	Natureza	Quantidade/ Língua	Endereço
H. Petitet	Loja de sapatos e patins	34/Francês 03/Português	Sete de Setembro 56
Ao Grande Mágico	Rodde, eletricista, introdutor do telefone no Brasil	22/Francês	Rua do Ouvidor 109
Laurent de Wilde	Artista, pintor, decorador, pintura de tabuletas	22/Francês	Rua Sete de Setembro 102
Dr. Castel	Cirurgião dentista americano	18/Francês 01/Português	Rua do Ouvidor 141
Gazeta de Notícias	Serviços de tipografia	10/Francês	Sem endereço [Rua Sete de Setembro 70]
Ao Espelho Psique	Fábrica a vapor de espelhos, reparação, restauração, decoração	09/Francês	Rua do Teatro 21
À la capitale	Variedade de ternos completos, camisas, gravatas	07/Francês	Rua do Ouvidor 72
Les annonces de *Gil-Blas*	Preço da publicidade no jornal	07/Francês	Sem endereço [Rua Nova do Ouvidor 37]
Oferece serviços	Professor residente no Brasil se oferece para acompanhar família à Europa	07/Francês	Dirigir-se ao escritório do jornal [Rua Nova do Ouvidor 37]
Théâtre de Variétés	Peças em cartaz	07/Francês	Sem endereço
Au Grande S. Mauricio	Lavanderia, impressão sobre tecido, lavagem e tintura de chapéus	04/Francês	Rua Sete de Setembro 29
Chaigneau	Aprovisionamento de artigos para floristas, escritórios, fotografias etc.	04/Francês	Rua do Ouvidor, 59
A Flor d'América	Bilhar, locação e venda	03/Francês	Rua Nova do Ouvidor 37
L. Cann	Concessionário de patente para o ácido salicílico e derivados	03/Francês	Rua do Hospício 70
Théâtre du Cirque	Espetáculos	03/Francês	Rua do Lavradio 94

Casa Cabeça de Ouro	Cabeleireiro	02/Francês	Rua do Ouvidor 57
Alcazar Lyrique Français	Centenário de Voltaire	01/Francês	Sem endereço
Au Martin Pêcheur	Artigos de pesca e caças, jogos para crianças	01/Francês	Rua Sete de Setembro 31
Cosmopolitan Café	Restaurante	01/Francês	Rua da Alfandega 3
Oferece serviços	Francês com aptidões comerciais	01/Francês	Rua Nova do Ouvidor 37
E. Deleau	Curso de Matemática	01/Francês	Rua Nova do Ouvidor 37
Jockey Club	Programa das corridas de 23/06/1878	01/Português	Prado Fluminense
MM. Delbecq et Albert	Festa campestre organizada pelo casal	01/Francês	Jardins do Hotel Americano

Esse conjunto indica que a modernidade começava a chegar ao Rio de Janeiro, tanto que um dos anunciantes frequentes era o Senhor Rodde, proprietário da casa *Ao Grande Mágico* – denominação bem apropriada, pois ele se apresentava como *"électricien, premier introducteur du téléphone au Brésil"*, que *"se charge de la pose et mise en marche de cet appareil quelle que soit la distance qui sépare les stations"*. Assegurava aos clientes que ele continuava a *"installer des sonnettes électriques pour des prix défiant tout la concurrence"*, mas mesmo uma empresa que se poderia considerar especializada como esta também oferecia um *"riche assortiment de parfumeries des premiers fabricants de Paris et de Londres"*,[19] circunstância que remete às características dos estabelecimentos comerciais da época.

Pelo menos numa ocasião, a seção de anúncios foi utilizada para solicitar emprego, o que foi feito nos seguintes termos: *"Un Français âgé de 27 ans, récemment arrivé, possédant d'excellentes aptitudes commerciales désirerait trouver une occupation soit dans un magasin, soit dans un hôtel. – S'adresser au bureau du journal"*.[20] Esse é um indicativo da presença de imigrantes franceses que vinham tentar a sorte na capital do Império. O caminho inverso parece ter sido o caso da discreta oferta, repetidas vezes publicada, de um professor francês que,

---

19 "[...] eletricista, primeiro introdutor do telefone no Brasil"; "[...] se encarrega de instalar e colocar em funcionamento este aparelho, qualquer que seja a distância que separe as estações"; "[...] instalar campainhas elétricas por preços que desafiam toda a concorrência"; "[...] rico aprovisionamento de perfumes dos principais fabricantes de Paris e de Londres".

20 "Um francês de 27 anos, recém-chegado e possuindo excelentes aptidões comerciais, gostaria de encontrar uma ocupação seja numa loja, seja num hotel. Dirigir-se ao escritório do jornal."

depois de precisar que residia há muito no país, ofertava-se para acompanhar família francesa ou estrangeira à Europa: "[...] qui aurait des enfants à confier à sa vigilance et à sa direction, soit durant la traversée seulement, soit pour tout le temps que ses services seraient jugés nécessaires"[21] – quiçá um estratagema para obter a passagem de volta ao velho continente. A despeito de figurar na quarta página, a proposta foi publicada fora da área destinada à publicidade, encimada pelo termo "aviso". Note-se que, nos dois exemplos citados, o valor cobrado pelo jornal era diverso: enquanto o espaço reservado aos anúncios custava 1$500, a publicação, no corpo do jornal, montava a 200 réis a linha, tal como se especifica no informe do jornal, reproduzido na Figura 18.2.

Perfil editorial

Dados importantes para a caracterização da linha editorial da primeira fase do jornal encontram-se em torno do título, destacado graficamente do restante do cabeçalho. Um deles diz respeito ao endereço da redação, localizada na Rua Nova do Ouvidor, n.37, espaço central da cidade, próximo à sua via mais famosa, a Rua do Ouvidor. Eram endereços que abrigavam as redações de vários jornais.

Nota publicada logo abaixo dos dados da administração sugeria que a publicação estava aberta a colaborações espontâneas, pois se explicitava que *"Les manuscrits non insérés seront rendus"*.[22] E, de fato, observa-se esforço para estabelecer diálogo e garantir espaço para a opinião dos leitores, por meio das seções *Boite aux lettres* e *Petite correspondance*, nas quais respondiam-se às perguntas endereçadas à redação, reproduziam-se e comentavam-se críticas e sugestões, agradeciam-se elogios e informava-se sobre o destino de originais enviados[23] – o

---

21 "[...] que tenha crianças a confiar a sua vigilância e direção, seja somente durante a travessia, seja por todo o tempo que os seus serviços forem considerados necessários."

22 "Os manuscritos não inseridos serão devolvidos."

23 Eis alguns exemplos: *"À M. Octave – Il n'entre pas dans le caractère du* Gil-Blas *de diffamer personne"*; Petite correspondance. Le Gil-Blas. 1ʳᵉ Année, n. 2, p.4, 21/10/1877, ["Ao Sr. Octave – Não é do feitio do *Gil-Blas* difamar quem quer que seja"]; *"A.M.R. de S... – Le Gil-Blas peut mordre parfois, c'est de bonne guerre, mais il ne bave jamais. Portez donc vos vers et votre iodure de potassium au journal l'*Apóstolo *qui leur fera sans doute très bon accueil."* Boite aux lettres. Idem, 2ᵐᵉ Année, n. 30, p.4, 05/051878, ["A.M.R. de S... Le Gil-Blas pode morder às vezes, por uma boa causa, mas ele não é raivoso. Envie seus versos e seu iodeto de potássio ao jornal O Apóstolo, que lhe dará, sem dúvida, boa acolhida"]; *"À M. L... à St. Paul. Les colonnes du Gil-Blas sont ouvertes à tous ceux qui combattent sous la même bannière que nous. Nous recevrons vos correspondances avec plaisir. Nous vous remercions pour vos paroles chaleureuses et la sympathie*

FRANCESES NO BRASIL: SÉCULOS XIX E XX   401

que se constitui numa oportunidade para avaliar a recepção e difusão da folha, que não era lida apenas por estrangeiros.

Conforme indicam essas notas, a publicação tinha leitores e colaboradores ao menos nas Províncias do Rio de Janeiro, de São Paulo e em Madre de Deus do Angu, em Minas Gerais,[24] a despeito de a distribuição do jornal enfrentar dificuldades. Tanto que, depois de reiterar que a folha nunca sofreu interrupção ou atraso, esclarecia: *"La non-réception de notre feuille doit être attribuée aux difficultés que nous éprouvons à trouver un distributeur fidèle. Nous avons pris nos mesures pour que nos lecteurs n'éprouvent dorénavant plus de retard dans la réception du journal".*[25]

Desacordos entre leitores ocupavam, por vezes, as páginas do *Le Gil-Blas*. Em abril de 1878, o semanário acolheu poema enviado à redação e dedicado a Victor Hugo, cujas qualidades literárias foram consideradas, por outro leitor, indignas do grande poeta. A crítica, também vazada na forma poética, foi acolhida nas páginas do periódico.[26] Os exemplos citados revelam que, em torno do *Le Gil-Blas*, formou-se uma comunidade ativa de leitores, os quais encontravam receptividade por parte da redação, que lhes franqueava as páginas.

No que se refere ao preço, o número avulso custava 200 réis, e a assinatura por três meses, 2$000 réis, sem distinção entre capital e províncias. Tais valores eram mais modestos do que os praticados pela *Revista Ilustrada*, com oito pági-

---

que vous nous manifestez." Petite correspondance. Idem, 2ᵐᵉAnnée, n. 31, p.4, 12/05/1878, ["Ao Sr. L... em SP. As colunas do *Gil-Blas* estão abertas a todos aqueles que combatem sob a mesma bandeira que nós. Nós receberemos suas correspondências com prazer. Agradecemos pelas suas calorosas palavras e simpatia"]; *"Monsieur E. L., à Rio de Janeiro – Pour un motif indépendant de notre volonté nous avons dû remettre au prochain numéro l'article de M. Docteur Sacc sur la colonie de Porto-Real."* Petite correspondance. Idem, n. 37, p.4, 23/06/1878, ["Sr. E. L., no RJ – Por motivo independente de nossa vontade, tivemos que deixar para o próximo número o artigo do Dr. Saac sobre a colônia de Porto-Real"].

24 "Monsieur J.M.T., à Madre de Deus do Angu – Le Gil-Blas *publiera les manuscrits que vous lui adresserez, si, comme par le passé, ils sont de nature à intéresser ses lecteurs."* Petite correspondance. *Le Gil-Blas*, 2ᵐᵉ Année, n. 37, p.4, 23/06/1878, o que sugere tratar-se de colaborador frequente ["Sr. J.M.T., em Madre de Deus do Angu – *Le Gil-Blas* publicará os manuscritos que o senhor nos remeta se, como no passado, eles sejam de natureza que interesse aos nossos leitores"].

25 *Le Gil-Blas*, 2ᵐᵉ Année, n. 26, p.4, 07/04/1878. ["A não recepção da nossa folha deve-se às dificuldades que enfrentamos para encontrar um distribuidor confiável. Tomamos medidas para que doravante os nossos leitores não enfrentem atrasos na recepção do jornal"].

26 Yletsim, J. Les hommes noirs. *Le Gil-Blas*, 2ᵐᵉ Année, n. 28, p.3, 21/04/1878. A resposta está em: Idem, 2ᵐᵉAnnée, n. 29, p.4, 28/04/878. Outros leitores se posicionaram em relação à qualidade literária da homenagem, como se observa na justificativa da redação para a publicação do poema de Yletsim. Ver Boite aux lettres. Idem, n. 30, p.4, 05/05/1878.

nas e cujo trimestre importava em 5$000 réis e o exemplar em 500 réis; porém, bem mais caros se contrapostos à *Gazeta de Notícias*, jornal diário com quatro páginas, vendido a 40 réis e cuja assinatura trimestral montava a 3$000 réis.

Levando-se em conta que o jornal veio a público em 14 de outubro, a oferta de subscrição por três meses (12 exemplares) poderia ser justificada pelo fato de faltarem exatamente doze domingos para o final do ano. Assim, os responsáveis pela nova folha ofereciam um acordo tácito aos leitores, que abarcava somente o ano de 1877. Entretanto, a prática continuou em vigor até a última edição do *Le Gil-Blas*, o que permite aventar a hipótese de que os responsáveis tivessem dúvidas quanto à continuidade da empresa, pelo menos nos termos que a lançaram. Tal interpretação é ainda mais reforçada pelo fato de se adotar postura diversa quando o jornal passou a intitular-se *Le Messager du Brésil*, pois, a despeito de a mudança também haver ocorrido quando faltavam poucos meses para o término do ano, propôs-se assinatura, com valores diferenciados para o Rio de Janeiro e outras províncias, para um ano (8$000 e 9$000), seis meses (4$000 e 4$500) e três meses (2$000 e 2$500), respectivamente, sem que se alterasse o custo do exemplar, mantido em 200 réis.[27]

Duas frases figuravam logo abaixo do subtítulo, como que desdobrando e precisando a denominação da publicação. À direita, máxima atribuída ao comediógrafo francês Beaumarchais (1732-1799) e que deve ter sido inspirada em fala do personagem Fígaro na peça *O barbeiro de Sevilha*: "*Hâtons-nous d'en rire, de crainte d'être obligé d'en pleurer.*"[28] Importa destacar que, se a escolha estava em consonância com o tom satírico anunciado na denominação do impresso, não deve ter sido por mero acaso que a seleção recaiu num autor emblemático do século das Luzes, considerado precursor da Revolução Francesa e da liberdade de opinião, o que já delimitava uma dada posição no campo político. Aliás, a liberdade era explicitamente referida na frase da esquerda, sem indicação de autoria: "*Il y a deux biens réels en ce monde: dans l'ordre physique, la santé; dans l'ordre moral, la liberté. Tout le reste est vain*".[29] Tais preferências expressavam a

---

27 O jornal não publicou listas de assinantes, mas no primeiro número de 1878 exortou seus subscritores a renovarem a assinatura para garantir o recebimento da folha. *Le Gil-Blas*, 2me Année, n. 13, p.1, 06/01/1878.

28 "Apressemo-nos em sorrir de medo de sermos obrigados a chorar". Em Beaumarchais, Pierre-Augustin Caron de. Le Barbier de Séville. *Œuvres complètes*. Paris: Firmin-Didot, 1865, acte II, scène 2, p.84, lê-se: "*Je me presse de rire de tout, de peur d'être obligé d'en pleurer*", num registro muito próximo ao utilizado no jornal ["Eu me apresso em rir de tudo, de medo de ser obrigado a chorar"].

29 "Existem dois bens reais nesse mundo: na ordem física, a saúde; na ordem moral, a liberdade. Todo o resto é vão."

pretensão de fazer rir, mas a partir de um dado engajamento político, expresso logo na portada do jornal.

Ainda no cabeçalho, informava-se que a direção política e artística estava a cargo de Fantasio, redator chefe da nova publicação. É evidente que se tratava de um pseudônimo que, mais uma vez, aludia a um personagem do mundo da comédia. Desta vez, evocava-se o herói de obra homônima, publicada em 1834 na *Revue des Deux Mondes* por Alfred de Musset (1810-1857). Cabe lembrar que em 1872, portanto poucos anos antes do lançamento do *Le Gil-Blas*, veio a público em Paris a ópera cômica baseada na peça, com música de Jacques Offenbach e livreto do irmão do autor, Paul de Musset.[30]

Figura 18.3 Cabeçalho do *Le Gil-Blas*.

Note-se que as referências que identificavam a publicação remetiam para a sátira e a crítica social, mas se tratava de citações eruditas, cuja decodificação exigia familiaridade com a produção literária e cultural francesa, o que se constitui em pista importante sobre o perfil dos responsáveis pelo projeto e do público que visavam. De fato, não é simples precisar quem estava por trás da empreitada, pois a prática do uso de pseudônimos não ficou restrita à direção: antes, se espraiou por toda a publicação de tal sorte que o leitor depara-se com uma fauna exótica, na qual predominaram, em termos quantitativos, variações do título (Gil-Blas, Gil Blas, G. B.) e o próprio Fantasio, ocorrências que ultrapassam a casa das cinco dezenas, seguidas de longe por uma profusão de criptônimos que contam entre uma (a grande maioria) e três ocorrências, dos quais se fornece apenas uma amostra: Alceste, Bilboquet, Brutus, Chicot, Cocorico, Dr. Purgon, Drin-Drin, Gringoire, Hommo, J.M.T., Nessus, Nicolas, Orestes, Pascal, Paulon, Pierrot,

---

30 A respeito, ver Clément e Larrouse (1999, p.791-792), cuja primeira edição foi publicada em Paris entre 1876 e 1881.

404 LAURENT VIDAL E TANIA REGINA DE LUCA (ORGS.)

Titi, Torticoli. Além destes, um conjunto muito relevante – quase duas centenas de textos, com dimensões variadas – não era assinado, recaindo sua responsabilidade, portanto, sobre a redação.

Esta escolha coloca questões desafiadoras. Em primeiro lugar, sua eficácia para preservar o anonimato é muito duvidosa, tendo em vista as dimensões da comunidade francesa e mesmo do mundo jornalístico do Rio de Janeiro. De outra parte, a falta de assinatura e a repetição insistente em torno de dois pseudônimos, o da personagem que dá título ao semanário e o utilizado pelo seu diretor, sugere que a empreitada era levada a cabo por poucos indivíduos, que acharam por bem não expor sua identidade, quiçá pela vocação combativa que particularizava o hebdomadário.

Se, para os contemporâneos, não deveria ser difícil precisar quem se escondia por detrás de Fantasio, o pesquisador igualmente pode determinar, para além de qualquer dúvida, sua identidade; isso graças ao fato de a edição de 15 de junho de 1878 da *Revista Ilustrada*, de Angelo Agostini, ter oferecido a Fantasio bela alegoria alusiva a Voltaire nos seguintes termos: *"Offert à M^e. E. Deleau rédacteur du Gil Blas et auteur de l'impromptu pour le Centenaire de Voltaire intitulé Cent ans après."* A *Gazeta de Notícias*, por sua vez, ao noticiar o novo número da revista, fez questão de destacar a homenagem e reproduzir os seus termos.[31] Assim, dois dos periódicos mais lidos do Rio de Janeiro alardeavam a identidade do diretor do *Le Gil-Blas*. Bem mais difícil é atribuir a autoria dos textos não assinados – ou dos que o eram por Fantasio e Gil Blas – a Emile Deleau, figura conhecida dos meios cultos, bacharel em Ciências Físicas e Matemática, professor, proprietário de externato que levava seu nome, autor de livro didático.[32]

---

31 *Revista Ilustrada*, Ano 3, n. 116, p.8, 15/06/1878 e *Gazeta de Notícias*, n. 164, p.2, 16/06/1878. "Oferecida ao senhor E. Deleau, redator do *Gil Blas* e autor da peça instrumental para o Centenário de Voltaire intitulada 'Cem anos depois'."

32 No *Le Gil-Blas*, informava-se que o livro de Emile Deleau, *Resumo de Álgebra*, era vendido na redação. Este foi insistentemente anunciado na *Gazeta* desde 1876 e o autor identificado como "Bacharel em Ciências Físicas e Matemática". Ver, por exemplo, *Gazeta de Notícias*, n. 228, 19/08/1876, p.4. Outros anúncios informavam que o Professor Deleau respondia pelo externato de mesmo nome, localizado na Rua do Ouvidor n. 46, que oferecia cursos de Aritmética, Álgebra, Geometria, Latim, Francês e Inglês com vistas aos exames da instrução pública. Ver *Gazeta de Notícias*, n. 142, 23/05/1876, p.4. No *Gil-Blas* há seis textos assinados por E. D., enquanto no *Le Messager du Brésil*, que não indicava o redator no cabeçalho, Deleau era mencionado como tal no corpo do jornal. Ao noticiar o lançamento de nova edição do *Messager*, a *Gazeta* esclarecia que o jornal, que continuava a ser impresso na sua tipografia, estava "sob redação principal do Dr. Emile Deleau". Ver, por exemplo, *Gazeta de Notícias*, n. 143, p.1, 25/05/1879.

As escolhas literárias constituem-se em outro elemento importante para a compreensão dos rumos editoriais e materializaram-se, sobretudo, por meio dos romances folhetim, presença obrigatória nos jornais do período. No *Le Gil-Blas*, duas obras foram parcialmente publicadas no rodapé da primeira e segunda páginas, ambas escritas por autores contemporâneos ao jornal e que se distinguiam pelo tom satírico, em harmonia com o espírito que particularizava a folha. Entre os números 2 e 36 (de 21/10/1877 a 16/06/1878), estampou-se a parte inicial do primeiro livro da extensa *Histoire de France tintamarresque depuis les temps les plus reculés jusqu'à nos jours*, de Léon-Charles Bienvenu (1835-1911), dito Touchatout, composta por seis volumes, publicados entre 1872 e 1903. O autor tornou-se célebre por satirizar figuras históricas, como no trabalho escolhido para figurar no *Le Gil-Blas*, ou personagens contemporâneos, a exemplo de sua *Histoire tintamarresque de Napoléon III* (1874).

A publicação foi interrompida em prol de *Le Pape*, de Victor Hugo (1802-1885), um poema anticlerical cuja publicação iniciou-se no número 37 (23/06/1877) e prosseguiu até o encerramento da primeira fase do *Le Gil-Blas*. A novidade foi anunciada nos seguintes termos: *"Devant l'immense succès que vient d'obtenir en Europe le dernier ouvrage de notre illustre poète Victor Hugo, nous croyons être agréable à nos lecteurs en commençant aujourd'hui cette importante publication."*[33] De fato, na França o livro foi lançado pela Calmann-Lévy em 29 de abril de 1878, ainda que a sua escritura remontasse aos anos 1874 e 1875, no contexto da declaração da infalibilidade do Papa, estabelecida em 1870. Observe-se a difusão praticamente simultânea da crítica satírica de Hugo na França e no Brasil (abril e junho de 1878, respectivamente), o que evidencia a velocidade de circulação das produções literárias e também a atenção com que se acompanhava, a partir do Rio de Janeiro, o cenário cultural francês.

Outro dado que merece atenção é a data de lançamento da folha: 14 de outubro de 1877, o domingo no qual teve início a votação para a Câmara dos Deputados francesa, recém-dissolvida. Por certo não se tratava de mera coincidência; e o detalhe revela que, no momento do lançamento do impresso, a França ocupava o centro das preocupações. Vale lembrar que a Terceira República ainda era um regime instável e que enfrentou grave crise política a partir de 16 de maio, quando o republicano e Presidente do Conselho de Ministros Jules Simon (1844-1896) foi forçado a se demitir pela ação do monarquista e Presidente da República

---

33 Avis. *Le Gil-Blas*, 2ᵐᵉ Année, n. 37, p.1, 23/06/1878. "Diante do imenso sucesso obtido na Europa pela última obra do nosso ilustre poeta Victor Hugo, nós acreditamos que os nossos leitores apreciarão a publicação que iniciamos hoje dessa importante publicação."

Patrice de Mac-Mahon (1808-1893). Ignorando a predominância republicana da Câmara, um novo governo, chefiado pelo orleanista Albert de Broglie (1821-1901), foi nomeado e, de imediato, questionado pelos deputados, o que levou Mac-Mahon a determinar o fechamento da Câmara e do Senado por um mês. Na reabertura das casas legislativas (16/06), enquanto o chefe do executivo solicitou e obteve aprovação do Senado para dissolver a Câmara dos Deputados, a casa votou moção de censura ao gabinete liderado por Broglie. Em 25 de junho, anunciou-se que as eleições ocorreriam em 14 e 28 de outubro, o que abriu um período pré-eleitoral marcado por grande agitação política.[34]

As tensões latentes entre grupos rivais foram potencializadas pelas contradições de um regime parlamentarista dualista, no qual o chefe de governo era responsável perante o legislativo e o executivo, num contexto em que o Senado e o Presidente representavam os interesses das forças conservadoras e conspiravam contra a República. A data de 16 de maio tornou-se emblemática por expressar o enfrentamento aberto entre as forças em disputa, ameaçando a jovem República, cujo futuro começou a ser decidido nas eleições de outubro, ou seja, exatamente no momento em que *Le Gil-Blas* veio a público. Evidencia-se que pelo menos alguns dos integrantes da comunidade francesa do Rio de Janeiro decidiram, mesmo à distância, participar do debate que galvanizava os franceses.

Tomando posições

O número inaugural do jornal abriu-se com o texto *"Pourquoi et comment Gil-Blas est venu au monde"*, título que instituía seu nascimento e não sua fundação, como convém a um personagem. No texto, assinado por Gil Blas, não se mobilizava o "nós", tão comum nos editoriais de apresentação dos periódicos, mas recorria-se à primeira pessoa do singular, num jogo sutil entre criador (Gil Blas) e criatura (*Gil-Blas*), que alternadamente tomavam a palavra e dirigiam-se aos leitores. O primeiro comprometia-se a assumir a paternidade, por mais medíocre que fosse seu rebento, caso este cumprisse a ambição de contribuir, ainda que modestamente, *"à la construction du sublime édifice de la liberté"*, enquanto o segundo precisava suas características: por um lado, um jornal leve e jocoso – daí a escolha do título –, e, por outro, a profissão de fé política:

---

34 Sobre a conjuntura política francesa nos anos 1870, ver Winock (2009).

Je me bornerai donc à vous dire ce que mon non vous a déjà faire pressentir [...] que je viendrai de temps à autre, tout en tachant d'être le moins ennuyeux possible, vous raconter ce qui se passa de l'autre côté de l'océan, dans ce petit coin de terre qu'on appelle la France, et dont nous avons, je me plais a croire, emporté chacun une parcelle dans les plus profonds recoins de notre cœur. Attaquer les mœurs et les idées de son temps n'est pas une mince affaire [...]. N'ayant aucune prétention à la dignité de Conseiller Municipal, je crois superflu d'ajouter ici ma profession de foi politique; du reste France et République sont désormais deux mots si étroitement unis par le même lien, que le sabre d'Alexandre Mac-Mahon, serait aujourd'hui impuissant à trancher ce nouveau nœud gordien.[35]

A motivação para a fundação da folha não era propriamente dar a conhecer os fatos, ou seja, descrever o que se passava fosse na França ou no Império brasileiro. É certo que várias seções traziam no seu título o termo *nouvelles* (notícias), mas o intento era muito menos fornecer um panorama dos acontecimentos do que realizar sua releitura e perfilar-se ao lado dos valores republicanos e da defesa do regime em vigor na França, cujo modo de funcionamento ainda era objeto de debates. Não havia acordo em relação à interpretação das chamadas Leis Constitucionais de fevereiro e julho de 1875, que instauraram efetivamente a República, e a convivência entre o Senado, a Câmara dos Deputados e o executivo – representado por um Presidente antirrepublicano – era atravessada por tensões e crises que só encontrariam solução definitiva em janeiro de 1879, quando o domínio dos republicanos nas duas casas legislativas se impôs. Tal fato obrigou Mac-Mahon a renunciar antes que chegasse ao fim seu mandato de sete anos, previsto para terminar em 1880.

Em outubro de 1877, porém, a conjuntura era particularmente incerta, e *Le Gil-Blas* não tinha dificuldades em identificar os inimigos: Mac-Mahon e seu governo de ordem moral, capitaneado por Albert de Broglie e Oscar Bardi de Fourtou (1836-1897), o poderoso Ministro do Interior; os bonapartistas e todos

---

35 "[...] para a construção do sublime edifício da liberdade" e "Por que e como *Gil Blas* veio ao mundo. Eu me limitarei a dizer o que o meu nome já faz pressentir [...] que eu virei, de tempos em tempos e tentando ser o menos aborrecido possível, contar o que se passa do outro lado do oceano, nesse pequeno pedaço de terra a que chamamos França e do qual cada um de nós, agrada-me acreditar, carrega uma parcela no recanto mais profundo dos nossos corações. Afrontar os costumes e as ideias de seu tempo não é uma tarefa fácil [...]. Não tendo nenhuma pretensão a Conselheiro Municipal, eu acredito supérfluo acrescentar aqui minha profissão de fé política; além do mais, daqui em diante França e República são duas palavras tão estreitamente unidas que o sabre de Alexandre Mac-Mahon é hoje incapaz de romper esse novo nó górdio". Note-se que o nome do presidente era Patrice e não Alexandre. Ao evocar o general que não conheceu derrotas em batalhas, reforçava-se a ideia de união indissolúvel.

408 LAURENT VIDAL E TANIA REGINA DE LUCA (ORGS.)

os que sonhavam com a volta da monarquia, fossem legitimistas, partidários do direito divino e dos Bourbon, ou os que se batiam pela dinastia de Orléans. Esse conjunto de forças conservadoras encontrava apoio na Igreja Católica, instituição símbolo do que havia de mais retrógrado e obscurantista, segundo a percepção dos que se postavam no campo da república laica (Levillain, 1992, p.147-212). Neste polo, que tampouco era homogêneo e ao lado do qual o jornal se perfilava, estavam Adolpho Thiers (1797-1877), recém-falecido, cujas opiniões e textos ocuparam significativo espaço no jornal[36] e, sobretudo, aquele que era considerado seu sucessor, Léon Gambetta (1838-1882), figura chave e principal líder da oposição republicana.[37]

O período compreendido entre a dissolução da Câmara (22/06), que por si só já era motivo de indignação,[38] e o término das eleições (28/10) foi marcado por intensa agitação, e os republicanos não se cansaram de denunciar as pressões do governo e o uso da máquina administrativa para tentar assegurar a vitória de seus candidatos nas urnas. O tema foi insistentemente retomado desde o número inaugural, sendo rara a edição sem alguma referência ao fato. Já o famoso discurso proferido em Lille (15/08/1877) por Gambetta – no qual ele lembrou que, ouvida a voz das urnas, só reataria ao governo *"se soumettre ou se démettre"* (submeter-se ou demitir-se) – tornou-se um bordão, repetido com ênfase após o seu partido conquistar a maioria na Câmara.[39]

É possível acompanhar cada novo lance do jogo político, sempre apresentado segundo os ideais professados pela redação. A cronologia, nessa chave interpretativa, inicia-se no 16 de maio, data da queda de Jules Simon, sinônimo de golpe contra o regime republicano e a própria França. Os temas candentes da política abriam as edições e eram abordados na seção *Chronique politique*, sempre estam-

---

36 Thiers participou ativamente da campanha e faleceu em 03/09/1877, pouco antes das eleições. *Le Gil-Blas* divulgou as muitas homenagens que lhe foram prestadas e que se repetiram no primeiro aniversário do seu passamento, quando a folha publicou, inclusive, extensa poesia, remetida pelo assinante Tesson, J. M. À l'immortelle et glorieuse mémoire de Thiers. *Le Gil-Blas*, 2me Année, n. 47, p.2-3, 01/09/1878. Em muitas ocasiões, as opiniões de Thiers, excertos de seus discursos e textos foram reproduzidos e comentados, a exemplo de *Du communisme et du socialisme*, 1re Année, n. 5, p.1, 11/11/1877. Em 1878, noticiou-se a intenção de erigir sua estátua em Nancy, inaugurada no ano seguinte.

37 Um de seus discursos na Câmara ocupou quase toda a edição do *Le Gil-Blas*, 1re Année, n. 11, p.2-3-4, 23/09/1877. Não se informou a data em que ele foi proferido.

38 O tema foi tratado num hilário projeto de lei sobre o funcionamento da Câmara, a ser remetido a Mac-Mahon, que assegurava o silêncio dos deputados. Ver Ralph, J. *Gil-Blas législateur*. *Le Gil-Blas*, 1re Année, n. 2, p.4, 21/10/1877.

39 Para a íntegra do discurso, ver Gambetta (1880-1885, v. VII, p.229-230).

FRANCESES NO BRASIL: SÉCULOS XIX E XX 409

pada na parte superior da primeira página e assinada, quase exclusivamente, por Gil Blas. Era nesse espaço que se analisavam os principais fatos da semana anterior, com direito à reprodução de excertos de líderes e jornais simpáticos à causa: *Le Indépendance belge* (1831-1940), *Le Siècle XIX* (1871-1877), *La République Française* (1871-1924).

O humor e a ironia, ainda que não totalmente ausentes nesse espaço, eram armas mobilizadas com intensidade em outras seções e artigos, nos quais se ridicularizavam as posturas dos inimigos e seus porta-vozes: *Le Galois* (1868-1929), *L'Univers* (1833-1914), *L'Union*, *La Défense Social et Religieuse* (1876-1892) e, no caso da imprensa local, o *Jornal do Comércio* (1827-2016) e, especialmente, *O Apóstolo* (1866-1901) – denominado de *"Saint organe"* (Santo órgão), porta-voz da Igreja Católica. Em contrapartida, sobravam elogios para a *Gazeta de Notícias* e, sobretudo, para os *"confrères"* (colegas)[40] declaradamente republicanos, que cerravam fileiras ao lado do regime francês[41] e que saudaram o aparecimento do *Le Gil-Blas*: *A Reforma* (1869-1879)[42] e *O Globo* (1874-1883), de Quintino Bocaiúva (1836-1902).[43] Os acontecimentos do outro lado do Atlântico eram seguidos com atenção pelos jornais da capital do Império, que se apropriavam da conjuntura em consonância com as crenças e os valores do campo político que representavam. O exemplo francês inspirava os que desejavam mudar a ordem

---

40 Em dezembro de 1877, ao completar o primeiro trimestre de circulação e convidar os assinantes a renovar a subscrição, a redação agradeceu a recepção do *Globo* e da *Reforma* por ocasião do lançamento do *Gil-Blas* e precisou a sua autorrepresentação ao se irmanar com os dois jornais brasileiros: *"Enfant de troupe dans cette grande armée de la démocratie qui doit conduire l'humanité sur le chemin du progrès, nous saluons ici ces braves généraux qui, prenant en main la cause de la démocratie brésilienne tient toujours si haut et si ferme notre drapeau."* G.B. Renouvelez S.V.P.!!!! *Le Gil-Blas*, 2ᵐᵉ Année, n. 13, p.1, 06/01/1878 ["Jovem combatente nesse grande exército da democracia que deve conduzir a humanidade no caminho do progresso, aqui nós saudamos nossos bravos generais que, tomando em suas mãos a causa da democracia brasileira, portam sempre tão alta e firme a nossa bandeira"].

41 O diretor do *Globo* teve seu perfil publicado pelo jornal, que não lhe poupou elogios: Fantasio, Profils et silhouettes. Q. Bocaiúva. *Le Gil-Blas*, 2ᵐᵉ Année, n. 37, p.2-3, 23/06/1878. Ver, ainda, texto lamentando o fechamento de *O Globo*: Gloria Victis. *Le Gil-Blas*, 2ᵐᵉ Année, n. 24, p.2, 24/03/1878.

42 Em *A Reforma*, Ano IX, n. 234, p.3, 16/10/1877 lê-se: *"Gil Blas*. Acabamos de receber o 1º número do interessante periódico assim denominado. Escrito em francês com muito espírito e talento, esse excelente semanário vem realmente preencher uma lacuna, e terá com certeza o melhor acolhimento. Democrata puro, combate a política *mac-mahomiana* [*sic*], e faz com elevação o elogio dos patriotas franceses, ridicularizando os que perseguem a liberdade. É uma folha artística e literária de mérito, que cordialmente cumprimentamos."

43 A tomada de posição desses jornais a favor da república francesa foi saudada por Fantasio, La presse étrangère et les élections en France. *Le Gil-Blas*, 1ᵉʳ Année, n. 7, p.3, 25/11/1877.

LAURENT VIDAL E TANIA REGINA DE LUCA (ORGS.)

vigente, daí o acolhimento fraterno a *Le Gil-Blas*, enquanto os que a defendiam alertavam para a insegurança e a instabilidade de um regime à beira de uma guerra civil. São apropriações com sinais invertidos e que mereceriam investigação mais detida para dar conta das trocas, tensões e disputas que tinham como ponto comum a pequena folha redigida em francês, mas cuja leitura deveria ir bem além da comunidade francesa; afinal, os jornais em português eram objeto de comentários frequentes.

Victor Hugo foi outra presença marcante e que esteve longe de se limitar ao espaço folhetim. As ações e publicações do poeta eram seguidas com grande atenção: desde a sua eleição para diretor da Academia Francesa, passando pelos seus escritos – a exemplo do lançamento da segunda parte de *Histoire d'un crime*, que ofereceu a oportunidade de transcrever um dos poemas e renovar os ataques a Napoleão III e ao golpe de 2 de dezembro –, até a publicação dos discursos proferidos no Congresso Literário de 1878 e por ocasião do Centenário de Voltaire. O último foi contestado pelo bispo de Orléans, Félix Dupanloup (1802-1878), defensor intransigente da presença da Igreja em todos os níveis da educação e combatido com ardor no *Le Gil-Blas*,[44] que não deixou de dar publicidade à resposta dirigida ao prelado pelo poeta.[45] As menções favoráveis na imprensa da Corte, por seu turno, encontravam guarida no semanário, como se vê no exemplo: *"Nous extrayons de la* Gazeta de Notícias *d'hier, ce qui suit:* L'Apóstolo *appelle Victor Hugo le* misérable des Misérables. *Victor Hugo, en compensation ne donne aucun nom à l'*Apóstolo. *Nous pourrions lui donner celui d'imbécile (tolo); mais nous préférons, par modestie, imiter Victor Hugo."*[46]

Os resultados da eleição na França não aplacaram os ânimos, uma vez que o presidente se esforçava por escapar às opções colocadas por Gambetta e manobrava para não se submeter nem se demitir, mas resistir. Assim tentou, uma vez mais, obter o apoio do Senado para dissolver a Câmara recém-empossada. O projeto foi frustrado tanto quanto o de substituir o governo de Broglie, demissio-

---

44 Para marcar a diferença entre "progressistas e conservadores", o jornal apresentou a redação hipotética dos verbetes "liberal", "Deus" e "civilização", tal como seriam redigidos por Littré e Dupanloup, membros da Academia Francesa e com posições políticas opostas. Le grand dictionnaire de l'Académie Française. *Le Gil-Blas* 2me Année, n. 32, p.3, 19/05/1878.

45 Ver, respectivamente, *Le Gil-Blas*, 2me Année, n. 42, p.2, 28/07/1878; Idem, 1re Année, n. 10, p.3, 16/12/1877; 2me Année, n. 40, p.3, 14/07/1878; Idem, 2me Année, n. 38, p.2-3, 30/06/1878; Idem, 2me Année, n. 39, p.2, 07/07/1878.

46 L'Apóstolo et Victor Hugo. *Le Gil-Blas*, 2me Année, n. 39, p.4, 07/07/1878, grifos no original. "Nós extraímos da *Gazeta de Notícias* de ontem o que se segue: *O Apóstolo* chamou Victor Hugo o *miserável* dos *Miseráveis*. Victor Hugo, em compensação, não deu qualquer denominação ao *Apóstolo*. Nós poderíamos lhe dar o de tolo, mas preferimos, por modéstia, imitar Victor Hugo."

nário diante dos resultados eleitorais, pelo conservador Gaëtan de Rochebouët (1813-1899), nome recusado pelos deputados em novembro de 1877 – o que o obrigou, no mês seguinte, a convidar Jules Dufaure (1798-1881) para formar um gabinete em sintonia política com as urnas. Essa conturbada conjuntura, marcada por incertezas e rumores, foi acompanhada *pari passu* pelo jornal, que não deixou de responder aos órgãos da imprensa fluminense que não compartilhavam sua compreensão dos acontecimentos, o que o torna um interlocutor importante para a compreensão de como os eventos franceses eram lidos e mobilizados politicamente no Brasil Imperial.

Entre os alvos preferidos estava o *Jornal do Comércio*, ao qual se atribuía *"une grande et seule ambition. Il veut être plus légitimiste, plus chrétien, plus gentilhomme, plus critique, que* Le Figaro [1826], *que* L'Union, *que* La Défense, *ses uniques inspirateurs."*[47] As posturas do matutino eram contestadas, como se observa no exemplo a seguir, um dentre várias dezenas presentes nas páginas do *Le Gil-Blas*:

> *Eh bien! Tant pis, j'en suis bien fâché pour la feuille honnête et bien-pensante qui s'appelle à juste titre* Jornal do Comércio. *Je crois qu'elle a fait un pas de clerc en nous prédisant, de sa voix suave et doucereuse, l'anarchie dans laquelle doit retomber la France. Sa somnambule ordinaire s'est entièrement fourvoyée en annonçant ce prochain cataclysme [...]. Les événements qui viennent de se passer ont été impuissants à forcer la grande feuille de la rue* do Ouvidor *à abandonner ses anciens clichés. Ni la pression illégale que le gouvernement du 16 Mai a fait peser sur la France, ni l'attitude, ni les triomphes répétés du parti républicain, n'ont pu décider cette feuille conservatrice à reconnaitre que la France venait d'entrer dans une nouvelle ère, qui est celle de la paix, du travail, de l'ordre et du progrès. La constitution républicaine émanée du suffrage universel ne fera, au contraire, que puiser de nouvelles forces dans la conduite de la démocratie française, jusqu'à l'heure de la délivrance finale.*[48]

---

47 Qui trompe-t-on? *Le Gil-Blas*, 2me Année, n. 44, p.3, 11/08/1878. "[...] uma grande e única ambição. Ele quer ser mais legitimista, mais cristão, mais nobre, mais crítico que *Le Figaro*, *L'Union* e *La Défense*, seus únicos inspiradores."

48 Chronique politique. *Le Gil*-Blas, 2me Année, n. 21, p.1, 03/03/1878, grifo no original. "Bem! Não importa, estou muito irritado com esta folha honesta e bem pensante a justo título denominada *Jornal do Comércio*. Acredito que ela deu um passo em falso prevendo, com sua voz suave e doce, a anarquia na qual deve recair a França. Essa sonâmbula equivocou-se ao anunciar o próximo cataclismo. [...] Os eventos foram incapazes de forçar a grande folha da rua do Ouvidor a abandonar seus velhos clichês. Nem a pressão ilegal do governo de 16 de Maio sobre a França, nem a atitude, nem os repetidos triunfos do partido republicano, não foram capazes de levar esta folha conservadora a reconhecer que a França acaba de entrar

Aos textos analíticos mesclava-se a derrisão, presente em pequenas notas: *"Le journal* do Comércio *aime beaucoup à collectionner des faits divers et de petites nouvelles à scandale. C'est pour cela que beaucoup de gens lui trouvent les* goûts collecteurs", compondo um deslocamento de sentido que provocava o riso.[49] Tática semelhante era usada contra o folhetinista de *Ver, ouvir, contar,* que não assinava os textos. Contudo, sabe-se que o espaço era de responsabilidade do correspondente do jornal em Paris, Sant'Ana Nery (1848-1901), de formação religiosa e próximo do Vaticano.[50] A sua coluna era alvo de ironias constantes, como se observa no excerto:

> *Le rédacteur du feuilleton du* Jornal do Comércio *(Ver, ouvir, etc.) s'exprime en ces termes:* "Daqui a dias os libertinos queimarão incenso ante a estátua do hórrido Voltaire, que tentou poluir a glória inacessível da patriótica virgem". *Qu'il nous soit permis de répondre au saint prophète de la rue do Ouvidor que si M. de Voltaire a plaisanté quelque peu sur la Pucelle, les prêtres l'ont brulée vive. Dans tous les cas nous aimons mieux rester avec M. de Voltaire que d'aller avec Ignace de Loyola; il vaut toujours mieux être du côté des rieurs que de celui des bourreaux.*[51]

O confronto era ainda mais constante com *O Apóstolo* – que defendia posturas semelhantes às abraçadas pelas forças conservadoras e antirrepublicanas francesas –, considerado expressão dos ideais ultramontanos e, portanto, sempre na contramão dos valores pelos quais se batia o *Le Gil-Blas.* As referências satíricas ao tribunal da Inquisição, em registro similar ao supracitado, aos dogmas, crenças e milagres, eram recorrentes, inclusive com a publicação de uma série de cartas abertas de um *"libre penseur"* (livre pensador) dirigidas à folha – cuja

---

numa nova era de paz, trabalho, ordem e progresso. A constituição republicana, emanada do sufrágio universal, ao contrário do que se afirma, permitirá o desenvolvimento de novas forças na condução da democracia francesa, até o momento final da libertação."

49 Fastille, Balivernes. *Le Gil-Blas,* 2me Année, n. 29, p.4, 18/04/1878, grifo no original. "O *Jornal do Comércio* adora colecionar *faits divers* e pequenas notícias escandalosas. É por esse motivo que muitas pessoas o acham os *gostos colecionadores".* Note-se o trocadilho em francês: *goût collecteurs* soa como *égout collecteurs,* ou seja, esgotos.

50 Sobre Nery, consultar Carneiro (2013).

51 Nouvelle à la main. *Le Gil-Blas,* 2me Année, n. 35, p.1, 09/06/1878. "O redator do folhetim do *Jornal do Comércio* (Ver, ouvir, etc.) exprimiu-se nos seguintes termos [...]. Que nos seja permitido responder ao santo profeta da Rua do Ouvidor que se o Sr. Voltaire brincou um pouco com a *Virgem,* os padres a queimaram viva. Em todo caso, preferimos ficar com o Sr. Voltaire do que com Ignácio de Loyola, é sempre melhor estar ao lado dos sorridentes do que dos carrascos."

redação, naquele momento, também se localizava na Rua Nova do Ouvidor, quase ao lado do *Le Gil-Blas*.[52]

Já a seção e os artigos dedicados à ciência, por sua vez, podem ser interpretados na chave do combate ao obscurantismo e do elogio à instrução e ao progresso, uma vez que se tratava de evidenciar as potencialidades da razão humana e louvar os seus feitos. No que respeita à *Seção científica*, cinco delas foram assinadas por Fantasio, ao passo que, dentre os publicados fora deste espaço, quatro traziam as iniciais E.D. (muito provavelmente Emile Deleau), e vários outros eram da lavra de Fantasio, que chegou a se identificar como professor de Física, pista que permite estabelecer a autoria.[53] Assim, a cada página travava-se um combate, que incluía seleção cuidadosa do material publicado nos periódicos inimigos, compondo um repertório diversificado que não perdoava nem os pequenos erros tipográficos, tão comuns em material impresso de forma artesanal e dos quais tampouco o *Le Gil-Blas* estava imune.[54]

Tampouco se perdia a oportunidade de fustigar *O Apóstolo*, fosse denunciando práticas que se distanciavam das regras da Igreja,[55] fosse se valendo de pequenos detalhes, como o anúncio publicado na *"pieuse feuille"* (piedosa folha) relativo à venda de água milagrosa, vinda diretamente da gruta de Lourdes e com opção de compra de um aparelho para água. Se o fato em si já era um convite ao gracejo, uma nota alertando os interessados que não se realizavam trocas aos domingos e dias santos forneceu ainda mais munição para os chistes.[56] O caso estendeu-se por vários números e, adiantando-se à possível acusação de desres-

---

52 Ver, *Le Gil-Blas*, 2me Année, n. 15, p.3-4, 20/01/1878; Idem, 2me Année, n. 18, p.2-3, 10/02/1878 e Idem, 2me Année, n. 25, p.3-4, 31/03/1878, as duas primeiras assinadas por Fantasio e a última por Gil Blas.

53 Fantasio, Encore le téléphone. *Le Gil-Blas*, 2me Année, n. 18, p.4, 10/02/1878.

54 *"Je ceuille cette délicieuse coquille dans le* Jornal da Tarde *de jeudi 3 du courant:* The English Jokey. – Extraordinário trabalho sobre um cavalo *sem pelo*, pelo intrépido cavaleiro W. H. Bell. *Pauvre cheval! Par ci-par là. Le Gil-Blas*, 2me Année, n. 13, p.4, 06/01/1878. ["Eu encontrei esse delicioso erro tipográfico no *Jornal da Tarde* de quinta-feira, 3 do corrente: [...]. Pobre cavalo!"].

55 Após comentar livro de autor francês sobre atentados ao puder cometidos por padres do Hexágono, afirma-se: *"C'est quelques réflexions nous ont paru d'autant plus justes qu'au Brésil, où les prêtres jouissent d'une liberté relative et dont un grand nombre laissent une descendance assez nombreuse, jamais de pareils faits ne sont cites. Voilà encore un des bienfaits de la liberté!"* ["Essas reflexões nos parecerem ainda mais justas, especialmente para o Brasil, onde os padres desfrutam de uma liberdade relativa e deixam uma descendência bem numerosa, sem que nunca semelhantes fatos sejam citados. Eis mais um benefício da liberdade!"].

56 Dr. Purgon, C'est historique!!! *Le Gil-Blas*, 2me Année, n. 21, p.4, 03/03/1878.

414 LAURENT VIDAL E TANIA REGINA DE LUCA (ORGS.)

peitar a religião do Estado, o *Le Gil-Blas* dirigiu-se ao *"moniteur des sacristies"* (monitor das sacristias) nos seguintes termos:

> *Il me semble que si toutes les croyances sont respectables, toutes les superstitions ne le sont pas. Il faut distinguer. Il faut aussi ne pas laisser croire aux ignorants et aux imbéciles que les médailles ou les flacons d'eau de Lourdes peuvent les guérir. Car, s'ils croyaient, une fois malades, ils n'iraient plus chercher le médecin et mourraient sans secours [...]. Et dire que c'est dans notre beau pays de France, lui qui a tant fait pour l'évolution de l'esprit humain, que réside le foyer de la superstition et du fanatisme les plus inconcevables.*[57]

A condenação do livro de José do Patrocínio (1854-1905), *Mata Coqueiro*, tido pelo *Apóstolo* como um veneno que não deveria entrar nas casas de família, foi retrucada no *Le Gil-Blas*, que insistiu na ineficácia da medida, uma vez que a obra já fora publicada em folhetim na *Gazeta de Notícias* (ou seja, já contava entre 25 e 30 mil leitores): *"Le cri d'alarme pousser par le marchand d'Eau de Lourdes de la Rue Nova do Ouvidor [...] nous semble un peau tardif [...]. Si le livre de M. J. do Patrocínio ne se recommandait pas déjà par lui-même, la proscription de l'*Apóstolo *serait suffisante pour montrer à tous que c'est un livre bien écrit, et mieux encore, un livre honnête."*[58] Os exemplos citados merecem destaque porque revelam que os enfrentamentos não se davam apenas quando o tema era a situação política francesa, mas transbordavam para o cenário local, com o jornal não se furtando a opinar. O passamento de Nabuco de Araújo (1913-1878), figura das mais destacadas dos meios intelectuais e políticos do Império, forneceu munição contra a folha católica:

> *Devant cette tombe encore ouverte qui a fait pousser un cri de douleur à toute la nation, l'*Apóstolo *seul, n'a trouvé pour ce modèle des vertus civiques, qu'une ironie, qu'un*

---

57 Blasius, Les choses de la semaine. *Le Gil-Blas*, 2me Année, n. 26, p.4, 07/04/1878. "Acredito que se todas as crenças são respeitáveis, todas as superstições não o são. É preciso distinguir. É preciso, ainda, não deixar os ignorantes e os imbecis acreditarem que as medalhas e as garrafas de água de Lourdes podem curar. Porque, se eles acreditarem, quando doentes, não irão mais procurar o médico e morrerão sem socorro [...]. E dizer que nosso belo país, a França, que tanto fez pela evolução do espírito humano, é a morada da superstição e do fanatismo os mais inconcebíveis."

58 Blasius, Les choses de la semaine. *Le Gil-Blas*, 2me Année, n. 25, p.3, 31/03/1878. "O grito de alarme dado pelo vendedor de Água de Lourdes da Rua Nova do Ouvidor [...] parece-nos um pouco tardio [...]. Se o livro do Sr. J. do Patrocínio não se recomendasse por ele mesmo, a proscrição de *O Apóstolo* seria suficiente para demonstrar a todos que é um livro bem escrito, e melhor ainda, um livro honesto."

sarcasme! Mais qui n'a point lu l'Apóstolo n'a rien lu. On peut dire qu'il suffit d'être un bon citoyen, pour mériter toutes les haines de cet organe antipatriotique, pour y être traité comme un ennemi personnel, mieux que cela: comme un ennemi de l'Eglise.[59]

Não se suponha, contudo, que a linha seguida pelo jornal agradasse a todos. Veja-se a nota da redação sobre correspondência que lhe foi dirigida:

> *Ce n'est pas seulement de Rio que nous recevons des lettres fantastiques, il nous en vient aussi de la province. Un farceur nous envoie de São Paulo le sermon en règle que nous reproduisons ici pour le grand ébaudissement de nos lecteurs. Nous vous prions de nous envoyer un morceau de votre soutane, o spirituel anonyme! Nous en ferons des repiques et des amulettes, que nous livrerons à la piété des fidèles... cela fera enrager l'Apóstolo d'avoir un concurrente tout près de lui. Notre rédaction se mettra en oraison devant cette sainte relique et elle lui inspirera des bêtises aussi endormantes que les vôtres.*

Seguia-se trecho da missiva: *"En réponse aux insultes que votre ignoble journal contient contre les principes de notre sainte religion et contre notre gouvernement, les honnêtes gens ne vous doivent que leurs malédictions [...]. Votre fosse est déjà creusée. Malheur à vous qui riez aujourd'hui, demain vous pleurerez et vous vous lamenterez!"*. Observe-se que as acusações não se restringiam à religião, mas englobavam o governo e, por extensão, o país.[60]

E, de fato, ainda que não se observem críticas diretas ao Imperador, à monarquia e à delicada questão da escravidão, tais temáticas eram abordadas por vias indiretas. Assim, a presença dos liberais no poder a partir de janeiro de 1878, com

---

59 Fantasio, Les choses de la semaine. *Le Gil-Blas*, 2me Année, n. 24, p.2, 24/03/1878. "Diante da tumba ainda aberta, que arrancou um grito de dor de toda a nação, apenas o *Apóstolo* não encontrou, para esse modelo de virtudes cívicas, nada além do que uma ironia e um sarcasmo! Mas quem não leu *O Apóstolo* não leu nada. Pode-se dizer que é suficiente ser um bom cidadão para merecer todo o ódio desse santo órgão antipatriótico, para aí ser tratado como um inimigo pessoal, melhor do que isso: como inimigo da Igreja."

60 Le pilori du *Gil-Blas*, 2me Année, n. 29, p.4, 28/04/1878. "Não é apenas do Rio que recebemos cartas fantásticas, elas nos vêm também da província. Um gozador nos envia de São Paulo um sermão em regra que nós aqui produzimos para grande surpresa de nossos leitores. Nos solicitamos encarecidamente de nos enviar um pedaço de sua batina, ó espiritual anônimo! Nós picaremos e faremos amuletos, que nós entregaremos à piedade dos fiéis... o que enfurecerá *O Apóstolo*, por ter um concorrente tão próximo dele. Nossa redação se colocará em oração diante dessa santa relíquia e ela nos inspirará bobagens tão soporíferas quanto as vossas."; "Em resposta aos insultos que vosso ignóbil jornal contém contra os princípios de nossa santa religião e contra nosso governo, os homens honestos só lhe devem a sua maldição [...]. Sua cova já está cavada. Infeliz quem ri hoje, amanhã vocês chorarão e se lamentarão."

416 LAURENT VIDAL E TANIA REGINA DE LUCA (ORGS.)

o Visconde de Sinimbu na Presidência do Conselho de Ministros em substituição ao Duque de Caxias, foi apresentada – ou melhor, edulcorada – nos seguintes termos: *"C'est une grande, c'est une heureuse nouvelle [...] semblable à un courant électrique s'est répandu dans tous les quartiers de la ville. Cris d'allégresse de tous côtés [...]. Les rues de la capitale ont offert le coup d'œil le plus pittoresque. Tout le monde paraissait respirer plus librement, l'on s'accostait le sourire sur les lèvres en s'annonçant la bonne nouvelle."*[61]

O clima festivo era contraposto ao artigo do *Jornal da Tarde* (1877-1878), que evocava as invasões bárbaras para caracterizar a chegada do Partido Liberal ao poder e antever uma série de cataclismos: abolição da religião do Estado, eleições por sufrágio universal, diminuição dos quadros do exército, supressão da pensão alimentar dos príncipes da família imperial e das subvenções destinadas aos jornais que contavam com proteção governamental, ou seja, *"les cris de douleur ne sont pas aussi désintéressés qu'on aurait pu se l'imaginer dès le principe."* E o artigo finalizava com uma profissão de fé na imprensa liberal brasileira, *"drapeau sur lequel sont écrits ces mots sublimes: ordre, patrie, liberté, sagesse, progrès; le Gil-Blas vous adresse ici au nom de tous ses lecteurs ses plus sincères félicitations pour votre sage victoire, ses plus chaleureuses sympathies pour vos aspirations."*[62]

Se a presença dos liberais era saudada como um avanço em relação aos conservadores, as páginas do *Le Gil-Blas* não deixavam de registrar, sempre que a ocasião se apresentava, a preferência pela República, a exemplo da notícia sobre o banquete oferecido pelos republicanos do Rio de Janeiro aos seus colegas paulistas. Detalhes da festa, que incluiu brindes a Victor Hugo e Gambetta, a execução da Marselhesa e a saudação ao *Le Gil-Blas*, na condição de representante da República Francesa no Brasil, foram acompanhados da caracterização dos comensais enquanto membros de *"un parti sérieux avec lequel le pouvoir est obligé de compter. Les aspirations les plus pures lui servent de guide, son patriotisme*

---

61 Fantasio, Victoire du Parti Libéral. *Le Gil-Blas*, 2me Année, n. 13, p.3, 06/01/1878. "É uma grande e feliz notícia [...] semelhante a uma corrente elétrica que se difundiu em todas as ruas e bairros da cidade. Gritos de alegria de todos os lados [...]. As ruas da capital ofereceram uma visão das mais pitorescas. Todos pareciam respirar mais livremente, a boa notícia era anunciada com sorriso nos lábios."

62 Ibidem. "[...] os gritos de dor não eram tão desinteressados como se poderia imaginar a princípio."; "[...] bandeira sobre a qual estão escritas essas palavras sublimes: ordem, pátria, liberdade, sabedoria, progresso; *Le Gil-Blas* remete, em nome de todos os seus leitores, suas mais sinceras felicitações pela sábia vitória, suas mais calorosas simpatias por suas aspirações." Em contrapartida, veja-se o tratamento dado à notícia da futura fundação de um jornal por estudantes católicos da Faculdade de Direito. Bénissez-nous, mon père! *Le Gil-Blas*, 2me Année, n. 45, p.3, 18/08/1878.

ardent et juvénile est toujours tempère par une saine logique, une tolérance qui a su lui concilier l'estime de ses adversaires les plus déclarés."[63]

Já em relação às eleições legislativas convocadas para o início de agosto de 1878, o jornal asseverava que o programa dos republicanos brasileiros deveria ser a *"union, lutte à outrance"* (união, luta encaniçada). Não restava dúvida de que *"c'est la République seule qui en refaisant les mœurs, en réformant la législation et en donnant la liberté indispensable à tout progrès, améliorera le sort du pays et donnera au travail la puissance nécessaire pour placer le Brésil au rang qu'il mérite parmi les grandes nations civilisées".*[64] Entretanto, o espetáculo proporcionado pelo pleito foi alvo de duras críticas e, contrariamente às denúncias de corrupção, pressões e manobras em relação às eleições francesas, a situação no Brasil era bem mais grave, pois *"une poignée d'assassins protégés par la force publique, à la porte d'une église, et l'on est sûr du succès [...]. Est-ce que les candidatures ne devraient pas, aussi bien que les élus, sortir librement, spontanément de la volonté populaire?"*[65] Não eram menores as restrições ao funcionamento do poder legislativo, descrito com boas doses de ironia.[66]

A percepção que se tinha a respeito do Brasil também ganhava concretude a partir do teatro, tema frequentemente abordado em seções específicas e em artigos, quase invariavelmente assinados por Fantasio. Analisavam-se os espetáculos em cartaz na capital do Império, os cenários, autores, diretores, cantores, cantoras, atores e atrizes – material rico e diversificado cujo estudo detalhado ultrapassa o escopo deste texto, mas que fornece pistas para reconstituir, a partir da perspectiva e do olhar francês, o repertório ofertado, comportamentos, hábitos e práticas culturais em vigor no Rio de Janeiro.

Ainda no campo das artes, a ação de um subdelegado de polícia contra as vitrines do estabelecimento *Ao Espelho Psique*, do francês A. Hubert, que publicava

---

63 Gil-Blas, Banquet offert par les républicains de Rio à leurs coreligionnaires de S. Paulo. *Le Gil-Blas*, 2ᵐᵉ Année, n. 40, p.3-4, 14/07/1878. "[...] um partido sério e com o qual o poder é obrigado a levar em conta. As aspirações mais puras lhe servem de guia, seu patriotismo ardente e juvenil, sempre temperado com uma lógica sã, uma tolerância que soube conciliar a estima de seus adversários mais declarados."

64 La situation actuelle du Brésil. *Le Gil-Blas*, 2ᵐᵉ Année, n. 43, p.2, 04/08/1878. "É só a República que refazendo os costumes, reformando a legislação e dando a indispensável liberdade a todo o progresso, melhorará o destino do país e dará ao trabalho a força necessária para colocar o Brasil no lugar que ele merece entre as grandes nações civilizadas."

65 Les élections. *Le Gil-Blas*, 2ᵐᵉ Année, n. 46, p.2, 25/08/1878. "[...] um punhado de assassinos protegidos pela força pública na porta de uma Igreja e se está certo do sucesso [...]. Não deveriam os candidatos, tanto quando os eleitos, sair livre e espontaneamente da vontade popular?"

66 Ver Bilboquet, Étude de mœurs politiques. *Le Gil-Blas*, 1ʳᵉ Année, n. 9, p.2-3, 09/12/1877.

anúncios no *Le Gil-Blas*, tornou-se fonte inesgotável de pilhérias. A autoridade demonstrava suas ignorância e arbitrariedade ao qualificar de obscenidades e indecências e ao mandar cobrir uma reprodução da estátua de Psique e gravuras da *Vênus*, de Cabanel, *La source*, de Ingres, e *As três graças*, de Rafael. O jornal lamentava, pois, se as obras de arte despertavam a ira do agente público, "*le spectacle journalier d'une prostitution hideuse et effrontée le laisse parfaitement insensible*. That is the question!"[67] – o que atingia, sob diferentes perspectivas, o orgulho nacional.

Colonização, imigração, mão de obra para a lavoura eram temas candentes e o periódico não se furtou a emitir opiniões. Há várias análises sobre a política seguida pelo governo brasileiro, com destaque para o artigo de Henri Raffard, que acabara de lançar seu estudo sobre a presença suíça em Nova Friburgo.[68] O orçamento destinado à atração de estrangeiros, a distância entre o prometido e a realidade encontrada, as considerações publicadas na imprensa italiana sobre a imigração para o Brasil e o problema da febre amarela podem ser encontrados nas páginas do jornal.[69]

Uma das notas curiosas ficou por conta de notícia publicada na *Revista de Agricultura* a respeito de um macaco, adestrado para colher café, pertencente a um colono da fazenda de Domingos Jaguaribe. A publicação, que como o nome indica era especializada em temas agrícolas, destacou as potencialidades oferecidas por essa mão de obra que, segundo o articulista do *Le Gil-Blas*, abria novos horizontes "*à l'agriculture brésilienne qui, à défaut de bras, trouvera une large compensation dans les quatre pattes de ces intéressants quadrumanes*".[70]

A postura do *Le Gil-Blas*, que estava longe de ser uma publicação ignorada pela imprensa fluminense, não deixou de ter consequências para o seu redator

---

67 Mademoiselle Psyché et Monsieur le Subdelegado. Faits-Divers. *Le Gil-Blas*, 2me Année, n. 14, p.3, 13/01/1878, grifo no original. "[...] o espetáculo diário de uma prostituição horrível e sem vergonha deixa-o perfeitamente insensível. *Esta é a questão.*"

68 O lançamento do livro está em Fantasio, De la colonisation au Brésil. *Le Gil-Blas*, 1re Année, n. 6, p.4, 18/11/1877. R. H. De l'avenir de la colonisation au Brésil. *Le Gil-Blas*, 1re Année, n. 8, p.2-3, 02/12/1877 e Idem, 1re Année, n. 12, p.2-3, 30/12/1877. Sobre o autor, ver Magalhães (1951).

69 Ver, por exemplo: Christophe, Le budget de la colonisation. *Le Gil-Blas*, 2me Année, n. 16, p.2-3, 27/01/1878; À propos de la colonisation au Brésil. Idem, 2me Année, n. 19, p.3, 17/02/1878 e, na mesma página, a nota Fièvre jeune; Les dangers de l'émigration. Idem, 2me Année, n. 20, p.3, 24/02/1878 e, na página seguinte, Fantasio, Le jaborandi dans la fièvre jaune, cabendo notar que as citadas referências à febre distinguiram-se pelo tom satírico.

70 Um nouveau colon. Faits-Divers. *Le Gil-Blas*, 2me Année, n. 14, p.2, 13/02/1878. "[...] à agricultura brasileira que, diante da falta de braços, encontrará larga compensação nas quatro patas desses interessantes quadrúpedes."

Fantasio. Segundo a *Gazeta de Notícias*, o ministro do Império, Carlos Leôncio de Carvalho, negou a Emile Deleau o direito de matricular-se no primeiro ano do curso de Medicina, a despeito de a Câmara e o Senado terem emitido parecer favorável, em vista de seu diploma de bacharel[71] – o que demonstra que ele não contava com a simpatia dos círculos do poder. Os leitores do *Le Gil-Blas* foram informados do fato, ainda que o candidato fosse identificado apenas como "um moço francês". Argutamente, em vez de tratar do caso a partir da perspectiva individual, o hebdomadário chamava a atenção para o inusitado do procedimento burocrático : *"On se demande avec stupéfaction, comment dans un pays qui possède une législation si rigoureuse, qu'il faut mettre en mouvement tous les grands rouages de l'État pour la simple inscription d'un étudiant en médicine, il soit encore possible de commettre les abus que la presse ne cesse de désigner à l'indignation du public".*[72] Evidenciou-se, ainda uma vez, a articulação entre humor e política.

Mesmo antes do incidente, o jornal cedeu espaço para textos sobre o ensino e a prática da medicina, vários assinados por Fantasio, que fez questão de acrescentar a adjetivação de "doutor" ou "ex-estudante de medicina", como no texto que tratou da decisão das irmãs de caridade de impedir os futuros médicos adentrarem a sala de parto ou, ainda, a douta afirmação de um professor da Faculdade, que defendia a inexistência da febre amarela; ambas devidamente ridicularizadas.[73]

A passagem do centenário de morte de Voltaire, em maio de 1878, foi uma oportunidade para reafirmar posições. De saída, chama a atenção a grande diferença entre as homenagens prestadas a Voltaire e seu contemporâneo Rousseau, falecido em junho de 1778. O segundo mereceu no *Le Gil-Blas* apenas uma pequena nota sobre as homenagens que lhe foram prestadas em Genebra, sua cidade natal, enquanto o primeiro foi alvo de muitas atenções, o que evidencia a diferente recepção de suas obras nos anos inicias da Terceira República. O semanário não somente publicou frases e pequenos excertos de Voltaire, como noticiou os vários eventos ocorridos na França, e criticou duramente os que condenavam suas ideias, como Dupanhoup. Informou-se aos leitores o valor

---

71 Revista Política. *Gazeta de Notícias*, Ano IV, n. 137, p.1, 20/05/1878 e Idem, Ano IV, n. 144, p.1, 27/05/1878.

72 Ursus, Petite causerie fluminense. *Le Gil-Blas*, 2ᵐᵉ Année, n. 33, p.2, 26/05/1878. "Pergunta-se, com estupefação, como num país que possui uma legislação tão rigorosa que é preciso colocar em movimento todas as grandes engrenagens do Estado para uma simples inscrição de um estudante em medicina, seja ainda possível cometer os abusos que a imprensa não cessa de denunciar com a indignação do público."

73 Ver, respectivamente, Dr. Fantasio, Le professeur Depau. *Le Gil-Blas*, 2ᵐᵉ Année, n. 17, p.2, 03/02/1878 e Blasius, Les choses de la semaine. Idem, 2ᵐᵉ Année, n. 25, p.2, 31/03/1878.

420 LAURENT VIDAL E TANIA REGINA DE LUCA (ORGS.)

da contribuição de cada conselho municipal francês para a festa, uma maneira de tornar patente a força dos ideais relacionados à liberdade e ao laicato.[74] Já o exemplar de 2 de junho, publicado em data próxima ao passamento do filósofo (30/05), lhe foi dedicado e, contrariando a prática em vigor, a seção *Chronique politique* ocupou a segunda página para ceder lugar a um texto que exortava a luta do homenageado em prol da liberdade.[75]

Não faltaram as poesias enaltecendo a memória do filósofo[76] e tampouco polêmicas em torno das festividades organizadas pelos franceses do Rio de Janeiro, que comemoram em grande estilo a efeméride, como revela o anúncio do *Le Gil-Blas* contendo toda a programação da festa realizada em 10 de junho de 1878 no *Alcazar Lyrico Français* e que incluía o *"impromptu en un acte de M. ..."*, que se sabe ser de autoria de Emile Deleau. Esta foi a ocasião escolhida para a recém-organizada *Société Chorale Française* (10/06/1878), ativamente apoiada pelo semanário, apresentar-se pela primeira vez em público.[77] Graças ao jornal *O Apóstolo*, sabe-se que uma das poesias recitadas na ocasião foi assinada por "um ateu", fato que deu margem à paródia, assinada por "um francês", publicada na folha católica.[78]

O filósofo encontrou um defensor no *Le Gil-Blas*, que se insurgiu contra o compatriota anônimo.[79] A polêmica prosseguiu e outro leitor da folha achou por bem relativizar o grau de ateísmo de Voltaire que, na sua opinião, não seria tão forte quando afirmavam seus defensores. O remetente, que assinava "um francês imparcial", alertava que o redator do *Le Gil-Blas* e parte de seus leitores talvez não concordassem com as suas ideias, mas esperava ver suas considerações, também sob a forma poética impressa. Antecedendo o texto, a redação esclarecia que estava *"loin de partager les opinions de notre abonné"*, mas ponderava:

---

74 Ver sobretudo os números 34 a 37 do *Le Gil-Blas* publicados entre 02/06/1878 e 23/06/1878. Os dados sobre a subscrição estão em Centenaire de Voltaire, Nouvelles à la main. Idem, 2me Année, n. 35, p.1-2, 09/06/1878.

75 Centenaire de Voltaire. *Le Gil-Blas*, 2me Année, n. 34, p.1, 02/06/1878.

76 Ver, por exemplo, C.L. À Voltaire. *Le Gil-Blas*, 2me Année, n. 34, p.2, 02/06/1878. Datada do Rio de Janeiro, 30/05/1878.

77 O anúncio está em *Le Gil-Blas*, 2me Année, n, 35, p.4, 09/06/1878. Ao noticiar a fundação da Sociedade Coral e informar que seu primeiro concerto público ocorreria na festa do Centenário de Voltaire, a *Gazeta* encerrou a nota com a frase: "O que dirá *O Apóstolo*?". *Gazeta de Notícias*, Ano IV, n. 136, p.1, 19/05/1878.

78 Os dois textos estão em *O Apóstolo*, Ano XIII, n. 69, p.2, 16/06/1878.

79 Thiébeaut, Albert, Au journal l'*Apóstolo*. *Le Gil-Blas* 2me Année, n. 37, p.3, 23/06/1878.

"nous croyons ne pas devoir lui fermer les colonnes de notre journal. Ses opinions désintéressées nous inspirent le plus profond respect."[80]

O incidente aponta para a diversidade de posições políticas que tencionavam a comunidade francesa residente no Rio de Janeiro. Não se tratava de uma questão nova, pois as diferentes concepções expressavam-se nas disputas que contrapunham jornais e entidades, como tem demonstrado a bibliografia especializada.[81] As posturas abraçadas pelo *Le Gil-Blas* estavam longe de unir a todos, o que talvez tenha jogado papel importante na decisão dos responsáveis de se valerem de pseudônimos e do humor.

No campo da luta política, a tensão na França diminuiu com o gabinete Dufaure, ainda que a vitória completa tivesse que esperar até janeiro de 1879. *Le Gil-Blas* continuou a seguir os eventos do Hexágono, como as eleições municipais realizadas no início de 1878, as eleições complementares para o legislativo e os embates entre a Câmara, o Senado e o Executivo. Contudo, a realização entre maio e novembro de 1878 da Exposição Universal, a terceira com sede em Paris e a primeira depois da derrota na Guerra Franco-Prussiana, contribui para arrefecer, pelo menos momentaneamente, as disputas, como reconhecia a própria publicação.[82] O evento oferecia oportunidade estratégica para que o país se apresentasse perante o mundo como potência econômica e o jornal abriu amplo espaço tanto para a preparação quanto para o evento em si.

No número 45 (18/08/1878), a passagem do *Le Gil-Blas* para o *Le Messager du Brésil* foi mencionada pela primeira vez, nos seguintes termos: *"Le bon accueil fait au* Le Gil-Blas *depuis son apparition nous a apporté une preuve de plus que nous avions répondu à l'attente de nos concitoyens"*. E depois de informar que o valor da assinatura não se alteraria e de fornecer os preços cobrados dos anunciantes, os compatriotas eram conclamados a apoiar a nova fase da publicação, cuja meta era a prosperidade de toda a colônia.[83] A justificativa para a mudança era apresentada como consequência natural do sucesso alcançado, que convidava a voos mais altos.

---

80 Ver *Le Gil-Blas*, 2ᵐᵉ Année, n. 38, p.4, 30/06/1878. "[...] longe de partilhar das opiniões do nosso assinante" e "[...] acreditamos não dever lhe fechar as colunas do nosso jornal. Suas opiniões desinteressadas nos inspiram o mais profundo respeito".

81 Sobre as cisões entre os franceses residentes no Rio de Janeiro, em meados do Oitocentos, ver Canelas (2007).

82 Gil-Blas, Chronique politique. *Le Gil-Blas*, 2ᵐᵉ Année, n. 14, p.2, 13/02/1878

83 Gil-Blas, A nos concitoyens. *Le Gil-Blas*, 2ᵐᵉ Année, n. 45, p.1, 18/08/1878. "A boa acolhida dada ao *Le Gil-Blas* desde a sua fundação nos trouxe mais uma prova de que nós havíamos respondido às expectativas de nossos concidadãos."

422   LAURENT VIDAL E TANIA REGINA DE LUCA (ORGS.)

Na edição seguinte, foram novamente citados os versos que fecharam o texto de apresentação do número inaugural e que expressavam o orgulho de ter um filho, não importando que este fosse *"un enfant blond ou brun. Pulmonique ou bossu, borgne ou paralytique. C'est déjà très joli quand on en a fait un."* Tratava-se de afirmar o desejo de participar do mundo dos impressos, ainda que por meio de um veículo modesto ou com muitas limitações. O texto prosseguia com a metáfora da paternidade e constatava que o rebento se tornara um *"grand garçon"* (rapaz), que reivindicava o direito de traçar o seu próprio caminho. Num misto de orgulho e saudades – *"Eh bien soit, mon fils; va, continue le chemin que je t'ai tracé"* – os leitores eram convidados a se despedirem, com forte aperto de mão, do *Le Gil-Blas* e darem as boas-vindas ao *Le Messager du Brésil*.[84]

Sugeria-se, de maneira sutil, que ficara para trás o tom leve e jocoso, apropriado para um (jornal) *enfant*, em prol da seriedade que convém a um (jornal) adulto.[85] Não se tratava de decisão repentina, mas de uma espécie de rito de passagem, comunicado em etapas sucessivas e que se consubstanciou no dia 7 de setembro. Se o título da primeira fase e o instante de seu lançamento continham referências explícitas à França, escolheu-se para inaugurar o novo momento da folha a data mais emblemática da nossa nacionalidade. O novo título, por seu turno, estampado na portada do semanário, evocava o Brasil, com a ambição de se tornar o porta-voz do país. Esses aspectos simbólicos alertam para deslocamentos significativos na linha editorial; afinal, escolher o dia 7 implicava em preterir o 4 de setembro, marco da instauração da Terceira República. Além da aproximação com o Império, os textos programáticos referiam-se, com inédita insistência, a toda a colônia, e não apenas aos que comungavam dos ideais republicanos.

Conclusão

O estudo do jornal *Le Gil-Blas* insere-se no esforço de compreender o papel desempenhado pela imprensa em língua estrangeira, normalmente mobilizada nos estudos sobre imigração. Este exílio pouco colabora para evidenciar as intensas trocas entre os periódicos em circulação, independentemente do idioma no qual eram impressos. A posição assumida por *Le Gil-Blas*, sua defesa intransi-

---

84 *Gil-Blas* a ses lecteurs. 2me Année, n. 46, p.1, 25/08/1878. "[...] uma criança loira ou castanha. Tuberculosa ou corcunda, zarolha ou paralítica. Já é bom quando já se fez uma", e "E que seja, vá, meu filho, continue o caminho que eu lhe tracei."

85 Ver o texto de apresentação da nova fase: La Direction, Notre transformation. *Le Messager du Brésil*, 2me Année, n. 48, p.1, 07/09/1879.

gente do regime republicano e o cuidadoso acompanhamento dos acontecimentos políticos do cenário francês não significaram que o impresso permanecesse indiferente à realidade na qual estava inserido.

As polêmicas que travou, sobretudo com *O Apóstolo* e com o *Jornal do Comércio*, a simpatia pelos órgãos republicanos, ou que mantinham certo distanciamento do poder, como a *Gazeta de Notícias*, o tratamento dispensado aos problemas que afligiam o Império, a sua recepção (a respeito da qual é possível fazer ilações), constituem-se em elementos suficientes para justificar sua inclusão na história da imprensa brasileira e retirá-lo do seu acantonamento.

PARTE 4

As experiências das colônias agrícolas

19
Os COLONOS FRANCESES DA COLÔNIA VALÃO DOS VEADOS – 1845-1854

Maria Isabel de Jesus Chrysostomo

Introdução

Esta é uma história possível e ainda inconclusa de um núcleo colonial formado por imigrantes de diferentes nacionalidades, dentre elas a francesa. A história dessa colônia nos é agora parcialmente conhecida depois da descoberta casual do Fundo Valão dos Veados, depositado na seção dos manuscritos da Biblioteca Nacional do Rio de Janeiro. Constam nesses manuscritos, contendo cerca de 160 peças,[1] contratos, requerimentos, cartas (três redigidas pelos colonos franceses) e um exemplar do *Jornal do Commercio*. Todos esses documentos se referem ao estabelecimento de colonos na citada colônia e, em particular, a formação, desdobramento, conflitos, pedidos e queixas feitas por colonos, empresário e governo entre os anos de 1847 e 1854.

A elaboração deste texto baseou-se primordialmente nos dados e nas informações existentes nesses documentos, mas também naquelas descritas no relatório da colônia Valão dos Veados, publicado em 1853, e nos relatos do presidente da província do Rio de Janeiro para os anos de 1835 a 1871. A partir dessa documentação, apresentaremos os primeiros anos da colônia, sua fundação, o estabelecimento dos franceses e os problemas enfrentados no núcleo, que culminou no seu fracasso.

---

1 Por estarem danificados, há documentos, entre eles contratos e requerimentos, em que não foi possível identificar a data e também o seu conteúdo. Este foi o caso de pelo menos 20% da documentação consultada.

E nasce a colônia Valão dos Veados

Em 13 de janeiro de 1845, o empresário Eugenio Aprigio da Veiga[2] assinava, nas dependências da Secretaria de Estado dos Negócios do Império, um contrato com o governo imperial para a importação e o estabelecimento de duzentos colonos europeus em sua fazenda "Valão dos Veados", na província do Rio de Janeiro (Figura 19.1).

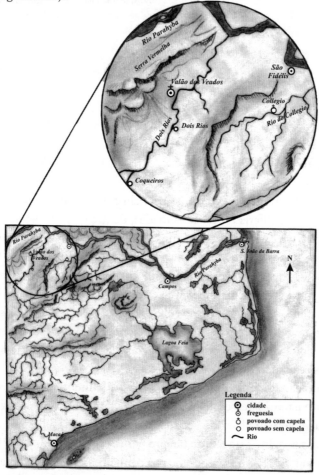

Figura 19.1   Localização Valão dos Veados.
Fonte: Novos Caminhos – Séc. XIX (Arquivo Nacional). Planta da Direção do Canal de Campos a Macaé (1846).
Concepção: Maria Isabel de Jesus Chrysostomo. Produção: Silvano Souza Dias

---

2   Este nasceu em Coimbra e é descendente de Dom Afonso Henrique, fidalgo da Casa Real.

A assinatura do contrato

Nesse contrato, redigido em oito cláusulas, o empresário comprometia-se a trazer os colonos dos seus países de origem e conduzi-los para a Secretaria do Estado, a fim de averiguar o contrato assinado entre o empresário e os imigrantes,[3] a transportá-los para a sua fazenda e a fornecer-lhes habitação, proventos e as ferramentas necessárias para dar início às suas atividades. Em contrapartida, o governo comprometia-se a financiar as despesas de importação que seriam abonadas à medida que os colonos se estabelecessem. Para viabilizar o pagamento das prestações financiadas pelo governo e emitir os passaportes gratuitos, o empresário deveria apresentar um requerimento na Secretaria.

Havia também ressaltado nas quarta e quinta cláusulas que o governo não se responsabilizaria por mais nenhuma despesa, além daquela estabelecida para a importação, bem como a determinação de reembolso da importância adiantada pelo governo ao empresário.[4] Por outro lado, estava assinalada a responsabilidade de gestão do empresário sobre os empréstimos feitos para os colonos e a total isenção por parte do governo com relação à sua cobrança. Ainda assim, na sexta cláusula, o contrato deixava explícito que o governo fiscalizaria a utilização dos recursos adiantados para a fixação dos colonos, bem como se as condições estabelecidas nesse contrato estavam sendo cumpridas.[5]

Estava ainda descrita no contrato a obrigação de o empresário instituir o culto público e inicialmente o custeio do capelão, além da instalação e manutenção por dois anos de uma escola de primeiras letras para os meninos e as meninas, enquanto o governo não criasse na localidade uma freguesia ou curato.

Segundo relato do presidente da província do Rio de Janeiro, a colônia Valão dos Veados foi implantada por iniciativa particular, sendo uma das únicas que incorporaram o sistema da propriedade territorial cedida aos colonos, mediante aforamento. Ao descrever o terreno dessa colônia, situada na freguesia de São Fidélis de Sigmaringa, no Termo e cidade de Campos, o legislador provincial

---

3 De acordo com a segunda cláusula, o empresário se obrigava a apresentar uma relação assinada pelos imigrantes na Secretaria do Estado Negócios do Império, na qual deveria constar nome, idade, sexo, estado civil e religião. Cabe ressaltar que todos os imigrantes deveriam ser maiores de seis anos.

4 Valor abonado em três parcelas iguais por meio de títulos de crédito, que seriam cobrados em dois a quatro anos (Contrato para estabelecimento de uma colônia, assinado em 1845).

5 Nesse caso ficava firmado que, se não estivesse sendo cumprido o estabelecido, o empresário deveria "repor imediatamente as prestações correspondentes àquelas cujos estabelecimentos não chegues a realizar-se na colônia" (Contrato para estabelecimento de uma colônia, assinado em 1845).

dizia que o terreno onde tal colônia estava assentada possuía as seguintes características:

> Montanhoso em seu aspecto, os valles comtudo são pouco profundos, e o Vallão que lhe dá nome, segue em direção O. para E. O terreno é secco, sente-se mesmo falta d'água, tendo apenas a necessária para o uso colhida do rio que corre pela frente. Ao passo que a vegetação é constante, os pastos verdes, e a matta abundante em madeiras de construcção, como o jacarandá, apriú, roxinho, e pés de vinhático, cedro etc. [...] (Relatório do presidente da província).

Em função do estabelecimento dessa colônia, oficializada em 1847, foi instituída uma sociedade – Sociedade da Colônia Agrária Vallão dos Veados[6] – intitulada pelo imperador de "Sociedade contra o tráfico de africanos e promotora da colonização e civilização dos indígenas". Em um dos relatórios dessa Sociedade, redigido em 1853, estava assinalado que, ao contratar o empresário Eugenio Aprigio da Veiga, os sócios tinham como objetivo "levar essa colonia ao mais grão de prosperidade que fosse possível em proveito do melhor systema colonial, da producção do paiz e do commercio" (Relatório da Sociedade da Colônia Agrária Vallão dos Veados, 1853).[7]

Nesse mesmo relatório, estava assinalado que na colônia existiam 309 indivíduos de todas as idades e sexos, dos quais 62 eram brasileiros, 178 portugueses, 33 franceses, 13 belgas, sete alemães, cinco espanhóis e dois italianos. Dentre eles, cinco se empregavam em negócios de diferentes gêneros, oito preparavam pedras para a construção, cinco estavam empregados no ofício de pedreiro, quatro eram carpinteiros, sete derrubavam matas para a roça e retiravam madeiras, três trabalhavam como ferreiros, cinco no ofício de marceneiro e, por fim, um era barbeiro e sangrador. Existiam, portanto, 41 pessoas empregadas em diferentes ofícios.[8] Registrava-se, também, uma produção representativa de cana,

---

6   Feydit informa que, em 1846, a Câmara de Campos dirigiu uma representação para o governo provincial, declarando que havia problemas na lavoura de cana, pois a sua produção estava em queda. Nesta representação existiam também propostas para introduzir novos braços por meio da imigração. Assim, assinalando os problemas na lavoura, o representante fazia a seguinte declaração: "Não póde haver falta de braços, onde há abundancia de boccas. Sem que as autoridades estejam armadas de leis de coerção, contra a vagabundagem, sempre se sentirá a falta de braços para a industria e lavouras" (1900, p.279).

7   Portanto, verificamos que o projeto de instalação dessa colônia também se inscrevia naqueles relacionados às demandas de levar a civilização e o progresso ao país, demanda governamental que ficou mais consistente à medida que se costuravam os novos projetos de modernização política para o país e a região.

8   Além do mestre de obras que apresentava conhecimento na construção de hidrelétrica.

FRANCESES NO BRASIL: SÉCULOS XIX E XX   431

café, mandioca, milho, feijão, arroz e a criação de porcos para a subsistência. Comentaremos mais detalhadamente esse relatório mais adiante.

Uma colônia surgida dos conflitos pela terra

A constituição de núcleos de povoamento na província, como foi o caso do Valão dos Veados, esteve relacionada a um conjunto de medidas adotadas pelos poderes central e provincial que buscavam povoá-la e civilizá-la, notadamente a região de Campos.[9] Uma região que, por ser rica e apresentar forte influência política, constituía-se em permanente ameaça.

No entanto, o projeto de introduzir imigrantes brancos para trabalhar na região também passou a ser desejo da elite política e econômica de Campos, sobretudo para aumentar os lucrativos investimentos proporcionados pela exportação do açúcar e do café.[10]

É com a perspectiva de ampliar o poder provincial e central que uma das medidas sugeridas para resolver os conflitos de terras e "melhorar a produção da lavoura" foi implementada em 1842, quando o legislador provincial não só assinalou a necessidade de fundar colônias na região, como informou a decisão de transformar em terras devolutas alguns terrenos incultos que tinham sido levantados nos municípios de Campos, Macaé, Parati e Cantagalo.[11] Esse presidente dizia que em tais áreas iria iniciar as medições e demarcações para dar encaminhamento ao projeto de instalação de novas colônias, apesar de comentar

---

9 Ainda que não saibamos precisar qual, de fato, era o projeto específico dessa colônia por meio dos documentos consultados, podemos sugerir que a sua criação e de outras na região, aliada à difusão de funcionários públicos, notadamente de "engenheiros", padres e juízes, além da criação do Termo em São Fidélis em 1854, destinando um juiz de paz para exercer a sua administração, garantiram de certa forma um controle do poder central sobre a localidade. Há que se registrar também a existência de um diretor de colonização, profissional nomeado pelo presidente para acompanhar/administrar a vida dos colonos e empresários.

10 Neste sentido há que se destacar a fundação, em 7 de abril de 1834, de uma sociedade, denominada Sociedade Campista de Agricultura, que tinha como uma de suas finalidades promover a colonização branca na região. Esta, que tinha na lista de seus sócios um cônsul francês – Julio Lambert –, era composta das figuras mais importantes da cidade. Cabe ressaltar que Julio Lambert detinha o monopólio de transporte na região, pois possuía várias embarcações, além de uma barca-pêndulo que fazia a ligação do centro de Campos com várias de suas freguesias e localidades.

11 A concessão dessas sesmarias foi aprovada por meio do decreto imperial promulgado em 21 de janeiro de 1842, estabelecendo 12 léguas de terras em quadra, ou seu equivalente, juntas ou separadas, aos lugares determinados na província onde houvesse terras incultas. De acordo com o presidente, a partir dessa concessão o governo da província dispôs de 144 sesmarias de légua, ou 576 de meia légua em quadra.

432   LAURENT VIDAL E TANIA REGINA DE LUCA (ORGS.)

que estava receoso com relação às manifestações contrárias dos posseiros. Tais medições teriam se encerrado em 1843, pois neste ano o presidente da província informava que a maior parte das terras devolutas estava localizada nos sertões de Pedra Lisa.[12] O legislador também relatava as dificuldades de alguns posseiros aceitarem a designação de tais terras para o assentamento de colônias agrícolas de estrangeiros, o que teria provocado uma série de rebeliões na região em função desta decisão.[13]

> Grande oposição se antolhou da parte dos posseiros e de pessoas poderosas, que os protegião pela falsa idea adrede assoalhada de que o Governo ia tirar violentamente as terras, e situações dos posseiros Nacionaes para dal-as a estrangeiros. Causarão alarme geral, e consternação na massa da população as primeiras ordens que chegarão a Campos, as quaes forão adulteradas e envenenadas pelos boatos populares, e levantou-se uma celeuma, que muito aproxima de motim, acompanhada de aterradoras ameaças [sic]. (Relatório do presidente da província, 1843, p.19)

Nesse contexto, estava sendo reiniciado o projeto de implantação da maior parte dos núcleos que vieram a compor a paisagem das regiões fluminenses Norte e Noroeste no século XIX.[14] Como a colônia Valão dos Veados estava também localizada na área circunscrita pelo chefe da 4ª seção, profissional que fora de-

---

12 "Os sertões da Pedra Liza em Campos, avista das informações obtidas do Chefe da 4ª Secção, que os examinou ocultamente, parecerão os mais azados. Ficão elles entre fundos do sertão do Nogueira, e as ferteis margens do rio Itabapuana e extendem-se para o centro pelo Carangola, sertões do Pury, e da Pomba, até as divisas do Municipio de Cantagallo, e da Província de Minas Geraes.
O terreno escolhido reune as mais felizes circumtancias, e condições para a colonisação. Os terrenos da Pedra Liza são de uma fertilidade admirável, e adaptados a todo o gênero de cultura, inclusive o linho, que ahi vi n'uma Fazenda [...] Abundão em toda a qualidade de madeira, ainda as mais raras, e bem conhecido He nos mercados da Inglaterra em toda a qualidade de madeira, ainda as mais raras [...] Tem abundancia de boas aguas potaveis, bem que aguas altas para tocar moinhos, engenhos, e outros machinismos não sejão mui abundantes [...]" (Relatório do presidente da província, 1843, p.17-8).
13 Ao todo 144 sesmarias de légua, ou 576 de meia légua em quadra. "O marco peão primordial foi assentado onde ficao as sesmarias particulares, distante cinco a seis legoas da Cidade de Campos, deixando-se um intervallo quase de legoa, onde existe uma forte linha de posseiros com situações e cultivados [...]" (Relatório do presidente da província, 1843, p.18).
14 Foram fundados cerca de vinte núcleos na província do Rio de Janeiro – a maior parte deles desapareceu; os demais foram convertidos em freguesias, vilas ou cidades. Estes núcleos, embora refletissem desde o início a luta pela posse da terra, resultaram na negociação do "público *vs.* privado", sobretudo quando analisadas algumas circunstâncias nas quais se observa a intermediação do presidente da província e de representantes das elites locais para a constituição destes núcleos.

FRANCESES NO BRASIL: SÉCULOS XIX E XX   433

signado pelo governo provincial para medir e demarcar as terras devolutas, a compra deste terreno deve ter sido, como também destacavam os presidentes da província, uma das medidas adotadas para "pacificar" os posseiros revoltosos.[15]

O primeiro movimento para estabelecer essa colônia foi realizado em 1845 com a assinatura do contrato entre o empresário e o Governo Central. Entretanto, este projeto levou quase dois anos para entrar em ação, já que somente em 1847 o referido empresário conseguiu assinar a escritura de compra e venda dos terrenos, até então ocupados por dois posseiros da região.[16] Com a assinatura do contrato, caminhava-se, então, para o estabelecimento definitivo da colônia na fazenda Valão dos Veados. Nessa peça, se, por um lado, a compra definitiva do terreno representava o fim de um ato, já que concretizava um antigo projeto do empresário e dos governos provincial e central, por outro, dava início a um outro cenário e a atuação de novos personagens, dentre os quais estavam os colonos, os sócios da Sociedade da Colônia Agrária Vallão dos Veados e, também, representando o governo provincial, o diretor de colonização de Campos.

Os contratos dos colonos: uma armadilha?

O primeiro contrato para a vinda de imigrantes para a colônia Valão dos Veados foi firmado no mês de abril ou outubro de 1847 com 29 portugueses.[17] Tal documento era seguido por um requerimento à Secretaria de Negócios da Fazenda, na qual o empresário solicitava ao imperador a autorização para emissão dos passaportes para que os colonos seguissem viagem. Interessante foi observar a semelhança das assinaturas no contrato, dando a entender que foi a mesma pes-

---

15 Talvez uma das quinze posses que foram compradas pelo governo, das quais apenas 13 foram consensuais.

16 Parece que a ocupação da fazenda pelo empresário, ou pelo menos o acordo de sua nova propriedade, ocorreu antes da assinatura do contrato firmado em 1847, porque neste documento estava descrito, em uma das cláusulas, que a quantia estabelecida para a compra já havia sido recebida.

17 A data de assinatura deste contrato não está clara, pois na listagem com os dados dos colonos está registrado o dia 20 de abril e no contrato a data descrita é 4 de outubro. Por outro lado, no requerimento do empresário ao imperador, solicitando o adiantamento das prestações e emissão de passaportes, a data que consta é 25 de setembro. Em resposta a este requerimento, datada de 30 de setembro, a autoridade dizia que descontaria a prestação adiantada ao empresário, de acordo com o contrato assinado. Supondo que a verdadeira data é outubro, e verificando-se o requerimento assinado pelo empresário em setembro, assim como a resposta do funcionário cinco dias depois, pode se deduzir que a liberação dos colonos para a região durou, neste caso, cerca de um mês.

soa que assinou. No contrato, redigido em sete cláusulas, estavam determinadas as condições dos colonos e do empresário para a sua instalação na colônia.[18]

A leitura desses contratos é reveladora da distância entre as intenções proclamadas e a realidade. Assim, nesse primeiro contrato de locação de serviços[19] não estavam descritos os problemas que poderiam ocorrer, inviabilizando a produção e o trabalho do colono, da mesma forma que não indicava as punições do empresário e do governo caso suas obrigações não fossem cumpridas. Ou seja, se por um lado havia obrigatoriedade do empresário em alimentar, transportar e fornecer abrigo aos colonos, condições tanto estipuladas no contrato assinado com o governo e o empresário, como com este e os colonos, por outro não havia indicada nenhuma punição para o empresário e o governo se elas não fossem atendidas. Então estava claro: esse contrato, apesar de aparentemente sugerir grandes benefícios aos colonos, constituía-se em uma armadilha. O que, de certa forma, indica que os imigrantes muito pouco poderiam fazer caso não aceitassem algumas das condições impostas. Além disso, ele era obrigado a pagar, sob quaisquer condições, a sua dívida em três anos, sendo tanto ele quanto a sua família punidos caso não pudesse cumprir as cláusulas estipuladas nos contratos. Iremos nos deter nesse ponto mais adiante.

O que nos parece claro nessa relação contratual é que havia por parte do governo e do empresário regras claras de negociação de um serviço, ou seja, como qualquer objeto a ser comprado, o "produto" da venda era garantido para ambas as partes: empresário e governo. Contudo, como objetos de transação e não pessoas, estes contratos não previam as punições para o empresário e para o governo em caso de um deles não cumprir o tratado.

Vários foram os contratos assinados que pudemos analisar e, ao verificarmos que, embora eles tenham sido assinados com o mesmo fim ("transportar e fornecer os meios necessários para o estabelecimento dos colonos europeus"), não seguiram o mesmo modelo ao longo do processo de instalação dos colonos no núcleo. Assim, além de suas cláusulas terem sido modificadas, também di-

---

18 Segundo o próprio documento, no navio que transportava os colonos para o Brasil havia um representante que já comunicava a eles as condições a que deveriam se submeter para se tornarem colonos.

19 Na realidade, alguns autores argumentam que o esforço de codificação do século XIX teve como proposta central separar a posse da propriedade, tendo em vista que inexistia um código civil extensível a toda a população. Dessa forma, coube às leis comerciais regularem as relações privadas entre indivíduos em situações que, de outra forma, seriam regidas pelo direito civil, particularmente o da família. Assim, obrigações, contratos, sucessão, herança, locação, hipotecas etc. eram regulados pelo direito comercial.

minuíram, sobretudo nos últimos contratos assinados. Observamos que nos primeiros havia maiores obrigações por parte do empresário, ao passo que nos últimos, que continham menos cláusulas, as condições dos empresários e, de certa forma, dos colonos eram poucos claras. Com isso, as obrigações em fornecer aos colonos alimentação, habitação, mantimentos, ferramentas e roupas durante o primeiro ano, além de cuidados em caso de ter contraído alguma enfermidade, cláusulas que estão presentes nos primeiros contratos, não aparecem nos demais. No entanto, verificamos que em todos os contratos a obrigatoriedade do colono em permanecer na fazenda, e pagar a dívida contraída com a sua viagem e estabelecimento, deveria ser saldada com o seu trabalho e o da sua família ou com dinheiro.

O deslocamento dos colonos

Conforme dissemos, em 1847 começaram a chegar ao Brasil os colonos contratados por Eugenio Aprigio da Veiga. Estes, após aportarem na cidade do Rio de Janeiro e assinarem o contrato para alocação dos seus serviços, tinham de declarar em uma lista o seu nome, idade, estado civil, nacionalidade, religião e, por fim, a sua profissão. Tal lista era o procedimento burocrático para que o governo autorizasse a emissão dos passaportes gratuitos e viabilizasse o pagamento das prestações para o empresário. E, conforme estabelecido no contrato, essa listagem deveria ser entregue à Secretaria dos Negócios, juntamente com o contrato assinado.

O tempo necessário para a liberação da documentação pelo governo e o deslocamento dos imigrantes para a colônia durava de uma semana a 15 dias, embora isso variasse muito. Quando, enfim, todas as etapas burocráticas tinham sido cumpridas na Corte, os colonos não iam diretamente para a colônia, pois as embarcações se dirigiam primeiramente para a cidade de Campos.[20] E lá, mais uma vez, a espera. Uma espera que obedecia ao ritmo imposto pela natureza: devido às condições fisiográficas da região Norte fluminense, sabemos que havia dificuldade para transportar pessoas e produtos pelos rios e canais na região, sobretudo nos períodos chuvosos. Mas não só a natureza era responsável pela espera, pois o transporte das pessoas era realizado de acordo com o ritmo dos

---

20 A questão do transporte desses colonos era apresentada pela Sociedade da Colônia Agrária Vallão dos Veados em seu relatório redigido em 1853, no qual aparecia a proposta de transportar os colonos diretamente para Campos, para evitar a contágio com doenças no porto do Rio de Janeiro.

homens de negócios, de forma que estavam definidos por um calendário que, na maior parte das vezes, não coincidia com a chegada desses colonos.[21]

E chegam os franceses

O primeiro grupo de franceses que foi para o Valão dos Veados assinou o contrato em 25 de agosto de 1849.[22] Constam nos documentos o registro de assinatura de 11 franceses e de um sueco. Ao prestarem declarações sobre a sua idade, sexo, estado civil e profissão, estes se comprometiam, como os demais colonos, a trabalhar na referida fazenda até saldarem suas dívidas. O grupo era composto de duas famílias, uma com sete membros e outra com cinco,[23] havendo ainda dois franceses do sexo masculino que se declararam solteiros. Neste contrato, redigido em quatro cláusulas, o empresário comprometia-se em adiantar as passagens dos colonos para a colônia, recursos para seu sustento até a primeira colheita, além de ajuda para a construção de suas casas. Também rezava o contrato a doação de terra, a título de foro perpétuo, para que os colonos pudessem plantar, não podendo o empresário cobrar além de 3 réis por braça quadrada.[24]

Todos os colonos, com exceção do sueco, declararam-se católicos, e o mais velho (Jean Vianney) tinha trinta anos. É interessante observar que, dos dois colonos casados, um declarou ser serrador, e o outro, destilador. Os dois solteiros, bem como o sueco, disseram ser lavradores.

O segundo contrato com os franceses foi assinado em 24 de setembro ou outubro de 1849. Nele constava a existência de quatro franceses e quatro alemães, sendo que, destes quatro, uma das assinaturas era do mesmo Jean Vianney. Ao que parece sua família chegou em outro navio e, embora aquele colono tenha se declarado no contrato anterior, houve a necessidade de estar incluso neste novo

---

21 O que faziam os imigrantes durante esse tempo? Como se alimentavam? Onde dormiam? E mesmo: como eram transportados? Estas questões apareceram nos relatos do presidente da província, embora muito pouco tenha sido registrado quanto a medidas tomadas a esse respeito. Mesmo o abrigo que tinha sido anunciado pelos legisladores para acomodar os colonos antes de sua instalação nas colônias, durante a década de 1840, não continuou a ser mencionado na documentação.

22 A documentação disponível não nos informa quando aportaram no Rio de Janeiro.

23 No documento assinado por Jean Vianney, este declara que sua família era composta de três membros. Ao que tudo indica, só aportaram no mês seguinte.

24 Em sua terceira cláusula constava que o empresário ou seus herdeiros tinham preferência se os colonos quisessem se desfazer de suas terras, e, caso isso ocorresse, ainda deveriam os colonos pagar os laudêmios no valor de 3% da terra.

contrato, juntamente com sua mulher e filha.[25] O outro francês que assinou este contrato, Pedro Poutis, declarou-se solteiro.

É interessante observar que neste último contrato havia apenas três cláusulas, o que pode sugerir uma mudança de rumo para a colônia ou a paulatina isenção do empresário em resolver os problemas enfrentados pelos colonos no núcleo. Ademais, este contrato possui uma cláusula que se diferenciava das demais, qual seja: "o referido empresário dará [a]os ditos colonos, terras para aforamento se eles quiserem, lhes permitirá instalarem (?) qualquer ramo de indústria que eles preferirem melhor" (Contrato de 1849, artigo 2º).

Essa cláusula nos sugere que, para o Valão dos Veados, esboçavam-se também outros projetos, além daqueles relacionados ao aumento da produtividade agrícola na região. E, em tal projeto, poderia ser útil o fato de esses imigrantes possuírem outro perfil profissional.

Não podemos dizer até o momento quais os motivos que levaram estes franceses a virem se estabelecer neste núcleo, muito menos dimensionar os problemas enfrentados durante a viagem, mas, conforme sugerem os documentos, podemos deduzir que, desde que aportaram no Rio de Janeiro, os franceses encontraram algumas dificuldades para se estabelecer na região.

Acreditamos que a primeira dificuldade foi a barreira linguística, que dificultou desde o início a comunicação com os representantes da administração.[26] Isto é, no momento em que os franceses declaravam os seus dados (nome, profissão, idade etc.), consideramos um indicativo dessa dificuldade o fato de não coincidirem os nomes da listagem oficial com a assinatura dos franceses.[27] Este obstáculo, no entanto, persistiu, sobretudo porque a maior parte dos colonos era de origem portuguesa. Outra dificuldade destes imigrantes foi de chegar ao destino final. Notamos na documentação que até a sua liberação para Campos e, em seguida, para o núcleo, havia um intervalo de tempo de pelo menos dez dias.[28]

---

25 No contrato, Jean Vianney declarou ter também uma criança de oito meses; não há registro dela neste contrato.

26 Parece-nos também que essa questão da língua continua com a vivência entre os demais colonos – ao lado da maioria composta de portugueses, nessa colônia havia alemães. Não podemos assinalar quais foram as dificuldades, pois a documentação não apresenta nenhuma informação a esse respeito.

27 Neste caso, também não podemos dizer qual o nível de instrução desses franceses, já que essa informação não consta na documentação.

28 A assinatura do contrato é de 25 de agosto e a do requerimento solicitando os passaportes é de 4 de outubro. Embora os imigrantes tenham chegado ao destino, não temos condições de precisar quando tal requerimento foi atendido, pois não constava na documentação nenhuma mensagem do governo aprovando o pedido do empresário.

Mediante as informações e dados disponíveis, o que podemos, todavia, sugerir é que as trilhas seguidas por estes colonos, isto é, o seu movimento no espaço e no tempo, foi mobilizado em torno de um propósito: aqui se tornarem proprietários e progredirem. Este projeto, porém, se singularizou em função da vida e das dificuldades que encontraram neste núcleo. Assim, além da barreira cultural e dos seus sistemas e símbolos, que marcaram e que muitas vezes ofereceram resistências à sua integração, pensamos que, no confronto com o espaço de vivência, as identidades se forjaram. E, neste movimento, os franceses fizeram muitas adaptações para transformar aquela fazenda em seu novo lugar.

Consideramos que uma dessas adaptações teve início no processo de construção de suas habitações, com os materiais disponíveis na região. Sabe-se, por informações de Feydit (1900), que em toda a região de Campos, até meados do século XIX, as habitações eram de adobe por não terem pedras e demais materiais disponíveis para a construção próximos ao núcleo. Levando-se em consideração a distância do Valão dos Veados e a existência de poucos recursos, podemos concluir que as primeiras casas desses colonos também apresentavam este material, mas também madeiras e palhas, que eram abundantes na região.[29] Além disso, conforme indica o mapa, sabemos que existiam na região apenas estradas fluviais, o que nos faz imaginar a existência de uma paisagem cuja cena predominante era composta de serras, morros e matas, pontilhados com algumas plantações. Em meio a esse quadro, apareciam isoladas e dispersas algumas modestas casas, que pouco a pouco começavam a se impor neste cenário. Essa composição paisagística, apesar de ser bela, expunha um dos maiores problemas enfrentados pelos colonos neste núcleo: a falta de comunicação e o seu isolamento.

Outra adaptação a que os colonos tiveram de se submeter diz respeito aos hábitos alimentares e de vestimenta, questões relacionadas ao clima e à cultura de cada povo. Então, neste caso, foram muitas as mudanças a que os franceses tiveram de se sujeitar para se adaptar ao novo cardápio daquele lugar.

Com as poucas informações de que dispomos para descrever o processo de produção do novo cotidiano, sabemos que no Valão dos Veados os franceses se alimentavam de arroz, feijão, milho e porco.[30] Também, que havia interesse em introduzir o linho para a produção de novos tecidos na colônia. Uma experiência que já tinha sido discutida pela Sociedade Campista de Agricultura e que visava a produzir sacos para o acondicionamento do café e vestimentas para os escravos, diminuindo assim a dependência das importações.

---

29 Informações do relatório da província revelam a existência de uma olaria nessa época.

30 Soubemos também que foram introduzidos na região alguns cereais.

Essas informações nos permitiram tirar a seguinte conclusão: apesar de os franceses terem enfrentado uma série de dificuldades, foram pouco a pouco conquistando este novo pedaço de chão. Plantando em suas terras ou sendo parceiros nas fazendas vizinhas, comendo e se vestindo com os novos produtos da terra, e também, pouco a pouco, aprendendo a falar o português, os franceses foram vencendo as barreiras impostas neste núcleo. Um processo que, ao redefinir as suas identidades, estabelecia, com o tempo, uma nova relação com o lugar e com os diferentes territórios que foram se configurando.

As negociações do empresário e os náufragos franceses

Até o ano de 1850 parece que a colônia ainda não se tinha estabelecido totalmente, pois, apesar de a maioria dos colonos contratados ter assinado seu vínculo no ano de 1849, continuaram chegando novos colonos nos anos de 1851, 1852 e 1853.

O empresário, desde o ano de 1849, declarava em cartas e requerimentos enviados ao imperador que havia problemas na colônia. Nestes documentos, de certa forma, anunciava o seu fim muito próximo. Algumas dessas declarações estão registradas em uma extensa carta e um requerimento dirigidos ao imperador nos meses de março e outubro de 1851, respectivamente. O primeiro documento constitui-se em uma resposta à solicitação do imperador, pedindo ao empresário para calcular os custos necessários à contratação e ao estabelecimento de sessenta colonos franceses no Valão dos Veados e, o segundo, além de ressaltar os problemas da colônia, pedia concessão de um empréstimo para salvar a colônia do seu fim. Iremos a seguir, pela importância destes documentos, assinalar, a partir da fala do empresário, como ele apresentava ou representava a situação do núcleo Valão dos Veados e o que ele sugeria para o estabelecimento de novos colonos franceses.

O preço de um colono francês

A carta escrita em março de 1851, conforme colocado, era uma resposta do empresário ao imperador, na qual justificava a necessidade de maior investimento para o assentamento de sessenta franceses na colônia Valão dos Veados. Parece que o empresário não media esforços para explicar a importância de um maior investimento, sobretudo porque ele manifestava a desconfiança do governo com

440 LAURENT VIDAL E TANIA REGINA DE LUCA (ORGS.)

relação aos lucros que tal empreendimento daria ao Estado. Talvez por isso, Eugenio Aprigio da Veiga, logo ao iniciar o documento, fazia a seguinte observação:

[...] parece que V. S. duvidou que o Estado tinha mais interesse que eu mesmo na conservação e cumprimento da colônia de que sou empresário [...] e para isto procurarei determinar o lucro que o estabelecimento daqueles colonos resultara ao país aos cofres públicos e a mim como empresário.

Empenhando-se, então, em justificar esse investimento, ele demonstrou as despesas que faria com os sessenta colonos para transportá-los, construir moradias, alimentá-los, ceder ferramentas, além de derrubar as matas. Argumentava ao final que a soma total de seus investimentos não resultaria em grandes lucros para ele, mas sim para o governo, que ampliaria seus lucros nos próximos quatro anos.[31] Assim, dizia que descontados os impostos com o estabelecimento destes franceses, o valor da produção cafeeira a partir do quarto ano iria elevar-se em 24%, ao passo que ele só perceberia o prêmio de 10%. Ao finalizar este requerimento, Eugenio Aprigio da Veiga dizia que não iria estipular a quantia que o governo deveria investir na colônia, embora apontasse a importância de avaliar os gastos já feitos e por fazer, considerando as despesas que ele havia demonstrado nessa representação.[32]

Uma colônia ameaçada de ruína

O segundo documento, escrito em 10 de outubro de 1851, constitui-se em um requerimento no qual Eugenio Aprigio da Veiga declarava ao governo a existência de sérios problemas na colônia.[33] Dizia o empresário que tais proble-

---

31 "Com o estabelecimento daqueles 60 colonos tenho que despender na conformidade desse contrato
1° com a alimentação por um tempo de um ano a 320 reis por pessoa – 6:912$000
2° com sua passagem dessa corte para a colônia a 15$ por pessoa – 900$000
3° com ferramentas tais como enxadas, foices, machados, na quantia de 5 reis por pessoa – 300$
4° com a construção de seis casas cobertas de telhas com 50 palmos de frente, 25 de fundos, tendo sala, cozinha e quatro quartos para dormir a 600$ cada uma – 3:600$000 cada uma
Com a derrubada de 540.000 braças quadrada – 810$000.
Somam: 12:522$000" (Carta redigida em março de 1851).

32 Ao final dessa carta, Eugênio Aprigio da Veiga dizia que concluiria uma memória, apresentando mais explicitamente as suas ideias, o que dirimiria quaisquer objeções que existissem sobre a pertinência dessa colônia.

33 Neste documento ele se refere a um relatório redigido neste ano (1851) e a ofícios expedidos em setembro de 1849, março de 1850 e 7 de abril de 1851.

mas já tinham sido expostos em requerimentos e ofícios expedidos desde o ano de 1849 e, em função disso, pedia ao governo ou o perdão da sua dívida ou a concessão de mais um empréstimo.[34] Alegando ser necessário dar continuidade aos investimentos neste núcleo, afirmava que o abandono dessa colônia poderia significar "a ver mais um núcleo de colonização desacreditado no país pela miséria que pode porvir os colonos, o que agravará a sua opinião em que já é tida na Europa a migração para o Brasil" (Requerimento do empresário ao governo em 10 de outubro de 1851).

Este requerimento do empresário para o governo solicitava o levantamento da situação deste núcleo, uma medida que nas suas palavras possibilitaria "habilitar, ou a de lhe conceder novo empréstimo com suficientes garantias, ou a qualquer outro procedimento que pareça melhor"[35] (Requerimento dirigido ao imperador em 10 de outubro de 1851).

Em resposta a este requerimento, o administrador da colônia informava que tinha dirigido uma solicitação à Sociedade da Colônia Agrária Vallão dos Veados, pedindo esclarecimentos sobre o seu estado. Essa Sociedade, atendendo a tal solicitação, dizia em 1853 que a colônia progredia, tanto em termos demográficos como produtivos, e assinalava as instalações existentes como escolas, igrejas e demais benfeitorias instaladas no núcleo. Portanto, por meio deste relatório, apenas dois indicadores sinalizavam a existência de alguns problemas na colônia: o primeiro é o apontamento da inexistência de agência de correios, o que para o relator impedia os colonos de entrarem em contato com os seus parentes.[36] O segundo é a indicação, por parte do relator, da precariedade das casas dos colonos, exceção feita às casas de um belga e de um português. De acordo com suas análises, a modéstia destas habitações era resultado dos pequenos lucros da lavoura, o que impossibilitava ao colono renda suficiente para construir prédios.

Por meio deste relatório, e de declarações dos legisladores da província do Rio de Janeiro, não é possível afirmar se a situação retratada pelo empresário refletia de fato os problemas do núcleo, ou se não estavam exageradamente apresentadas. Também não podemos concluir, apesar da existência de um tom apelativo em suas missivas, que não existiam problemas, ou seja, que seus requerimentos e

---

34 Essa seria a segunda opção, já que teria também sugerido um grande empréstimo.

35 Sugeria o empresário que o governo escolhesse uma pessoa de confiança para que avaliasse o estado dos colonos, apreciando as suas necessidades e indicando "o que for restritamente indispensável para salvá-la do risco, em que o empresário os figura [...]".

36 Como informa o relator, tal situação levava os colonos a se sentirem "perdidos para com sua pátria pela dificuldade de remeterem e receberem cartas de seus parentes e amigos" (Relatório da Sociedade da Colônia Agrária Vallão dos Veados, 1853).

cartas apenas constituíam-se em estratégias para obter mais empréstimos ou investimentos. Por outro lado, também suspeitamos da informação prestada no relatório da Sociedade da Colônia Agrária Vallão dos Veados, já que apenas ressaltava os aspectos positivos da colônia.[37]

Considerando, portanto, que todo discurso público pode ser manejado para atender a interesses específicos, verificamos que, contrariamente ao relato dessa Sociedade, o vice-presidente da província, já em 1850, informava que na colônia do Valão dos Veados existiam sérios problemas e, para "evitar a ruína dos colonos", tinha concedido não só um empréstimo complementar ao empresário como refeito o contrato, exigindo, porém, novas condições para o estabelecimento de colonos.[38]

Portanto, apesar de não podemos avaliar a extensão da crise neste núcleo, sabemos que sua enunciação permitiu ao empresário acesso a mais crédito do governo. Assim, o que realmente não temos condições de dimensionar foi como essa suposta ou existente crise atingiu a vida dos colonos e qual o impacto desses novos investimentos no núcleo.

Desconfiamos das falas do governo, do empresário e do fazendeiro quando diziam que os colonos apresentavam uma série de reivindicações. Sugerimos que, quando o colono aparecia nos relatórios e falas, era para reforçar uma ideia ou um projeto de outrem, sendo, portanto, tratados de forma abstrata ou mesmo como objetos na maior parte das vezes.

Assim, a julgar que muitos interesses estavam em jogo nessa colônia, é difícil apreender os seus reais problemas, muito menos como eram percebidos e representados pelos colonos estrangeiros. Com isso, as impressões registradas pela Sociedade da Colônia Agrária Vallão dos Veados, nos contratos, cartas e requerimentos do empresário, representam, de certa forma, a colônia (um espaço abstrato) sem aquele que a animava – o colono. Uma omissão que respondia aos interesses imediatos daqueles que detinham o poder econômico e político. Por isso, na representação deste espaço, estes agentes não deixam escapar a concepção que eles tinham dos colonos, enxergados como investimentos, ferramentas e fontes de progresso e civilização.

---

37 Consideramos que, pelo fato de ser uma sociedade privada, seu maior interesse era a captação de recursos e, por isso, expor publicamente uma situação ruim poderia desvalorizar as ações dessa Sociedade.

38 Esse novo contrato, assinado em 4 de agosto de 1849, concedia ao empresário o valor de 20:000$, ficando ele obrigado a saldar a sua dívida em um prazo de quatro anos. Outro empréstimo, no valor de 5:000$, foi concedido em contrato assinado em 8 de abril de 1850, sendo neste segundo contrato substituídas todas as condições relativas aos prazos de reembolso por parte do empresário (Contratos assinados pelo empresário, 1849 e 1850).

Da voz apagada dos colonos à voz redescoberta dos franceses

Assim, a voz desses colonos foi em todos os momentos apagada. Não existiam enquanto pessoas, mas como argumentos, seja para o governo convencer os empresários e latifundiários a introduzir uma nova "força motriz" em suas fazendas, seja para os empresários convencerem governo, fazendeiros e sócios da necessidade de ampliar os seus lucros. O que veremos a seguir, embora com algumas ressalvas, é a voz dos colonos franceses dessa colônia a partir da leitura de três cartas que foram dirigidas ao imperador.

Afirmamos com algumas ressalvas, pois não sabemos avaliar o motivo pelo qual somente essas três cartas foram "guardadas" com os demais documentos e, também, porque duas delas foram escritas logo após o empresário ter entregue dois requerimentos ao governo: um solicitando a concessão de mais empréstimo e o outro, indicando o valor que seria cobrado para o estabelecimento de mais sessenta colonos franceses em sua fazenda.

Portanto, não podemos afirmar até que ponto estes documentos revelavam a voz dos colonos franceses, ou se foram utilizados pelo empresário como *lobby* para convencer o governo imperial a aprovar mais empréstimos. Contudo, compreendendo estes limites, descreveremos o teor destas cartas com o intuito de apreender as estratégias utilizadas pelos colonos franceses para expressarem seus problemas e exporem suas reivindicações.

A primeira carta foi redigida em 18 de março de 1851 e constitui-se em um abaixo-assinado contendo 11 assinaturas. Este documento delegava ao sr. Ferdinand Roussier o poder de representar todos os franceses junto à Secretaria dos Negócios da Fazenda para receber um recurso que havia sido designado pelo governo a estes colonos, para o seu estabelecimento na fazenda.

> Nós abaixo-assinado, declaramos pela presente, entregar todo poder necessário ao senhor Ferdinand Roussier, para assinar para nós mesmos, na secretaria de estado do Império, o contrato pelo qual o governo imperial nos atribui a quantia de sessenta e cinco mil réis por pessoa para nossa viagem da Europa até a Colônia do Valão dos Veados aonde vamos nos estabelecer, e declaramos bom e válido tudo que será feito e assinado por ele, como feito e assinado por nós mesmos. Além disso, damos todo poder ao senhor Ferdinand Roussier, para receber a dita quantia.

Desconhecemos os motivos que levaram Ferdinand Roussier a representar os 11 franceses, mas podemos deduzir que era praticamente impossível, devido aos elevados custos de transporte, conduzir os 11 colonos para a assinatura deste contrato na Corte. Uma questão que revela a dificuldade de deslocamento destes

444   LAURENT VIDAL E TANIA REGINA DE LUCA (ORGS.)

colonos, isto é, de se comunicarem com as demais áreas/pessoas em função do difícil acesso a este núcleo. Por outro lado, este abaixo-assinado revela também as soluções encontradas por estes colonos para garantirem os seus direitos.

A segunda carta foi possivelmente redigida em 25 de abril de 1851 e foi assinada por sessenta náufragos franceses, que anteriormente iriam se instalar na colônia Pedra Lisa. Nela, os franceses colocavam para o imperador que necessitavam de uma solução para a sua situação provisória, sugerindo ao governo que firmasse contrato com o empresário Eugenio Aprigio da Veiga.

> Sua Majestade
>
> Uma circunstância infeliz nos obrigou a procurar seus estados em futuro perdido. Pensamos que a terra do Brasil responderia ao nosso trabalho. Nesta esperança, entramos em contato com o senhor Veiga para nos estabelecer na colônia dele sob as condições que o senhor conhece. Mas, até hoje, não foi aplicado este tratado. Eis, Sua Majestade, o motivo que nos leva perto do Senhor; rogamos que tomarem conta nosso pedido e de fazer cumprir o tratado do senhor Veiga. Apenas a proteção, sua Majestade, pode acabar com esta infeliz posição.

O que sabemos dessa história é que ocorreu um naufrágio em um navio com centenas de imigrantes e que parte destes náufragos se dirigiram para a colônia Pedra Lisa. Essa propriedade pertencia a um francês que havia assinado um contrato com o governo provincial para o estabelecimento de seiscentos colonos estrangeiros na região de Campos.[39] Não obstante, ocorreram muitos problemas neste contrato e estes colonos ficaram abandonados e sem destino por algum tempo.

Associamos esse pedido dos franceses aos interesses do empresário por maiores investimentos na colônia, conforme expresso em seu requerimento dirigido ao

---

39 O governo firmou contrato com o empresário francês Luiz José Maria Bergasse para o estabelecimento de uma colônia agrícola em um dos terrenos devolutos da província do Rio de Janeiro, situado no local denominado sertões de Pedra Lisa, localizado na cidade de Campos de Goitacazes. Neste, mediante a concessão de duas léguas quadradas de terras, sob o regime de fateusim, ou aforamento perpétuo, deveriam vir trabalhar seiscentos colonos brancos. O projeto do empresário francês era o de cultivar cana de uma espécie considerada superior e manipular o açúcar, utilizando-se de um sistema adaptado de Bourbon. Também se comprometia o empresário em plantar café e todas as demais culturas intertropicais que se adaptassem ao clima da região. Neste contrato, o empresário francês dizia que tinha escolhido os seus colonos nos campos do Departamento Setentrional da França, próximo às margens do Reno, e também na Suíça, por serem esses colonos considerados mais dóceis do que os dos países meridionais, além de terem costumes "mais puros, paixões menos vivas, serem laboriosos, e consequentemente mais faceis de reger" (Relatório do presidente da província, 1843, p.32).

imperador em 10 de outubro de 1851. Conforme relatado na seção anterior, neste documento Eugenio Aprigio da Veiga indicava ao imperador as despesas que o governo e o empresário deveriam fazer para o estabelecimento destes sessenta colonos em sua fazenda. Não sabemos o resultado dessa negociação, apenas que não foram todos os sessenta franceses para a sua fazenda.

O que essa carta nos revela são as estratégias encontradas por estes colonos para a resolução de uma situação provisória, porém dramática. Uma estratégia que indicava dois movimentos: o primeiro, do empresário, procurando captar mais recursos do governo provincial, daí o seu tom apelativo no requerimento. Um estilo que de certa forma também foi imitado na carta dos franceses. O segundo movimento, apesar de certa forma reforçar o primeiro, é, porém, indicador de uma tática que visava resolver um problema: a falta de um lugar para morar e, com certeza, as necessidades de se alimentarem e vestirem. Uma estratégia que visava resolver um problema que era de longa data, mas que não apresentava solução imediata. Por fim, uma estratégia que talvez nem mesmo estes náufragos franceses tinham ideia de seu sucesso, mas que foi a única encontrada para resolver os seus problemas imediatos.

Nesse sentido, nos parece que a carta destes franceses é indicadora dos rumos assumidos por grande parte dos pobres imigrantes que se estabeleceram no Brasil. Com um destino que era na maior parte das vezes decidido por outras pessoas e instituições, foram obrigados muitas vezes a se sujeitar e fazer acordos que nem sempre tiveram bons resultados.

A terceira e última carta foi redigida em 15 de outubro de 1851, cinco dias após o empresário ter dirigido ao governo o requerimento solicitando a concessão de mais recursos para a colônia. Nesta, assinada por dois colonos franceses, foram destacadas as dificuldades enfrentadas pelos colonos no Valão dos Veados, em função da falta de investimentos governamentais.

Observa-se também nessa missiva que os colonos foram induzidos a defender o empresário, já que ressaltavam o seu caráter de benfeitor e a necessidade de maiores recursos por parte do governo. Ou seja, essa carta sugeria que o responsável pela atual situação e possível decadência do núcleo era o Estado e não o empresário, uma vez que ele tinha feito o possível e o impossível para atender às demandas dos colonos.

Apesar dessa carta também expressar uma articulação do empresário com os colonos, observamos que assinalava os problemas cotidianos de produção e transporte dos bens agrícolas. Um problema que sem dúvida não era característico somente deste núcleo, mas de todos os criados na província neste contexto. Neste sentido, apesar de este documento refletir os apelos do empresário e, talvez, de ter sido escrito sob sua influência, sua redação revela também uma maneira de os colonos expressarem as suas dificuldades em viver nessa colônia.[40]

De uma maneira geral, sugerimos que essas cartas se constituem em um ato de enunciação dos problemas destes colonos, portanto demonstram intenções, projetos e soluções. Assim, ainda que tenham sido forjadas pelo empresário, são documentos preciosos para a avaliação dos sentidos e significados da vida destes imigrantes e de suas táticas. Ademais, por seu conteúdo expressar as suas intenções e representações do lugar, deixa-nos uma pista do papel social assumido por estes colonos, nos indicando as suas estratégias de reivindicação. Portanto, sugere-nos de forma muito sutil como foram costurados os acordos entre o empresário, os colonos e o Estado ao longo do processo de constituição deste núcleo.

Neste sentido, estas cartas, apesar de aparentemente inocentes e possivelmente redigidas sob influência do empresário, nos permitem esboçar as formas encontradas por estes agentes para resolver os seus problemas. Uma estratégia que não ficou congelada no tempo, mas que se renovou em outros momentos, levando-os a redefinirem a cada momento as suas estratégias.

Considerações finais

Em 1855, o presidente da província comunicava que no Rio de Janeiro existiam oito colônias: Valão dos Veados (município de São Fidélis), Petrópolis (Estrela), Santa Rosa (Valença), Santa Justa (Valença), Independência (Valença), Coroas (Valença), Retiro (Angra dos Reis), Martim de Sá (Paraty). Nas colônias de Valão dos Veados, Petrópolis e Santa Rosa era adotado o sistema de aforamento, e nas demais prevalecia a parceria. Havia um total de 3.569 habitantes em todas as colônias. A que possuía o maior número de população era Petrópolis, com 2.643 habitantes, seguido da colônia do Valão dos Veados, com 329. As demais não alcançavam duzentos indivíduos.

O relatório de 1858 informava que no Valão dos Veados havia, em 1856, 344 indivíduos, e que este total tinha se elevado, em 1858, para 492 habitantes de diferentes nacionalidades, entre os quais franceses, belgas, holandeses e alemães.

---

40 Também conforme descrevemos, parte dessas dificuldades foram assinaladas pelo vice-presidente na província do Rio de Janeiro no ano de 1851 e resultaram no estabelecimento de outro empréstimo para o empresário, embora não saibamos se esse valor foi realmente aplicado para resolver os problemas apontados.

A população se ocupava da agricultura, do culto religioso e demais ofícios, tais como a instrução primária, a agência do correio e os ofícios da justiça. Também trabalhavam como serralheiros, alfaiates, carpinteiros, pedreiros e canteiros, maquinistas, oleiros e algumas casas de negócio. Praticava-se no núcleo o pasto, a cultura de cereais, do café e do açúcar. Neste registrava-se a existência de 94 datas de terras aforadas a chefes de família e, em foro perpétuo, cerca de quatro mil braças quadradas. Dizia o presidente que, no ano de 1857, a colônia tinha exportado três mil alqueires de milho, feijão e a mesma quantidade de arroz, além de produzir 1.200 arrobas de café. Em 1860, 504 habitantes residiam na referida colônia, segundo dados do presidente da província. Estes se ocupavam da lavoura, achando-se plantados quatrocentos mil pés de café.[41]

No relatório de 1871, o presidente da província informava que as tentativas de colonização no Rio de Janeiro tinham sido um fracasso, embora reconhecesse a necessidade de se instituir núcleos, a exemplo dos países mais desenvolvidos. Demonstrando insatisfação com os rumos da política de colonização na província, dizia o presidente que:

> Diversas tentativas têm sido feitas mas todas mallogradas como as Vallão do Veado, a da Pedra-Lisa, a empreza a cargo de Carlos Nathan e outros. Os terrenos uberrimos que possue esta provincia, e a facilidade de suas vias de communicação com o litoral e o grande mercado da côrte e a amenidades de seu clima, tornão fácil a colonisação, logo que haja systema nas medidas adoptadas e fiel escrúpulo em sua execução (Relatório do presidente da província, 1871, p.56).

Os dados e as informações constantes nestes relatórios revelam o fim deste e dos demais núcleos coloniais na província. Todavia, nada nos dizem sobre o destino dos colonos, e em especial dos franceses, quando oficialmente essa colônia deixou de existir: não sabemos, por exemplo, o que aconteceu com o empresário e suas terras, desconhecendo assim se alguns franceses permaneceram ou não no lugar.[42] Se foram para a cidade de Campos ou São Fidélis, para se empregarem, também não temos certeza, muito menos se alguns voltaram para seu país de origem. Temos apenas alguns indícios, que aparecem descritos no *Almanaque Industrial, Mercantil a Administrativo da Cidade e Município de Campos* – 1881. Neste, foi declarado que muitos dos estrangeiros que habitavam a área central de

---

41 Havia neste ano dez colônias na província, quais sejam: Independência, Santa Justa, Santa Rosa, Valão dos Veados, Santa Fé, Sapucaia, São Paulo, Boa Fé, Passa Três, Coroas.

42 Também desconhecemos se os franceses conseguiram saldar suas dívidas, tornado-se donos de parte da fazenda.

Campos eram originários dos núcleos coloniais implantados na região.[43] Dizia também que o comércio campista tinha expressiva participação dos franceses, e que estes dominavam os negócios do Rio de Janeiro, sendo donos de casas de moda, cabeleireiros, e de negócios com pedras preciosas e calçados.[44]

Seria agora necessário conhecer o destino destes franceses, pois independentemente do fim oficial dessa colônia, sua vida continuou: não mais na condição de colonos, mas como "talvez" cidadãos brasileiros. Interessar-nos-ia investigar, nos poucos vestígios que restam, as marcas dessa vida nos diferentes espaços pelos quais estes ex-colonos passaram.

---

43 Também afirmava que para a cidade de Campos vieram mais tarde muitos emigrantes ingleses e franceses, e estes exerciam ofícios de engenheiros mecânicos, trazendo oficinas para os engenhos e depois usinas de açúcar.

44 Por outro lado, Feydit (1900) nos informa que a freguesia de Nossa Senhora da Penha do Morro do Coco foi criada em 1861, constituída de parte da freguesia de Guarulhos. Com cerca de 761 casas, o seu principal povoado foi estabelecido na Pedra Lisa, onde em 1844 havia sido fundada uma colônia de belgas. Apesar do fracasso desse núcleo, os emigrantes que restaram edificaram uma pequena capela sob a invocação de Nossa Senhora da Villa Nova, desenvolvendo-se graças às atividades praticadas pelos pequenos agricultores e madeireiros que anteriormente habitavam as freguesias de São Gonçalo e São Sebastião. Em função de seu crescimento, este núcleo recebeu mais tarde a denominação de Vila Nova.

20
A IMIGRAÇÃO CONTRATADA:
O CASO DA COLÔNIA DE BENEVIDES[*]

Grégory Corps

A exemplo do engenheiro Louis Vauthier, descrito por Gilberto Freyre (1960), a imigração contratada desempenha um papel importante na história da imigração no Brasil. A chegada de engenheiros e técnicos contratados pelas autoridades brasileiras oculta um aspecto essencial dessa imigração por contrato. Por trás desses imigrantes recrutados por suas competências técnicas e científicas há uma massa de colonos anônimos empregados para trabalhar em novas áreas agrícolas. A qualificação desses indivíduos é frequentemente questionada pelas autoridades. A partir do exemplo da colônia Benevides, no Estado do Pará, é possível apresentar um breve panorama dessa imigração contratada e de suas consequências. Esse tipo de imigração caracteriza-se pela fiscalização do governo sobre os fluxos migratórios e simboliza a vontade do Estado de atrair trabalhadores e controlar seu destino.

Atração de imigrantes

A política de colonização brasileira, iniciada no Império, pretendia administrar e direcionar os fluxos migratórios para zonas rurais, com o objetivo de desenvolver a agricultura e ocupar o espaço. Foi a propaganda imperial que começou a promover a imigração por contrato. Com o intuito de atrair colonos

---

[*] Texto traduzido por Fernanda Murad Machado.

450 LAURENT VIDAL E TANIA REGINA DE LUCA (ORGS.)

europeus para esses novos espaços, difundiu-se uma campanha de propaganda cujo alvo era influir no imaginário e nas representações da população (Silva, 2001). Assim, foram publicados guias e brochuras,[1] como um manual geral do Brasil, editado em 1865, exaltando a riqueza e os benefícios da imigração para o sul do Brasil. Havia também manuais mais regionais, sobre a Bahia, por exemplo, que apresentavam e descreviam as paisagens e os tipos de solo.[2]

O Brasil investia na promoção da imigração contratada, mas delegava a ação a recrutadores, responsáveis também pela propaganda. Mais conhecidas como companhias de colonização ou de imigração, respondiam à oferta do governo brasileiro, tanto das províncias quanto da administração imperial. Essas companhias precisavam respeitar uma série de condições para cumprir sua parte. O contingente de imigrantes estipulado tinha de ser contratado até uma data-limite. Além disso, deviam fornecer apenas trabalhadores com as qualificações necessárias para esse tipo de imigração, ou seja, imigrantes habituados a trabalhos agrícolas. No caso francês, companhias nacionais trabalhavam em conjunto com uma província ou com o governo central. Às vezes, funcionários consulares brasileiros e agentes presentes no território se encarregavam do recrutamento. Era o que ocorria no consulado de Marselha, que preparava e assinava os contratos dos futuros colonos.[3] Para facilitar a emigração e o estabelecimento dos colonos, o governo brasileiro e os agentes recrutadores usavam e abusavam de promessas. A partir de 1858, o Brasil publicou leis favorecendo a imigração, entre as quais a que assegurava a proteção dos imigrantes no mar, e, em 1860, a que favorecia os filhos de colonos.[4] Assim, a legislação incentivou a chegada dos imigrantes mediante uma série de leis que facilitavam a contratação na França e em outros países, e a oferta de lotes de terra para cultivo. Esse arsenal de leis era usado para atrair os colonos. Eles tinham acesso a lotes com preços preferenciais e recebiam alimentos, sementes e ferramentas até a venda da primeira colheita.[5] Quando chegavam no Rio de Janeiro, eram acolhidos, podiam comer e repousar em um hotel de imigrantes, onde recebiam tratamento médico caso fosse necessário. Algumas companhias até arcavam com o custo da viagem marítima. Circulavam diversos folhetos enfatizando as vantagens do Brasil e a riqueza de seu solo,

---

1 CADN – Unions Internationales – 1ᵉʳ Versement – 1095.
2 CADN – Rio de Janeiro – Série A – 170.
3 CADN – Unions Internationales – 1ᵉʳ Versement – 1095.
4 Ibidem.
5 CADN – Rio de Janeiro – Série A – 170.

como um de 1876, que descrevia "os benefícios oferecidos aos imigrantes que pretendem se estabelecer no império do Brasil".[6]

Algumas colônias agrícolas foram criadas especialmente para os estrangeiros. Tinham um estatuto específico que concedia muitos benefícios aos seus habitantes. Eram particularmente numerosas no sul do País e na região de São Paulo (Alencastro; Renaux, 2004, p.306-10). Projetos semelhantes, mas com menos recursos, foram desenvolvidos no Norte com os mesmos objetivos. A grande experiência realizada nos anos 1870, em Benevides, no Estado do Pará, ilustra o apogeu da imigração por contrato.

Benevides : um exemplo da política de colonização na Amazônia

Situada a 33 quilômetros de Belém, Benevides era chamada de *Para* na época da borracha. Capital amazônica da borracha nesse período, a cidade enriqueceu graças ao comércio, e sua elite incorporou valores europeus, tanto na arquitetura quanto no modo de vida dos habitantes. Com o lucro obtido da borracha, o presidente da província contratou engenheiros, técnicos, e também professores e artistas, como fariam mais tarde as províncias do Sul. Foi implantado um projeto de colônia agrícola próximo de Belém. O objetivo não era produzir para a exportação, mas constituir espaços agrícolas para alimentar a população amazônica. De fato, a região não produzia o suficiente e, às vezes, precisava importar da Europa, o que acarretava um aumento considerável do custo de vida na capital paraense. Nesse contexto de prosperidade, as diferenças entre as elites da borracha e a população pobre da região se acentuaram. Por isso, era necessária a criação de uma colônia agrícola. Além do mais, para os dirigentes da Amazônia, a imigração era a melhor maneira de civilizar a região. Em Manaus, o presidente Francisco José Furtado exaltou os méritos da Amazônia, em 1858, mas lamentou a falta de colonos estrangeiros.[7] Para ele, a imigração desempenhava um papel civilizatório vital e prefigurava o futuro da região. Assim, em 1857, ressaltou

---

6   CADN – Unions Internationales – 1er Versement – 1095; em francês: "les avantages offerts aux émigrants qui désirent s'établir dans l'empire du Brésil".

7   Center For Research Librairies. Mensagem dos presidentes das províncias. Disponível em: <http://www.crl.edu/content/provopen.htm>. Pará e Amazonas, Amazonas 1858, Index 66, p.20.

452 LAURENT VIDAL E TANIA REGINA DE LUCA (ORGS.)

a urgência de "chamar enfim uma torrente de emigração europeia que venha civilizar nossas florestas".[8]

Benevides não foi a primeira tentativa de colonização na Amazônia. Em Itacoatiara, na nova província do Amazonas, a companhia de navegação e de comércio da Amazônia fundou uma colônia em 1858. Era uma das condições impostas à empresa em troca do monopólio dos transportes fluviais. No ano seguinte, porém, o presidente da província anunciou laconicamente, em seu relatório anual para o governo do Rio de Janeiro, que a colonização "não existe no Amazonas".[9]

Franceses em Benevides

Essa colônia tem um interesse particular para este estudo por ter sido fundada por franceses. Contudo, não foi encontrado o nome da companhia que recrutou imigrantes para Benevides, tampouco foram esclarecidas as razões que levaram o presidente da Província do Pará a escolher majoritariamente franceses para ocupar a colônia. Por volta de 1870, a presença francesa na Amazônia era ainda pouco significativa; a estimativa é de cerca de quarenta pessoas nos anos 1850.[10]

A colônia foi inaugurada em 13 de julho de 1875 por vinte colonos.[11] No relatório ao governo do Rio de Janeiro, o presidente da província, Francisco Maria Correia de Sá e Benevides, apresentou sua organização.[12] Cada colono recebeu um lote de terra de "150 braças de frente sobre 300 de fundo", assim como alimentação e ferramentas nos primeiros seis meses de instalação, a serem reembolsados em data posterior. O relatório especificava que a colônia estava situada a 33 quilômetros do mercado de Belém e dos portos de "Bemfica, Tayassuhy e Merituba", o que garantia o escoamento das safras. De acordo com o presidente Correia de Sá e Benevides, os solos eram propícios para muitas culturas, como arroz, algodão, milho, café ou tabaco.[13]

---

8 Ibidem, Amazonas 1857, Index 65, p.38-9.
9 Ibidem, Pará e Amazonas, Amazonas, Index 67, p.11.
10 CADN – Rio de Janeiro – Série A – 170, censo do consulado francês no Pará, anos 1850. Ver também Corps, Grégory. *Les immigrants français en Amazonie brésilienne, 1850-1918*: évolutions et identités dans les États d'Amazonas et Pará durant le boom du caoutchouc (monografia sob orientação do Prof. Laurent Vidal). Université de La Rochelle, 2007-2008.
11 Center For Research Librairies. Mensagem dos presidentes das províncias. Disponível em: <http://www.crl.edu/content/provopen.htm>. Pará, Index 546, p.159.
12 Ibidem.
13 Ibidem.

Em 1877, o governo estadual recenseou 364 habitantes na colônia Benevides, dos quais 214 eram franceses, isto é, quase 59% da colônia.[14] Pouco se sabe sobre os franceses: eram em sua maioria do sexo masculino (183), as mulheres presentes eram provavelmente as esposas, poucos eram casados e havia 17 crianças. Na época, estar a 33 quilômetros de Belém significava viver cercado por uma floresta em uma área hostil. As chuvas diárias transformavam estradas e caminhos em lama, tornando o transporte impraticável e isolando, assim, a colônia da cidade de Belém. Entretanto, há registros de empresas administradas por franceses na colônia.

Augustin Gregory, que tinha um projeto de construir uma fábrica de ladrilhos em 1876, obteve aprovação do governo quando foram edificadas as primeiras casas de alvenaria. Dois outros franceses se dedicaram à destilação de vinho e de rum.[15] É também o caso da família Fanjas, formada por agricultores da Maurienne (Isère), que imigrou para Benevides por volta de 1875 e lá se estabeleceu definitivamente. Sabemos, em razão da partilha da herança familiar em 1898,[16] que os Fanjas permaneceram em Benevides e fizeram grande fortuna.[17] Eram proprietários de terras, destilavam cachaça, possuíam imóveis em Belém e eram integrados à comunidade francesa.[18] Mais tarde, uma rua da cidade foi batizada com o nome de um descendente da família, que provavelmente ocupou algum cargo público.[19] Muitos outros franceses se tornaram proprietários de engenhos e envolveram-se na política da cidade, como a família Begot (Begot, 1984).

Fracasso da colônia Benevides...

Apesar desses empreendimentos bem-sucedidos, é importante assinalar que a colônia de Benevides foi um fracasso no que se refere à imigração contratada na Amazônia, o que ilustra as dificuldades e a limitação do sistema em plano nacional.

Fundada por cerca de vinte pessoas em 1875, a colônia já abrigava mais de cem pessoas um ano mais tarde. O êxito relativo das primeiras empresas administradas pelos colonos tranquilizou o governo, embora ainda pairassem incertezas.

---

14 Ibidem, p.161.
15 Ibidem, Index 544, p.19.
16 Quai d'Orsay – État Civil – P14659.
17 CADN – Chancelleries-Actes – 196.
18 Atos notariais em presença do cônsul da França, registrados nas listas consulares. CADN – Rio de Janeiro – Série A – 170.
19 Ver Avenida João Fanjas Benevides.

O presidente da província se queixava da baixa qualificação de alguns colonos, criticava o cultivo somente de exíguas parcelas agrícolas de "sobrevivência", lamentava a falta de verdadeiros agricultores e assistia desolado à partida dos franceses para a cidade grande de Belém, atraídos pela borracha e pela riqueza fácil. Dos 364 indivíduos que chegaram a Benevides, 247 abandonaram a colônia antes de 1877.[20] Permaneceram apenas cerca de cem colonos, incluindo 71 franceses (56 homens, seis mulheres e nove crianças). Ao contrário da maioria das famílias que ficaram na colônia, os solteiros, geralmente jovens, iam tentar a sorte em Belém e nas estradas da borracha. Não se pode esquecer das repatriações (para a França): os arquivos consulares de Belém estão abarrotados de registros de procedimentos de retorno.[21] Houve de fato um retorno em massa desses colonos alguns anos ou mesmo alguns meses após sua instalação. Tal como nos casos descritos nos relatórios do consulado no Rio de Janeiro,[22] os recursos limitados e a dificuldade de adaptação da maior parte deles para o trabalho pesado levaram os colonos a abandonar as terras agrícolas, o que comprometia o projeto da província.[23] A esses fatores soma-se o afluxo de nordestinos entre 1878 e 1879. A seca, que atingiu o Nordeste nesse período, e particularmente o Estado do Ceará, levou para a Amazônia dezenas de milhares de camponeses famintos. O estabelecimento dos cearenses em Benevides perturbou profundamente o funcionamento da colônia, e é possível que tenha acelerado a partida de colonos para Belém. Nesse período, quando só restavam cerca de cem imigrantes na colônia, o número de cearenses já chegava a mais de oitocentos.[24] Nos anos seguintes, com o abandono do projeto e a transformação da colônia em município, Benevides deixou de ter um estatuto privilegiado, e a ajuda do governo foi suspensa. Os cearenses desempenharam um papel muito importante na emancipação dos escravos de Benevides em 1884. Esse episódio é considerado o segundo caso de libertação de escravos do Brasil (Begot, C., 1984) antes da abolição. Seria interessante pesquisar qual foi o papel dos colonos franceses na libertação desses escravos.

---

20 Center For Research Librairies. Mensagem dos presidentes das províncias. Disponível em: <http://www.crl.edu/content/provopen.htm>. Pará, Index 546, p.161.

21 CADN – Rio de Janeiro – Série A – 75.

22 Ibidem, Série A – 170.

23 Pesquisas mais precisas, com ajuda de fontes brasileiras, poderiam permitir compreender as razões do fracasso da colônia de Benevides.

24 Center For Research Librairies. Mensagem dos presidentes das províncias. Disponível em: <http://www.crl.edu/content/provopen.htm>. Pará, Index 548, p.89.

… ilustração de um certo fracasso da imigração contratada

Uma das principais razões do fracasso desse tipo de imigração foi o recrutamento. Nos termos do contrato, as companhias eram intermediárias entre os imigrantes e as províncias imperiais, e, mais tarde, a República estadual ou federal. O contrato previa o fornecimento do contingente de colonos dentro de um prazo determinado e, eventualmente, incluía a obrigação de fazer propaganda. Não eram raros os recrutadores mal-intencionados que reuniam indigentes e bandidos nas grandes cidades europeias para completar o contingente. Na Amazônia, essas práticas eram denunciadas pelos presidentes da província.[25] Mesmo com a contratação de trabalhadores de baixa qualificação, as cotas solicitadas pelos governos nem sempre eram atendidas. Em 1885, a Companhia Paraense de Imigração, com sede em Paris, declarou, em sua campanha de propaganda, que procuraria evitar os erros passados recrutando camponeses e agricultores, em vez de vadios e criminosos.[26]

Atraídos por promessas "enganosas",[27] os candidatos à imigração para colônias agrícolas acreditavam que iriam desfrutar dos benefícios oferecidos. É o caso de um homem chamado Clovis Bourgeois, contratado em 1875 em Le Havre, para trabalhar em um moinho de trigo. Qual não foi sua surpresa ao chegar e descobrir que não havia trabalho para ele, apesar do contrato assinado na França, e ao ser informado pelo cônsul de que não existia nenhum moinho de trigo no Brasil![28]

Em geral, os problemas começavam logo na chegada ao porto do Rio de Janeiro. Doentes, enfraquecidos por uma travessia extenuante, eram amontoados em uma espécie de área de quarentena (Ilha das Flores). No porto do Rio, muitos deles tinham o passaporte francês confiscado pelos agentes que deveriam conduzi-los ao interior. Na nova propriedade, podiam ter uma surpresa desagradável ao descobrir que o lote de terra nada mais era do que um pedaço de floresta virgem, ou, na melhor das hipóteses, um matagal. Para sua infelicidade, às vezes não recebiam as ferramentas necessárias para iniciar a cultura, as sementes eram insuficientes ou estavam avariadas, as estradas eram intransitáveis tornando

---

25 Center For Research Librairies. Mensagem dos presidentes das províncias. Disponível em: <http://www.crl.edu/content/provopen.htm>. Pará, Index 546, p.178.

26 Ibidem, Index 554, p.82.

27 Em francês: *fallacieuse*. Relatórios consulares a propósito da emigração ao Brasil: CADN – Rio de Janeiro – Unions Internationales – 1er Versement – 1095.

28 Ibidem.

o reabastecimento arriscado e as relações com a vizinhança difíceis.[29] Famintos e sem um tostão, iam para a cidade em busca de oportunidades. Contudo, ainda precisavam reembolsar os adiantamentos aos recrutadores ou ao cônsul com quem tinham assinado contrato. Eram obrigados a pagar as sementes, os alimentos do primeiro ano, as ferramentas e, em certos casos, os gastos com a viagem. Era desesperador:[30] a terra não podia ser cultivada e os colonos partiam para a cidade endividados e cansados. Os cônsules do Rio de Janeiro traçaram um retrato crítico e patético desses franceses vestindo trapos, detidos por mendicância ou demência.[31]

A reação francesa em face dos contratos

Diante de tantos retornos negativos, a administração francesa decidiu tomar medidas drásticas. Com base em relatórios das câmaras de comércio e de institutos de geografia, publicou um despacho ministerial em 1875 contra a imigração agrícola e em favor de uma imigração mais qualificada e vantajosa. Essa nota não chegava a impedir a imigração por contrato, mas desaconselhava os candidatos a viajar para o Brasil, além de incitar os centros de propaganda, como os institutos de geografia, a fazerem o mesmo. Além disso, proibia a assinatura de contratos de emigração das companhias francesas com trabalhadores franceses, esperando assim frear o fluxo contínuo de imigrantes, que frequentemente voltavam decepcionados para a França. Essa política perdurou durante todo o final do século XIX, apesar das pressões de diversas companhias marítimas ou das autoridades brasileiras. O documento precisou ser reformulado várias vezes devido à sua difícil aplicação. Em 1908, com os grandes progressos da jovem república brasileira, ele foi cancelado e, em 1909, os funcionários consulares no Brasil registraram um aumento significativo da imigração por contrato.[32] Entretanto, pouco tempo depois, informaram ao ministro de Paris o pedido de repatriação de muitos franceses decepcionados.

Os fatores foram os mesmos que acarretaram o fracasso da imigração contratada na Amazônia. De fato, a má gestão do governo e dos agentes recrutadores inescrupulosos era a principal causa do fracasso financeiro dos colonos, assim

---

29 CADN – Rio de Janeiro – Série A – 170.
30 Ibidem.
31 Ibidem, Série A – 169.
32 Ibidem, Série A – 116, f.472.

como da decadência moral desses indivíduos desenraizados. Assim, um despacho de 1875 tentou novamente limitar a imigração por contrato. A longevidade dessa decisão, apesar das pressões, evidencia a péssima imagem que as esferas dirigentes francesas e também os imigrantes já instalados no Brasil tinham desse tipo de emigração.

Como se explica então a perenidade e o relativo sucesso da imigração contratada? Graças ao exemplo de Benevides, na Amazônia, é possível imaginar a força de atração do Brasil. Aclamado pela máquina de propaganda brasileira e pela elite intelectual francesa, o País atraía os emigrantes que sonhavam em deixar a Europa, mas não tinham um destino determinado. A proteção e as promessas do governo tranquilizavam e convenciam os mais reticentes a imigrar na esperança de se tornarem proprietários integrados a uma comunidade. No caso francês, a importância e a influência da imigração contratada foram minimizadas. É importante ressaltar que seu sucesso foi relativo. Era comum os imigrantes contratados abandonarem suas terras para se estabelecer nos centros urbanos, seduzidos pela cidade ou decepcionados pela colônia, como ocorreu com os colonos de Benevides em Belém. Essa imigração é representativa da população agrícola que se estabeleceu no Brasil. Faz parte de uma política global do governo brasileiro de povoar seus territórios vazios com brancos para aumentar a produção agrícola. Novos trabalhos sobre a imigração contratada de franceses poderiam lançar luz sobre as motivações e as trajetórias desses indivíduos.

21
ALEXANDRE BRÉTHEL (1862-1901)
E OS FRANCESES DO CARANGOLA[*]

Françoise Massa

Na segunda metade do século XIX, o Brasil conheceu uma onda migratória que foi se acelerando com o findar do século. A necessidade de mão de obra que gradualmente tomava o lugar da mão de obra escrava, por um lado, e as más condições econômicas de certos países da Europa, por outro, explicam em parte esse fenômeno. A França, em especial a região central, conheceu nesta época condições difíceis. A emigração para o Brasil e, mais tarde, para a Argentina, parecia ser uma opção para essas populações desfavorecidas que sonhavam encontrar o Eldorado e, assim, um meio para sair da sua condição miserável. No entanto, as famílias que serão o objeto deste artigo não fazem parte dessas populações. Sua vinda para o Brasil é mais um fruto do acaso e do destino. Entretanto, contribuiu para a implantação da presença francesa nas terras do Brasil.

Em uma investigação na região de Douarnenez, na Bretanha, por volta de 1970, foi encontrada a correspondência de um destes emigrantes que partiam para o Brasil com o fim de melhorar suas condições de vida. Estas cartas tinham permanecido, felizmente, no sótão do solar de Kerampape, onde vivia o tio Gouzil, o correspondente de Alexandre. Algumas tinham sofrido a ação do tempo, outras tinham conhecido o ataque dos roedores e se tornaram ilegíveis, mas 69 entre elas puderam ser salvas. As cartas foram publicadas em minha tese *Alexandre Bréthel pharmacien et planteur français au Carangola – recherche sur sa correspondance brésilienne (1862-1901)*, que infelizmente se encontra esgotada.

---

[*] Texto traduzido por Carina Sartori e citações traduzidas por Fernanda Murad Machado.

Alexandre Bréthel, bretão de Douarnenez, emigrado do outro lado do Atlântico, escrevia muito regularmente para o seu tio que ficara sobre a terra bretã. François Marie Gouzil era um homem instruído, culto e muito apegado à sua família, bem como consciente dos seus deveres. Com a morte do pai, tornou--se o chefe da família, o que lhe fez abandonar o comércio de tecidos e dirigir para todos os Gouzil o domínio de Penhoat, também chamado Kerampape, em Pouldergat, que compreende um solar, terras vizinhas, bem como três propriedades. Nessas terras de Pouldergat exerceu, durante 33 anos, o cargo de presidente da câmara municipal. Alexandre fora marcado profundamente por este homem, pois foi junto dele que passara a sua juventude. Quando este falece, sua filha Marie continuou a se corresponder com o bretão exilado. Tanto Marie quanto Gouzil alimentavam estas correspondências com variadíssimos temas. Ocasionalmente Léopold, o filho do tio Gouzil, muito próximo de Alexandre, escrevia-lhe também, se tornando, às vezes, um confidente, mas a sua morte prematura pôs um fim a estas trocas epistolares. Aparentemente, nenhuma destas correspondências, infelizmente, fora conservada pelas famílias brasileiras.

Nas suas cartas escritas entre 1862 e 1901, Alexandre evoca seu cotidiano nas terras remotas. Essas correspondências constituem um testemunho raro, surpreendente e precioso pelos detalhes fornecidos, da vida de Alexandre e, mais tarde, de sua família na região do Carangola, os confins das províncias do Rio de Janeiro, de Minas Gerais e do Espírito Santo, o norte do Paraíba entre o momento em que desembarca na terra brasileira, em 1862, quando a região do Carangola ainda era muito afastada da civilização e os índios eram numerosos, e 1901, quando chega o trem em Tombos do Carangola e, antes deste, o piano e as crinolinas, símbolos, àquela altura, da civilização. Mas essas cartas também permitem observar as outras famílias que marcaram o destino de Alexandre Bréthel. E é por intermédio delas que tentaremos elaborar um quadro do que foi a emigração francesa nas terras do Carangola.

Alexandre nasceu em 1834 na pequena cidade de Douarnenez, em uma família modesta. Seus estudos foram voltados para medicina. Mas, as circunstâncias impediam-no de concorrer ao último exame, e por isso não pôde obter o título que tanto cobiçava. Desesperado pela enorme decepção que causara à sua família, o bretão, que primeiramente tentara oportunidades em diversas instituições de ensino em Paris, decide responder às solicitações do amigo Amédée Achet, que conhecera durante sua estada na capital, aceitando auxiliar o pai de Amédée Achet na moagem que possuía em Dun-le-Roi. Infelizmente, o destino novamente se encarniçou sobre o bretão. A fábrica teve de fechar e Alexandre devia procurar outro trabalho.

É nesse momento que o destino intervém lhe fazendo encontrar Saint-Edme de Monlevade. Este era também originário do departamento do Cher, mas proprietário de fazendas no Brasil e fornecia à região de Dun-le-Roi o café vindo das suas plantações. Este encontro é que vai realmente mudar o rumo da vida de Alexandre.

A implantação da família Monlevade no Brasil também nasce de um acaso. Não se trata de uma emigração econômica. O primeiro Monlevade a chegar ao Brasil foi Jean-Antoine-Félix Dissandes de Monlevade (1791-1872). Jean--Antoine era engenheiro das minas e seus estudos foram concluídos na famosa École Politechnique de Paris. É na qualidade de engenheiro que fora chamado ao Brasil, para fazer observações de mineralogia e geologia em colaboração com o Senhor de Saint-Lambert, missão que lhe tinha sido confiada pela administração das minas, de acordo com a carta que escrevera o coronel Maler ao duque de Richelieu em 1817, documento do Ministério de Negócios Estrangeiros que nos comunicou amavelmente o Prof. L. Bourdon. A estada de Jean-Antoine de Monlevade devia durar dois anos, mas a lenda conta que a travessia para o Brasil foi tão horrível que o engenheiro decidiu nunca mais se lançar ao mar. Verdade ou ficção, o fato é que Jean-Antoine fixou-se no Brasil constituindo família, o que modificou profundamente o curso da vida dos seus parentes ainda na França.

Em 1817, residia no Rio de Janeiro e preparava-se para seguir em direção das Minas Gerais, de onde enviou alguns minerais, os quais foram mencionados em artigos publicados nos *Annales des mines* de Paris. José Bonifácio, em 1823, confia-lhe o estudo do jazigo de chumbo de Abaeté com o propósito de exploração. Durante essa missão, encontra João Batista Ferreira de Souza Coutinho, futuro barão de Catas Altas. Alguns anos depois, em 1827, casou-se com Claire Sophie de Souza Coutinho (1797-1876), a filha do barão, selando de vez seu destino nas terras das Minas Gerais.

No ano de 1830, Jean-Antoine funda uma fábrica metalúrgica sobre um afluente do Rio Doce, próximo de São Miguel de Piracicaba, que se tornou uma das mais importantes do Brasil. E, hoje, a lembrança de Monlevade se perpetua ainda pela cidade siderúrgica que recebeu seu nome: João Monlevade.

No artigo de A. de Bovet, publicado nos *Anais da Escola das Minas* de Ouro Preto, 1882, lê-se: J.-A. de Monlevade, *engenheiro de minas, conhecia a fundo o processo que empregava e, continuamente presente ao trabalho, conseguia vencer a indiferença de seus operários e obter deles o cuidado necessário.* Todo esse ardor surpreende Alexandre, que passa a admirar esse belo idoso de 75 anos que, apesar da idade avançada, dirige uma fundição de ferro e uma fazenda de café.

Essa energia e esse sentido de responsabilidade trarão felizes consequências para a família Monlevade. Em cinquenta anos, Jean-Antoine de Monlevade acumula sua fortuna. Alexandre Bréthel elaborou um balanço dessas atividades em 1865: a fundição Monlevade fornece máquinas às companhias das minas de ouro da província de Minas Gerais, sua fazenda de café comercializa de 100.000 a 200.000 kilos de café por ano [...]. O produto da fundição somado ao da fazenda representa um lucro de 500.000 francos.

Jean-Antoine de Monlevade faleceu em 1872, deixando em seu imponente patrimônio: uma empresa de fundição com os seus altos-fornos, terras agrícolas, uma fazenda perto de Santa Lucia de Carangola que *fornecia a alimentação de numerosas pessoas que trabalhavam nas forjas (alguns 500 negros) com o mesmo número de animais de carga* e por fim uma fazenda de café de rendimentos importantíssimos. Uma parte dessa fortuna iria para o seu filho João, enquanto as outras para as crianças que a sua filha Mariana Sofia concebesse no casamento com Saint-Edme de Monlevade, aquele que teria tanta influência na vida de Alexandre Bréthel.

Parece que o metalurgista mandou vir ao Brasil seu sobrinho, Saint-Edme de Monlevade, com a intenção de realizar o casamento de sua filha. Desse enlace, ocorrido em 1847, nasceram duas crianças, Jeanne e Fernand, que foram criadas na França. Como dito anteriormente, receberam parte da fortuna de Jean--Antoine como herança. Contrariamente ao seu tio Jean-Antoine, Saint-Edme frequentemente fazia a travessia entre as duas margens do Atlântico, pois se tornara um grande proprietário de terras nos dois países. Por intermédio de sua mãe, Vitória Joséphine Busson Villeneuve, recebera a propriedade em Bussy no distrito de Dun-le-Roi e possuía terras no Carangola, dentre as quais a fazenda do Paiol, que Alexandre Bréthel gerenciaria por um determinado período.

Na esteira de Saint-Edme, outras famílias atravessariam o Atlântico. Alexandre Bréthel não seria o único. Numerosos trabalhadores oriundos do Berry emigraram também para o Brasil. Com efeito, a região do Cher era propícia aos movimentos de emigração, pois a terra era pobre e a passagem dos rebanhos arruinava as plantações, provocando assim o seu empobrecimento. Ao redor de Dun-le-Roi, as terras silvestres e os pântanos ofereciam um espetáculo de desolação, de modo que Saint-Edme não teve dificuldades para convencer os seus compatriotas a emigrar.

Durante uma vintena de anos, várias dezenas de pessoas que deixaram Dun-le-Roi. Os arquivos do departamento do Cher conservam os vestígios de numerosos passaportes emitidos com destino ao Brasil. O primeiro cuja existência assinalamos data de 1857. É de um jovem de 28 anos que se fixou em

Minas Gerais; em 1862, um agricultor de 28 anos e um empregado doméstico de 27 embarcaram com a intenção de se *estabelecerem* e, em 1864, é a vez de um trabalhador de 22 anos. No ano de 1871, outro jovem de 26 anos acompanha o filho de Saint-Edme, Fernand. Depois o movimento migratório de franceses do Cher para o Brasil se acelera. Dez pessoas, entre agricultores e empregados de Bussy, embarcam com Saint-Edme. Dois anos depois são 37 a pedir o passaporte. Agora, trata-se de jovens agricultores entre 15 e 31 anos, originários de Bussy ou dos arredores, e mais cinco chefes de família que partiram com suas mulheres e crianças.

Embarcaram pelo porto de Le Havre, para onde Saint-Edme os conduziu. A segunda esposa de Saint-Edme, Madame Rita de Monlevade, tratando do enxoval dessas famílias, relata em carta enviada ao pai de Alexandre Bréthel:

> Era obrigada a fazer roupas, lençóis e muitas outras coisas que tomavam todo o meu tempo... Meu marido estava igualmente ocupado com os passaportes, os contatos e outras coisas para essas pessoas que acabam de partir apenas dia 2 de junho para Le Havre; meu marido os acompanhou a bordo e os fez embarcar sob a proteção da Santa Virgem que os conduzirá sãos e salvos.

Entre os embarcados, seis deveriam trabalhar no Paiol onde Alexandre fora gerente durante um tempo, 31 deveriam dirigir-se à fazenda de Santana, propriedade muito importante no Caminho Novo, no leste de Vassouras, que pertencia ao genro de Saint-Edme. Outras onze pessoas, entre carpinteiros, cozinheiros e vinhateiros, deixaram igualmente o departamento do Cher para se dirigir ao Brasil nesse período.

Sem dúvida, essa migração, acelerada nos anos 1870, pode ser explicada em razão da necessidade de mão de obra no outro lado do Atlântico. Nos anos 1850, já se falava na necessidade de abolir a escravidão. Retornando ao passado, Alexandre Bréthel explica para a sua sobrinha Marie, em 1887, em uma das cartas que lhe dirige regularmente, como tentou remediar o que seria um golpe muito duro para os latifundiários Como eu temia esse golpe baixo há vários anos, tinha tomado algumas precauções: assim fui substituindo, dentro das possibilidades de minha pequena fortuna, o trabalho escravo pelo trabalho livre. Embora não se trate dos Monlevade, é provável que Saint-Edme e seu genro tenham atuado da mesma forma.

No fim do século, a emigração tomou outro rumo. Após a abolição, como era absolutamente necessário substituir a mão de obra escrava, campanhas de recrutamento foram encaminhadas na França, onde o departamento do Cher as conheceu muito bem. Depois a emigração passa para a Argentina, que tomará a frente do Brasil. Será de resto objeto de um debate eleitoral em 1888, mencionado em um *Bulletin de la Société Historique Littéraire et Scientifique du Cher*, em março de 1963. Um candidato repreendia o outro por dar suporte à emigração para a Argentina de crianças oriundas do Cher, que, em vez dos sonhos e esperanças que nutriram, encontraram no outro lado do oceano a miséria e o desespero. Aliás, um livreto fora publicado na época: *Adresse aux parents et amis de ceux qui sont partis l'hiver dernier pour Buenos Ayres.*

É necessário destacar que, aqueles que se dirigiram para trabalhar na região do Carangola, no Paiol, ou na fazenda de Santana, conheceram condições de emigração muito melhores que os numerosos colonos recrutados por mercadores de mão de obra que partiam sem saber o que os esperava. Aqueles que seguiram Saint-Edme de Monlevade tiveram a certeza de encontrar um trabalho em uma família conhecida e estimada e cuja fortuna conheciam. Além disso, quando a posição financeira de Saint-Edme se tornou precária na França, a emigração logo cessou.

Essa imigração, que não era fato do acaso, mas também não entrava no âmbito de uma experiência de colonização, é interessante de seguir, pois, por obra de um único homem, a vida de numerosas famílias encontrara-se transformada e a região, alimentada de um novo sangue.

A vinda para o Brasil do primeiro Monlevade tinha provocado a vinda do segundo, mas a estada de Saint-Edme e o seu segundo casamento em 1858, com uma brasileira, Rita Leopoldina Oliveira Leme, nascida em 1827 na fazenda Oliveira, perto do Rio Batatal, continuara a gerar consequências em outras famílias. Relações passaram a ser tecidas e emaranham-se entre os franceses e os brasileiros. Rita Leopoldina Saint-Edme descendia de uma antiga família brasileira, do famoso bandeirante Fernão Paes Leme. As crianças nascidas dessa união morreram em tenra idade. Em contrapartida, a irmã de Rita, Francisca Leopoldina, teve uma filha, Guilhermina, nascida em 1849 do seu casamento com Joaquim Lannes Dantas Brandão (outro descendente de francês instalado no Carangola). É esta última que se casa com Alexandre Bréthel.

Os Lannes, Joaquim Lannes Dantas Brandão e os seus irmãos José, Antônio e Francisco, tinham estado entre as primeiras famílias a se fixar no Carangola, na época em que a região era considerada primitiva e selvagem. É nos textos deixados por Alexandre que se encontram relatos da vida do sogro e evocações por várias vezes das origens francesas da família Lannes. De acordo com o bretão e com o relato proveniente de membros da família, os Lannes Dantas Brandão descendiam de Jean Lannes, a quem por sua bravura e inteligência Napoleão concedeu os títulos de Duc de Montebello e Marechal da França. Não se conhece, contudo, as razões que empurraram os descendentes de Jean Lannes, o Marechal do Império, a emigrar para o Brasil. Os descendentes de Joaquim orgulhavam-se do sangue francês que corria em suas veias e falavam do pai e do avô deste com muito orgulho. É este último, originário do porto de La Rochelle, que parece ter cruzado o Atlântico no meio do século XVIII.

Quanto a Joaquim, tinha-se alistado com 18 anos na milícia que se encarregara de proteger os colonos bandeirantes, esses aventureiros que penetravam no interior do Brasil em uma floresta ainda virgem para encontrar a fortuna, quando não a morte. Seu comandante, o coronel francês Oguide, fora um antigo oficial do Exército francês. Entretanto, em 1832, Joaquim, que contava então com 28 anos, abandona a carreira militar para desbravar as florestas do Carangola. Naquela época a região era muito pouco povoada, somente aldeias de índios e algumas raras fazendas. As vias de penetração eram praticamente inexistentes, alguns caminhos, algumas picadas e os cursos de água. Ainda, para chegar àquela zona era necessário cruzar mais florestas, tornar a subir os rios em uma piroga ou traçar o próprio caminho a machadadas. Mas, também, um homem atrevido e empreendedor podia conquistar um domínio. Foi o que fez Joaquim.

Joaquim Lannes contrata então duzentos índios para auxiliá-lo a plantar milho, mandioca e cana-de-açúcar. Quanto à carne, a caça era abundante. Naquela época havia ainda numerosos grupos de índios puris um tanto selvagens – José, o irmão de Joaquim, tinha sido ferido diversas vezes pelas suas flechas. Acrescenta a suas atividades o comércio de ipecacuanha, um arbusto cujas raízes tinham propriedades eméticas muito utilizadas na medicina da época, além de ser uma importante fonte de renda. Mas seu principal comprador de Ouro Preto não fez os devidos pagamentos, e Joaquim teve de vender as suas terras. Este ofereceu à região do Carangola terrenos para fundar um arraial, que mais tarde se tornaria a cidade de Santo Antônio do Carangola. Na época, tendo em conta as distâncias, a ajuda do Estado era pouca e a região desenvolvia-se graças aos proprietários locais que doavam terras para criar pequenos centros de povoamento e ajudavam com fundos próprios a construção de estradas e pontes para escoar os produtos. *O Almanaque Laemmert, anuário político, histórico e estatístico do Brasil*, dá numerosas informações sobre a intervenção de particulares na vida e no desenvolvimento das regiões brasileiras do interior.

Joaquim se estabelece sobre as terras que lhe restam, em uma fazenda que nomeia de Algodão, sendo o algodão uma das produções da propriedade. Será nessas terras que nascerá a futura esposa de Alexandre. Além das culturas alimentares e do algodão, planta também café e passa a vender madeiras valiosas. Mas, pouco experiente nesse tipo de comércio, conhece dificuldades financeiras e novamente tem de renunciar à sua propriedade Algodão, para instalar-se na margem direita do Rio Perdição, na fazenda de São Joaquim, que nomeia assim em homenagem ao seu santo padroeiro. É lá que terminará sua jornada, na propriedade que ficará para Guilhermina e Alexandre em 1870, com a morte do descendente de Jean Lannes.

Joaquim devia ter guardado certo conhecimento do francês e tinha desejado, sem dúvida, transmiti-lo. Certamente, sua filha falava e escrevia essa língua, mesmo com algumas dificuldades. Um curto bilhete enviado ao tio Gouzil, que fora conservado, foi trazido como prova para mostrar que conhecia a língua francesa. De resto, saber ler e escrever, e ainda conhecer os rudimentos de outra língua, à exceção do português, não era frequente naquela época para as meninas. Ainda mais meritório, já que Guilhermina passou grande parte de sua infância em uma zona isolada, selvagem e povoada essencialmente por índios. Mas Joaquim era igualmente instruído e sabia o preço dessa cultura. Se ele mesmo não deixara vestígios na história da província, seus irmãos tiveram certa notoriedade no distrito de Santo Antônio. José recebera o título de guarda-mor e os seus dois outros irmãos desempenharam igualmente um papel na administração judicial. Foram sucessivamente juízes de paz e substitutos.

Alexandre apreciava altamente o seu sogro. Embora não diga nada a respeito, pode-se supor que a língua francesa interveio nas relações e nas trocas das três famílias. As crianças de Saint-Edme de Monlevade tinham sido criadas na França. Rita falava e escrevia igualmente o francês e as suas estadas na França eram frequentes. Além disso, a língua francesa era muito falada no Brasil nas famílias ricas, e na região do Carangola não poderia ser diferente. Guilhermina, sua sobrinha, tirava proveito indubitavelmente desse ambiente de língua francesa e francófilo. Deve ter sido em uma de suas visitas à casa da tia no Paiol que encontrou Alexandre, o bretão que na época era o administrador da fazenda.

Quanto a Alexandre, em 1863 o destino continua a castigá-lo. O contrato de dois anos que o vinculava a Saint-Edme terminara mais rapidamente que o previsto. O francês, que retornara à sua propriedade no Paiol para deixá-la aos cuidados de Alexandre, encontra em sua chegada *suas propriedades em tamanha desordem que foram necessários grandes gastos para recuperar o valor de suas plantações de café, comprar novos escravos, reconstruir as casas de habitação e de exploração, pagar as dívidas contraídas durante sua ausência,* de modo que deve permanecer mais algum tempo no Brasil, dispensando a necessidade de um administrador, como o explica Alexandre Bréthel em uma carta ao seu tio. Acrescenta de resto que os bens que este possui na França

> seus não valores como castelo, parque etc... rendem ao Senhor de Sait-Edme somente cerca de trinta mil francos e suas plantações de café bem administradas vão fazê-lo lucrar, em no máximo três anos, de 100.000 a 150.000 francos por ano; entre os dois números não há porque hesitar. Uma pele de onagro vale alguns anos de exílio.

O exílio se prolongara muito mais, Saint-Edme continuará a fazer o vai e vem entre a França, onde se encontram suas crianças e as propriedades, e o Brasil. Mas o Brasil o prende e Saint-Edme permanecerá no Carangola até sua morte, em 1889.

Alexandre deve assim, outra vez, encontrar novo caminho. Agora é casado e deve prover às necessidades da sua família. Em 1867, Guilhermina dá à luz uma menina, Guieta, e dois anos depois nasce sua pequena irmã, Joana. Recebendo do Rio de Janeiro a sua licença de farmacêutico, o bretão abrirá uma farmácia em Tombos de Carangola, no extremo norte da província do Rio de Janeiro. Os limites entre as províncias do Rio de Janeiro, de Minas Gerais e do Espírito Santo mudaram-se diversas vezes.

> Será a única [farmácia] em um raio de vinte léguas, escreve Alexandre. Além disso, como não há médicos onde estou e que fui mais bem sucedido que os médicos de passagem que vieram sondar o terreno, sempre serei chamado para consultas. Há oito dias, por exemplo, amputei a perna de uma jovem, quebrada por um tiro de fuzil.

Podia-se ver, ainda em 1972, a casa construída em dois níveis, onde Alexandre tinha sua farmácia, bem no meio da aldeia. Tratará as doenças infecciosas, a tuberculose, o tétano, a disenteria... mas também as feridas e mordeduras de todas as ordens e ajudará numerosas mulheres de todas as cores e de todas as categorias sociais a dar à luz. Conta, às vezes, em suas cartas, as intervenções sobre os casos graves: paciente que contraíra o tétano, empregada picada por uma surucucu, uma perigosa serpente (é bastante comum e a sua mordedura é frequentemente mortal). Evoca remédios pitorescos e dá receitas de poções que desenvolvera. Conta também, com um sorriso, a maneira como os índios utilizam os remédios recomendados pelo nosso farmacêutico. Um índio, vindo vê-lo para tratar de seus reumatismos, recebera uma garrafa de álcool canforado sob as orientações de fazer fricções. Retornará após um mês: bebeu a garrafa e achou o remédio excelente!

Serafim, assim como Manuel (Manoé), tinha recorrido primeiramente aos remédios da tribo e ao feiticeiro antes de dirigir-se a Alexandre. Serafim

tinha vindo me dar um peru selvagem. Esse Índio tinha uma ferida profunda no pé. Patrão, me disse ele, olhe meu pé, está bem doente. Sim, respondi, mas eu o curarei. Fique comigo, te darei os remédios e você colherá o café e te darei também três francos por dia e um copo de água ardente. Meu Índio ficou. É um caçador intrépido.

Manuel era um grande senhor *dono de duas mulher, três crianças, três cabras, seis cachorros e uma égua,* mas, não pode mais trabalhar. *Tenho uma grande fraqueza no estômago,* explica para Alexandre que faz recomendações,

mas só posso me curar bebendo duas garrafas de água de fogo, pois quando bebo pouco a dor aumenta [...]. Também vou fazer minha cabana mas bem perto de você para sempre fumarmos juntos o cachimbo da paz. Você é meu pai, você é minha mãe e meu filho te deve vida.

Outra família vem vê-lo em uma pobreza extrema para interrogar-lhe sobre trabalho. *Arquei com as primeiras necessidades dessa família* – escrevia o nosso médico, que sabia como ganhar a confiança de todos.

Senhor e Senhora Monlevade não conhecem aqui o povo como eu conheço, pois minha condição de médico farmacêutico me põe em contato com todos, ricos e pobres, o índio, o negro, o português, o fastuoso fazendeiro brasileiro.

Salvará vidas, nomeadamente a da sra. de Monlevade, em um parto difícil. Quando em 1870 o marido de Guilhermina vem a ocupar-se da fazenda do seu sogro, não para, apesar disso, com suas atividades médicas. Tornado-se proprietário por herança da fazenda deixada por Joaquim Lannes Dantas Brandão, segue os trabalhos agrícolas, as novidades tecnológicas, mas também a ascensão da corrente abolicionista. Acompanhando os movimentos em prol da liberdade da mão de obra escrava, os debates e os progressos dos antiescravagistas, Bréthel preocupa-se em tomar precauções. Contrariamente a alguns de seus vizinhos, Alexandre empregava apenas poucos escravos no seu domínio – os que havia foram herdados por sua mulher. *Nunca fui a favor da escravidão,* escreve para sua sobrinha em 1889.

Apesar de gozar de crédito suficiente e poder comprar muitos escravos, não comprei nenhum, pois isso me repugnava. Os que eu tinha vinham de minha mulher; aliás

FRANCESES NO BRASIL: SÉCULOS XIX E XX   469

trabalhavam muito pouco; eram apenas, creio eu, escravos pelo nome, e certamente a maioria dos trabalhadores bretões não tem nem o seu bem-estar e, nem mesmo, sem brincar com as palavras "sua liberdade" pois meus escravos sempre foram livres.

Assim, quando o governo deu a liberdade aos escravos, como vimos, as consequências não foram tão duras como para seus vizinhos, porque já possuía certa mão de obra livre.

Apesar das suas numerosas atividades, continuava a escrever para sua família na França. Para além das suas culturas e dos cuidados que dá a uns ou outros, conta a vida da propriedade. As suas cartas descrevem o meio no qual vive, as paisagens, as trovoadas e as inundações devastadoras, os pássaros e o seu canto, os produtos cultivados no Brasil, as festas de aldeias e as procissões... As punições que recebiam alguns escravos das plantações que tentavam fugir são objeto de metade de uma página na carta que escrevera à sua sobrinha, assim como os assassinatos que *sont très communs. Plus près de Rio, c'est la civilisation mais ici, n'oubliez pas, nous côtoyons la barbarie*, tenta explicar.

O brasileiro de adoção que Alexandre se tornou tenta descrever o país onde se instalou. Envia para a França jornais quando abordam acontecimentos importantes como a Guerra do Paraguai, o conflito dos bispos com os maçons... e torna-se mais alegre quando relata as festas como o Carnaval. Recebendo igualmente relatos da França, Alexandre procura seguir as novidades, comentando com convicção e *à propos* as notícias que aprende. Continua também a se manter a par do que se passa em seu país e na Europa, inclusive das novidades culturais. Mas a sua família é também objeto de suas preocupações e de sua curiosidade. Como vai seu pai, já muito idoso e doente? Os seus sobrinhos? Os seus antigos amigos...? Pede assim à sua família bretã que lhe envie fotografias. Ele mesmo enviará várias vezes fotografias de sua propriedade, de sua mulher e de suas filhas, seus netos, os seus empregados. Infelizmente, dessas fotografias poucas foram encontradas porque, quando uma carta chegava a Pouldergat, esta circulava por entre os membros da família. E, com a circulação interna, sem dúvida diversas cartas foram perdidas, bem como as lembranças que continham.

Passam-se os anos, e Alexandre se torna o *patriarche* a quem se recorre em caso de dificuldades. Recebe em sua propriedade viajantes brasileiros ou estrangeiros e ouve avidamente quando trazem notícias da capital, o Rio de Janeiro, da França e do mundo. Personagens importantes da época vêm vê-lo em São Joaquim. Assim, o Conde d'Eu lhe fizera uma visita – como fizera à filha de Saint-Edme de Monlevade, passando um mês na *superbe propriété de Joana à une trentaine de lieues de Rio de Janeiro*. Todos os membros da família Monlevade vêm para

São Joaquim. Observa-se que, apesar das dificuldades que há na circulação, os amigos e familiares não hesitavam em enfrentar serpentes e onças, o mau estado das estradas, os riscos do clima para se visitar, ir à casa de um ou outro.

No entanto, a partir de 1870 Alexandre Bréthel não deixará mais a sua fazenda. Passará a seguir as atividades de São Joaquim em uma cadeira de rodas, após ter utilizado muletas durante vários anos. Certa vez, para visitar um paciente, foi obrigado a atravessar um curso de água, e foi aí que lhe surgiu a paralisia nas pernas. Em suas cartas fará periodicamente alusão às suas pernas, sobre as quais não pode mais ficar em pé sem ajuda. Apesar dessa pesada deficiência, Alexandre acompanha a evolução das suas terras e empreende trabalhos. Em particular, manda construir um engenho de açúcar, uma destilaria e uma usina para tratar de seu café e do café dos vizinhos. Isso melhorará indubitavelmente suas finanças, mas aumentará suas preocupações. Há um eco deste trabalho em várias cartas.

Assim, em 1876: *Meus serradores serram a cem metros de casa. Tenho dez operários que abrem um caminho para conduzir a lenha para minha usina.* Alexandre estava com 42 anos. E nessa carta ele descreve também um quadro das atividades diárias e dos habitantes da casa:

> Duas lavadeiras lavam a roupa e a estendem sobre cipós que servem de cordas. Quatro outras pessoas lavram os cafezais. Guilhermina trabalha com sua máquina de costura [a máquina Singer fora introduzida no Brasil em 1858]. Minhas duas mulatinhas gêmeas brincam sob as laranjeiras com sua irmã mais nova. Guieta e Joana estão na escola na casa de sua avó [a mulher de Joaquim Lannes].

Pode-se ver ainda o interesse que Alexandre dava à instrução. *Les deux cuisinières sont à leur poste et la terre tourne, tourne à la grâce de Dieu.*

Apesar das dificuldades e da nostalgia que ele relata quando evoca a sua Bretanha e a família que lá ficara, Alexandre se adapta a esse meio que lhe é tão diferente de sua terra natal. De resto, Carangola se transforma aos passos do resto do Brasil. Um dia, o gás chega à capital da província, em Campos, e substitui o óleo das lâmpadas, um progresso que provoca inúmeros acidentes. A mulher de Alexandre, assim como seus contemporâneos que são inconscientes dos perigos do gás, e cujos descuidos frequentemente tornavam-se dramáticos, sopra a chama como teria soprado a sua vela no quarto de hotel onde se instalou ao tempo de suas compras. Felizmente, dessa vez a explosão não teve lugar. Outro sinal do progresso.

Um dia, após muitos problemas, atrasos e equívocos, o comboio chega ao norte da província. A construção da via férrea se fez muito lentamente, mas iria abrir a província. Quando Alexandre chegara ao Brasil em 1862, a região do Carangola mal deixara seu estado primitivo, tal como o tinham visto os primeiros moradores. Os índios eram numerosos por lá. A colheita da ipecacuanha era ainda um dos principais recursos da região. Campos, a capital do distrito, que fica a 160 quilômetros, não era de fácil acesso. Era necessário ir acima do Paraíba e do Muriaé, em uma embarcação frágil seguia-se então o Carangola, e depois, para terminar o percurso, ia-se a cavalo. Três a quatro dias de viagem, de acordo com os riscos. Mas o tempo passou. Alexandre é avô e a via férrea já está construída.

Quando Guilhermina e Joana tomam o comboio pela primeira vez, em 1884, para se dirigirem a Campos, necessitam ainda seis a sete horas para cobrir a distância. Mas é um verdadeiro progresso. É verdade que o comboio para em uma dúzia de estações. Alexandre tinha esperado uma dezena de anos antes de ouvir o assobio da locomotiva, e se o traçado da via não tivesse sido alterado mais uma vez, o caminho dos trilhos passaria na frente da sua porta. Infelizmente, nunca pôde subir no trem. Contudo, os genros de Alexandre farão construir a loja exatamente em frente da estação da estrada de ferro de Tombos. E a casa exibirá orgulhosamente o nome de duas famílias: "Campos e Nogueira, negociantes".

De resto, Santo Antônio de Carangola vai à frente. Alexandre escreve em 1886: *On y construit bien des maisonnettes et même quelques maisons assez confortables. On compte déjà au bourg deux pianos, un pharmacien, une vingtaine de négociants, deux forgerons, plusieurs menuisiers etc...*[1] Seus genros *ont renouvelé quatre fois leur petit capital*. Agora as mulas levam o café ao caminho de ferro.

Apesar do desejo que tinha e das cartas que escrevia nesse sentido, e apesar dos progressos registrados nessa região, Alexandre nunca chegou a fazer com que sua família viesse para o Brasil. Nem seu pai, demasiado idoso, nem o seu primo, já casado, pai de família e que morrera prematuramente, nem a sua pequena sobrinha, Marie.

Quando Alexandre falece, em 1901, com 67 anos, a civilização está em sua porta, a região é aberta, estradas foram construídas, o comboio transporta as produções locais e os viajantes ao mesmo tempo. Somente alguns casais de índios permanecem. Durante estes sessenta anos, é, em tempo acelerado, a história do Brasil que o bretão desenrola em frente aos nossos olhos. Os franceses tiveram a sua parte, os fazendeiros, mas também os trabalhadores modestos vindos da

---

1   Estamos construindo casebres e também algumas casas bastante confortáveis. Já contamos, no vilarejo, com dois pianos, um farmacêutico, cerca de vinte negociantes, dois ferreiros, muitos carpinteiros etc. Seus genros aumentaram em quatro vezes o pequeno capital que tinham.

França que fizeram a sua casa no outro lado do Atlântico. Hoje, a presença francesa na província é uma delicada lembrança. Alguns são orgulhosos, transmitem o que se assemelha mais a uma lenda que se transforma ao correr do tempo. Outros esqueceram que os seus antepassados franceses participaram da construção de um território. Mas as cartas e os documentos deixados por Alexandre permitirão às gerações curiosas dessa remota história reencontrar um retrato da natureza, dos seres e das condições da sua vida nesse ambiente por vezes violento, mas do qual Alexandre apreciava a selvagem beleza.

PARTE 5

TRAJETÓRIAS INDIVIDUAIS E MEMÓRIA

22
TRAJETÓRIAS DE FRANCESES EM MINAS GERAIS NO SÉCULO XIX

Júnia Ferreira Furtado*

A percepção da importância crescente do ouro brasileiro no circuito monetário europeu, que, cada vez mais, ao longo do século XVIII, sustentava o desenvolvimento de Portugal e enriquecia Inglaterra, França e Holanda, despertou o interesse dessas nações pelo Brasil e, mais especificamente, pelas Minas Gerais. A França, por exemplo, incentivou a prática da pirataria com o intuito de se apoderar de pelo menos parte das riquezas ali produzidas. Seus alvos principais eram os navios da frota do Brasil, mas eles também realizaram incursões/invasões sobre o território.

Até o início do século XIX, sempre vigilantes, as autoridades portuguesas esforçaram-se ao máximo em impedir a presença de estrangeiros, tanto no Brasil quanto na capitania de Minas. Apesar desse cuidado, sua presença, e mais particularmente a de franceses, em Minas Gerais acabou acontecendo ainda que de forma intermitente.

A transferência da família real para o Brasil em 1808 e a abertura dos portos às nações aliadas em 1810 mudaram esse panorama e tornaram mais efetivos os contatos diretos da colônia portuguesa com as nações europeias. A vinda da Missão Artística Francesa em 1816 inaugurou, na esteira da derrota de Napoleão e da Restauração monárquica com a ascensão de Luís XVIII, a chegada oficial de cidadãos franceses no Brasil. A partir desse momento, ao contrário do que ocorrera até então, o intercâmbio cultural e econômico com a França passou

---

* O uso das imagens foi possível graças à Biblioteca de Obras Raras da Escola de Minas da Universidade Federal de Ouro Preto (UFOP).

a ser visto como desejável e mesmo necessário ao desenvolvimento da antiga colônia portuguesa. Entre os que vieram, havia inúmeros naturalistas, que se dirigiam para regiões exóticas, com fauna diversificada, mas também para as de grande interesse econômico, como era o caso das Minas Gerais, com sua gama de riquezas minerais – o ouro, os diamantes e as pedras preciosas.

A presença de cidadãos franceses em Minas Gerais antecede a própria vinda da Missão Francesa e esteve frequentemente ligada à exploração das potencialidades naturais da região, à consolidação da colonização portuguesa em áreas ainda inóspitas da capitania/província e ao estímulo e ao aprimoramento das instituições de ensino locais. Ao lado dos famosos naturalistas, tais quais Auguste de Saint-Hilaire, Alcide D'Orbigny, Ferdinand Denis, Conde de Suzannet, Francis de La Porte Castelnau, outros franceses menos conhecidos se estabeleceram de forma permanente em Minas Gerais, e colocaram-se a serviço do Estado. Contribuíram não só para o aperfeiçoamento da exploração mineral, que por essa época exigia novas transformações tecnológicas, como também para a abertura de vastas áreas geográficas ainda não colonizadas pela Coroa portuguesa. Neste artigo, serão analisadas as trajetórias de cidadãos franceses menos conhecidos, mas que tiveram presença permanente em Minas Gerais, como é o caso de Guido Marlière, Jean-Antoine Monlevade, Claude Henri Gorceix e Paul Ferrand.

Guido Thomas Marlière
e a colonização da região do Rio Doce

A transferência da família real para o Brasil reforçou a necessidade de consolidação das fronteiras internas e de ocupação de áreas ainda não exploradas, com o intuito de fortalecer a colonização portuguesa, integrando todo o território. No caso da capitania de Minas Gerais, cujo povoamento se dera, a partir do século XVIII, de forma radial, do centro minerador para a periferia, havia vastas áreas, limítrofes a outras capitanias, ainda virgens da presença do colonizador. Em geral, esses espaços haviam se tornado redutos de indígenas em seu estado natural, considerados extremamente perigosos e resistentes à penetração dos portugueses. Tal era o caso da região banhada pelos Rios Doce e Pomba, que se estendia desde os limites do termo de Mariana, na área central da capitania, até a fronteira com o Espírito Santo.

Essa vasta região, no alvorecer do século XIX, ainda era ocupada por tribos indígenas. Algumas tinham contatos sistemáticos com os portugueses e eram consideradas domesticadas e civilizadas. Outras permaneciam em seu estado natural. Seus raros contatos com os brancos eram cercados de violência, por isso eram vistas como selvagens e bárbaras, como, por exemplo, os temidos botocudos. O imperativo de colonizar a região não se restringia à questão indígena, pois a ausência de colonos nesse espaço tornava imprecisa a fronteira entre Minas Gerais e Espírito Santo, fazendo da área uma porção territorial de *non-droit* (ver Anastasia, 2005) e de frequentes disputas de jurisdição entre as duas capitanias.

Essas questões fizeram com que, muito precocemente, surgissem iniciativas por parte de diversos governadores da capitania de Minas Gerais de estender seu poder aos limites leste da capitania, com o fim de garantir sua submissão ao governo assentado em Vila Rica. Mas como eram áreas de difícil ocupação e exigiam uma batalha sistemática contra essas tribos indígenas, sua colonização era realizada utilizando o serviço compulsório de militares, vadios, condenados por pequenos delitos, escravos capturados em fuga, entre outros. Eram os chamados presídios. No caso da região do Rio Pomba, desde 1740 houve tentativas esparsas de colonização. Entre 1740 e 1750, os capitães Luís Borges Pinto e Inácio de Andrade tentaram se apropriar de terras pertencentes aos índios coroados e coropós. A resistência dessas tribos foi feroz, fazendo o então governador, Luís Diogo Lobo da Silva, solicitar a indicação de um padre que ajudasse na pacificação dessas tribos por meio de sua conversão à fé católica. Em 1767, o padre Manoel de Jesus Maria ergueu uma capela dedicada a São Manoel, junto ao Rio Pomba (que deu origem a São Manoel do Pomba) e, em 1787, uma outra no Presídio dos Índios Puris, que deu início ao povoado de São João Batista do Presídio. Apesar dessas iniciativas, para o processo de consolidação das fronteiras internas, tornava-se questão premente colonizar a região, domesticar os índios e garantir para o governo de Minas seu domínio político. Nessa tarefa, teve papel central e destacado o cidadão de origem francesa Guido Thomas Marlière.

Marlière nasceu em Jarnage, na província de Marche, em 3 de dezembro de 1767. Entrou para o Exército francês com 18 anos e, durante o reinado de Luís XVI, chegou ao posto de tenente-coronel. Durante a Revolução, apoiou o partido real e lutou contra as forças revolucionárias. Participou da sublevação da Vendeia, revolta que foi instigada pelo decreto de recrutamento obrigatório de 1793 e que também refletiu os sentimentos católicos dos franceses, inconformados com as mudanças religiosas em curso. Com a ascensão de Napoleão, Marlière juntou-se às forças realistas que, do exílio, lutavam para restaurar a monarquia. Na Alemanha, integrou-se à legião realista do visconde de Mirabeau e acabou ferido na batalha de Bertscheim. As forças que apoiavam a monarquia acabaram derrotadas, e, em 1797, Marlière seguiu junto com seu regimento para o exílio na Inglaterra (José, 1958).

Uma vez na Inglaterra, Marlière foi enviado a Portugal, para ajudar na defesa desse país que vinha sendo sistematicamente ameaçado por Napoleão. Em 1801, já em terras lusas, participou da campanha contra a Espanha, servindo no Regimento Auxiliar Britânico de Mortmart. Pouco depois ingressou no corpo militar português e, em 21 de junho de 1802, foi designado intérprete, secretário e porta-estandarte da Guarda Real de Polícia. Estabeleceu-se, então, em Portugal, onde se casou com Maria Vitória, filha do coronel Luiz L'Huylli Rozierres.

Em 1807, foi transferido para o Brasil. Após sua chegada, em 20 de outubro, foi promovido a alferes, indo servir na Legião de Cavalaria Ligeira de São Pedro do Sul, no Rio Grande. Em 11 de outubro de 1808, foi novamente transferido. Desta feita, foi servir no Regimento de Cavalaria de Minas Gerais. Em 1810, devido ao seu desempenho no cargo, foi promovido a tenente agregado, com graduação de capitão. Em meados do ano, estabeleceu-se, com sua mulher, em Vila Rica, onde recebeu, no ano seguinte, a nova patente, diretamente das mãos do governador da capitania, o conde da Palma (Revista do Arquivo Público Mineiro, 1905, p.383).

Ali viveu, inicialmente, de maneira bastante modesta, em estado de quase absoluta pobreza. Sua casa ostentava poucos móveis, não possuía livro algum, além dos poucos trastes e roupas de uso pessoal. Seus parcos recursos não permitiram sequer que, no primeiro momento, pudesse adquirir a farda militar necessária ao desempenho do seu posto militar, tendo de se valer de uma emprestada (ibidem, 1906, p.19-21).

Em Vila Rica, criou seu próprio círculo de amizades, composto dos poucos estrangeiros ali residentes, pois os moradores locais se mostravam pouco afeitos e desconfiados de sua origem francesa. Marlière passou, então, a se relacionar com João Paschoal Moedas, espanhol, que por essa época era hóspede do próprio governador, e com João Jorge, alemão, cabo de esquadra do Regimento de Cavalaria de Linha de São Jorge. Como livre-pensadores, bem ao gosto da época, os três conversavam com liberalidade em francês e alemão sobre diversos temas, inclusive sobre religião, expressando ideias por vezes muito pouco ortodoxas. A sociabilidade entre esses estrangeiros fez com que esse relacionamento fosse visto também com desconfiança pelos moradores. Na direção oposta, por essa mesma época, Marlière caía nas graças do conde da Palma (ibidem, p.15-6).

Ajudado pelo governador, em seus primeiros anos servindo em Vila Rica, Marlière buscou alcançar da Coroa as mercês merecidas em troca dos bons serviços que prestava. Contudo, viu-se enredado na onda francofóbica, ainda decorrente das guerras napoleônicas. E, a despeito de toda a sua trajetória a favor da manutenção da monarquia francesa, de sua participação na luta contra as forças de Napoleão e na defesa de Portugal, em 4 de julho de 1811 viu expedida uma ordem para que fosse investigado, acusado de ser "um emissário de Bonaparte e ligado com ele para subverter esses estados" (ibidem, p.13). As instruções enviadas do Rio de Janeiro determinavam que sua correspondência fosse apreendida, e seus contatos, investigados. Em seguida, em 19 de julho chegou a ordem para sua prisão imediata. No mesmo dia, o ouvidor Lucas Antônio Monteiro de Barros o prendeu na cadeia local. Ao ser abordado na rua, Malière "submeteu-se imediatamente com cega obediência ao Real Nome, entregando respeitosamente a espada e, havendo mostrado sobressalto e perdido a cor à primeira impressão, recobrou logo a presença de espírito" e, com o semblante tranquilo, seguiu obedientemente para a prisão (ibidem, p.19).

As investigações que o governador realizou foram-lhe favoráveis. A leitura de seus papéis, redigidos em português e em francês, nada provaram contra sua conduta. Da sua leitura, o conde da Palma atestou que Marlière não se insurgira contra o príncipe regente, Dom João VI, nem proferira nada contra a nação portuguesa (ibidem, p.15). O conde concluiu seu informe dizendo apenas que ele emitira publicamente opiniões pouco ortodoxas a respeito do catolicismo. Imputou as suspeitas que recaíram sobre o francês por ter "sido este oficial um tanto livre em suas palavras, avançando proposições aéreas, talvez filhas da falta de educação, sobre objetos de religião depois que voltou dessa Corte" (ibidem, p.390-1). No entanto, em toda a investigação, o governador testemunhou em seu favor, atestando sua eficiência no serviço militar e sua fidelidade à Coroa.

No dia seguinte, 20 de julho, da cadeia local, Marlière redigiu uma carta em sua defesa. Na missiva assegura sua fidelidade ao monarca e credita seu infortúnio à intriga alheia. Ao final, suplica que fosse enviado "para um deserto da capitania", para que ali pudesse, às custas de seu soldo, e com suas próprias mãos, cultivar a terra e sustentar sua mulher e filhos (ibidem, p.17-8).

No dia 25 do mesmo mês, seguiu preso sob escolta para o Rio de Janeiro, juntamente com os papéis que lhe foram apreendidos em casa, para ser colocado sob a custódia do Intendente Geral de Polícia. Entre esses papéis constava uma carta em alemão do barão de Eschwege, naturalista que havia sido encarregado de fazer um levantamento das riquezas minerais da capitania, sobre as quais escreveu o *Pluto brasiliensis* (Eschwege, 1979).

Desgostosa da situação do marido e contando poder valer-se dos contatos que seu pai e seus irmãos dispunham na Corte – eram todos militares a serviço da Coroa portuguesa –, a esposa de Marlière seguiu logo depois dele para o Rio de Janeiro, com o objetivo de interceder em sua defesa junto às autoridades locais. Apesar das suspeitas que lhe recaíam, Marlière foi solto e inocentado das acusações.

Retornou ao serviço em Vila Rica e parece ter conseguido manter sua honra intacta, pois, no início de 1812, como recompensa aos serviços prestados, do Rio de Janeiro, o conde de Linhares, Dom Rodrigo de Sousa Coutinho, secretário de Negócios Estrangeiros e da Guerra, recomendou ao governador de Minas que encontrasse "alguma porção de terra [...] para que ele a possa mandar cultivar, a fim de que possa tirar dela alguma subsistência". Em 25 de agosto de 1812, o conde da Palma concedeu a Marlière uma carta de sesmaria de "meia légua de terras em quadra, no caminho do Rio de Janeiro, na paragem chamada o Rio Novo do Pihá", próximo a Barbacena, com a condição de fazê-la produzir no intervalo de um ano. Segundo o governador, o cultivo dessa sesmaria deveria diminuir a pobreza em que ele estivera mergulhado até então (Revista do Arquivo Público Mineiro, 1905, p. 384-5).

No ano seguinte, em janeiro de 1813, o conde da Palma foi consultado sobre os possíveis candidatos ao posto de capitão da cavalaria da capitania, que na ocasião se achava vago. Apesar das suspeitas que haviam recaído sobre o francês no ano anterior, o governador recomendou que a patente fosse concedida em primeiro lugar a Guido Marlière, ainda que a seu respeito "houve aqui o que o senhor não ignora". Recebeu novas ordens para que realizasse outra investigação "sobre a conduta civil desse militar e se seu posterior comportamento tem dado causa alguma a suspeita contra ele", para que o príncipe regente pudesse subsidiar sua decisão sobre a promoção desejada. No mês seguinte, chegou uma autorização da Corte para que Marlière se licenciasse do cargo por três meses e, dessa forma, pudesse se retirar para a sua sesmaria, com o intuito de dar início ao seu cultivo. Mostrando-se mais uma vez simpático ao militar, o conde apoiou sua causa e atestou que Marlière esteve "sempre pronto e exato no cumprimento de seus deveres e precisa encontrar um sustento, pois seu soldo é insuficiente para remediar sua pobreza" (ibidem, p.387-9).

Em março de 1813, parecendo atender ao próprio pedido que Marlière formulara quando se encontrava preso, foi enviado pelo conde da Palma para atuar junto aos índios da região leste do termo de Mariana, na região do presídio do Rio Pomba, um dos lugares, segundo suas próprias palavras, "desertos" da capitania. Na verdade, segundo os significados atuais da palavra, o termo deserto não seria o mais apropriado para descrever a região. Não era um deserto natural, pois não havia escassez ou mesmo falta de espécies vegetais – os rios que cortavam a região proviam uma natureza exuberante e quase virgem. Também não era um deserto humano, pois ali viviam várias tribos indígenas em seu estado natural. Poderia, no entanto, ser chamado de deserto em se tratando da colonização portuguesa, pois a presença do colonizador na região era praticamente nula e mantida apenas com muito esforço pelo uso constante da violência.

Ao decidir enviar um representante do governo da capitania à região, o conde da Palma respondia a uma demanda dos próprios índios aldeados no Presídio de São João Batista (esses já submetidos à colonização portuguesa e, por isso, considerados civilizados). Eles se queixavam das investidas dos colonos brancos sobre suas terras e da falta de pároco para lhes ministrar os sacramentos (ibidem, p.391). No presídio, ocorria uma luta intermitente e quase ininterrupta entre os índios aldeados, de um lado, e os colonos brancos, de outro, pela posse de suas férteis terras. As ordens que Marlière portava recomendavam que ele procurasse resolver as disputas por meio pacífico. Também ordenavam que, ao final, redigisse uma Memória na qual deveria expor a situação das aldeias, a forma como vinham sendo administradas e sugerisse reformas que conciliassem os interesses dos índios, dos colonos e da administração. Mais uma vez, o conde da Palma mostrava a confiança que nele depositava, incumbindo-o de uma delicada e espinhosa tarefa.

Em 3 de abril, Marlière enviou da região o primeiro de um conjunto de relatórios sobre a situação do presídio. Sua correspondência atesta sua habilidade em controlar os colonos, bem como as tribos aldeadas – Cropós (coropós), Krotas (coroados) e puris –, mas também expunha suas ideias mais amplas de como deveria se dar a colonização da região. Marlière se entusiasmou com o interior da capitania, com as possibilidades de desbravamento dos seus sertões e abraçou a causa da colonização da área como parte integrante da capitania de Minas Gerais. Traçou, então, e apresentou às autoridades um plano para a catequese "pacífica" dos índios bravios que ainda infestavam estes vastos espaços da capitania. Devido ao sucesso de sua ação na pacificação do presídio e como ressonância de seus planos de colonização, o conde da Palma resolveu nomeá-lo, em 19 de junho de 1813, Diretor-Geral dos Índios Crapós e Croatos Aldeados em São Manoel do Rio Pomba (ibidem, p.393-6).

Nesse ano, o naturalista russo Freireyss, em visita a Vila Rica e, a partir de informações coletadas com Marlière, descreveu os indígenas da região e seus modos de vida. Foi o primeiro de uma série de naturalistas estrangeiros que percorreram um dos últimos redutos de índios selvagens do sudeste do Brasil. Marlière

> [...] implementou seus projetos de civilização e integração territorial no leste da capitania/província de Minas Gerais, atraindo para sua fazenda Guido-Wald a visita de viajantes como Eschwege, Sain't Hilaire, Feireyss, Spix e Martius, dentre

Figuras 22.1, 22.2, 22.3, 22.4   Índios botocudos retratados por Maxmillien Wied Neuwied na região leste de Minas Gerais (Maximillien, 1821).

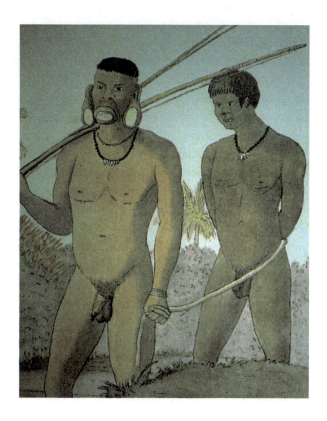

outros. Contribuindo com diversas informações acerca da fauna, a flora e os hábitos culturais indígenas, Marlière foi citado em trabalhos de todos esses cientistas da natureza, com os quais compartilhava um ideal de civilização identificado com as luzes. (Aguiar, 2003)

O sucesso de seu empreendimento de pacificação do presídio também levou a que, em 1814, fosse finalmente deferida sua promoção, sendo então nomeado capitão agregado do Regimento (Revista do Arquivo Público Mineiro, 1905, p.398,). Em 1818 e 1820, consecutivamente, viu sua jurisdição ampliada (José,1958, p.107). A área geográfica sob sua administração estendia-se desde o Rio Jequitinhonha, Rio Doce, Rio Pomba, até o Rio Paraíba. Isso significava vastas porções do leste, nordeste e sudeste da capitania, englobando a Zona da Mata Mineira, onde, inclusive, estava situada a sua sesmaria de Guido-Wald. Era tão extensa que ele mesmo afirmava precisar de até ano para visitar todos os seus confins. Entre suas obrigações constava administrar os colonos assentados na região do presídio e manter a paz entre eles e as tribos indígenas domesticadas. Quanto aos índios selvagens, deveria apaziguar a guerra entre as diversas tribos (especialmente os puris) e conseguir o controle sobre os botocudos, antropófagos e hostis à penetração branca. Sua ação deveria permitir a colonização de uma extensa região que se estendia ao longo do curso do Rio Doce, colocando-a sob a jurisdição de Minas Gerais.

Sua política de pacificação dos índios ainda hostis ao contato com os brancos mesclava a utilização da força da religião católica com o poder de atração e as vantagens oriundas do comércio. Fazia parte importante de sua política civilizatória a conversão dos índios ao catolicismo. Além disso, tentava mostrar aos índios que o contato entre as duas civilizações poderia ser proveitoso para ambos os lados. Por isso, estimulou, por exemplo, o comércio da ipecacuanha, planta extraída pelos índios das férteis matas locais, cuja raiz produz forte expectorante.

Do ponto de vista da Coroa portuguesa, seu plano de abertura à colonização da região e de pacificação dos índios foi bem-sucedido, tendo sido estabelecido a partir da criação de várias missões ou aldeamentos de catequese indígenas, que foram posteriormente, em 1845, regulamentadas pelo governo. Vários municípios hoje pertencentes ao Estado de Minas Gerais originaram-se desses aldeamentos indígenas instituídos por Malière, como Muriaé, que surgiu da povoação de São Paulo do Manoel do Burgo. Entre eles destacam-se Guidoval, Visconde do Rio Branco, Guiricema, Cataguases, São Geraldo e Governador Valadares. Mas Marlière não agiu apenas visando aos interesses dos colonos brancos ou aos da Coroa portuguesa; procurou também mesclar diversas políticas protecionistas aos índios, garantindo a preservação de parte de seus territórios.

Para a penetração da região, abriu a picada de Bento de São Lourenço, estabelecendo a ligação terrestre entre Minas e Espírito Santo, passando pela Serra dos Aimorés. Essa iniciativa acabou agravando as disputas de jurisdição entre as duas províncias. Para resolver a questão, Marlière estimulou o naturalista e geógrafo alemão Eschwege a fazer um mapa de Minas Gerais, o qual ele efetivamente realizou, propondo a Serra dos Aimorés como referência para estabelecer os limites com o Espírito Santo, o que acabou vigorando.

Seu inconformismo intelectual revelou-se na sua filiação à maçonaria, tendo sido nomeado, em Minas Gerais, o primeiro delegado do Grande Oriente do Brasil. Entre seus planos ilustrados constou o esboço de um primeiro projeto de lei de libertação dos escravos. Em 1820, foi promovido a diretor de todas as tribos indígenas da capitania de Minas Gerais; no ano seguinte, alcançou a patente de major agregado; em 1823, foi promovido a tenente-coronel e, finalmente, em 1827, chegou a coronel, patente na qual se reformou dois anos depois (ibidem). Na França, foi condecorado por Luís XVIII com a medalha da Ordem de São Luís. Em 1836, depois de várias disputas de poder sobre a administração dos índios, retirou-se para sua fazenda em Guidoval, onde faleceu em 5 de julho, em consequência de uma malária que contraíra anos antes em suas andanças pelo sertão. Foi enterrado em um cemitério indígena localizado na Serra da Onça.

Jean-Antoine-Félix Dissandes de Monlevade e a siderurgia do ferro

Desde o último quartel do século XVIII, eram evidentes os sinais de decadência da produção aurífera em Minas Gerais. O ano de 1763 havia sido um marco na crise que se anunciava: pela última vez tinha sido completada a cota de cem arrobas que, desde 1750, era cobrada anualmente como imposto sobre a produção de ouro. Com a criação da Academia Real de Ciências, fundada em Lisboa em 1779, a Coroa portuguesa procurou estimular, tanto no Reino quanto nas colônias do ultramar, a realização de inúmeras pesquisas no campo das Ciências Naturais, que visavam, sob o signo do pragmatismo iluminista, a aproveitar a natureza enquanto recurso econômico (Gazeta de Lisboa, 1780).

No caso das Minas Gerais, o grande desafio a ser enfrentado era a diminuição da produção de ouro e, nesse sentido, os estudos mineralógicos que, a partir de então, foram efetuados na capitania pretendiam não só propor novas formas de incrementar a exploração aurífera, mas também descobrir outros minerais a serem explorados. Para além do ouro, desde os fins do século XVIII, os naturalistas se concentravam na busca de outras jazidas, tais como ferro, chumbo, cobre e salitre, este último componente essencial na fabricação de pólvora.

Questão importante era a exploração do minério de ferro, que começara a ser encontrado em grande quantidade na região mineradora, como também seu beneficiamento a partir da instalação de siderurgias. Essa era uma demanda natural da própria atividade de exploração aurífera, que sempre dependera de um largo rol de ferramentas para sua exploração. Os inventários de mineradores apontam para a farta utilização de almocrafes, alavancas, cavadeiras, enxadas, picões, picaretas, marrões, marretas, entre outros – instrumentos de ferro essenciais à lide mineradora (Reis, 2007, p.55-63). Assim, implantar uma siderurgia próxima a esse amplo mercado consumidor era também forma de incentivar e aprimorar a mineração, além de baratear seus custos.

As tentativas de instalação de siderurgias próximas aos minerais descobertos remontam aos primeiros anos da exploração de ouro na região. Por exemplo, Afonso Sardinha, o moço, um dos primeiros a descobrir ouro no Brasil, no Morro de Araçoiaba, perto de Sorocaba, em São Paulo, no século XVI, também encontrou nas proximidades minério de ferro de alto teor. Ali construiu então uma fundição, que foi o germe da Fábrica de Ferro de São João de Ipanema, que, mais tarde, em 1808, Dom João VI mandou construir (Eschwege, 2001). Mas desde o século XVIII clamava-se pela instalação de uma siderurgia em Minas Gerais. Em 1780, o governador da capitania, Dom Rodrigo José de Menezes, em relatório enviado ao Reino, afirmou que "se em toda parte do mundo é este metal necessário, em nenhuma o é mais que nestas minas; qualquer falta que dele se experimente cessa toda qualidade de trabalho; seguem-se prejuízos irreparáveis, e é uma perdição total. Fabricando-se aqui pode custar hum [sic] preço muito mais módico" (Menezes, 1897, p.315-6). Poucos anos depois, José Álvares Maciel, um dos partícipes da Inconfidência Mineira, chegou à capitania, depois de estudar na Europa, com ideias de industrialização, particularmente provendo a capitania de uma siderurgia. Mas esses planos foram abortados, até o início do século XIX, com a proibição, prescrita pelo alvará de 1780 de Dona Maria I, de instalação de manufaturas na Colônia. Somente em 1795, com o alvará que liberou a produção de ferro em Minas Gerais, a situação começou a se alterar.

A partir de fins do século XVIII, sob os auspícios da Real Academia de Ciências de Lisboa, foram cooptados inicialmente intelectuais portugueses, mas também alguns brasileiros com o intuito de realizarem estudos mineralógicos em Minas Gerais (Dias, 1968, p.100-70). No entanto, a partir da transmigração da Família Real, especialmente após o sucesso da Missão Francesa, e com o grande afluxo de naturalistas estrangeiros que começaram a chegar ao Brasil, alguns desses últimos foram contratados pela Coroa portuguesa e, mais tarde, pelo nascente Estado brasileiro.

Um deles foi Jean-Antoine-Félix Dissandes de Monlevade, francês, descendente de duas tradicionais famílias nobres locais – os Bogenet e os Monlevade. Nasceu em Guerét por volta de 1789 e estudou na Escola Politécnica de Paris, onde se formou com distinção, em 1812, em engenharia, o que lhe permitiu ingressar na École de Mines de Paris. As origens dessa instituição remontam a meados do século XVIII e se confundem com a criação do Corps des Mines, que pretendia reunir um grupo de técnicos especialistas em mineração e metalurgia, que promovesse a renovação das técnicas de exploração mineral na França. Fundada oficialmente em 1794, durante a Revolução Francesa, pelo Comitê de Salvação Pública, a École de Mines tinha como objetivo retomar o estudo das técnicas de mineração, para aprimorar e acompanhar a prática da exploração mineral na França. Foi a primeira a instituir o estudo da Geologia, reconhecendo oficialmente o termo que designava essa nova ciência. Os alunos recebiam formação em Física, Mecânica, Mineralogia, Química, Desenho de plantas e máquinas e Docimástica (ciência que alia conhecimentos de química e metalurgia que permitem determinar a proporção em que os metais entram nos minérios), que constituíam as principais cadeiras do curso. Nos seus anos iniciais, a escola recrutava seus alunos apenas entre os engenheiros formados na Escola Politécnica, como foi o seu caso.[1]

Ao terminar os estudos, Monlevade foi contratado como engenheiro--mineralogista pelo Estado francês. Por questões médicas, resolveu aceitar uma bolsa do governo da França para estudar as minas brasileiras. Chegou a Minas Gerais em 1817, aos 28 anos. Já no ano seguinte, construiu um forno em Caeté, onde passou a residir, e também uma forja catalã, na fábrica Patriótica. A fábrica Patriótica tinha sido implantada em Congonhas do Campo, pelo barão de Eschwege, em 1811, com o objetivo de produzir artefatos de ferro destinados prioritariamente à prática da mineração. Por esse motivo, o local escolhido para suas instalações situava-se estrategicamente nas proximidades da área de exploração aurífera.

O sistema de forjas catalãs era muito mais aprimorado do que os sistemas de cadinho ou do italiano, mais usados até então em Minas Gerais. Tratava-se de um forno feito de pedras onde o ar frio era insuflado por meio de foles, ou

---

1 Sobre a École des Mines de Paris, ver Chesneau. Disponível em: <http://www.annales.org/archives/x/ecole.html>. Acesso em: 15 abr. 2008.

por uma roda d'água. Dentro do forno, colocavam-se camadas sucessivas de carvão e minério de ferro. Quando o primeiro queimava, insuflado pelo ar frio introduzido pelos foles, o minério era reduzido em metal.

Mas as atividades de Monlevade não se restringiram à metalurgia. Ele também estudou e explorou jazidas de outros minerais na região. Em 1824, com sua competência já reconhecida, foi designado pelo governo da província para orientar os trabalhos de exploração das galenas do Abaeté, onde o mineralogista português José Vieira Couto, desde o início do século, identificara jazidas de salitre, chumbo, prata e diamante (Couto, 1905, p.55-166). Em 1812, o barão de Eschwege começara na localidade uma exploração de chumbo e prata, separando no processo de fundição os dois minerais, mas que acabou sendo abandonada (Ferreira, 1924, p.11). O pedido, formulado em 1823, para que o governador designasse Monlevade para a prospecção e exploração dessas jazidas ia acompanhado de um botão de prata e de um pouco de chumbo fundidos por Monlevade na mina de ouro de Congo Soco. Depois de examinar e explorar as jazidas locais, ele redigiu uma Memória na qual descrevia inicialmente a formação geológica da área. Era essa formação que deveria guiar o modo de exploração mineral, tal qual estudara na École des Mines. Monlevade apurou 703 arrobas de chumbo a partir de 1.200 arrobas de minério e concluiu que a extração de chumbo seria empresa rentável (Revista do Arquivo Público Mineiro, 1897, p.758-63).

Em 1825, decidiu montar sua própria siderurgia. Para isso, comprou "terras próximas ao arraial de São Miguel do Piracicaba, em Minas Gerais, onde instalou uma forja catalã. Importou então equipamentos ingleses para melhor equipar o empreendimento. O transporte desse maquinário até a fábrica foi uma verdadeira epopeia.

Em 1826, Guido Marlière foi designado pelo governo da província responsável por ajudar Monlevade a trazer o novo maquinário, transportando-o pelo Rio Doce. A empresa foi hercúlea, realizando-se, em 1827, por Marlière e Lourenço Achiles Lenoir, sócio de Monlevade no empreendimento da fábrica de ferro de São Miguel e que descera o rio em 1824, fazendo a prospecção de sua navegabilidade. Para se ter ideia, no trecho onde o rio era navegável, interpunham-se seis formidáveis cachoeiras que foram vencidas com o esforço dos índios pacificados por Marlière. Cinco canoas carregaram rio acima um maquinário que pesava 457 arrobas. Ao final, foram despendidos três meses na aventura, entre dezembro e abril, meses em que as chuvas tornavam as águas do rio mais altas e mais bem navegáveis (ibidem, 1902, p.1.021). Tratou-se do primeiro transporte fluvial pesado por esse rio, empresa de que Marlière foi, ao longo de sua vida, forte defensor.

Monlevade consolidou

[...] sua fábrica como uma das mais prósperas do Império. Produzia enxadas, foices, machados, alavancas, pás, ferraduras, cravos, martelos, puxavantes, freios para animais, moendas para engenhos de cana, entre outros artefatos. A qualidade de seus produtos logo ganhou fama, tornando-se fornecedor preferencial de companhias estrangeiras que iniciavam empresas mineradoras no Brasil.[2]

A fábrica era um edifício de grandes proporções – cerca de 230 palmos de comprimento, 104 de largura e 45 pés de altura. No seu interior, foram instaladas seis fornalhas, três forjas e três malhos ou martelos. Ficava às margens do Rio Piracicaba, cujas águas eram utilizadas como força motriz, a partir de duas rodas hidráulicas que abasteciam um tanque de água e movimentavam duas mãos de pilão. Faziam parte do conjunto um engenho de serrar madeira e uma máquina de tornear ferro.[3] Produzia, no início, trinta arrobas de ferro por dia. Todo o conjunto era movimentado com mão de obra escrava. Foi das primeiras produtoras de ferro-gusa do Brasil.

Em 1854, a siderurgia atingiu seu máximo com a produção de noventa toneladas anuais. Os principais produtos eram ferraduras e pequenas ferramentas, como enxadas, pás, furadores, tenazes e picaretas.

Nas terras da fábrica, Monlevade instalou um sobrado, na fazenda Solar, onde passou a residir com sua família. Em 1827, casou-se com Clara Sofia de Souza Coutinho, sobrinha do barão de Catas Altas.

Em relatório ao presidente de província, redigido em 1853, Monlevade relatou que existiam por essa época em Minas Gerais cerca de 84 oficinas para a produção de ferro, que produziam anualmente aproximadamente 150 mil arrobas do metal. As pequenas siderurgias haviam enfim se generalizado. O auge de sua usina deu-se até 1872, quando, com sua morte, administrada por seus herdeiros, essas instalações desapareceram. Em seu lugar, foi instalada uma forja italiana que, justamente com a técnica de cadinhos, menos rentáveis, eram as que dominavam em Minas. Monlevade morreu em São José do Rio Abaixo, aos 83 anos, e foi enterrado no chamado cemitério de escravos que ficava junto à sua fazenda.

---

2 Disponível em: <http://www3.belgo.com.br/index.php?option=com_content&task=view&id=14&Itemid=47>. Acesso em: 5 maio 2008.

3 Disponível em: <http://pt.wikipedia.org/wiki/Jo%C3%A3o_Monlevade>. Acesso em: 5 maio 2008.

Claude Henri Gorceix, Paul Ferrand e a Escola de Minas de Ouro Preto

Desde fins do século XVIII, resultante das argutas análises dos naturalistas, muitos deles a cargo da Real Academia de Ciências de Lisboa, apregoava-se a instalação, em Minas Gerais, de cursos superiores de viés técnico em mineralogia, a exemplo da École des Mines de Paris. José Vieira Couto, por exemplo, em Memória escrita em 1790, na qual fazia um balanço da mineração na capitania, defendia a criação e a difusão de um corpo científico de conhecimentos mineralógicos e metalúrgicos, os quais seriam indispensáveis para reanimar a mineração e erradicar o uso de técnicas que ele considerava atrasadas e equivocadas (Couto, 1994). O alvará sobre a mineração editado em 1803, sob a inspiração de Vieira Couto e de Manuel Ferreira da Câmara, que foi nomeado Intendente Geral das Minas, previa "o estabelecimento de escolas mineralógicas e metalúrgicas", a exemplo do que acontecia na Europa (Arquivo Nacional, Códice 952, p.3).

Em 1832, o projeto de lei de autoria de Bernardo Pereira de Vasconcelos que tramitara na Assembleia Geral Legislativa transformou em lei a determinação de se criar uma escola de mineração em Minas Gerais. Apesar disso, a criação dessa escola só ocorreu 44 anos mais tarde, em 1876. A Escola de Minas em Ouro Preto foi a resposta articulada do governo a essa antiga demanda. A criação de um curso englobando Metalurgia, Geologia e Mineralogia com caráter científico pretendia impulsionar a exploração e o aproveitamento das ricas jazidas minerais da província. Também buscava aprimorar os conhecimentos dos recursos minerais de Minas Gerais, mas construindo um conhecimento com caráter nacionalizante, em uma época em que a exploração individual começava a ser substituída pelas grandes companhias de mineração, notadamente as inglesas (Carvalho, 2002, p.36-46).

A instalação da Escola deveu-se em grande parte à influência de Dom Pedro II que, em viagem à Europa, entrou em contato com a Academia de Ciências de Paris, procurando informações sobre o estudo de Mineralogia. Desses contatos, resultou o convite a Auguste Debrée para visitar o Brasil. Este, recém-nomeado para a École des Mines de Paris, não pôde aceitar, indicando para a missão Claude Henri Gorceix, que teve papel destacado na fundação da Escola de Minas de Ouro Preto.

Gorceix era filho de pequenos proprietários rurais, tendo ficado órfão na infância. Frequentou o Liceu e formou-se em Físicas e Matemáticas na École Normale Supérieure, de Paris, graças a bolsas concedidas pelo governo. Logo após formado, foi nomeado *agregé-préparateur* de Geologia e Mineralogia da École Normale. Dois anos depois de graduado foi estudar na Escola Francesa de Atenas, como prêmio por seu bom desempenho acadêmico, onde se dedicou particularmente ao estudo do vulcanismo (ibidem, p.47-9).

Quando retornou à França, em 1874, depois de algumas publicações nos *Anais da École Normale* e nos *Anais de Química e Física de Paris*, recebeu o convite para vir ao Brasil. Depois de uma excursão pelo Rio Grande do Sul, passou a organizar no Rio de Janeiro, com Ladislau Neto, um laboratório de mineralogia e geologia. No fim do ano, foi às Minas, designado pelo ministro do Império, escolher o local onde deveria ser construída a escola. No ano seguinte, submeteu seu relatório, indicando a cidade de Ouro Preto (antiga Vila Rica), capital da província e seu mais antigo centro minerador aurífero, como o local apropriado. No mesmo documento, apresentou os esboços de um regulamento para o estabelecimento, inspirado na lei de 1832 e tendo como modelo principal a École des Mines de Saint-Étienne (ibidem). Criada sob os auspícios do Estado, a instituição pretendia engendrar uma elite de jovens cientistas capazes de desenvolver a mineralogia no País, associando o ensino e a pesquisa. Em outubro de 1876, a Escola começou a funcionar, e Gorceix foi seu diretor até 1891.

Gorceix enfrentou dificuldades de todo tipo para a instalação da Escola, desde falta de recursos até críticas colocadas por políticos rivais e pela Escola Politécnica do Rio de Janeiro, que temia a concorrência da nova instituição. Credita-se a seu esforço pessoal o sucesso da fundação e seu funcionamento, tendo sido também essencial o apoio dado pelo imperador. Em 1902, decepcionado com a falta de apoio por parte da República nascente à Escola, que enfrentava dificuldades de toda ordem, em parte devido à mudança da capital do novo Estado para Belo Horizonte, resolveu retornar à França, onde morreu em 1919. Publicou vários estudos sobre mineralogia e indústria mineral em Minas, principalmente nos *Anais da Escola de Minas*. Durante sua estada em Ouro Preto, casou-se com uma das filhas do desembargador Joaquim Caetano da Silva Guimarães.

Durante os anos iniciais da Escola, Gorceix recrutou a maioria dos professores no exterior, particularmente na França. Um deles foi o engenheiro de minas Paul Ferrand, que nasceu na França, em 15 de agosto de 1855, e estudou na École Nationale Supérieure des Mines, de Paris. Ferrand foi aluno brilhante, tendo sido agraciado com a medalha de honra concedida pela Associação dos Alunos. Como engenheiro formado, foi convidado por Henri Gorceix para ministrar as cadeiras de mecânica e construção civil, resistência de materiais, mecânica racional e aplicada e metalurgia e exploração de minas na Escola de Minas de Ouro Preto. Tinha 27 anos quando veio para Minas, em 1882, e também se casou em Ouro Preto com uma das filhas do desembargador Joaquim Caetano da Silva Guimarães, tornando-se concunhado de Gorceix.[4]

Em 1894, o governo de Minas Gerais resolveu participar da Exposição de Mineração e Metalurgia, realizada em Santiago do Chile. Paul Ferrand fez parte da delegação formada e foi encarregado de organizar uma exposição de minérios e minerais recolhidos em todo o Estado, inclusive exemplares de ouro retirados das minas ainda em funcionamento ou extintas. O objetivo era atrair parceiros internacionais para a exploração da indústria mineral.

Ferrand publicou, em periódicos brasileiros e franceses, inúmeros trabalhos sobre mineração, metalurgia do ferro, construção de pontes e estradas de ferro. Sem dúvida, sua obra mais significativa foi o livro *L'or à Minas Gerais*, de 1903 (Ferrand, 1913), que reuniu e ampliou diversos textos sobre a mineração em Minas, que ele publicara de forma esparsa desde 1890. O livro cobria toda a história da mineração na região, começando pelo período colonial. Descrevia, em minúcias, as empresas de mineração já extintas e as em atividade, inclusive a Mina da Passagem, única de capital francês. Morreu prematuramente, em 18 de julho de 1895, pouco antes de fazer quarenta anos, não tendo podido completar, como era seu desejo, seu estudo abrangendo outras minas de ouro.

Considerações finais

As trajetórias de Guido Marlière, Jean-Antoine Monlevade, Claude Henri Gorceix e Paul Ferrand guardam identidades comuns. Por vezes, como foi o caso de Monlevade e Marlière, ou de Gorceix e Paul Ferrand, do outro lado do Atlântico, uma vez nas Minas Gerais, longe da França natal, suas vidas se cruzaram. Todos, cada um à sua maneira, se colocaram a serviço do Estado brasileiro e contribuíram para a exploração das potencialidades das Minas Gerias, seja pela abertura de vastas áreas geográficas ainda não colonizadas, que foram então incorporadas, seja buscando aperfeiçoar, diversificar e dinamizar sua tradição mineradora preexistente.

---

4   Sobre sua biografia e sua atuação em Minas Gerais, ver Ferrand, 1998.

23
Um francês no Brasil imperial do século XIX: Auguste François-Marie Glaziou

Fábio Simões Cardozo

Marlice Nazareth Soares de Azevedo

*Assim, creio ter desempenhado fielmente o encargo que me foi dado pela
alta confiança do Governo Imperial, e, se o tenho podido satisfazer, ali
estará o meu maior contentamento, certo de que um dia a população do
Rio de Janeiro deverá à minha lembrança alguma coisa da sombra dos
grandes vegetais brasileiros, que hão de proteger a seus filhinhos.*

Glaziou

Introdução

As modificações ocorridas no Rio de Janeiro semearam-se principalmente
durante o Segundo Império do Brasil (1831-1899), por intermédio do imperador
Dom Pedro II. Voltado para a cultura e as artes, Pedro II imprimiu na cidade
significativos projetos de melhorias urbanas, em que os parques e jardins assumi-
ram grande proporção. Eles deixavam de ser exclusivos dos palácios e palacetes
e se multiplicavam pelos espaços públicos, desenhando um viés romântico de
aproximação entre a cidade e o campo.

Dentro do quadro que Dom Pedro II buscava construir no Brasil, estava
a intenção de promover o embelezamento da capital imperial. O traçado urbano composto de ruas estreitas dava lugar à abertura e alargamento das ruas:
"O processo era geral. Em todas as regiões onde se fazia sentir o declínio da
escravidão e a presença do progresso tecnológico, encontravam-se os mesmos
mecanismos de adaptação às novas condições" (Reis Filho, 1970, p.44-5). É
nesse contexto que o francês Auguste François-Marie Glaziou desponta como o
principal paisagista do Império. Com relação aos jardins, muitos deles realizados
por Glaziou, seguiam a moda europeia do século XIX, mais especialmente os
jardins de Alphand, que se espalharam pela cidade de Paris em torno de 1864 e
1870. Eles passaram a fazer parte da cidade carioca, assim como a arborização
das ruas e o ajardinamento das casas (Cardozo, 2007).

Nesse ambiente, destaca-se a reforma no jardim do Passeio Público e a construção de novos jardins e parques, como o Campo de Santana e a Quinta Impe-

rial, conhecida como a Quinta da Boa Vista. Essas três obras foram realizadas pelo francês Auguste François-Marie Glaziou, que deixou sua legenda como o principal paisagista do século XIX no Rio de Janeiro imperial (ibidem, 2007). Nesse contexto, tomamos a figura de Glaziou, que deixou como legado, além de importantes obras paisagísticas, consideráveis estudos botânicos e uma vasta coleção de plantas brasileiras, posteriormente doadas por sua filha ao Museu de História Natural de Paris.

O francês Glaziou no Brasil

Auguste François-Marie Glaziou nasceu em 30 de agosto de 1828,[1] à uma hora da manhã, na região norte da França, mais precisamente na Bretanha, na cidade de Lannion (Côtes-du-Nord).

No documento de nascimento consta que Glaziou foi inicialmente registrado como "filho natural de pai desconhecido", nascido de Marie Joseph Grosvalet, cozinheira. O nome de Glaziou aparece inicialmente como "François Marie Grosvalet". Entretanto, uma declaração é adicionada na lateral de sua certidão, informando que em 4 de fevereiro de 1831 sua mãe casou-se com Yves Glaziou, homem que o reconheceu como seu filho legítimo. Na certidão de nascimento não há, todavia, referência alguma ao nome como Glaziou passou a ser chamado após o segundo casamento de sua mãe. O que consta nas referências (manuscritos, documentos, livros etc.) já é o nome Auguste François-Marie Glaziou. Segundo Leandri (1963, p.7), "Seus prenomes eram originalmente François, Marie. Ele [Glaziou] lhes fez preceder mais tarde Auguste, talvez em memória de seu ilustre predecessor [Auguste de] Saint-Hilaire".

Segundo Bureau (1908, p.119),[2] o pai de Glaziou, embora com temperamento um tanto rude em função da mão "um pouco ligeira ou, para melhor dizer, um pouco pesada", era um excelente jardineiro e passou para o filho os primeiros ensinamentos na prática da jardinagem. Aos 16 anos, em conflito com o pai,

---

1 Há, no entanto, algumas diferenças a esse respeito na bibliografia pesquisada. Diferentes autores sinalizam outras datas para o nascimento de Glaziou. Martius et al. (v.1, p.27), por exemplo, indicam a data de 30 de agosto de 1833, utilizada como referência para alguns outros autores. Contudo, optou-se neste trabalho por adotar os dados da certidão de nascimento.

2 Os dados biográficos de Glaziou recolhidos por Bureau (1908) resultaram de documentações e informações reunidas a partir de seu conhecimento pessoal de Glaziou e do acervo fornecido pela própria filha de Glaziou, Madame Simard.

Glaziou deixou sua casa e iniciou viagem por outras regiões da França. Dotado da energia e persistência características do povo bretão, Glaziou trabalhou em cidades como Angres, Nantes e Bordeaux. Estudou com Adolphe Brongniart e Joseph Decaisne em Paris, e com Durieu de Maisonneuve em Bordeaux, "não negligenciando nenhuma ocasião de se aperfeiçoar no seu *métier* de jardinagem, e satisfazendo sempre que possível seu gosto bastante vivo pela botânica" (Bureau, 1908, p.120). Foi isso que em grande parte motivou-o a vir para o Brasil em 1858, já casado com Marie Chemineau e pai de Simard.

O início da vida no Brasil foi bastante difícil para Glaziou e sua família. "Ele chegou como simples imigrante e com recursos quase insignificantes" (ibidem). Exerceu atividades diversas conforme as províncias brasileiras que atravessava, chegando a trabalhar inclusive como amolador de facas (*rémouleur*). Aberto a diferentes experiências e aprendizados, Glaziou encontrou o padre superior de um convento que completou sua instrução, ainda elementar, ensinando a ele, entre outras coisas, português e latim.

Bureau afirma que foi "por acaso", no Rio de Janeiro, que Glaziou conheceu o rico dono de terras Francisco José Fialho e entendeu que o momento era-lhe bastante favorável, pois Fialho acabara de ser encarregado de fazer obras no jardim público da capital, o Passeio Público (ibidem). Essa aproximação rendeu a Glaziou muitos bons frutos profissionais no futuro que se seguiu, inclusive uma boa relação com Dom Pedro II, o imperador.

Os dados de Bureau acerca do encontro entre Glaziou e Fialho podem ser, no entanto, enriquecidos com informações apresentadas pelo escritor e professor de História Macedo, que viveu no século XIX. Esse autor comenta que Fialho, quando encarregado das obras de reforma do Passeio Público, já fazia executar em sua propriedade, sob a direção de Glaziou, um grande jardim paisagístico, comparado inclusive a jardins parisienses:

> [...] era já de todos ou pelo menos de muitos, conhecida a importância e merecimento artístico das obras do parque ou grande jardim paisagístico, que ele [Fialho] está fazendo executar em sua propriedade da Rua Monte Alegre, sob o risco e a direção do hábil jardineiro francês o sr. A. Glaziou, parque ou jardim destinado ao recreio público, como são os Mabille, Chateau des fleurs de Paris e outros das grandes cidades da Europa. (Macedo, 1991, p.73)

Com a conclusão da obra no Passeio Público em 1862, Glaziou assumiu o cargo de diretor botânico do jardim e ali fixou morada, permanecendo com este endereço pelo menos até 1889 (*Almanaque Laemmert*, 1889). De acordo com um amigo pessoal de Glaziou, tratava-se de um "chalet à suissa e a direita da entrada do jardim, casa de fundos para o Largo da Lapa e semioculta entre arvoredo" (Escragnolle Doria, 1940).

Azevedo, escritor que também vivenciou esse período, assim descreveu a morada de Glaziou:

> A casa do Diretor, o dr. Glaziou, é um chalé suíço com um peristilo sustentado por colunas de madeira, tendo na frente uma escada de pedra com sete degraus para cada lado; na frontaria tem o chalé uma porta, na face posterior uma porta e duas janelas no primeiro pavimento, e três no segundo e nas faces laterais três óculos com vidraças no primeiro pavimento, e três janelas no segundo. É elegante e bem disposta a vegetação que oculta essa cabana suíça, vendo-se em frente um gradil com uma cancela. (Azevedo, 1969, p.557)

O jardim do Passeio Público foi, portanto, o início da trajetória de Glaziou no Brasil como paisagista. Desde então, sua carreira ganhava projeção a ponto de ser nomeado em 1869 para o cargo de Diretor de Parques e Jardins da Casa Imperial (Auler, 1958). Além disso, Glaziou realizou alguns trabalhos na Exposição de Paris para o Governo Imperial, tendo sido inclusive condecorado Cavalleiro pela Ordem de N. S. Jesus Christo (*Almanaque Laemmert*, 1869). No mesmo ano recebeu de De Martius o diploma de Doutor em Philosofia Natural.[3]

Figuras 23.1a e 23.1b Mapa do Rio de Janeiro, 1877. Mapa de Speltz (ampliação do jardim da Quinta da Boa Vista e do jardim do Campo de Santana – de Glaziou). Detalhe da única alameda reta no jardim, Alameda das Sapucais. *Fonte*: Arquivo Museu Nacional do Brasil.

De tão grande projeção na carreira de Glaziou quanto à obra no Passeio Público foi a obra que realizou no jardim da casa do imperador na Quinta da Boa Vista (Figura 23.1a) e no jardim do Campo de Santana (Figura 23.1b).

---

3   Instituto Histórico e Geográfico Brasileiro, Rio de Janeiro. Manuscrito original de Glaziou, de 22 de junho de 1868.

Sobre a obra dos jardins da Casa Imperial na Quinta da Boa Vista, a Princesa Isabel ressaltava a "bela alameda, marginada de frondosas sapucaias, artisticamente alinhadas" (Lyra, 1977b, p.50) que, por inspiração de seu pai, fora traçada por Glaziou para dar diante da bela fachada do Palácio (ibidem). Todavia, houve certa divergência entre o imperador e Glaziou acerca da construção dessa alameda, pois, para Glaziou, uma alameda em linha reta seria um "sem-sentido horrível" (Bureau, 1908, p.120), um desacordo com as demais linhas sinuosas do jardim:

> [...] houve divergências de opinião no que diz respeito ao parque da Quinta com o Imperador, que o tratava amigavelmente. O Imperador desejava uma alameda reta conduzindo ao palácio. Glaziou se obstinava por uma alameda sinuosa, que era unicamente o estilo do jardim, a alameda retilínea seria, dizia ele, um sem-sentido (*non-sens*) horrível. "Eu serei ainda mais bretão que você mesmo, senhor Glaziou", dizia o Imperador, com a fineza e amabilidade que lhe eram naturais. Naquela discussão que se eternizava entre os dois homens foi uma mulher que triunfou: a Imperatriz. "O Imperador, diz ela um dia a Glaziou, é o único homem que faz sempre a vontade dos outros: você o permitirá o bem de fazer uma única vez por acaso a sua?" "– Majestade, diz Glaziou, ela será feita." E a Quinta não tem mais que uma alameda reta. (ibidem, p.120-1)

Para o imperador, amante da cultura e da arte, e entusiasmado com as mudanças que ocorriam na Europa, a Quinta da Boa Vista era algo muito maior que sua morada. As obras nos jardins tinham como objetivo torná-lo um dos mais belos do Rio de Janeiro porque seu desejo, em última instância, era que as pessoas da cidade, sem distinção, pudessem aproveitá-lo como um "passatempo higiênico" (cf. Lyra, 1977b., p.51). Este parque "seria, para o Rio, o que era o Bois de Boulogne para Paris" (ibidem, p.50). Para Glaziou, dedicado à botânica e à terra brasileira, o jardim da Quinta da Boa Vista representava o seu apreço ao Imperador e merecia todo o seu empenho, tal como toda e qualquer tarefa a que se propunha realizar.

Expedições de Glaziou no Brasil: a natureza é palco de interesses

O embelezamento que Dom Pedro II buscava empreender no Brasil ao longo de seu reinado favorecia de fato um banho de civilização para um país que ainda era profundamente influenciado pela estrutura colonial. O Brasil era um

498 LAURENT VIDAL E TANIA REGINA DE LUCA (ORGS.)

país ainda muito jovem desde o seu descobrimento, mas apontava promessas de inúmeras explorações possíveis, tanto em progressos comerciais quanto em pesquisas científicas. A rica e exótica natureza brasileira era um novo mundo para os europeus, despertando o interesse de todo tipo de viajantes, fossem eles zoólogos, botânicos, geólogos ou somente curiosos. Entre eles figuraram nomes como John Luccock, Spix, Martius, Pohl, Natterer, Ender, Saint-Hilaire e outros. A esse respeito comentou o francês Saint-Hilaire:

> Nada no mundo, talvez, haja de tão belo quanto os arredores do Rio de Janeiro. Durante o verão, é o céo, alli, de um azul escuro que no inverno se suavisa para o desmaiado de nossos mais bellos dias de outomno. Aqui a vegetação nunca repousa, e em todos os mezes do anno, bosques e campos estão adornados de flores.
> Florestas virgens, tão antigas quanto o mundo, ostentam sua magestade ás portas da capital brasileira a contrastarem com o trabalho humano. [...] (Saint-Hilaire, 1932, p.18)

As expedições de Saint-Hilaire resultaram em diversas obras: *Histoire des plantes les plus remarquables du Brésil et du Paraguay* (1824), *Plantes usuelles des brasiliens* (1824-1828), *Voyage dans les provinces de Rio de Janeiro et de Minas Gerais* (1830), *Voyage dans le district des diamants et sur le littoral du Brésil* (1833), entre outros (Carollo, 1995). Mais tarde, essas obras influenciariam fortemente as expedições científicas de Glaziou pelo Brasil (Cardozo, 2007).

O interesse que a natureza brasileira despertou em estrangeiros prosseguiu ao longo do século XIX, principalmente desde os tempos da abertura dos portos em 1808, com a vinda da família real portuguesa para o Brasil. Glaziou, nesse contexto, também foi atraído por interesses semelhantes, principalmente motivado pelos livros das expedições de Saint-Hilaire, conforme ele próprio afirmou (ibidem). Sendo assim, além da intensa atuação nos jardins do Rio de Janeiro, Glaziou mergulhou também nas florestas para coletar amostras da história natural do Brasil em um trabalho que prosseguia diariamente.[4] Ele excursionava por diversos lugares, tanto pela província do Rio de Janeiro quanto por terras mais distantes, nem sempre civilizadas. Sobre isso comentou Doria, o amigo pessoal de Glaziou:

> Vez ou outra, Glaziou deixava o Rio de Janeiro emprehendendo excursões botânicas, algumas dedicadas a províncias mais próximas da capital do Império. Glaziou

---

4 Arquivo Nacional, Rio de Janeiro. Manuscrito original de Glaziou, de 6 de novembro de 1882.

trocava cidade pelo matto, não pelo matto ralo, quasi civilizado das cercanias urbanas. Dirigia-se ao matto pelo roceiro caracterizado com o adjetivo bravo [...]. (Glaziou, 1911, p. 42)

O interesse de Glaziou pelas plantas brasileiras trouxe-lhe prestígio com o imperador e com sábios do Brasil e do exterior. Glaziou tornou-se desse modo uma referência em estudos de botânica no Brasil, o que lhe rendeu mais um cargo, o de correspondente do Museu Nacional, cujo diretor-geral era Landislau Neto (Cardozo, 2007). Como correspondente, Glaziou conseguiu alguns benefícios que facilitariam suas expedições pelo Brasil, como, por exemplo, os passes de trem. Constam, nos livros de decretos, portarias e nomeações do Museu Nacional, ofícios requisitando passes na Estrada de Ferro D. Pedro II para Glaziou, algumas vezes sozinho e outras acompanhado de naturalistas do Museu, tal como consta no ofício a seguir:

> Museu Nacional do Rio de Janeiro em 24 de fevereiro de 1879
> Offício requisitando passe na E. F. D. Pedro 2º para os Srs. Director Geral, Glaziou, Schssache e Siqueira.
>
> Illmo. Senr. rogo a V.S.a se designe, de conformidade com o aviso de 21 de janeiro ultimo do Ministerio da Agricultura, Commercio e Obras Publicas, mandar-me dar passe de 1ª classe de ida e volta da estação Central da Côrte para a de Sapopemba, bem como aos dr. Augusto Francisco Maria Glaziou, membro correspondente, Guilherme Schssache, naturalista viajante, e Eduardo Ferreira de Siqueira, preparador da secção de zoologia, que comigo seguem em serviço deste museu.
>
> Deus Guarde a V.s.a Illmo. Snr. Dr Francisco Pereira Passos,[5] Director da Estrada de Ferro de D. Pedro 2º.
> Director Geral Ladislau Netto.

Desse modo, foi possível a Glaziou estender suas excursões além dos limites do Rio de Janeiro. Seguiu para o noroeste de São Paulo, excursionou para o Espírito Santo, chegando à Serra do Mar, e em seguida para Minas Gerais, chegando à Serra da Mantiqueira e ao limite com Mato Grosso, no Rio dos Índios (Cardozo, 2007). Em seu livro, Glaziou tece inúmeros comentários sobre essas viagens, descrevendo inclusive suas observações. Sobre suas explorações na região de São Paulo, comenta:

5　Francisco Pereira Passos (1836-1913), após a queda do Império Brasileiro, durante a República, viria a tornar-se Prefeito da cidade do Rio de Janeiro (1902-1906).

500 LAURENT VIDAL E TANIA REGINA DE LUCA (ORGS.)

> Na parte noroeste do estado de São Paulo, onde fiz tanto excursões fáceis e rápidas, graças às numerosas linhas férreas que existem hoje, eu coletei uma grande quantidade de plantas: as principais localidades que foram minhas fontes foram: Campos da Bocaina, onde é a nascente do Rio Paraíba, a Serra do Varejão, Itapecerica, Serra do Cubatão, Mogy das Cruzes [...]. O clima da província de São Paulo é muito saudável, sobretudo no interior. O solo é de uma fertilidade extrema e convida a todas as espécies de culturas, a cafeicultura prospera nele de modo admirável que não se vê em nenhum outro lugar; é o café que é a principal fonte de renda deste rico estado. (ibidem, p.3)

Incansável em suas excursões, madrugador, metódico, de hábitos simples, Glaziou prezou o Rio de Janeiro da melhor maneira: "[...] conhecendo-lhe os sítios e os recantos, estudando-lhes especialmente a flora" (Escragnolle Doria, 1940). Era tão dedicado que passava dias inteiros em suas coletas botânicas. Conta Bureau que, certa vez, tendo partido às três horas da manhã, Glaziou ainda não havia retornado às nove horas da noite, deixando inquieta sua esposa, Marie Chemineau, que o aguardava. Acontecera que, retornando rasgado, molhado, irreconhecível, o maquinista do bonde, meio de transporte muito utilizado na época, proibiu-o de entrar, o que o obrigou a andar por três horas até chegar à sua casa no Passeio Público. Tomando-lhe pelas mãos, sua esposa o coloca diante de um espelho e Glaziou, sorrindo, reconhece a si próprio em estado de pena e diz: "De fato, eles tinham razão, os empregados do bonde" (Bureau, 1908, p.121).

Após a queda do Império, ocorrida em 15 de novembro de 1889, já durante a República, mais precisamente em 1895, Glaziou faria o que seria sua última excursão como botânico, pela Comissão Científica Cruls, até o Planalto Central do Brasil (Cruls, 1896). Essa comissão buscava uma área onde poderia ser construída a nova capital do País. Logo depois Glaziou seria aposentado por decreto, em 7 de maio de 1897, seguindo para Bouscat, na França, onde residiria até sua morte. Nos últimos anos de vida, Glaziou dedicou-se à redação do catálogo de seu herbário para a Sociedade Francesa de Botânica, cujo fascículo derradeiro foi publicado cinco anos após sua morte.

Considerações finais

A trajetória de vida de Glaziou e sua atuação no Brasil desenham-no de forma corajosa e destemida. Tendo deixado a casa paterna com apenas 16 anos e percorrido várias cidades da França, trabalhando e se aperfeiçoando no *métier* de jardineiro, com seu interesse por botânica, o Brasil representou para ele uma fonte para alimentar sua curiosidade científica.

As ações de Dom Pedro II, por meio de uma política verde no Rio de Janeiro, fizeram brotar importantes jardins públicos na cidade imperial. E os efeitos dessa política se fizeram perceber certamente pelo incansável e dedicado trabalho de Glaziou.

O bretão Glaziou (Figura 23.2), que chegou ao Brasil amolando até facas para sobreviver e mal falando o português, deixou um considerável legado ao partir.

Figura 23.2   Busto de Glaziou.
Fonte: Arquivo Museu Nacional do Brasil.

Resultaram de seu ininterrupto e atento trabalho as coletas da flora brasileira, totalizando 22.770 espécies em seu herbário, cuja catalogação foi levada até o fim (Cardozo, 2007).

Falecido aos 77 anos, em 30 de março de 1906, às três horas da manhã, já viúvo, Glaziou repousou no cemitério de Bouscat, na França. "Seguindo as vontades que ele inúmeras vezes manifestara, um pacote duplo de suas preciosas plantas brasileiras é sua almofada preferida para seu último sono" (Bureau, 1908, p.124).

24
UM HUMANISTA NOS TRÓPICOS: A SINGULAR TRAJETÓRIA DE HERCULE FLORENCE NO BRASIL

Dirceu Franco Ferreira[*]
Nelson Mendes Cantarino

Introdução

Neste texto, resgatamos a história da vida de Antoine Hercule Romuald Florence (1804-1879), articulando sua trajetória individual com o meio sociopolítico e cultural da época em que viveu: a sociedade brasileira do século XIX. Elegendo a abordagem temática como metodologia e reconhecendo a legitimidade das particularidades como objeto da historiografia, analisaremos o caso de Florence à luz de uma história geral, não inserindo nosso objeto dentro de totalidades explicativas (cf. Revel, 1998; Vainfas, 2002).

Apostamos na ideia de que Florence chegou ao Brasil movido pelo espírito aventureiro e pela vontade de conhecer o Novo Mundo, sua natureza, suas gentes e seus desafios. Entretanto, surpreendido pela realidade que encontrou, o destino do viajante foi criar raízes e consolidar uma herança na terra que o acolheu. Como veremos, a inserção desse franco-monegasco na sociedade brasileira da época foi motivada tanto pela formação cultural adquirida na Europa ilustrada quanto pelas experiências e amizades que estabeleceu no interior do Império brasileiro.

---

[*] Os autores agradecem aos editores Salvador Monteiro e Leonel Kaz pela cessão dos direitos de uso das imagens que ilustram esse artigo.

Origens familiares e os primeiros anos

Antoine Hercule Romuald Florence nasceu em 1804, o mesmo ano em que Napoleão Bonaparte foi coroado imperador dos franceses. A data de seu nascimento já foi motivo de discussão: teria nascido no dia 9 de março ou no dia 29 de fevereiro? Dúvida pertinente: nem o calendário passou imune aos efeitos do processo revolucionário francês. Detalhista, Florence assegura que seu nascimento foi no mês de fevereiro (cf. Luret, 2006).

A principal fonte de informação para a origem familiar e os anos de juventude de Hercule Florence está nas páginas de um diário escrito em 1849. Nele ficamos sabendo que seus pais eram Arnaud Florence e Augustine de Vignallys.[1]

O pai tinha gosto pela aventura. Arnaud Florence era filho de um cirurgião de Toulouse. Ainda jovem, decidiu se alistar no Regimento Royal Comtois, qualificando-se para o serviço em portos franceses e em colônias do ultramar. Durante seus sete anos de serviço, Arnaud esteve com seu regimento em guarnições de La Rochelle, Saint-Martin de Ré e Rochefort. Além disso, serviu como cirurgião a bordo de vários navios na rota do Oceano Índico e das Ilhas Maurício.

Em 1775, quando seu regimento é acantonado em Lille, Arnaud pede baixa do serviço e retorna para a cidade paterna. Em Toulouse, aprende os fundamentos da prática cirúrgica com seu pai. Mas a Revolução Francesa o levaria novamente para uma vida de aventuras. Republicano, é alistado como cirurgião no 3º Batalhão de Voluntários de Haute-Garonne, aquartelado em Saint-Gaudens. Vai então combater o Reino de Savoia e ocupar o Principado de Mônaco, espalhando o ideário republicano e revolucionário para além das fronteiras da França.

Em Mônaco, vários soldados do Exército francês acabaram por se relacionar com mulheres naturais do principado. Como muitos de seus colegas, Arnaud iria conhecer e casar-se com uma monegasca. Em 2 de março de 1793, foram celebradas suas núpcias com Augustine de Vignallys. Augustine era filha de

---

1 Florence começou a escrever sua autobiografia em 1849. Era então um homem de 45 anos de idade. O diário em que se encontram esses dados é o *L'Ami des arts livre à lui-même ou recherches et découvertes sur différents sujets nouveaux*. Dentro deste, a autobiografia é intitulada "L'inventeur au Brésil ou recherches et découverts d'un européen pendant vingt ans de résidence dans l'interieur de cet empire". Os anos de sua infância e juventude, anteriores à sua participação na Expedição Langsdorff, estão nas p.177-96. Hoje esse diário está na posse de sua descendente Teresa Cristina Florence Goedhart, atual guardiã da Coleção Arnaldo Machado Florence.

FRANCESES NO BRASIL: SÉCULOS XIX E XX   505

uma família com inclinações artísticas. Seu irmão, Jean-Baptiste de Vignallys, foi premiado pela Academia Real de Pintura e Escultura de Paris em 1780.

Em 1796, após três anos de casamento, Arnaud foi transferido de volta para a França. Seu destino era o hospital militar improvisado no palácio do governador de Nice. Foi nesta cidade que Hercule nasceu, em 1804. Logo depois, Arnaud Florence foi exercer o cargo de coletor de impostos na cidade de Vintimille, também ministrando aulas de desenho na Escola Central do Departamento dos Alpes Marítimos e na circunscrição de Nice. O pai de Hercule faleceu em Mônaco em 1807.

Com a morte do marido, Augustine de Vignallys volta a se estabelecer em sua cidade natal. Assim, Hercule foi criado junto ao círculo familiar e de amizades de sua mãe, ambiente culturalmente rico, onde a criança pôde desenvolver suas potencialidades.

Segundo William Luret, o jovem Hercule cresceu lendo livros de aventuras e sonhando em viajar pelo mundo afora. Entre suas leituras estavam o *Robinson Crusoé*, de Daniel Defoe, e *L'Histoire philosophique et politique des établissements et du commerce des européens dans les deux Indes*, do Abade Raynal. Autodidata, estudou Física e Matemática. Mas, para desespero de sua mãe, seu desejo sempre foi dedicar-se à vida no mar (cf. Luret, 2006, p.132).

Após muito insistir, Hercule conseguiu o consentimento de Augustine para viajar. Com uma carta de apresentação de um grande comerciante de Nice, partiu rumo à Antuérpia. Chegando aos Países Baixos não conseguiu o emprego prometido e teve de voltar frustrado para Mônaco.

Não tardou para que sua inquietação o levasse a ser voluntário na Marinha Real francesa. Com a autorização de sua mãe, e na posse de um passaporte expedido pelo Principado de Mônaco em 31 de julho de 1823, Hercule assumiu o posto de grumete e embarcou na *Marie Thérèze*, sob o comando do capitão Du Campe de Rosamel. A fragata tomou parte no bloqueio de Barcelona e, finda a campanha, o navio retornou a Toulon, onde Hercule aguardou sua nova missão. Dessa vez, torcendo para que seu destino fosse a América.

A *Marie Thérèze* zarpou rumo à América em fevereiro de 1824. Aportou no Rio de Janeiro após 45 dias de viagem. Anos depois, Florence recorda-se de seu primeiro contato com o Brasil nas páginas de seu diário:

> Tudo me anunciava que estávamos no Novo Mundo: as pirogas que deslizavam ao redor da fragata, os negros, as frutas que eles traziam, tudo para mim era novo. Descemos à terra; e a primeira impressão que experimentei foi acompanhada de algo incômodo. Seria porventura um pressentimento? A vista desta população mesclada

de brancos, negros e mulatos de todas as graduações me entristeceu um pouco. Atravessei o pequeno largo do Capim, onde se açoitava um negro amarrado ao pelourinho. Esta cena me revoltou, pois eu era bisonho quanto à escravidão. Mais adiante via a fachada de São Francisco de Paula, onde estava escrito em grandes letras: *Charitas*; e não pude deixar de maldizer um povo que afetava tanto a caridade e que açoitava os negros. (apud Kossoy, 2006, p.49)

Apesar dessa primeira impressão de estranhamento, Florence não seguiu viagem com a tripulação da *Marie Thérèze*. Um mês após sua chegada ao Rio de Janeiro, já havia encontrado ocupação com um amigo do capitão Rosamel. Seu novo emprego era como caixeiro na casa de roupas de Pierre Dillon. Assim, a partir de 1º de maio de 1824, Hercule Florence se estabeleceria definitivamente no Brasil.

Foi funcionário de Dillon por quase um ano, quando aceitou trabalho na tipografia e livraria de outro francês: Pierre Plancher, exilado político também recém-chegado ao Brasil. Plancher trouxe em sua bagagem uma oficina tipográfica completa. Imprimia folhinhas, calendários e livros. Foi o fundador de um dos mais importantes periódicos da imprensa brasileira: o *Jornal do Commercio*. Em torno desse jornal estavam vários franceses exilados no Brasil por motivos políticos. Entre seus primeiros redatores estavam Emil Seignot e João Francisco Sigaud (cf. Bahia, 1990, p.40; Sodré, 1977, p.126-7).[2]

Ao mesmo tempo que trabalhava para Plancher, Florence colocava seu talento de desenhista à disposição do público:

[...] todas as pessoas que tiverem de mandar copiar mapas, plantas e desenhos de qualquer objeto podem falar com Hercule Florence, em casa do sr. Plancher, Rua do Cano, 113, na certeza de que ele se apressará a desenhar as suas obras com todo asseio e exatidão necessária.[3]

Contudo, um anúncio de jornal chamaria a atenção de Hercule.

---

2 Plancher publicou o primeiro número do jornal em 1º de outubro de 1827. Pouco depois retornou à França e deixou o jornal para Seignot. Em 1834 foi adquirido por outros franceses: Julius de Villeneuve e Reol de Mongenot. Após alguns anos, Francisco Antonio Picot substituiu Mongenot na sociedade.

3 *Diário do Rio de Janeiro*, 20 de julho de 1825, apud Kossoy, 2006, p.51.

Expedição Langsdorff–Florence, pintor etnográfico, naturalista e a crítica da sociedade escravista

Com propósitos científicos, naturalistas e artísticos, a expedição organizada pelo cônsul-geral da Rússia no Brasil, barão G. I. von Langsdorff, recebeu financiamento de Alexandre I, czar que liderou o movimento de restauração do Antigo Regime na Europa, iniciado no Congresso de Viena e na formação do Exército da Santa Aliança. A jovem nação brasileira ainda não conquistara a confiança diplomática dos russos e Langsdorff já organizava as primeiras viagens de sua expedição. Não há dúvida de que essa missão, planejada antes da assinatura do Tratado de Paz e Aliança entre Brasil e Portugal,[4] contemplava os interesses do czar russo de consolidar o prestígio da Rússia como grande potência mundial. A exemplo da bem-sucedida circum-navegação do globo realizada sob a liderança de Krusenstern, entre 1802 e 1806, a expedição de Langsdorff deveria explorar as potencialidades do "Novo Mundo" para fins industriais e comerciais (cf. Sevcenko in Becher, 1990).

Na primeira etapa, entre 1824 e 1825, a expedição percorreu o caminho da antiga Estrada Real, que ligava o Rio de Janeiro a Ouro Preto. Langsdorff contou com a participação do artista J. M. Rugendas, do astrônomo Alexandre Rubtsov, do botânico Luís Riedel e do zoólogo Eduardo Ménétriès.

A inserção de Florence no grupo de Langsdorff ocorreu de forma parcialmente obscura. É comum encontrarmos na literatura a referência de que Hercule teria visto um anúncio de jornal, na tipografia de Pierre Plancher, informando que o cônsul estava à procura de um geógrafo com habilidades em desenho (cf. Costa, 1995, p.25; Becher, 1990, p.73).

Entretanto, não se tem, até hoje, notícia precisa de tal anúncio e, pela leitura dos diários (cf. Komissarov, 1994)[5] produzidos ao longo da viagem, Florence teria assumido funções diversas até a demissão e morte de Adrien Taunay, que se afogou ao tentar atravessar o Rio Guaporé a cavalo e carregado de bagagens. Além de ter feito um minucioso trabalho de pintor etnográfico e naturalista, Florence produziu o mais completo caderno de campo da expedição, contratou remadores, guias e acompanhou o trabalho de construção dos batelões.

---

4   Tratado que reconheceu a independência do Brasil.
5   O único diário completo da Expedição Langsdorff é o de Hercule Florence, a partir do qual este produziu três variantes: a primeira entre 1829 e 1830; a segunda entre 1848 e 1855; e a terceira entre 1855 e 1859. cf. Komissarov, Boris. *Expedição Langsdorff*: acervo e fontes históricas. São Paulo: Unesp, Brasília: Edições Langsdorff, 1994.

Figura 24.1   Orquídea, por Hercule Florence.
Fonte: Monteiro, Salvador; Kaz, Leonel. *Expedição Langsdorff ao Brasil*. Rio de Janeiro: Alumbramento, 1998.

Em uma lista expedida no dia 29 de agosto de 1825, pelo vice-cônsul da Rússia, são apresentados os seguintes participantes, com suas respectivas funções: "Nestor Rubzof, astrônomo; Adrian Taunay, pintor; Hercule Florence, geógrafo; Luís Riedel, botânico; Frederico Hasse, naturalista; os pretos: João Moçambique, Alexandre Cabinda, Antonio Cassange, Pedro Cabinda, Jorge Congo, Antonio Cabinda; e o mulato: Jozé Alfaiate."[6]

O trabalho iconográfico produzido pelos dois franceses da expedição, hoje arquivado no Museu Pedro, o Grande (Kunstkamera), na Rússia, constitui o conjunto mais coerente e completo sobre os índios brasileiros daquele período. Fiéis àquilo que viam, Florence e Taunay retrataram os indígenas destacando suas particularidades culturais, seus grafismos, seus conflitos e sua hospitalidade.

Os estudos da pesquisadora Thekla Hartmann afirmam que Florence "soube reproduzir, com traços firmes e rápidos, a identidade somática de cada tribo representada, mais nitidamente do que em suas descrições verbais" (cf. Hartmann, 1970, p.160). O valor documental inestimável dos desenhos de Hercule Florence deve-se não somente à exatidão do traço, ou do rigor na caracterização das diferentes nações indígenas, mas ainda pelo caráter inédito dos retratos. As primeiras representações gráficas dos *txamakokos*, dos bororos ocidentais, dos *apiakás* e dos *guatós* foram produzidas por esse pintor. O processo de destribalização desses indígenas foi acelerado no século XIX, principalmente após a Guerra do Paraguai, quando o território da nação *guaikuru* foi definitivamente colonizado pelo Império brasileiro. Os onze desenhos elaborados por Florence a partir de um bando de bororós ocidentais encontrados na Fazenda Jacobina, em 1827, formam um conjunto raro, talvez o único registro sistemático desse grupo (ibidem, p.167).

Zoophonie, as origens da bioacústica

Entre os anos de 1829 e 1830, Florence sistematizou algumas anotações realizadas durante a expedição com a finalidade de desenvolver um estudo acerca da voz dos animais. Publicado em 1831 na Tipografia R. Ogier, o estudo foi apresentado sob o título *Mémoire sur la possibilité de décrire les sons et les articulations de la voix des animaux.* Em outros manuscritos, o estudo dos sons e da "voz dos animais" receberia as denominações "zoofonologia" e "zoofonia". Dotado de uma sensibilidade auditiva e de uma curiosidade estimulada pelas novidades da

---

6   Segundo Hans Becher, a lista original em português pode ser encontrada no Arquivo Histórico do Itamaraty.

Figura 24.2 Indienne Apiacá, por Hercule Florence.
Fonte: Monteiro, Salvador; Kaz, Leonel. *Expedição Langsdorff ao Brasil*. Rio de Janeiro: Alumbramento, 1998.

nova terra, Florence conseguiu formular o conceito de "especificidade do canto" que, malgrado não ter recebido a devida atenção à época, figura hoje como uma descoberta imprescindível para o desenvolvimento da bioacústica.

O método da zoofonia consistia na representação dos sons emitidos pelos animais por meio de notas musicais. Sabe-se hoje que, em função do aprimoramento dos instrumentos de análise e das limitações, o método de Florence é inadequado. Segundo o biólogo Jacques Vielliard, "a descrição dos sons emitidos por animais precisa da medição de seus parâmetros, e não de suas correspondências musicais" (cf. Vielliard, 1993, p.45).

A despeito das limitações do método proposto por Florence, com a zoofonia percebemos um traço dominante do universo mental compartilhado por esse francês. Culturalmente formado na tradição iluminista, segundo a qual "é a força da razão que constitui o único modo de acesso ao infinito, que garante sua existência e ensina a aplicar-lhe a medida e o limite com o objetivo [...] *de*

FRANCESES NO BRASIL: SÉCULOS XIX E XX 511

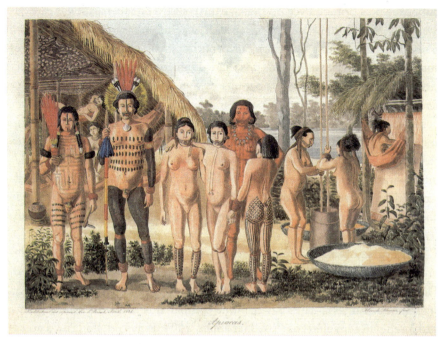

Figura 24.3   Apiacás, por Hercule Florence.
Fonte: Monteiro, Salvador; Kaz, Leonel. *Expedição Langsdorff ao Brasil*. Rio de Janeiro: Alumbramento, 1998.

conhecer a lei que o envolve e o impregna profundamente" (cf. Cassirer, 1997, p.66, grifo nosso). Hercule Florence lança mão de um recurso de enquadramento para os sons da natureza, segundo a lógica racional das notas musicais. Ao justificar a relevância de seu estudo, insere-o no sistema das ciências naturais mais tradicionais das universidades europeias. *"Je dirai même qu'il offrirait quelque chose de plus agréable et de plus propre à exciter la curiosité, car la même manière que la Minéralogie est une étude de la Nature passive, la Zoologie une étude de la Nature active; ce serait une étude de la Nature parlante"* (cf. Vielliard, 1993, p.19).

Quelques anecdotes brésiliennes

Também redigido pelo viajante entre 1829 e 1830, anexo ao diário de viagem, o documento foi transcrito e traduzido pelos historiadores Lorelai Kury e Francisco Foot Hardman sob o título *Algumas histórias brasileiras*. O manuscrito, publicado pela primeira vez no Brasil, é um registro de sete narrativas ouvidas e anotadas por Florence durante os anos de expedição.

Para além do valor etnográfico pormenorizado por Thekla Hartmann, esses autores consideram os registros dos diários um conjunto documental importante para o estudo da memória popular e de antigas tradições orais recolhidos sertão afora. Florence, neste aspecto, foi minucioso ao apontar traços sociais dominantes no universo da escravidão. Reescrevendo suas memórias entre os anos 40 e 50 do século XIX, Hercule criticou a violência intrínseca às instituições escravistas, quando estas se tornavam alvo de pesadas críticas no parlamento brasileiro, desdobramentos da abolição do tráfico negreiro[7] e da lei de terras.[8] Contexto de brutal elevação dos preços dos escravos, de intensificação do comércio interno, de caça e destruição dos quilombos mais próximos aos centros agroexportadores.

Leitor das obras de François-Marie-Charles Fourier (1773-1835), representante do socialismo utópico romântico e defensor do associativismo, Florence valoriza a experiência do quilombo como um lugar de afirmação da "comunidade liberta da escravidão que compartilha os frutos do trabalho e adota religião sem clérigos" (cf. Hardman, 2004, p.394). Essa crítica ao escravismo levou Florence a libertar os escravos que herdara da fazenda de seu sogro, Francisco Álvares Machado e Vasconcellos, tendo adotado um sistema de parceria semelhante ao de Nicolau Vergueiro. Dessa experiência temos o relato do viajante Tschudi:

> A légua e meia de Laranjal, encontra-se a fazenda Soledad, pertencente ao sr. Hercule Florence, onde pernoitei. Aí só havia duas famílias de colonos suíços, ambas do cantão do Glaurus. Os homens ficaram conversando comigo até as 11 horas da noite, relatando-me suas vidas na Pátria e na emigração. Estas duas famílias foram as mais trabalhadoras de quantos suíços encontrei na Província de São Paulo. Os resultados que obtiveram foram os melhores que vi. A princípio tinham estado um tanto desconfiados, mas quando se convenceram da sinceridade do fazendeiro, da lisura de suas contas e da possibilidade de se livrarem das dívidas por uma atividade inteligente e contínua, começaram a trabalhar sem descanso. (cf. Tschudi, 1954, p.165)

---

7 O tráfico de escravos foi abolido em 1850 com a aprovação, no parlamento, da Lei Eusébio de Queirós.

8 Segundo essa lei, todos os proprietários deveriam atualizar os títulos de suas propriedades. Instituiu-se, ainda, que a única forma de acesso à propriedade da terra seria pela compra. A renda derivada da venda de terras seria, então, utilizada para subsidiar a imigração de colonos que, então, substituiriam os escravos nas lavouras.

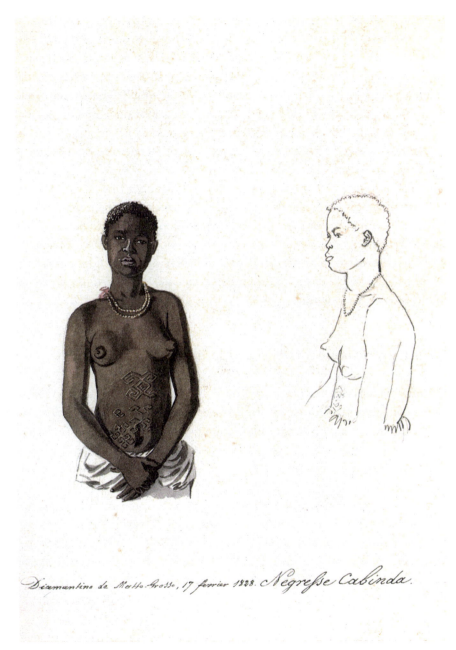

Figura 24.4 Negresse Cabinda, por Hercule Florence.
Fonte: Monteiro, Salvador; Kaz, Leonel. *Expedição Langsdorff ao Brasil*. Rio de Janeiro: Alumbramento, 1998.

O proprietário estimulava os colonos a adquirirem suas próprias terras, e para tanto fazia aplicações com os rendimentos deles. Emília Viotti da Costa considera que o caso da Fazenda Soledad "destoa flagrantemente" da média das fazendas que introduziram o sistema de parceria. Na fazenda de Florence, cada imigrante ficava responsável por algo em torno de sete mil pés de café; em uma comparação rápida com a média das fazendas, descobre-se que o comum era cada *família* ficar responsável por um a três mil pés de café (cf. Ribeiro, 2006, p.36).

Os anos em que Florence esteve viajando pelo interior do Brasil constituíram momentos decisivos de sua vida. Além de formar uma visão do contexto social brasileiro, o conjunto de relatos e pinturas produzidos por Florence parece indicar uma tentativa de produzir a sua viagem filosófica pelo interior do Brasil. O manuscrito das *anedoctes* seria, nesse sentido, o complemento indispensável à contribuição etnográfica e naturalista. Permanecer no Brasil significava adaptar--se a um contexto radicalmente diverso do que havia em Mônaco no seio familiar, e nosso viajante sabia das implicações de sua decisão. No Brasil há quase seis anos, Florence decidiu ficar.

A permanência no Brasil e a vida na vila de São Carlos

Um fator de grande influência para a decisão de Hercule permanecer no Brasil foi seu contato com a família Álvares Machado em Porto Feliz. Sem ocupação imediata e com as incertezas da vida em um país estrangeiro, Florence decide retornar à província de São Paulo, onde se casou em 4 de janeiro de 1830 com Maria Angélica de Vasconcellos, filha de seu antigo anfitrião Francisco Álvares Machado e Vasconcellos (1791-1846).

Cirurgião-mor e deputado, Álvares Machado era um homem de personalidade marcante. Liberal, amante de poesia e entusiasta da ciência, foi sem sombra de dúvida uma grande influência para o jovem Hercule. Os dois dividiam os mesmos interesses pela ciência, pela natureza e os mesmos valores políticos. É com carinho que este se recorda do convívio com o sogro:

> Que saudades tenho desse tempo, saudades de Francisco Álvares a recitar-me Camões, Francisco Manuel e Bocage, além de muitos outros!... Os versos desses grandes poetas, sobretudo Camões, tomavam em seus lábios, pelo acento e inflexão da voz, feição que despertava em mim uma fibra até então desconhecida. Eu lera nossos melhores poetas franceses e deles só compreendera o drama; não sentira a poesia; Francisco Ál-

vares me fez amar a poesia portuguesa; direi melhor: a Poesia. Somente depois que o conheci, senti prazer em ler Dante, Petrarca e Tasso. (cf. Florence, 1977)

Deputado provincial e representante paulista na Câmara dos Deputados do Império, Álvares Machado esteve diretamente envolvido no jogo político do tempo das Regências (1831-1840).[9] Membro do Partido Liberal, sua atuação política pode ser classificada como *liberal moderada*, pois defendia os interesses dos proprietários rurais paulistas e mineiros que controlavam o abastecimento da Corte, a reorganização do Estado com uma relativa autonomia para as províncias e um novo acerto jurídico com o equilíbrio de atribuições entre o poder Legislativo e o Executivo (cf. Carvalho, 1996; Dolhnikoff, 2005).

Mesmo não tendo atingindo o prestígio nacional e a liderança política de seus contemporâneos liberais, como Diogo Antonio Feijó (1784-1843), Antonio Carlos de Andrada (1773-1845) e Nicolau de Campos Vergueiro (1778-1859), foi um adversário tenaz do movimento conservador do Regresso. Os regressistas representavam os interesses da cafeicultura escravista do Vale do Paraíba e dos comerciantes de *grosso trato* da cidade do Rio de Janeiro. O projeto regressista visava não apenas à manutenção do poder político centralizado na Corte, mas também queria conferir ao imperador, no exercício do Poder Moderador,[10] o controle efetivo do Executivo e do Legislativo conforme ficou estabelecido no texto da Constituição de 1824.[11]

Com a renúncia de Feijó do cargo de regente único em 19 de setembro de 1837 e a posterior ascensão de Pedro de Araújo Lima (1793-1870) ao comando do Estado imperial, Álvares Machado se aproxima do grupo liderado por Antonio

---

9 O período regencial, compreendido entre a abdicação de Dom Pedro I (7 de abril de 1831) e a Maioridade de Dom Pedro II (23 de julho de 1840), foi marcado pelo agravamento de manifestações e revoltas por todo o Brasil. Esses conflitos não podem ser pautados apenas pela questão da centralização *vs.* descentralização. Ocorreram também quarteladas, rebeliões envolvendo escravos e quilombolas e manifestações lusófobas.

10 A doutrina do Poder Moderador difundiu-se no Brasil a partir das ideias de Benjamin Constant (1767-1830). Constant defendia a monarquia constitucional combinada com a instituição de um poder neutro ou moderador, exercido pelo monarca. A Constituição de 1824 definiu o Poder Moderador como aquele que tinha a obrigação de manter a independência e a harmonia entre os demais poderes. O foco de disputa política acerca do Poder Moderador estava no fato de a Constituição não ter estabelecido a estrita separação deste poder com o Executivo, ao determinar que o imperador também devia ser o "chefe do Poder Executivo", exercitando-o através de seus ministros.

11 Para a análise do projeto político conservador do regresso, ver Mattos, Ilmar Rohloff de. *O tempo Saquarema*: a formação do Estado imperial. 5.ed. São Paulo: Hucitec, 2004.

Carlos de Andrada. Juntos serão dois dos principais propagandistas da tese da Maioridade de Dom Pedro II, então um adolescente de 14 anos.[12]

A ideia da Maioridade do jovem imperador já circulava nos ambientes políticos como uma possível solução para os conflitos sociais que afligiam o País. Era uma saída negociada para os diversos segmentos da classe senhorial que, apesar de divergências, apoiavam o regime monárquico. Para os liberais era a possibilidade de conquistar a simpatia do monarca e frear o avanço das políticas regressistas.

Comprometidos com o ideal monárquico, os partidários do Regresso ficaram desconcertados diante da crescente mobilização liberal em favor da Maioridade. Temendo que o encaminhamento das medidas regressistas ficasse comprometido no caso de a Maioridade ser articulada pelos liberais, os conservadores se empenharam em acelerar a aprovação da Lei de Interpretação do Ato Adicional,[13] que extinguia as Assembleias provinciais e restabelecia os Conselhos provinciais, aprovando-a em 12 de maio de 1840.

Esse movimento do grupo conservador levou à radicalização da campanha pública no Senado e na Câmara, com discursos inflamados dos representantes liberais favoráveis à entrada do imperador na política nacional. São desse momento vários pronunciamentos de Álvares Machado. Em todos, o deputado paulista concluía com o mesmo bordão: "É chegado o momento, é chegado o ensejo de salvar a pátria, é chegado o momento de salvar o Brasil. Hei de votar para que o sr. D. Pedro II tome conta das rédeas do governo" (apud Sousa, s.d., p.151).

A campanha liberal foi bem-sucedida. O jovem imperador foi declarado maior e tomou posse de seus poderes constitucionais em 23 de julho de 1840. No dia seguinte, Antonio Carlos de Andrada e seus aliados formaram o núcleo liberal do Gabinete da Maioridade. Nesse gabinete, caberia a Álvares Machado a mais espinhosa de todas as missões: presidir a Província do Rio Grande de São Pedro, no sul do Império.

---

12 Octavio Tarquínio de Sousa arrola Álvares Machado no grupo de "autores e atores" da Maioridade. Cf. Sousa, Octavio Tarquínio de. *Três golpes de Estado*. Rio de Janeiro: José Olympio, s.d. História dos Fundadores do Brasil, v.iii.

13 O Ato Adicional, promulgado pela Lei n. 16, de 12 de agosto de 1834, introduziu algumas modificações na Constituição de 1824: estabeleceu a transformação dos Conselhos Gerais em Assembleias Legislativas Provinciais, instituiu a regência una, eletiva e temporária enquanto durasse a menoridade do imperador, e aboliu o Conselho de Estado. A revisão proposta pela Lei de Interpretação do Ato Adicional previa o retorno ao *status quo* da Constituição de 1824.

O sul estava conflagrado desde 1835 pelo Movimento Farroupilha.[14] Em um cálculo político mal elaborado, Antonio Carlos proclamou em 22 de agosto de 1840 uma anistia unilateral aos rebelados que desejassem depor armas e retornar ao grupo de "felizes vassalos" do jovem imperador. O prestígio do novo gabinete e a maioridade não foram suficientes para abrandar os ânimos indispostos depois de cinco anos de guerra.

Com o fracasso da anistia, Álvares Machado foi pessoalmente negociar um acordo com o líder farroupilha Bento Gonçalves (1788-1847). Gonçalves rejeitou a proposta do enviado da Corte, pois temia uma traição do governo imperial, e duas de suas demandas não foram aceitas: o líder farroupilha pretendia que os soldados negros rebeldes mantivessem sua condição de libertos e que a província do Rio Grande fosse considerada federada ao governo do Rio de Janeiro (cf. Flores, 2004, p.94-5).[15]

O gabinete liberal não sobreviveria a esses reveses. Os conservadores conseguiram substituir o Gabinete da Maioridade pelo Gabinete Palaciano em 23 de março de 1841, e, consequentemente, deram continuidade às reformas regressistas, como a restauração do Conselho de Estado e a reforma do Código de Processo Criminal, de fins de 1841. A isso se acrescentou a dissolução, em 1º de maio de 1842, da Câmara dos Deputados de maioria liberal, resultante das "eleições do cacete" – como ficaram conhecidas as eleições de 1841, por sua truculência, segundo os conservadores.

Esses esclarecimentos são importantes para contextualizar a atuação política de Hercule Florence. Tradicionalmente, ao abordar esse período, a historiografia se preocupou mais com as primeiras descobertas que Florence estava realizando em torno do processo fotográfico e a divulgação de inventos como a *zoophonie* e a *polygraphie*. Durante esses anos, na ausência de seu sogro, Florence ficou responsável pelos negócios da família em São Carlos (atual Campinas). Sob sua responsabilidade estavam a farmácia de Álvares Machado e um negócio próprio de venda de tecidos.

Além dessas ocupações e de suas pesquisas para novos inventos, Florence possuía uma tipografia. O equipamento tipográfico completo foi comprado no

---

14 Revolta que mobilizou as províncias do Rio Grande de São Pedro e de Santa Catarina contra o governo imperial durante uma década (1835-1845). As causas da revolta estão diretamente ligadas à criação de impostos alfandegários pela Corte do Rio de Janeiro, em prejuízo dos estancieiros gaúchos e à tentativa de criação de um corpo militar provincial diretamente subordinado ao poder central.

15 A missão de Álvares Machado também é analisada por Lima, Manuel de Oliveira. *O Império brasileiro (1822-1889)*. Brasília: UnB, 1986.

Rio de Janeiro com um empréstimo de 800 mil-réis intermediado por seu sogro. Segundo Jolumá Brito, a tipografia foi autorizada a iniciar seus trabalhos em dezembro de 1838, tornando-se a primeira de Campinas (cf. Brito, 1958, p.39).

Por si só essa tipografia tem importância histórica, não apenas por seu pioneirismo em Campinas, imprimindo prospectos de propaganda e cartões, mas também por rodar o primeiro jornal do interior da província de São Paulo. E não foi um periódico qualquer. Com o título *O Paulista*, o jornal passou a ser publicado em 27 de maio de 1842 e teve curta duração, mas seu impacto foi muito além de seus poucos números. *O Paulista* foi responsável por veicular notícias que propagaram os movimentos liberais daquele ano.

As revoltas levadas a cabo em São Paulo e Minas Gerais em 1842 foram as últimas e desesperadas tentativas liberais de barrar a ascensão dos conservadores a reboque do projeto político centralizador da Constituição de 1824. Estas não visavam à derrubada do governo monárquico de Dom Pedro II. O objetivo era obter conquistas que reconduzissem os liberais ao poder contra a direção conservadora. Desde 1841, simpatizantes da causa se encontravam nas províncias em tertúlias políticas patrocinadas pelas lideranças liberais. Eram a Sociedade dos Patriarcas Invisíveis, disseminada nas províncias, e os Círculos Patriarcais, nos municípios. A penetração mais efetiva dos patriarcas deu-se em Minas Gerais e em São Paulo, provavelmente porque nessas províncias se concentravam os expoentes da elite política liberal opositora da centralização assentada na hegemonia do Rio de Janeiro.

Em 17 de maio de 1842 os liberais paulistas proclamaram, em Sorocaba, Rafael Tobias de Aguiar – deposto pelo ministério conservador de 1841 – como novo presidente interino, logo reconhecido pelas vilas de Itapetininga e Faxina. Entre os revoltosos reapareceu a figura do ex-regente Diogo Feijó e a figura do senador Nicolau de Campos Vergueiro. Apesar de não conseguirem a adesão da capital provincial, em fins de maio os revoltosos conseguiram o apoio das localidades de Itu, Porto Feliz, Capivari e Constituição.

Mas o movimento não teve vida longa. Em 20 de junho, o brigadeiro Luís Alves de Lima e Silva, então barão de Caxias, entrou vitorioso com as tropas legalistas em Sorocaba. O movimento liberal foi definitivamente derrotado no dia 20 de agosto no campo de batalha de Santa Luzia, na província de Minas Gerais. Dali em diante os liberais passaram a ser reconhecidos por seus adversários como *luzias*, uma lembrança irônica de sua maior derrota.

O jornal rodado na tipografia de Florence serviu como uma espécie de "diário oficial" dos revoltosos. Seu idealizador e principal redator foi ninguém menos que Diogo Antonio Feijó. É muito improvável que Florence estivesse alheio ao conteúdo do periódico que estava sendo impresso em sua oficina.[16]

Segundo Freitas Nobre, quando a derrota era já iminente, Feijó e Florence enterraram todo o maquinário da oficina na estrada para Sorocaba, para que os legalistas não o utilizassem. No total, circularam quatro números do jornal, correspondentes aos dias 27 e 31 de maio e 8 e 16 de junho, não havendo dúvida de que o quinto número estava composto e só não foi impresso devido ao fracasso do movimento (cf. Freitas, 1950, p.54).

Devemos ressaltar que Álvares Machado não participou do levante. Mais do que isso, o condenou. Já Hercule Florence teve de se refugiar com a esposa em Porto Feliz. Ali esteve sobre a proteção de amigos de seu sogro (cf. Bourroul, 1900, p.398-9).

Esta foi a primeira e única experiência direta de Florence com a luta política do Império. Dali em diante, suas opiniões políticas só virão a público em breves passagens de seus escritos e relatos acerca da Expedição Langsdorff, na implantação do sistema de parceria em sua propriedade e na pedagogia progressista de seu estabelecimento de ensino.

A descoberta da *photographie* e a invenção da *polygraphie*

As duas técnicas de reprodução de imagem foram descobertas por Florence quando este vivia no interior de São Paulo. A ausência de uma tipografia em que pudesse imprimir suas gravuras, a insatisfação com o trabalho feito por R. Ogier na edição de seu manuscrito sobre a zoofonia e as condições proporcionadas pelo meio social motivaram Florence a trabalhar na criação de novos métodos de impressão.

A poligrafia, segundo Florence,

[...] se baseia na ação solvente de um líquido – que está embebido em um papel – sobre a tinta que envolve a placa; a tinta solta-se da placa, fixando-se sobre o papel, o

---

16 É fácil perceber as simpatias políticas de Florence pelos homens públicos que retratou em telas e desenhos. Todos eram políticos liberais de destaque. Entre os retratados estão o próprio regente Feijó, Nicolau dos Campos Vergueiro e o *liberal exaltado* Líbero Badaró (1798-1830). Na Coleção Cyrillo H. Florence, sob a guarda de Leila Florence, existe uma poligrafia de Hercule homenageando Dom Pedro II, após o golpe da Maioridade.

que implica a necessidade de preparar uma tinta mole, para que ela possa tomar o lugar daquela que se prende ao papel.[17]

Tendo iniciado os experimentos da poligrafia em 1830, Hercule conseguiu realizar a primeira cópia adequada de uma gravura em 1834.

Boris Kossoy rastreou o esforço de Florence para divulgar a invenção da poligrafia. Segundo esse autor, Hercule entregou ao encarregado de negócios da França, Edouard Pontois, dois desenhos poligrafados; publicou artigos divulgando o invento no *Jornal do Commercio* nos dias 29 de dezembro de 1839, 10 de fevereiro e 16 de março de 1840; Alexandre Allouat, encarregado de negócios da Sardenha, enviou uma memória sobre a poligrafia à Academia de Ciências de Turim, em 1842, e registrou a descoberta na Academia de Belas-Artes do Rio de Janeiro em 1844. Nessa instituição, Florence também entregou um "desenho photographiado" a Félix Taunay. Por fim, publicou em francês uma memória sobre a poligrafia no *Correio Mercantil*, Rio de Janeiro, nas datas 11 de dezembro de 1851 e 18 de janeiro de 1852. A continuação de seus estudos e o aperfeiçoamento da poligrafia resultou na criação de um tipo especial de papel, muito utilizado para a confecção de papel-moeda, que Florence denominou "papel inimitável". Uma combinação aleatória de cores conferia um caráter ímpar a cada nota.[18]

Não obstante Hercule não ter obtido sucesso no reconhecimento da invenção da poligrafia, é prudente destacar seu empenho na busca de diferentes métodos de impressão, em um contexto de escasso desenvolvimento tecnológico, se compararmos ao que outros inventores contemporâneos encontravam à sua disposição. França e Inglaterra, em acelerado processo de industrialização, já ensaiavam o uso dos primeiros transformadores oriundos das descobertas de Faraday. No Brasil, cuja vocação econômica ainda era predominantemente agroexportadora, não havia campo fértil para a proliferação de pesquisas

---

17 Cf. tradução e transcrição do "Segundo livro de primeiros materiais", por Francisco Álvares Machado e Vasconcellos Florence. Coleção Arnaldo Machado Florence, sob a guarda de Teresa Cristina Florence Goedhart, apud Kossoy, 2006, p.353.

18 Em seu diário particular, Florence relata menção da Academia de Turim sobre a poligrafia: "[...] meu irmão, residente em Mônaco, próximo a Nice, na época me escreveu que ele teve informação, por um parente que se encontrava em Turim, que a Academia havia declarado que a poligrafia já era conhecida, mas que eu a havia aperfeiçoado bastante". Volume "Correspondance e pièces scientifiques". Cf. Kossoy, 2006, p.78.

científicas mais sistemáticas e coletivas. A iniciativa individual de Florence foi decisiva neste contexto.[19]

A ausência de material adequado é uma preocupação constante nos seus diários. A câmara obscura, artesanalmente construída, não era totalmente vedada, e permitia a entrada de luz, escurecendo o papel. "E tu, Divino sol, empresta-me teus raios." Estas palavras, em tom de súplica, foram reproduzidas no papel. Sucesso ainda rudimentar do que ele denominaria *photographie*. Kossoy reconstituiu os passos de Florence nessa descoberta. Segundo esse autor, a partir da leitura dos diários depreendem-se as seguintes etapas:

> [...] 1. aplicação, sobre o vidro, de uma camada negra obtida pela mistura de fuligem socada com goma arábica, em determinadas proporções; 2. traçar o desenho em papel transparente; 3. colocar, sobre a prancha de vidro, o papel ao avesso, no qual se esfrega alvaiade; 4. repassar com um punção o desenho, que ficará demarcado sobre o vidro, no sentido oposto; 5. gravar sobre a camada negra, com um punção, o desenho já demarcado, operação essa que se executa tendo-se sob a prancha de vidro um pano preto, que, por ser mais escuro que a própria camada negra do vidro, facilitará a gravação; 6. tem-se gravado o desenho – na realidade os traços são resultantes da ausência da camada negra, isto é, removida do suporte de vidro naqueles locais pela ação do punção – no sentido oposto, o qual resultará na posição correta depois de copiado com papel foto sensibilizado, sob a ação da luz. (cf. Kossoy, 2006, p.183-4)

O sucesso dos experimentos resultaram, ainda, da combinação do princípio da câmara obscura com substâncias químicas fotossensíveis – nitrato de prata, cloreto de prata e cloreto de ouro.

O reconhecimento internacional da descoberta de Florence ocorreu em função dos esforços de seus herdeiros e do autor da tese da *descoberta isolada da fotografia*, Boris Kossoy. Em 1976, pôde este divulgar os resultados de sua pesquisa no III Symposium de História da Fotografia, promovido pelo Photographic Historical Society, de Rochester, Nova York. Desde então tem-se defendido a ideia de que a fotografia foi o resultado de múltiplas pesquisas e descobertas oriundas de pelo menos três países: França, Inglaterra e Brasil.

---

19 Nos anos 1970, o pesquisador Boris Kossoy defendeu a polêmica tese que inseriu Florence no panteão dos inventores da fotografia. Efetuando suas pesquisas na periferia do capitalismo industrial, sem materiais adequados ou laboratório próprio, Florence obteve sucesso na reprodução de imagens pela ação da luz solar.

Figura 24.5   Samambaia e Gaytivoca, por Hercule Florence.
Fonte: Monteiro, Salvador; Kaz, Leonel. *Expedição Langsdorff ao Brasil*. Rio de Janeiro: Alumbramento, 1998.

O "pai da iconografia paulista"

No contexto das comemorações do centenário da independência do Brasil, Affonso d'Escragnolle Taunay realizou, no Museu Paulista, um grande projeto de recuperação, catalogação e exposição de obras da iconografia paulista que estavam sob a guarda de particulares. A partir de seu planejamento, foi montada uma nova sala sobre a iconografia relativa aos antigos costumes e modos de vida paulistas. Dessa sala fariam parte reproduções a óleo de originais de Hercule Florence, cedidos para reprodução por seus filhos prof. Paulo Florence e dr. Guilherme Florence e de imagens pertencentes a um caderno de viagem de Hercule, propriedade da Biblioteca Nacional de Paris (Taunay encomendou fotografias de todas essas gravuras). A ideia era ampliar as imagens deixando-as mais compreensíveis, conservando suas características originais.

"Esse empenho de Taunay em relação à composição iconográfica do Museu Paulista faz crer que ele estava absolutamente consciente do poder evocativo das imagens na formação do quadro histórico que pretendia delinear e instaurar." (cf. Brefe, 2005). Assim, tomando os desenhos de Florence como documentos autênticos do antigo modo de vida de São Paulo, Taunay o denominou "patriarca da iconografia regional". Apenas duas telas não resultaram em cópias idênticas aos desenhos de Florence: *Cavalhada em Campinas, por ocasião da visita de D. Pedro II (1846)*, de Benedito Calixto, e *O carretão*, de Alfredo Norfini.

No relatório referente ao ano de 1922, Taunay descreve o sucesso das festividades do centenário. Destaque para a sala de iconografia paulista que apresentava as reproduções a óleo de gravuras de Hercule Florence, de autoria de Aurélio Zimmermann, Oscar Pereira da Silva, Benedito Calixto, Alfredo Norfini, José Washt Rodrigues, F. Richeter, Rocha Ferreira, H. Távola e H. Emelens.

Dimensão ainda pouco explorada por seus biógrafos, a iconografia paulista de Florence constitui um acervo documental precioso sobre a vida material da província de São Paulo no século XIX.

A experiência do Colégio Florence: a educação feminina

Após a morte de Maria Angélica Machado e Vasconcellos Florence, Hercule se casaria com a alemã Carolina Krug, que chegara com os pais a Campinas em dezembro de 1852. A emigração dos Krug foi motivada por questões de ordem política e profissional. Além da vontade de se unirem ao filho próspero de Campinas, havia ainda razões políticas claras. Remetemos à citação do relato de Tschudi:

524   LAURENT VIDAL E TANIA REGINA DE LUCA (ORGS.)

O pai do sr. [Jorge] Krug emigrara da Alemanha, devido à triste situação política do Ducado eleitoral de Hessen-Kassel, onde exercia, na cidade de Kassel, a profissão de marceneiro, que lhe dera grande fama, como artífice hábil e competente. Cometera, entretanto o grave crime de abrigar ideias demasiado liberais, o que lhe valeu ser forçado a abandonar a pátria, ele e sua família. (cf. Tschudi, 1954, p.58)

Jorge Krug, farmacêutico estabelecido no Brasil desde 1846, já possuía uma pequena fortuna em Campinas. Foi vice-cônsul da Suíça, era maçom, membro do partido liberal e cofundador dos Colégios Culto à Ciência e Escola Alemã. Carolina nasceu no dia 21 de março de 1828, na cidade de Kassel. O pai, João Henrique Krug, era fabricante de mosaicos artesanais de madeira. Carolina frequentou a Escola Ruppel até os 14 anos, quando fez sua primeira comunhão. Seu curso superior foi dirigido por um pastor de nome Jatho, que a incentivou nos estudos de História Universal e Literatura. A fim de se especializar e complementar a formação de educadora, foi enviada para estudos na Suíça, no Instituto Madame Niederer, cujas ligações com Pestalozzi eram profundas. Carolina retorna a Kassel em 1848. Iniciando sua carreira como professora em casa familiar, foi contratada para lecionar em um colégio em Altona, onde ficou por três anos.

Após o casamento, realizado em Campinas em 1854, Hercule e Carolina foram morar na Fazenda Soledad, junto com os filhos. Em 1863, preocupados com a educação dos filhos, o casal decide retornar a Campinas. Movidos pelo interesse em oferecer uma educação alinhada à visão liberal e cientificista do conhecimento, decidem abrir uma escola para moças. Arilda Inês Miranda Ribeiro avalia que a fundação do Colégio Florence ocorreu devido a questões de ordem pública e privada. De ordem privada estava o interesse de Carolina na educação de seus filhos e no exercício de sua profissão. De ordem pública, menciona um "novo ciclo de desenvolvimento cultural" na região de Campinas, estimulado pelos debates dos políticos liberais, principalmente sob influência de seu irmão Jorge Krug (cf. Ribeiro, 2006, p.36).

As inovações introduzidas pelo Colégio Florence na educação das mulheres destoavam, principalmente, do padrão de ensino praticado nas escolas católicas do interior paulista. O que pretenderam sua fundadora e seus docentes foi estarem sempre ajustados às teorias pedagógicas em vigor na Europa, de tendência laicizante e iluminista, ainda que o ensino de Doutrina Cristã fosse praticado. Os trabalhos finais eram realizados coletivamente pelas alunas, e foram abolidas as notas e/ou menções honrosas. Elementos que poderiam estimular a rivalidade ou a competitividade eram neutralizados por atividades que exigiam a cooperação e a solidariedade, como os saraus musicais orientados pelos professores.

Estar atualizada com as tendências da educação europeia era um princípio fundamental de Carolina. Diz a fundadora em 1872:

> O ensino e a Educação da mocidade tem-se tornado hoje uma questão do mais incontestável interesse e que merece todo nosso esmero, visto que nella repousam o progresso moral e a felicidade de nós todos. Animada por essa observação, tenho trabalhado constantemente para adequar meu collégio, as exigências da nossa época. Pela chegada de uma nova professora vindo da França, onde tem ensinado por vários annos depois de ter feito seus estudos na Alemanha, ser-me-há possível dar mais desenvolvimento ao meu colégio e merecer de mais a mais a confiança dos pais que me encarregaram da educação de suas filhas. (ibidem, p.115-6)

Em relatório dirigido ao Inspetor de Instrução Pública, redigido por Hercule Florence, este dizia haver, no Colégio Florence, em 1867, 42 alunas, sendo 23 internas, sete "meio-pensionistas" e 12 externas. Entre as disciplinas ministradas destacavam-se: Doutrina Cristã, História Sagrada, Gramática Portuguesa, História, Geografia, Aritmética, Francês, Primeiras Letras, Desenho, Piano e Canto, Trabalhos de Agulha e Leitura.

A autonomia pedagógica que possuíam os professores atraiu muitos intelectuais liberais para o Colégio Florence. Rangel Pestana e João Kopke colaboraram com a instituição durante muitos anos. O próprio Hercule Florence era professor de desenho.

Devido a uma forte epidemia de febre amarela, em 1889 a instituição foi transferida para Jundiaí. Carolina permaneceu na sua direção por 33 anos. Em 1928 o Colégio Florence foi convertido na Escola Normal Livre.

Considerações finais

Reconstituir a trajetória de Hercule Florence no Brasil do século XIX nos convida a refletir acerca de questões históricas ainda presentes no universo da imigração contemporânea. Quais condições possibilitaram a adaptação e a incorporação desse francês no ultramar? A "bagagem" cultural e as aptidões pessoais tiveram influência decisiva na inserção de Florence na sociedade brasileira? E, ainda, como certa configuração social e política da sociedade incorporadora definiram os horizontes de sua atuação?

No escopo deste texto, buscou-se estabelecer os parâmetros tanto da influência cultural exercida por Florence, como de sua contribuição para a consolidação de uma herança liberal e progressista em São Paulo. Em seus diários, na sua atuação política, na incansável busca de novas formas de impressão, à frente dos negócios do sogro, nas pinturas e como diretor do Colégio Florence, Hercule revela uma faceta ímpar da imigração francesa no Brasil: a de um verdadeiro humanista.

Não é uma tarefa fácil fugir da ilusão biográfica. Classificar a trajetória individual de Hercule Florence como extraordinária é uma reação racional diante da diversidade de suas realizações. Se permanecermos restritos à leitura dos diários, aos relatos de suas viagens e às descrições de seus experimentos, talvez sejamos incapazes de perceber a identificação de Florence com o país que adotou e o contexto em que viveu, incorrendo na mera reprodução do modo como este se via e gostaria de ser lembrado.

Assim, apostamos que, até sua morte em 27 de março de 1879, Hercule Florence enfrentou dilemas semelhantes aos dos imigrantes que aportaram no Brasil imperial. Diante de uma jovem nação que lutava para superar as amarras que a vinculavam ao regime de colônia, em um contexto de profunda desigualdade social, estranho às utopias românticas de solidariedade e igualdade, em um universo cultural pouco afeito às questões do espírito e das artes, Florence identificou-se e plantou raízes no meio que mais lhe era comum, qual seja, o dos liberais paulistas de Campinas, Itu e Porto Feliz. O encantamento com a amizade e com as ideias de Francisco Álvares Machado e Vasconcellos resolveu o dilema em que se encontrava Hercule quando, finda a viagem com Langsdorff, refletiu sobre ficar ou partir.

Homem de um iluminismo tardio, acreditava no poder transformador da educação, combateu o trabalho escravo e soube identificar a riqueza e a sabedoria dos costumes dos povos indígenas que encontrou em suas andanças pelo interior do País. Ao inseri-lo na rede de relações e obrigações externas de seu tempo, buscamos mostrar e compreender sua humanidade.

25
B. L. Garnier e A. L. Garraux:
Destinos individuais e movimentos de conjunto nas relações editoriais entre a França e o Brasil no século XIX

Marisa Midori Deaecto

Por mais de dois séculos as edições francesas aguçaram os espíritos das gentes de letras e habitaram as estantes de homens ilustres. Essa comunhão entre as formas de pensamento e o universo editorial criou um ambiente acolhedor aos profissionais do livro de origem francesa. Não por acaso, a primeira livraria de que se tem notícia no Rio de Janeiro, no final do século XVIII, pertenceu a um descendente de livreiro francês radicado em Portugal. Seu nome era Paulo Martin. Também em terras portuguesas foram os franceses pioneiros no mercado de livros, deixando herdeiros que se ocuparam do mesmo ramo por várias gerações. Lembremos as casas centenárias dos Bertrand, Chardron e Férin (Guedes, 1987).

Ocorre que a história do livro brasileiro se inicia de fato a partir de 1808, mais precisamente após o decreto assinado pelo regente Dom João, em 13 de maio, que deu origem à Impressão Régia. Embora o governo mantivesse o monopólio sobre a impressão de todos os documentos oficiais, atendendo, igualmente, às demandas externas, não demorou o tempo em que novos tipógrafos-livreiros se instalassem na Corte do Rio de Janeiro e em outras cidades do Brasil.

Após 1822, o número de estabelecimentos livreiros se expande consideravelmente, ao que não se pode negar a intervenção auspiciosa de Dom Pedro I. Foi sob as honrarias e os préstimos do imperador que aportou na Corte, em 1824, o tipógrafo-livreiro Pierre Plancher. Bonapartista, encontrava-se premido pela censura de uma França restaurada pelos Bourbon. Na Corte, fundou o jornal *O Spectador Brazileiro* e, pouco mais tarde, em 1827, o *Jornal do Commercio*. Comercializou edições de conteúdo político impressas em Paris, dentre elas, os escritos de Benjamin Constant. Inovou no uso da litografia, tendo como ilustrador e litógrafo o também bonapartista emigrado Hercule Florence, que em 1825 passou a integrar a Expedição Langsdorff.

A família Seignot-Plancher regressou para a França pouco depois da crise do Primeiro Reinado, em 1832 (Morel, 2005, p.23-60). Outros franceses fizeram figura no mercado livreiro daqueles tempos: Villeneuve, Mongerot, Bompard, Mongie, Ogier, Bossange, Aillaud, Firmin-Didot... para citar os mais conhecidos.

No Segundo Reinado, o quadro socioeconômico da jovem nação tornara-se promissor. As sedições provinciais haviam sido sufocadas, as finanças públicas, controladas, e um novo ciclo agroexportador, a cafeicultura, começava a dar o tom dos novos tempos. O mercado editorial acompanha essa onda modernizadora. Todavia, se a edição do livro aponta para uma maior profissionalização de seus agentes, ainda não é possível vislumbrar um movimento de nacionalização.[1] Nesse momento, parte significativa dos livros circulantes de nossa literatura era impressa na Europa, sem contar a alta incidência de autores em língua estrangeira, especialmente em francês.

Dentre os profissionais franceses que inscreveram seus nomes nesse capítulo da história do livro no Brasil dois merecem a nossa atenção: Baptiste Louis Garnier e Anatole Louis Garraux. O primeiro instalou-se no Rio de Janeiro; o outro, em São Paulo. Cada um soube à sua maneira tirar proveito das potencialidades das duas capitais. De certo modo, eles parecem ter seguido à risca o exemplo de outro gigante de seu tempo, Pierre Larousse, cuja inscrição estampada no *ex-libris* não deixa dúvidas sobre o destino da edição francesa: "semear contra o vento".

Movimentos de conjunto

As primeiras inovações no âmbito da produção de impressos surgiram na Inglaterra, no contexto da Revolução Industrial. A prensa Stanhope leva o nome de seu inventor, um cientista inglês que "admirava fanaticamente a Revolução Francesa" (Rousseau, 1960, p.191). O mecanismo consistiu em substituir a estrutura da prensa de madeira por outra em metal, o que possibilitou uma impressão mais forte e mais rápida. Daí para o uso da máquina de Watt não foi preciso esperar muito tempo. A solução foi encontrada em 1810, pelo alemão Frederik Koenig. O salto definitivo em direção ao uso das rotativas deu-se em

---

1 Nesse meio século, Paula Brito foi exceção, mas não logrou ultrapassar o espaço de uma geração com seu empreendimento gráfico-editorial.

FRANCESES NO BRASIL: SÉCULOS XIX E XX   529

Paris, pelo cientista Hyppolite Marinoni, em 1863.[2] Ele contou com o apoio financeiro de Émile de Girardin, magnata da imprensa que fez fortuna com o gênero folhetinesco.

Traduzindo esses eventos em termos de produção e consumo: o livro tornou--se um produto acessível às massas. Entre 1838 e 1853, "o preço das principais coleções caiu de 15 F para uma média de 1 F e, paralelamente, as tiragens se elevaram de 1.000 para 6.000 exemplares" (Mollier, 2002-3, p.27).

A esses fatores é preciso somar a revolução operada nos meios de comunicação e de transportes.

Em 1882, a frota mundial de embarcações transoceânicas era estimada em 22 mil vapores. Deve-se considerar que, nessa época, os veleiros tinham peso significativo, na proporção de três toneladas de navios a vela para uma a vapor (Hobsbawm, 1991, p.48-9). Notemos que as frotas inglesas, de velas e de vapores, eram as maiores e dominavam a navegação mundial. Mercadorias francesas e de outras nacionalidades eram despachadas para os portos brasileiros – do Recife, de Salvador e do Rio de Janeiro – em navios britânicos. A primeira linha de navegação a vapor francesa (Figura 24.1) que perfazia o trajeto Bordeaux–Rio de Janeiro foi inaugurada em 1861, "com escalas em Lisboa, Dakar, Pernambuco e uma linha de extensão para Buenos Aires e Montevidéu".[3]

Contribuíram para o progresso dos meios de comunicação o desenvolvimento do sistema de telégrafos e dos correios. Em 1878, era publicada a seguinte notícia na cidade de São Paulo:

> O Brazil adheriu á convenção postal entre os diversos paizes que formam a *União Geral dos Correios*. Em vista d'isso a correspondencia paga porte sómente no logar da remessa ou da entrega, excepção feita dos jornaes e impressos, cujo pagamento previo é obrigatorio. Eis os paizes que adheriram a *União*: Allemanha, Austria-Hungria, Belgica, Brazil, Dinamarca, Egypto, Estados Unidos, França, Gran-Bretanha, Grecia, Hespanha, Italia, Japão, Luxemburgo, Noruega, Paizes-Baixos, Portugal, Roumania, Russia, Servia, Suecia, Suissa e Turquia – e todas as suas possessões em qualquer parte do mundo. As taxas para qualquer d'estes pontos são: [...] Papeis de

---

2   "Pouco a pouco", escreve Pierre Rousseau, "elemento a elemento, a máquina se desenvolveu, tornou-se um monstro, imprimia em cores (1899), imprimia jornais em 12 páginas, dobrava-os e fazia pacotes" (Rousseau, 1960, p.393).

3   No decênio de 1847-1856, artigos de papelaria e livros figuram em terceiro lugar no *ranking* das mercadorias importadas da França para o Brasil. Já no período 1887-1896, o livro não figura na lista dos oito gêneros franceses mais exportados para o Brasil. Os dados se valem do *Tableau décennal du commerce de la France*, apud Takeya, Denise Monteiro. *Europa, França e Ceará*. São Paulo: Hucitec, Natal: UFRN, 1995, p.57.

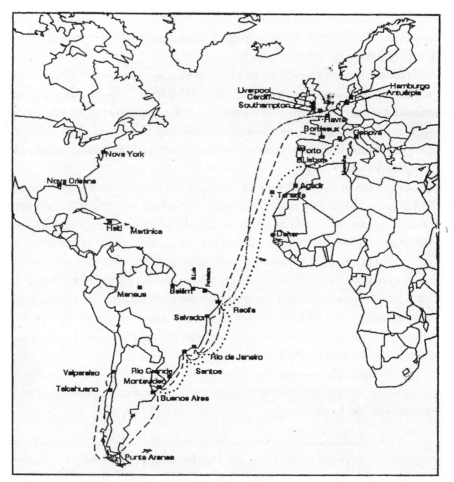

Figura 25.1   Mapa das rotas dos navios franceses.
Fonte: Takeya, Denise Monteiro. *Europa, França e Ceará*. São Paulo; Natal: Hucitec; UFRN, 1995. (Base cartográfica modificada pela autora)

negocios, amostras de mercadorias, jornaes, livros etc.: 80 réis por 50 grammas ou fracção de 50 grammas […] O pagamento de porte nas estações remettentes ou nas receptoras é facultativo somente para as cartas ordinarias. Para os jornaes e outros impressos, é obrigatorio o pagamento previo, e se não estiverem franqueados, deixarão de ser expedidos. (Marques, 1983, p.221-3)

Com vistas nessas melhorias, uma geografia da difusão das edições francesas na Europa e na América confirma o otimismo expresso em outros setores. Em 1861, foram os maiores importadores de livros franceses: Itália, Rússia, Reino

Unido, Alemanha, Suíça e Bélgica.[4] No entanto, nada se equiparava ao comércio de livros *d'outre mer*. No continente americano, situavam-se os maiores centros consumidores de livros franceses.[5] Em primeiro lugar, os Estados Unidos, fato que levanta a hipótese de que o mercado editorial britânico não representou uma ameaça ao francês. Depois a Argentina e o Brasil. É verdade que as estatísticas apresentam variações ao longo do século, mas o que se observa é uma longa conjuntura de domínio das edições francesas no continente americano, reforçando, uma vez mais, as raízes intelectuais fundadas na Ilustração e na Revolução Francesa (Lesca, 1917, p.369-73; Barbier, 1981, p.94-117; Godechot; Marseille, 1997, p.373-82).

Além da importação direta da literatura francófona, seria necessário considerar o funcionamento de outros circuitos, como o de edições portuguesas e, nesse conjunto, dos livros de autores portugueses e brasileiros impressos na França e destinados ao mercado nacional.[6] Baptiste Louis Garnier marcou presença nesses diferentes circuitos. Seu compatriota, Anatole Louis Garraux, seguiria igual carreira, embora em escala menor. Comercializou inclusive livros editados por seu compatriota no Rio de Janeiro, demonstrando que as edições Garnier não se limitaram ao mercado fluminense – o que seria, de fato, um absurdo pensar, tal foi a constelação de escritores em sua órbita e a abrangência de seu catálogo.

B. L. Garnier: um nome, um império

Si j'étais riche comme mon frère!

"Se eu fosse rico como meu irmão", teria balbuciado o velho Baptiste Louis (Figura 25.2) em sua livraria, quando já se arrefecia o costumeiro vigor para o trabalho. Foi um homem de hábitos regrados, segundo testemunham contemporâneos seus. Morava no bairro de Santa Teresa. Acordava antes do alvorecer, chegava à livraria por volta das cinco e meia da manhã, dava algumas batidas

---

4   Dado curioso, pois a Bélgica é um importante centro produtor de literatura francófona, inclusive de contrafações. Quanto ao comportamento do leitor de gabinetes de leitura em Bruxelas, não há dúvidas quanto à sua inclinação por autores franceses: "Os leitores belgas leem Zola, Ohnet, Loti, Daudet, Bourget e seus imitadores. Os livros de seu país? Eles sequer os abrem" (Lemonnier, 1907, p.267).

5   A participação nos mercados da África e da Ásia é insignificante.

6   Merece destaque o estudo de Ramos (1972).

na porta para acordar os empregados, sentava-se invariavelmente no fundo da loja, à frente do balcão, onde seguia a mesma rotina de abrir envelopes, cuidar do livro de contas e observar a clientela. Retornava para casa por volta das sete da noite. Nos últimos anos de vida, as jornadas de trabalho foram reduzidas, mas jamais o livreiro deixou de cumprir seu expediente (Senna, 1911).

Baptiste Louis Garnier nasceu em 1823, em Contentin, na Normandia. Foi o mais moço de quatro irmãos que lançaram sua sorte sobre a promissora Paris de Luís Felipe. Auguste nasceu em 1812. Instalou-se na Cidade Luz em 1828, tendo prestado serviços por comissão na livraria Saint-Jorre, no Boulevard Montmartre. Desse canto popular de Paris ele se mudaria, em 1833, para uma galeria *chic* do Palais Royal. Pierre, o mais velho, nascido em 1807, e Hippolyte, nascido em 1815, foram ao encontro do irmão poucos anos mais tarde. Hippolyte acompanhou o irmão nos negócios da livraria no Palais Royal, enquanto Pierre manteve uma pequena loja em endereço próximo, na Galeria dos Príncipes. Baptiste Louis uniu-se aos irmãos por alguns anos, até partir para o Rio de Janeiro, em 1844, a bordo da galera *Stanislas*, que ali aportou em 24 de junho do mesmo ano.

As informações sobre as origens da empresa Garnier Frères e de seus fundadores resumem-se a estas linhas iniciais. Somam-se a tais fatos detalhes pitorescos, por vezes anedóticos, tanto do lado francês como do lado brasileiro, os quais mais dão conta de aspectos da vida cultural e do mundo dos livros do que propriamente da trajetória dos irmãos-livreiros. É o que demonstra a breve inscrição em homenagem a Garnier Frères exposta no Salão do Livro de Paris, de 1981. No texto, há notícia de que Auguste e Hippolyte foram pioneiros na prática de expor livros na porta da livraria, com o fim de chamar a atenção dos passantes, o que, segundo atestam alguns estudiosos, tratava-se de prática antiga, já difundida na cidade. No que concerne à filial brasileira, os autores não se valem de falsa modéstia: "a livraria certamente serviu como espaço destinado aos amantes do livro, do encontro prazeroso daqueles que eram tomados pelo pensamento francês" (apud Mollier, 1999, p.238).

A exemplo de outros livreiros que atravessaram o oceano em busca de novos mercados, não parece ter sido outra a motivação de Baptiste Louis ao aportar na Corte do Rio de Janeiro. Tratava-se, com efeito, de ampliar os circuitos do livro e, em especial, aqueles destinados a um gênero lucrativo, mas fortemente perseguido pela polícia francesa, a saber, a literatura de conteúdo erótico. Baseado na leitura de relatórios policiais, Jean-Yves Mollier logrou reconstituir um capítulo da história do livro até então pouco explorado, cujos personagens e fatos se cruzam com a trajetória do livreiro-editor radicado no Brasil.

Figura 25.2   Fotografia de Baptiste Louis Garnier.
Fonte: *Almanaque Brasileiro Garnier*. Publicado sob a direção de João Ribeiro. Rio de Janeiro: Garnier Frères,1914.

Um processo policial teria implicado os irmãos-livreiros pela venda de edições proibidas. O mesmo resultou na prisão de Pierre, o irmão desconhecido, que parece ter servido de bode expiatório para Auguste e Hippolyte. Em 1852, cientes de seu prestígio e reconhecendo que a justiça havia, em certo sentido, amenizado as penas para este tipo de delito, eles decidiram entregar ao comissariado uma grande remessa de títulos (doze mil exemplares!) que não deixava dúvidas quanto ao peso dos investimentos na edição de certa literatura galante, proibida por lei na França, mas, apenas por razões morais, restritiva no Brasil.[7]

---

7   O Código Criminal do Império previa a censura de impressos em duas situações: "Parte IV – Capítulo I – Offensas á religião, á moral e bons costumes: Art. 277. Abuzar ou zombar de qualquer culto estabelecido no Imperio, por meio de papeis impressos, lithographados ou gravados, que se distribuirem por mais de quinze pessoas, ou por meio de discursos proferidos em públicas reuniões, ou em ocasião e lugar em que o culto se prestar. Art. 278. Propagar por

Os irmãos Garnier também se tornaram caso de polícia devido à edição de impressos de conteúdo político, com baixo custo de produção e alta tiragem. O exemplo superlativo de impressões do gênero foi o título *La vérité dévoillée aux ouvriers, aux paysans et aux soldats*, com tiragem de quinhentos a seiscentos mil exemplares em 1849. Livros dessa sorte, relativos aos eventos de 1870 e 1871, a saber, a guerra franco-prussiana e a queda da monarquia, foram igualmente exibidos nos catálogos de B. L. Garnier e de A. L. Garraux, o que aproximava os leitores brasileiros das edições mais recentes e dos grandes temas em evidência publicados em Paris.

E como um nome e um império não se fazem apenas por transações de caráter duvidoso, não seria justo resgatar apenas as passagens, por assim dizer, licencio-sas da carreira dos irmãos Garnier e, em especial, a de Baptiste Louis. Aliás, vale notar que embora as edições francesas constituíssem um caminho seguro para a afirmação de seu nome no mercado nacional, nosso personagem parece não ter se contentado em viver na sombra dos irmãos. Nos primeiros anos de trabalho, B. L. Garnier teve vários endereços situados no Centro do Rio de Janeiro, até se instalar definitivamente, a partir de 1878, no número 71 da Rua do Ouvidor. Em 19 de janeiro de 1901, a livraria seria reinaugurada no mesmo local, em edifício imponente, projetado pelos arquitetos Belissime e Pedarieu (Figura 25.3). Nessa época, Hippolyte era o único irmão vivo, contando já com seus 86 anos. A filial carioca era dirigida por Julien Lansac, antigo empregado da livraria.

Se Baptiste Louis tornou-se célebre com a marca Garnier Irmãos, ou Garnier Frères, observa-se que a partir de 1860 ele passou a investir em seu nome. Em 1867, foi condecorado com o título de Oficial da Ordem Imperial, honraria que ele mesmo havia requerido junto ao Ministério do Império, por seus préstimos à cultura nacional. Fundou a Tipographia Franco-Americana no início dos anos 1870. É difícil precisar o grau de independência que sua oficina adquiriu em relação às congêneres francesas, considerando que o desenvolvimento da produção impressa nacional dependia de uma série de outros fatores alheios às possibilidades do editor ou tipógrafo. Em todo caso, não resta dúvida de que a iniciativa era mais um sinal de afastamento do livreiro com a matriz parisiense.[8]

---

meio de papeis impressos, lithographados ou gravados, que se distribuirem por mais de quinze pessoas, ou por discursos proferidos em publicas reuniões, doutrinas que directamente destruão as verdades fundamentais da existência de Deus e da immortalidade da alma" (Filgueiras Junior, 1876, p.276-7). Na segunda metade do século a literatura licenciosa circulou livremente na capital do Império, como demonstra o estudo de El Far (2004, p.184).

8   Sobre a trajetória da Livraria Garnier no Brasil, cf. Hallewell (2005).

Figura 25.3 Novo edifício da Livraria Garnier, inaugurado em 19 de janeiro de 1901.
Fonte: Almanaque Brasileiro Garnier. Publicado sob a direção de João Ribeiro. Rio de Janeiro: Garnier Frères, 1914.

Promoveu a profissionalização do ofício de escritor, ao estabelecer vínculos contratuais com autores e tradutores por ele publicados. Ora adquiria os direitos de publicação por uma edição completa, ora negociava com base em percentual fixado sobre o preço de capa, ou simplesmente remunerava o escritor por um trabalho sob encomenda, o que era comum no caso das traduções. Estudos baseados na leitura dos contratos firmados entre B. L. Garnier e seus escritores revelam a condição do autor no sistema literário da época e, outrossim, dão conta de uma prática que ainda não deitou raízes em nossa cultura: a remuneração regular do trabalho intelectual (Lajolo, 2001).

A figura do livreiro-editor, do *bom ladrão Garnier*, como ficou conhecido entre os *habitués* da livraria, não demorou a se identificar com uma plêiade de autores nacionais que editou. Enumerá-los seria tarefa das mais difíceis, ou mesmo impossível, dados os limites do presente artigo. Contudo, vamos citar apenas alguns autores de ficção, os mais conhecidos, que dão bem a dimensão da importância do livreiro no Brasil: Gonçalves Magalhães, Araújo Porto Alegre, Joaquim Manuel de Macedo, José de Alencar, Aluísio de Azevedo, Olavo Bilac, Júlia Lopes de Almeida, Machado de Assis...

Baptiste Louis faleceu em 1° de outubro de 1893 em sua residência. Segundo Ernesto Senna, ele teria legado à sua companheira a soma de 80 mil-réis. Os bens da livraria foram herdados pelo irmão Hippolyte. Nesses tempos, a livraria passou por grave crise. Sinal dos tempos? A crise não atingiu apenas a empresa fundada por Garnier, mas toda uma geração formada por imigrantes empreendedores. A livraria sobreviveu no comércio fluminense até 1934, sob a direção de outros compatriotas que atuavam como empregados da matriz parisiense. Nessa data, a empresa Garnier encerrou suas atividades no Brasil, praticamente na mesma época em que a Casa Garraux concluía sua história na cidade de São Paulo – em 1935.

A. L. Garraux: um *nouveau venu* em terras novas

Anatole Louis Garraux nasceu em 3 de abril de 1833, em Paris. Sobre suas origens, a história de sua família, a ocupação de seus pais e mesmo as atividades realizadas na juventude, nenhuma informação consta. Seu nome não figura nos copiosos volumes das biografias francesas, sugerindo que não pertencera a alguma linhagem aristocrática ou burguesa expressiva.

Se posto ao lado de profissionais que inscreveram seu nome nas histórias editoriais francesa e brasileira, A. L. Garraux situa-se como figura pálida no grande mar de histórias a que nos remetem os livros, com seus autores célebres, suas formidáveis aventuras livrescas e as quase sempre interessantes histórias de editores notáveis. À sua maneira, ele seguiu os caminhos dos irmãos Garnier, particularmente os de Baptiste Louis: instalou-se no Rio de Janeiro, em 1850, portanto com a idade de 17 anos, e empregou-se em uma livraria, a propósito, a Livraria Garnier. Passados alguns anos, conquistou seu espaço na capital paulista como agente de livros e jornais franceses. Ou seja, a carreira de A. L. Garraux fez-se em uma cidade provinciana, cuja população, em 1860, era estimada em vinte mil habitantes. Todavia, ele tinha a seu favor, do ponto de vista sociocultural, a comunidade de acadêmicos reunida na Faculdade de Direito e, no âmbito econômico, uma conjuntura muito favorável promovida pelo desenvolvimento da cafeicultura e pela expansão ferroviária, que avançava em direção à *hinterland*. Tudo isso concorria para o sucesso de um *nouveau venu* bem instalado no centro comercial da urbe, particularmente, se esse *nouveau venu* se especializasse em mercadorias de luxo.

Em 1859, A. L. Garraux montou seu balcão ao lado de um livreiro popular, conhecido pela alcunha de Pândega. Ali vendia exemplares do *Monde Illustré* e da *Illustration*. Em 1863, abriu a Livraria Acadêmica, no Largo da Sé, 1, bem próximo à Rua do Rosário (atual Rua XV de Novembro). Teve como sócios Guelfe de Lailhacar e Raphael Suarèz, como anuncia o catálogo de 1864.[9]

Nessa época, anunciaram seus produtos nos principais impressos da cidade. Investiram na confecção de catálogos de livros, que eram distribuídos na capital e no interior da província, material que guarda muitas semelhanças com aquele produzido pela livraria de B. L. Garnier.[10] Eles ainda exploraram a condição de agentes culturais franceses, posto que não vendiam apenas impressos de vária sorte, mas um leque muito amplo de mercadorias. Como atesta um memorialista:

> A Casa Garraux é um dos mais importantes estabelecimentos comerciais da cidade (Figura 25.4) pela variedade e pela fina qualidade dos objetos expostos à venda: muitos destes de delicado gosto veem-se nas suas lindas vitrinas. Ela apresenta à escolha dos consumidores grande sortimento de artigos para desenho; bengalas; binóculos; bolsas (indispensáveis para senhoras); caixas para joias, para costura;

---

9 Nos primeiros catálogos, a Livraria Acadêmica vinha com a indicação "Garraux, de Lailhacar & C.", inscrita no cabeçalho da página de rosto. É provável que a sociedade tenha se desfeito no início da década de 1870, pois no catálogo de 1872 figura apenas o nome de A. L. Garraux.

10 Para ter uma ideia da importância dos catálogos de livros como veículo de difusão bibliográfica, observemos que apenas a parte francesa, ampla e diversificada, totaliza 5.489 títulos no catálogo de Garraux, de Lailhacar & C. de 1866.

—Acudindo ao vosso chamado, eis-nos em S. Paulo. Somos as representantes da 'civilisação, da sciencia, das artes, e das modas européas; esperamos que por vosso intermedio. seremos favoravelmente acalhidos pelo povo paulistano.
—Podeis entrar, posso affiançar-vos que o sereis. Ha aqui uma illustrada Academia; a mocidade ama as sciencias, e a população sabe dar apreço ás modas e á todos os artefactos de gosto.

Figura 25.4   Garraux e a civilização. Charge de *O Cabrião*.
Fonte: *Cabrião*. Semanário humorístico editado por Angelo Agostini, Américo de Campos e Antonio Manoel dos Reis, 1866-1867. Edição fac-similar. 2ª edição revista e aumentada. São Paulo: Editora Unesp; Imprensa Oficial, 2000.

espelhos, quadros; jarras de cristal, de porcelana, jardineiras e infinita quantidade de muitos ornamentos de sala: globos celestes, terrestres, mapas geográficos; tinteiros, sinetes, penas de ouro, e de madrepérola; vistas fotográficas, opacas e transparentes; instrumentos para serviços de engenharia; vinhos superiores, charutos, fogos de salão, muitos outros objetos.

O que, porém, recomenda especialmente esta casa é a sua notável livraria: nem na Corte há outra igual. (Diniz, p.84, 1978)

Nosso personagem aventurou-se, inclusive, no ramo editorial.

O primeiro exemplar publicado sob seus cuidados foi o *Novo méthodo de ensinar a ler e escrever composto pelo director do Prytanco Litterario*, em 1863, no formato in-12. Depois, mandou imprimir o livro de Fagundes Varela, *Cantos e phantasias*, lançado em 1865, nos formatos in-8° e in-12, e *Exposição da Doutrina Christã para uso dos fieis da diocese de S. Paulo*, por Dom Antonio

Joaquim de Mello, pequeno volume in-14, impresso em 1874.[11] Deve tratar-se de uma reedição, pois há no catálogo de 1872 (Figuras 25.5a e 25.5b) o seguinte anúncio: "Lindissima edição impressa e encadernada em Pariz, adornada de uma finissima gravura sobre aço, representando a imagem de Nosso Senhor. Obra adoptada pelo Conselho de Instrução Publica. E em porção far-se-há abatimento razoável".[12]

A. L. Garraux não foi o primeiro a fazer imprimir os escritos de Fagundes Varela. Antes, publicaram-se volumes de sua autoria na Tipografia Imparcial, de J. R. de Azevedo Marques. Contudo, a edição de Garraux, de Lailhacar e C., de 1865, é a primeira que traz o curioso aviso: "Todos os direitos de propriedade são reservados".

O autor vendeu a A. L. Garraux os direitos de publicação de sua obra, segundo registro lavrado no 1º Tabelião de Notas de São Paulo. O documento consiste em raro exemplar de contrato firmado entre um livreiro-editor e um escritor instalados na cidade de São Paulo, pois estudos recentes demonstram que a maior parte dos contratos de que se tem conhecimento pertenceu à empresa de B. L. Garnier, no Rio de Janeiro. Cumpre assinalar que outra edição do poeta seria impressa, em Paris, em 1869. Agora, sob a chancela B. L. Garnier-Editor (Rio de Janeiro, Rua do Ouvidor, 69). O volume consultado de *Cantos do ermo e da cidade* traz curiosa nota manuscrita na contracapa que merece nosso registro: "Contra os seus hábitos o Bom Ladrão Garnier mandou imprimir esta edição em bom papel das obras do 'beberon' como ele chamava F.V. As obras completas revistas por Visconti Coaracy que vieram depois são de papel pífio".

A intimidade sugerida entre o livreiro do Rio de Janeiro e o autor da Academia de Direito de São Paulo nos faz imaginar que A. L. Garraux e B. L. Garnier poderiam ter compartilhado de uma mesma *coterie*, não fosse a barreira geográfica que os separava.

Os esforços de A. L. Garraux no sentido de promover a edição não foram além. Mesmo a direção da livraria parece ter sido deixada para segundo plano. Segundo Raimundo de Menezes, a partir de 1876 a livraria passou por vários proprietários:

> [...] para H. Michel, que permaneceu até 1º de fevereiro de 1883, quando, por sua vez, a transpassou à firma Fischer, Fernandes & Cia. Esses passaram-na adiante, em 1º de

---

11 Os livros eram impressos em Paris e depositados na Bibliothèque Nationale de France, seguindo a legislação do *dépôt legal*. Fato que possibilitou sua identificação e reconhecimento.

12 Livraria Acadêmica de A. L. Garraux. Catálogo em línguas Portugueza e Franceza, 1872. [Informe publicitário]

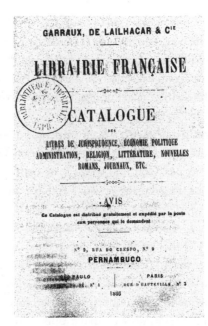

Figura 25.5a Reprodução da folha de rosto do Catálogo de 1866 [(10') folha de rosto do Catálogo de 1872].

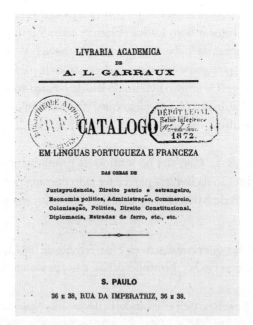

Figura 25.5b
Fonte: Os próprios catálogos. Acervo da BnF (Paris).

fevereiro de 1888, a Thiollier, Fernandes & Cia. Era sócio da firma o cidadão francês Alexandre Honoré Marie Thiollier, pai do escritor René Thiollier. Da firma, retirou-se a 28 de fevereiro de 1890 o sócio Fernandes, ficando apenas Mr. Thiollier, que ali permaneceu até 28 de fevereiro de 1896, quando passou a Casa Garraux[13] à firma Charles Hildebrand & Cia., que a explorou até 1912. (Menezes, 1971, p.198)

Nessa época, a Casa Garraux já se encontrava muito bem instalada na Rua XV de Novembro, sendo um dos estabelecimentos mais luxuosos do centro comercial da cidade.

A data de retorno do livreiro A. L. Garraux a Paris é incerta.

É improvável que se tenha transferido em definitivo no ano de 1876, pois, no dia 10 de novembro de 1883, o viajante Karl von Koseritz faz a seguinte anotação em seu diário: "Foi um dia também muito animado no nosso hotel, pois ali se deram os casamentos das duas filhas do livreiro Garraux, e toda São Paulo foi convidada" (Koseritz, 1943, p.267).

A transmissão da empresa para Henri Michel, "um antigo empregado da livraria", como declara Raimundo de Menezes, realizou-se no âmbito familiar. Henri Michel foi provavelmente marido de Louise Julie, irmã de A. L. Garraux, que assinava o sobrenome do esposo.

Parece-nos igualmente compreensível nova transferência para Willy Fischer, ou William Fernand Gustave Fischer, seu genro, casado com a filha do meio, Henriette Aspasie Julie Garraux, tendo sido este um dos casamentos ao qual alude Von Koseritz, no mesmo ano da sucessão da empresa, em 1883. O que nos leva a crer que todas essas primeiras mudanças se realizaram entre familiares.

Por que A. L. Garraux teria abandonado os negócios da livraria, quando seu nome circulava nas principais rodas intelectuais da época?

A leitura de rara documentação nos permite fazer algumas conjeturas a respeito das escolhas de A. L. Garraux e, outrossim, ela nos permite conhecer detalhes pessoais e certamente ainda não revelados de nosso personagem.

Em seu testamento, redigido em 1902 (Figura 25.6), A. L. Garraux revela ter sido um homem rico, apreciador de joias, móveis finos, livros e obras artísticas. Homem de hábitos burgueses para os padrões da época. O texto ainda nos chama a atenção pelo tom fraternal. "Como prova de minha amizade", frase que escreve de forma reiterada, vem justificar a lembrança de parentes, amigos (alguns brasileiros) e empregados, aos quais deixou pequeno, mas valioso *souvenir*.

---

13 Note-se que ela mantém o mesmo nome, tal foi a popularidade de seu fundador.

542 LAURENT VIDAL E TANIA REGINA DE LUCA (ORGS.)

Outra sorte de documento, caracterizada pela frieza da escritura notarial, traz à cena os bens deixados por A. L. Garraux, o que nos permite levantar algumas hipóteses acerca de sua "deserção" do ambiente intelectual paulista. As informações coligidas na declaração de sucessão de bens e no inventário *post mortem* de nosso personagem nos informam sobre as atividades financeiras de um empreendedor a um só tempo ambicioso e ousado.

Os bens declarados após sua morte perfazem a soma de 971.880 francos, ou o equivalente a mil-réis no valor de 748:348$062.[14] Arredondando a cifra para um milhão de francos franceses, em 1905, deduz-se o montante de 20 milhões de francos segundo a tabela de conversão para o ano 2000, ou três milhões de euros atuais (quatro milhões de dólares)![15] O livreiro A. L. Garraux situava-se na estreita faixa dos 4% de franceses que deixaram os maiores legados de seu tempo (Daumard, 1992, p.109).[16] Para termos ideia da natureza de sua fortuna, observemos que 68% dos bens declarados estavam convertidos em capital financeiro, tendo investido em ações junto a sociedades no México[17] e no Brasil;[18] 27% em capital industrial; e uma pequena porcentagem (5%) dividida em bens imobiliários e bens domésticos.

Diante desses dados, podemos concluir que A. L. Garraux seguiu a tendência dos empreendedores da época. Aplicou a maior parte de seu capital em investimentos de alto risco, ou seja, no mercado acionário. E o fez em setores que estavam em franco desenvolvimento nessa nova conjuntura de expansão capitalista: nas empresas de metalurgia e no sistema de transportes, vias férreas e fluviais.

Essa diversificação de investimentos talvez explique o fato de A. L. Garraux ter saído de cena no auge da carreira. Na verdade, ele nem sequer havia se credenciado como livreiro em Paris. Atuou como comissário de importação e

---

14 Segundo a cotação cambial utilizada em dezembro de 1904, por ocasião do levantamento dos bens declarados: 1 F = 770 réis.

15 Administration de l'enregistrement des domaines et du timbre. Formule de déclaration de mutation par décès – Succession de M. Garraux. Archives de Paris, Série D Q7-33378, 1904. Agradeço imensamente ao professor J.-Y. Mollier pelo auxílio, na verdade, pela contribuição à leitura deste documento.

16 Os dados apresentados valem para Paris.

17 Registro de 240 ações da Société Financière pour l'Industrie au Mexique (F 71.520,00); 101 ações da Compagnie Industrielle d'Orizaba; 100 ações da Société San Ildefonso (F 23.200,00). Formule de déclaration de mutation par décès..., cit., linhas 8ª, 10ª, 11ª.

18 Registro de 400 ações ao portador da Companhia Paulista de Estradas de Ferro e Vias Fluviais de 200 mil-réis cada uma (124.675,20); 336 ações na Sociedade Gold Mines [...] of Brazil Limited, no valor de 1 libra esterlina cada uma. Do Brasil, foram ainda declaradas duas letras de câmbio do Banco do Comércio e Indústria de São Paulo, no valor de F 11.823,95 ou 9:104$441.

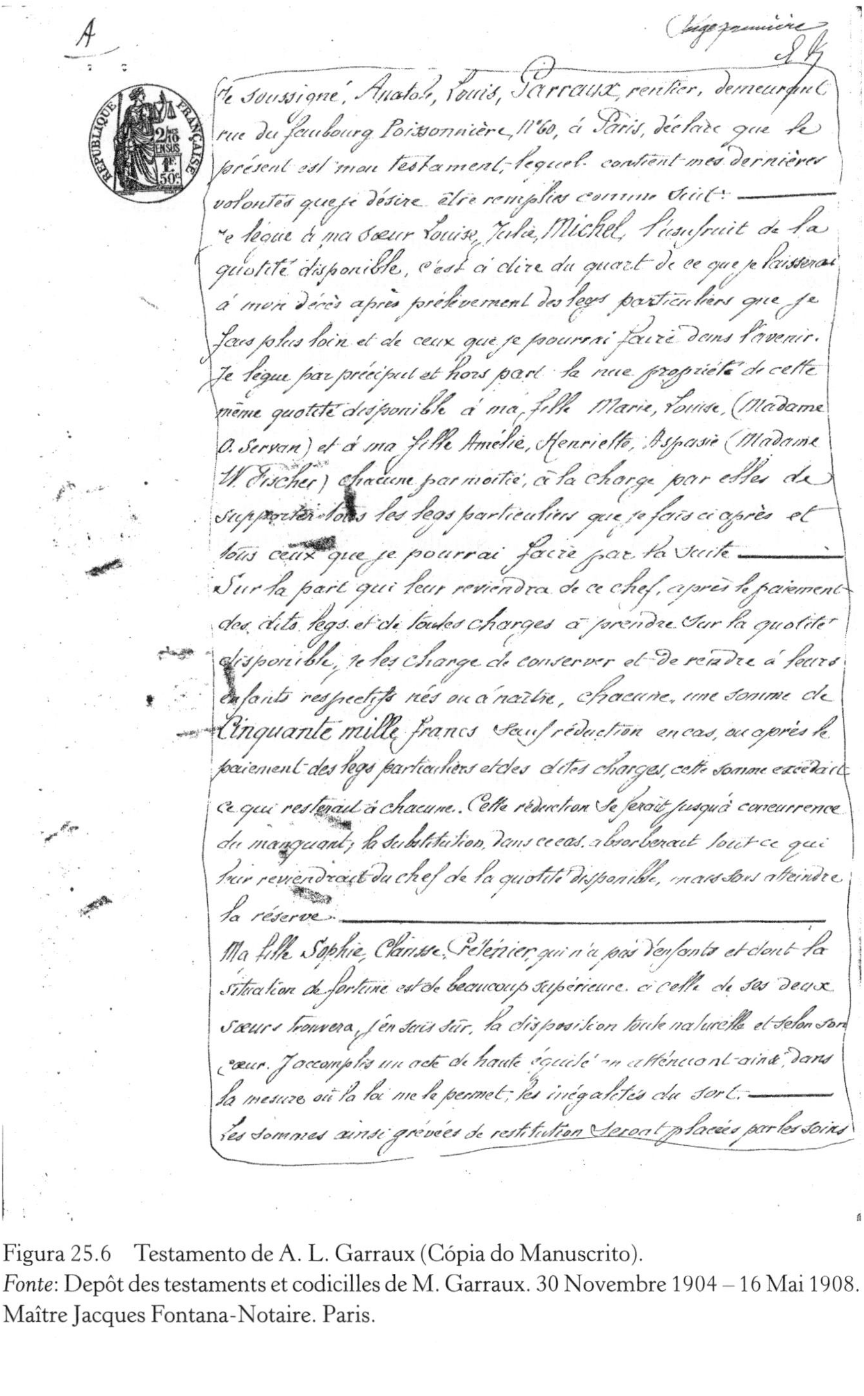

A

(Page première)

Je soussigné, Anatole, Louis, Garraux, rentier, demeurant rue du faubourg Poissonnière, N°60, à Paris, déclare que le présent est mon testament, lequel contient mes dernières volontés que je désire être remplies comme suit: ——

Je lègue à ma soeur Louise, Julie, Michel, l'usufruit de la quotité disponible, c'est à dire du quart de ce que je laisserai à mon décès après prélèvement des legs particuliers que je fais plus loin et de ceux que je pourrai faire dans l'avenir.

Je lègue par préciput et hors part la nue propriété de cette même quotité disponible à ma fille Marie, Louise, (Madame O. Servan) et à ma fille Amélie, Henriette, Aspasie (Madame W. Fischer) chacune par moitié, à la charge par elles de supporter tous les legs particuliers que je fais ci après et tous ceux que je pourrai faire par la suite ——

Sur la part qui leur reviendra de ce chef, après le paiement des dits legs et de toutes charges à prendre sur la quotité disponible, je les charge de conserver et de rendre à leurs enfants respectifs nés ou à naître, chacune, une somme de Cinquante mille francs sauf réduction en cas, où après le paiement des legs particuliers et des dites charges, cette somme excèderait ce qui resterait à chacune. Cette réduction se ferait jusqu'à concurrence du manquant; la substitution, dans ce cas, absorberait tout ce qui leur reviendrait du chef de la quotité disponible, mais sans atteindre la réserve ——

Ma fille Sophie, Clarisse, Pelletier, qui n'a pas d'enfants et dont la situation de fortune est de beaucoup supérieure à celle de ses deux soeurs trouvera, j'en suis sûr, la disposition toute naturelle et selon son coeur. J'accomplis un acte de haute équité en atténuant ainsi, dans la mesure où la loi me le permet, les inégalités du sort. ——

Les sommes ainsi grevées de restitution seront placées par les soins

Figura 25.6 Testamento de A. L. Garraux (Cópia do Manuscrito).
Fonte: Depôt des testaments et codicilles de M. Garraux. 30 Novembre 1904 – 16 Mai 1908. Maître Jacques Fontana-Notaire. Paris.

exportação, cargo para o qual manteve um escritório em Paris, cujo endereço era 3, Rue d'Hauteville. Seus anúncios foram regularmente publicados no *Annuaire Firmin-Didot* entre 1880 e 1900, quando a empresa anunciou a sucessão para Jablonski, Vogt et Cie. Segundo este breve anúncio, publicado sem intervalo nas edições do *Annuaire*, o empresário fazia remessas de mercadorias para o Brasil e mantinha um escritório para encomendas em São Paulo, certamente sua livraria.[19]

Em 1898, o livreiro publicou um catálogo de livros sobre o Brasil intitulado *Bibliographie brésilienne*. A publicação foi alvo de críticas em resenha publicada por Miranda de Azevedo. Texto rigoroso, no qual o autor aponta lapsos de A. L. Garraux na pesquisa bibliográfica (Revista do Instituto Histórico e Geográfico de São Paulo, 1898, p.607-16).

Mas a intenção de A. L. Garraux não parecia outra senão a de prestar homenagem ao Brasil, fazendo uso de seu acervo pessoal e de pesquisas nas bibliotecas de Paris.[20] O que faz em tom carregado de nostalgia, pelo que se observa no "Prefácio" dedicado à "Nação brasileira". No frontispício da obra aparece estampada, ao lado de seu nome, a seguinte inscrição: "ex-libraire à Saint-Paul (Brésil)". Em suas palavras:

> Possa este catálogo, que eu dedico à Nação brasileira, ser positivamente acolhido por aqueles que se ocupam da América do Sul, tanto amadores, quanto colecionadores, bibliófilos, comerciantes, industriais e estudiosos! Possa ele ser útil àqueles que se interessam por este grandioso e rico país! Estes que, juntos, devem formar uma legião, se eu julgá-los por um fato que eu mesmo constatei: nove décimos das obras aqui mencionadas não se encontram mais no mercado livreiro e muitas delas se tornaram extremamente raras. (Garraux, 1898, p.8)

Nesse tempo, A. L. Garraux, viúvo, dividia o apartamento com a irmã. Faleceu em 26 de novembro de 1904, em sua residência, 60, Rue du Faubourg Poissonnière, no décimo *arrondissement* da capital francesa.

---

19 *Annuaire-Almanach du Commerce, de l'Industrie de la Magistrature et de l'Administration ou Almanach des 1.500.000 adresses de Paris, des Départements, des Colonies et des pays étrangers.* Didot-Bottin, [1850-1905]. Exemplares microfilmados – Bibliothèque Nationale de France.

20 O acervo bibliográfico de A. L. Garraux merece estudo particular por meio da leitura de seu inventário *post mortem*. Cf. Depôt des testaments et codicilles de M. Garraux. 30 Novembre 1904 – 16 Mai 1908. Maître Jacques Fontana-Notaire. Paris.

26
RASTROS DA PRESENÇA FRANCESA NAS TERRAS DO SAÍ: O CASO DA FAMÍLIA LEDOUX

Maria Bernardete Ramos Flores
Émerson César de Campos
Carina Sartori

Em condições subjetivas e políticas normais,
o passado sempre chega ao presente. (Sarlo, 2007, p.10)

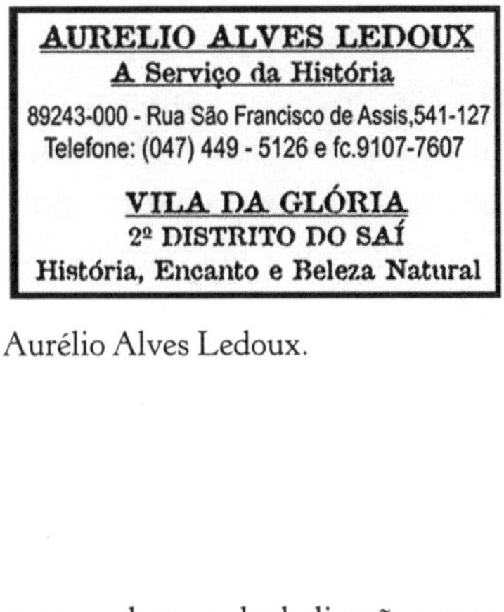

AURELIO ALVES LEDOUX
A Serviço da História
89243-000 - Rua São Francisco de Assis,541-127
Telefone: (047) 449 - 5126 e fc.9107-7607

VILA DA GLÓRIA
2º DISTRITO DO SAÍ
História, Encanto e Beleza Natural

Figura 26.1   Carimbo de Aurélio Alves Ledoux.

Leon e Rose

Os romances de amor, os dramas de dedicação a uma causa multiplicam-se em toda parte na humanidade. No Brasil são eles inumeráveis. O que escasseiam são as obras, em prosa e em verso, que os imortalizam e fixam no amplo cenário da História. (Thiago, 1949)

Conta a crônica familiar que os jovens enamorados Leon Ledoux e Rose Guisear, ele um escultor plebeu, ela uma nobre, saíram da França para o Brasil acompanhando os falansterianos,[1] em 1842, para realizar o casamento, um sonho

---

1   Sobre o falanstério instalado no Brasil pelo médico homeopata dr. Benoit Mure, ver o Capítulo 6, nesse livro, de autoria de Ivone Gallo, p.147.

546   LAURENT VIDAL E TANIA REGINA DE LUCA (ORGS.)

proibido pelos pais da moça. Foi essa história que nos contou o bisneto[2] de Leon e Rose, morador da Vila da Glória, no 2º Distrito da Saí, em São Francisco do Sul, Santa Catarina, no sul do Brasil, nas terras em que se instalara a Colônia Francesa, ou Falanstério do Saí. Até onde nossa pesquisa alcançou a memória histórica, essa narrativa se repete, entre oralidade e escrita, a tal ponto em que se confundem a voz da oralidade e a letra do ensaísta, cronista ou jornalista.[3]

Em 1949, o historiador Arnaldo S. Thiago escreveu que, entre os arregimentados por Mure, encontrava-se o abalizado escultor Leon Ledoux e a jovem parisiense Rose Guisear, de importante família francesa, orgulhosa de suas riquezas e talvez de suas origens fidalgas, pois Guisear fazia lembrar o duque de Guise. Supôs o cronista a nobreza da moça pela semelhança gráfica de seu nome com o do duque de Guise. Não se sabe se o historiador afiançou a "nobreza da jovem", transmitida pela tradição oral, ou se a partir de sua inferência a tradição fora criada.[4]

Na lista de embarque consta que o jovem casal viera para o Brasil no navio *La Neustrie*, partindo do porto de Havre em 28 de fevereiro e desembarcando no Rio de Janeiro em 18 de abril de 1842, com os nomes Leon Ledoux (marceneiro) e Rose Guezard[5] (que fazia bonés, *Casquettière*).[6] Os passaportes foram emitidos em Paris, informando que o sr. Ledoux era natural do Departamento de Seine Inferieure e a Sra. Guezard, natural do Departamento Seine. Não se tem notícia de como viajaram do Rio de Janeiro para São Francisco.[7]

---

2   Jorge Ledoux, 86 anos. Entrevista concedida a Carina Sartori, Émerson César de Campos e Maria Bernardete Ramos Flores. Vila da Glória, 1º de setembro de 2007.

3   A versão da história do casal, ele um plebeu e ela uma nobre, enamorados em fuga para contrair matrimônio longe das proibições familiares, é recorrente nas entrevistas que realizamos e também em várias matérias escritas, tais como: Zaleski, Miroslau H. Espírito pioneiro de jovens franceses fez nascer a comunidade da Vila da Glória. *DA/Revista*, Santa Catarina, 13 de junho de 1976; Pizzeto, Valmor. A tentativa de Charles Fourier em implantar o socialismo utópico em Santa Catarina. Jornal *O Estado*, Joinville, Santa Catarina, 14 de julho de 1977, p.9.

4   Como o pai de Arnaldo S. Thiago, mestre Quincas, fora professor na freguesia da Glória e tinha relações de amizade com a família Ledoux, como informa o próprio Arnaldo, pode ter havido intercâmbio comunicativo sem que se desse conta da origem do dado.

5   Chamamos a atenção para a mudança na grafia do nome da senhora Rose, de "Guezard", no passaporte, para "Guisear", na história narrada por Arnaldo S. Thiago. "Grisard" também é recorrente.

6   Lista de embarque. Acervo Aurélio Alves Ledoux, dossiê Marlis Schultze.

7   Carta de Marlis Schultze ao sr. Aurélio Alves Ledoux. São Paulo, 23 de outubro de 1995. O *La Neustrie* voltou para o porto de Havre em 16 de maio de 1842.

Em São Francisco, na Colônia do Saí, o casal, já com seu primeiro filho, Alberto, nascido em viagem, penetrou na selva. Após transpor a estrada "Mangin" e seus dezesseis (ou dezessete) pontilhões, vira-se no planalto do Saí, local escolhido para a construção do Falanstério. Ali, porém, não permaneceram e vieram localizar-se na Vila da Glória, constituindo numerosa descendência, deixando marcas na história da região e exercendo liderança na comunidade. O nome de Leon Ledoux é encontrado na escritura do terreno doado em 1855, de "100 braças de terras de frente com 100 braças de fundo, no lugar denominado Alvarenga", na Vila da Glória, que fazia limites pelo lado sul com terras de Leon Ledoux.[8] Em 1904, em um documento de venda de terras em nome de João Rosweiler também aparece o nome de Leon Ledoux, como um dos vizinhos a oeste na região da Colônia do Sahy.[9] De família católica, Eduardo Ledoux, em 25 de março de 1912, foi nomeado vice-presidente da comissão encarregada da construção da nova igreja, nomeada pela Câmara Episcopal de Florianópolis (*O Estado*, 1977; Ledoux, 2002). Em fins de 1921, Eduardo Ledoux e outros moradores fundaram uma Colônia de Pescadores.

Segundo a historiadora Raquel S. Thiago (1995, p.114), o nome de Leon Ledoux foi citado na carta de Mure ao Presidente da Província de agosto de 1842, que relata o episódio da insurreição de alguns falansterianos, que não viam perspectivas de sobrevivência no Saí. Leon Ledoux teria convencido os companheiros a deixarem a península, para se instalarem em São Francisco do Sul. A esse fato, Mure reagira solicitando ao Presidente da Província o auxílio para impedir o intento de Ledoux e obrigá-lo a voltar para a colônia. O desfecho da questão não é sabido.[10] O certo é que Leon Ledoux veio a falecer no Saí, em 7 de junho de 1884, conforme se lê no Registro de Óbitos da Casa Paroquial de

---

8 Ibidem. *DA/Revista*, Santa Catarina, 13 de junho de 1976.

9 Documento de compra de terras na Colônia do Sahy, datado de 1904. Informação obtida junto ao acervo de Aurélio Ledoux, em 24 de janeiro de 2008. Esse e outros tantos documentos estão sob guarda de Rodrigo Dias da Silva, jovem ao qual Aurélio Ledoux havia confiado parte de seu acervo ainda em vida, a exemplo de papéis e documentos para que se publicasse um livro. Atualmente Rodrigo Dias da Silva vem se esforçando para estabelecer de fato a atuação do Instituto Histórico e Cultural da Península do Sahy.

10 A historiadora contesta a matéria do *Jornal do Commercio* do Rio de Janeiro, de 3 de fevereiro de 1980, sob o título "Os socialistas de São Francisco do Sul", na qual afirma que o casal Leon Ledoux e Rosa Grisard chegara a São Francisco no começo de 1944. Contesta também a matéria do jornal *O Estado*, Joinville, Santa Catarina, de 14 de junho de 1977, que informava que Fourier teria incumbido Leon Ledoux de organizar uma expedição com a finalidade de povoar as distantes Terras do Saí.

São Francisco do Sul, e foi sepultado no cemitério de Cubatão. Também Rose aí fora sepultada.[11]

Lindolfo Ledoux, neto de Leon Ledoux, pai de Jorge Ledoux, dissera em 1977 em uma entrevista para o jornal *O Estado* que seu avô "foi o único que resolveu ficar residindo na vila". Ele comprara uma grande área de terra e vivera ali até a morte. "Eu quase não sei nada da vida dele. Só sei que ele gostou muito da região. Eles falavam muito em falanstério e de um filósofo francês (referia-se a Charles Fourier) que eu não me lembro." Ouvira falar que o falanstério não dera certo porque os artistas que vieram com o avô resolveram voltar para França. "Chamavam ele de Louco", por ficar sozinho sem ser compreendido pelos portugueses. E continua: "[...] perto de 1940 começaram a aparecer umas cartas da França, dizendo que nós tínhamos uma herança muito grande na Europa". No entanto, quando os Ledoux resolveram procurar a herança, as cartas haviam desaparecido. A filha de Lindolfo as havia queimado (Pizzeto, 1977, p.9).[12]

Além de Leon Ledoux e Rose, outros colonos do Falanstério permaneceram em Santa Catarina. São exemplos: dr. Eduardo Julio Deyrolles, dr. Darrouzain, Reymound Nènevè, Venâncio João de Laurié, o engenheiro João Francisco Mangin, Augusto Adolfo Teysseire, Lourença Gorzert, Camila Leocádia, filha do dr. Mure e casada com Gustavo Luiz Lebon. Clemente Labbé permaneceu na Vila da Glória e morreu solteiro, já velho, não deixando descendência. A família Nènevè, em meados de 1850, mudou-se para a Estrada Dona Francisca, que ligava Joinville a Curitiba, e alguns de seus descendentes se encontram hoje nas cidades de Campo Alegre e de São Bento do Sul, em Santa Catarina. Louis Duvoisin enviuvou na região do Saí e voltou a morar no Rio de Janeiro, onde mais tarde passou a trabalhar com o vice-cônsul Aubé na medição das terras do dote de casamento da princesa Francisca Carolina, futura cidade de Joinville. Dr. Deyrolles não deixou descendência. Radicou-se em São Francisco do Sul como médico que atendia os pobres, em uma propriedade situada no morro da vila, cedida pela Câmara Municipal em 13 de dezembro de 1843. Os moradores da região de São Francisco do Sul a chamavam de "Morro do Deiró".[13]

Contudo, entre os remanescentes do Falanstério, o casal Ledoux se destacou. Além de Alberto, nascido em viagem e batizado em 26 de agosto de 1842 na Igreja de São Francisco do Sul, o casal teve mais dois filhos: Jorge e François. Este

---

11 Região que fez parte do Saí até 1992, quando passou a ser território do município de Joinville.

12 A história das cartas desaparecidas também é mencionada por Jorge e Tânia Ledoux, nas entrevistas a nós concedidas.

13 Sobre a presença de famílias remanescentes do Falanstério, ver Ternes, 1984; Nascimento, 1992b, p.2; Nascimento, n. 1, p.2-9, jan. 1992a.

morrera solteiro. Alberto teve três filhos: Alexandre, Eduardo e Eugênia. Jorge teve cinco filhos: Antônio, Maria, Lindolfo, Jorgina e Aníbal. E, de modo geral, os Ledoux permaneceram na região. Hoje o nome Ledoux quase se confunde com a Vila da Glória e a história do Falanstério. E como a memória e a história, desde Heródoto e Tucídides, formam um par que concorre entre si, as ligações e as relações da família Ledoux com a Vila da Glória e o Falanstério são complexas e, por isso mesmo, instigantes.

Quando chegamos à Vila da Glória, naqueles dias chuvosos de outubro de 2007, para dar início à pesquisa, tivemos a impressão de que alguém estava à nossa espera. Desde a primeira informação, configurou-se em nós a visão de uma atmosfera imagética que conferia à família Ledoux a proeminência do lugar e da história do Falanstério. Praticamente todos os moradores inquiridos por nós disseram-nos que descendiam da família Ledoux ou que tinham algum grau de parentesco com os Ledoux. Todos indicavam algum Ledoux que poderia contar melhor a história do Falanstério. Nossa caminhada pelas terras do Saí teve início no pequeno cemitério que guarda nomes franceses entalhados nas lápides. Ruas levam o nome Ledoux nas placas de indicação: Av. Lindolfo de Freitas Ledoux, Rua Eduardo Ledoux, Rua Almerinda Alves Ledoux, esposa de Lindolfo de Freitas Ledoux. Na entrada da Estrada do Saí, importante via ainda por calçar que liga a vila à cidade de Itapoá e o Estado do Paraná, uma placa com os dizeres "Pesque e pague da Família Ledoux".

O lugar é de uma beleza singular, ainda bastante idílico, com poucos habitantes,[14] entre o mar e a mata atlântica. Belas cachoeiras inspiram os artistas plásticos locais. Animais silvestres e pássaros canoros habitam em profusão a mata atlântica muito bem conservada. Há vasta área própria para a agricultura, e o mar que circunda a Vila da Glória é utilizado pelos habitantes para a pesca artesanal. Há riquezas minerais e naturais inexploradas. Até a década de 1930, a produção era considerável. Funcionavam mais de vinte engenhos de fabricação de farinha de mandioca, além de boa produção de arroz, café, banana e laranja. A produção de pescado também era abundante, inclusive de camarão, que, a partir de 1910, passou a ser industrializado pelo imigrante alemão Frederico Wildner. A indústria cerâmica chegou a contar com quatro olarias. Na área central do Saí-Mirim e Braço do Norte, em 1908 instalou-se a Colônia Agrícola do Saí. Contudo, a falta de estradas para escoar a produção e o fechamento do Canal do Linguado, para dar passagem a uma via automotiva de acesso à ilha de São

---

14 O 2º Distrito do Saí, área continental do município de São Francisco do Sul, conta com 2.500 moradores para uma área de 105,7 quilômetros quadrados.

LAURENT VIDAL E TANIA REGINA DE LUCA (ORGS.)

Francisco do Sul na década de 1970, promoveram uma forte queda econômica, resultando na emigração de muitos moradores.

Tenta-se hoje desenvolver o turismo, com pousadas ecológicas e uma culinária especializada em frutos do mar. Mas as estradas ainda se encontram em condições precárias. Dois caminhos de acesso podem ser feitos, via Ferry Boat--Estreito de Gibraltar na região da praia da Vigorelli, em Joinville, ou por São Francisco do Sul, tomando-se uma embarcação que faz uma travessia de cerca de dez minutos, 1.200 metros. Pelo caminho do Ferry Boat, a estrada de chão que passa por dentro da mata atlântica torna a viagem encantadora, as fragrâncias do mar e da mata se misturam proporcionando uma bela visão. A Festa do Camarão, uma atividade turística, deixou de acontecer pela falta de investimentos (Ledoux, 2002).[15]

Um homem em busca de sua história

A história da família do papai foi colocada na mão dele e ele começou a contar, a encaixar as coisas. Um trabalho que ele não acabou.[16]

Todos nos diziam que o homem que poderia contar a história da colônia francesa no Saí morrera há pouco tempo, em julho de 2006. Ele andava juntando papéis, formando uma grande pasta, encerrada na casa fechada onde habitara nos últimos anos. Para nós, informação lamentável! Mas eis que o homem andara deixando cópias espalhadas.

Facilmente e com entusiasmo, vários moradores trouxeram pedaços do dossiê, incompletos, mas ainda assim capazes de provocar fortes indagações a nós pesquisadores. O que continha a pasta de sr. Aurélio Alves Ledoux, filho de Eduardo Ledoux, neto de Alberto Ledoux, bisneto de Leon Ledoux? Vimos que em cada documento havia o carimbo de Aurélio com a inscrição: Aurélio

---

15 Em carta de 10 de junho de 2003, endereçada à prof. dra. Therezinha M. Novais de Oliveira – pró-reitora de Assuntos de Extensão e Assuntos Comunitários, Aurélio descreve uma situação calamitosa da população do 2º Distrito do Saí entre 1950 e 1984. Faz uma relação de várias matérias de jornais que falam dessa miséria. Em depoimento que nos concedeu na Vila da Glória, em 28 de janeiro de 2008, Rodrigo Dias da Silva ratifica a importância do Canal do Linguado na Baía da Babitonga para a Vila da Glória e as dificuldades socioeconômicas nela enfrentadas após o fechamento do citado canal.

16 Tânia Ledoux Gava, em entrevista concedida a Carina Sartori, Émerson César de Campos e Maria Bernardete Ramos Flores. São Francisco do Sul, 28 de janeiro de 2008.

Alves Ledoux: A Serviço da História. Por que esse homem, em uma odisseia memorialista, tinha de voltar à casa do bisavô? Sua filha Tânia nos disse: "Papai queria voltar às raízes". Qual era o apelo que o presente lhe lançava? Por que esse desejo de conhecimento do passado? Por que trazer os mortos ao mundo dos vivos? Que história ou histórias estariam encerradas naquela pasta? Quais os rastros, as pegadas seguidas por Aurélio, para "encaixar as coisas", como nos dissera sua filha Tânia? "Eu não quero que nada se perca", era o desejo de Aurélio.[17]

Aurélio Alves Ledoux tornou-se uma personagem impossível de se apartar da história da Vila da Glória e do Falanstério do Saí. De personalidade irrequieta, determinada, quase compulsiva, lutou bravamente nos seus últimos anos de vida para compor a narrativa histórica da família Ledoux e para criar lugares de memória do Falanstério do Saí: restaurar as ruínas da Ponta do Barracão, lugar de desembarque e do primeiro abrigo dos franceses; criar um Museu de Homeopatia; instalar monumentos; promover comemorações e festividades (sesquicentenário do Falanstério em 1992; 150 anos de criação do 2º Distrito do Sahy em 2000; 500 anos de São Francisco em 2004). Nos últimos anos, vinha trabalhando na criação do Instituto Histórico e Cultural da Península do Saí, fundado em 21 de abril de 2006, pouco antes de sua morte.

Nascido na Vila da Glória em 1929, com a idade de 12 anos Aurélio saiu para estudar e depois trabalhar, exercendo atividades no comércio em Joinville. Teve quatro filhas, Tânia, Sonia, Lílian e Rose. Esta última foi chamada assim em homenagem à tataravó Rose. Depois da aposentadoria, em 1984, voltou à Vila da Glória para realizar seu sonho: a reconstituição da história da família e a valorização pública da Vila da Glória. Transformou-se no líder da comunidade.

É possível verificar hoje o quanto a presença de Aurélio Ledoux deixou marcas na Vila da Glória. De personalidade forte, determinada e intransigente, conforme se percebeu nas falas de alguns moradores, sua narrativa histórico-memorialista edificou o passado e criou lugares de memória. Sua "pedagogia da repetição" fez que o passado regasse o presente, criando condições subjetivas e políticas que envolvessem a comunidade e os poderes locais, municipais, estaduais e federais, políticos, jornalísticos e intelectuais, para o seu projeto de revitalização da Vila da Glória. O destarte veio com a criação da Ascoredi (Associação Comunitária e Representativa do Distrito do Saí), fundada em 1º de julho de 1984, com a

---

17 Segundo sua filha, Tânia Ledoux, Aurélio queria inclusive recompor o antigo domínio dos Ledoux, reintegrando terras que haviam sido vendidas. Hoje, as filhas são herdeiras de grandes extensões territoriais no Saí.

participação de 177 associados. Junto aos objetivos para desenvolver as áreas da saúde, educação, comunicação e estrutura do distrito, Aurélio Alves Ledoux, enquanto esteve na gestão dessa associação – entre 1984 e 1996 –, atribuiu a si a tarefa de tornar conhecida a história do Falanstério do Saí, sempre evocada para enaltecer o lugar e avalizar suas demandas por melhorais físicas da Vila da Glória e pela alimentação imagética do próprio passado na criação de lugares de memória: monumentos, memoriais, museu.[18]

Com o empenho de Aurélio, o 2º Distrito do Saí obteve algumas melhorias: posto de saúde, instalação de luz elétrica e água encanada, o trapiche terminal para desembarque na travessia da Baía da Babitonga, a linha de ônibus que liga Joinville à Vila da Glória. A implantação da guarnição policial lhe valera o título de "Amigo da Polícia Militar" no ano de 1990. Todos esses melhoramentos foram inaugurados festivamente, com a participação da comunidade e autoridades, com a presença da imprensa e o recorrente pronunciamento de Aurélio, laudatório da história do Falanstério. "Nos ensejou lutar pelo resgate e divulgação da história que nos legaram os emigrantes franceses sob o comando do médico homeopata dr. Benoit Jules Mure."[19]

É instigante inventariar o acervo documental que Aurélio nos deixou: seus inúmeros pronunciamentos, a pesquisa e a correspondência com ilustres personagens que prestigiassem seu projeto, com pesquisadores que fornecessem dados para a pesquisa histórica, com autoridades locais, municipais, estaduais e até federais para apoiarem o projeto histórico, cultural e turístico, fotocópias de recortes de jornais, fotocópias de trechos de obras historiográficas, tudo em boa parte organizado em dossiês singularizados.[20]

---

18 O "Item p" do Estatuto da Ascoredi registra o seguinte: "Devemos apoiar e incentivar aqueles que venham a se interessar pelo estudo e levantamento de dados históricos do nosso Distrito, desde os primórdios pela colonização francesa de 1842, chamada também de Experiência do Saí ou Falanstério do Saí, e envidaremos todos os nossos esforços no sentido da criação de um museu ou uma biblioteca histórica".

19 Embora conste nos documentos, de acordo com a historiadora Raquel S. Thiago, que Leon Ledoux se desentendera com Mure, o bisneto clama por uma história mítica, de passado harmônico, fundante do Saí.

20 O acervo de Aurélio está hoje sob a guarda de Rodrigo Dias da Silva, um jovem estudante de turismo que o acompanhava e secretariava, no trabalho de criação do Instituto Histórico e Cultural ou Fundação Cultural da Península do Saí. Fora recomendação de Aurélio às filhas o depósito do material nas mãos de Rodrigo para que ele continuasse o trabalho da história, que escrevesse o livro que vinha preparando, e que concluísse a instalação do Instituto. Em uma de nossas viagens ao Saí, tivemos acesso ao acervo na casa de Rodrigo Dias, a quem agradecemos a gentileza e a generosidade.

Cada dossiê particular, fruto da correspondência com seus colaboradores, retém desde as anotações do primeiro contato, a data, o telefone até os assuntos que foram tratados. Seguem as cartas que despachava[21] e diversos anexos: textos de história,[22] crônicas, peças de teatro, recortes de jornais, cópias de diversos expedientes remetidos a diversas autoridades locais, municipais, estaduais e federais. Em várias delas, encontramos imagens e textos religiosos, fotografias antigas e, repetidamente, fotos dos eventos comemorativos. As mais recorrentes são as da Ponta do Barracão, tiradas em diversos momentos. Uma, em 1988, de um grupo de técnicos da Seduma (Secretaria do Desenvolvimento Urbano e Meio Ambiente), juntamente com técnicos da Organização Panamericana da Saúde, jornalistas e representantes do Fundec (Fundo Estadual de Defesa Civil), a cargo do Banco do Brasil; fotos das comemorações; das ruínas na Ponta do Barracão; dos visitantes franceses Gerard Godin e Philippe Guinnenetto, membros da Associação dos Amigos Binot Paulmier de Goneville, em 23 de outubro de 2002.

Em resumo, entre as pastas do acervo de Aurélio Alves Ledoux há algumas que valem a pena aqui mencionar: a do médico homeopata e deputado estadual Volnei Morastoni, entre os anos de 2003 e 2004. Este, como presidente da Assembleia, naquela oportunidade exerceu temporariamente o governo do Estado. Com ele, o mais significativo assunto tratado por Aurélio foi a criação do Museu Nacional de Homeopatia e a urbanização da Ponta do Barracão. Outra pasta também bastante intensa compõe-se da correspondência com a reitora e a pró-reitora da Univille (Universidade da Região de Joinville). Com elas, Aurélio Alves Ledoux buscava apoio para o projeto de construção do Museu Nacional de Homeopatia, além de manter contato com professores e pesquisadores. Outras pastas, menores em volume, compõem-se da correspondência com pesquisadores, de outros estados e até outros países, e tratam da pesquisa histórica, como é o caso da correspondência com Marlis Schultze em São Paulo e com Gerard Godin na França. Em Santa Catarina, por intermédio do jornalista Carlos da Costa Pereira Filho, filho do historiador Carlos da Costa Pereira, Aurélio formou uma pasta com grande volume de documentos sobre o Falanstério: recortes de jornais, dados sobre as famílias francesas e principalmente sobre a homeopatia.

---

21 A correspondência seguia um procedimento rigoroso: a anexação dos comprovantes dos Correios, a anotação do encontro, a motivação ou o problema detalhado na carta. Contudo, raramente encontramos a resposta do destinatário na vasta documentação a qual tivemos acesso.

22 Entre outros historiadores, Aurélio anexava textos de: Rangel, 1937; Nascimento, 1992a; Boiteux, 1944; Thiago, 1949; Pereira, 1948; Thiago, 1995; Ledoux, 2002.

LAURENT VIDAL E TANIA REGINA DE LUCA (ORGS.)

Uma correspondência de afeto e amizade com o Príncipe de Bragança denota certa simpatia de Aurélio pela monarquia, impressão que também nos foi passada em conversas com moradores.

Os Ledoux comemoram e encenam a sua história

Histórias como a do Saí merecem ser evocadas.[23]

"Vila da Glória encena a utopia do Falanstério" (Amaral, s.d.). Era essa a chamada do jornal para o acontecimento do dia anterior, 16 de maio de 1992. A peça de teatro era dirigida pela Academia de Dança Lucas Davi. O palco, ao ar livre na praia, no mesmo local do desembarque dos franceses, em 1942. Vestidos a caráter, artistas e descendentes dos Ledoux desembarcaram de um iate, encenando a chegada da família Ledoux. O bebê representando Alberto, filho de Leon Ledoux e Rose Grizard, que nascera na viagem, fora entregue a Aurélio Alves Ledoux. Os Ledoux assistiam a tudo, emocionados. Aurélio Alves Ledoux, Therezinha Leal Ledoux Freitas, Renato Carvalho Ledoux, Vinícios de Souza Ledoux, Sirlene Lisboa Ledoux, Artur Alves Ledoux, Eloy Alves Ledoux, Adélia Nazar Ledoux são alguns dos nomes que encontramos esparsos pelas notícias dos jornais, mas com certeza havia muitos outros Ledoux, como Tânia, a filha de Aurélio, que nos contou em entrevista que na ocasião também estivera lá.

A representação teatral da chegada dos franceses no Saí era parte da programação das comemorações do Sesquicentenário do Falanstério do Saí, distribuídas por todo o ano de 1992.[24] Jogos, bailes, cerimônias, representações folclóricas, reuniões culturais, divulgação da história, seminários,[25] manifestações na imprensa, pesquisas historiográficas, culto ecumênico realizado no cemitério local, apresentação de banda musical e desfile de escolares, apresentação de grupo de dança, feirinhas de culinária, encenação teatral compunham a insurreição me-

---

23 Programa da peça teatral *Sahy dos sonhos*.

24 Aurélio Alves Ledoux foi o grande mentor e incentivador, mas contava com o apoio de políticos, várias instituições, empresas e imprensa, do jornal *A Notícia*, da Fundação Educacional da Região de Joinville/Universidade de Joinville (FURJ/Univille). Na verdade, as festividades eram promovidas pela Ascoredi, em parceria com a Univille e a Prefeitura Municipal de São Francisco.

25 A Univille promoveu um seminário para seus alunos, sobre o Falanstério, com a historiadora Raquel S. Thiago e com o historiador Antônio Carlos Gutler.

morialística da colônia francesa do Saí, festejada como a "tentativa" da criação de uma "sociedade harmônica", "destinada ao progresso cultural e econômico", com uma "visão socialista e liberdade sexual", liderada pelo médico homeopata Benoit Jules Mure, um "sonho" baseado na teoria do filósofo Charles Fourier, que trouxera para o Brasil mais de "200 franceses", que terminara "sem deixar vestígios na região". Além dos "vários desentendimentos", "a malária e a mata exuberante frustraram o projeto". "Ficaram apenas os Ledoux".[26]

Mas, apesar do insucesso, a homenagem era justa; dirigia-se "não à realização material, mas à força de espírito daquela gente" – mais de duzentas pessoas, "a maioria ainda não identificada pelos historiadores" –, que, na verdade, "cumpriu o papel de denunciar os males do mundo do seu tempo" (cf. *A Notícia*, 1992a; Pereira, 1992). A iniciativa viera de Aurélio Alves Ledoux, legitimidade da história, bisneto do primeiro casal. Os programas e os convites às autoridades repetiam que se tratava do sesquicentenário do "desembarque dos franceses na região", sob a liderança do homeopata dr. Benoit Mure, para a instalação do Falanstério, "grande página da história brasileira", conforme se podia ver pelo que demonstraram os historiadores almirante Henrique Boiteux, Alberto Rangel, Carlos da Costa Pereira, Arnaldo S. Thiago, Raquel S. Thiago, Walter Piazza, e tantos outros. Tratava-se de solenizar o Falanstério do Saí.

Meses mais tarde, em 7 de novembro, nova peça fora representada: *Sahy dos sonhos*, na qual, dizia-se, os personagens eram os próprios antepassados da plateia que assistia a tudo emocionada. Montagem do grupo TEU (Teatro Expressão Universitária), da Univille, dirigida por Borges de Garuva e Silvestre Ferreira, o argumento era baseado no triângulo amoroso de Desirè, Basile e Marie Virgine, do conto do historiador Carlos da Costa Pereira, e em pesquisas da historiadora Raquel S. Thiago.

O conto *E ouviram um tiro na floresta*, do historiador Carlos da Costa Pereira, que servira de base para o roteiro da peça, fora escrito em 1933 e publicado pela primeira vez em 1948, sob o pseudônimo Arsênio da Gama. Nele, Carlos da Costa Pereira abordou, com a imaginação possível do gênero literário, os autos do processo crime contra Desiré Mayon, acusado da morte de Basile Balaine, por suspeita de um triângulo amoroso. O jovem casal Basile Belaine e Marie Virgine,

---

26 Cf. as diversas matérias em jornais: Vila da Glória encena utopia do Falanstério. *O Estado*, Joinville, Santa Catarina, 17 de maio de 1992; Comunidade festeja a chegada dos franceses. *A Notícia*, Santa Catarina, 18 de janeiro de 1992.

natural de La Cheze, Bretanha, embarcou no brigue *Virgine*, na primeira (ou segunda?) leva de falansterianos. Desiré, segundo piloto do navio, deslumbrara-se com a beleza da moça e se aproximara do casal de forma a dar motivos a comentários dos demais passageiros. Desembarcados nas terras do Saí, a amizade entre o casal e o marinheiro continuara; certa feita, os dois homens saíram para a caça e um disparo tirou a vida de Basile (Pereira, 1948).

"*Sahy dos sonhos* discutia a Utopia de Fourier" (*A Notícia*, 1992b). Assim se expressava outro jornalista. E dava ênfase ao sonho falansteriano, aos problemas e às adversidades, à derrota. Mas havia o exemplo de força destemida dos franceses, que rejeitaram a situação de miséria e injustiça na França e procuraram criar um mundo novo. Essa atitude dos colonos seria apenas um ponto de partida para uma reflexão que o grupo TEU propusera ao público: "Os franceses fizeram algo para mudar o seu mundo, pois estavam insatisfeitos. E nós, também insatisfeitos, o que estamos fazendo?" – perguntava o jornalista.

Havia uma proximidade entre a representação teatral e o que acontecia no Brasil naquele ano de 1992: o *impeachment* do presidente da República, Fernando Collor de Mello. Esse fato, segundo o jornalista, representava também um "símbolo da possibilidade de mudança". Símbolo que fora inserido na concepção cênica da peça: primeiro, colocava no palco um atual morador da Vila da Glória que contava a história do Falanstério do Saí e, de repente, o morador-personagem se transformava no imigrante que representara. Em uma terceira etapa, o ator, ao estilo de Brechet, deixava de ser o morador e o imigrante para interagir com a plateia, no sentido de fazer a reflexão sobre a atitude de revolta, de desejo de mudança, de sonhar com um mundo novo. "Queremos passar ao público a necessidade do sonho e da utopia para o atual momento", dizia Borges de Garuva, o diretor.

A experiência fracassada do Saí revertera-se em vitória. A referência ao projeto utópico dos franceses falansterianos acordaria os contemporâneos e os faria sonhar mais uma vez com a mudança e a construção de um mundo melhor. Se a queda do muro de Berlim trouxera a angústia do fim das utopias, na década de 1980, o movimento alegre, firme, determinado e vitorioso dos "Caras Pintadas", estudantes quase adolescentes, no início da década de 1990, que derrubara um presidente da República, trouxera novo desejo de utopia. A história do Falanstério merecia ser contada na forma brechiana: despertar as consciências, contar a história dos derrotados, fazer da arte a política.

A Árvore da Vida

O berço da homeopatia no Brasil é o Saí.[27]

Ao se chegar de barco à Vila da Glória, encontra-se à cabeceira do trapiche um monumento de aproximadamente seis metros de altura, com a figura de um druida postado na parte frontal da "Árvore da Vida", representada pelo tronco de um carvalho em cimento armado. A árvore possui cinco ramos que trazem em sua extremidade as faces dos guerreiros dos elementos terra, água, fogo, ar e tempo, energias da natureza capazes de gerar benefícios: a terra, o alimento; a água, o mar; o ar, o céu; o fogo, a luz; o tempo, a transcendência. Entre os ramos, o globo terrestre representa o óvulo fecundo da sabedoria.[28]

A inauguração do monumento em homenagem à homeopatia ocorreu no dia 4 de janeiro de 2005, patrocínio da Prefeitura Municipal de São Francisco do Sul e do Instituto Binot Palmier de Goneville São Francisco do Sul 500 anos.[29] Na ocasião, Aurélio fez o repetitivo pronunciamento, carregado de história, destacando Benoit Jules Mure pela introdução da homeopatia no Brasil. Contudo, para Aurélio, homenagear condignamente essa figura histórica exigia mais. Exigia a criação do Museu e Escola de Homeopatia junto ao casarão dos Backmeyer.[30]

Esse foi um dos projetos (Ledoux, 2002)[31] de Aurélio defendido durante todos aqueles anos em que estivera no trabalho de rememoração da história do Saí. Ele estava convencido de que a colônia do Saí era importante na história da homeopatia no Brasil. Recorria à matéria publicada no *Boletim de Homeopatia Simila* na edição de 9 de outubro de 1990, "Benoit Mure: um pioneiro no Brasil",

---

27 Fala recorrente de Aurélio Alves Ledoux, conforme sua filha Tânia Ledoux Gava. Entrevista.

28 Os detalhes acima estão inseridos na placa junto ao monumento. Acredita-se que os druidas realizam seus rituais ao ar livre em círculos de pedras para a canalização de energia.

29 Encarregado dos festejos de comemoração dos 500 anos de fundação de São Francisco, o Instituto simbolizava a passagem do viajante Binot Palmier de Goneville pelo litoral de Santa Catarina, embora estudos mais recentes contestem essa informação histórica.

30 Casarão de estrutura enxaimel construído pelos alemães Backmeyer em 1913, rodeado de cachoeiras e densa área verde com pequenas trilhas. Na carta do dr. Mure de novembro de 1842, na qual fala da visita à região das cachoeiras, lê-se: "É na Colônia do Sahy, nas margens do rio São Francisco do Sul, que se estabelece a Escola Suplementar". É por esse motivo que Aurélio Alves Ledoux justificava a construção do Museu de Homeopatia naquele local.

31 O projeto nunca saíra do papel. O Parecer solicitado por Aurélio à historiadora Raquel S. Thiago, embora reconhecesse a importância do projeto, levantou uma série de questões práticas a serem resolvidas para a instalação do museu na casa dos Backmeyer.

Figura 26.2 A árvore da vida.

Figura 26.3   Casarão dos Backmeyer.

a qual informava que no dia 15 de novembro de 1842, na colônia socialista do Sahy, o dr. Benoit Mure fundou a Escola Suplementar de Medicina e Instituto Homeopático do Sahy. Ali, não obtivera sucesso, mas no Rio de Janeiro, junto com outros homeopatas, criara o Instituto Homeopático do Brasil.[32]

No plano de Aurélio, o monumento à homeopatia, a "Árvore da Vida", fazia parte do projeto de urbanização da Ponta do Barracão, e seria instalado ao lado de um painel indicativo sobre a homeopatia e dos bustos do dr. Mure e do coronel Camacho, político local que apoiara o projeto falansteriano. Contudo, qual não fora seu desagrado!? A Ponta do Barracão[33] não fora urbanizada e o monumento fora parar na cabeceira do trapiche da Vila da Glória. São várias as cartas nas

---

32 O dia 21 de novembro, dia em que chegara dr. Benoit Jules Mure ao Rio de Janeiro, em 1840, na barca francesa *Eole*, é dedicado à homeopatia no Brasil.
33 No lugar do desembarque, além do barracão construído imediatamente para abrigo e funcionamento da ferraria e da forja, nas proximidades, fora erguida uma grande casa que servia de hospedaria para até vinte famílias, de propriedade do francês, radicado no Rio de Janeiro, Antônio D. Picot.

quais Aurélio reclama às autoridades do não-cumprimento do que fora firmado.[34] "Diante da inesperada mudança de local para a instalação do obelisco, da Ponta do Barracão para a área central, próxima à cabeceira do trapiche Governador Pedro Ivo Campos [...] causava-me descontentamento, somente superado com a informação de que o obelisco será transferido para o futuro Museu Histórico, no casarão dos Backmeyer."[35] Entre os historiadores sabemos que o memorável é aquilo que se pode fazer e sonhar com relação a um lugar. Se o espaço deixa de ser praticado, ainda assim ele pode fornecer a simbologia carregada de referência ao passado.[36]

História e memória

O espólio documental do sr. Aurélio Alves Ledoux reúne em um só gesto a história e a memória do Falanstério do Saí. O grande dossiê de Aurélio contém o relato do "acontecimento [que] marcou profundamente e com detalhes especiais a história de nossa Pátria", conforme afirmava repetida e enfaticamente. Mas, aqui, podemos dizer que "esse acontecimento" pertence mais ao reino da memória e da narrativa histórica do que dos fatos praticados. Quando o presidente da província de Santa Catarina, na sua "Falla", em março de 1845, mencionou as grandes vantagens da escolha de dotes para Dona Francisca, irmã do imperador Dom Pedro II, casada com o Príncipe de Joinville, no distrito de São Francisco, no mesmo local em que se dera a experiência socialista dos franceses, colocava uma pá de cal ao Falanstério do Saí. Dali em diante, a colônia do Saí tinha futuro apenas na narrativa histórica.

Futuro promissor e fértil, pois o sonho de Fourier em terras brasileiras, sob a simpatia do jovem imperador brasileiro, o entusiasmo dos deputados e dos ministros de Sua Majestade que apoiavam a imigração europeia como solução da

---

34 No ato cívico em fevereiro de 2004, na Vila da Glória, em presença do Governador do Estado em Exercício, Volnei Morastoni, do presidente da Fundação Homeopática Benoit Mure de Florianópolis, dr. Waldemar Rodrigues, do prefeito e do presidente da Câmara dos Vereadores, além de vários vereadores, ocorrera a assinatura do "Temos de Compromisso" da Secretaria de Estado do Desenvolvimento Regional de Joinville, como medida oficial para urbanizar a Ponta do Barracão e implantar o Memorial do Falanstério do Saí e da Homeopatia no Brasil, na Vila da Glória.

35 Carta de 17 de dezembro de 2004 à pró-reitora de Extensão e Assuntos Comunitários da Univille.

36 Para discussão sobre lugares de memória e sua práticas, ver, entre outros: Certeau, 1994; Nora, 1993, p.7-28.

extinção do trabalho escravo, a cobertura da imprensa, notadamente do Rio de Janeiro, como o *Jornal do Brasil* e especialmente o *Jornal do Commercio*, de propriedade do francês naturalizado brasileiro Antônio Dálmata Picot e seu cunhado Júlio Constâncio Villeneive, a propaganda e o projeto do médico homeopata francês, dr. Benoit Jules Mure, a esperança de cerca de duzentos franceses fora registrada cena a cena, personagem a personagem, lance a lance, até o desfecho final, em 1944, deixando um rastro discursivo que, posteriormente, os historiadores juntaram em um *corpus* documental digno da narrativa de uma saga.

Quando, em 1944, cem anos depois, o almirante Henrique Boiteux (historiador presente nas pastas de Aurélio Ledoux) publicou na *Revista do Instituto Histórico e Geográfico de Santa Catarina* "valiosa e interessante documentação, relativa ao empreendimento que o dr. Mure tentara levar a efeito, em 1841, no município de São Francisco" (Boiteux, 1944), tratou de trazer à luz e dar fácil acesso dos pesquisadores a toda a matéria publicada no *Jornal do Commercio* do Rio de Janeiro sobre a experiência do Falanstério no Brasil. Desde as primeiras intenções de Mure, suas negociações com o governo brasileiro, a votação na Câmara dos Deputados pela concessão de terras e dinheiro, a apresentação do projeto a Sua Alteza, a visita de Mure à província de Santa Catarina para a escolha do lugar, o contrato assinado no dia 11 de dezembro de 1841, a chegada da primeira falange, sua apresentação ao imperador e o desfile pela Rua do Ouvidor no Rio de Janeiro, tudo era escrito em meio à boa receptividade, otimismo e votos de sucesso à empresa. De Santa Catarina, o correspondente do jornal acompanhava os passos de dr. Mure. E o dr. Mure escrevia longas cartas ao amigo redator do jornal, as quais eram publicadas na íntegra, demonstrando entusiasmo com a recepção dos políticos locais, da escolha pela margem esquerda do São Francisco do Sul, que possuía uma vasta península, a península do Saí, porto vasto e seguro, terras férteis, madeiras para construção, grande número de cascatas, "tão necessárias para um emprego industrial [...] quando nosso colonos atravessarem os mares, preparar-lhes-ei uma feliz recepção" (ibidem, p.58).

O percurso historiográfico que se anuncia é o de um cenário de conquistas, de sonho, de projeto alvissareiro. Localmente, porém, há outro acontecimento escriturístico. A instalação dos franceses nas terras do Saí, as intrigas pessoais e amorosas, as queixas dos colonos societários, a fuga de muitos deles, disputas sobre bens da colônia, a divisão do grupo entre os seguidores de Mure e os de Derion, resultando na criação da colônia de Palmital pelos dissidentes, o assassinato de Basile, todo esse processo gerou uma massa de documentos entre cartas, relatórios, processos, falas da província de Santa Catarina, impressões de viagem, que também não jazem em paz nas caixas do Arquivo Histórico de

Joinville. Se o rolo de microfilmes encontra-se, hoje, danificado e os originais de documentos, encerrados, por tempo indeterminado,[37] na caixa 23 do Fundo Carlos Ficker, com as cartas de Mure, do coronel Camacho, de Jamain e Derrion, ao Presidente da Província e ao Juiz de Paz de São Francisco, entre outros documentos, a apropriação constante dessas fontes alimenta, ao longo do século XX, uma narrativa que se repete em formas diversas, criando rastros, colocando marcas, em uma pedagogia da memória, formando um fio que liga passado, presente e futuro.

Desta feita, o autor-historiador paradigmático é Carlos da Costa Pereira, que, ao morrer, em 1967, deixara inacabado *O falanstério de Mure*, o que poderia vir a ser uma monografia sobre os acontecimentos do Saí. Por ocasião das comemorações de 1992, o jornalista Carlos da Costa Pereira Filho publicou os manuscritos do pai em capítulos a cada semana, no jornal *A Notícia*, de 30 de janeiro a 19 de junho. Desde as primeiras páginas, Carlos da Costa Pereira explorou a chegada tumultuada dos franceses, os desencontros e as contendas entre os membros societários e Mure, as cisões, o abandono da colônia, as denúncias. Seu conto *E ouviram um tiro na floresta* dá conta dos autos do processo crime de Desiré, acusado de matar o marido de Marie Virgine, e do laudo de perícia feito pelo dr. Mure e pelo dr. Deyrolles. A historiadora Raquel S. Thiago, sobrinha-neta de Carlos da Costa Pereira, informa que contava novamente essa trágica história de paixão, dizendo que as fontes não acrescentaram mais nada aos fatos narrados no conto de Costa Pereira. Contava-o novamente, porém, para tornar "mais conhecida uma das facetas da aventura falansteriana" (Thiago, p.119, 1995).[38]

O trabalho narrativo da história e da memória aviva constantemente os rastros do passado, conta e reconta a experiência falansteriana, como um "sonho que não se realizou", mas que prometia um "mundo de harmonia e liberdade" para os duzentos franceses, aproximadamente, que aportaram na Baía da Babitonga em São Francisco do Sul, no Brasil, em 1842. O movimento memorialístico levado a cabo pela ordem da repetição de Aurélio Alves Ledoux fez explodir o *continuum* da história, trazendo um passado que, se "não fora todo glorioso", é carregado de experiência de luta pela construção da vida sonhada e desejada, com promessas de dias melhores para a Vila da Glória.

---

37 Em 2002, o Arquivo Histórico de Joinville teve suas portas fechadas por problemas na climatização do acervo. O Fundo Carlos Ficker, onde estão catalogados os documentos do Falanstério do Saí, afetado, aguarda ainda o processo de higienização.

38 Foi do tio Carlos da Costa Pereira que Raquel S. Thiago escutou pela primeira vez alguém falar da experiência do Falanstério.

27
PRESENÇA IMIGRANTE FRANCESA NO BRASIL: ENTRE VISÕES DO PARAÍSO E MERCADOS DE TRABALHO

Ana Luiza Martins

Este texto trata da presença francesa no Brasil no âmbito dos movimentos emigratórios franceses, determinados, particularmente, pela busca de novos mercados de trabalho. A despeito de alguns poucos e qualificados estudos pontuais, o tema ressente-se de abordagens exaustivas, merecendo tratamento historiográfico circunstanciado no quadro mais amplo das políticas imigrantistas e das várias correntes estrangeiras que aportaram em território brasileiro.

Nos limites dessa informação, trataremos apenas de pontuar alguns focos dessa ocupação, no tocante às iniciativas oficiais de ambos os governos, francês e brasileiro, fluxos constitutivos da presença e permanência de franceses no Brasil, em particular a partir do século XIX.

Nesse sentido, registre-se desde já que a vinda de franceses ao país, a despeito de expressiva em determinados momentos, não figura como exemplar de movimentos emigratórios sistemáticos e/ou subsidiados, a exemplo das tantas etnias, povos e raças que aqui aportaram em levas significativas de italianos, espanhóis, portugueses, alemães, sírios, libaneses, japoneses, chineses e outros tantos, oriundos do leste europeu. Ao contrário, parte significativa da presença francesa no Brasil resultou, sobretudo, de entradas alternadas e espontâneas, em circunstâncias particulares, por meio de movimentos temporalmente distintos, de grupos direcionados para pontos geográficos específicos.

Várias foram as razões que, desde o século XVI, determinaram a vinda de franceses ao Brasil, mobilizados preliminarmente pelas possibilidades de exploração comercial do Novo Mundo, pelas demandas de pesquisas científicas nos trópicos e mesmo pela busca da aventura e do exótico propalados pelo imaginário da época. Parte significativa daquelas ondas emigratórias se deu também na esteira de diásporas políticas, religiosas, assim como ao longo do século XIX se definiram acordos governamentais, no quadro da premência da colonização em áreas despovoadas do Brasil, bem como da demanda de ampliação de mão de obra no país. Ao longo do século XX, novos fluxos foram registrados, sobretudo no pós-guerra, acentuados no último quartel do século em função das oportunidades de trabalho oferecidas pelo Brasil que se industrializara, exigindo profissionais qualificados e especializados.

Sublinhe-se que, em parte significativa desses movimentos, a motivação para emigrar decorreu de particular espírito de aventura, mobilizado pela atração e encantamento suscitados pelo exotismo dos trópicos e pela imensidão do território, que acenava com possibilidades de recomeço de uma nova vida.

Para ordenamento desta exposição, foram selecionadas ocorrências dos séculos XIX e XX, marcados por alguns fluxos imigratórios franceses, presididos

Figura 27.1 Memorial do Imigrante, construído em 1888 pelo arquiteto Mateus Haussler, para sede da Sociedade Promotora de Imigração, como centro receptor do serviço de imigração para o território paulista. Hoje, funciona como Memorial do Imigrante, Albergue do Assindes (Associação Internacional para Desenvolvimento) e centro do serviço de imigração. Foto: Edna H. Miguita Kamide.
Fonte: Acervo Edna Kamide.

pela política de ocupação do solo e de colonização de áreas determinadas do Brasil oitocentista e, posteriormente, pela demanda de mão de obra especializada, em particular no estado de São Paulo industrializado.

A bibliografia utilizada constitui-se de textos e obras que trabalharam a presença francesa no Brasil nas perspectivas já aludidas, valendo-se para a última parte dos registros de entradas de imigrantes franceses da antiga Hospedaria dos Imigrantes de São Paulo, atual Memorial do Imigrante (Figura 27.1).

A presença no espaço urbano

A percepção do Brasil pelo olhar francês como múltiplo de paraíso e inferno do século XVI persistiu ao longo dos séculos, alimentando ainda hoje o dúbio fascínio exercido pelo país, acentuado quando se trata de experimentar a aventura da emigração para esta porção da América. Até o presente, este registro dual de sedução e espanto rege a atração francesa pelo território brasileiro, interesse também mobilizado pelo fetiche das belezas naturais e pelo diferencial dos trópicos.

Nota-se que esse imaginário é recorrente, presidindo desde os primeiros grupos franceses que se dirigiram ao Brasil no século XIX até a imigração do último quartel do século XX, ainda que movidos pela pragmática razão de inserção profissional em mercado de trabalho já competitivo. O destino destes últimos foram as cidades industrializadas no sudeste do país, particularmente Rio de Janeiro e São Paulo.

As primeiras levas do movimento emigratório francês datam do final das guerras napoleônicas, quando este lado do Atlântico foi percebido como território para novas possibilidades de trabalho. Rio de Janeiro, Salvador e Recife receberam engenheiros, artesãos, artistas e comerciantes, que imprimiram marcas na cultura e no cotidiano daquelas capitais. Particularmente São Paulo – que desde 1830 conhecia os iniciais bafejos do avanço cafeeiro e, a despeito de núcleo acanhado, dispunha de uma Academia de Direito –, passou a receber franceses de procedência vária, que implantaram novos hábitos e práticas no espaço urbano que se socializava e demandava mudanças. Coube a esses especiais "imigrantes" darem o tom de civilidade e aperfeiçoamento de serviços especializados, em particular no comércio fino.

O trabalho de Vanessa dos Santos Bodstein Bivar cuida justamente dos imigrantes franceses na São Paulo imperial, figurando como reconstituição criteriosa do cotidiano desta população (ver Bivar, 2008). Lembra a autora que se tratou de uma imigração espontânea e de cunho individual, voltada, sobretudo, a ocupações urbanas. Não vieram em número expressivo, e, sim, qualitativo, cultivando novos hábitos e imprimindo marcas de civilidade na cidade que progressivamente se aparelhava como capital dos negócios do café. A começar pela livraria emblemática da cidade, a Livraria Garraux, em que se vendia de tudo – inclusive livros –, do francês Anatole Louis Garraux, que chegou em 1850 e permaneceu à frente do estabelecimento até 1864. Assim como Amélie Fretin, que em 1860 trabalhava com produtos importados e mantinha um Gabinete de Leitura para locação de livros, cujo filho fundaria mais tarde a famosa Casa Fretin, de produtos óticos e clínicos em geral.

Na sua maioria, "eram pessoas comuns que improvisavam seus papéis para a sobrevivência diária" e acabaram respondendo por profissões ainda pouco exercitadas em São Paulo, passando a desempenhá-las com profissionalismo e sofisticação. Eram padeiros, modistas, cozinheiras, cabeleireiros e ourives. A maioria não vinha em família, no máximo com parentesco extensivo a dois irmãos, mas permanecia no país. Para além disso, intensificaram as relações comerciais e consulares entre Brasil e França, atuando no mercado que vinha conhecendo forte concorrência de ingleses e alemães.

Um novo incentivo para a vinda francesa se deu no quadro da recém-inaugurada República. Ainda em 1889, publicara-se em Paris *O guia do imigrante*, do barão de Santa-Anna Nery, produzido especialmente para a Exposição Universal de Paris, de 1889, visando a divulgar o Brasil como terra promissora. Parte do texto expunha as seguintes vantagens:

> *Imensidão.*
> *Temperatura para todas as raças.*
> *O Brasil tem necessidade de uma população numerosa.*
> *O Brasil é um país novo.*
> *O Brasil é um país agrícola.*
> *O Brasil é um país livre, absolutamente livre.*
> *Se o Brasil é um país de Liberdade, é um país da Ordem. Sem revoluções, nenhuma destas bruscas mudanças que paralisam os negócios e param o progresso.*
> *Os últimos escravos que existiam no país foram liberados em 13 de maio de 1888.*
> *Todas estas razões fazem do Brasil um excelente país de atração para os emigrantes.*
> (Nery, 1889)

Na França, contudo, essa propaganda foi em vão. Experiências pregressas negativas de movimentos emigratórios franceses para o campo determinaram, inclusive, a interrupção de levas de emigrados franceses, não se registrando experiências de colonização semelhantes até o final do Império.

Todavia, a partir de 1889, a República no Brasil propiciou outro aporte de estrangeiros ao país, já reconhecido como *le pays de l'or rouge*, que tinha nas cidades do Rio de Janeiro e de Santos os maiores centros exportadores de café do mundo. O Brasil aparecia de forma mais expressiva na geografia comercial, agora livre das amarras da escravidão e da religião católica obrigatória, vivenciando o liberalismo econômico. Nesse momento, foram editadas em Paris várias revistas que divulgavam a potencialidade econômica da capital paulista, desenhada como atraente empório comercial da América do Sul. Essa propaganda – que suscitou a vinda de contingente expressivo de grupos franceses – foi veiculada por publicações luxuosas, impressas em Paris, a exemplo da *Revue du Brésil* (1896). De forma edulcorada, com fervor republicano, divulgava as benesses da terra, focalizando São Paulo como "o mais promissor Estado da Federação".[1] Em Bordeaux, principal porto de saída de franceses para o Brasil, era impressa revista similar, a *Ilustração Brasileira*,[2] de caráter propagandístico (leia-se, propaganda de São Paulo). Atendia à valiosa fatia de mercado, presidida pelas oportunidades de negócios que se anunciavam em território brasileiro, então republicano (Martins, 2001, p.78-96).

Não por acaso, o centro comercial da capital paulista tornou-se, em outra escala, um microcosmos do comércio de luxo parisiense. Uma das reproduções mais veiculadas no periodismo da época era justamente a Rua XV de Novembro, a mais importante do Triângulo, cujos estabelecimentos eram propriedades de franceses e traziam igualmente denominações francesas.[3] Insista-se que essa presença francesa urbana, em particular a partir da segunda metade do século XIX, não obstante expressiva, se deu por movimentos espontâneos, independentes de acertos bilaterais entre França e Brasil. Resultavam de vagas sazonais, decorrentes de pressões individuais econômicas e/ou políticas, que carrearam significativo contingente para as capitais que apresentavam perspectivas econômicas, a exemplo de São Paulo e Rio de Janeiro.

Diversa foi a mobilização de grupos da França que se dirigiram para a área rural, voltados para o trabalho no campo ou mesmo para alguns núcleos de colonização, pensados por ambos os governos. Foi nesse âmbito que surgiram as primeiras notícias de imigrantes franceses no país. Essa possibilidade de mão de obra francesa para o campo, pensada em termos emigratórios, merece registro.

---

1 *Revue du Brésil*. Paris, 1895, n.15, p.230.
2 *Ilustração Brasileira*. Bordeaux, Paris, ano I, n.1, 1901.
3 Para melhor percepção deste "centro comercial paulistano francês", ver Barbuy, 2006.

No debate da emigração

A emigração pensada como solução para a pobreza foi debate que se instalou nos centros europeus desde as primeiras décadas do século XIX. No Brasil, a possível recepção de população estrangeira, antes que a Inglaterra suspendesse o tráfico negreiro, passou a ser cogitada em termos de assentamentos de imigrantes com vistas ao trato da terra, como parceiros e mão de obra para os fazendeiros.

O tema foi sistematicamente tratado na *Revue des Deux Mondes*, entre 1830 e 1880, e estudado por Ligia Osório Silva (2001). Naquele periódico, os artigos sobre emigração foram escritos inicialmente por Ferdinand Denis e Saint-Hilaire, mas mereceram textos de François de Castelnau, Adolphe Assier, Emile Adet e Elisée Reclus, que na sua maioria viam o Brasil na recorrente imagem dúbia: país viável para a emigração, mas temido pela adversidade dos trópicos.

Sabe-se que a essa altura já atuavam propagandistas da imigração brasileira na Europa – e a França não foi privada dessa cooptação –, agentes sem pejo de divulgar propostas fantasiosas sobre o país, até porque seus ganhos se davam por cabeça. Para esse momento, as notícias mais circunstanciadas que se tem de imigrantes franceses no Brasil mencionam a vinda sistemática de alguns grupos franceses para colonização e trabalhos específicos. Convém conferir.

Levas emigrantes: breves notícias

Embora sem registro preciso de chegada, sabe-se que um primeiro grupo de emigrantes franceses chegou ao Brasil na segunda metade do século XIX, para a colônia de Benevides, em uma área de 195 km, na região metropolitana de Belém do Pará. Dessa experiência, as notícias são parcas.

A menção a três levas subsequentes, destinadas ao Paraná e às Minas Gerais, trazem mais subsídios, inseridas em plano de colonização, resultaram em enormes fracassos.

Sabe-se que no Paraná foram fundadas duas colônias com assentamento de imigrados franceses: em 1847, a colônia de Teresina, às margens do Rio Ivaí, no interior do Paraná, pelo dr. Jean Marie Faivre, sob auspícios de Dom Pedro II, e a colônia Superaguy, localizada à entrada da Baía de Paranaguá, por Charles Perret Gentil, Auguste Perret Gentil e Jorge Carlos Melly.

Em Minas Gerais, viveu-se situação mais difícil, quando emigrados franceses dirigiram-se ao último sertão inculto mineiro, a colônia do Mucuri. Ali, o empresário e político Teófilo Otoni fundou a Companhia de Comércio e Navegação do Mucuri, de capital aberto, com incentivo dos governos imperial e da província de Minas Gerais. Visavam à navegação do Rio Mucuri, desde sua barra na província da Bahia até o último ponto navegável em Minas, quando a cidade de Minas Novas tornou-se centro comercial com alguma expressão. Por princípio, a Companhia não possuía escravos. Na falta de mão de obra livre, alugou escravos de fazendeiros encetando a imigração de franceses, colonos que trabalhavam como sapateiros, carpinteiros, ferreiros, oleiros, tecelões, seleiros, boticários, curtidores, padeiros, alfaiates, calceteiros, agrimensores, engenheiros, professores e pintores.

As duas experiências no Paraná e aquela de Minas Gerais fracassaram. Logo, um dos efeitos provocados por esses insucessos foi a publicação, em 1859, por parte do governo francês de uma *"mise en garde"* contra as tentativas de engajamento de emigrantes para o Brasil. A despeito da oposição, em 7 de julho de 1873 o governo imperial ainda viria a conceder seis léguas de terras na estrada de Bragança, na Colônia Agrícola Benevides, próxima a Belém, para distribuição de lotes de terra aos imigrantes franceses (Nunes, 2008). Em 1875, contudo, dois decretos[4] proibiram o recrutamento para o Brasil e a Venezuela, suspensa no caso do Brasil até o final dos anos 1890.

Pelos dados disponíveis constata-se que, entre 1851 e 1890, vieram para o Brasil 12.604 imigrantes franceses, resultado medíocre tendo em vista o empenho. Entre as razões da expulsão dessas levas emigrantes, Ligia Osório elenca os momentos de crise registrados na França: o final dos anos 1840, devido ao desemprego e às más colheitas; os anos compreendidos entre 1854 e 1857, por conta da sensível alta do preço dos cereais; o período que se segue às convulsões político-sociais de 1870-71; e os efeitos devastadores da guerra franco-prussiana e da Comuna de Paris. Nesses movimentos de diáspora, boa parte dessa corrente foi para a Argélia, então território francês.

Uma marca especial no Rio Grande do Sul

Diferentemente da vinda de franceses para os núcleos de colonização Teresina e Supuruy, no Paraná, e Mucuri, em Minas, em condições adversas e de difícil

---

4   Decretos de 14 de abril de 1875 e 30 de agosto de 1875.

adaptação, registrou-se a presença de grupo especial de franceses na avançada Pelotas, no Rio de Grande do Sul.[5]

A cidade, afamada pelo seu adiantamento econômico e cultural, já recebera visitas especiais de Saint-Hilaire (1820), de Arsene Isabelle, diplomata francês radicado em Montevidéu (1834), e do Conde d'Eu (1865), que deixaram observações positivas sobre o município. Sabe-se que ali, após a Revolução Farroupilha, foi fundada a primeira Loja Maçônica por franceses que haviam chegado ao local em 1843, momento em que também se instalaram mais franceses na região, em caráter espontâneo, que permaneceram nas vilas próximas como professores, artistas e comerciantes.

A sofisticação dos estancieiros locais levou-os, inclusive, a requisitar profissionais para qualificação do espaço urbano, abrindo concorrência pública para vultosas obras municipais. Os vencedores foram os arquitetos franceses Dominique Pineau e Dominique Villard, responsáveis pelo projeto e obra da Escola Eliseu Maciel, em 1881. Posteriormente, naquele estabelecimento foi instalada a Imperial Escola Agrícola e Veterinária, sob a direção do francês Claude Rebourgeon, cientista enviado para viabilizar o fabrico da vacina antivariólica (Leon, 2002).

Dados os antecedentes favoráveis da presença francesa na região, na segunda metade do século XIX, registrou-se a vinda espontânea de número significativo desses imigrantes, que se fixaram no campo e na cidade, atuando na comunidade e criando vínculos na área. Leopoldo Jouciá dirigiu o Clube Comercial e tornou-se agente consular francês; Ambrósio Perret foi responsável pela construção de um viveiro de plantas e árvores frutíferas europeias distribuídas pelo Rio Grande do Sul e por todo o Brasil; Alexandre Gastaud introduziu energia elétrica na Santa Casa de Misericórdia; o dentista Amadeu Gustavo Gastal inaugurou o fabrico da compota de pêssego e plantio de eucaliptos a partir de 1876, lembrando ainda o fotógrafo Baptiste Lhuller, que trabalhou em Pelotas desde 1875.

Acentuada foi a presença de professores franceses para lecionar aos filhos das famílias abastadas e que deixaram obra na cidade, a exemplo de Afonso Emilio Massot e Luiz Carlos Massot, que, em 1866, fundaram o Colégio Evolução, fechado em 1893 com a Guerra Civil.

---

5   Betemps, Leandro Ramos. Aspectos da colonização francesa em Pelotas. Disponível em: <http://www.ufpel.tche.br/ich/ndh/pdf/Leandro_Ramos_Betemps_Volume_05.pdf>. Acesso em: 19 jul. 2008. Este artigo, talvez o mais completo sobre a ocorrência francesa em Pelotas, foi a principal fonte para as informações acima.

Importa considerar que famílias francesas deram origem a quatro núcleos coloniais na Província do Rio Grande do Sul (Betemps, op. cit.). Inicialmente, em 1857, surgiu a colônia de São Feliciano, atual Dom Feliciano, que recebeu imigrantes a partir de 1873, quando a medição dos lotes foi concluída pelo diretor da colônia, Auguste Napoleon de Saint-Brisson. Não abrigou apenas franceses, mas também outras nacionalidades europeias Os primeiros resistiram à miscigenação, retiraram-se e iniciaram outra colônia, por iniciativa privada, a de Santo Antônio. Ali também construíram um cemitério francês, em local escolhido por moradores, que não se submeteram a sepultar seus mortos em terreno predefinido.

Outro núcleo foi a colônia de Conde D'Eu e Isabel, em 1870, que contava com 48 franceses em 1872, assim como registrou-se outro aglomerado francês no município de Montenegro. Dentre todas essas colônias francesas, a única que prosperou foi a de Santo Antonio, que figura também como "a única colônia francesa existente no Rio Grande do Sul [...] rico exemplar desta colonização no estado e também um recanto peculiar para a história da imigração gaúcha" (ibidem). As demais não encontraram apoio do governo e foram engolfados pela massa ítalo-germânica que dominou a província.

Em Santo Antonio, os imigrantes franceses foram pioneiros em alternativas para comercialização de novos produtos e tentaram o fumo, o píretro e, em menor escala, a cana-de-açúcar, a uva e a alfafa. Esta, particularmente, tornou-se o primeiro produto a ser explorado comercialmente em toda a colônia. Sucederam-se pomares de pêra, laranja, marmelo, maçã, pêssego e uva, origem da pequena agroindústria de Pelotas, etapa já encetada por italianos. Por volta de 1898, cada família francesa tinha seu vinhedo para autoconsumo. Na década de 1930, o cultivo de pêssego superou o da alfafa e, a partir de 1960, os pessegueiros dominaram em detrimento das parreiras, consolidando a produção na área.

Logo, a imigração francesa em Pelotas foi importante para o município e para a província/estado do Rio Grande do Sul, não apenas no âmbito de sua qualificação cultural, com destaque para a educação e a arquitetura. Também na zona rural, coube aos franceses introduzir novos produtos frutíferos – sobretudo o pêssego – que potencializaram a economia local, impulsionando a agroindústria de Pelotas, cuja origem repousa na especial fabricação de conservas e compotas por mãos francesas.

Sofisticando a produção, o francês Amadeo Gustavo Gastal, que desde 1878 introduzira o cultivo do pessegueiro, foi um dos primeiros a utilizar equipamento importado para a produção de compotas de frutas em seu estabelecimento denominado Bruyères. Atualmente, o estado do Rio Grande do Sul lidera a

LAURENT VIDAL E TANIA REGINA DE LUCA (ORGS.)

produção nacional de pêssegos, reunindo mais de quatrocentas famílias que se dedicam ao cultivo da fruta.

Em Capão do Leão, uma obra de engenharia notável

Ainda no Rio Grande do Sul, tem-se notícia de núcleos da imigração francesa no Brasil, na cidade de Capão do Leão. Lá, sua presença foi registrada desde 1830, guardando edificações daquela influência, com fluxos de população episódicos que se estenderam até 1950. Originavam-se de três procedências: do Uruguai, principalmente bascos franceses; da colônia Santo Antônio, em Pelotas; da migração interna espontânea.

Notável, porém, foi a marca francesa deixada por expressivo núcleo que participou das obras dos Molhes da Barra do Porto de Rio Grande. Não chegaram como imigrantes, pois sua vinda foi promovida pela Compagnie Française du Port du Rio Grande do Sul, com sede em Paris, que, entre 1909 e 1914, se envolveu com a exploração de pedras para obra de engenharia excepcional. O resultado foi uma das mais significativas contribuições francesas voltadas para a realização de melhoramento da Barra e construção do porto.

A vinda francesa para a região era fruto de um consórcio destinado a executar as obras portuárias, constituído de três grandes construtoras: Daydê & Pillé, Fougerole Frères e Groseleier, com sede em Paris. O financiamento da Société Générale de Construction foi assegurado pelo Banque de Paris et des Pays-Bas. O projeto na época encontrava similar somente nas gigantescas obras de abertura do Canal do Panamá.

As operações desenvolvidas pela Compagnie Française du Port de Rio Grande do Sul tinham como responsável o engenheiro francês Quellenec, especialista em obras marítimas. O consórcio internacional especialmente criado para as obras dos Molhes, com capital majoritariamente francês, era administrado por norte-americanos, entre eles Lawrence Corthel (engenheiro), que participara da fixação da barra do Rio Mississippi, nos Estados Unidos, e Percival Farquhar (investidor). O corpo técnico vinha formado por engenheiros franceses e belgas; a Companhia era representada pelo dr. Claude Petitalot; a direção dos trabalhos de extração de pedra esteve a cargo do engenheiro brasileiro Edmundo Castro Lopes.

O local escolhido para a atividade mineradora foi a área deserta de Cerro das Pombas, hoje Cerro do Estado. Entre os trabalhadores, havia necessariamente franceses, mas também brasileiros e imigrantes diversos absorvidos pela oferta oportuna de emprego. Após a finalização das obras, não há registros da permanência dos engenheiros franceses ou belgas na localidade. Dotados de espírito aventureiro, acostumados a remoções constantes por exigências da firma empregadora, aqueles profissionais não se fixaram no Brasil e não deixaram – salvo a grande obra de engenharia dos Molhes – legado mais substantivo de sua atuação em Cerro do Estado.

Importante registrar que em 1º de março de 1915, às 17h30, o navio-escola *Benjamin Constant*, da armada nacional, calado de 6,35 m, transpôs a barra, e, às 18h30, atracou no cais do novo porto do Rio Grande, hoje, o único porto marítimo do estado gaúcho, definido como o principal polo do Corredor de Exportação do Extremo Sul.[6]

Finalizando esta passagem pelo Rio Grande do Sul, cabe lembrar a vinda de frades franceses para o sul do Brasil no último quartel do século XIX, atendendo à solicitação do bispo Dom Cláudio José Gonçalves Ponce de Leão ao General dos Capuchinhos em 1873. Dotada de caráter diverso das levas predecessoras, na sua maioria envolvidas com comércio e trabalhos agrícolas, a missão capuchinha era formada por professores e estudantes de Filosofia e Teologia e voltava-se para práticas religiosas, visando a atender às comunidades católicas formadas por imigrantes italianos e alemães, recém-chegados ao país.

O intercâmbio francês permanente

Na década de 1930, Paul Arbousse Bastide assim se manifestava com relação à sua vinda ao Brasil:

> Desejava abandonar a França porque atravessávamos violências e incertezas, a ascensão do fascismo, mortes em passeatas, e uma atmosfera de política carregada [...] o Brasil era para mim, então, "a terra dos possíveis", em relação ao mundo fechado que a França representava.

Tinha lugar um novo fluxo "emigratório" francês, de caráter espontâneo, mas potencializador do desenvolvimento industrial e do adensamento da sociedade urbana, que deixou vigorosa marca francesa no quadro cultural brasileiro. No âmbito acadêmico, a criação da Universidade de São Paulo, em 1934, vinculou-se à estada dos mestres franceses, influência decisiva para a formação de nossa intelectualidade.[7]

---

6   Abertura da Barra do Rio Grande do Sul. Disponível em: <http://www.riograndevirtual.com. br/molhesdabarra/conteudo/historico.html>.

7   Cabe lembrar: Claude Lévi-Strauss, Roger Bastide, Paul Arbousse Bastide, Fernand Braudel, Pierre Monbeig, Jean Maugué, entre outros, que conformaram gerações brasileiras enquanto potencializavam suas carreiras com a vivência no país.

Também a década de 1940 resultou em uma relação intercultural com a França, que conjugava as experiências de artistas franceses que se impregnaram da tropicalidade de luzes e cores, que se contrapunham à sombria Europa da guerra ou àquela do pós-guerra. O escritor francês Georges Bernanos (1888-1948), já afamado na França, elegeu o Brasil para morar durante o conflito bélico. O autor de *Sob o sol de satã* e *Diário de um pároco de aldeia* viveu em Juiz de Fora, Minas Gerais, cidade que hoje sedia um museu com os pertences do escritor, na casa em que morou entre 1938 e 1945. Pouco antes de morrer, ponderou: "Se me fosse permitido escolher o país para morrer eu escolheria o Brasil".[8]

O tema da guerra, não apenas a Segunda Guerra Mundial, mereceu reflexão do antropólogo Claude-Lévi Strauss, comparando sua vivência àquela do cronista francês do século XVI, Jean de Léry:

> Léry partiu para o Brasil aos 22 ou 23 anos, eu tinha 26 quando iniciei a mesma viagem. Léry esperou 18 anos antes de redigir sua viagem, eu esperei 15 antes de escrever *Tristes trópicos*. No intervalo, durante esses 18 anos para Léry, e 15 para mim, o que aconteceu? Para Léry, as guerras de religião [...] para mim foi a Segunda Guerra Mundial e também a fuga de perseguições. (Moisés, 1989, p.93)

Na São Paulo do pós-guerra

Em São Paulo, polo industrial do país, os estudos para a imigração francesa mais recente contam com novas fontes no Memorial do Imigrante, situado no bairro do Brás, na mesma sede que recebeu as levas imigrantes e migrantes do século XIX, edificação hoje tombada pelo Patrimônio Histórico. A instituição, criada em 1886 como Sociedade Promotora da Imigração, foi iniciativa de cafeicultores paulistas em conjunto com o governo, que subsidiava a passagem e inicial estada dos trabalhadores, que se encaminhavam, expressivamente, para a lavoura de café, italianos na sua maioria.

Destinava-se a receber imigrantes procedentes do estrangeiro ou de outros estados da União, que, agenciados em seu país ou viajando espontaneamente, procuravam o estado de São Paulo para se colocarem não apenas na lavoura, mas também nos núcleos coloniais ou nas indústrias. Até o presente, é local de

---

8 "Debates tentam reabilitar obra de Georges Bernanos". *O Estado de S. Paulo*, São Paulo, 22/08/1998.

inscrição de estrangeiros que se fixam no país, guardando rico acervo de registros de imigrantes.

A consulta a seus livros do século XIX e primeiras décadas do século XX não revelou a entrada sistemática de franceses. Contudo, para o período pós-Segunda Guerra Mundial e, sobretudo, após a década de 1960, foram localizados 250 registros de imigrantes franceses, que se apresentaram naquela instituição para permanência no Brasil, na sua maioria como trabalhadores já contratados.

Essa entrada maciça resultou de especial acordo internacional, que permitiu a vinda de profissionais qualificados para atuarem no Brasil, circunstância que demanda esclarecimento.

O CIME – Comitê Intergovernamental para as Migrações Europeias*

Data de 21 de agosto de 1957 o Decreto da Presidência da República promulgando a Constituição do Comitê Intergovernamental para as Migrações Europeias, adotada em Veneza em 19 de outubro de 1953. Era, então, presidente Juscelino Kubitschek, e os motivos pelos quais o governo brasileiro firmou acordos internacionais com outros países enquadravam-se em pelo menos uma das seguintes situações:
- elevado volume de comércio exterior;
- aportes de investimentos externos significativos no país;
- acolhimento, no passado, de fluxo migratório intenso;
- relações especiais de amizade.

No caso da França, o acordo com o Brasil visava a trazer mão de obra especializada, com formação técnica ou superior, em especial momento de florescimento industrial, sobretudo no Sudeste do país.

As fichas do Memorial do Imigrante trazem como título principal a série Comitê Intergovernamental para as Migrações Europeias, com as seguintes subséries, entendidas como instâncias de recepção:
- Diretoria de Terras, Minas e Colonização (DTMC).
- Departamento de Amparo e Integração Social (DAIS).
- Escritório Oficial de Imigração e Colonização (EOIC).

---

* Agradeço à historiadora Débora Cristina Santos Silva pelo atendimento no setor de documentação do Memorial do Imigrante.

576   LAURENT VIDAL E TANIA REGINA DE LUCA (ORGS.)

Os itens de informação constantes nas fichas contemplam os seguintes dados: nome, naturalidade, sexo, idade, data de chegada, profissão, estado civil, meio de transporte.

A maior parte das entradas de imigrantes se deu a partir dos anos 1960, estendendo-se pela década de 1970. Em um primeiro momento, aportam de navio, sobretudo da Linha C, companhia italiana, e, em seguida, desembarcam por via aérea. Alguns poucos procedem da Argélia, do Cairo, da Tunísia e do Marrocos, mas a grande maioria é originária do continente francês. O contingente é significativamente formado por homens, de faixa etária entre trinta e cinquenta anos, poucos identificados como casados.

No âmbito das profissões de curso superior, observa-se maior incidência de engenheiro técnico eletricista, engenheiro eletrônico, engenheiro eletromecânico, engenheiro metalúrgico, engenheiro em cálculo de concreto, físico, geólogo, administrador de empresas e professora universitária. Com formação técnica, há especializações variadas: técnico eletrônico, de rádio e TV, de mecânica de precisão, de laticínios, metalúrgico, de administração hoteleira, desenhista projetista de eletricidade, bioquímico, ajustador mecânico, montador de estruturas metálicas e analista programador.

Contudo, há ainda pasteleiro – com diploma de Pasteleiro e Confeiteiro da Chambre des Métiers de Savoie –, enfermeiros diplomados, secretárias bilíngues, desenhistas de publicidade, desenhistas decoradores – com diploma pela Escola Profissional de Meaux – e técnico em instrumentação, com curso de relojoaria de Paris.

Entre as empresas receptoras estão a Amsterdam Sauer, Vidraria Santa Mariana, Siderúrgica J. L. Aliperti S/A, Estrela, Hidroservice Engenharia, Philips do Brasil, Rhodia e Novotel Hotelaria e Turismo.

Registra-se, ainda, uma série de firmas francesas que se instalaram no Brasil, na maioria com sua matriz situada em São Paulo, trazendo com elas funcionários franceses, alguns permanecendo no Brasil em caráter definitivo. Entre elas, são mencionadas a Agence France-Presse, Air-France, Air Liquide, Alcatel, Aliança Francesa, Alstom, Brasilit, Carrefour, Decathlon e Fnac.

Considerações finais

O breve roteiro aqui traçado sobre a presença de imigrantes franceses no Brasil sugere que o tema demanda, em vários aspectos e situações, pesquisa pontual exaustiva e renovada.

Certamente, tem sido estudada de maneira sistemática em amplo espectro a eleição da cultura francesa como referencial de qualidade civilizatória, por muitos anos dominante no Brasil. Assim como têm sido trabalhados aspectos da rica cultura material, novos hábitos e práticas de procedência francesa, que cunharam a história e tradições do Brasil, amalgamadas e sincréticas, presentes em várias manifestações das letras, ciências, artes e no cotidiano do país.

Todavia, muito há de se explorar e conhecer da vinda sistemática de grupos imigrantes franceses que atuaram a partir do século XIX, tanto na região amazônica como em território paranaense e mineiro, assim como em algumas capitais do Norte e do Nordeste e, sobretudo, no Rio de Janeiro e em São Paulo, em décadas mais recentes.

A perspectiva de recuperá-los na chave da implantação dos núcleos de colonização e dos movimentos imigratórios regulares sinaliza a possibilidade de pesquisas promissoras em fontes primárias e arquivos específicos. Nesse sentido, o breve levantamento de aspectos trabalhados neste texto é sugestivo da presença e do legado dos franceses no Brasil, em geral evocados por meio de obras de visibilidade marcante, a exemplo da magnitude da construção do Porto do Rio Grande, ou ainda por meio do pitoresco das plantações de pessegueiros, que deram origem à indústria de compotas do produto.

Mas há muito que desvendar. Em especial, o destino dos sujeitos dessas experiências imigratórias francesas – poucas se comparadas às demais nacionalidades – que permanecem esquecidos e soterrados pela História, seja pelo seu fracasso ou mesmo pelo desconhecimento de sua existência.

28
PEDRO THÉBERGE. UM MÉDICO FRANCÊS NA CIDADE DO ICÓ, SERTÃO DA PROVÍNCIA DO CEARÁ – BRASIL, NA METADE DO SÉCULO XIX[1]

Clovis Ramiro Jucá Neto

O panorama socioeconômico do século XIX é bastante fixado na historiografia do Brasil. Dentre as entradas historiográficas, reverberam estudos sobre ações empreendidas por profissionais da engenharia e da medicina no território e nos núcleos urbanos, no compasso das transformações socioespaciais do Império. Tais ações acham-se conectadas aos propósitos de instalação de equipamentos, serviços e infraestruturas urbanas e territoriais – abertura de estradas, ruas, praças, construção de edifícios institucionais e públicos – e na prática do discurso higienista; tidos como signos do dito processo de "modernização" que as principais cidades brasileiras atravessavam.

Neste contexto, destacamos o movimento emigratório europeu para diferentes pontos do Brasil. Muitos estudos fixam esse vetor analisando as transformações sociais e espaciais dos grandes centros econômicos do litoral brasileiro. Nossa atenção volta-se para a emigração francesa em direção aos sertões da Província do Ceará, mais especificamente para a presença do médico francês Pedro Théberge na cidade do Icó entre anos 1845 e 1864. O Icó está situado no sertão centro-sul do território cearense, no Nordeste do Brasil.

A atividade da pecuária atribuiu sentido econômico à ocupação territorial do Ceará no Setecentos. Fortaleza, sede da Capitania, encontrava-se geograficamente fora das rotas das boiadas. A Vila de Nossa Senhora da Expectação do Icó

---

1   O presente capítulo é a tradução do texto "Pedro (Pierre) Théberge. Un médecin français à Icó, Sertão de la province du Ceará – Brésil, milieu XIXe siècle", publicado em 2016 no livro *Le Français au Bresil. XIXe-XXe siècles*, organizado por Laurent Vidal e Tania Regina de Luca.

580 LAURENT VIDAL E TANIA REGINA DE LUCA (ORGS.)

foi fundada pela Coroa portuguesa em 1736. O núcleo foi implantado em ponto estratégico do território, às margens do rio Salgado, afluente do rio Jaguaribe,[2] no cruzamento das duas principais estradas das boiadas que cruzavam a Capitania: a Estrada Geral do Jaguaribe e a Estrada das Boiadas. A Vila de Nossa Senhora da Expectação do Icó e a Vila de Santa Cruz do Aracati, criada em 1748, foram as principais vilas fundadas pelos portugueses no Ceará no século XVIII (Jucá Neto, 2012). O Icó foi elevado à condição de cidade em 1842 (Girão; Martins Filho, 1939).

No transcorrer do século XIX, "não obstante prosseguisse o convívio com as atividades da pecuária, a economia cearense amparou-se fortemente no cultivo do algodão". O binômio boi-algodão perdurou por todo o Oitocentos (Castro, 2012, p.17-18). Os primeiros vinte anos da centúria presenciaram o crescimento da cotonicultura produzida no Ceará (Leite, 1994, p.15). O declínio da atividade pecuária em decorrência das inúmeras secas ocorridas nos últimos anos do Setecentos, as vantagens econômicas obtidas com a autonomia administrativa da Capitania cearense em relação à Capitania pernambucana em 1799, os efeitos da revolução industrial europeia e a retirada do algodão estadunidense do mercado internacional em decorrência da guerra de independência americana criaram condições favoráveis para o aumento da produção e comercialização do algodão cearense. A essa altura, o algodão produzido no Ceará passou a suprir parte das demandas das indústrias inglesas (Leite, 1994, p.15; Castro, 2014).

O crescente volume das exportações foi interrompido na década de vinte em decorrência dos movimentos revolucionários de 1824, da seca de 1825 e do retorno da produção americana no mercado internacional (Jucá Neto, 1993). Na década de 1860, por ocasião da Guerra de Secessão, os Estados Unidos mais uma vez tiveram sua participação reduzida no mercado internacional do algodão. O estímulo externo reinseriu a produção cearense nas transações internacionais. Por volta de 1870, os Estados Unidos voltaram a ser o principal fornecedor do algodão para a Inglaterra, o que promoveu "breve declínio econômico no Ceará" (Leite, 1994, p.15). De acordo com Leite (1994, p.15), a "partir de 1880, com o redirecionamento da produção para o mercado interno, a economia da Província voltou a crescer". As variações da produção algodoeira também foram condicionadas pelas secas que assolaram a Província no Oitocentos.

Segundo Castro (2012, p.18), tais "mutações socioeconômicas" foram significativas no processo de urbanização do Ceará, redundando no "fortalecimento ou no enfraquecimento de vários aglomerados". O autor acrescenta que "con-

---

2   O rio Jaguaribe banha dois terços do território cearense.

comitantemente, neste novo quadro, a Capital [da Província] obteve gradativo destaque, de tal sorte que, alçada à condição de sede da administração provincial" e "transformada em ponto de convergência litorânea da nova rede de caminhos, a cidade da Fortaleza logo alcançaria posto hegemônico da rede urbana cearense". O crescimento econômico provincial baseado na cotonicultura, a produção do algodão em regiões agricultáveis nas proximidades de Fortaleza e a comercialização do produto com a Europa impulsionaram a cidade para uma situação econômica de destaque em relação ao território.

Esse processo de hegemonia se intensificou na segunda metade do Oitocentos, implicando a realização de obras públicas que visaram adequar o espaço da cidade – instalação de chafarizes, abertura de novas ruas, construção de novas edificações (algumas delas apresentando leves citações Neoclássicas), além das obras no porto de Fortaleza – à sua condição de principal entreposto comercial entre a Província do Ceará e a Europa, inserto nas dinâmicas do capital internacional industrial.

Já o Icó, até o último quartel do século XIX e alvorecer do século XX, por ocasião da instalação da ferrovia, garantiu sua importância geoeconômica nos sertões cearenses. O núcleo persistiu como maior entreposto dos sertões centro-sul do Ceará; conectando-se com o Piauí pelo lado ocidental do território, no sul com o Crato e Pernambuco, e no lado oriental, com a Paraíba e o Rio Grande do Norte. O Icó foi "ponto de encontro dos povoados do centro do sertão como Quixeramobim e Quixadá" (Assis, 2011, p.85). Também se manteve diretamente ligado ao Aracati pela antiga estrada Geral do Jaguaribe. Desde o Setecentos, essa estrada era o principal corredor comercial no território cearense (Assis, 2011).

No compasso das transformações socioespaciais territoriais e urbanas da Província, ruas foram abertas no Icó, e foram construídos uma nova Casa de Câmara e Cadeia, novo cemitério, teatro com risco Neoclássico e um mercado público. Códigos de posturas foram elaborados e foi travada intensa discussão sobre saúde pública, mais diretamente por ocasião das epidemias de varíola. Também foram propostas estradas ligando o núcleo à capital Fortaleza e a outras regiões da Província.

No referido quadro de transformação socioeconômico e espacial, a emigração francesa rumo à Província cearense é, majoritariamente, explicada pelo recrutamento de mão de obra especializada – carpinteiros, pedreiros, marceneiros, canteiros, tanoeiros, entre outros –, bem como pela fixação de empresas francesas e inglesas voltadas ao comércio de importação e exportação, ao qual vai se juntando a presença das profissões liberais (Takeya, 1995; Monteiro, 2009). No mesmo passo, o governo provincial realiza a contratação de profissionais

582   LAURENT VIDAL E TANIA REGINA DE LUCA (ORGS.)

requeridos para as chamadas obras de combate às secas, para os melhoramentos urbanos e para a instalação da ferrovia, o que explica a presença de engenheiros e arquitetos franceses no Ceará – a exemplo do que acontecia em outras Províncias. Entre estes profissionais estavam os engenheiros Pierre Florent Berthot e Emilio Gengembre e o arquiteto Jean Seraine (Studart, 1918).

O engenheiro hidráulico francês Pierre Florent Berthot foi encarregado, a partir de 1858, das obras de "revestimento dos comoros de areia do Mucuripe, como condicção essencial para a grande obra do melhoramento do porto, mandada executar pelo governo imperial, e que foi o fim especial do engajamento do mesmo engenheiro".[3]

> É esta a obra [melhoramento do porto] de mais vulto que incontestavelmente necessita a capital da província, e sem a qual será sempre intorpecida a marcha do commercio e o desenvolvimento da agricultura e de outras fontes de riqueza publica, pelas immensas difficuldades e perigos que actualmente se opõem as operações de carregamento e descarga dos navios, e ao embarque e desembarque dos passageiros. Por conta dos cofres provinciaes foi contractado em Pariz um engenheiro hydraulico, que aqui se acha desde 7 de julho de 1858 encarregado dos respectivos trabalhos. Feitos os necessários estudos e observações apresentou o mesmo engenheiro, um plano de melhoramentos, que foi levado a consideração do ministro da marinha, consistindo em duas partes: uma, denominou – obras de conservação do porto – e outra, – obras propriamente de melhoramentos – [...] Ouvido o conselho naval, resolveo o Ex.mo ministro da marinha, que por enquanto e como experiência, fossem executadas as obras de conservação, que se limitao ao revestimento dos comoros de areia da parte do Mucuripe e a construcção de um paredão no lugar denominado – Meirelles –, afim de obstar a corrente de areias, que obstruiao o ancoradouro.[4]

Do relatório apresentado em 1861 pelo presidente da Província Dr. Antônio Marcellino Nunes Gonçalves, apreende-se que o melhoramento do porto foi explicado como via econômica, pois sem o qual seria "sempre intorpecida a marcha do commercio e o desenvolvimento da agricultura e de outras fontes de riqueza publica". Também fez-se explícito que o trabalho do engenheiro hidráulico se

---

3   Relatório que a Assembleia Legislativa Provincial do Ceará apresentou no dia da abertura da sessão ordinária de 1860. Excelentíssimo Doutor Antônio Marcellino Nunes Gonçalves. Presidente d'esta Província. Ceará. Typographia Brazileira de Paiva e Companhia. 1860.
4   Relatório com que o Dr. Antonio Marcellino Nunes Gonçalves passa a administração da Província ao 1° Vice-Presidente da mesa o Sr. Conego Atento Pinto de Mendonça. Em 09 de abril de 1861. Ceará. Typographia Brazileira de Paiva e Companhia. 1861.

alargou do melhoramento do porto em direção a estudos técnicos destinados à realização de obras suplementares.

De acordo com Studart, Emilio Gengembre foi, no Ceará, "um dos membros das duas comissões de Açudes e Irrigações e mostrou-se esforçado propagandista do cultivo da amoreira e criação do bicho da seda, um precioso ramo de riqueza para este Estado, inteiramente descurado" (Studart, 1918, p.223). Ainda segundo Studart (1918, p.223), o arquiteto Jean Seraine fez o levantamento e desenhou a planta "das paredes do recife, que corre paralelo em frente de Fortaleza" e foi responsável pela construção do "reservatório d'agua do Pajeú" (Studart, 1918, p.198).

No artigo, tencionamos amplificar o conhecimento sobre o processo emigratório francês em direção ao Ceará no século XIX. Analisamos as ações de um profissional da área médica – o médico francês Pedro Théberge – tanto na escala territorial da Província como intraurbana do Icó. Seu deslocamento – interligando Paris, Recife, Fortaleza e o Icó – expõe a condição não arquipelágica dos sertões cearenses no período. Reverbera a cidade do Icó conectada, no Oitocentos, a outras regiões da Província, do país e à Europa, mais especificamente a Paris, através da circulação de gentes, mercadorias, ideias e formas.

Pedro Théberge será apreciado como um homem do seu tempo, cujo lastro da ciência e do progresso decerto alargou sua sensibilidade em direção aos conhecimentos da história e da geografia. É o que pode explicar sua curiosidade por conhecer a formação histórica e a geográfica cearense, a empreender estudos de modo a trazer os chamados sopros de civilidade europeia para a pequena cidade do Icó, em pleno sertão do Ceará no século XIX.

Na análise, partimos de algumas inquietações. O que levou Pedro Théberge a sair da França em direção ao Brasil, mais especificamente Recife? Por quais razões saiu de Recife – ponto primeiro de seu roteiro – em direção ao Ceará? Quais atividades desempenhou nos sertões centro-sul cearenses? Como o médico francês tornou-se personagem ilustre na escrita da história do Ceará? O que fez Théberge no Icó?

É sabido que o médico francês se tornou mais conhecido no Ceará por sua contribuição aos estudos históricos, através da publicação póstuma do *Esboço Histórico da Província do Ceará*, em 1869. Além de seus interesses pela pesquisa histórica, as atividades de Pedro Théberge na Província revelaram seu compromisso em apresentar soluções ao que considerava problemas sociais, em especial aos do Icó. No Ceará, Pedro Théberge atuou nos campos da medicina, da arquitetura, da cartografia, escreveu sobre o clima, sobre a flora, propôs so-

584 LAURENT VIDAL E TANIA REGINA DE LUCA (ORGS.)

luções de melhoramentos específicos, como o estabelecimento de uma empresa de transportes entre o Icó e o Aracati.

A formação intelectual no âmbito da Universidade de Paris

Pedro Franklin Théberge, na verdade Pierre François Théberge, nasceu em Marcé, na Normandia, França, no ano de 1811, e faleceu no Icó, vítima de cólera, em 8 de maio de 1864. De acordo com Blake (1902, p.35), "fez em sua pátria de nascimento os primeiros estudos sob a direção de um tio padre, que queria attrahil-o ao estado clerical; mas não se conformando elle com a vontade de seu tio, foi para Pariz". Em 1832, obteve o título de Bacharel em Letras pela Universidade de Paris e na mesma instituição galgou seu doutorado em Medicina, apresentando em 3 de julho de 1837 sua monografia *De l'influense qu'exerce Le moral sur Le physique de l'homme étudiée dans des rapports avec la pathologie et la thérapeutique et précédée d'un aperçu rapide sur la nature du moral.*[5] Também segundo Blake (1902, p.35), antes de finalizar o curso de medicina, Théberge foi cirurgião-aluno dos hospitais militares de Metz, na Lorena, e Val-de-Grâce, na capital francesa.

Tendo em quadro a primeira metade do século XIX, período da formação intelectual de Pedro Théberge na França, convém dimensionar que "muitas das disciplinas que se definiram como saberes específicos na segunda metade desse mesmo século pertenciam a um campo mais amplo de saberes, aqueles das 'ciências naturais'" (Salgado, 2010, p.124). Perseguindo tal afirmação e consoante aos estudos sobre o período, inferimos que a trajetória intelectual e a prática do médico Pedro Théberge em território brasileiro foi, em certa medida, expressão local do ambiente intelectual da Universidade de Paris, quando o mesmo se fez bacharel em Letras e doutor em Medicina.

Aqui, destacamos possível alargamento dos seus estudos durante os anos de formação na França, alcançando os repertórios de leitura do período. É provável que Pedro Théberge tenha tomado ciência deste campo alargado de saberes; e que tenha tomado conhecimento das bases que fundariam os princípios constitutivos da geografia moderna. Estes princípios estavam ligados "à procura de um saber geográfico especializado que respondesse aos interesses imperialistas do desenvolvimento econômico e político da burguesia econômica europeia

---

5 A monografia de Pedro Théberge pode ser encontrada tanto na Bibliothéque Nationale de France como na Bibliothéque interuniversitaire de médecine, Paris.

voltada às trocas comerciais e a crescente difusão industrial". É de se anotar que a "primeira associação de geógrafos formada no mundo", em 1821, foi a Société Géographique de Paris (Salgado, 2010, p.125-126).

A reverberação de tais estudos pode ser intuída com a eleição pelo profissional da medicina de dois campos de pesquisa e reflexão, a História e a Geografia, como se constata no *Esboço Histórico sobre a Província do Ceará* e na *Carta Chorographica da Província do Ceará*, de que trataremos a seguir. Estes campos de saberes foram fundamentais para sua apreensão sobre o espaço físico social cearense. Não foi à toa que vasculhou arquivos e percorreu o território do Ceará, transformando suas observações em anotações, fazendo notas topográficas por "mais de dez annos de viagens".[6] Para Pedro Théberge, fazer-se brasileiro no Ceará implicou, portanto, a necessidade de informação e sistematização criteriosa sobre o lugar que havia escolhido para viver.

Visando melhor apreciação dos frutos do trabalho intelectual e prático de Pedro Théberge no Ceará – médico por formação, aberto aos saberes alargados do seu tempo –, atentamos para a importância da elaboração da *Carta Chorographica da Província do Ceará* como registro e síntese físico-social do espaço territorial cearense na metade do século XIX.

No Oitocentos, os escritos e as representações corográficas foram produtos do espírito de observação e sistematização dos territórios por parte de geógrafos, historiadores, engenheiros e, em nosso caso, por um profissional da medicina. Para Zucconi (2010, p.17), as corografias "representam um registro estatístico--cartográfico capaz de demonstrar a complexidade e a multiplicidade da área analisada". A qualidade de sistematização dos "dados recolhidos em determinado âmbito territorial", encontra "apoio direto na cartografia e nos seus instrumentos de representação".

As reflexões de Zucconi (2010, p.17) também nos apontam outra aproximação possível de Théberge com as ideias circulantes na Europa. Para o autor, se deve compreender a dimensão das topografias médicas, pois "nos centros urbanos", elas "representam o equivalente a cartas temáticas do território". O saber afirmado das topografias provém do "cruzamento entre o registro da população e cadastro de bens", o que por sua vez torna possível a "projeção do dado estatístico no espaço, localizando com precisão as precárias condições sanitárias, inicialmente, mas também sociais, em seguida".

---

6   Ofícios da comissão de obras públicas de Icó. Documento avulso, datado de 27 de julho de 1858. Ref. Obras públicas – Icó. Arquivo Público do Estado do Ceará. Localização. BR. APEC. OP. COM. 11. Ala 03 – Estante 03. Caixa 07.

É neste sentido que os estudos sobre a Europa, já a partir do século XVIII, atestam o trabalho de "numerosos médicos" procurando "descrever as doenças e as condições sanitárias de certa cidade, região ou nação europeia, construindo as primeiras topografias médicas". São médicos "os primeiros profissionais da era moderna a procurar sistematizar os conhecimentos técnicos sobre a cidade" e os que "iniciaram por utilizar as topografias médicas como instrumentos para essa análise científica" (Salgado, 2010, p.5).

Por certo, tais perspectivas insertas na circulação dos saberes entre a Europa e o "novo mundo" tiveram repercussão na formação do médico francês Pedro Théberge. Estas perspectivas ajudam a dimensionar a influência das disciplinas de História, Geografia e Medicina em Pedro Théberge, embasando suas propostas de intervenção tanto no espaço territorial cearense como em suas ações na cidade de Icó.

Pedro Théberge no Recife

Não se conhecem as razões precisas que levaram o médico francês Pedro F. Théberge a deixar a França em direção ao Brasil em 1837, fixando-se na cidade do Recife, Capital da Província de Pernambuco. Entretanto, inferimos que razões políticas, o exotismo propagado pelo imaginário da época, a possibilidade de exercer a medicina em outras paragens ou a aplicação do saber científico em trabalhos específicos justifiquem sua decisão de deslocar-se para território brasileiro.

Em 1840, Pedro Théberge conheceu o engenheiro francês Louis Léger Vauthier, recém-chegado ao Recife (Freyre, 1960). Entre 1840 e 1846, Vauthier ocupou o cargo de engenheiro das Obras Públicas da Província de Pernambuco. Das anotações de Vauthier, em seu diário, ficamos sabendo deste encontro e do entrosamento da família Théberge com a elite local.

Sobre um baile na Sociedade Apolinea, na noite de 19 de setembro de 1840, Vauthier asseverou que somente em um "golpe de vista", podia-se aparentemente perceber que o salão de baile era "perfeitamente francês". Vauthier assinalou uma sala "pouco elegante" e as mulheres "ao nível desta". A visão de Vauthier observou "vestidos feitos em Paris ou pelo menos talhados pelos modelos do jornal *Le Furet des salons* ou qualquer outra publicação interessante do gênero". Também o impressionaram as "quadrilhas de Musard e de Julien, com figuras quase idênticas às que foram dançadas no inverno de 1839 e 1840, ao tempo" em que afirmou ter exercido o "*comissariado* dos bailes em Vannes" (Freyre, 1960, p.555).

FRANCESES NO BRASIL: SÉCULOS XIX E XX   587

Naquela noite, Vauthier travou um primeiro contato com Théberge. O engenheiro francês, em seu espírito crítico, asseverou que o jovem médico Pedro Théberge, "amigo do consul", era bastante "insignificante". Ainda assim, tiraram uma prosa naquele encontro, quando algumas impressões de Théberge sobre a vida no Brasil deram o tom a conversa. Théberge afirmou que no Brasil se "mata gente como moscas" e falou das "constipações, doença muito perigosa". Irônico, Vauthier escreveu em seu diário que havia esquecido de perguntar a Théberge "quantas vezes ele foi morto" (Freyre, 1960, p.556).

Dos contatos de Vauthier com Elisa Théberge, seus comentários também foram extremamente ácidos. No dia 21 de outubro descreveu que a conheceu "redonda como uma bola, olhos salientes, espírito assim-assim" (Freyre, 1960, p.558). Dias antes, em um jantar na casa do cônsul – e, entre os convidados, o casal Théberge –, Vauthier sublinhou que a senhora Théberge falou "como um papagaio" e lhe amolou "bastante durante o jantar" (Freyre, 1960, p.566). Por ocasião de um sarau na residência dos Théberge, Vauthier afirmou que Elisa Théberge era inteiramente ignorante na arte da dança (Freyre, 1960, p.573).

A despeito das considerações ácidas de Vauthier, os dois franceses se encontraram várias vezes. Andaram pela cidade, pelos arredores de Recife, frequentaram jantares, saraus, onde o piano e a dança garantiram nos salões algum mimetismo do que supunham em sintonia com as práticas mundanas na cidade capital, Paris.

Em Recife, no ano de 1841, o casal Théberge fundou um "estabelecimento de educação para meninas". O educandário foi obrigado a fechar em 1845 por "difficuldades financeiras" (Blake, 1902, p.35). Segundo o *Diário de Pernambuco*, de 16 de março de 1842, chamava-se *Colégio do Espírito Santo*.[7] A fundação do colégio fez transparecer aquele programa de esclarecimento alargado. Também em 1841, Théberge se tornou membro da Sociedade de Medicina de Pernambuco.

É possível que diante das dificuldades financeiras, Pedro Théberge tenha optado por morar na cidade de Fortaleza, capital da Província do Ceará, onde fixou residência e exerceu a atividade médica entre os anos de 1845 e 1848 (Academia Cearense de Letras, 1898). Em 1848, transferiu sua moradia para o Icó. Acerca de seu deslocamento para os sertões centro-sul do Ceará – região seca e árida –, apresentamos como hipótese, mais uma vez, a possibilidade de trabalho

---

7   Nota de pé de página número 16 de *Um Engenheiro francês no Brasil*, obras reunidas de Gilberto Freyre. 2º tomo. 1960, p.556.

com o exercício da medicina – em face dos conhecidos surtos de epidemia – e a curiosidade do homem de ciência, pondo em prática seu espírito experimental.

Para este período, recolhemos informações do diário de viagem de Francisco Freire Alemão, médico e botânico que chefiou a Comissão Científica de Exploração[8] do Império, percorrendo o interior do Ceará entre 1859 e 1861. No diário, Freire Alemão registrou Théberge como um "homem de uns 44 a 45 anos", "distinto" e "muito trabalhador", vindo para o Brasil "emigrado depois de 1838". Freire Alemão anotou o que considerava como o legado de Théberge para a Província do Ceará. Pelo registro se sabe dos diálogos travados entre os dois, quando Théberge dá a conhecer várias de suas incursões em seus estudos na Província.

Freire Alemão destacou o pendor intelectual de Théberge, sua disposição por reunir documentos com os quais sustentou a escrita sobre a história e a *Carta Chorographica* da Província. Relatou sobre o original trabalho de cartografia territorial do médico francês, assim como a sua disposição em apresentar estudos acerca da construção de equipamentos urbanos no Icó. É interessante ainda destacar que a visão de Freire Alemão sobre a família Théberge foi bastante positiva, indicando que suas relações no Icó eram as mais cordiais, influenciando as sociabilidades locais, no plano dos convívios e do alargamento de alguma instrução. É o que se vê, por exemplo, da ação de Elisa Théberge, dando lições e introduzindo o piano como peça de destaque em festas, saraus e bailes no Icó.

> É um médico distinto e homem muito trabalhador, tem feito e continua a fazer muitos serviços à província, que tem visitado e explorado na maior parte de sua extensão, para o lado sul. Tem reunido muitos documentos, examinado e extraído de muitos livros antigos, tem induzido quantas tradições há sobre sucessos antigos, sobre os modernos, sobre agricultura e comércio e tenta escrever a história e corografia da província. Fez já uma carta, muito mais detalhada a corrente que quantas existiam antes. Etc.
>
> Tem concorrido para muitos melhoramentos, empreendendo fazer um teatro, que está quase concluído e que tem bonita frontaria [...].
>
> Está aumentando, consertando e tornando mais sadia a cadeia do Icó.
>
> Tem um projeto de uma nova estrada do Icó para o Aracati, em cuja exploração e estudo tem gasto muito tempo, dinheiro etc. etc.

---

8 Sobre a Comissão Científica de Exploração do Império no Ceará ver Braga (1982) e Kury (2009).

FRANCESES NO BRASIL: SÉCULOS XIX E XX   589

[...] Com a maior sem-reserva e franqueza nos mostrou os seus planos, os seus trabalhos, deixou-nos em casa a sua carta corográfica, o seu mapa onde está traçada a estrada projetada etc. A família é muito estimável. Foi sua mulher que introduziu pianos aqui e deu lições. É esta família que no tempo de festas promove as reuniões, saraus e bailes, dando-lhes muita diversão etc. etc. etc." (Alemão, 2011, p.117).

Freire Alemão, de volta ao Rio de Janeiro, ao tomar notícia do falecimento de Pedro Théberge, escreveu sobre o médico francês, e mais uma vez enalteceu seu papel na Província cearense. De seu relato, ficamos sabendo de várias informações acerca da trajetória intelectual do médico Pedro Théberge no Ceará, inclusive que ele já havia publicado parte de seus apontamentos históricos em jornais de Pernambuco. Freire Alemão levantou a hipótese que a emigração de Théberge ao Brasil se conectava aos eventos políticos de Paris na primeira metade do século XIX. Também é de interesse destacar que no Icó, Pedro Théberge em muito ampliou o núcleo original de sua formação, a medicina, em direção a um vasto programa que inclui conhecimentos para além da história e geografia, alcançando a botânica e a taxonomia. Também manifestou seu pendor em direção à arquitetura, como foi o caso do risco da frontaria da matriz do Crato e de residências que se destacavam da simplicidade da paisagem urbana. O médico realizou, ainda, melhorias e acréscimos construtivos a determinados equipamentos, como a cadeia do Icó. E, com maior relevo, o risco Neoclássico do Teatro da Ribeira do Icó. Com tais melhorias, fixou em concreto no espaço urbano elementos arquitetônicos simbólicos da modernidade oitocentista. Ainda da argúcia de Freire Alemão é preciso reter um fato significativo acerca da presença de Théberge nos sertões do Icó. Não esteve ali de passagem ou apenas de olhos postos na Europa; ao contrário, no Ceará "se tinha feito brasileiro".

O D.ᵒʳ Theberge, médico Frances, creio que emigrado, por causa dos distúrbios em França de 1848, estava estabelecido no Ceará, achando-se no Ico, com sua família mulher e duas filhas e tinha um filho estudando no Rio de Janeiro. Medico instruído, de caráter fácil e amável. No Ceará se tinha feito brasileiro, m.to trabalhava; tinha levantado uma carta corografica da Provincia; tinha apontamentos curiosos sobre a historia primitiva da Provincia, e já havia publicado algua parte em jornaes de Pernambuco; havia projetado uma estrada de rodagem do Icó a Aracaty, p.a qual já havia traçado o plano, q' eu copiei, assim como a sua carta chorographica, q' nos confiou [duas palavras]. Havia dado o risco da frontaria da Matriz do Crato; e outro p.a a casa do negociante Bilhar; q' p.a o pais um palacete. No Ico deo o risco e trabalhou para se edificar um theatro q' p.a ali é excellente = tem melhorado m.to a Cadea do Ico, fazendo-lhe repartições melhorias e accrescentamentos. Tratando-se de averiguações botânicas, classificando algumas arvores, [quatro palavras]. Sua mulher e filhas havia introduzido no Icó o piano e dava liçoes de canto. Este homem prestimoso, faleceo da Cholera Morbus q.do esta fatal epidemia invadiu aquella Provincia em 186... acudindo a varias [...] atacadas pela moléstia contratado pelo governo Provincial".[9]

Accyoli de Vasconcelos, redator do *Diário de Pernambuco*, dividiu com Witruvio Pinto Bandeira o prefácio do *Esboço*...[10] No escrito, Vasconcelos fez referência a sua estadia na Província do Ceará, quando residiu no Icó por alguns meses. Vasconcelos afirmou seu "prazer de entreter relações de amizade com o honrado Sr. Doutor Pedro Théberge". Acrescentou que o médico "ha annos alli reside exercendo sua nobre profissão com plena acquiescencia de todos, e que não obstante o tempo absorvido por sua extensa clinica", não cessou de "occupar-se de tudo quanto diz respeito à história" da Província. Os escritos de Théberge impressionaram o redator, fazendo-o pedir "licença para publica-lo n'este *Diario*, de cuja redacção fazia parte; ao que assentiu por deferência a este órgão do jornalismo do norte".

O Esboço Histórico sobre a Província do Ceará

A dedicação de Pedro Théberge à pesquisa histórica, geográfica e cartográfica, entre outras, resultou na publicação no periodismo pernambucano de artigos sobre a história do Ceará e das secas no território.

Destes escritos, seu filho, o engenheiro Henrique Théberge,[11] retirou a matéria para a publicação póstuma do *Esboço Histórico sobre a Província do Ceará* (Figura 28.1). Para Guilherme Studart (1918, p.204), o *Esboço*... foi de "incontestável préstimo aos estudiosos do nosso passado". Décadas depois, o historiador José Honório Rodrigues afirmou que "embora estrangeiro, Pedro Théberge soube recolher ainda vivaz alguma tradição, a qual, junta aos manuscritos existentes no município do Icó, possibilitou uma interessante contribuição histórica". Em seu estudo, José Honório situou adequadamente as fases da historiografia cearense,

---

9 Documentos manuscritos da Coleção Freire Alemão – 1849-1860. Biblioteca Nacional do Rio de Janeiro. Microfilme MS 148 (6).

10 Vasconcelos, A. Witruvio Pinto Bandeira e Accyoli. Notícia e opinião dadas por um dos órgãos da illustre redacção do Diario de Pernambuco acerca do Esboço Histórico sobre a Província do Ceará, pelo dr. Theberge. In: Théberge, P. (Dr.). *Esboço Histórico da Província do Ceará*. Tomo I. Edição fac-similar. Biblioteca Básica Cearense. Fundação Waldemar Alcântara. Fortaleza. 2001.

11 Ver Studart (1906).

seus precursores e nestes, o papel do francês Pedro Théberge em sua escrita da História, em fase anterior ao programa estabelecido pelo Instituto do Ceará.

O nascimento da historiografia cearense se dá nesta década de 1850 a 1860, intervalo de horrorosas secas. Aparecem, então, um geógrafo e três diferentes histórias, escritas em lugares diversos. O primeiro é Tomás Pompeu de Souza Brasil (1818-1877) [...]. Foi um precursor dos estudos demográficos, ecológicos no Brasil. [...] Sobressai como primeiro historiador cearense Tristão de Alencar. Primeiro na ordem cronológica, um dos primeiros na orientação e nos rumos novos que tentou imprimir ao trabalho histórico. [...] Seguem-se João Brígido dos Santos e Pedro Théberge, historiadores da fase anterior ao Instituto do Ceará (Rodrigues, 1959, p.19-26).

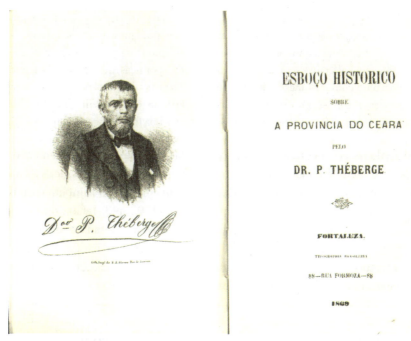

Figura 28.1   Foto de Pedro Théberge.
Fonte: Théberge, 2001.

No proêmio do *Esboço*..., Pedro Théberge expôs seu método de trabalho apontando no sentido de compor "uma cronologia dos acontecimentos mais importantes da província". Para a elaboração da "lista chronológica", usou aqueles documentos que foi "ajuntando grande numero d'elles, e gostando cada vez mais de augmental-os, ao passo que os adquiria, a fim de me pôr (em meu proveito próprio) melhor a par da historia do paiz que habitava". Sua dedicação em reunir tantas "peças preciosas" e o espírito metódico o fazem decidir por não "deixar que ellas se perdessem ou fossem destruídas" tanto pela "acção roedora do tempo" como em "conseqüência do pouco apreço que geralmente se da aos papeis velhos nos archivos das Camaras, Matrizes, Cartórios e demais repartições públicas". Em face disto, resolveu pela sistematização dos documentos (Théberge, 2001, p.11).

Aqui se pode perceber seu método, bem como uma concepção do registro da história baseado na apreciação dos fatos em seu justo valor. No proêmio fica-se sabendo também que seu trabalho de historiador foi alvo de determinadas críticas por parte daqueles que não desejavam ter suas ações relatadas.

> Tenho soffrido renhida guerra de pessoas que como personagens publicas hão praticado acções que não queriam vêr publicadas em tempo algum: mas pouco apreço dei a ella porque, como tenho consciência de haver escripto sem paixão nem preconceito: sem ódio nem affecto: e sem me deixar por opiniões políticas, que como estrangeiro, não partilho com AM mesma intensidade que os nacionaes, espero que as pessoas imparciaes reconhecerão que hei exforçado por apreciar os factos em seu justo valor, e que, se algumas vezes errei, foi levado pela maior boa fé (Théberge, 2001, p.11).

Além do *Esboço*, Pedro Théberge, a partir da pesquisa das atas da câmara do Icó, escreveu seu *"Extractos dos assentos do antigo senado do Icó desde 1738 até 1835"*, publicado na *Revista do Instituto do Ceará* em 1911.[12] Também redigiu uma *"Memória sobre as seccas do Ceará"* (Blake, 1902, p.35). Como se pode aquilatar, seu trabalho não se restringiu apenas à coleta e juntada de documentos, mas se inscreveu entre aqueles que se ocuparam em sistematizar e publicar estudos históricos sobre fatos da conjuntura, bem como de estudos específicos que chegam ao nosso tempo como significativos repertórios para estudos.

Carta Chorográphica da Província do Ceará, com a divisão Ecclesiastica, e indicação da civil e Judiciaria até hoje. Organizada pelo D.ᵒʳ Pedro Theberge. 1861

O impulso do médico francês por conhecer a história da Província vai além do "amor que dedicava as letras", como dito pelo redator do *Diário de Pernambuco*. Por entre ermas estradas, montado a cavalo, conheceu de perto regiões

---

12 *Revista do Instituto do Ceará*, v. 25, 1911, p.222-285.

FRANCESES NO BRASIL: SÉCULOS XIX E XX   593

remotas dos sertões, palmilhou, colheu dados da geografia e organizou uma cartografia do território. Para isto, além de suas andanças, devem-se levar em conta seu largo conhecimento intelectual, o contato com possíveis livros trazidos da França e o apoio nas cartas existentes na Província, delas partindo no sentido de sua ampliação.

Segundo o relato de Witruvio Pinto Bandeira e Accyoli de Vasconcelos, Théberge percorreu quase "todas as suas localidades em viagem continuadas", não deixando de "empregar os instantes que lhe ficavam vagos em estudos geográficos e históricos, e o que mais é vendo tudo por si próprio". Ou seja, ao método de observação combinou a consulta aos arquivos das câmaras, aos documentos eclesiásticos e cartoriais. Da pesquisa documental e empírica, resultaram "observações de historia natural e de astronomia, que estiveram ao seu alcance", o que em parte explicava a elaboração de um mapa cartográfico do Ceará. Segundo a mesma fonte, a carta achava-se quase concluída.

> [...] em alguns pontos mais importantes, observações astronômicas, fundadas na distância do sol a lua, para, por meios das formulas apropriadas, determinar a respectiva situação com exactidão, pretendendo addicionar á esta carta uma chorografia de toda a província, da qual há elle estudado não só o solo, a climatologia, as seccas e os meios possiveis ao homem remedial-as, como também os productos, os recursos, as industrias e os meios de desenvolve as e amplial-as (Vasconcelos, 2001, p.XVI).

Em 1857, Pedro Théberge entregou em Fortaleza um exemplar da carta ao presidente da Província, João Silvério de Souza. No ano seguinte,[13] escreveu a este indagando-o sobre sua apreciação em relação à cartografia apresentada, quando comunicou, também, que continuava a aperfeiçoá-la. Na mesma correspondência ao presidente da Província, requereu que sua carta corográfica fosse enviada à Assembleia Provincial, que deveria tomar o seu "trabalho em consideração" e recompensar-lhe em seus "esforços, para promover neste ramo scientifico, o progresso desta Provincia".

A *Carta Chorográphica da Província do Ceará, com a divisão Ecclesiastica, e indicação da civil e Judiciaria até hoje. Organizada pelo D.ᵒʳ Pedro Theberge. 1861*[14] (Figura 28.2) representa o território com os limites das freguesias, o relevo, a hidrografia, o lugar das cidades sede de comarca, as vilas sede de comarca, vilas

---

13 Ofícios da comissão de obras públicas de Icó. Documento avulso, data 6 de junho de 1858. Ref. Obras públicas – Icó. Arquivo Público do Estado do Ceará. Localização. BR. APEC. OP. COM. 11. Ala 03 – Estante 03. Caixa 07.

14 Biblioteca Nacional do Rio de Janeiro. Localização: ARC.004,05,008on Cartografia.

sede dos termos, as sedes de distritos, os povoados, as matrizes das freguesias, as fazendas, os arraiais e os ancoradouros. De nossa análise entendemos que tal trabalho se destaca como registro desenhado da Província na metade do século pela precisão cartográfica, principalmente na região sul do Ceará, nas proximidades do Icó.

Figura 28.2 *Carta Chorográphica da Província do Ceará*. Pedro Théberge. Biblioteca Nacional do Rio de Janeiro.

FRANCESES NO BRASIL: SÉCULOS XIX E XX   595

Além da organização da cartografia territorial, destacamos o trabalho constante do médico francês Pedro Théberge "à frente de várias obras e melhoramentos do território cearense", como se constata no seu levantamento acerca da importância de um "trabalho de açudagem" (Blake, 1902, p.35), na propaganda sobre a "cultura do feno" e na proposta para a construção de estrada ligando o Aracati e o Icó.

Icó na província do Ceará: a cidade em que Pedro Théberge escolheu viver

No período em que Pedro Théberge viveu no Icó, a pequena cidade em nada se comparava com a distante Paris, com o Rio de Janeiro – capital do Império do Brasil – ou com o Recife. Ao longo no século XIX, o núcleo não recebeu maiores investimentos de técnica e capital por parte do governo provincial do Ceará em face das necessárias melhorias de seu espaço urbano, como visto para o caso de Fortaleza, no mesmo período. Por outro lado, importa reafirmar que o Icó se distinguiu como centro regional oitocentista do centro-sul da Província. É nessa pequena cidade dos sertões – longe do litoral, dos grandes centros, onde escreveu seu *Esboço Histórico* e elaborou sua *Carta Chorográphica* – que Théberge deu sentidos múltiplos ao seu conhecimento e afirmou seu largo espírito de observação e investigação.

O Icó não passava de três pequenas ruas situadas em um grande areal à margem do rio Salgado, com casas térreas e alguns poucos sobrados. O orçamento exíguo da Câmara Municipal dificultava qualquer melhoria no espaço urbano. Como no restante dos sertões cearenses, o Icó foi, durante o século XIX, palco de inúmeras epidemias. No período entre os anos de 1850 e 1860, ocorreram grandes secas.

Nas descrições dos viajantes, encontramos diversos elementos que aprofundam nosso conhecimento sobre o núcleo. Em agosto de 1836, o inglês Gardner, em viagem pelo Ceará, partiu do Aracati em direção ao Icó. Lá chegando, descreveu uma vila com aproximadamente seis mil habitantes, localizada em uma vasta planície, limitada a "leste pela Serra de Pereira e ao oeste por uma cadeia de montes bem mais baixos". O núcleo consistia basicamente de "três ruas principais", que corriam no sentido norte-sul, cortadas por outras ruas menores. A rua principal era larga e contava com "algumas lojas bem sortidas". As casas eram feitas de tijolos, "por não se encontrar nos arredores madeira de dimensão suficiente". Com a exceção de meia dúzia de casas de sobrado, as demais eram térreas e caiadas. A vila contava com quatro igrejas, "um sólido cárcere" e um mercado onde se vendia "carne verde, farinha, sal, rapadura, abóboras, abacaxis, melões, melancias, laranjas e limas". As frutas e outros produtos eram trazidos, segundo o viajante inglês, de longe, pois nos arredores nada era produzido, "salvo no tempo das águas, que dura apenas quatro meses". Observando desde seu leito, o rio Salgado, afluente do rio Jaguaribe, lhe pareceu bastante largo no período de chuvas e encontrava-se "seco em muitos lugares, apresentando apenas, aqui e ali, profundos poços, abundantes de variadas espécies de peixes" (Gardner, 1975, p.87).

Francisco Freire Alemão e José Reis Carvalho, integrantes da Comissão Científica de Exploração, estiveram no Icó em 1859. Reis Carvalho, na qualidade de pintor, nos legou um desenho possivelmente pincelado a partir da torre da igreja de Nossa Senhora do Rosário dos Pretos, de onde desenhou um panorama do pequeno núcleo. Ao longe, o pintor percebeu as torres das igrejas de Nossa Senhora da Expectação e do Bom Fim despontando no casario, além de dois ou três sobrados (Figura 28.3). Freire Alemão relatou que a maioria das casas eram térreas e que os poucos sobrados estavam na rua do comércio, larga e quase direita. O espaço interno das edificações era bastante simples, com o telhado aparente e as fachadas com poucos adornos. Os sobrados possuíam balcões de ferro, havia poucas vidraças e rótulas nas casas térreas. Nas salas de visitas "de melhor gente" podia-se sentar em cadeiras de balanço. A pequena cidade possuía quatro igrejas com uma única torre. O teatro, com sua bela frontaria com colunas, impressionou Freire Alemão. Apresentamos a seguir o testemunho e a aquarela, para que se possa melhor dimensionar os vários elementos da descrição.

> As casas são quase todas térreas, e a rua q' tem mais sobrados é a do comercio, rua larga e quase direita, e onde tem as melhores casas de negocio = não é calçada, mas as casas são bordadas de largos e altos, de tijolo, ou pedras irregulares = Esta é a rua principal da Cid.e = Há casas (como a q' acaba de fazer o vigário) q' tem um bonito aspecto = mas por dentro são simples salas e alcovas de telha vã = quanto ao madeiramento do telhado, barrotes de soalho são é de carnaúba. São poucas adornadas de trastes, q' são sempre m.to singelas = Os balcões das janelas, ou portas dos sobrados são de grades de ferro. Há poucas vidraças = as portas muitas não são pintadas = as casas térreas tem rotulas = e são ladrilhadas geralmente com tijolos hexagonais. Em alguãs casas de melhor gente vi comodas ou papeleiros de mogono, ou de outra madeira, na sala de visitas: ficam cadeiras de balanço.

FRANCESES NO BRASIL: SÉCULOS XIX E XX   597

Há quatro igrejas com uma só torre a um lado e m.to baixa = por fora estão limpas = mas no interior mui desornadas = O corpo da Igreja é sempre de telha vã, o pavimento ladrilhado = ladrilhos tijolos hexagonais, pela maior parte feitos aqui = Não há tantos morcegos como em outros templos, q' vi vindo de Aracati.

Theatro, ainda não está concluído, e tem sido feito por subscryção e a deligencia do D.r Therberge, tem uma bonita frontaria com colunas = feitas de tijolos.

Mercado – tem portas p.a duas ruas, dentro dois lados são de arcadas e dois quartos ou lojas, q' se alugam = é espaçoso = Aqui foram massacrados m.tos dos homens de Pinto Madeira.

Clima, por toda a parte ouvíamos q' o calor no dia era insuportável = q' o ar era como se sahisse da boca dum forno. Tudo isto era m.to exagerado, ou então temos sido m.tos felizes ou tem sido este anno a estação mais fria; e porq' não estamos ainda na força do verão. Acredito q' hão de haver dias abafados e minimant. calomosos = e nos já temos tidos tardes e noite bastantes quentes, mas ainda está longe dos calores do Rio de jan.ro. Nas noites de 20 a 21 e de 21 a 22 tivemos bastante chuvas = são chuvas de rama, chuvas de caju e aqui dizem chuvas d'outubro. As tardes e noites q' comesse a chover foram quentes, mas os dias depois erão frescos = o ventos chamado Aracati é aqui incerto e chega quase sempre tarde, as vezes as [uma palavra] da noite = quase sempre forte. Costuma durante os calores do dia, principalm.te entre 10 e 2 horas a formarem rodomoinhos, q' são as vezes mui fortes, levanta uma coluna de poeira correndo as ruas, batendo as portas e mettendo dentro das casas uma enorme massa de poeira = Estes turbilhões segundo me parece são formados pelo encontro de duas correntes de ar, isto q.do o vento do mar vem substituir o vento da terra. Com estas chuvas varias pessoas soffrem, constirpando-se, apparecendo defluxos e anginas. Em nossa casa alguns domésticos e dos nossos o Villareal e Eu estivemos alguma coisa incomoda; mas passageiras. Segundo informações do Dr. Theberge a cidade é bastante saudável.[15]

---

15 Documentos Manuscritos da Coleção Freire Alemão. Biblioteca nacional do Rio de Janeiro. Localização: I.28,8,38, Icó 25 de 8[bro] de 1859 – Biblioteca Nacional do Rio de Janeiro. Sobre a Comissão Científica ver Alemão (2006), Braga (2004) e Kury (2009).

Figura 28.3   Aquarela de Reis Carvalho. Panorama do Icó. Ca. 1860.
Fonte: Beserra, 2009.

A condução de passageiros e de gêneros entre as cidades do Aracati e do Icó

A constituição da rede de estradas foi parte do programa de melhoramentos propostos pelos governos provinciais no Brasil visando ao escoamento da economia e à circulação das pessoas. O Ceará não fica fora de tal processo. Durante o século XIX, a inexistência de estradas e as péssimas condições daquelas existentes, assim como as longas distâncias, dificultavam as transações comerciais entre as zonas de produção do sertão e serrana, seja entre suas principais cidades e povoados, seja em direção aos portos do litoral. Invariavelmente, a problemática e a construção de estradas, como obras de primeira necessidade, foram citadas nos Relatórios dos Presidentes de Província do Ceará.

Tal foi o conteúdo do Relatório de 1838 do presidente Felizardo de Souza e Mello,[16] afirmando que as estradas seriam as "veias por onde se faz nos Estados a circulação de sua riqueza, aproximando as distancias, tornando communicaveis lugares que grandes entrevalles" e "embaraços físicos separavao e isolavao; e promovendo a prosperidade pública, diminuindo os preços necessarios dos gêneros nos mercados onde tem extração". Um ano antes, em 1836, o presidente

---

16   Fala do Presidente Felizardo Souza e Mello no Relatório de 1º de agosto de 1838 na occasião da abertura da Assembleia Legislativa Provincial.

de Província Martiniano D'Alencar[17] já havia exposto a urgência e a dificuldade de interligar a Província por meio de estradas. Apresentando suas razões, aponta a falta de capital para o investimento técnico.

> Sendo huma de nossas primeiras necessidades a abertura de nossas estradas para fasermos chegar a capital os recursos, e productos de todas as partes da Provincia, julgava conveniente que autoriseis ao Governo para convidar Companhias Nacionaes, ou Estrangeiros para se empregarem na abertura das Estradas na abertura das Estradas, e facturas de Pontes, e aterros, concedendo-se-lhes a faculdade de exigirem um tributo de passagem, que fosse o bastante para cobrir o capital, e prêmios do dinheiro empregado n'estas obras. Se esperamos que todas as estradas, de que necessitamos em nossa vasta Provincia, sejao feitas com os pequenos meios de nossa receita ordinária, tarde serão feitas ao mesmo tempo que a abrirem-se com brevidade, alem da commodidade geral dos habitantes, maiores serão os rendimentos públicos com os direitos dos gêneros, que as mesmas estradas farao fluir aos Mercados públicos.

Neste contexto, Pedro Théberge, morador do longínquo sertão, sensível à problemática e com um tino empreendedor, compreendeu a necessidade premente da construção de uma estrada como meio de estreitar a distância que separava o Icó de outras cidades sertanejas e do litoral cearense. Para tal, projetou uma estrada de rodagem ligando o Icó e o Aracati – tal como nos informou Francisco Freire Alemão – e organizou uma agência de linha de carros de rodagem, possibilitando uma maior fluidez de pessoas e produtos entre ambas as cidades. Buscando a viabilidade de tais empreendimentos, idealizou uma Associação que tivesse em conta a sua construção, através da subscrição de ações. Para Pedro Théberge, as estradas e companhias de transporte eram de grande "utilidade para o paiz"[18] e, no caso, para o progresso do Ceará. Aqui destacamos, mais uma vez, o significado de seu conhecimento da geografia do território em seus pormenores, tornando possível um projeto de construção de estrada. O projeto visionava possível pujança econômica da cidade do Icó, a partir do fortalecimento do comércio e de outras atividades correlatas, além de sua repercussão efetiva nos melhoramentos urbanos do Icó.

---

17 Relatório com que o excelentíssimo presidente da província do Ceará abrio a terceira sessão ordinaria da Assemblea Legislativa da mesma província no dia 1º de agosto de 1837. [Ceará, Typ. Patriotica, 1837]

18 Ofícios da comissão de obras públicas de Icó. Documento avulso, data 27 de julho de 1858. Ref. Obras públicas – Icó. Arquivo Público do Estado do Ceará. Localização. BR. APEC. OP. COM. 11. Ala 03 – Estante 03. Caixa 07.

LAURENT VIDAL E TANIA REGINA DE LUCA (ORGS.)

Em 8 de outubro de 1857, uma carta de Pedro Théberge a João Silvério de Souza,[19] presidente da Província, expôs sua intenção de fundar a empresa que melhoraria "o serviço da conducção de passageiros e de gêneros entre as Cidades do Aracati e do Icó". Para tal, requereu auxílio ao governo provincial, "na forma de Lei do Orçamento [...] mediante a tomada de acções, ou uma garantia de sete por cento do seu capital effectivo", que significava o montante de 62:000$000. O presidente afirmou que nada podia "dizer por ora a respeito desta e das demais cifras [...] por ser uma occasião inopportuna", embora reconhecesse "as grandes vantagens [...] de semelhante melhoramento, não só a bem dos diversos districtos compreendidos naquella linha, mas em geral da agricultura e creação de gados, e de outros ramos da indústria da província". Ainda assim, declarou que o governo resolvera "usar para facilitar a sua execução da faculdade que lhe deo a sobredita lei, mas ainda ajustar-lhe qual outro apoio e protecção [...] e a sollicitar dos poderes geraes as medidas, que para esse mesmo fim forem necessárias, e não estiverem em sua alçada". Para que a dita empresa se efetivasse, Théberge deveria organizar o quanto antes uma "associação" que tivesse em vista "levar a effeito a dita empresa, e com cujos gerentes ou districtos terá este governo de entrar em ajuste sobre as condições com que tomará acções da mesma, e lhe garantirá o juro de 7 por %". Tal recomendação foi acolhida por Théberge, como vemos na carta de 18 de janeiro de 1858, quando informou ao presidente da Província o projeto de estatuto para a referida Associação. Comunicou, ainda, que enviara o estatuto ao Aracati, para "dar principio a subscrição das acções"; e que seriam estendidas a Icó, Crato e Saboeiro.

Cinco meses depois, em junho de 1858, cerca de 1.500 ações haviam sido subscritas, equivalendo ao montante de "75:000$000, setenta e cinco contos de reis; sendo cincoenta contos no Aracati e o resto no Icó". Diante do resultado, Théberge informou não ser "necessária a cooperação do Governo com dinheiro para o complemento do capital". Delineava-se, então, uma Associação de capital privado. Os principais acionistas do Icó eram comerciantes, diretamente beneficiados com o empreendimento da construção da estrada.

Como os negociantes desta cidade tem de se dirigir ao Aracati, para comprar fazendas, até o fim deste mez de junho, quanto chegarem / os carregamentos que se esperão da Europa, tenho resolvido approveitar esta occasiao para encorporar a Companhia,

---

19 Ofícios da comissão de obras públicas de Icó. Documento avulso, data 08 de outubro de 1857. Ref. Obras públicas – Icó. Arquivo Público do Estado do Ceará. Localização. BR. APEC. OP. COM. 11. Ala 03 – Estante 03. Caixa 07.

nesta mesma Cid.[de] do Aracati, afim de que o capital do Icó seja representado neste acto pelos ditos negociantes, que são também os principaes accionistas do Icó.[20]

No dia 27 de julho daquele ano, mais uma vez Pedro Théberge escreveu ao presidente da Província, dizendo que como "autor da empresa da linha de carros a rodagem, entre Aracati e Icó", vinha sendo insistentemente instigado, "por diversas pessoas desta cidade", em estabelecer outra empresa "semelhante entre esta cidade e Baturité, e convencido que grandes vantagens se poderão obter da compra simultânea do material de ambas". Neste sentido, solicitou à Assembleia Provincial "um privilegio exclusivo para esta nova linha, por vinte e cinco annos, com um prazo razoável para organizar uma Companhia que se encarregue da sua execução".[21]

O médico Pedro Théberge e o Icó

Nos anos em que Théberge viveu no Icó, a cidade foi palco de inúmeras epidemias. Dentre outras razões, a Câmara Municipal identificou como causas das doenças a ausência de limpeza das ruas, os "focos de infecção", os "miasmas", "os enterros solennes com encommendações nas casas, e estações pelas ruas" e os "enterramentos nas Igrejas".[22] A Câmara Municipal constantemente citou Pedro Théberge como o "único médico da cidade" e solicitou soluções referentes à problemática urbana relacionada à salubridade pública.

Em 1854, receando que a peste de bexiga que assolava o Aracati alcançasse o Icó, em decorrência da comunicação frequente entre as cidades, a Câmara Municipal requereu à Assembleia Provincial o envio de "algumas laminas de pus vacinico para ser applicado as pessoas". Na ocasião, outra vez foi citado o trabalho de Pedro Théberge e foram demandadas providências ao presidente da

---

20 Ofícios da comissão de obras públicas de Icó. Documento avulso, data 06 de junho de 1858. Ref. Obras públicas – Icó. Arquivo Público do Estado do Ceará. Localização. BR. APEC. OP. COM. 11. Ala 03 – Estante 03. Caixa 07.

21 Documento avulso, data 27 de julho de 1858. Arquivo Público do Estado do Ceará. Localização: Fundo: Obras públicas. Série: Ofícios da comissão de obras públicas de Icó. Local: Icó. Localização. BR. APEC. OP. COM. 11. Ala 03 – Estante 03. Caixa 07.

22 Documento avulso, data 07 de dezembro de 1857. Arquivo Público do Estado do Ceará. Localização: Fundo: Câmaras Municipais. Série: Correspondências Expedidas. Local: Icó. Data: 1829-1870. Ala 02. Estante 01. Prateleira 03. Caixa 47.

Província, para que encarregasse "uma pessoa que tenha as habilitações necessárias, como o Doutor Pedro Theberge, único medico que existe nesta cidade".[23]

No ano seguinte, 1855, a Câmara Municipal, diante do possível surto da "epidemia do Cholera, como tem apparecido em algumas Provincias do Império" e declarando a "falta de fundos municipais por ter despendido o pouco que havia com a obra de um Cemitério", requereu ao governador da Província "huma quantia sufficiente [...] para compra de viveres para socorrer-se aos pobres indigentes". Na ocasião se informava ainda que a cidade não possuía mais que "duas pequenas boticas e mui desprovidas de remédios"; daí porque enviava "incluso nota dada pelo Medico o Dr. Pedro Theberge dos remédios" que o mesmo julgava "necessário e que há mais falta e precisão deles". Por causa da inexistência de "Medico e Botica do partido da Câmara", pedia que que se prestasse o "devido tratamento" e se fornecessem os "remédios indespensaveis a pobresa", estabelecendo uma gratificação ao "Medico o Dr. Pedro Theberge".[24] Como se vê, a ação de Pedro Théberge na região do Icó teve múltiplas finalidades. Por vezes foi o médico – o "único que aqui existe" – solicitado a ultimar providências em relação às epidemias, aos remédios necessários à pobreza. Sua palavra abalizada era a justificativa da Câmara Municipal em relação às providências pedidas ao governador da Província.

Pedro Théberge e as intervenções no espaço físico da cidade do Icó

No dia 6 de agosto de 1852, a Câmara do Icó respondeu ao ofício do presidente da Província sobre uma planta para o cemitério da cidade. De acordo com o documento, dois projetos para o cemitério teriam sido enviados para a análise da Assembleia Provincial; um "do finado" Engenheiro da Província, Dr. Gouveia, e outro de autoria do médico francês Pedro Théberge. O primeiro projeto exigia a construção de uma capela para "encommendações", implicando em um custo muito alto para o orçamento municipal,

---

23 Documento avulso, data 02 de agosto de 1854. Arquivo Público do Estado do Ceará. Localização: Fundo: Câmaras Municipais. Série: Correspondências Expedidas. Local: Icó. Data: 1829-1870. Ala 02. Estante 01. Prateleira 03. Caixa 47.

24 Documento avulso, data 09 de novembro de 1855. Arquivo Público do Estado do Ceará. Localização: Fundo: Câmaras Municipais. Série: Correspondências Expedidas. Local: Icó. Data: 1829-1870. Ala 02. Estante 01. Prateleira 03. Caixa 47.

de 5:042$000 réis; o outro aproveitava uma capela existente (Figuras 28.4 e 28.5) e fixava o orçamento em 3:162$600 réis. A a câmara do Icó se pronunciou a respeito, dando a preferência ao segundo projeto, por ser menos dispendioso e atender às necessidades da freguesia, além de contribuir para o aformoseamento da cidade;

> pois que, se o gradil da frente realça a formosura da Capella de Nossa Senhora do Monte, que por si só já é um edifício vistoso e bem collocado sendo situada sobre uma \ aprazível collina á sota-vento e fora da Cidade, na distância de 300 á 400 braças, a Capella também não será o menos ornamento do cemitério; e por este meio escapará á uma ruína que se tornará inevitável, se vier à cahir em mãos de procuradores menos zelosos que os dous que teve até a presente época, os quaes tem sabido promover o fervor e esmolas dos fieis, único recurso que tem para sua manutenção. A Camara, em virtude da autorização que lhe foi dada para isto pela Assembléia Provincial, já encommendou o gradil, que se espera á cada momento, e propoõe-se á substitur por outra a primeira comissão que se dissolveu pelas morte ou dimissão dos seus membros, á fim de pôr, quanto antes, mão á obra de tanta necessid.e; desejando antecipadam.e merecer a approvação de V. Ex.ª; e o que se dignará participar o mais breve possível.[25]

Figura 28.4 Igreja Nossa Senhora do Monte com o Cemitério – Icó – Aquarela Reis Carvalho. *Fonte*: Beserra, 2009.

---

25 Documento avulso, data 06 de agosto de 1852. Arquivo Público do Estado do Ceará. Localização: Fundo: Câmaras Municipais. Série: Correspondências Expedidas. Local: Icó. Data: 1829-1870. Ala 02. Estante 01. Prateleira 03. Caixa 47.

Figura 28.5 Igreja Nossa Senhora do Monte com o Cemitério – Icó – Foto Clovis Jucá.

Adotada a planta de Pedro Théberge e construído o cemitério, em 24 de fevereiro de 1855, a Câmara do Icó comunicou à Assembleia Provincial que o cemitério da cidade estava em condições de receber os corpos dos finados, tendo iniciado os enterramentos. Diante da ausência de estatutos próprios, informou que "organizou os seus pelo o do Cemitério dessa Capital [Fortaleza] com pequenas diferenças",[26] e em seguida enviou para aprovação o seu regulamento próprio.

O D^{or} Vicente Pires da Motta Presid^{te} da Província do Ceará aprovou provisoriamente o Regulamento do Cemitério do Monte em 14 de março de 1855. Entre os artigos estavam:
Artigo 1º. Os cadáveres dos indivíduos que fallecerem n'esta Cid^e e seos subúrbios, só poderão ser sepultados no Cemitério do Monte.
Art.º 2º Cada uma das pessoas que concorrer para a infracção do art.º antecedente soffrerá a multa de vinte e cinco mil reis.
Art.º 3º Esta multa será cobrada executivamente pela Camara.
Art.º 4º Ante de passadas vinte e quatro horas nenhum cadáver deverá ser seputtado a contar da do falecimento, a menos que a putrefação começar antes, e neste cazo será logo [inhumanado].
Art.º 5º Nenhuma catacumba ou sepultura se poderá abrir antes de decorridos dezoito mezes, dep.^{s} da recepção do ult.º cadáver.

---

26 Documento avulso, data 24 de fevereiro de 1855. Arquivo Público do Estado do Ceará. Localização: Fundo: Câmaras Municipais. Série: Correspondências Expedidas. Local: Icó. Data: 1829-1870. Ala 02. Estante 01. Prateleira 03. Caixa 47.

Art.º 6º Nenhuma catacumba ou sepultura será aberta sem ordem previa do Parocho, e sem competente visto do Procurador da Camara.

Art.º 7º O preço de cada catacumba grande será de dezeseis mil reis, e de cada pequena oito mil reis; de cada sepultura de [...]

Art.º 28 As sepulturas grandes serão abertas com a profundidade pelo menos de seis palmos e as pequenas de quatro ditos.[27]

Do mesmo período, conhecemos da autoria do médico francês o projeto do Teatro da Ribeira do Icó (Figura 28.6) e da Casa de Câmara e Cadeia. Nossos estudos para a história da arquitetura destacam ambos os edifícios como pioneiros do risco Neoclássico em suas fachadas nos sertões do Ceará. Freire Alemão nos apresentou o relato de sua visita ao teatro em companhia do Dr. Théberge no fim da tarde do dia 17 de novembro de 1859. Na ocasião, avaliou positivamente o teatro, por ser adequado às suas funções: camarins, galerias, saguão de entrada e cenário.

Passando pela Cadeia, cuja obra está ele administrando e que concluída fica boa, com divisão para homens e mulheres, e o sobrado casa da Camara e do Júri. [...] Fomos depois ao teatro e o achamos muito bom dentro, com três ordens de camarins, ou antes com três galerias, porém não tem divisas, e as colunas que sustentam e as galerias são de carnaúbas bem trabalhadas, formando colunas. O saguão de entrada tem no meio quatro grossas colunas que sustentam o soalho e por cima dele há um grande salão onde se pode dar um baile. O cenário também não é mau e já tem um pano de boca bem pintado, fingindo uma cortina encarnada. Tendo visto o teatro, voltei para casa muito soado. (Alemão, 2011, p.127)

---

27 Para o trabalho optamos em transcrever somente parte dos artigos. Documento avulso, data 09 de novembro de 1855. Arquivo Público do Estado do Ceará. Localização: Fundo: Câmaras Municipais. Série: Correspondências Expedidas. Local: Icó. Data: 1829-1870. Ala 02. Estante 01. Prateleira 03. Caixa 47.

Figura 28.6   Teatro da Ribeira do Icó – Icó – Foto Clovis Jucá.

Théberge integrou a comissão de obras da Casa de Câmara e Cadeia do Icó, como atestou o Relatório[28] de sua construção, composto por vários manuscritos e dois desenhos (Figuras 28.7 e 28.8). Os manuscritos assinados por figuras locais, dentre eles o Doutor Pedro Théberge, manifestaram a importância da edificação para o Icó no início da segunda metade do século XIX e deixaram à vista, pedra sobre pedra, o dia a dia da construção. Também destacaram os problemas de ordem construtiva enfrentados pela comissão, assim como o material empregado e sua procedência. O detalhamento do Relatório revelou informações sobre os alicerces, as paredes internas, os muros externos, a cobertura, o madeiramento da coberta, os tipos de pisos, o fechamento dos vãos, a procedência das grades de ferro para as celas, o abastecimento de água e o uso do frontão como elemento decorativo. Em sequência, foram expostos os problemas de funcionalidade do edifício, as questões orçamentárias e as dificuldades de mão de obra.

---

28   Arquivo Público do Estado do Ceará. Localização: Fundo: Obras públicas. Série: Ofícios da comissão de obras públicas de Icó. Local: Icó. Localização. BR. APEC. OP. COM. 11. Ala 03 – Estante 03. Caixa 07.

FRANCESES NO BRASIL: SÉCULOS XIX E XX   607

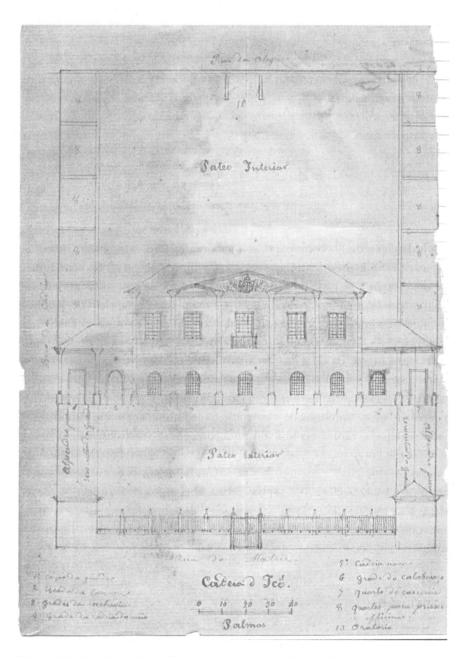

Figura 28.7   Desenho de Pedro Théberge para a Casa de Câmara e Cadeia de Icó.
Fonte: Arquivo Público do Estado do Ceará.

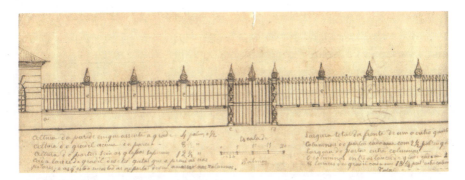

Figura 28.8 Desenho de Pedro Théberge para a Casa de Câmara e Cadeia de Icó.
Fonte: Arquivo Público do Estado do Ceará.

Os desenhos de Théberge para Casa de Câmara e Cadeia foram apresentados no ano de 1858 ao presidente da Província. Conforme é possível ver nas figuras, o projeto expõe a fachada do edifício com risco Neoclássico – pilastras e frontão triangular com o brasão do Império –, uma planta baixa, além de detalhes do muro e do gradil da entrada principal, tudo em escala gráfica. A análise da documentação permite uma leitura de quadros da história social do Icó, onde se destaca a função da Casa de Câmara e Cadeia no contexto da Província e os nexos com os dispositivos de segurança pública como parte da problemática urbana do período, dentre outras questões de relevo. Pouco ou quase nada foi recuperado sobre o processo de construção da arquitetura cearense oitocentista, inclusive aquela relativa aos edifícios públicos, como é o caso da Casa de Câmara e Cadeia. Deste modo, tais fontes elucidam páginas ausentes da história da arquitetura do Ceará, e mesmo do Brasil. Assim, destacamos outra dimensão significativa na trajetória do francês Pedro Théberge em território cearense: graças a sua minúcia documental, chegou ao nosso tempo uma série de elementos que contribuem sobremaneira para o alargamento da pesquisa histórica sobre a arquitetura oitocentista no Ceará.

Conclusão

À maneira de conclusão e para os fins deste breve capítulo, reiteramos o significado dos recentes estudos que conferem ao fenômeno das migrações em escala internacional uma nova perspectiva. Se antes o vetor de explicação preponderante esteve circunscrito à dimensão propriamente econômica, temos hoje um quadro ampliado de pesquisas que situam o modo diversificado e plural do fenômeno. Uma das vertentes, entre as várias, diz respeito à recuperação de trajetórias singulares, observando em simultâneo as convergências possíveis com os quadros sociopolíticos desde o lugar de origem até as especificidades das realidades locais. Neste sentido, este ensaio em torno da trajetória do médico francês Pedro Théberge no Brasil, mais especificamente na cidade do Icó, no Ceará, tratou de recuperar em seu percurso as variadas facetas de uma intervenção no plano local, quando aciona de seus conhecimentos da medicina, da história, da geografia, da botânica e da cartografia, elementos de síntese para propor em concreto soluções alargadas. Assim, o médico "que se fez brasileiro no Ceará" e, em específico, nos sertões das secas e das epidemias, encontrou não apenas material para uma possível escrita diletante. Ultrapassou este impulso convencional e seguiu adiante, revelando às autoridades administrativas a possibilidade de concretizar melhoramentos infraestruturais na escala territorial, conectando uma cidade a outras, enxergando na abertura de estradas a veia donde se poderia escorrer o progresso nos sertões, assim como pensou, na escala urbana, em equipamentos que denotariam o sentido da provisão dos bens do espírito – como é o caso do Teatro da Ribeira do Icó. Não se furtou também de expressar sua vertente empreendedora, tencionando a criação de companhia de carros de rodagem, e para tal constituindo sociedade por subscrição. Quando a seca e a peste chegaram ao Icó, apresentou soluções que ultrapassavam a provisão de medicamentos, alcançando o problema da insalubridade no perímetro urbano. Além disso, e ao mesmo tempo, não se fez no Icó um médico de gabinete ou ilustre dos salões. Embora não fugisse ao bom convívio na cidade, tratou de andar pelos sertões vendo, anotando, desenhando e recolhendo onde possível os documentos com os quais exerceu seu pendor para o registro histórico. Outra vez, não é uma escrita de ocasião; é o desejo de compor, ao lado de uma cronologia, quadros mais alargados do que considerava pertinente a fixação de um *Esboço Histórico* para a Província do Ceará. Mas as andanças resultaram também nos apontamentos sobre os lugares e suas funções: rios, capelas, fazendas, povoados, vilas, e tudo confluindo para dar estampa a uma carta corográfica, com vários elementos de precisão original. Cuidou, ainda, de pensar no problema da morte, na solução dos enterramentos no espaço urbano. De tudo isso se pode perceber no francês Pedro Théberge uma ação que combina, de variadas fontes de sua formação, propósitos originais e ações de repercussão social face ao meio onde esteve por dezesseis anos até o final de sua vida.

Referências bibliográficas

ABREU, M. Conectados pela ficção: circulação e leitura de romances entre a Europa e o Brasil. *O eixo e a roda*, Belo Horizonte, v.22, n.1, p.15-39, 2013.

ADLER, L. *A vida nos bordéis de França, 1830-1930*. Lisboa: Terramar, 1990.

AGOSTINI, A.; CAMPOS, A.; REIS, A. M. dos (Eds.). *Cabrião*. 1866-1867. Edição fac-similar. 2.ed. rev. e ampl. Introdução de Delio Freire dos Santos. São Paulo: Unesp, Imprensa Oficial, 2000.

AGUIAR, J. O. *Points de vie étrangers*: a trajetória da vida de Guido Thomaz Marlière no Brasil (1808-1836). Belo Horizonte, 2003. Tese (Doutorado em História) – Universidade Federal de Minas Gerais.

AGULHON, M. *1848: o aprendizado da República*. Rio de Janeiro: Paz e Terra, 1991.

ALEMÃO, F. F. *Diário da viagem de Francisco Freire Alemão (1859-1861)*. SILVA FILHO, A. L. M.; RAMOS, F. R. L.; RIOS, K. S. (Org.). Fortaleza: Fundação Waldemar Alcantara, 2011.

ALENCASTRO, L. F. *O trato dos viventes. Formação do Brasil no Atlântico Sul*. São Paulo: Companhia das Letras, 2000.

ALENCASTRO, L. F. de; RENAUX, M. L. *Caras e modos dos migrantes e imigrantes*. In: NOVAIS, Fernando (Org.). *História da vida privada no Brasil*. v.2, Império: a Corte e a modernidade nacional. São Paulo: Companhias das Letras, 2004.

ALPHAND, A. *Les promenades de Paris:* Bois de Boulogne – Bois de Vincennes. Paris: Rothschild, 1867-1873.

ALVARENGA, J. de. *Almanaque Industrial, Mercantil a Administrativo da Cidade e Município de Campos*. Rio de Janeiro. Para 1881 e 1882, ano primeiro, Campos, Tipografia do Monitor Campista, 1881.

AMARAL, V. Vila da Glória encena utopia do Falanstério. Cena da peça: descendentes da família Ledoux participaram das encenações de desembarque da falange no distrito do Saí. Jornal *O Estado*, Joinville, s.d.

AMERICANO, J. *São Paulo naquele tempo, 1895-1915*. São Paulo: Saraiva, 1957.

ANASTASIA, C. M. J. *A geografia do crime*: violência nas Minas setecentistas. Belo Horizonte: UFMG, 2005.

ANDRADE, João M. de. A oligarquia acciolina e a política dos governadores. In: SOUZA, S. (Org.) *História do Ceará*. Fortaleza: UFCE, 1989.

ANTHOUARD, B. d'. *Le progrès brésilien – La participation de la France*. Prefácio de Gabriel Hanotaux. Paris: s.n., 1911.

ARANTES, P. E. *Um departamento francês de ultramar*: estudos sobre a formação da cultura filosófica uspiana (Uma experiência dos anos 60). Rio de Janeiro: Paz e Terra, 1994.

ARANTES, V. *Charles Fourier ou l'art des passages*. Paris: L'Harmattan, 1992.

ARENDT, H. *Origens do totalitarismo*. São Paulo: Companhia das Letras, 1989.

ARMENGAUD, A. *La population française au XXe siècle*. 8. ed. Paris: PUF, 1992 [1971].

_____. Le rôle de la demographie. In: BRAUDEL, F.; LABROUSSE, E. *Histoire économique et sociale de la France*. Paris: Presses Universitaires de France, v.1, t.3, 1976.

ASSIER, A. d'. *Le Brésil contemporain*. Races. Moeurs. Institutions. Paysages. Paris: Durand et Lauriel, 1867.

ASSIS, R. J. S. *Ferrovias de Papel*: Projetos de domínios territoriais no Ceará (1864-1880). Fortaleza, 2011. Dissertação (Mestrado). Programa de Pós-Graduação em Geografia da Universidade Federal do Ceará.

AUBE, L. Notice sur dona Francisca. In: DUTOT, S. *La France et le Brésil*.

AULER, G. Introdução. In: _____. *Os franceses residentes no Rio de Janeiro 1808-1820*. Rio de Janeiro: Arquivo Nacional, 1960.

_____. Glaziou e a Casa Imperial. *Jornal do Brasil*, Rio de Janeiro, 22-23 jun. 1958.

AVENEL, H. *L'Amérique Latine*. Paris: Ancienne Maison Quantin, 1892.

AZEVEDO, M. de. *O Rio de Janeiro*: sua história, monumentos, homens notáveis, usos e curiosidades. Rio de Janeiro: Brasiliana, 1862, (impressão 1969), v.1. 572p.

BAHIA, J. *Jornal, história e técnica*: história da imprensa brasileira. 4.ed. São Paulo: Ática, 1990.

BAINES, D. *Emigration from Europe, 1815-1930*. Londres: Macmillan, 1993.

BARBIER, F. Le commerce international de la librairie française au XIXe siècle (1815-1913). *Revue d'Histoire Moderne et Contemporaine*, 1981, t.XXVIII.

BARBOSA, F. de A. Alguns aspectos da influência francesa no Brasil (notas em torno de Anatole Louis Garraux e da sua livraria em São Paulo). In: GARRAUX, A. L. *Bibliographie brésilienne*. 2.ed. Rio de Janeiro: José Olympio, 1962.

BARBOSA, L. *Serviços de assistência no Rio de Janeiro*. Rio de Janeiro: Typographia Ao Luzeiro, 1908.

BARBOSA, M. de L. *Les Français dans l'histoire du Brésil*. Paris: A. Blanchard, 1923.

BARBUY, H. M. S. *A Cidade-Exposição: comércio e cosmopolitismo em São Paulo, 1860-1914* (estudo de história urbana e cultura material). São Paulo, 2001. Tese (Doutorado) – Faculdade de Arquitetura e Urbanismo, Universidade de São Paulo; Edusp, 2006.

BARBUY, H.; MARTINS, A. L. *Arcadas*. Largo de São Francisco: história da Faculdade de Direito da Universidade de São Paulo. São Paulo: Melhoramentos, Alternativa, 1999.

BARRETO FILHO, M.; LIMA, H. *História da polícia do Rio de Janeiro*: aspectos da cidade e da vida carioca. 1870-89. Rio de Janeiro: A Noite, 1942.

BARROS, G. L. de. *A cidade e o planalto*: processo de dominância da cidade de São Paulo. t.II. São Paulo: Martins, s.d.

BARROS, M. P. No tempo de dantes. In MOURA, C. E. M. (Org.). *Vida cotidiana em São Paulo no século XIX*. São Paulo: Ateliê Editorial/Imprensa Oficial/Unesp, 1999.

BARROSO, P. *Um francês cearense*. Fortaleza: s.n., 1973.

BATALHA, C. H. M. (Org.). *Dicionário do movimento operário na cidade do Rio de Janeiro do século XIX aos anos 1920*: militantes e organizações. São Paulo: Editora da Fundação Perseu Abramo, Fapesp, 2009.

BATISTA, R. de B. Récit de vie d'un géomètre français au Paraná. *Cahiers du Brésil Contemporain*, n.12, 1990.

BEAUX, A. *Franceses no Rio Grande do Sul*. Porto Alegre: A Nação Editora, 1976.

BEECHER, J. *Victor Considerant and the rise and Fall of French Romantic Socialism*. Berkeley/Los Angeles: Universidade da Califórnia, 2000.

_____. Fourier. *Le visionnaire et son monde*. França: Centre National de Lettres/Fayard, 1993.

BEGOT, C. *Álbum histórico terra de liberdade*: feira da cultura popular, Benevides, 1984.

BELTRAND, A.; GRISET, P. *La croissance économique de la France 1815-1914*. Paris: Armand Collin, 1988.

BENCHIMOL, S. *Amazônia*: formação social e cultural. Manaus: Valer, 1999.

BERMAN, L. *Histoire des juifs de France*: de origines à nos jours. Paris: Librairie Lipschutz, 1937.

BESERRA, J. R. T. (Org.). *Aquarelas e desenhos do Ceará oitocentista*: o trabalho de José dos Reis Carvalho na Comissão Científica de Exploração (1859-1861). Fortaleza: Iphan, 2016.

BIARD, F. *Dois anos no Brasil*. Rio de Janeiro: Companhia Ed. Nacional, 1945.

BITTENCOURT, A. *Dicionário amazonense de biografias*: vultos do passado. Rio de Janeiro: Conquista, 1973.

BIVAR, V. dos S. B. *Vivre à St. Paul*: os imigrantes franceses na São Paulo oitocentista. São Paulo, 2008. Tese (Doutorado em História Econômica) – FFLCH, Universidade de São Paulo.

_____. Do outro lado do Atlântico: imigrantes franceses na São Paulo Imperial. In: II CONGRESSO SUL-AMERICANO DE HISTÓRIA, 2005, Passo Fundo. *Anais do II Congresso Sul-Americano de História*, 2005.

BLAKE, Doutor Augusto Victorino Alves Sacramento. *DICCIONARIO BIBLIOGRAPHICO BRAZILEIRO*. Sétimo volume. Rio de Janeiro: Imprensa Nacional, 1902.

BLOCH, E. *Le principe espérance*. Paris: Gallimard, 1959. Edição original 1938-1947.

BLOCH, M. Pour une histoire compare des sociétés européennes. Mélanges historiques. Paris: SEVPEN, 1963.

BOCHACA, R. del C. *L'emigration française vers le Rio de Plata par le port de Bordeaux (1830-1914)*. Bordeaux, 1971. Tese (Doutorado) – Instituto de História, Faculdade de Letras e Ciências Humanas.

BOITEUX, H. O Falanstério do Saí. *Revista do Instituto Histórico e Geográfico de Santa Catarina*. Florianópolis, 1° semestre de 1944.

BONNAIN, R. Migrations et inscription urbaine des Pyrénéens en Amerique du Sud au XIXe siècle: Montevideo et Caracas. *Annales de Démographie Historique*. Paris: Belin, 2000, n.1.

614 LAURENT VIDAL E TANIA REGINA DE LUCA (ORGS.)

BORGES, U. M. *Negociantes na cidade de São Paulo (1875-1880)*. São Paulo, 1979. Dissertação (Mestrado) – Faculdade de Filosofia, Letras e Ciências Humanas, Universidade de São Paulo.

BORGES, V. P. *Política e imaginário*: correspondência diplomática francesa sobre o Brasil nos anos trinta. Comunicação apresentada no grupo de pesquisa "Jogos da Política", no XII Encontro Regional da ANPUH. Campinas: IFCH/Unicamp, 1994. (mimeografado)

_____. *Franceses observam brasileiros*: identidade e alteridade na correspondência diplomática francesa (1930-1937). Comunicação apresentada no colóquio Sentimento(s) e identidade(s): os paradoxos do político. Campinas: IFCH/Unicamp, 1994. (mimeografado)

BOURDIEU, P. A ilusão biográfica. In: FERREIRA, M. M.; AMADO, J. (Org.). *Usos e abusos da história oral*. Rio de Janeiro: FGV, 1997.

BOURROUL, E. L. *Hercules Florence (1804-1879)*: Ensaio Historico – Litterario. São Paulo: Typographia Andrade Mello, 1900.

BRAGA, R. *História da Comissão Científica de Exploração*. SUDENE. Coleção Mossoroense. Volume CC. 1982.

_____. *Nascença e vivência da Biblioteca do Amazonas*. 2.ed. Manaus: Imprensa Oficial, 1969.

BRAUDEL, F. *A identidade da França*: os homens e as coisas. v.3. Trad. Lygia A. Watanabe. São Paulo: Globo, 1989.

BRAULT, M. G. L. N. *Navigation, transport de marchandises et immigration dans le cadre des relations commerciales entre le Havre et Rio de Janeiro de 1820 à 1870*. La Rochelle, 2005. Tese (Doutorado em História sob a orientação de Guy Martinière) – Universidade de La Rochelle.

BREFE, A. C. F. *O Museu Paulista:* Affonso de Taunay e a memória nacional, 1917-1945. São Paulo: Unesp, Museu Paulista, 2005.

BRÈGEARD, O. *Une communauté fragile*: les français de New York au milieu du XIXe siècle. *Annales de Démographie Historique*. Paris: Belin, 2000, n.1.

BRESCIANI, M. S. M. *Londres e Paris no século XIX:* o espetáculo da pobreza. São Paulo: Brasiliense, 1992.

BRÍGIDO, J. *Ceará*. (Homens e fatos). Rio de Janeiro: Besnard, 1919.

BRITO, J. *História da cidade de Campinas*. v.6. Campinas: s.n., 1958.

BROGAN, D. W. *Francia (1870-1939)*. Tradução. Espanhola de Vicente Herrero. México: Fondo de Cultura Económica, 1947.

BRUNETON, A. (Coord.). *Histoire et mémoire de l'émigration française vers les Ameriques*: initiatives et expériences institutionelles et associatives. *Migrance*, n.26, 2005.

BRUNO, E. S. *História e tradições da cidade de São Paulo*. v.2. Rio de Janeiro: José Olympio, 1954.

BRZOZOWSKY, J. *Rêves exotiques:* images du Brésil dans la littérature française (1822--1888). Cracovie: Arys, 2001.

BUENO, C. *A República e sua política exterior (1889 a 1902)*. São Paulo: Unesp/IPRI, 1995.

BUREAU, É. *Notice historique sur F. M. Glaziou*. Société Botanique de France. Paris, 1908.

BURNS, B. *Manaus, 1910*: retrato de uma cidade em expansão. Manaus: Governo do Estado do Amazonas, 1966.

CAMARGO, A. M. A. *Os primeiros almanaques de São Paulo*. São Paulo: IMESP/DAESP, 1983.

CAMILLO, E. E. R. *Guia histórico da indústria nascente em Campinas* (1859-1887). Campinas: Mercado de Letras, Centro de Memória Unicamp, 1998.

CAMPOS, E. *Arquitetura paulistana sob o Império*: aspectos da formação da cultura burguesa em São Paulo. São Paulo, 1997. Tese (Doutorado) – Faculdade de Arquitetura e Urbanismo, Universidade de São Paulo.

CAMPOS, H. L. de. *Climatologia médica do Estado do Amazonas*. Manaus: ACA, 1988.

CANELAS, L. G. *Franceses "quarente-huitards" no Império dos trópicos (1848-1862)*. Mestrado (História). Campinas, SP: IFCH/Unicamp, 2007.

CARBASSE, J-M. *Louis Xavier de Ricard*: félibre rouge, s.c.: Mireille Lacave, 1977.

CARCALLA, J.-P. *Le roman du Printemps*: histoire d'un grand magasin. 2.ed. Paris: Denoël, 1997

CARDOZO, F. S. *O Rio de Janeiro no século XIX*: os jardins de Auguste François-Marie Glaziou na capital imperial dos trópicos. Niterói, 2007. Dissertação (Mestrado) sob orientação de Marlice Nazareth Soares de Azevedo – Universidade Federal Fluminense.

_____; AZEVEDO, M. N. S. de. A paisagem do Rio de Janeiro do século XIX: um olhar para o jardim do Passeio Público de Auguste François-Marie Glaziou. In: TERRA, C.; ANDRADE, R. (Org.). *Interfaces entre tempo e espaço na construção da paisagem sul--americana*. Rio de Janeiro: UFRJ, EBA, 2008.

CARELLI, M. *Culturas cruzadas*: intercâmbios culturais entre França e Brasil. Campinas: Papirus, 1994.

CAROLLO, C. L. *Auguste de Saint-Hilaire*: olhar poético de um cientista. In: _____. *Auguste de Saint-Hilaire*. Viagem pela comarca de Curitiba. Curitiba: Fundação Cultural, 1995.

CARREY, E. *Os revoltosos do Pará*. Lisboa: Typographia do Futuro, 1862.

CARVALHO, A. de. *O Brazil, colonisação e emigração*. Porto, 1875.

CARVALHO, J. M. de. *A construção da ordem*: a elite política imperial. Rio de Janeiro: Civilização Brasileira. 2003.

_____. *A Escola de Minas de Ouro Preto*: o peso da glória. 2.ed. Belo Horizonte: UFMG, 2002.

_____. *Teatro de sombras*: a política imperial. 2.ed. Rio de Janeiro: UFRJ, Relume Dumará, 1996.

_____. *Os bestializados*: o Rio de Janeiro e a República que não foi. 3.ed. São Paulo: Companhia das Letras, 1991.

_____. *A formação das almas*: o imaginário da República no Brasil. São Paulo: Companhia das Letras, 1990.

CARVALLO, H. *Études sur le Brésil au point de vue de l'émigration et du commerce Français*. Paris: Chez Garnier Frères, 1858.

CASSIRER, E. *A filosofia do iluminismo*. Campinas: Unicamp, 1997.

CASTELLS, M. *O poder da identidade, a era da informação*: economia, sociedade e cultura. v.2, 3.ed., São Paulo: Paz e Terra, 2002.

CASTRO, J. L. de. Arquitetura no Ceará. O século XIX e algumas antecedências *Revista do Instituto do Ceará*, Fortaleza, 2014.

CASTRO, J. L. de. Bicentenário da Fortaleza de Nossa Senhora da Assunção: o caso singular de obra militar com função simbólica. *Revista do Instituto do Ceará*, Fortaleza, ano 126, p.9-72, 2012.

CERTEAU, M. de. *A invenção do cotidiano*. Petrópolis: Vozes, 1994.

CHACON, V. *Histórias das ideias socialistas no Brasil*. Rio de Janeiro: Civilização Brasileira, 1965.

CHÂTELAIN, A . *Les migrants temporaires en France de 1800 à 1914*. Lille: Publications de l'Université de Lille III, 1976.

_____. *Problèmes de méthode*. Les migrations de population. *Revue Économique*. v. 14, n.1, jan. 1963.

_____. Initiative individuelle et migration. *Annales d'Histoire Sociale*, 1945.

_____. _____. *Recherche et enquêtes démogéographiques*: les migrations françaises vers le Nouveau Monde aux XIXe et XXe siècles. *Annales ESC*, v.2, n.1, 1947.

CHEVALIER, L. *Classes laborieuses et classes dangereuses*. Paris: Perrin, 2002.

CHRYSOSTOMO, M. I. de J. *Ideias em ordenamento, cidades em formação:* a produção da rede urbana na província do Rio de Janeiro (1840-1888). Rio de Janeiro, 2006. Tese (Doutorado) – IPPUR, Universidade Federal do Rio de Janeiro.

CLÉMENT, F.; LARROUSE, P. *Dictionnaire lyrique ou histoire des opéras*. Genève: Slatkine Reprints, 1999.

COLEMAN, D.; COLEMAN, E. *The Collector's Encyclopedia of Dolls*. Londres: R. Hale, 1986. 2v.

CORBIN, A. *Les filles de noce*. Misère sexuelle et prostitution (XIXe siècle). Paris: Flammarion, 1978.

CORNEJO, C.; SANTOS, S. R. dos. *Casa Fretin 100 anos*. São Paulo: s.n., s.d.

CORPS, G. *Les immigrants français en Amazonie brésilienne, 1850-1918*: évolutions et identités dans les Etats d'Amazonas et Pará durant le boom du caoutchouc (monografia sob orientação do Prof. Laurent Vidal) – Université de La Rochelle, 2007-2008.

CORRÊA, A. M. M. *A rebelião de 1924 em São Paulo*. Prefácio de Eduardo D'Oliveira França. São Paulo: Hucitec, 1976.

CORRÊA, L. de M. *O nascimento de uma cidade*. Manaus, 1890 a 1900. Manaus: Governo do Estado do Amazonas, 1966.

COSTA, C. *A Revista no Brasil do século XIX*. A história da formação das publicações, do leitor e da identidade brasileira. São Paulo: Alameda, 2012.

COSTA, J. C. *Contribuição à história das ideias no Brasil*. Rio de Janeiro: José Olympio, 1956.

COSTA, M. de F. G. O Brasil pelo olhar da Expedição Langsdorff. In: _____. *O Brasil de hoje no espelho do século XIX*. Artistas alemães refazem a Expedição Langsdorff. São Paulo: Estação Liberdade, 1995.

COUTO, J. V. *Memória sobre a Capitania de Minas Gerais, seu território, clima e produções metálicas*: estudo crítico e organização de Júnia Ferreira Furtado. Belo Horizonte: Fundação João Pinheiro, 1994 [1799].

COUTO, J. V. Memória sobre as minas da Capitania de Minas Gerais, suas descrições, ensaios e domicílio próprio à maneira de itinerário; com um appendice sobre a nova Lorena

Diamantina, sua descrição, suas produções mineralogicas e utilidades que deste paiz podem resultar. *Revista do Arquivo Público Mineiro*, Belo Horizonte, v.10, 1905 [1802].

CRAS, J. Le Brésil et Macao au centre des archives diplomatiques de Nantes. In: CARREIRA, E.; SANTOS, I. M. F. dos (Org.). *Eclats d'Empire*. Du Brésil à Macao. Paris: Maisonneuve et Larose, 2006.

CROY, R. de. *Un français au Brésil*. Limoges: Marc Barbou et Cie, 1891.

CRULS, G. *Aparência do Rio de Janeiro*: notícia histórica e descritiva da cidade. Rio de Janeiro: José Olympio, 1965. (Coleção Rio 4 séculos)

CRULS, L. *Comissão de estudos da nova Capital da União*: relatório parcial. Rio de Janeiro: C. Schmidt, 1896.

D'ASSUMPÇÃO, T. L. *Narrativas do Brasil (1876-1880)*. Livraria Contemporânea de Faro e Lino, 1881, apud LEITE, M. L. M. A dupla documentação sobre mulheres no livro de viajantes. In: *Vivência, história, sexualidade e imagens femininas*. São Paulo: Brasiliense, Fundação Carlos Chagas, 1980.

DANTAS, L. A presença e a imagem do Brasil na *Revue des Deux Mondes* no século XIX. In: PARVAUX, S., REVEL-MOUROZ, J. (Org.). *Images réciproques du Brésil et de la France. Actes du Colloque organisé dans le cadre du projet France-Brésil*. t.i. Paris: IHEAL, 1991.

DAUMARD, A. et al. *Os burgueses e a burguesia na França*. São Paulo: Martins Fontes, 1992.

DAUVERGNE, R. *Paris, foyer d'emigration au cours des âges*. s.l.: s.n., 1963.

DEAECTO, M. M. Um editor no quadro político do Primeiro Reinado: o caso de Pierre Seignot-Plancher (1824-1832). In: COGGIOLA, O. (Org.). *Caminhos da História*: coletânea de trabalhos apresentados no Simpósio Internacional Os Rumos da História. São Paulo: Xamã, 2006.

_____. *No império das letras*: circulação e consumo de livros na São Paulo oitocentista. São Paulo, 2005. Tese (Doutorado) - Faculdade de Filosofia, Letras e Ciências Humanas, Universidade de São Paulo.

_____. *Comércio e vida urbana na cidade de São Paulo (1889-1930)*. São Paulo: Senac, 2002.

DEAN, W. *A industrialização de São Paulo (1880-1945)*. 3.ed. São Paulo: Difel, s.d.

DENIS, P. *Le Brésil au XXe siècle*. Paris: s.n., 1909.

DEVEZA, G. Brasil-França. In: HOLANDA, S. B. de (Org.). *História geral da civilização brasileira*. 4.ed. São Paulo: Difel, 1985, t.II, v.4.

DIAS, M. O. L. da S. *Quotidiano e poder em São Paulo no século XIX*. São Paulo: Brasiliense, 1995.

_____. Aspectos da Ilustração no Brasil. *Revista do Instituto Histórico e Geográfico Brasileiro*, Rio de Janeiro, v.276, 1968.

DIDIER, B.; SERMAIN, J.-P. (Ed.). *D'une gaîté ingénieuse: l'Histoire de Gil Blas*, roman de Lesage. Louvain: Peeters, 2004.

DIEGUES JÚNIOR, M. *Etnias e culturas no Brasil*. Brasília: InL, 1976.

DINIZ, F. A. [Junius]. *Em São Paulo*: notas de viagem. São Paulo: Governo do Estado, 1978.

618 LAURENT VIDAL E TANIA REGINA DE LUCA (ORGS.)

DOLHNIKOFF, M. *O pacto imperial*: origens do federalismo no Brasil. São Paulo: Globo, 2005.

DUMUIS, S; RAQUINEL, E. Cent ans de jeunesse. *Printania:* revue du personnel des entreprises du Groupe Printemps. Paris: Groupe Printemps, 1965.

DUPAQUIER, J. et al. *Histoire de la population française*. v.3, 4. Paris: PUF, 1988.

DUTOT, S. L'émigration. In: _____. *La France et le Brésil*. Paris: Guillaumin et Cie., 1857.

DUVIGNAUD, J. *L'acteur, sociologie du comedien*. Paris: Gallimard, 1965.

EDMUNDO, L. *O Rio de Janeiro de meu tempo*. Rio de Janeiro: Conquista, 1956.

EL FAR, A. *Páginas de sensação*: literatura popular e pornografia no Rio de Janeiro (1870-1924). São Paulo: Companhia das Letras, 2004.

ELKIM, J. L. *150 Jahre Einsamkeit*. Hamburg: Europaishe Verlagsanstalt, 1996.

ESCHWEGE, W. L. von. *Brasil, Novo Mundo*. v.2. Belo Horizonte: Fundação João Pinheiro, 2001.

_____. *Pluto brasiliensis*. Belo Horizonte: Itatiaia, 1979.

ESCRAGNOLLE DORIA, L. G. de. Bibliografias – Glaziou. *Revista da semana*, Rio de Janeiro, 11 maio 1940, paginação irregular.

EVEN, P. *Guide des sources de l'histoire du Brésil aux archives du ministère des Affaires Etrangères*. Paris: Ed. de L'iheal, 1987.

EXPILLY, C. *Le Brésil tel qu'il est*. Paris: Charlieu et Huillery, 1863.

FAORO, R. *Os donos do poder:* formação do patronado político brasileiro. Porto Alegre, Rio de Janeiro, São Paulo: Globo, 1958.

FARAUT, François. *Histoire de la Belle Jardinière*. Paris: Belin, 1987.

FARGE, A. *Le gout d'archive*. Paris: Éditions du Seuil, 1989.

FAUSTO, B. *Historiografia da imigração para São Paulo*. São Paulo: Sumaré, Fapesp, 1991.

FERRAND, P. *O ouro em Minas Gerais*: estudos críticos de João Henrique Grossi Sad, Juvenil Félix. Belo Horizonte: Fundação João Pinheiro, 1998.

_____. *L'or à Minas Gerais*. Belo Horizonte: Imprensa Oficial, 1913. 3v.

FERREIRA, F. I. Opulência de Minas Gerais. *Revista do Arquivo Público Mineiro*. Belo Horizonte, v.20, 1924.

FEYDIT, J. *Subsídios para a história dos Campos dos Goytacazes desde os tempos coloniaes até a proclamação da República*. Campos: Typographia a vapor de J. Alvarenga & Companhia, 1900.

FILGUEIRAS JUNIOR, A. *Código Criminal do Imperio do Brazil annotado com os actos dos poderes Legislativo, Executivo e Judiciario*. 2.ed. Rio de Janeiro: E. e H. Laemmert, 1876.

FINE, A. *La population française au XXe siècle*. 8.ed. Paris: PUF, 1992.

FLORENCE, H. Partida de Porto Feliz para Cuibá. In: _____. *Viagem fluvial do Tietê ao Amazonas, pelas províncias brasileiras de São Paulo, Mato Grosso e Grão-Pará (1825-1829)*. São Paulo: MASP, 1977.

FLORES, M. *A Revolução Farroupilha*. 4.ed. Porto Alegre: UFRGS, 2004.

FONSECA, G. da. *Biografia do jornalismo carioca (1808-1908)*. Rio de Janeiro: Livraria Quaresma, 1941.

FORTES, A. Os outros "polacos": classe e identidade étnico-nacional entre imigrantes do leste europeu em Porto Alegre. In: BATALHA, C. et al. (Org.). *Culturas de classe*: identidade e diversidade na formação do operariado. Campinas: Unicamp, 2004.

FOUCHÉ, N. *Émigration alsacienne aux États-Unis, 1815-1870*. Paris: Publications de la Sorbonne, 1992.

_____. *L'Émigration française, étude de cas*: Algérie, Canada, États-Unis. Paris: Publications de la Sorbonne, 1985.

FOUCRIER, A. *Le rêve californien*. Migrants français sur la côte Pacifique, XVIIIe-XXe siècles. Paris: Belin, 1999.

FRANÇA, E. D'O. Relatório sobre os professores franceses 1934-1987. In: CARDOSO; MARTINIÈRE (Org.). *Brasil-França*: vinte anos de cooperação (ciência e tecnologia). Brasília: Fundação Alexandre de Gusmão, IPRI, 1989.

_____. O poder real em Portugal e as origens do absolutismo. *História da Civilização Antiga e Medieval* 6, boletim LXVIII. São Paulo: FFCL-USP, 1946.

FRAGOSO, J. R. Mappa Architectural do Rio de Janeiro: Parte Commercial, 1971. Acervo da Fundação Biblioteca Nacional – Brasil, 470826.jpg, arc 002, 11, 016.

FREITAS NOBRE. *História da imprensa de São Paulo*. São Paulo: Leia, 1950.

FREITAS, A. A. de. *Tradições e reminiscências paulistanas*. São Paulo: Governo do Estado de São Paulo, 1978.

FREYRE, G. *A vida social no Brasil nos meados do século XIX*. Rio de Janeiro: Artenova, s.d.

_____. *Ordem e Progresso*. 6. ed. rev. São Paulo: Global: 2004 [1959].

_____. *Um engenheiro francês no Brasil*. 2.ed. Rio de Janeiro: José Olympio, 1960.

_____. *Ingleses no Brasil*: aspectos da influência britânica sobre a vida, a paisagem e a cultura do Brasil. São Paulo: José Olympio, 1948.

FRIDMAN, F. *O urbano e o regional nos campos das delícias*. Anais do XII Encontro Nacional da ANPUR; 2007a.

_____. *Paisagem estrangeira. Memórias de um bairro judeu no Rio de Janeiro*. Rio de Janeiro: Casa da Palavra, 2007b.

FRIEDRICH E. R. *Ronald Fleischer*. Belo Horizonte: Fundação João Pinheiro, 1998.

GALLÈS, E. *Considérations générales sur le commerce de la France avec l'Empire du Brésil, les États de la Plata et la République d'Haiti*, 1861.

GALLO, I. C. D'A. *A aurora do socialismo*: fourierismo e falanstério do Saí. Campinas, 2002. Tese (Doutorado em História) – IFCH, Universidade Estadual de Campinas.

GARDNER, G. *Viagem ao interior do Brasil, principalmente nas províncias do Norte e nos distritos do ouro e do diamante durante os anos de 1836-1841*. Tradução de Milton Amado, apresentação de Mario Guimarães Ferri. Belo Horizonte: Ed. Itatiaia; São Paulo: Ed. da Universidade de São Paulo, 1975.

GARRIGUES, J. *La France de 1848 à 1970*. Paris: A. Colin, 2000.

GARRAUX, A. L. *Avant-propos*. Bibliographie Brésilienne. Catalogue des ouvrages français et latins relatifs au Brésil (1500-1898). Paris: CH Chadenat; Jablonski, Vogt, 1898.

GÉRARD, P.C. *Les émigrants au Brésil*. Limoges: Eugène Ardant et Cie, 1891.

GERSON, B. *História das ruas do Rio*. Rio de Janeiro: Brasiliana, 1965.

GINZBURG, C. O nome e o como. In: _____ et al. *A micro-história e outros ensaios*. Tradução de António Narino. Lisboa: Difel; Rio de Janeiro: Bertrand Brasil, 1989.

GIRARDET, R. *Mitos e mitologias políticas*. Trad. Maria Lúcia Machado. São Paulo: Companhia das Letras, 1987.

GIRÃO, R. *Pequena história do Ceará*. Fortaleza, 1952.

GIRÃO, R.; MARTINS FILHO, A. *O Ceará*. Fortaleza: Ed. Fortaleza, 1939.

GLAZIOU, A. F. M. *Liste dês plantes du Brésil central recueillies em 1861-1895*. Société Botanique de France, Paris: 1911.

GOBINEAU, A. de. *Arthur de Gobineau et le Brésil*: correspondence diplomatique du Ministre de France à Rio de Janeiro (1869-1970). Présentation de Jean-F. Raymond. Grenoble: Presses Universitaires de Grenoble, 1990.

_____ apud RAEDERS, G. D. *Pedro II e o conde de Gobineau* (correspondências inéditas). São Paulo, Rio de Janeiro: Ed. Nacional, 1938. Coleção Biblioteca Pedagógica Brasileira.

GODECHOT, O.; MARSEILLE, J. Les exportations de livres français au XIX siècle. In: MOLLIER, J.-Y. (Org.). *Le commerce de la librairie en France au XIXe siècle (1798-1914)*. Paris: IMEC, Éd. de la Maison des Sciences de l'Homme, 1997.

GORENDER, J. *Brasil em preto & branco, o passado escravista que não passou*. São Paulo: Senac, 2000.

GRAHAM, R. *Construindo uma nação no Brasil do século XIX*: visões novas e antigas sobre classe, cultura e Estado. [Constructing a Nation in Nineteenth-Century Brazil; Old and New Views on Class, Culture, and the State.] *The Journal of the Historical Society*, v.1, n.2-3, 2001.

_____. *Grã-Bretanha e o início da modernização no Brasil*. São Paulo: s.n., 1973.

GREEN, N. *Repenser les migrations*. Paris: PUF, 2002.

GREEN, N.; WEIL, F. (Org.). *Citoyenneté et émigration*. Les politiques du départ. Paris: Éditions de L'Ehess, 2006.

GUARNERI, C. *The utopian alternative*: Fourierism in nineteenth-century América. Ítaca/ Londres: Cornell University Press, 1991.

GUASTINI apud MARTINS, A. L. *Revistas em revista*: imprensa e práticas culturais em tempos de república (1890-1922). São Paulo: Edusp, IMESP, Fapesp, 2001.

GUEDES, F. *O livro e a leitura em Portugal*: subsídios para sua história (séculos XIII-XIX). Lisboa, São Paulo: Editorial Verbo, 1987.

GUERRAND, R.-H. *Moeurs citadines:* histoire e culture urbaine XIXe-XXe siècles. Paris: Quai Voltaire, Edima, 1992.

GUESLIN, A. *Gens pauvres, pauvres gens dans la France du XIXe*. Paris: Aubier, 1998.

GUIMARÃES, J. da S. M. *Instituições de Previdência fundadas no Rio de Janeiro:* apontamentos históricos e dados estatísticos. Rio de Janeiro: Typographia Nacional, 1883.

GUIMARÃES, M. L. S. Nação e civilização nos trópicos: o IHGB e o projeto de uma história nacional. *Estudos Históricos*. Rio de Janeiro, v.1, n.1.

GUIMARÃES, V.; LUCA, T. R. de. *Imprensa estrangeira publicada no Brasil*. Primeiras incursões. São Paulo: Rafael Copetti, 2017.

GUTTLER, A. C. *A colonização do Saí (1842-1844). Esperança de falansterianos, expectativa de um governo*. Tese (Mestrado). Santa Catarina: UFSC, 1994.

HALL, M. M. *Reformadores de classe média no Império brasileiro*: a Sociedade Central de Imigração. Revista da História, 27 (53). São Paulo, 1974.

HALLEWELL, L. *O livro no Brasil*. São Paulo: Edusp, T. A. Queiroz, 1985. [2.ed., rev. e ampl., São Paulo: Edusp, 2005.]

HANOTAUX, G. *Revue du Comité France-Amérique*. Paris, janeiro de 1910.

HARDMAN, F. F.; KURY, L. *Nos confins da civilização*: algumas histórias brasileiras de Hercule Florence. *História, ciências, saúde – Maguinhos*. v.11, n.2, 385-409, maio-ago. 2004.

HARTMANN, T. *A contribuição da iconografia para o conhecimento de índios brasileiros do século XIX*. São Paulo, 1970. Tese (Doutorado) – Faculdade de Filosofia, Letras e Ciências Humanas, Universidade de São Paulo.

HILAIRE, A. de S. *Segunda viagem do Rio de Janeiro a Minas Geraes e a São Paulo (1822)*. Tradução de Affonso de E. Taunay. Rio de Janeiro: Ed. Nacional, 1932, 5v.

HOBSBAWM, E. *A era dos impérios (1875-1914)*. Rio de Janeiro: Paz e Terra, 1991.

HOLANDA, S. B. de. *Visão do Paraíso*: os motivos edênicos no descobrimento e colonização do Brasil. São Paulo: Brasiliense, 1999.

HOMEM, M. C. N. *O palacete paulistano e outras formas urbanas de morar da elite cafeeira*. São Paulo: Martins Fontes, 1996.

HOUDAILLE, J. Les français à la Nouvelle-Orléans (1850-1860). *Population – revue de l'INED*, n.6, 1996.

HUGO, V. *Les misérables*. Paris: Charpentier et Fasquelle, s.d.

JARRY, P. *Les magasins de nouveautés*: histoire retrospective et anecdotique. Paris: A. Barry et Fils, 1948.

JOSÉ, Oiliam. *Marlière, o civilizador*. Belo Horizonte: Itatiaia, 1958.

JUCÁ NETO, C. R. *Primórdios da Urbanização do Ceará*. Fortaleza: UFC/BNB, 2012.

_____. *A ciência responde à desordem. Transformações urbanas em Fortaleza durante o século XIX e início do século XX*. Salvador, 1992. Dissertação (Mestrado). Programa de Arquitetura e Urbanismo da Universidade Federal da Bahia.

KOMISSAROV, B. *Expedição Langsdorff*: acervo e fontes históricas. São Paulo: Unesp, Brasília: Edições Langsdorff, 1994.

KOSERITZ, K. von. *Imagens do Brasil*. São Paulo: Martins, 1943.

KOSSELECK, Reinhart. *Le futur passé*: contribution à la sémantique des temps historiques. Paris: Ed. de L'Ehess, 1990. [Edição brasileira: Contraponto, PUC/RJ, 2006.]

KOSSOY, B. *Hercule Florence*. A descoberta isolada da fotografia no Brasil. 3.ed. rev. e ampl. São Paulo: Edusp, 2006.

KURY, L. (Org.). *Comissão Científica do Império*. Rio de Janeiro: Andrea Jakobsson Estúdio Editorial Ltda., 2009.

LA CONDAMINE, C. M. *Viagem pelo Amazonas, 1735 a 1745*. São Paulo: Edusp; Rio de Janeiro: Nova Fronteira, 1992.

LAEMMERT, E. von. *Almanaque administrativo e mercantil e industrial*. Rio de Janeiro: E. e H. Laemmert, 1855-1899.

LAJOLO, M.; ZILBERMAN, R. *O preço da leitura*: leis e números por detrás das letras. São Paulo: Ática, 2001.

LEANDRI, J. *Um botaniste Français pionnier de la floristique brésilienne*: Auguste François--Marie Glaziou et ses collections au museum. Paris: Adansona, 1963.

LEDOUX A. A. A influência do Saí na história da homeopatia. *Jornal Nossa Ilha*, dez. de 2002.

LEFEBVRE, G. *La naissance de l'historiographie moderne*. Paris: Flammarion, 1971.

LEITE, A. C. *O algodão no Ceará*: estrutura fundiária e capital comercial (1850/1880). Fortaleza: SECULT, 1994.

LEMONNIER, C. *La vie belge*. Paris: Fasquelle, 1907.

LÉVI-STRAUSS, C. *Tristes trópicos*. Trad. Wilson Martins. São Paulo: Anhembi, 1957.

_____. *Tristes tropiques*, publicado pela Editora Plon, 1955.

LEVILLAIN, P. 1871-1898. Les droites en République. In: SIRINELLI, J.-F. (Org.). *Histoire des droites en France*. Politique. Paris: Gallimard, 1992, p.147-212.

LIMA, M. de O. *O Império brasileiro (1822-1889)*. Brasília: UnB, 1986.

LUCA, T. R. de. *Le Messager du Brésil* (RJ, 1878-1884): trajetória em três movimentos. *Anais do Museu Paulista*: História e Cultura Material, São Paulo, v.30, p.1-48, 2022.

LURET, W. *De Monaco au Brésil*: Hercule Florence, voyager et inventeur oublié. *Annales Monegasques. Revue d'Histoire de Monaco*. Publications des Archives du Palais Princier, Mônaco, n.30, 2006.

LYONS, M. Les best-sellers. In: CHARTIER, R.; MARTIN, H.-J. *Histoire de l'édition française*. Le temps des éditeurs. Du romantisme à la Belle Époque. Paris: Fayard, 1990, p.409-448.

LYRA, H. *História de Dom Pedro II*. v.1 – Ascensão 1825-1870. São Paulo: Edusp, 1977a.

_____. *História de Dom Pedro II*. v.2 – Fastígio 1870-1880. São Paulo: Edusp, 1977b.

_____. *História de Dom Pedro II*. v.3 – Declínio 1880-1891. São Paulo: Edusp, 1977c.

MACEDO, J. M. *Um passeio pela cidade do Rio de Janeiro*. Rio de Janeiro: Garnier, 1991. 262p. [1862-1863].

_____. *Memórias da Rua do Ouvidor*. Brasília: UnB, 1988.

MACHADO, H. F.; NEVES, L. M. B. P. das. *O império do Brasil*. Rio de Janeiro: Nova Fronteira, 1999.

MACHADO, U. *A etiqueta de livros no Brasil*. São Paulo: Edusp, Oficina do Livro Rubens Borba de Moraes, Imprensa Oficial do Estado de São Paulo, 2003.

MAGALHÃES, J. B. Henri Raffard. *Revista do IHGB*, v.212, p.88-105, jul.-set. 1951.

MALERBI, E. M. C. *Relações comerciais entre Brasil e França (1815-1848)*. São Paulo, 1993. Dissertação (Mestrado) – Faculdade de Filosofia, Letras e Ciências Humanas, Universidade de São Paulo.

MALON, B. Louis Dramard. *Revue Socialiste*. Paris, 7 (40), abr. 1888.

MANCIER, Frédéric. *Le modèle aristocratique français et espagnol dans l'œuvre romanesque de Lesage: l'histoire de Gil Blas de Santillane*, un cas exemplaire. Paris: Presses Paris Sorbonne, 2011.

MANEGLIER, H. *Paris impérial la vie quotidienne sous le second empire*. Paris: A. Colin, 1990.

MARCOY, P. *Viagem pelo Rio Amazonas*. Manaus: Edua, Governo do Estado do Amazonas, 2001.

MARLIÈRE, G. T. *Revista do Arquivo Público Mineiro*. Belo Horizonte, v.11, n.1-3, 1906.

_____. *Revista do Arquivo Público Mineiro*. Belo Horizonte, v.10, n.3-4, 1905.

MARQUES, A. S. (Org.). *Indicador de São Paulo*: administrativo, judicial, industrial, profissional e comercial. Para o ano de 1878. Ed. fac-similar. São Paulo: Imesp, Daesp, 1983.

MARTIN, O.; MARTIN, H.-J. Le monde des éditeurs. In: CHARTIER, R.; MARTIN, H.-J. *Histoire de l'édition française*. Le temps des éditeurs. Du romantisme à la Belle Époque. Paris: Fayard, 1990.

MARTINIERE, G. *Aspects de la coopération franco-brésilienne*: transplantation culturelle et stratégie de la modernité. Grenoble: PUG, 1982.

MARTINS, A. E. *São Paulo antigo 1554 a 1910*. São Paulo: Paz e Terra, 2003.

MARTINS, A. L. *Revistas em revista*: imprensa e práticas culturais em tempos de República. São Paulo: Fapesp, Imesp, Edusp, 2001.

MARTINS, C. B. (Org.). *Diálogos entre Brasil e a França*: formação e cooperação acadêmica. Recife: FJN, Ed. Massangana, 2006.

MARX, K.; ENGELS, F. *Textos*. São Paulo: Edições Sociais, 1975, v.1.

MARZIN, C. *La politique de la France dans le bassin du Rio de la Plata et au Brésil*: du ministère Guizot au Seconde Empire (1840-1852). (Travail de recherche de maitrise en Histoire sous la direction de C. Hermann). Nantes: Université de Nantes, 1990. (mimeografado)

MATTOS, I. R. de. *O tempo Saquarema*: a formação do Estado imperial. 5.ed. São Paulo: Hucitec, 2004.

MAURO, F. *La emigración francesa a la America Latina*: fuentes y estado de la investigación. Texto apresentado na IV Reunión de Historiadores Latinoamericanistas Europeos, Universidade de Colônia, Alemanha, 1-3 out., 1975.

_____. Analyse historique des relations économiques entre la France et l'Amérique Latine. *Actes des Journées des Universitaires d'information et de recherche sur la stratégie d'expansion et d'information des entreprises régionales dans les Amériques Latines*, 1974.

MAXIMILLIEN, W. N. *Voyage au Brésil, dans les années 1815, 1816 et 1817*. Tradução de J. B. B. Eyries. Paris: Arth. Bertrand, 1821, 3v. (Atlas [in-fólio])

MAZADE, C. *Le socialisme dans l'Amérique du Sud*. Revue des Deux Mondes, abr./jun. 1852.

MCKENZIE, D. F. *Bibliografia e sociologia dos textos*. São Paulo: Edusp, 2018 [1986].

MENEZES, D. R. J. de. Exposição do Governador D. Rodrigo José de Menezes sobre o estado de decadencia da Capitania de Minas Geraes e meios de remedial-o [4 ago.1780]. *Revista do Arquivo Público Mineiro*. Belo Horizonte, v.2, n.2,1897.

MENEZES, L. de M. *A emigração nos anúncios de jornais do Rio de Janeiro*: facetas parisienses do sonho civilizatório. In: LESSA, M. L.; FONSECA, S. C. *Entre a monarquia e a república*: imprensa, pensamento político e historiografia. Rio de Janeiro: UERJ, 2008.

_____. Francesas no Rio de Janeiro: modernização e trabalho segundo o *Almanak Laemmert (1844-1861)*. *Revista do IHGB*, Rio de Janeiro, ano 165, n.423, abr-jun. 2004.

_____. Francesas no Rio de Janeiro: trabalho, sonhos e ousadias (1816-1822). *Caderno Espaço Feminino*, Uberlândia: EDUFU, v.12, n.15, ago.-dez. 2004.

_____. *Os estrangeiros e o comércio do prazer nas ruas do Rio (1890-1930)*. Rio de Janeiro: Arquivo Nacional, 1992.

MENEZES, R. de. As primeiras e mais antigas livrarias de S. Paulo. *Revista do Arquivo Municipal*, n.182, 1971.

MESGRAVIS, L. *A Santa Casa de Misericórdia de São Paulo (1599-1884)*. São Paulo: Conselho Estadual de Cultura, 1976.

MESQUITA, J. de; MESQUITA, M. *Cartas do exílio*. São Paulo: Terceiro Nome, 2006.

MEYER, M. *Folhetim: uma história*. São Paulo: Companhia das Letras, 1996.

MIALHE, J. L. *Cidadãos de dois mundos*. Imigração francesa e dupla nacionalidade na região de Piracicaba: aspectos histórico-jurídicos. São Paulo, 1997. Tese (Doutorado em História Social) – Faculdade de Filosofia, Letras e Ciências Humanas, Universidade de São Paulo.

MILLER, M. B. *Au Bom Marché, 1869-1920*; le consommateur apprivoisé. Paris: Armand Cloin, 1987.

_____. *The Bon Marché Bourgeois culture and the departament store, 1869-1920*. Nova Jersey: Princeton University Press, 1981.

MILZA, P. et al. *L'émigration politique en Europe aux XIXe et XXe siècles*. Roma: Collection de l'École Française de Rome, 1991.

MITCHELL, J. M. *International Cultural Relations*. Londres: Allen & Unwin, 1986.

MOISÉS, L. P. Alegres trópicos: Gonneville, Thevet e Léry. *Revista da Universidade de São Paulo*, Dossiê Brasil dos Viajantes, mar.-maio, 1989.

MOLLIER, J.-Y. et al. *Où va le livre?* Paris: La Dispute, SNEDIT, 2002-2003.

_____. *L'argent et les lettres*: histoire du capitalisme d'édition (1880-1920). Paris: Fayard, 1999.

MONIN, H. E. VBO. *La grande encyclopédie*. v.15. Paris: H. Lamirault et Cie., 1892.

MONTEIRO, D. M. A Casa "Boris Freres" no Ceará. In: VIDAL, L.; LUCA, T. R. de. (Orgs.). *Franceses no Brasil:* séculos XIX e XX. São Paulo: Editora Unesp, 2009.

MONTEIRO, M. Y. A Academia Amazonense de Letras. *Revista da Academia Amazonense de Letras*, Manaus, n.12, 1968.

MONTEIRO, S.; KAZ, L. (Orgs.). *A Expedição Langsdorff ao Brasil*. Rio de Janeiro: Alumbramento, 1988, 3v.

MORAES, E. de. *Ensaios de patologia social, vagabundagem, alcoolismo, prostituição e lenocínio*. Rio de Janeiro: Leite Ribeiro & Maurillo, 1921.

MORAES, P. *Confidências literárias*. Rio de Janeiro: Gráfica O Cruzeiro, 1944.

MOREL, M. As revoluções nas prateleiras da rua do Ouvidor. In: _____. *As transformações dos espaços públicos*. Imprensa, atores políticos e sociabilidades na cidade imperial (1820-1840). São Paulo: Hucitec, 2005.

MORSE, R. M. *Formação histórica de São Paulo*. São Paulo: Difel, 1970.

MOTT, M. L. Une sage-femme franco-brésilienne à Rio de Janeiro au XIXe siècle. *Clio*, n.19, 2004.

MOURA, C. E. M. de (Org.). *Vida cotidiana em São Paulo no século XIX*. São Paulo: Ateliê Editorial, Unesp, Imprensa Oficial do Estado, Secretaria de Estado da Cultura, 1998.

MOURA, D. A. S. de. *Saindo das sombras: homens livres no declíneo do escravismo*. Campinas: Centro de Memória Unicamp, Fapesp, 1998.

_____. *Economia, cultura e sociedade em São Paulo (1808-1850)*. São Paulo, 1997. Tese (Doutorado) – Faculdade de Filosofia, Letras e Ciências Humanas, Universidade de São Paulo.

MOURA, P. C. de. *São Paulo de outrora – evocações da metrópole*. São Paulo: Companhia Melhoramentos, s.d.

NASCIMENTO, A. R. *Blumenau em Cadernos*, n.1, jan. 1992a.

_____. Falanstério do Saí. *A Notícia*, Santa Catarina, 18 fev. 1992b.

_____. Os franceses em Santa Catarina. *Blumenau em Cadernos*, n.1, jan. 1992c.

NECTOUX. *Emigration pour le Brésil et tous les pays américains.* Autun: Imp. L. Duployer, 1874.

NEEDELL, J. D. *Belle époque tropical.* Sociedade e cultura de elite no Rio de Janeiro na virada do século. Tradução de Celso Nogueira. São Paulo: Companhia das Letras, 1993.

NEIVA, A. H. Estudos sobre a imigração semita no Brasil. *Revista de imigração e colonização,* 2 jun. 1944.

NERY, M. F. J. Barão de Santa-Anna. *Guide de L'Émigrant au Brésil.* Paris: Syndicat du Comité Franco-Brésilien, Librairie Charles Delagrave, 1889.

NOBRE, F. *História da imprensa de São Paulo.* São Paulo: Leia, 1950.

NOGUEIRA, E. Alguns aspectos da influência francesa em São Paulo na segunda metade do século XIX. *Revista de História.* São Paulo: FFLCH-USP, v.7, n.16, 1953.

NOIRIEL, G. *Population, immigration et identité nationale en France, XIXe-XXe siècles.* Paris: Hachette, 1992.

NORA, P. *Entre memória e história:* a problemática dos lugares. *Projeto História.* São Paulo, [10] dez.1993.

NOVAIS, F. *Aproximações:* estudos de história e historiografia. São Paulo: Cosac Naify, 2005.

OLIVEIRA, M. L. F. de. *Relações sociais e experiências da urbanização – São Paulo, 1870--1900.* São Paulo, 2003. Tese (Doutorado) – Faculdade de Filosofia, Letras e Ciências Humanas, Universidade de São Paulo.

ORRY, A. Les socialistes indépendants (Col. Histoire des Partis Socialistes en France). Paris: M. Rivière, 1911.

OTERO, H. A imigração francesa na Argentina: uma história aberta In: FAUSTO, B. *Fazer a América.* São Paulo: Edusp, 1999.

_____. La fecondité des immigrants en Argentine. Les français de Tandil, 1860-1914. *Annales de Démographie Historique.* Paris, 1996.

_____. La inmigración francesa en Tandil. Un aporte metodológico para el estudio de las migraciones en Demografia Histórica. Separata Desarollo Económico. *Revista de Ciencias Sociales.* v.32, n.125, abr.-jun. 1992.

_____. Patrones diferenciales de nupcialidad en nativos e inmigrantes. Tandil (Buenos Aires), 1850-1914. *Anuario del IEHS.* Tandil, VI, 1991.

_____. L'Émigration française. Études de cas. *Estudios Migratorios Latinoamericanos,* CEMLA, Buenos Aires, ano 5, n.15-16, ago.-dez. 1990.

_____. Una vision crítica de la endogamia: reflexiones a partir de una reconstrucción de familias francesas (Tandil, 1850-1914). *Estudios Migratorios Latinoamericanos,* CEMLA, Buenos Aires, ano 5, n.15-16, ago.-dez. 1990.

_____. et al. Nota crítica. L'Émigration française. Études de cas. *Estudios Migratorios Latinoamericanos,* CEMLA, Buenos Aires, ano 5, n.15-16, 1990.

OTTONI, T. *A colonização du Mucury.* Rio de Janeiro: Tip. G. Ribeiro, 1859.

PACHECO, F. *Hum francez-brasileiro –* Pedro Plancher. Subsidios para a história do *Jornal do Commercio.* Rio de Janeiro: Typ. do Jornal do Commercio, 1917.

PEREIRA, C. da C. Sahy dos sonhos. *A Notícia,* Santa Catarina, 12 nov. 1992.

_____. E ouviram um tiro na floresta. *Anuário Catarinense,* n.1, 1948.

PERROT, M. *Os excluídos da História: operários, mulheres e prisioneiros.* Rio de Janeiro: Paz e Terra, 1988.

626 LAURENT VIDAL E TANIA REGINA DE LUCA (ORGS.)

PETITJEAN, P. As missões universitárias francesas na criação da Universidade de São Paulo (1934-1940). In: HAMBURGER, A. I. et al. (Org.). *As ciências nas relações Brasil-França (1850-1950)*. São Paulo: Edusp, Fapesp, 1996.

PHILIPPE, B. *Être juif dans la société française du moyen-âge à nos jours*. Paris: Editions Montalba, 1979.

PINEDE, C. L'Émigration dans le Sud-Ouest vers le millieu du XlXe siècle. *Annales du Midi*, t.69, n.7, jan. 1967.

PINTO, R. *Tráfico das brancas*: observações em torno dos caftens franceses que vivem no Rio de Janeiro. Rio de Janeiro: s.n., 1930.

PIZZETO, V. A tentativa de Charles Fourier em implantar o socialismo utópico em Santa Catarina. *Jornal O Estado*, Joinville, Santa Catarina, 14 jul. 1977.

PLESSIS, A. *De la fête impériale au mur des fédérés, 1852-1871*. Paris: Éditions du Seuil, 1976.

PORTA, P. (Org.). *História da cidade de São Paulo*. A cidade no Império. v.2. São Paulo: Paz e Terra, 2004.

PORTO, Antônio E. C. *Uma cidade contra seus coronéis*. Campinas, 1988. Dissertação (Mestrado) – Universidade Estadual de Campinas.

POTELET, J. *Dans Le Brésil vu par les marins et les voyageurs français, 1816-1840*. Paris : L'Harmattan,1993.

POURCEL, B. *Etudes des intérêts réciproques de l'Europe et de l'Amérique*. La France et l'Amérique du Sud. Paris: Guillaumin et Cie., 1849.

PRIORE, M. *Dans le apaguerdes lumières:* Francofilia e lusofobia na capital do Brasil oitocentista, Enciclopédia da brasilidade, Autoestima em verde e amarelo. Rio de Janeiro: Casa da Palavra, 2005.

RAEDERS, G. *O Conde de Gobineau no Brasil*. Trad. Rosa Freire D'Aguiar. São Paulo: Paz e Terra, 1997.

RAMOS, V. *A edição de língua portuguesa em França (1800-1850)*. Paris: Fundação Calouste Gulbenkian, 1972.

RANCIÈRE, J. *A noite dos proletários. Arquivos do sonho operário*. São Paulo: Companhia das Letras, 1988.

RANGEL, A. *No rolar do tempo*. Rio de Janeiro: José Olympio, 1937;

RECLUS, E. Le Brésil et la colonisation (I). *Revue des Deux Mondes*, 15 jun./jul. 1862.

REINHARD, M. et al. *Histoire général de la population mondiale*. Paris: Montchrestien, 1968.

REIS FILHO, N. G. *Quadro da arquitetura no Brasil*. 2.ed. São Paulo: Perspectiva, 1970. 211p.

REIS, F. M. M. *Entre faisqueiras, catas e galerias*: explorações do ouro, leis e cotidiano nas Minas do século XVIII (1702-1762). Belo Horizonte, 2007. Dissertação (Mestrado em História) – Universidade Federal de Minas Gerais.

RENAULT, D. *O Rio antigo nos anúncios de jornais*. Rio de Janeiro: José Olympio, 1969.

_____. *O dia a dia no Rio de Janeiro segundo os jornais 1870-1890*. Rio de Janeiro: Civilização Brasileira, 1982.

REVEL, J. (Org.). *Jeux d'échelles. La microanalyse à l'expérience*. Paris: Ed. de L'Ehess, 1995.

_____. (Org.). *Jogos de escalas*. Rio de Janeiro: FGV, 1998.

RIBEIRO, A. I. M. *A educação feminina durante o século XIX*: o Colégio Florence de Campinas, 1863-1889. Campinas: CMU – Unicamp, 2006.

RIBEYROLLES, C. *Brasil pitoresco*. Tradução de Gastão Penalva. Prefácio de Afonso d'E. Taunay. Belo Horizonte: Itatiaia; São Paulo: Edusp, 1980, v.1. 2v.

RICUPERO, R. *Rio Branco*. O Brasil no mundo. Rio de Janeiro: Petrobras, Nuseg, Contraponto, 2000.

RIOT-SARSEY, M. Le réel de l'Utopie. Essai sur Le politique au XIX siècle. Paris: Albin Michel, 1998.

ROCHE, D. *A cultura das aparências:* uma história do indumentário. São Paulo: Senac, 2007.

RODRIGUES, J. H. A historiografia cearense na Revista do Instituto do Ceará. In: *Índice anotado da Revista do Instituto do Ceará (Do I tomo ao LXVIII)*. Fortaleza: Imprensa Universitária do Ceará, 1959.

ROLLAND, D. *A crise do modelo francês. A França e a América Latina. Cultura, política e identidade*. Brasília: UnB, 2005.

ROMERO, Silvio. História da literatura brasileira. Rio de Janeiro: José Olympio, t. II, 1953.

ROSENTAL, P.-A. La migration des femmes (et hommes) en France au XIXe siècle. *Annales de Démographie Historique*. Paris: Belin, 2004, n.1.

ROUANET, M. H. *Eternamente em berço esplêndido*: a fundação de uma literatura nacional. São Paulo: Siciliano, 1991.

ROUGERIE, J. *Paris libre 1871*. Paris: Éditions du Seuil, 2004.

ROUSSEAU, P. *Histoire des techniques et des inventions*. Paris: A. Fayard, 1960.

RÜSEN, J. A historiografia entre a modernidade e a pós-modernidade. In: *História: questões e debates*. Curitiba, v.14, n.26-27, dez.-jan. 1997.

SAINT-HILAIRE, A de. *Segunda viagem do Rio de Janeiro a Minas Geraes e a São Paulo (1822)*. Tradução de Affonso de E. Taunay. Rio de Janeiro: Companhia Editora Nacional, 1932. 58p.

SALGADO, I. A Atuação Profissional de Carl Friederich Joseph Rath em São Paulo no Campo do Higienismo e da Geografia. In: SALGADO, I.; BERTONI, A. (Orgs.). *Da Construção do território ao planejamento das cidades – competências técnicas e saberes profissionais na Europa e nas Américas (1850-1930)*. São Carlos: RiMa Editora, 2010a.

_____. A Construção do Saber Urbano e Sua Matriz Sanitária. In: SALGADO, I.; BERTONI, A. (Orgs.). *Da Construção do território ao planejamento das cidades – competências técnicas e saberes profissionais na Europa e nas Américas (1850-1930)*. São Carlos: RiMa Editora, 2010b.

SAMARA, E. de M. *As mulheres, o poder e a família - São Paulo, século XIX*. São Paulo: Marco Zero, Secretaria do Estado da Cultura, 1989.

SANTA-ANNA NERY, F. (Org.). *Le Brésil*, 1889, citations de Santa-Anna Nery: p.VIII--XVI, 465.

SANTOS, C. J. F. *Nem tudo era italiano. São Paulo e pobreza (1890-1950)*. São Paulo: Annablume; Fapesp, 1998.

SARLO, B. *Tempo passado*: cultura da memória e guinada subjetiva. São Paulo: Companhia das Letras; Belo Horizonte: UFMG, 2007.

SAVAGE, M. *Classe e história do trabalho*. In: BATALHA, C. et al. (Org.). *Culturas de classe*: identidade e diversidade na formação do operariado. Campinas: Unicamp, 2004.

628 LAURENT VIDAL E TANIA REGINA DE LUCA (ORGS.)

SCHELICHTHORST, C. *O Rio de Janeiro como ele é, 1824-1826*, apud LEITE, M. L. M. Rio de Janeiro, 1943.

SCHWARCZ, L. M. *O Sol do Brasil:* Nicolas-Antoine Taunay e as desventuras dos artistas franceses na corte de D. João. São Paulo: Companhia das Letras, 2008.

SENNA, E. *O velho commercio do Rio de Janeiro.* Rio de Janeiro: H. Garnier, 1911.

SENNETT, R. *O declínio do homem público:* as tiranias da intimidade. 3.reimp. Tradução de Lygia Araújo Watanabe. São Paulo: Companhia das Letras, 1993.

SEVCENKO, N. O paraíso revelado pela ciência ou o Dr. Langsdorff e o descobrimento russo do Brasil. In: BECHER, H. *O barão Georg Heinrich von Langsdorff:* pesquisas de um cientista alemão no século XIX. Brasília: UnB, 1990.

SILVA JÚNIOR, M. F. D. de. *Diccionario biographico de brasileiros celebres.* Rio de Janeiro: Laemmert, 1871.

SILVA, L. O. Propaganda e realidade: a imagem do Império do Brasil nas publicações francesas do século XIX. *Revista Theomai* (edición electrónica). Bernal: Universidad Nacional de Quilmes, 2001, n.3.

SILVA, V. M. T. da. *O declínio dos Accioly no Ceará (1912-1914).* São Paulo, 1982. Dissertação (Mestrado) – Universidade de São Paulo.

SILVA, S. V. da. *O costume da praça vai à Casa: As transformações urbanas e suas influências sobre os costumes da classe burguesa do Recife oitocentista (1830-1880).* Recife, 2011. Dissertação (Mestrado). Programa de Pós-graduação em História da Universidade Federal Rural de Pernambuco.

SILVEIRA, A. B. *A regulamentação do meretrício.* Rio de Janeiro: Imprensa Nacional, 1915. (Biblioteca do Boletim Policial, XXXVI)

SKIDMORE, T. *O preto no branco.* 2.ed. São Paulo: Paz e Terra, 1989.

SODRÉ, N. W. *História da imprensa no Brasil.* 2.ed. Rio de Janeiro: Graal, 1977.

SOUSA, O. T. de. *Três golpes de Estado.* Rio de Janeiro: José Olympio, s.d. História dos Fundadores do Brasil, v.III.

SOUZA, E. V. P. de. Reminiscências acadêmicas 1887-1891. In: MOURA, C. E. M. de (Org.). *Vida cotidiana em São Paulo no século XIX:* memórias, depoimentos, evocações. São Paulo: Ateliê Editorial, IMESP, Editora da Unesp, Secretaria de Estado da Cultura, 1998.

SOUZA, L. de M. *O diabo e a terra de Santa Cruz.* São Paulo: Companhia das Letras, 1999.

SOUZA, L. É. C. *Comércio, circulação e fabricação de brinquedos em São Paulo, 1901-1937.* São Paulo: Museu Paulista da Universidade de São Paulo, 2004. (datil.)

STUART, R. *Marxism and National Identity:* Socialism, Nationalism and National Socialism during the French Fin de Siècle. Albany: State University of New York Press, 2006.

STUDART, B. de. Estrangeiros e o Ceará. *Revista do Instituto do Ceará,* t. XXXII, 1918.

STUDART, Barão de. Ligeiros apontamentos sobre o Dr. Henrique Théberge. *Revista da Academia Cearense.* Publicada sob direcção dos Dr.ˢ Pedro de Albuquerque, Barão de Studart e Rodrigues Carvalho. Tomo X – 1906. Typ Minerva. Ceará. 1906.

TAKEYA, D. M. *Europa, França e Ceará:* origens do capitalismo estrangeiro no Brasil. São Paulo: Hucitec. Natal: UFRN, 1995.

TAUNAY, A. de E. *Memórias do visconde de Taunay.* Rio de Janeiro: Instituto Progresso Editorial, 1948.

TAUNAY, A. de E. *No Rio de Janeiro de Dom Pedro II*. Rio de Janeiro: Agir, 1947.

TAUNAY, A. de E. *Estrangeiros illustres e prestimosos no Brasil (1800-1892) e outros escriptos*. São Paulo: Melhoramentos, 1932.

TAVARES, A. de L. *Brasil e França ao longo de cinco séculos*. Rio de Janeiro: Biblioteca do Exército, 1979.

_____. *Regards sur cinq siècles France-Brésil*. Bois-Colombes: Agence de Communication Internationale, 1973.

TERNES, A. *História de Joinville*, s. ed., 1984.

THÉBERGE, P. *Esboço histórico sobre a província do Ceará*. Edição fac-similar. Fortaleza: Fundação Waldemar Alcântara, 2001.

THÉRENTY, M.-È. ; KALIFA, D. (Orgs.). Les Mystères urbains au XIXe siècle: circulations, transfers, appropriations. *Médias 19, 2015*. Disponível em: <http://www.medias19.org/index.php?id=17039>. Acesso em: jan. 2024.

THIAGO, A. S. *Falanstério do Saí*. São Francisco, dez. de 1949.

THIAGO, R. S. *Fourier: esperança e utopia na península do Saí*. Blumenau: Furb, UFSC, 1995.

TOLEDO, B. L. de. *Anhangabahú*. São Paulo: Fiesp, 1989.

TSCHUDI, J. J. von. *Viagem às províncias do Rio de Janeiro e São Paulo*. São Paulo: Martins, 1954.

VAINFAS, R. *Micro-História*: os protagonistas anônimos da História. Rio de Janeiro: Campus, 2002.

VANZOLINI, P. E. A contribuição zoológica dos primeiros naturalistas viajantes no Brasil. São Paulo: *Revista da USP*, 30:190-239, 1996.

VERBUGGE, L.; VERBUGGE, G. Fôrets vièrges. Voyage dans l'Amérique du Sud et l'Amérique Centrale, apud LEITE, M. L. M. *A condição feminina no Rio de Janeiro. Antologia de textos de viajantes. Século XIX*. São Paulo: Hucitec; Brasília: Pró-Memória,1984.

VIANA, H. *Contribuição à história da imprensa brasileira (1812-1869)*. Rio de Janeiro: Imprensa Nacional, 1945.

VIDAL, L. Les immigrants français dans le port de Rio de Janeiro au XIXe siècle. In: AUGERON, M.; EVEN, P. (Org.). *Les étrangers dans les villes-ports (XVIe-XXe siècles)*. Paris: Indes Savantes, 2011.

_____. Ferdinand Denis, observateur de la société brésilienne (1816-1837). In: BERTRAND, M. ; VIDAL, L. (Org.). *À la redécouverte des Amériques: les voyageurs européens au siècle des indépendances*. Toulouse: Presses Universitaires de Toulouse le Mirail, 2002.

VIDAL, L.; LUCA, T. R. de. (Orgs.). *Franceses no Brasil: séculos XIX e XX*. São Paulo: Editora Unesp, 2009.

_____; _____. *Les Français au Brésil XIXᵉ-XXᵉ siècles*. 2ª édition augmentée. Les Indes Savantes, 2016.

VIELLIARD, J. (Org.). *A zoophonia de Hercule Florence*. Cuiabá: UFMT, 1993

VIOTTI, E. da C. Alguns aspectos da influência francesa em São Paulo na segunda metade do século XIX. *Revista de História*, n.142-143, 2000.

WAGNER, J. (Ed.). *Lectures du Gil Blas (1715) de Lesage*. Clermont-Ferrand: Presses Universitaires Blaise Pascal, 2003.

630   LAURENT VIDAL E TANIA REGINA DE LUCA (ORGS.)

WAGNER, J. (Ed.). *Lesage, écrivain*. Amsterdam: Rodopi, 1997.

WALLE, P. *Au Brésil, la colonisation*. Paris: E. Guilmoto, s.d.

_____. *L'État de São Paulo (Brésil), ses ressources, ses progrès, son avenir*: étude générale *économique et descriptive*. Paris: Augustin Challamel-Librarie maritime et coloniale, 1921.

_____. *Au Brésil, de l'Uruguay au Rio São Francisco*. Paris: E. Guilmoto, 1910.

WEIL, F. (Org.). Les migrations de France aux Amériques: histoire et mémoire. *Migrance*, n.26, 2005.

_____. Les français d'Amérique. *Les Annales de Démographie Historique*, 2000a.

_____. Intégration au national et migrations aux Amériques: réflexions sur le cas français. *Collection de l'Ecole Française de Rome*, n.274, 2000b.

_____. Les migrantes français aux Amériques (XIXe – XXe siècles), nouvel objet d'histoire. *Annales de Démographie Historique*. Paris: Belin, 2000c, n.1.

_____. French Migration to the Americas in the 19th and 20th Centuries as a Historical Problem. *Studi Emigrazione*, n.123, set. 1996.

WEINBERG, B.; SILVA, J. G. da. A obra de Glaziou no Brasil. *Revista da Cultura da Universidade Federal do Espírito Santo*, Espírito Santo, s.n., 21, 1982.

WINOCK, M. *La fièvre hexagonale*: Les grandes crises politiques, 1871-1968. Paris: Seuil, 2009.

WOLFF, E.; WOLFF, F. *D. Pedro I e os judeus*. Rio de Janeiro, s.n., 1987.

_____. *Campos*: ascensão e declínio de uma coletividade. Rio de Janeiro, s.n., 1986.

_____. *D. Pedro II e os judeus*. Rio de Janeiro: B'nai B'rith, 1983.

_____. *Judeus nos primórdios do Brasil república*. Rio de Janeiro, Biblioteca Israelita, 1979.

_____. *Judeus no Brasil Imperial*: uma pesquisa nos documentos e noticiários da época. São Paulo: USP, Centro de estudos Judaicos,1975.

WOLFF, F. *Firmas francesas de israelitas no Brasil no século XIX*. Revista do instituto histórico e geográfico brasileiro, abr/jun. 1986.

ZALESKI, M. H. Espírito pioneiro de jovens franceses fez nascer a comunidade da Vila da Glória. *DA/Revista*, Santa Catarina, 13 jun.1976.

ZELDIN, T. *Les français*. Paris: Fayard, 1983.

ZOLA, É. *Argent*. Paris: Fasquelle, 1960.

ZUCCONI, G. Instrumentos de Conhecimento na Organização do Território e da Cidade do Século XIX – Necessidade de um paralelo internacional. In: SALGADO, I.; BERTONI, A. (Orgs.). *Da Construção do território ao planejamento das cidades – competências técnicas e saberes profissionais na Europa e nas Américas (1850-1930)*. São Carlos: RiMa Editora, 2010.

ZUNZUNEGUI, C. *La présence française à Ilhéus (Bahia - Brésil)*. Le cas de la famille Lavigne. La Rochelle, 2001. Dissertação (Mestrado em História sob a orientação de Laurent Vidal) – Université de La Rochelle.

Fontes

A NOTA, Manaus, 14 out. 1917.

_____. Manaus, n. 12, 18 nov. 1917.

_____. Manaus, ns. 7, 9 e 11, 14 e 28 out. e 11 nov. de 1917.

A NOTÍCIA, Utopia do Saí, Santa Catarina, 29 jan. 1992a.

_____. Sonho do Saí. Santa Catarina, 6 nov. 1992b

A PLATÉIA, Manaus, n. 1, 9 abr.1907.

A REFORMA (RJ, 1869-1879). Disponível em: <https://hemerotecadigital.bn.br/acervo-digital/reforma/2264407>. Acesso em: jan. 2024.

A TEZOURA, Manaus, n. 1, 9 out.1909.

ÁLBUM DO ESTADO DO AMAZONAS, Gênova, 1899, p.31.

ALMANAK ADMINISTRATIVO, Mercantil e Industrial do Rio de Janeiro (doravante *Almanaque Laemmert*) para os anos de 1849 a 1862. Rio de Janeiro: E. e H. Laemmert.

ALMANAK AMAZONENSE. Manaus: Editor Almanak Hénault, Rio de Janeiro, 1912--1913.

AMAE, ADC, v.220, carta do cônsul Georges Ritt ao Ministro das Relações Exteriores da França, Rio de Janeiro, 30 dez. 1898.

_____, ADP, Brésil, v.VI, ofício do conde Amelot de Chaillot ao Ministro das Relações Exteriores, Rio de Janeiro, 16 out. 1884.

_____, ADP, Brésil, v.2, lettre de Charles Pontois devenu chargé d'Affaire de la Légation où il est resté jusqu'à 1834, Rio de Janeiro, s.d.

_____, ADP, Brésil, v.II, ofício sobre a entrada de imigrantes no Brasil a partir de 1 jan. 1833, do Ministro das Relações Exteriores, Francisco Carneiro de Campos, e do Ministro da Justiça, Diogo Antonio Feijó, do Brasil, encaminhado ao Conde de Gabriac, Rio de Janeiro, 23 abr. 1832.

_____, AM 1918-40, Brésil, v.95, Lettre n. 126, A. R. Conty, ambassadeur de France au Brésil à Direction des affaires politiques et commerciales, Sous-Direction d'Amérique-MAE, Rio de Janeiro, 22 mar. 1927.

_____, AM 1918-40, Brésil, v.32, Rio de Janeiro, Lettre manuscrite et signée, A. R. Conty, ambassadeur de France au Brésil à Berthelot, 15 out. 1926.

_____, AM 1918-40, Brésil, v.15, Lettre n. 67, A. R. Conty, ambassadeur de France au Brésil à la Sous-Direction d'Amérique-MAE, Rio de Janeiro, 24 jun. 1926.

_____, AM, Brésil, v.21, dados extraídos do quadro "Movimento imigratório do Brasil entre 1820-1920", reproduzido pelo embaixador A. Conty para o Département de l'Amérique do MAE, Rio de Janeiro, 25 ago. 1922.

_____, AM. 1918-40, Brésil, v.1, f.26, télégramme de Paul Claudel à Philippe Berthelot, chef du Bureau de la Direction Politique, Rio de Janeiro, 13 jun. 1918.

_____, CP, Brésil, v.5, f.9, lettre du marquis de Gabriac, Rio de Janeiro, 19/ jan.1827.

_____, MD, Brésil, v.2, f.68-72, Rio de Janeiro, 1833, s/s, "Statistique sur les étrangers établis au Brésil et particulièrement des Français".

_____, MD, *Du commerce de la France avec le Brésil, par Saint-Aimé Lajard, chancelier du consulat à RJ, au Quai d'Orsay, Brasil*, v.10, f.16-65, Rio de Janeiro, 20 out. 1826.

AMAE, NS, Amérique, v.47, lettre du vice-consul Guy Charlat, Rio de Janeiro, 18 fev. 1909.

_____, NS, Brésil, v.4, correspondência do Ministro do Comércio e da Indústria ao ministro do mae, Paris, 23 abr. 1908.

_____, NS, Brésil, v.4, ff.74-76, relatório do Barão d'Anthouard ao MAE, Rio de Janeiro, 22 maio 1908.

_____, NS, Brésil, v.4, ofício do ministro plenipotenciário, Barão d'Anthouard, dirigido aos cônsules franceses no Brasil, intitulado "Sur la levé de la loi du 30-08-1875", Petrópolis, 29 ago. 1908.

AMAZONAS MÉDICO, n. 1, Manaus, 1917.

ANAIS DO MUSEU PAULISTA: História e Cultura Material. São Paulo, v.30, n.7, p.1-48, 2022. Disponível em: <https://doi.org/10.1590/1982-02672021v30e7>.

ANNUAIRE-ALMANACH *du Commerce, de l'Industrie de la Magistrature et de l'Administration ou Almanach des 1.500.000 adresses de Paris, des Départements, des Colonies et des pays étrangers.* Didot-Bottin [1850-1905]. Exemplares microfilmados – Bibliothèque Nationale de France.

APESP. *Correio Paulistano.* Anúncio de 26 jul. 1870.

_____. *Correio Paulistano.* Anúncio de 19 fev. 1870.

_____. *Correio Paulistano.* Anúncio de 21 out. 1865

_____. *Correio Paulistano.* Anúncio de 13 set. 1862.

ARCHIVES DÉPARTAMENTALES DE LA GIRONDE (Bordeaux). Série 4M 850.

_____. (Bordeaux). Sous-série 4M 655.

ARCHIVES DIPLOMATIQUES ET CONSULAIRES (Nantes), CP6, Lettre de Rio de Janeiro, 5 set. 1934

_____. (Nantes), Fonds B1, Rio de Janeiro, 21 jun. 1922.

_____. (Nantes), Fonds B1, Rio de Janeiro, 21 jun. 1921, p.4.

ARCHIVES DU MINISTÈRE DES AFFAIRES ETRANGÈRES (Paris), série B Amérique 1918-1940, Brésil, CC173. 15 fev. 1930.

ARQUIVO HISTÓRICO DO ITAMARATI. Maço 303/3/7. Documentos da Polícia do Distrito Federal, 1920-1930. Ofício reservado de 23 abr. 1921.

ARQUIVO MUNICIPAL WASHINGTON LUÍS, Fundo Diretoria de Obras, Série Obras Particulares, caixa 190.

ARQUIVO NACIONAL, Rio de Janeiro. Códice 952, v.46, p.3.

_____. Registro de estrangeiros 1808-1822. Rio de Janeiro: Ministério da Justiça e dos negócios interiores, 1960. (Introdução de Guilherme Aler).

_____. Manuscrito original de Glaziou, 6 nov. 1882.

_____. Varas Cíveis, processos: n. 2937/CX. 1339 (1860); n. 487/CX. 1493 (1864); maço 680/n. 2124 (1883).

_____. SPJ, módulo 101, pacotilha IJJ7133. Processo de Louis Roger Blain, 1928.

_____. Códice 415: Entrada de embarcações e passageiros estrangeiros e brasileiros, v.3, fl. 144.

_____. Códice 423: Legitimações de estrangeiros, 1818-1841, v.2, fl. 57.

_____. SPJ, módulo 101, pacotilhas IJJ7128, IJJ7147, IJJ7134, IJJ7129, IJJ7150, IJJ7133, IJJ7174. IJJ7179.

ARQUIVOS DO QUAI D'ORSAY. Mémoire et documents, Brésil. *Quelques réflexions sur l'état actuel du Brésil par le comte de Gestas*. Paris, t.I, jan. 1823.

_____. Correspondance politique, Portugal, des origines a 1871. *Carta de Maler ao Marquês Dessolle*. Rio de Janeiro, v. 133, 21 jun. 1819.

_____. Correspondance politique, Portugal, des origines a 1871. *Carta de Maler a Richelieu*, v. 130, 132, Rio de Janeiro, 22 fev. 1817; 05 maio 1818; 18 jun. 1818.

_____. Correspondance politique, Portugal, des origines a 1871. *Resposta de Richelieu a Maler*. Paris, 25 jan. 1816.

_____. Correspondance consulaire et commerciale. *Carta de Maler*. Rio de Janeiro, t.I, 06 mar. 1816.

_____. Lettre du duc de Luxembourg à Richelieu. Rio de Janeiro, v.129, 18 jul. 1816.

_____. Mémoire et documents, Brésil. *Instruções ao Senhor Duque de Luxembourg*. Paris, t.8, 03 fev. 1816.

ASHAT, 7N-Brésil, v.3394, Bordereau d'envoi n. 200, Général Mangin, Membre du Conseil Supérieur de la Guerre, ministre de la Guerre, Envoi de la lettre n. 199 de 06 nov. 1921 au sujet de l'Armée brésilienne, En mer à bord du *Jules Michelet*, 06/11/1921.

BARBIER, F. Le commerce international de la librairie française au XIXe siècle (1815-1913). *Revue d'Histoire Moderne et Contemporaine*, 1981, t.XXVIII, p.94-117.

BA-TA-CLAN. Rio de Janeiro, 1867-1868.

BIBLIOTÈQUE HISTORIQUE DE LA VILLE DE PARIS. *Annuaire-Almanach Didot--Bottin*. Paris: Didot Frères, Fils et Cie.

CÁ E LÁ, Manaus, n. 16, 3 out. 1917.

CADN, Chancelleries, Actes, 196.

_____. Rio de Janeiro, Série A, 116, f.472.

_____. Rio de Janeiro, Série A, 169.

_____. Rio de Janeiro, Série A, 170, censo do consulado francês no Pará, anos 1850.

_____. Rio de Janeiro, Série A, 75.

_____. Unions Internationales, 1er Versement, 1095.

_____. Unions Internationales, 1er Versement, 1095. CADN, Rio de Janeiro, Série A, 170.

_____. *Atos notariais em presença do cônsul da França registrados nas listas consulares*. Rio de Janeiro. Série A – 170.

CASA GARRAUX. *Catálogo em línguas portugueza e franceza*. Catalogo em línguas portugueza e franceza das obras de Jurisprudência, Direito pátrio e estrangeiro, Economia Política, Commercio, Colonisação, Política, Estradas de ferro, Diplomacia etc. Paris: A. Lemale Aîné (v.1), A. Parent Imprimeur (v.2), 1872.

_____. *Catálogo de livros de Jurisprudência, Direito, Economia Política, Administração, Literatura, Devoção etc.* Paris: Simon Racan et Comp., 1866.

_____. *Catálogo dos livros necessários para os cursos jurídicos da Academia de São Paulo.* Paris: Garraux, 1864.

CATÁLOGO E PREÇOS CORRENTES da Casa Pierre Duchen. São Paulo, 1906. 12p. 20,8 x 13,8 cm.

CDHI, 225/3/3, Ofícios Ostensivos, Seção Central, 1876-1877, n. 13, despacho do Barão de Cotegipe para a Legação do Brasil em Paris sobre a Circular francesa contra a emigração para o Brasil. Ministério das Relações Exteriores, Rio de Janeiro, 31 maio 1876.

CDHI 225/3/3, Ofícios Ostensivos, Seção Central, 1876-1877, nota n. 148, Relações Exteriores 1876-1A, p.329, segunda Circular do Ministério do Interior de Itália. Roma, 28/04/1876.

_____. 227.1.13, 1871-1890, 2ª Seção. Nota do MRE à Legação do Brasil em Paris, Rio de Janeiro, 14/10/1875.

_____. 227.1.13. 2ª Seção. Minuta de ofício n. 14 do Barão de Cotegipe para a Legação em Paris, 31/12/1875.

_____. Relações Exteriores 1876-1A, p.324, nota n. 145, Circular do Ministério do Interior de Itália, proibindo a emigração para o Brasil. Roma, 15/09/1875.

COLONIA VALAO DOS VEADOS. Copia do relatorio dirigido pela Directoria ao EXM. Presidente da Provincia. Typ. do Coor. Merc de Rodrigues La. Ca, n. 55. Rio de Janeiro, 1853.

COURRIER DU BRÉSIL, Rio de Janeiro, 1855-60.

DEMI-MONDE. Rio de Janeiro, 1º fasc., 1896.

DEPÔT DES TESTAMENTS et codicilles de M. Garraux. 30 nov. 1904 – 16 maio 1908. Maître Jacques Fontana-Notaire. Paris.

DIABO COXO. 1864-1865. Edição fac-similar. São Paulo: Edusp, Academia Paulista de História, 2005.

DIÁRIO DO AMAZONAS, Manaus, n. 1, 4 jan. 1874.

DOCUMENTOS MANUSCRITOS depositados na Biblioteca Nacional do Rio de Janeiro. Fundo "Valão dos Veados". 1847 a 1854.

ÉCHOS DE RIO DE JANEIRO. Rio de Janeiro, 6 jan. 1861.

EXTRACTOS dos assentos do antigo senado do Icó desde 1738 até 1835. In: Revista do Instituto do Ceará, v.25, 1911, p.222-285.

FRANCE. Archives du Ministère des Affaires Etrangères. *Etat numérique du fonds de la correspondance politique et commerciale*: 1914 a 1940. t.I, Paris: Imprimerie Nationale, 1993.

_____. Archives Nationales. *Guide des Sources de l'Histoire de l'Amérique Latine et des Antilles dans les Archives Françaises*. Paris: La Documentation Française, 1989, p.400.

GAMBETTA, L. *Discours et plaidoyers politiques de M. Gambetta*. Paris: G. Charpentier, 1880-1885, v.VII, p.229-230.

GARRAUX, A. L. *Acte de Succession:* Formule de déclaration de mutation par décès. 26 nov. 1904. Archives de Paris, Série D Q7-33378.

_____. Avant-Propos. *Bibliographie brésilienne:* catalogue des ouvrages français et latins relatifs au Brésil (1500-1898). Paris: Ch. Chadenat, Jablonski, Vogt et Cie., 1898.

GAZETA DE LISBOA, n.5. 1º fev. 1780. Biblioteca Nacional de Lisboa.

GAZETA DE NOTÍCIAS. Rio de Janeiro, 1875-1977. Disponível em: <https://bndigital. bn.br/acervo-digital/gazeta-noticias/103730>. Acesso em: jan. 2024.

GODECHOT, O. J. M. Les exportations de livres français au xix siècle. In: MOLLIER, J. -Y. (Org.). *Le commerce de la librairie en France au XIXe siècle (1798-1914)*. Paris: IMES, Ed. de la Maison des Sciences de l'Homme, 1997, p.373-82.

HATIN, E. *Bibliographie historique et critique de la presse périodique française*. Paris: Firmin Didot, 1866.

ILUSTRAÇÃO BRASILEIRA. Bordeaux, Paris: ano I, n.1, 1901.

INSPETORIA DE MATTAS, PARQUES, ARBORISAÇÃO, CAÇA E PESCA. *Parque da Bôa-vista: 1808-1910.* Rio de Janeiro: Papelaria Central, 1910, 34p. Instituto Histórico e Geográfico Brasileiro. Rio de Janeiro. Manuscrito original de Glaziou, de 22 jun.1868.

JORNAL DO COMÉRCIO. Rio de Janeiro, 1827-2016. Disponível em: <http://memoria.bn.br/DocReader/docmulti.aspx?bib=364568&pesq=>. Acesso em: jan. 2024.

JOURNAL DE L'INSTITUT HISTORIQUE. Paris, v.1, n.3, p.171, 1834.

LE GIL BLAS. Rio de Janeiro, 1877-1878) Disponível em: <https://memoria.bn.br/DocReader/docreader.aspx?bib=748773&pesq=&pagfis=1>. Acesso em: jan. 2024.

LEON, Z. de. *Diário Popular de Pelotas,* 15 jun. 2002.

LESCA, C. *La librairie française en Amérique Latine*: Comité Parlamentaire d'Action à l'Étranger. *La deuxième semaine de l'Amérique Latine*: Congrès tenu à Paris du 22 au 28 novembre. Paris: Comité Parlamentaire d'Action à l'Étranger, 1917, p.369-73.

MANIFESTE ET STATUS de l'Union industrielle. Paris: P. Baudoin, 1841.

MOREL, C. Les étrangers au Brésil et ailleurs. L'Etoile du Sud. Rio de Janeiro, 21 fev. a 5 mar., 1886.

_____. Les briseurs de bibelots! ou Les sept en briseurs! L'Etoile du Sud. Rio de Janeiro, 6-20 mar., 1886.

NODIER, C. Notice sur *Gil Blas.* In: LE SAGE. *Histoire de Gil Blas de Santillane.* Paris, Paulin Libraire-Éditeur, 1836, p.7-12.

NOSSO SÉCULO. São Paulo: Abril Cultural, 1980, v.2, p.12.

O APÓSTOLO. Rio de Janeiro, 1866-1901. Disponível em: <http://bndigital.bn.br/acervo-digital/apostolo/343951>. Acesso em: jan. 2024.

O ARTISTA. Rio de Janeiro, 7 jan. 1866.

O ESTADO DE S.PAULO. *Debates tentam reabilitar obra de Georges Bernanos.* São Paulo, 22 ago. 1998.

O ESTADO, Joinville, 14 jul.1977, p.9.

O MONÓCULO, Manaus, n. 1, 14 jun.1913.

PINA, M. Correio de França. *Gazeta de Notícias.* Rio de Janeiro, 11 jan. 1886.

PONTOS NOS II, Manaus, n. 7, 25 ago.1906.

PONTOS NOS II, Manaus, n. 1, 14 jul.1906.

PRISÃO DE GUIDO THOMAZ MARLIÈRE como suspeito de enviado de Bonaparte, Belo Horizonte, v.11, n. 1-3, p.19-21, 1906.

RECENSEAMENTO DO BRASIL. Rio de Janeiro: Tipografia Leuzinger [1874?], v.1. Disponível em: <https://biblioteca.ibge.gov.br/biblioteca--catalogo?id=225477&view=detalhes>. Acesso em : jan. 2024.

REVISTA BRASILEIRA. fase VII, ano XI, n.43, abr.-maio-jun. 2005, Academia Brasileira de Letras.

REVISTA DA ACADEMIA CEARENSE DE LETRAS. *Traços biográficos de Pedro Théberge.* 1898.

REVISTA DE HISTÓRIA. Um emigrante francês no Brasil: Jean Étienne Seraine (1827--1854).

REVISTA DO ARQUIVO PÚBLICO MINEIRO. Navegação do Rio Doce [1835]. Belo Horizonte, v.7, n. 3-4, p.1021, 1902.

REVISTA DO ARQUIVO PÚBLICO MINEIRO. A prata e o chumbo da galena de Abaeté, Belo Horizonte, v.2, n. 4, p.758-63, 1897.

REVISTA DO INSTITUTO DO CEARÁ. Presidente do Ceará. Período Regencial. 7º Presidente: Senador José Martiniano de Alencar, t.XIII, 1899; t.XXII, 1908.

REVISTA DO INSTITUTO HISTÓRICO E GEOGRÁFICO BRASILEIRO. Almanaque do Rio de Janeiro de 1816 e 1824. 1965, 1968.

REVISTA DO INSTITUTO HISTÓRICO E GEOGRÁFICO DE SÃO PAULO, n. 3, 1898. São Paulo: Typographia "El Diario Español", p.607-16.

REVISTA ILUSTRADA. Rio de Janeiro, 1876-1898. Disponível em: <http://memoria. bn.br/docreader/DocReader.aspx?bib=332747c&pagfis=1>. Acesso em : jan. 2024.

REVUE DU BRÉSIL. Paris, 1895, n.15, p.230.

RICARD, L. X. de. Le Sud-Américain-L'Esclavage. *Le Sud-Américain,* 14 fev. 1886a.

_____. Représailles. *Le Sud-Américain,* 2 fev. 1886b.

_____. Le Sud-Américain-Le Brésil Nouveau. *Le Sud-Américain,* 24 jan. 1886c.

_____. Le Sud-Américain. *Le Sud-Américain* , 17 jan. 1886d.

_____. Publications françaises. *Le Sud-Américain,* 20 dez. 1886e.

_____. France – Nouvelles Diverses. *Le Sud-Américain,* 17 jan. 1886f.

_____. L'Affaire da "La France". *Le Sud-Américain,* 17 jan. 1886 g.

_____. Le coup de canon de Bahia. *Le Sud-Américain,* 28 fev. 1886h.

_____. Le Sud-Américain-L'Alliance Latine. *Le Sud-Américain,* 18 out. 1885a.

_____. Le Sud-Américain-Politique Coloniale. *Le Sud-Américain,* 20 set. 1885b.

_____. Le Sud-Américain: L'immigratiton et lê nativisme. *Le Sud-Américain,* 30 ago. 1885c.

_____. Le Sud-Américain. *Le Sud-Américain,* 5 jul. 1885d.

_____. Nouvelles de France. *Le Sud-Américain,* 5 jul. 1885e.

_____. A nos abonnés et lecteurs. *Le Sud-Américain,* 13 set. 1885f.

_____. Bibliographie. *Le Sud-Américain,* 20 dez. 1885g.

_____. Semaine. *Le Sud-Américain,* 06 dez. 1885h.

RICARD, L. X. de; MISTELY, J. Le Sud-Américain em France-A nos lecteurs. *Le Sud--Américain,* 28 fev. 1886.

SILVA, M. B. N. da. Fazer a América: franceses no Brasil (1815-1822). Separata da *Revista de Ciências Históricas,* n. x. Universidade Portucalense, 1995

_____. *Les Français au Brésil (1815-1822).* v.34. Arquivo do centro cultural Calouste Gulbenkian, Lisbonne-Paris, 1995.

Materiais disponíveis na internet

AGRICULTURA, relativo ao Decreto n.3784, de 19/01/1867, publicado na Coleção de Leis do Império do Brasil, t. XXVII, parte I. Disponível em: <http://brazil.crl.edu/ bsd/bsd/hartness/index.html>.

FRANCESES NO BRASIL: SÉCULOS XIX E XX 637

AGRICULTURA, com entrada em 1879, mas relativo, também, ao ano de 1880, relatório intitulado Immigração e Colonisação, p.62-6. Disponível em: <http://brazil.crl.edu/bsd/bsd/hartness/index.html>.

AGRICULTURA, com entrada em 1881, mas relativo, também, ao ano de 1882, relatório intitulado Immigração e Colonisação, p.140-2. Disponível em: <http://brazil.crl.edu/bsd/bsd/hartness/index.html>.

AGRICULTURA, relativo ao ano de 1888, mas publicado em 1889, relatório intitulado Immigração, p.161. Disponível em: <http://brazil.crl.edu/bsd/bsd/hartness/index.html>.

BETEMPS, L. R. Aspectos da colonização francesa em Pelotas. Disponível em: <http://www.ufpel.tche.br/ich/ndh/pdf/Leandro_Ramos_Betemps_Volume_05.pdf>. Acesso em: 19 jul. 2008.

CENTER FOR RESEARCH LIBRAIRIES. Mensagem dos presidentes das províncias. Disponível em: <http://www.crl.edu/content/provopen.htm>. Pará e Amazonas, Amazonas 1858, Index 66, p.20.

CENTER FOR RESEARCH LIBRAIRIES. Mensagem dos presidentes das províncias. Disponível em: <http://www.crl.edu/content/provopen.htm>. Pará, Index 546, p.159.

CHESNEAU, G. *Histoire d'École des Mines*. Disponível em: <http://www.annales.org/archives/x/ecole.html>. Acesso em: 15 abr. 2008.

DECRETO n. 3784, de 19/01/1867, publicado na Coleção de Leis do Império do Brasil, t.XXVII, parte I. Disponível em: <http://brazil.crl.edu/bsd/bsd/hartness/index.html>.

DECRETO n. 3784, de 19/01/1867, publicado na Coleção de Leis do Império do Brasil, t.XXVII, parte I. Disponível em: <http://brazil.crl.edu/bsd/bsd/hartness/index.html>.

DESBORDES, R. Migrations et réseaux d'information au XIXe siècle: les agences Havas--Reuter en Amérique du Sud, 1875-1876. *Amérique Latine Histoire et Mémoire*, n.8, 2004, e Médias et migrations en Amérique Latine. Disponível em: <http://alhim.reviues.org/document412.html>. Acesso em: jul. 2008.

DINES, A. Disponível em: http://observatoriodaimprensa.com.br/aspas/ent200198a.htm. Acesso em 09/06/2008.

INSTITUTO BRASILEIRO DE GEOGRAFIA E ESTATÍSTICA (IBGE). Disponível em: <http://www.ibge.gov.br/brasil500/index2.html>.

JOSÉ, O. *Marlière, o civilizador*. Belo Horizonte: Itatiaia, 1958. Disponível em: <http://www.multiverse.com.br/marlieria/default.asp?id=2&ACT=5&content=8&mnu=2>. Acesso em: 13 maio 2008.

SILVA, L. O. Propaganda e realidade: a imagem do império do Brasil nas publicações francesas do século XIX. *Revista Theomai*. Universidade Nacional de Quilmes. Disponível em: <http://revistatheomai.unq.edu.ar/numero3/artligiaosorio3.htm>.

LEGAÇÃO IMPERIAL DO BRASIL, Paris, 6 out. 1875. Relações Exteriores, 1876-1A, p.308-9. Disponível em: <http://brazil.crl.edu/bsd/bsd/hartness/index.html>. Acesso em: 02 fev. 2009.

LEON, Z. de. *Diário Popular* de Pelotas, 15/06/2002. Disponível em: <http://www.diario-popular.com.br/15_06_02/ponto_de_vista.html>. Acesso em: 27 jun. 2008.

638 LAURENT VIDAL E TANIA REGINA DE LUCA (ORGS.)

NOTA N. 141, DO GOVERNO FRANCÊS À LEGAÇÃO DO BRASIL, Paris, 10 dez. 1875. Relações Exteriores, 1876-1A, p.310-2. Disponível em: <http://brazil.crl.edu/bsd/bsd/hartness/index.html>.

NUNES, F. A. *Colônia agrícola como terra de conflito (Amazônia, século XIX)*. Texto apresentado ao XIII Encontro de História. ANPUH – Rio. Disponível em: <http://www.encontro2008.rj.anpuh.org/resources/content/anais/1211298060_ARQUIVO_ANPUH-Rio2008, pdf>. Acesso em: 18 jul. 2008

PINHEIRO, A. S. *Baptiste Louis Garnier*: homem e empresário. Disponível em: <http://www.lihed.com.br>. Acesso em: 13 abr. 2008.

RELAÇÕES EXTERIORES, 1911, p.28. Disponível em: <http://brazil.crl.edu/bsd/bsd/hartness/index.html>.

THE ECONOMIST, 5 maio 1860, apud SILVA, L. O. Propaganda e realidade: a imagem do Império do Brasil nas publicações francesas do século XIX. *Revista Theomai*, n.3, primeiro semestre de 2001. Disponível em: <http://revista-theomai.unq.edu.ar/numero3/artligiaosorio3.htm>. Acesso em: jul. 2008.

ZOLA, É. La littérature obscène. In: *Œuvres complètes illustrées*. Paris: Charpentier, 1906, t.1, p.218-219. Disponível em: <https://gallica.bnf.fr/ark:/12148/bpt6k5495479r/f5.item>. Acesso em: jan. 2024.

Sobre os autores

Ana Luiza Martins é doutora em História Social pela USP, exerceu o cargo de historiógrafa junto à Secretaria da Cultura do Estado de São Paulo e é pesquisadora na área de História Cultural.

Carina Sartori é graduada e mestre em História pela UFSC, obteve doutorado em História, com dupla diplomação, junto às universidades de La Rochelle e Unesp.

Claudio Batalha é licenciado e bacharel em História pela Universidade Federal Fluminense, doutor em História pela Université de Paris I (Panthéon-Sorbonne). Professor Livre-Docente do Departamento de História da Universidade Estadual de Campinas e pesquisador do Centro de Pesquisa em História Social da Cultura (CECULT/IFCH/Unicamp). Tem como principal campo de pesquisa a História do Trabalho no Império e na Primeira República, e como um dos temas a história do socialismo no Brasil e na França. Foi coordenador da área de História na CAPES de 2018 a 2022. Pesquisador do CNPq.

Clovis Ramiro Jucá Neto é professor do Instituto de Arquitetura, Urbanismo e Design da UFC. Doutor em Arquitetura e Urbanismo pela UFBA, com pós-doutorado na Universidade Nova de Lisboa. Integrante do grupo de pesquisa Barroco Ibero Americano (BIA), Arqueologia da Paisagem e do Grupo de Estudos do Território e de História Urbana (GESTHU). É pesquisador do CNPq.

Denise Mattos Monteiro é doutora em História Econômica pela USP, onde também se graduou, e mestre pela PUC-SP. Atualmente é professora aposentada da UFRN. Sua atividade de pesquisa sempre esteve voltada para a História Econômica e Social do Nordeste, atividade essa em grande parte apoiada pelo CNPq. Dessa pesquisa resultaram cinco livros, além de artigos em periódicos nacionais e estrangeiros e capítulos em coletâneas na área de História.

Dirceu Franco Ferreira é bacharel e licenciado em História pela USP, instituição em que obteve seu mestrado e doutorado. Membro fundador do grupo de pesquisa "Colonização Penitenciária

640 LAURENT VIDAL E TANIA REGINA DE LUCA (ORGS.)

na América Latina e no Caribe". Autor de *Rebelião e reforma prisional em São Paulo. Uma história da fuga em massa da Ilha de Anchieta em 1952* (2018).

EMANUELE CARVALHEIRA DE MAUPEOU é mestre em História Social pela UFPE e doutora em História pela Universidade de Toulouse Jean Jaurès (UT2J), instituição na qual é professora. Desenvolve pesquisas relacionadas às circulações no espaço atlântico e às relações entre história e memória.

ÉMERSON CÉSAR DE CAMPOS é Professor Titular do Departamento e do Programa de Pós-Graduação da UDESC. Atua nos seguintes temas: História do Tempo Presente; História e Literatura; História em Quadrinhos; Modernidades; Estados Unidos; Migrações e Culturas Políticas.

ENI DE MESQUITA SAMARA foi professora titular do Departamento de História, diretora do Centro de Estudos de Demografia Histórica da América Latina; diretora do Museu Paulista (2003--2007) e vice-diretora da Faculdade de Filosofia, Letras e Ciências Humanas, (2002-2003) (todos da USP). Também presidiu a ANPUH (Associação Nacional de História) entre 2005 e 2007.

FÁBIO SIMÕES CARDOSO é mestre em Arquitetura e Urbanismo pela Universidade Federal Fluminense. Atualmente é professor na Universidade Federal do Rio de Janeiro e na Escola Técnica Estadual do Rio de Janeiro. Sua área de pesquisa é História e Paisagismo.

FANIA FRIDMAN é economista, doutora em Economia Política pela Universidade Paris 8, professora titular do Instituto de Pesquisa e Planejamento Urbano e Regional (UFRJ). Pesquisadora do CNPq e Cientista do Nosso Estado (FAPERJ).

FRANÇOISE MASSA é formada em Língua e Literatura Portuguesa e Brasileira pela Universidade da Sorbonne. É doutora do 3° ciclo, orientada pelo professor Cantel, e doutora ès-Lettres, orientada pelo professor Lawton, ambos de Literaturas Brasileira e Portuguesa. É professora titular emérita da Universidade de Haute-Bretagne Rennes 2, França. É pesquisadora na área de Brasil século XIX e XX, Portugal (neorrealismo) e África lusógrafa.

GRÉGORY CORPS é graduado em História pela Universidade de La Rochelle e mestre em História pela mesma instituição. Desenvolve pesquisas sobre a imigração francesa para o Brasil.

GUY MARTINIÈRE é historiador, professor aposentado da Université de La Rochelle. Dedicou seus trabalhos aos intercâmbios culturais entre França e Brasil. Publicou *Le Portugal à la rencontre de trois mondes: Afrique, Asie, Amérique aux XV-XVIe siècles* (1994), *Aspects de la coopération franco-brésilienne. Transplantation culturelle et stratégie de la modernité* (1995). Dirigiu, entre outros, *France-Brésil. Vingt ans de coopération. Science et technologie* (1989), *L'Etat du Monde en 1492* (1992).

HELOISA BARBUY é professora dos programas de pós-graduação em História Social e Interunidades em Museologia e colaboradora sênior do Museu da Faculdade de Direito, todos na Universidade de São Paulo. Atua na intersecção entre História e Museologia, com especialidade em cultura material, acervos culturais, patrimônio histórico e história urbana de São Paulo, séculos XIX--XX. É doutora em Arquitetura e Urbanismo e mestre em História Social pela Universidade

FRANCESES NO BRASIL: SÉCULOS XIX E XX   641

de São Paulo, com pós-doutorado como pesquisadora convidada no Centre André Chastel--Université de Paris 4-Sorbonne.

HUGO R. SUPPO é professor titular da UERJ e docente permanente do Programa de Pós-graduação em Relações Internacionais (PPGRI-UERJ). Doutor em História das Relações Internacionais pela Université Sorbonne Nouvelle (Paris 3), onde ocupou, em 2010, a Cátedra Simón Bolívar (IHEAL). Autor de várias publicações, com ênfase nos temas diplomacia cultural, nacionalismo e relações internacionais, mídia e relações internacionais. Membro da equipe de pesquisa do Programa de Estudos de Relações e Cooperação Sul-Sul (PRECSUR), do Departamento de Ciência Política e Relações Internacionais da Universidade Nacional de Rosário. Coordena, desde 2010, o Núcleo de Estudos Internacionais Brasil-Argentina (NEIBA) e edita as publicações do núcleo: *Revista Neiba, Cadernos Argentina Brasil* e *InfoNeiba*. Editor da revista do PPGRI, Mural Internacional, desde 2019.

IVONE GALLO é graduada em História pela PUC-SP, mestre e doutora em História pela Unicamp, com pesquisas sobre História do Brasil Império e República e História Contemporânea.

JEAN GLÉNISSON licenciou-se em Letras (1940) e em Arquivística e Paleografia (1946). A convite de Fernand Braudel, lecionou entre 1957 e 1959 no Departamento de História da Universidade de São Paulo. Após seu retorno à França, ingressou na Sexta Seção da École des Hautes Études, da qual se tornou diretor. Dirigiu também o Institut de Recherche et d'Histoire des Textes. Aposentou-se em 1986, mas continua a participar de várias sociedades culturais e científicas.

JORGE LUÍS MIALHE é professor do Departamento de Educação da Unesp/Rio Claro e do Programa de Pós-Graduação em Planejamento e Análise de Políticas Públicas da Unesp/Franca. Doutor, mestre e bacharel pela USP. Pós-doutorado pela Université de Paris III.

JULIETTE DUMONT é doutora em História e professora de História Contemporânea da América Latina (IHEAL/Sorbonne Nouvelle), especialista em relações culturais internacionais e trabalha sobre as dimensões culturais e acadêmicas do pan-americanismo. Publicou *Diplomaties culturelles et fabrique des identités. Argentine, Brésil, Chili, 1919-1946* (2018) e coeditou, com Anaïs Fléchet e Mônica Pimenta Velloso, *Histoire culturelle du Brésil. XIXe-XXIe siècles* (2019).

JÚNIA FERREIRA FURTADO é Professora Titular Livre de História Moderna na Universidade Federal de Minas Gerais, onde atualmente atua no Programa de História (PPGHIS). Especialista em Brasil Colônia, Escravidão, História Moderna e História da Cartografia, possui vários artigos, capítulos de livros publicados, entre eles: "Chica da Silva e o contratador dos diamantes: o outro lado do mito", Menção Honrosa, Casa de Las Américas, 2004; "Oráculos da Geografia iluminista: Dom Luís da Cunha e Jean Baptiste Bourguignon D'Anville na construção da cartografia do Brasil"; *O Mapa que inventou o Brasil* – Prêmio Clarival do Prado Valadares, 2011, e Prêmio Jabuti em Ciências Humanas, 2013; e *Quebra-cabeça africano, ou como um embaixador português, um geógrafo francês, um escritor inglês e um pirata imaginário transformaram a cartografia da África e abriram as portas para o Imperialismo*, 2021.

LAURENT VIDAL é historiador e professor na universidade de La Rochelle. Dirigiu (2008-2022) o centro de pesquisa em História Internacional e Atlântica (CRHIA), é atualmente presidente da residência artística internacional *Intermondes Humanités océanes*. Foi professor convidado em várias universidades brasileiras. É sócio correspondente estrangeiro do IHGB (desde 2013) e do IHGRio (desde 2023). Trabalha com as cidades e as sociedades urbanas do Brasil, as migrações francesas no Brasil. Publicou, no Brasil, De Nova Lisboa a Brasília, a invenção de uma capital (2008), Mazagão, a cidade que atravessou o Atlântico. *Do Marrocos até a Amazônia, 1769-1783* (2008), *As lágrimas do Rio. O último do Rio como capital, 20 de abril de 1960* (2013), *Eles sonharam um outro mundo. História atlântica dos fundadores do falanstério do Saí* (2019), *Os Homens lentos. Resistir à modernidade, séculos XV-XX* (2025).

Lená Medeiros é doutora em História pela USP, Professora Emérita da UERJ e docente dos Programas de Pós-Graduação em História e em Relações Internacionais. Pesquisadora do CNPq e da FAPERJ. Principais temas de pesquisa: migrações internacionais, Revolução Russa, anarquismo e movimento operário no Rio de Janeiro, mulheres e gênero e imprensa e discurso midiático. Além de artigos publicados no Brasil e no exterior, é autora, entre outros, dos seguintes livros: *Uma penetra no banquete da morte: a Primeira Guerra Mundial e a Gripe Espanhola* (2024), *Francesas no Rio Imperial: a 'França Antártica' no feminino plural* (2024), *Portugueses no Rio de Janeiro: negócios, trajetórias e cenografias urbanas* (2022), *Os Indesejáveis: desclassificados da modernidade. Protesto, crime e expulsão na Capital Federal, 1890-1930* (2.ed. 2022) e *Tramas do Mal: imprensa e discursos de combate à revolução* (2019).

Letícia Gregório Canelas possui graduação em História (2002) e mestrado em História Social pela Universidade Estadual de Campinas (2007). Tem experiência na área de História, com ênfase em História do Brasil, e pesquisa principalmente os seguintes temas: Brasil Império, Viajantes Franceses, França: Revolução de Fevereiro 1848-1851 e socialismo francês, século XIX.

Maria Bernardete Ramos Flores é doutora em História pela PUC-SP e professora titular aposentada da Universidade Federal de Santa Catarina. Pesquisadora do CNPq, desenvolve trabalhos na área de História Cultural e Modernidade, com foco no campo das artes visuais.

Maria Isabel de Jesus Chrysostomo é bacharel em Geografia pela UERJ e licenciada pela UFRJ. Mestre e doutora em Planejamento Urbano e Regional pelo Instituto de Pesquisa em Planejamento Urbano e Regional/UFRJ. Atualmente, é pesquisadora visitante do IPPUR/UFRJ e professora colaboradora do Programa de Pós-Graduação em Geografia da UFV, instituição em que é professora titular. Pesquisadora do CNPq, tem experiência na área de Geografia, com ênfase em Geografia histórica, atuando principalmente nos seguintes temas: geografia histórica, política ambiental, planejamento urbano, políticas públicas e meio ambiente.

Maria Luiza Ugarte Pinheiro é Professora Associada da Universidade Federal do Amazonas, atuando no Curso de Pós-Graduação em História. Autora de artigos e de capítulos de livros, além dos livros *A cidade sobre os ombros: trabalho e conflito no porto de Manaus: 1899-1920; Folhas do Norte: letramento e periodismo no Amazonas, 1880-1920; Gênero & imprensa na História do Amazonas e Mundos do trabalho na cidade da borracha: trabalhadores, lideranças, associações e greves operárias em Manaus, 1880-1930*, este em parceria com Luís Balkar S. P. Pinheiro.

MARISA MIDORI DEAECTO é professora livre-docente da Escola de Comunicação e Artes da Universidade de São Paulo (ECA-USP) e credenciada no Programa de Pós-Graduação em História Econômica (PPGHE) na mesma instituição.

MARLICE NAZARETH SOARES DE AZEVEDO é Professora Titular da Universidade Federal Fluminense. Possui graduação em Arquitetura e Urbanismo pela Universidade Federal do Rio de Janeiro, mestrado em Planejamento Urbano e Regional pela Universidade Federal do Rio de Janeiro e doutorado em Urbanismo, Políticas Urbanas, Planejamento e Gestão – Institut d'Urbanisme de Paris. É membro do Conselho Internacional de Monumentos e Sítios. Tem experiência na área de Arquitetura e Urbanismo, com ênfase em História da Arquitetura e Urbanismo, atuando principalmente nos seguintes temas: história do urbanismo, planejamento urbano, urbanismo no Brasil, educação do arquiteto e urbanista e urbanismo.

MÔNICA LEITE LESSA é graduada em História pela UFF, mestre e doutora pela Université de Paris X. É professora e diretora de pesquisa em Relações Internacionais da UERJ, realiza pesquisas sobre relações culturais internacionais. Escreveu *Influence Intellectuelle Française au Brésil: Contribution à l'étude d'une Politique Culturelle, 1886-1930* (2001), *A quarta dimensão das Relações Internacionais: A dimensão cultural* (2012). É pesquisadora do Laboratório de Estudos de Cultura, Mídias e Relações Internacionais, membro do Fórum Universitário do Mercosul (FoMerco) e integra o Conselho Administrativo da Aliança Francesa Brasil (2023). Dirigiu o Instituto de Filosofia, Ciências Humanas e História da UERJ (2024-2027).

NELSON MENDES CANTARINO é bacharel e licenciado em História pela UFF (2002) e mestre em História Social (2006) pela mesma universidade. Doutor em História Social pela USP (2012). Realizou um estágio de pós-doutoramento junto ao Instituto de Economia da Unicamp (2013-2015). Livre-docente em Economia (2024). É professor associado de disciplinas de graduação e pós-graduação de História Econômica, Formação Econômica do Brasil e de Historiografia no Instituto de Economia (Unicamp). Autor de *A Razão e a Ordem: o bispo José Joaquim da Cunha de Azeredo Coutinho e a defesa ilustrada do Antigo Regime português, 1742-1821* (2016) e de artigos acadêmicos e de divulgação no Brasil e no exterior. Foi coordenador do Núcleo de História Econômica do Instituto de Economia (NIHE/Unicamp) e editor associado do periódico *Economia e Sociedade* (2018-2023).

ROSANA BARBOSA é bacharel pela Universidade Santa Úrsula (RJ), mestre e doutora pela Universidade de Toronto. Lecionou nas universidades de Toronto, York, Brock, Guelph e, desde 2004, é professora na Saint Mary's University. Especialista em história da América Latina, suas pesquisas têm como foco imigração, escravidão, revoluções, nacionalismo, questões, gênero e relações Brasil-Canadá. Publicou *Soccer and racism: the beginnings of futebol in São Paulo and Rio de Janeiro 1895-1933* (2022), *Brazil and Canada: economic political and migratory ties 1820s to 1970s* (2017) e *Immigration and Xenophobia. Portuguese immigrants in early nineteenth century Rio de Janeiro* (2009).

TANIA REGINA DE LUCA é mestre e doutora em História Social pela Universidade de São Paulo. É professora titular dos cursos de graduação e pós-graduação em História da Universidade Estadual Paulista, campus Assis, e pesquisadora do CNPq. Desenvolve pesquisas a respeito da história da imprensa.

644 LAURENT VIDAL E TANIA REGINA DE LUCA (ORGS.)

VANESSA DOS SANTOS BODSTEIN BIVAR é doutora em História Econômica pela USP. É professora adjunta de História da Universidade Federal do Mato Grosso do Sul, pesquisadora e membro do Conselho do Centro de Estudos de Demografia Histórica da América Latina da Universidade de São Paulo (CEDHAL-USP) e conselheira do Memorial do Imigrante–SP. É autora do livro *Além das Fronteiras*. O cotidiano dos imigrantes na São Paulo oitocentista: vestígios testamentais (Humanitas, 2008) e coautora de Paleografia e fontes do período colonial brasileiro (Humanitas, 2005).

YVES FRENETTE é titular da Cátedra de Pesquisa sobre Migração do Canadá, Circulação e Comunidades Francófonas na Universidade de Saint-Boniface. Ex-diretor do Centro de Pesquisa da Civilização Franco-Canadense e do Instituto de Estudos Canadenses da Universidade Ottawa. Lecionou no Glendon College e na Universidade de York, em Toronto. Professor visitante em várias universidades europeias, publicou quatro livros e cerca de 250 capítulos e artigos científicos. Editou ou coeditou dezesseis trabalhos coletivos e sete dossiês de revistas. Criador do premiado site *Francophonies canadiennes: identités culturelles*. Atualmente é diretor do projeto coletivo *Trois siècles de migrations francophone en Amérique du Nord (1640-1940)*.

SOBRE O LIVRO

Formato: 16 x 23 cm
Mancha: 27,6 x 43,8 paicas
Tipologia: Horley Old Style MT 10,5/14
Papel: Offset 75 g/m² (miolo)
Cartão Triplex 250 g/m² (capa)
1ª edição Editora Unesp: 2009
2ª edição Editora Unesp: 2025

EQUIPE DE REALIZAÇÃO

Edição de texto
Renata Truyts (Preparação de original)
Daniela Medeiros e Tatiana Valsi (Revisão)
Rita Ferreira (Revisão da nova edição)

Capa
Negrito Editorial

Editoração eletrônica
Erick Abreu

Assistente de produção
Erick Abreu

Assistência editorial
Alberto Bononi
Gabriel Joppert